Reinhard Herborth

Grundzüge des Sozialrechts für die Soziale Arbeit

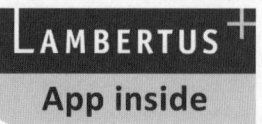

Laden Sie dieses Buch kostenlos auf Ihr Smartphone, Tablet und/oder Ihren PC und profitieren Sie von zahlreichen Vorteilen:

- **kostenlos:** Der Online-Zugriff ist bereits im Preis dieses Buchs enthalten
- **verlinkt:** Die Inhaltsverzeichnisse sind direkt verlinkt, und Sie können selbst Lesezeichen hinzufügen
- **durchsuchbar:** Recherchemöglichkeiten wie in einer Datenbank
- **annotierbar:** Fügen Sie an beliebigen Textstellen eigene Annotationen hinzu
- **sozial:** Teilen Sie markierte Texte oder Annotationen bequem per E-Mail oder Facebook

Benutzername: sozrecht-1011
Passwort: 4329-1346

Download App Store/Google play:
- App Store/Google play öffnen
- Im Feld **Suchen Lambertus+** eingeben
- **Laden** und **starten** Sie die **Lambertus+ App**
- **Account** oben rechts anklicken
- **Benutzername** und **Passwort** eingeben und mit **Login** bestätigen
- Mit dem Button **Bibliothek** oben links gelangen Sie zu den Büchern

PC-Version:
- Gehen Sie auf **www.lambertus.de/appinside**
- **Account** oben rechts anklicken
- **Benutzername** und **Passwort** eingeben und mit **Login** bestätigen
- Mit dem Button **Bibliothek** oben links gelangen Sie zu den Büchern

 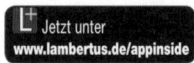  

Bei Fragen wenden Sie sich gerne an uns:
Lambertus-Verlag GmbH – Tel. 0761/36825-0 oder
E-Mail an info@lambertus.de

Reinhard Herborth

Grundzüge des Sozialrechts für die Soziale Arbeit

LAMBERTUS

Bibliografische Information der Deutschen Nationalbibliothek

Die Deutsche Nationalbibliothek verzeichnet diese Publikation in der Deutschen Nationalbibliografie; detaillierte bibliografische Daten sind im Internet über http://dnb.d-nb.de abrufbar.

Alle Rechte vorbehalten
© 2014, Lambertus-Verlag, Freiburg im Breisgau
www.lambertus.de
Umschlaggestaltung: Nathalie Kupfermann, Bollschweil
Druck: Medienhaus Plump, Rheinbreitbach
ISBN: 978-3-7841-2436-0
ISBN ebook: 978-3-7841-2446-9

Inhalt

Erstes Modul 13
Sozialversicherung 1
Allgemeiner Teil, Gemeinsame Vorschriften
Gesetzliche Krankenversicherung
Soziale Pflegeversicherung

Vorwort 15

Kapitel 1 17
1 Einführung in das Sozialrecht
1.1	Geschichtliche Entwicklung	17
1.2	Rechtlicher Rahmen des Sozialrechts	18
1.2.1	Regelungsbereiche	18
1.2.2	Standort des Sozialrechts im Rechtssystem	20
1.3	Aufgaben des Sozialrechts	21
1.3.1	Soziale Gerechtigkeit	22
1.3.2	Soziale Sicherheit	23
1.4	Sozialbudget	24
1.5	Sozialgesetzbuch	24

Zusammenfassung 27
Aufgaben zur Selbstüberprüfung Kapitel 1 unter www.lambertus.de 27

Kapitel 2 29
2 Allgemeiner Teil (SGB I)
2.1	Inhaltsübersicht Erstes Buch	29
2.2	Sozialrechtsverhältnis	30
2.3	Allgemeine sozialrechtliche Grundsätze	31
2.4	Sozialleistungsanspruch	32
2.4.1	Wegfall des Leistungsanspruchs	32
2.4.2	Einstweilige Sozialleistungen	33
2.4.3	Übertragung des Sozialleistungsanspruchs	33
2.4.4	Sonstige Pflichten der Leistungsträger und –berechtigten	34
2.5	Mitwirkungspflichten des Leistungsberechtigten	35
2.5.1	Grenzen der Mitwirkungspflicht	35
2.5.2	Hausbesuch	36

Zusammenfassung 36
Aufgaben zur Selbstüberprüfung Kapitel 2 unter www.lambertus.de 37

Kapitel 3 39
3 Gemeinsame Vorschriften (SGB IV)
3.1	Inhaltsübersicht Viertes Buch	39
3.2	Sozialversicherte Personenkreise	40
3.2.1	Grundsätzliches	41
3.2.2	Beschäftigungsverhältnis	41
3.2.2.1	Abhängiges Beschäftigungsverhältnis	41
3.2.2.2	Selbstständige Tätigkeit	43
3.2.3	Statusfeststellungsverfahren	43
3.2.4	Versicherungspflicht / Versicherungsfreiheit	44
3.3	Selbstverwaltung	44
3.3.1	Aufgaben der Organe	45
3.3.2	Spitzenverband Bund der Krankenkassen	46
3.3.3	Deutsche Rentenversicherung Bund	47
3.3.4	Bundesagentur für Arbeit	47
3.3.5	Deutsche Gesetzliche Unfallversicherung	47
3.4	Meldeverfahren	47
3.4.1	Meldeverfahren seit 01.01.2006	47
3.4.2	Ausfüllanleitung	48
3.5	Sozialversicherungsausweis	48
3.6	Sozialversicherungsbeiträge	49
3.7	Geringfügige Beschäftigung	50

Zusammenfassung 55
Aufgaben zur Selbstüberprüfung Kapitel 3 unter www.lambertus.de 56

Kapitel 4 57
4 Gesetzliche Krankenversicherung (SGB V) 57
4.1 Inhaltsübersicht Fünftes Buch 57
4.1.1 Versicherter Personenkreis.. 61
4.1.2 Krankenversicherungsfreiheit höher verdienender Arbeitnehmer 63
4.1.3 Hauptberuflich Selbstständige.. 64
4.2 Leistungen der gesetzlichen Krankenversicherung 65
4.2.1 Prävention 66
4.2.2 Familienplanung 66
4.2.3 Früherkennung 67
4.2.4 Krankenbehandlung.. 67
4.2.5 Rehabilitation 68
4.2.6 Krankengeld 69
4.2.7 Sonstige Leistungen 73
4.2.8 Zuzahlungen 73
4.3 Leistungserbringung 74
4.4 Organisation 75
4.5 Finanzierung 76
4.6 Elektronische Gesundheitskarte 77
4.6.1 Rechtliche Grundlage 78
4.6.2 Anwendung der elektronischen Gesundheitskarte 78
4.6.3 Datenschutz... 78
Zusammenfassung.. 78
Aufgaben zur Selbstüberprüfung Kapitel 4 unter www.lambertus.de 79

Kapitel 5 81
5 Soziale Pflegeversicherung (SGB XI) 81
5.1 Inhaltsübersicht Elftes Buch 81
5.2 Versicherter Personenkreis... 84
5.3 Leistungen der Pflegeversicherung 85
5.3.1 Pflegesachleistung... 87
5.3.2 Pflegegeld 87
5.3.3 Kombinationsleistung 87
5.3.4 Verhinderungspflege / Ersatzpflege... 88
5.3.5 Pflegehilfsmittel... 88
5.3.6 Wohnumfeldverbesserung 88
5.3.7 Tages- und Nachtpflege 88
5.3.8 Kurzzeitpflege 88
5.3.9 Vollstationäre Pflege... 88
5.3.10 Soziale Sicherung der Pflegepersonen... 89
5.4 Leistungserbringungsrecht 91
5.5 Organisation 92
5.6 Finanzierung 92
5.7 Reform der Pflegeversicherung 92
5.7.1 Pflegereform 2008... 92
5.7.2 Pflegereform 2012 94
5.8 Pflegestatistik 2011 95
Zusammenfassung.. 96
Aufgaben zur Selbstüberprüfung Kapitel 5 unter www.lambertus.de 96
Bearbeitungshinweise zu den Übungen 97
Abbildungsverzeichnis 98
Tabellenverzeichnis 98

Zweites Modul.. 99
Sozialversicherung 2
Gesetzliche Rentenversicherung
Gesetzliche Unfallversicherung
Arbeitsförderung / Arbeitslosenversicherung

Einleitung 100

Kapitel 6 101
6 Gesetzliche Rentenversicherung (SGB VI)... 101
6.1 Inhaltsübersicht Sechstes Buch 101
6.1.1 Entwicklung der Rentengesetzgebung seit 1992... 101
6.1.2 Inhaltsübersicht SGB VI 102
6.2 Versicherter Personenkreis... 105
6.3 Generationenvertrag 106
6.4 Leistungen der Rentenversicherung 107
6.4.1 Rehabilitationsleistungen 107
6.4.2 Rentenarten... 107
6.4.2.1 Renten wegen Alters... 107

6.4.2.2	Renten wegen Erwerbsminderung	109
6.5.2.3	Rente wegen Todes	110
6.4.3	Rentenhöhe	111
6.4.3.1	Persönliche Entgeltpunkte	111
6.4.3.2	Rentenartfaktor	111
6.4.3.3	Zugangsfaktor	112
6.4.3.4	Aktueller Rentenwert	112
6.4.3.5	Nachhaltigkeitsfaktor	112
6.4.3.6	Rentenformel	113
6.4.3.7	Nachgelagerte Besteuerung	113
6.4.4	Hinzuverdienstgrenzen	114
6.4.5	Versicherungskonto	114
6.4.6	Renteninformation	114
6.5	Organisation	115
6.6	Finanzierung	115
6.7	Alterssicherung in der Zukunft	116
6.7.1	Betriebliche Altersvorsorge	116
6.7.1.1	Durchführungswege	116
6.7.1.2	Entgeltumwandlung	117
6.7.1.3	Finanzierung	117
6.7.2	Private Altersvorsorge (Riester-Rente)	118
	Zusammenfassung	118
	Hintergrundinformation	119
	Aufgaben zur Selbstüberprüfung Kapitel 6 unter www.lambertus.de	119

Kapitel 7 121

7 Gesetzliche Unfallversicherung (SGB VII) 121

7.1	Inhaltsübersicht Siebtes Buch	121
7.2	Versicherter Personenkreis	123
7.3	Arbeitsunfall als Versicherungsfall	123
7.4	Berufskrankheiten	125
7.5	Leistungen der Unfallversicherung	125
7.5.1	Heilbehandlung und medizinische Rehabilitation	126
7.5.2	Verletztengeld	126
7.5.3	Leistungen zur Teilhabe am Arbeitsleben	126
7.5.4	Leistungen zur sozialen Rehabilitation	126
7.5.5	Renten an Versicherte	127
7.5.6	Pflegegeld	127
7.5.7	Sterbegeld	127
7.5.8	Hinterbliebenenrente / Witwen- und Witwerrente	127
7.5.9	Waisenrente	128
7.5.10	Rentenabfindung	128
7.6	Organisation	128
7.7	Finanzierung	128
7.8	Arbeitsschutz / Unfallverhütung	129
7.9	Rechtsgrundlagen	129
7.10	Reform der gesetzlichen Unfallversicherung	133
	Zusammenfassung	134
	Aufgaben zur Selbstüberprüfung Kapitel 7 unter www.lambertus.de	135

Kapitel 8 137

8. Arbeitsförderung / Arbeitslosenversicherung (SGB III) 137

8.1	Inhaltsübersicht Drittes Buch	137
8.2	Versicherte Personen	140
8.3	Leistungen der Arbeitsförderung	141
8.3.1	Leistungen für ArbeitnehmerInnen	142
8.3.2	Leistungen für Arbeitgeber / Unternehmen	142
8.3.3	Leistungen für Träger	142
8.4	Beratung und Vermittlung	143
8.5	Berufliche Orientierung	143
8.6	Arbeitsmarktberatung	143
8.7	Eingliederungsvereinbarung	143
8.8	Verbesserung der Eingliederungsaussichten	144
8.9	Förderung der Berufsausbildung	144
8.10	Förderung der beruflichen Weiterbildung	144
8.10.1	Auswahl der Träger	145
8.10.2	Anforderungen an Maßnahmen	145
8.10.3	Bildungsgutschein	145
8.11	Förderung der Teilhabe behinderter Menschen	145
8.11.1	Verschiedene Leistungsarten	146
8.11.2	Übergangsgeld	146
8.12	Eingliederungszuschüsse an Arbeitgeber	146
8.13	Arbeitsbeschaffungsmaßnahmen	147

8.14	Entgeltersatzleistungen	147
8.14.1	Arbeitslosengeld	147
8.14.2	Teilarbeitslosengeld	152
8.14.3	Kurzarbeitergeld	152
8.14.4	Förderung der ganzjährigen Beschäftigung	153
8.14.5	Transferleistungen	153
8.14.6	Insolvenzgeld	153
8.15	Überprüfung der arbeitsmarktpolitischen Instrumente	154
8.15.1	Stärkung der Arbeitsvermittlung	154
8.15.2	Weiterentwicklung wirksamer Arbeitsmarktinstrumente	155
8.15.3	Abschaffung ineffizienter Arbeitsmarktinstrumente	156
8.15.4	Neuordnung der arbeitsmarktpolitischen Instrumente	156
8.15.5	Arbeitsmarktintegration im Bereich der Grundsicherung für Arbeitsuchende	156
8.16	Organisation	156
8.17	Finanzierung	157
Zusammenfassung		158
Zwischenanmerkung		163
Bearbeitungshinweise zu den Übungen		164
Abbildungsverzeichnis		166
Tabellenverzeichnis		166
Aufgaben zur Selbstüberprüfung Kapitel 8 unter www.lambertus.de		166

Drittes Modul 167
Rehabilitation und Teilhabe
Sozialverwaltungsverfahren und Sozialdatenschutz

Einleitung 168

Kapitel 9 169

9. Rehabilitation und Teilhabe behinderter Menschen (SGB IX) 169

9.1	Inhaltsübersicht Neuntes Buch	169
9.2	Weitere Rechtsgrundlagen	171
9.3	Rehabilitation und Teilhabe (Übersicht)	173
9.3.1	Leistungen zur Teilhabe	173
9.3.1.1	Leistungen zur medizinischen Rehabilitation	176
9.3.1.2	Leistungen zur Teilhabe am Arbeitsleben	176
9.3.1.3	Leistungen zur Teilhabe am Leben in der Gemeinschaft	176
9.3.1.4	Finanzielle Leistungen	177
9.3.2	Persönliches Budget	177
9.4	Einrichtungen der beruflichen Rehabilitation	177
9.4.1	Berufsbildungswerke	177
9.4.2	Berufsförderungswerke	178
9.4.3	Berufliche Trainingszentren	179
9.4.4	Einrichtungen der medizinisch-beruflichen Rehabilitation	179
9.4.5	Werkstätten für behinderte Menschen	179
9.5	Besondere Regelungen zur Teilhabe schwerbehinderter Menschen (Schwerbehindertenrecht)	180
9.5.1	Kündigungsschutz	180
9.5.2	Ausgleichsabgabe	181
9.5.3	Schwerbehindertenvertretung	181
9.5.4	Nachteilsausgleiche	181
9.5.5	Schwerbehindertenausweis	183
9.5.6	Gleichstellung behinderter mit schwerbehinderten Menschen	183
9.5.7	Zuständigkeiten	185
9.5.8	Gemeinsame Servicestellen	186
9.5.9	Versorgungsämter und Integrationsämter	186
Zusammenfassung		186
Hintergrundinformation		187
Aufgaben zur Selbstüberprüfung Kapitel 9 unter www.lambertus.de		187

Kapitel 10 189

10. Sozialverwaltungsverfahren und Sozialdatenschutz (SGB X) 189

10.1	Verwaltungsverfahren	189
10.1.1	Allgemeines	189
10.1.2	Subjekte des Sozialverwaltungsverfahrens	189
10.1.3	Ablauf des Sozialverwaltungsverfahrens	190
10.1.4	Verwaltungsakt	190
10.1.4.1	Rücknahme	191
10.1.4.2	Widerruf	192
10.1.4.3	Aufhebung	192
10.1.4.4	Prüfschema: Rechtswidrigkeit des Verwaltungsakts	192
10.1.5	Öffentlich-rechtlicher Vertrag	193
10.1.6	Rechtsbehelfsverfahren, Kosten und Vollstreckung	193

10.2	Schutz der Sozialdaten	193
10.2.1	Grundsätze	193
10.2.2	Datenerhebung	194
10.2.3	Prinzipien des Datenschutzes	194
10.2.4	Datenspeicherung, -veränderung oder -nutzung	195
10.2.5	Datenübermittlung	196
10.2.5.1	Gesetzliche Übermittlungsbefugnisse	196
10.2.5.2	Mitteilungspflichten	197
10.2.5.3	Forschung und Planung	198
10.2.5.4	Terrorismusbekämpfung	198
10.2.6	Nutzungsbeschränkung beim Datenempfänger	198
10.2.7	Technisch-organisatorische Vorkehrungen	198
10.2.8	Datenverarbeitung im Auftrag	199
10.2.9	Datenschutzaufsicht und Rechte des Betroffenen	200
10.2.10	Sozialdatenschutzrechtliche Sondervorschriften	200
10.2.11	Informationsfreiheitsgesetz	200
10.3	Zusammenarbeit der Leistungsträger	201
Zusammenfassung		201
Aufgaben zur Selbstüberprüfung Kapitel 10 unter www.lambertus.de		202
Abbildungsverzeichnis		203
Tabellenverzeichnis		203

Viertes Modul ... 205
Soziale Hilfen
Soziale Förderung, Soziale Entschädigung
Rechtsschutz

Einleitung. ... 206

Kapitel 11 ... 207
11. Grundsicherung für Arbeitsuchende (SGB II) ... 207

11.1	Inhaltsübersicht Zweites Buch	207
11.2	Leistungsberechtigte	209
11.3	Leistungen im Rahmen der Grundsicherung für Arbeitsuchende	210
11.3.1	Höhe des Regelbedarfs	210
11.3.2	Befristeter Zuschlag	211
11.3.3	Freibeträge	211
11.3.4	Kinderzuschlag	214
11.4	Zumutbare Arbeit	215
11.5	Sanktionen	215
11.6	Soziale Sicherung	217
11.7	Träger	217
11.8	Finanzierung	217
Zusammenfassung		217
Aufgaben zur Selbstüberprüfung Kapitel 11 unter www.lambertus.de		219

Kapitel 12 ... 221
12. Sozialhilfe (SGB XII) ... 221

12.1	Inhaltsübersicht Zwölftes Buch	221
12.2	Entwicklung der Sozialhilfe	225
12.3	Ziele und Grundsätze	226
12.4	Träger der Sozialhilfe	227
12.5	Leistungsarten der Sozialhilfe	227
12.5.1	Hilfe zum Lebensunterhalt	228
12.5.2	Grundsicherung im Alter und bei Erwerbsminderung	229
12.5.3	Hilfen zur Gesundheit	231
12.5.4	Eingliederungshilfe für behinderte Menschen	231
12.5.5	Hilfe zur Pflege	231
12.5.6	Hilfe zur Überwindung besonderer sozialer Schwierigkeiten	232
12.5.7	Hilfe in anderen Lebenslagen	232
12.6	Regelungen zur Einkommensanrechnung	233
12.6.1	Prüfschema zum Einkommenseinsatz	234
12.6.2	Vermögenseinsatz	236
12.7	Einsatz der Arbeitskraft	236
12.7.1	Arbeitspflicht	236
12.7.2	Anreize und Sanktionen	237
12.8	Sozialrechtliches Dreiecksverhältnis	237
12.9	Prüfschemata und Fallbeispiele	238
12.9.1	Erstattung zu Unrecht geleisteter Sozialhilfe	238
12.9.2	Kostenersatz durch Erben	241
Zusammenfassung		241
Aufgaben zur Selbstüberprüfung Kapitel 12 unter www.lambertus.de		242

Kapitel 13 — 243
13 Leistungen für Asylbewerber — 243
- 13.1 Politisches Asyl in Deutschland — 243
- 13.2 Asylverfahren — 243
- 13.3 Asylbewerberleistungsgesetz — 243

Kapitel 14 — 245
14 Soziale Entschädigung — 245
- 14.1 Kriegsopferversorgung — 245
- 14.1.1 Leistungsberechtigung/Voraussetzungen — 245
- 14.1.2 Heilbehandlung — 246
- 14.1.3 Versorgungskrankengeld / Krankenbehandlung — 246
- 14.1.4 Rente — 246
- 14.1.5 Ergänzende Leistungen — 247
- 14.2 Opfer von Gewalttaten — 249
- 14.3 Impfopfer — 249
- Zusammenfassung — 250
- Aufgaben zur Selbstüberprüfung Kapitel 14 unter www.lambertus.de — 250

Kapitel 15 — 251
15 Kinder- und Jugendhilfe (SGB VIII) — 251
- 15.1 Inhaltsübersicht Achtes Buch — 251
- 15.1.1 Aufgaben / Leistungen — 251
- 15.1.2 Förderung der Erziehung in der Familie — 252
- 15.1.3 Förderung von Kindern in Tageseinrichtungen und in Kindertagespflege — 252
- 15.1.4 Hilfe zur Erziehung — 252
- 15.1.5 Schutz von Kindern und Jugendlichen — 253
- 15.1.6 Mitwirkung in gerichtlichen Verfahren — 254
- 15.2 Freie Träger — 255
- 15.3 Kostenbeteiligung — 255
- 15.4 Aufgaben des Jugendamts — 255
- 15.5 Überblick über Hilfe zur Erziehung, Eingliederungshilfe und Hilfe für junge Volljährige — 257
- 15.6 Jugendhilfe und Familie — 258
- 15.7 Kindeswohl: Grundbedürfnisse des Kindes — 260
- 15.8 Schutzauftrag bei Kindeswohlgefährdung — 260
- 15.9 Überblick über den gesetzlichen Jugendschutz — 261
- 15.10 Einsatz des Einkommens und Vermögens — 262
- 15.11 Finanzierung — 263
- 15.12 Rechtsschutz — 263
- Zusammenfassung — 263
- Aufgaben zur Selbstüberprüfung Kapitel 15 unter www.lambertus.de — 264

Kapitel 16 — 265
16 Hilfen für Familien — 265
- 16.1 Mutterschutz — 265
- 16.1.1 Geltungsbereich des Mutterschutzgesetzes — 265
- 16.1.2 Kündigungsschutz — 266
- 16.1.2.1 Ausnahmen vom Kündigungsverbot — 266
- 16.1.2.2 Zustimmung der Aufsichtsbehörde — 266
- 16.1.2.3 Elternzeit — 267
- 16.1.2.4 Eigenkündigung / Aufhebungsverträge — 267
- 16.1.2.5 Wiedereinstellung nach der Entbindung — 267
- 16.1.3 Schutz für Mutter und Kind am Arbeitsplatz — 267
- 16.1.3.1 Generelles Beschäftigungsverbot — 268
- 16.1.3.2 Individuelles (attestiertes) Beschäftigungsverbot — 268
- 16.1.3.3 Beschäftigungsverbot nach der Entbindung — 269
- 16.1.3.4 Mutterschutzlohn — 269
- 16.1.3.5 Schutzfristen vor und nach der Entbindung — 269
- 16.1.3.6 Fehlgeburt/Tod des Kindes — 270
- 16.1.4 Stillende Mütter — 270
- 16.1.5 Mutterschutz und Elternzeit — 270
- 16.1.6 Einhaltung der Mutterschutzvorschriften — 270
- 16.1.7 Leistungen der gesetzlichen Krankenkassen — 271
- 16.1.8 Finanzielle Absicherung während der Schutzfristen — 271
- 16.1.8.1 Mutterschaftsgeld der gesetzlichen Krankenversicherung — 272
- 16.1.8.2 Arbeitgeberzuschuss — 272
- 16.1.8.3 Mutterschaftsgeld des Bundesversicherungsamtes — 273
- 16.1.8.4 Leistungen für arbeitslose Frauen ohne Anspruch auf Arbeitgeberzuschuss — 273
- 16.1.9 Gesetzliche Kranken-, Renten- und Arbeitslosenversicherung — 274
- 16.1.10 Umlageverfahren zum Ausgleich der Aufwendungen — 274
- 16.2 Kindergeld — 274
- 16.2.1 Sonderfälle — 275

16.2.2	Kinderfreibetrag und der Freibetrag für Betreuung und Erziehung oder Ausbildung	276
16.2.3	Kinderzuschlag	276
16.3	Elterngeld	276
16.3.1	Höhe des Elterngeldes	277
16.4	Elternzeit	278
16.5	Betreuungsgeld	279
16.6	Unterhaltsvorschuss	279

Zusammenfassung ... 280
Hintergrundinformation ... 281
Aufgaben zur Selbstüberprüfung Kapitel 16 unter www.lambertus.de ... 281

Kapitel 17 ... 283
17 Wohngeld ... 283
Voraussetzungen ... 284
Aufgaben zur Selbstüberprüfung Kapitel 17 unter www.lambertus.de ... 285

Kapitel 18 ... 287
18 Ausbildungsförderung ... 287
18.1	Rechtsgrundlagen	287
18.2	Bundesausbildungsförderungsgesetz	287

Aufgaben zur Selbstüberprüfung Kapitel 18 unter www.lambertus.de ... 289

Kapitel 19 ... 291
19 Sozialgerichtsbarkeit ... 291
19.1	Allgemeines	291
19.2	Aufbau der Gerichte	291
19.2.1	Sozialgerichte	291
19.2.2	Landessozialgerichte	292
19.2.3	Bundessozialgericht	292
19.3	Beteiligte	292
19.4	Grundsätze des Verfahrens	293
19.4.1	Grundsatz der Amtsermittlung (Offizialmaxime)	293
19.4.2	Grundsatz der Mündlichkeit und des rechtlichen Gehörs	293
19.4.3	Grundsatz der Unmittelbarkeit	293
19.4.4	Grundsatz der freien Beweiswürdigung	293
19.4.5	Grundsatz der Öffentlichkeit	293
19.5	Gang des Verfahrens	293
19.5.1	Vorverfahren	293
19.5.2	Erhebung der Klage	294
19.5.3	Anfechtungsklage	295
19.5.4	Leistungsklage	296
19.5.5	Feststellungsklage	296
19.5.6	Untätigkeitsklage	296
19.6	Mündliche Verhandlung	296
19.7	Rechtsmittel	297
19.7.1	Berufung	297
19.7.2	Revision	297
19.7.3	Beschwerde	298
19.8	Wiederaufnahmeverfahren	298
19.9	Kosten	298
19.10	Reform des Sozialgerichtsgesetzes (SGG)	298

Zusammenfassung ... 300
Aufgaben zur Selbstüberprüfung Kapitel 19 unter www.lambertus.de ... 300
Schlussbemerkung ... 300

Anhang ... 301
Abkürzungsverzeichnis ... 301
Literaturverzeichnis ... 306
Gesetzestext ... 306
Webliografie ... 307
Abbildungsverzeichnis ... 307
Tabellenverzeichnis ... 307

Glossar ... 309

Sachwortverzeichnis ... 333

Der Autor ... 343

Aufgaben zur Selbstüberprüfung unter www.lambertus.de

Erstes Modul
Sozialversicherung 1

- Allgemeiner Teil, Gemeinsame Vorschriften
- Gesetzliche Krankenversicherung
- Soziale Pflegeversicherung

Vorwort

Das Sozialrecht wird in seiner Komplexität und Intransparenz nur noch vom deutschen Steuerrecht übertroffen. Sie als Studierende und Berufseinsteiger benötigen daher einen Kompass, um nicht die Orientierung zu verlieren. Das vorliegende Buch will Ihnen eine solche Hilfestellung bieten, damit Sie

- einen Wegweiser im Paragrafen-Labyrinth bekommen und sich Zusammenhänge erschließen können,
- Grundkenntnisse über Funktion, Organisation und Finanzierung der sozialen Sicherung in Deutschland erlangen,
- sich mit der Forderung nach steigender Eigenverantwortung in allen Bereichen der sozialen Sicherung auseinanderzusetzen wissen und
- erkennen, dass der Sozialstaat zwar die Arbeitgeber, Arbeitnehmer und Steuerzahler mit hohen Kosten belastet, die soziale Sicherheit aber auch ein wichtiger Produktivfaktor der Volkswirtschaft ist und
- einen Beitrag zum gesellschaftlichen Zusammenhalt leistet.

Nach dem Durcharbeiten der vier Module

- sind Sie in der Lage, Sachverhalte und Problemstellungen, die in der beruflichen Praxis erlebt werden, nach juristischen Kategorien zu ordnen und zu entscheiden,
- sind Sie fähig, mit Gesetzestexten zu arbeiten,
- erkennen Sie die Gestaltungsmöglichkeiten und -pflichten, die das Sozialrecht eröffnet, sowie die Gebundenheit Ihres beruflichen Handelns an das Recht.

Insbesondere die Visualisierung der Gesetzesmaterie in Schaubildern und Übersichten soll Ihnen das Verständnis erleichtern.

Zahlreiche Beispiele veranschaulichen die Darstellung und die Übungsaufgaben unterstützen das Selbststudium.

Unerlässlich ist jedoch, dass Sie die erwähnten Rechtsnormen lesen! Ohne die parallele und konzentrierte Lektüre der angegebenen Paragrafen kann das Rechtsgebiet nicht erschlossen werden.

Und nun wünsche ich Ihnen viel Freude beim Gewinnen neuer Ein- und Durchblicke!

Bad Dürrheim, im Januar 2014

Kapitel 1

1 Einführung in das Sozialrecht

> Mit der Lektüre dieses Kapitels
> - lernen Sie Entwicklung, Prinzipien und Aufgaben des Sozialstaats und des Sozialrechts kennen und verstehen,
> - gewinnen Sie ein Basis- und Strukturwissen über das Sozialrecht der Bundesrepublik Deutschland (insbesondere das Sozialgesetzbuch),
> - begreifen Sie, dass zum Sozialrecht nicht nur der zentrale Bereich der sozialen Vorsorge (Sozialversicherung), sondern auch die Bereiche Soziale Entschädigung, Soziale Förderung und Soziale Hilfen zählen.

1.1 Geschichtliche Entwicklung

Eine Versicherung zur Vorsorge für Notlagen gab es in der Antike und der Frühzeit nur in Ansätzen. Damals sorgte die Familie oder Sippe für die Invaliden (Erwerbsunfähigen), Alten und Hinterbliebenen.

Mit der allmählichen Spezialisierung der Arbeitswelt begann der Ruf nach einer von der Familie bzw. Sippe unabhängigen, umfassenden sozialen Sicherung.

So gab es bereits im antiken Griechenland eine staatliche Armenfürsorge und in einigen Vereinen (z.B. Handwerkergilden) halfen sich die Mitglieder selbst. Auch aus dem antiken und frühchristlichen Rom sind Krankenkassen- und Sterbekassenvereine bekannt.

Das **Mittelalter** ist gekennzeichnet durch die Fürsorge der Kirche, insbesondere durch die Klöster. Meist war dem Kloster ein Krankenhaus angeschlossen. Bedeutsam aus dieser Zeit ist auch die Fürsorge der Ritterorden, die nach ihrem Gelübde verpflichtet waren, für die kranken und zurückgelassenen Glaubensbrüder zu sorgen. Die Orden errichteten und betrieben Hospitäler. Später begannen auch größere Städte, Hospitäler zu gründen. Im Dreißigjährigen Krieg (1618–1648) wurden die Fürsorgeeinrichtungen der Städte und Kirchen weitgehend zerstört.

Wegen der besonderen Berufsgefahr im Bergbau entstanden hier schon frühzeitig Selbsthilfeeinrichtungen („Büchsenkassen"); im Handwerk bildeten sich Zünfte oder Innungen.

Der Beginn der **Industrialisierung** Ende des 18. Jahrhunderts war zugleich eine neue Herausforderung an die soziale Sicherung. Wer als Industriearbeiter wegen Krankheit, Invalidität oder Alter aus dem Arbeitsleben ausscheiden musste, konnte sich nicht mehr auf Selbsthilfe verlassen. Lange ignorierte der Staat die Not der Fabrikarbeiter (unmenschliche Arbeitsbedingungen und niedrige Löhne) und das Elend der Handwerksgesellen. Die Gesamtheit der sozialen Probleme (Kinderarbeit, lange Arbeitszeit, miserable Wohnverhältnisse etc.) beim Übergang von der Agrar- zur Industriegesellschaft wurde damals in dem Begriff „Soziale Frage" zusammengefasst.

Die tiefgreifenden technologischen, ökonomischen und sozialen Umwälzungen („Industrielle Revolution") machten schließlich ein Eingreifen des Staates erforderlich. Durch die **Kaiserliche Botschaft** Wilhelms I. vom 17.11.1881, die auf einer Anregung Bismarcks beruht, wurde der Aufbau der Arbeiterversicherung eingeleitet. Diese Botschaft wird als „Magna Charta" oder auch als die Geburtsurkunde der deutschen Sozialversicherung bezeichnet.[1]

Die **Reichsversicherungsordnung (RVO)** von 1911 stellt die erste systematische Zusammenfassung (Kodifikation) des neuen Rechtsgebietes dar.

---
[1] Zur Geschichte des Sozialrechts in Deutschland vgl. Stolleis, a.a.O.; In die Zukunft gedacht, Bilder und Dokumente zur Deutschen Sozialgeschichte. BMAS (Hg.), Bonn 2014.

Seit 1975 ist der Gesetzgeber bestrebt, das gesamte Sozialrecht im **Sozialgesetzbuch** (SGB) zusammenzufassen. Eine Zusammenschau der Entwicklung seit Bismarck gibt Abb. 1.1:

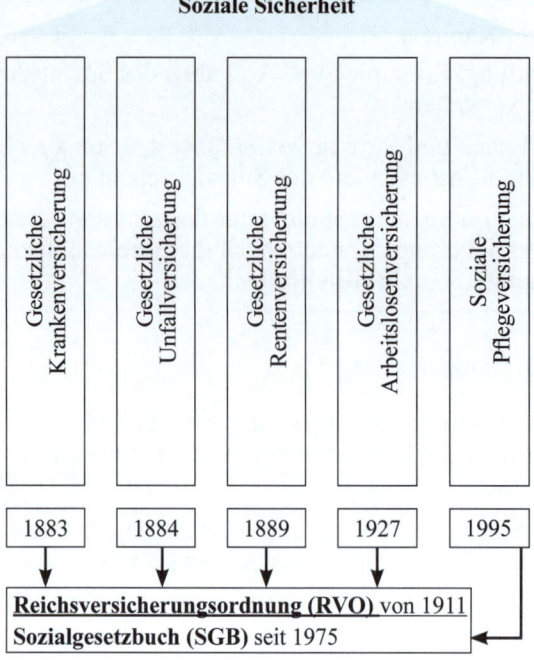

Abb. 1.1: Die fünf Säulen der Sozialversicherung

1.2 Rechtlicher Rahmen des Sozialrechts

Das Sozialrecht ist ein Rechtsbereich, der in den letzten Jahrzehnten nicht nur an Umfang, sondern auch an Bedeutung zugenommen hat. Der Begriff „Sozialrecht" ist gesetzlich nicht definiert. Im sozialrechtlichen Schrifttum versteht man darunter überwiegend den Teil der Rechtsordnung, den der Gesetzgeber erkennbar dem Sozialrecht zuweist. Das Sozialrecht in diesem formellen Sinne umfasst einerseits die im Sozialgesetzbuch (SGB) geregelten Materien, andererseits die Gesetze, die durch § 68 SGB I als besondere Teile in das Sozialgesetzbuch einbezogen sind (z. B. BAföG). Ob das Sozialrecht nach inhaltlichen Kriterien (sog. materieller Sozialrechtsbegriff) definiert werden kann, ist umstritten.

1.2.1 Regelungsbereiche

Nach der klassischen Gliederung wurde das System der Sozialen Sicherung in „Versicherung", „Versorgung" und „Fürsorge" dreigeteilt.

1 Einführung in das Sozialrecht

Tabelle 1.1: Grundprinzipien sozialer Sicherung („klassische" Gliederung)

	Versicherungsprinzip (Vorsorge)	Versorgungsprinzip (Entschädigung)	Fürsorgeprinzip (Förderung und Hilfe)
Sicherungsvoraussetzung	Mitglied der Sozialversicherung	speziell eingeräumter Rechtsanspruch	individuelle Notlage
Leistungsanspruch	bei Eintritt des Versicherungsfalls	bei Vorliegen gesetzlich bestimmter Merkmale	bei Bedürftigkeit
Leistungshöhe	standardisiert nach Art des Versicherungsfalls	standardisiert nach Art des Versorgungsfalls	individualisiert nach Art und Umfang der Bedürftigkeit
Gegenleistung	ja: Versicherungsbeiträge	ja: besondere Opfer und Leistungen (Sonderopfer) für die Gemeinschaft	nein
Bedürftigkeitsprüfung	nein	nein	ja
Sozialleistungen	Sozialversicherung: • Gesetzliche Rentenversicherung • Gesetzliche Krankenversicherung • Gesetzliche Unfallversicherung • Arbeitslosenversicherung (Arbeitsförderung) • Soziale Pflegeversicherung	z. B.: • Kriegsopferversorgung • Entschädigung bei Impfschäden • Beamtenversorgung • Entschädigung der Opfer von Straftaten	z. B.: • Grundsicherung für Arbeitsuchende • Sozialhilfe • Kinder- und Jugendhilfe • Ausbildungsförderung • Wohngeld
Finanzierung	Beiträge und Staatszuschüsse	Steuermittel	Steuermittel

Das Sozialrecht wird nach heute überwiegender Meinung in die Teilbereiche soziale Vorsorge, soziale Entschädigung, soziale Förderung und Sozialhilfe eingeteilt (vgl. Abb.1.2)

- **Soziale Vorsorge** = Leistungen für Lebensrisiken, für die der Einzelne durch Beitragszahlung Vorsorge treffen kann.
- **Soziale Entschädigung** = steuerfinanzierte Leistungen zum Ausgleich von Gesundheitsschäden, für die der Staat eine besondere Verantwortung trägt, weil er von seinen Bürgerinnen/Bürgern „Sonderopfer" verlangt.
- **Soziale Förderung** = steuerfinanzierte Leistungen zur Herstellung von Chancengleichheit.
- **Sozialhilfe** = steuerfinanzierte Leistungen zur Absicherung des Existenzminimums bedürftiger Menschen.

Recht der sozialen Sicherheit

Soziale Vorsorgesysteme (Sozialversicherung)	Soziale Förderungssysteme	Soziale Hilfesysteme	Soziale Entschädigungssysteme
Rentenversicherung (SGB VI)	Kinder- und Jugendhilfe (SGB VIII)	Grundsicherung für Arbeitsuchende (SGB II)	Kriegsopferversorgung (BVG)
Krankenversicherung (SGB V)	Arbeitsförderung (SGB III)	Sozialhilfe (SGB XII)	Soldatenversorgung (SVG) und Zivildienstversorgung (ZDG)
Unfallversicherung (SGB VII)	Ausbildungsförderung (BAföG)	Unterhaltsvorschussgesetz (UVG)	Opferentschädigung (OEG)
Pflegeversicherung (SGB XI)	Familienförderung: Kindergeld (EStG, BKGG); Elterngeld/ Betreuungsgeld (BEEG)	Asylbewerberleistungsgesetz (AsylbLG)	Infektionsschutzgesetz (IfSG)
Arbeitslosenversicherung (SGB III)	Wohnungsförderung (WoGG)		SED-Unrechtsopferentschädigung (HHG, StrRehaG, VwRehaG)
	Teilhabe behinderter Menschen (SGB IX)		

Abb. 1.2: Gliederung des Sozialrechts („moderne" Gliederung)

1.2.2 Standort des Sozialrechts im Rechtssystem

Das Sozialrecht wird überwiegend dem öffentlichen Recht zugeordnet. Dies darf nicht zu dem Fehlschluss verleiten, dass es im Sozialrecht ausschließlich öffentlich-rechtliche Rechtsbeziehungen gäbe. Vor allem im sog. Leistungserbringungsrecht, also den Rechtsbeziehungen zwischen den Versicherten, den Leistungsträgern und den Leistungserbringern (sozialen Einrichtungen, Ärzten etc.), finden sich dem Privatrecht zuzurechnende Beziehungen.

Soziale Risiken werden in der Bundesrepublik Deutschland nicht nur mit Sozialleistungen, sondern auch mit sonstigen öffentlich-rechtlichen Leistungen, Steuererleichterungen, Leistungen der Arbeitgeber und privater Vorsorge bewältigt.

Bei den öffentlichen Leistungen kommt den Sozialleistungen die größte Bedeutung zu. Ferner zählen hierzu z. B. die Leistungen nach dem Asylbewerberleistungsgesetz sowie der Lastenausgleich für Vertriebene.

Die Arbeitgeber sind teilweise zur Beteiligung an der sozialen Sicherung ihrer Arbeitnehmer verpflichtet (z. B. Tragung eines Teils der Sozialversicherungsbeiträge, Entgeltfortzahlung im Krankheitsfall), teilweise erbringen sie diese freiwillig (z. B. Zahlung von Betriebsrenten).

Bei der Absicherung sozialer Risiken kommt der privaten Vorsorge eine wachsende Bedeutung zu. Da die öffentlichen Systeme keine ausreichenden Leistungen mehr zur Verfügung stellen, müssen die Bürger vermehrt private Vorsorge für soziale Risiken treffen. Teilweise wird dies durch staatliche Zuschüsse, z. B. zu den Beiträgen zur Riester-Rente, gefördert (zu privaten Ab-/Versicherungen und ihrer Stellung im Vergleich zur Sozialversicherung vgl. Tabelle 1.2)

Tabelle 1.2: Vergleich: Sozialversicherung - Privatversicherung

Merkmale	Sozialversicherung	Privatversicherung
Rechtsgrundlage	Gesetz/Satzung	Vertrag
Risikoabsicherung	Umfang durch Gesetz/Satzung vorgegeben	selbstbestimmt, z. T. individuelle Risiken
Mitgliedschaft	i. d. R. Zwang, ausnahmsweise freiwillig (z. B. freiwillige Versicherung in der gesetzlichen Krankenversicherung)	i. d. R. freiwillig, ausnahmsweise Zwang (z. B. Kfz-Haftpflicht)
Finanzierung	Beiträge der Versicherten und ihrer Arbeitgeber, staatliche Zuschüsse	Beiträge der Versicherten
Leistungen	bedarfs- und/oder beitragsorientiert	beitragsorientiert
Grundprinzip	Solidaritätsprinzip	Äquivalenzprinzip
Organisation	öffentlich-rechtliche, i. d. R. nicht frei wählbar	privatrechtlich, i. d. R. frei wählbar
Rechtsweg	Sozialgerichte	Ordentliche Gerichte

1.3 Aufgaben des Sozialrechts

Die Bundesrepublik Deutschland ist nach ihrer Verfassung (Staatsziel) ein demokratischer und sozialer Rechtsstaat (Art. 20 und Art. 28 Grundgesetz). Das damit zum Ausdruck gebrachte **Sozialstaatsprinzip** besagt, dass jeder Bürger Anspruch angemessene Lebensmöglichkeiten und ein menschenwürdiges Dasein hat.

Aufgabe des Sozialrechts ist es, soziale Gerechtigkeit und soziale Sicherheit zu verwirklichen (vgl. § 1 Abs. 1 Satz 1 SGB I).

Was mit diesen beiden Begriffen gemeint ist, wird im SGB nicht näher definiert. Es finden sich aber zumindest Konkretisierungen. Nach § 1 Abs. 1 Satz 2 SGB I obliegt es dem Sozialrecht, jedem Bürger ein menschenwürdiges Dasein zu sichern, die freie Entfaltung der Persönlichkeit und einen frei gewählten Erwerb des Lebensunterhalts zu ermöglichen, die Familie zu schützen und zu fördern sowie besondere Lebensbelastungen abzuwenden und auszugleichen (vgl. Kap. 1.5).

Eine weitere Konkretisierung erfolgt durch die sozialen Rechte.

Die dritte Konkretisierungsstufe findet sich in den §§ 18–29 SGB I, die jeweils in ihrem Absatz 1 eine Übersicht über die Leistungen eines Bereiches der sozialen Sicherung (z. B. § 18 Abs. 1 SGB I über die Arbeitsförderung) und in ihrem Absatz 2 über die jeweils zuständigen Träger geben. Rechtliche Wirkung entfalten diese Einweisungsvorschriften aber nicht.

Dem Sozialrecht kommt auch eine Ordnungsfunktion zu. Ordnend wirkt es zunächst dadurch, dass es institutionelle Rahmenbedingungen für den Bereich der sozialen Sicherung schafft. Es legt die Organisationsstruktur der für die soziale Sicherung verantwortlichen Leistungsträger (z. B. Krankenkassen) und deren Zuständigkeit fest. Es bestimmt, wer als Leistungserbringer (z. B. Arzt) tätig sein darf, welchen qualitativen Anforderungen diese genügen müssen und wie sich deren Vergütung bemisst. Das Sozialrecht nimmt ferner ordnend auf Verfahren Einfluss; so verpflichtet es z. B. die Leistungsträger, vor einer nachteiligen Entscheidung die Beteiligten anzuhören (§ 24 SGB X).

Nicht nur in den Anfangszeiten hatte das Sozialrecht eine **staatsstabilisierende Funktion**. Die Arbeiterschaft sollte u. a. mit den Leistungen des Sozialrechts in das gesellschaftliche System eingebunden werden, um so revolutionären Bestrebungen entgegenzuwirken.

1.3.1 Soziale Gerechtigkeit

Die Schwierigkeit im Umgang mit dem Thema Gerechtigkeit liegt nicht zuletzt darin, dass es keine verbindliche Definition gibt und dass Gerechtigkeit immer auch eine Empfindung, (Gerechtigkeitsgefühl), also subjektiv geprägt ist. Für die einen ist soziale Gerechtigkeit ein schillernder Begriff (Illusion), für die anderen ein Schlüsselbegriff der Politik.

Diskutiert werden verschiedene Aspekte und Dimensionen von sozialer Gerechtigkeit:
- Verteilungsgerechtigkeit („Allen das Gleiche" oder „Jedem das Seine"?)
- Leistungsgerechtigkeit
- Bedarfsgerechtigkeit
- Chancengerechtigkeit
- Generationengerechtigkeit

Gerechtigkeit hat unstrittig mit **Gleichheit** zu tun. Ungleichbehandlung bedarf stets einer besonderen Rechtfertigung. Wie gleich müssen die BürgerInnen, wie unterschiedlich dürfen sie sein, damit eine Gesellschaftsordnung als gerecht bezeichnet wird?

Kontrovers diskutiert wird auch die Frage, wo die (relative) Gleichheit bestehen müsse, bei den Chancen oder bei den Ergebnissen. Ist jeder seines Glückes Schmied und für seinen Erfolg/Misserfolg selbst verantwortlich oder muss der Staat dafür sorgen, dass im Ergebnis alle einen fairen Anteil am Wohlstand, an sozialer Sicherung, an Bildung, an Gesundheitsversorgung usw. besitzen?

Staatliche Sozialpolitik hat also nicht die Gleichheit aller Gesellschaftsmitglieder zum Ziel, sondern das Maß der sozial verträglichen Ungleichheit.

Bei den in § 1 Abs. 1 Satz 1 SGB I genannten Zielen der sozialen Gerechtigkeit und der sozialen Sicherheit handelt es sich um sehr allgemeine Begriffe, die sich nicht abschließend umschreiben lassen. Einige grundsätzliche Feststellungen können jedoch, wie oben erwähnt, getroffen werden:

Zur sozialen Gerechtigkeit gehört zunächst, dass jeder Mensch die Chance hat, die seinen individuellen Kräften und Fähigkeiten entsprechende soziale Stellung in Staat und Gesellschaft zu erlangen und zu erhalten. Hierzu dienen etwa die Angebote der Kinder- und Jugendhilfe (§ 8 SGB I), die dann zum Tragen kommen, wenn eine der Entwicklung junger Menschen angemessene Erziehung nicht ohne staatliche Unterstützung der Eltern und ihrer Kinder gewährleistet werden kann. Erforderlich ist ferner eine von wirtschaftlichen Sorgen freie schulische und berufliche Aus- und Fortbildung insbesondere der jungen Menschen, aber auch der bereits im Arbeitsleben stehenden Bürger. Die Bildungs- und Arbeitsförderung (§ 3 SGB I) ist daher eine wichtige Aufgabe des Sozialrechts. In gesteigertem Maße bedürfen einer Förderung unter dem Gesichtspunkt der **Chancengleichheit** körperlich, geistig und seelisch Behinderte mit dem Ziel, ihnen so gut wie möglich eine Teilhabe am Leben in der Gesellschaft zu ermöglichen (§ 10 SGB I, § 1 Satz 1 SGB IX).

Der Chancengleichheit als Ausprägung sozialer Gerechtigkeit dienen weiter die Leistungen zur Minderung des Familienaufwandes für Kinder (insbesondere in Form des Kindergeldes), zur besseren Vereinbarkeit von Familie und Beruf (in Form des Elterngeldes) sowie die Zuschüsse zur Miete (in Form von Wohngeld) und zu vergleichbaren Aufwendungen mit dem Ziel, den Berechtigten eine angemessene Wohnung zu ermöglichen, §§ 6 und 7 SGB I.

Die **Generationengerechtigkeit** verlangt u. a., dass die Finanzierung der sozialen Sicherheit im Alter immer wieder neu, sowie in der Lastenverteilung zwischen den Generationen, fair und zumutbar ausbalanciert wird.

Um die Gewährleistung von sozialer Gerechtigkeit geht es ferner bei der Entschädigung von Personen, die im Interesse der Allgemeinheit ein gesundheitliches Opfer erbracht haben, z. B. als Bundeswehrsoldat infolge eines Wehrdienstunfalls zu Schaden gekommen sind, § 5 SGB I. Schließlich erfordert soziale Gerechtigkeit Hilfen zur **Sicherung des Existenzminimums** in elementaren Notsituationen, insbesondere dann, wenn alle anderen Hilfs- und Förderungssysteme versagen. Diese Aufgabe erfüllt als sozialrechtliches Basissystem (Auffangnetz) vor allem die Sozialhilfe, § 9 SGB I.

Soziale Gerechtigkeit wird jedoch nicht nur durch unmittelbare Leistungsgewährung angestrebt, sondern auch auf mittelbarem Wege durch soziale Umverteilung, indem z. B. in der gesetzlichen Krankenversicherung alle Versicherten zwar (im Wesentlichen) gleiche Leistungen erhalten, dafür jedoch unterschiedliche Beiträge leisten, deren Höhe vom individuellen Einkommen abhängig ist.

Faktoren sozialer Gerechtigkeit				
Vermeidung von Armut Armutsquote Kinderarmut Altersarmut	**Zugang zu Bildung** Einfluss des sozioökonomischen Hintergrunds Umgang mit Lernschwächeren Investitionen in Forschung und Entwicklung	**Zugang zum Arbeitsmarkt** Arbeitslosenquote Beschäftigungschancen für • Ältere • Migranten • Menschen mit Behinderung • Langzeitarbeitslose • Geringqualifizierte	**Sozialer Zusammenhalt** Ungleichverteilung von Einkommen Einkommensunterschiede zwischen Frauen und Männern System der sozialen Sicherheit Umgang mit Minderheiten	**Generationengerechtigkeit** Umgang mit den Familien, Rentnern Staatsschulden Umweltzerstörung Umgang mit Rohstoffen und Ressourcen

Abb. 1.3: Faktoren sozialer Gerechtigkeit[2]

1.3.2 Soziale Sicherheit

Unter sozialer Sicherheit (sozialer Sicherung) lässt sich in einem ganz allgemeinen Sinn die Möglichkeit des Einzelnen verstehen, auf einer verlässlichen Lebensbasis – vor allem in ökonomischer Hinsicht – sein Leben in einer der menschlichen Würde entsprechenden Weise zu gestalten. Zum Recht der sozialen Sicherheit gehört das gesamte Sozialrecht mit allen Teilgebieten.

Im Übrigen wird der Begriff der sozialen Sicherheit nicht einheitlich gebraucht. Die Art. 22 ff. der Allgemeinen Erklärung der Menschenrechte beziehen in diesen Begriff alles mit ein, was mit menschlichen Grundbedürfnissen zusammenhängt (von Bildung und Arbeit bis hin zu Erholung und Teilnahme am kulturellen Leben). Demgegenüber werden unter sozialer Sicherheit im Europäischen Sozialrecht im Wesentlichen nur jene Gebiete verstanden, die nach deutschem Recht zur Sozialversicherung (Kranken-, Pflege-, Unfall-, Renten- und Arbeitslosenversicherung) sowie zum Familienlasten- bzw. -leistungsausgleich (Kinder- und Elterngeld) zählen, nicht aber z. B. das Recht der sozialen Entschädigung und der Sozialhilfe.

Funktion der sozialen Sicherungssysteme
- Schutz vor Lebensrisiken (Krankheit, Pflegebedürftigkeit, Armut etc.)
- Bewahrung des sozialen Friedens (Stabilisierung des Gesellschaftssystems)
- Abmilderung sozialer Ungerechtigkeiten
- Förderung des gesellschaftlichen Zusammenhalts
- Erhöhung der Lebensqualität
- Steigerung der Arbeitsproduktivität

---

[2] Stiftung Jugend und Bildung nach Bertelsmann Stiftung „Soziale Gerechtigkeit in der OECD – Wo steht Deutschland? (2011).

1.4 Sozialbudget

Einen Überblick über die soziale Sicherung bietet das Sozialbudget der Bundesregierung. Hier werden jährlich die verschiedenen Leistungen der Sicherungssysteme und deren Finanzierung zusammengestellt. Das Sozialbudget erfasst die Gesamtheit aller sozialen Leistungen (nicht zu verwechseln mit dem Begriff des Sozialhaushalts der öffentlichen Hände, also des Bundes, der Länder und der Gemeinden). Im Sozialbudget sind auch Leistungen enthalten, die außerhalb des Sozialrechts im formellen Sinn geregelt sind, etwa die Entgeltfortzahlung der Arbeitgeber im Krankheitsfall oder die Beamtenversorgung. Das Volumen des Sozialbudgets beträgt knapp ein Drittel der deutschen Wirtschaftsleistung, des Bruttoinlandsprodukts (BIP).

Die Sozialleistungsquote ist das rechnerische, in Prozent ausgedrückte Verhältnis der Summe der Sozialleistung zum nominalen Bruttoinlandsprodukt.

Hauptergebnisse Sozialbudget	
Sozialleistungen insgesamt:	767,6 Mrd. €
Sozialleistungsquote:	29,9 %
Leistungen nach Funktionen (ohne Verwaltungsausgaben)	
• Alter und Hinterbliebene	304,1 Mrd. €
• Krankheit und Invalidität	297,3 Mrd. €
• Kinder, Ehegatten und Mutterschaft	81,5 Mrd. €
• Arbeitslosigkeit	34,3 Mrd. €
• Wohnen/Allgemeine Lebenshilfen	19,6 Mrd. €
Finanzierung der Leistungen durch:	
• Sozialbeiträge der Arbeitgeber	33,2 %
• Sozialbeiträge der Versicherten	29,7 %
• Zuschüsse des Staates	35,2 %

Tabelle 1.3: Sozialbudget 2011[3]

1.5 Sozialgesetzbuch

Mit dem Sozialgesetzbuch versucht der Gesetzgeber seit 1975, das in einer Vielzahl von Einzelgesetzen zerstreute und unübersichtliche soziale Leistungsrecht unter einem Dach, dem SGB, zu vereinen und zu harmonisieren, auf diese Weise das **Sozialstaatsgebot** des Grundgesetzes (Art. 20 Abs. 1, Art. 28 Abs. 1 GG) zu konkretisieren. So orientiert sich die Zielstellung des Sozialgesetzbuches in § 1 Abs. 1 SGB I wie folgt an verfassungsrechtlichen Vorgaben:

„Das Recht des Sozialgesetzbuches soll zur Verwirklichung sozialer Gerechtigkeit und sozialer Sicherheit Sozialleistungen einschließlich sozialer und erzieherischer Hilfen gestalten. Es soll dazu beitragen,

- ein menschenwürdiges Dasein zu sichern,
- gleiche Voraussetzungen für die freie Entfaltung der Persönlichkeit, insbesondere auch für junge Menschen zu schaffen,
- die Familie zu schützen und zu fördern,
- den Erwerb des Lebensunterhalts durch eine frei gewählte Tätigkeit zu ermöglichen und
- besondere Belastungen des Lebens, auch durch Hilfe zur Selbsthilfe, abzuwenden oder auszugleichen."

---
[3] Quelle: BMAS 06/2012.

Zur Erfüllung der in § 1 Abs. 1 SGB I beschriebenen Aufgaben dienen die in den §§ 3 bis 10 SGB I formulierten **sozialen Rechte**:
- § 3: Recht auf Bildungsförderung und Arbeitsförderung einschließlich des Rechts auf wirtschaftliche Absicherung bei Arbeitslosigkeit;
- § 4: Recht auf Zugang zur Sozialversicherung sowie auf Inanspruchnahme der Leistungen einschließlich der wirtschaftlichen Absicherung bei Eintritt des Risikos;
- § 5: Recht auf soziale Entschädigung bei Gesundheitsschäden;
- § 6: Recht auf Minderung des Familienaufwands;
- § 7: Recht auf Zuschuss für eine angemessene Wohnung;
- § 8: Recht auf Förderung der Entwicklung junger Menschen und Unterstützung der Erziehung in der Familie (Kinder- und Jugendhilfe);
- § 9: Recht auf Sozialhilfe;
- § 10: Recht behinderter Menschen auf Rehabilitation und gleichberechtigte Teilhabe am Leben in der Gesellschaft.

Zwar können aus diesen sozialen Rechten keine unmittelbaren Ansprüche hergeleitet werden (§ 2 Abs. 1 SGB I); die sozialen Rechte sind aber über ihren deklaratorischen Gehalt hinaus durchaus von rechtlich relevanter Bedeutung, denn sie sind bei der Auslegung der Vorschriften des Sozialgesetzbuchs und bei der Ausübung von Ermessen zu beachten, wobei sicherzustellen ist, dass die sozialen Rechte möglichst weitgehend verwirklicht werden (§ 2 Abs. 2 SGB I).

Das schon Mitte des vorigen Jahrhunderts angedachte Projekt, das gesamte Sozialrecht in einem Gesetzbuch – dem Sozialgesetzbuch – zusammenzufassen, ist bis heute noch nicht zum Abschluss gekommen.

Dem **Allgemeinen Teil** des Sozialgesetzbuches **SGB I**, in Kraft seit 01.01.1976, dessen Regelungen „vor die Klammer" gezogen sind, folgten in chronologischer Reihenfolge:
- das **Vierte Buch SGB IV** – in Kraft getreten am 01.07.1977 – enthält allgemeine Vorschriften für alle Zweige der Sozialversicherung;
- das **Zehnte Buch SGB X** – in Kraft seit 01.01.1981 – enthält die Vorschriften über das von den Leistungsträgern durchzuführende Verwaltungsverfahren und wurde 1982 um die Vorschriften zum Sozialdatenschutz und zur Zusammenarbeit der Leistungsträger ergänzt;
- das **Fünfte Buch SGB V** – Gesetzliche Krankenversicherung – ist durch das Gesundheitsreformgesetz vom 20.12.1988 eingerichtet worden und seit dem 01.01.1989 in Kraft;
- das **Achte Buch SGB VIII** – Kinder- und Jugendhilfe – ist durch das Gesetz zur Neuordnung des Kinder- und Jugendhilferechts vom 26.09.1990 in das Sozialgesetzbuch aufgenommen worden und seit dem 01.01.1991 in Kraft (in den neuen Bundesländern seit 03.10.1990);
- das **Sechste Buch SGB VI** – Gesetzliche Rentenversicherung – wurde als Art. 1 des Rentenreformgesetzes 1992 vom 18.12.1989 verkündet und ist im Wesentlichen seit dem 01.01.1992 in Kraft;
- das **Elfte Buch SGB XI** – Soziale Pflegeversicherung – ist auf das Pflegeversicherungsgesetz vom 26.05.1994 zurückzuführen; die Pflegeversicherung ist – beginnend mit dem 01.01.1995 – stufenweise in Kraft getreten;
- das **Siebte Buch SGB VII** – Gesetzliche Unfallversicherung – ist mit dem Unfallversicherungs-Einordnungsgesetz vom 20.08.1996 eingerichtet worden und seit dem 01.01.1997 in Kraft;
- das **Dritte Buch SGB III** – geht auf das Gesetz zur Reform der Arbeitsförderung vom 24.03.1997 zurück und ist seit dem 01.01.1998 unter dem Titel „Arbeitsförderung" in Kraft;
- mit dem **Neunten Buch SGB IX** – ist das Recht der Rehabilitation und Teilhabe behinderter Menschen am 01.07.2001 in Kraft getreten;
- das **Zweite Buch SGB II** – Grundsicherung für Arbeitsuchende – ist am 01.01.2005 in Kraft getreten;

- mit dem **Zwölften Buch SGB XII** (ebenfalls am 01.01.2005 in Kraft getreten) ist das Sozialhilferecht in das SGB eingefügt worden; in das neue SGB XII ist die Grundsicherung im Alter und bei Erwerbsminderung integriert worden.

Es verbleiben **weitere Sozialleistungsbereiche**, die noch nicht in ein Buch des SGB eingeordnet sind; solange das nicht geschehen ist, gelten die entsprechenden Gesetze gem. **§ 68 SGB I** als besondere Teile des Sozialgesetzbuchs; dazu gehören u. a. das Bundesausbildungsförderungsgesetz (BAföG), das Opferentschädigungsgesetz (OEG), das Wohngeldgesetz (WoGG). Folglich gelten für diese Bereiche die allgemeinen Regelungen des SGB I und des SGB X.

Wie zu erkennen ist, weist das Sozialgesetzbuch keine Binnensystematik auf. Das SGB I und das SGB X enthalten zwar allgemeine Regelungen für alle weiteren Bücher; das SGB IV enthält generelle Regelungen für die Sozialversicherungszweige und die Arbeitslosenversicherung; die im 1. Teil des SGB IX enthaltenen Regelungen haben grundsätzliche Bedeutung für die Rehabilitation und Teilhabe behinderter Menschen gemäß den weiteren Büchern bzw. den besonderen Teilen des SGB. Aber das gesetzgeberische Ziel, durch die **Kodifizierung des Sozialrechts** im SGB dieses Rechtsgebiet für die Bürgerinnen und Bürger transparenter und verständlicher zu machen, wurde nicht erreicht.

Abb. 1.4 versucht deshalb, wenigstens die zentralen Zusammenhänge und Quellen der Finanzierung schematisch darzustellen.

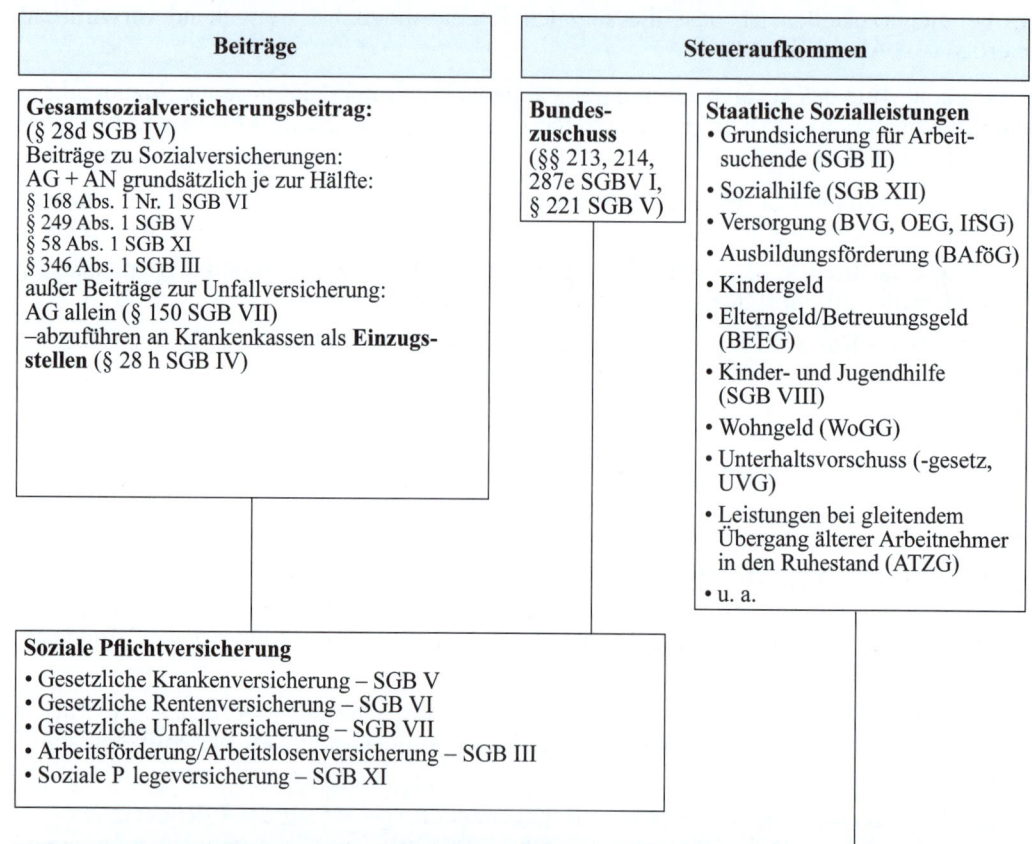

Abb. 1.4: Grundzüge des Sozialrechts (Aufbringung der Mittel)

Zusammenfassung

Das Recht der sozialen Sicherung entstand im Zusammenhang mit der industriellen Revolution im 19. Jahrhundert („Soziale Frage"). Als Geburtsurkunde der deutschen Sozialversicherung gilt die von Bismarck angeregte Kaiserliche Botschaft vom 17.11.1881.

In der Reichsversicherungsordnung von 1911 wurden die bis dahin ergangenen Regelungen zum Schutz der Arbeiter bei Krankheit, Unfall, Invalidität und materieller Not im Alter zusammengefasst.

Der Begriff Sozialrecht wird gesetzlich nicht definiert. Im formellen Sinne versteht man darunter die im Sozialgesetzbuch geregelten Materien, einschließlich der Gesetze, die gemäß § 68 SGB I einbezogen sind.

Seit Ende 1975 sind insgesamt zwölf Bücher des SGB verabschiedet worden; weitere Gesetze sollen noch integriert werden.

Das Sozialrecht wird in die Teilbereiche Soziale Vorsorge (Sozialversicherung), Soziale Entschädigung, Soziale Förderung und Soziale Hilfen eingeteilt.

Aufgabe des Sozialrechts ist es, soziale Gerechtigkeit und soziale Sicherheit zu verwirklichen. Damit wird dem Sozialstaatsgebot des Grundgesetzes entsprochen.

Aufgaben zur Selbstüberprüfung Kapitel 1 unter www.lambertus.de

Kapitel 2

2 Allgemeiner Teil (SGB I)

> Sie können die Aufgaben des Sozialgesetzbuchs benennen, das Sozialrechtsverhältnis beschreiben, und die allgemeinen Grundsätze darstellen, die für alle Bücher des SGB gelten.

2.1 Inhaltsübersicht Erstes Buch

SGB I stellt grundsätzliche Regelungen zur sozialen Sicherheit auf. Die beteiligten Institutionen und deren Zuständigkeiten werden benannt. Allgemeine Rechte und Pflichten der Leistungsempfänger sowie der Sozialversicherungsträger werden bestimmt. Diese Regelungen sind für alle weiteren Bücher des Sozialgesetzbuchs bindend.

Vor dem Inkrafttreten des Sozialgesetzbuchs war seit 1911 die Reichsversicherungsordnung (RVO) gesetzliche Grundlage der Sozialversicherung. Nach dem 2. Weltkrieg wurde die RVO durch zahlreiche Ergänzungen und Sonderbestimmungen immer unübersichtlicher. Deshalb wurden ab 1975 immer mehr Teile der RVO durch Bücher des Sozialgesetzbuchs abgelöst.

§ 1 SGB I bestimmt die „Aufgaben des Sozialgesetzbuchs» (vgl. Kapitel 1.5).

Die §§ 2 bis 10 SGB I enthalten die sog. **sozialen Rechte.** Diese Vorschriften erwecken einen irreführenden Eindruck, denn wie sich aus § 2 Abs. 1 Satz 2 SGB I ergibt, gewähren sie dem Bürger keine subjektiven Rechtsansprüche. Diese richten sich ausschließlich nach den Bestimmungen der besonderen Teile des SGB. Ein Anspruch auf Krankengeld z. B. kann folglich nicht auf das „soziale Recht" des § 4 Abs. 2 Satz 1 Nr. 2 SGB I („wirtschaftliche Sicherung bei Krankheit") gestützt werden, sondern ausschließlich auf § 44 SGB V. Die sog. sozialen Rechte sind also „nur" sozialpolitische Leitvorstellungen des Gesetzgebers.

Von praktischer Bedeutung sind die §§ 13 bis 17 SGB I. Insbesondere die §§ 14 bis 16 SGB 1 gewähren dem Bürger weitreichende Beratungs-, Auskunfts- und Betreuungsansprüche, die für ihn in Anbetracht der Unübersichtlichkeit und schweren Verständlichkeit des Sozialrechts größte Bedeutung haben. Allerdings hat der Gesetzgeber nicht geregelt, welche Rechtsfolgen sich bei Verletzung dieser Ansprüche ergeben. Hier hat die Rechtsprechung im Wege der Rechtsfortbildung einen eigenständigen Ausgleichsanspruch geschaffen, nämlich den sog. sozialrechtlichen **Herstellungsanspruch.** Danach ist der Bürger bei falscher oder unzureichender Auskunft oder Beratung so zu stellen, wie er stünde, wenn die Sozialbehörde richtig und umfassend beraten hätte.

Wichtig ist § 30 SGB I, der das sog. **Territorialitätsprinzip** enthält, demzufolge für die Anwendung sozialrechtlicher Vorschriften nicht die Staatsangehörigkeit, sondern der Wohnsitz bzw. der ständige Aufenthalt des Sozialleistungsberechtigen entscheidend ist. Allerdings ist auf die wichtige Regelung des § 37 SGB I hinzuweisen: Alle Bestimmungen von Buch I (und auch von Buch X) gelten nur, soweit nicht in den anderen Büchern bzw. in den sozialrechtlichen Einzelgesetzen, die als besondere Teile des SGB gelten, abweichende Regelungen enthalten sind. Dies ist gerade in Bezug auf das Territorialitätsprinzip vielfach der Fall. So gelten vor allem für den großen Bereich der Sozialversicherung vorrangig die §§ 3 bis 5 SGB IV, die ihrerseits spezielleren Regelungen weichen (§ 6 SGB IV).

Die §§ 31 ff. SGB I enthalten weitere wichtige allgemeine Grundsätze, u. a. eine besondere sozialrechtliche **Handlungsfähigkeit**, die es bereits 15-Jährigen erlaubt, Sozialleistungen im eigenen Namen geltend zu machen (§ 36 SGB I).

In den §§ 38 ff. SGB I sind für die Praxis wichtige Grundsätze des Leistungsrechts geregelt, u. a. über Fälligkeit, Verzinsung, Verjährung, Verzicht, Aufrechnung und Vererbung.

Das SGB I enthält keine Regelungen zu den Beitragspflichten; das sollte aber nicht verwundern, denn Beiträge kennen nur die Sozialversicherungen, z. B. die Renten-und Krankenversicherung, nicht aber die übrigen Sozialleistungsbereiche, wie z. B. die soziale Entschädigung oder die Sozialhilfe. Näheres zu den Beiträgen ist in den jeweiligen Leistungsgesetzen und in §§ 20 ff. SGB IV geregelt.

Die §§ 60 ff. SGB I sehen schließlich **Mitwirkungspflichten** der Leistungsberechtigten bei Inanspruchnahme von Sozialleistungen sowie Übergangs- und Schlussvorschriften vor.

2.2 Sozialrechtsverhältnis

Unter Sozialrechtsverhältnis versteht man die rechtliche Beziehung zwischen dem Leistungsberechtigten und dem Leistungsträger.

Die §§ 11 und 12 SGB I definieren die für das gesamte SGB grundlegenden Begriffe der Sozialleistung und des Leistungsträgers.

> Das SGB unterscheidet drei Leistungsarten: Dienst-, Sach- und Geldleistungen (§ 11 Satz 1 SGB I).

Die Geldleistung beinhaltet die Zahlung eines Geldbetrages, z. B. von Krankengeld oder von Arbeitslosengeld. Bei der Sachleistung stellt der Leistungsträger eine Sache zur Verfügung, indem er diese entweder dem Leistungsberechtigten unmittelbar aushändigt oder indem sog. Leistungserbringer dies für ihn tun. Dienstleistungen beinhalten z. B. die persönliche und erzieherische Hilfe (§ 11 Satz 2 SGB I).

Sozialleistungsträger sind die in den §§ 18-29 SGB I aufgezählten Körperschaften, Anstalten und Behörden (§ 12 Satz 1 SGB 1), also z. B. Krankenkassen, die Bundesagentur für Arbeit, Berufsgenossenschaften und Sozialämter. Keine Leistungsträger sind die sog. Leistungserbringer. Diese werden von den Leistungsträgern mit der Erbringung von Sach- oder Dienstleistungen nach dem SGB beauftragt. Leistungserbringer sind z. B. Ärzte, Kliniken, Wohlfahrtsverbände, aber auch gewerbliche Anbieter von sozialen Dienstleistungen.

Bei der Erbringung von Sach- und Dienstleistungen sind damit i. d. R. drei Rechtsbeziehungen zu unterscheiden, was mit dem Begriff des **sozialrechtlichen Leistungsdreiecks** zum Ausdruck gebracht wird (s. Abb. 2.1)

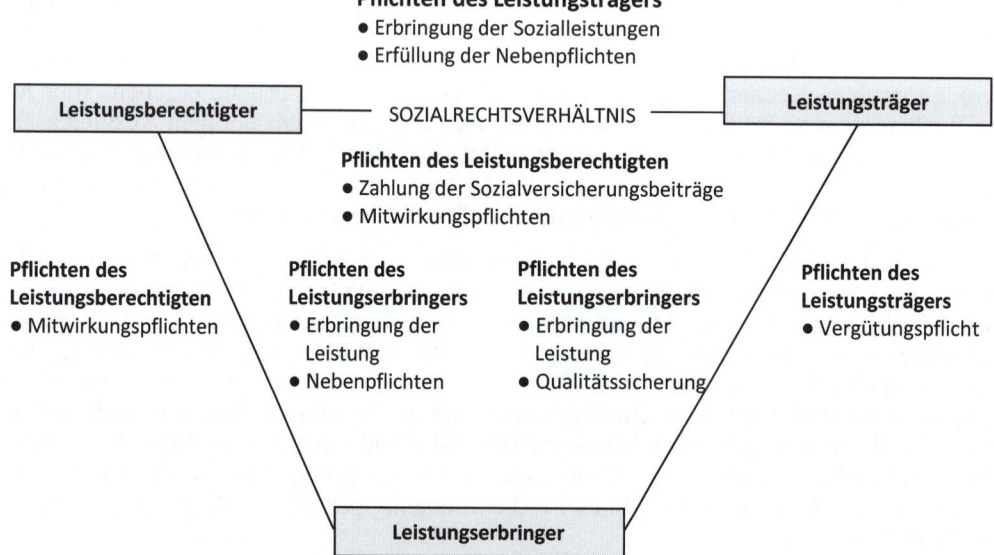

Abb. 2.1: Das sozialrechtliche Leistungsdreieck

Die im Leistungsdreieck erwähnten Nebenpflichten sind:
- Beratung, Auskunft (§§ 13 ff. SGB I)
- Verzinsung bei verspäteter Leistung (§ 44 SGB I)
- Wahrung des Sozialgeheimnisses (§ 35 SGB I i. V. m. §§ 67 ff. SGB X)
- Erstattung zu Unrecht bezogener Leistungen (§ 50 Abs. 1 SGB X)

2.3 Allgemeine sozialrechtliche Grundsätze

§ 30 SGB I regelt den internationalen Geltungsbereich des deutschen Sozialrechts. Grundsätzlich gilt das SGB nur für Personen, die ihren Wohnsitz oder ihren gewöhnlichen Aufenthalt in der Bundesrepublik Deutschland haben.

Von diesem Grundsatz gibt es aber viele Ausnahmen in den besonderen Teilen des SGB, die teilweise die Gewährung von Sozialleistungen im Ausland ermöglichen (z. B. § 6 Abs. 3 SGB VIII, § 24 SGB XII) oder Ausländer von Sozialleistungen ausnehmen (z. B. § 7 SGB II, § 23 Abs. 2 u. 3 SGB XII).

- Im Sozialversicherungsrecht gilt das sog. **Beschäftigungsortprinzip**, nach dem Personen, die in der Bundesrepublik Deutschland eine Beschäftigung ausüben, in den sozialversicherten Personenkreis einbezogen und damit leistungsberechtigt sind. Dies gilt auch, wenn der Arbeitnehmer vorübergehend zur Ausübung einer Beschäftigung ins Ausland entsandt wurde (sog. Ausstrahlung, § 4 SGB IV). Ausgeschlossen sind demgegenüber Personen, die aus dem Ausland nur vorübergehend zur Ausübung einer Beschäftigung in die Bundesrepublik Deutschland entsandt wurden (sog. Einstrahlung, § 5 SGB IV).
- Im Sozialrecht gilt ein umfassender **Vorbehalt des Gesetzes** (§ 31 SGB I). Sozialleistungen werden deshalb nur gewährt, wenn die Leistung gesetzlich geregelt ist.
- Privatrechtliche Vereinbarungen, die zum Nachteil des Betroffenen von den Vorschriften des SGB abweichen, sind nichtig (§ 32 SGB I). So kann etwa ein Arbeitgeber nicht mit seinem Arbeitnehmer vereinbaren, dass der Arbeitnehmer auch den Arbeitgeberanteil zur Sozialversicherung tragen muss.
- Bei der Ausgestaltung von Rechten und Pflichten nach dem SGB sind die individuellen Verhältnisse des Leistungsberechtigten bzw. -verpflichteten (Bedarf, Leistungsfähigkeit) sowie die örtlichen Verhältnisse zu berücksichtigen (§ 33 SGB I). Angemessenen Wünschen der Leistungsberechtigten soll bzw. kann entsprochen werden. Die besonderen Teile des Sozialgesetzbuchs enthalten teilweise Konkretisierungen dieses **Wunschrechts** (z. B. die §§ 5, 36 SGB VIII; § 9 SGB IX).
- Bei altersabhängigen Rechten und Pflichten ist grundsätzlich das Geburtsdatum maßgeblich, das der Leistungsberechtigte oder sein Angehöriger das erste Mal gegenüber dem Leistungsträger oder gegenüber dem Arbeitgeber angegeben hat (§ 33a SGB I).
- Der Begriff der Lebenspartnerschaft unterliegt im Sozialrecht demselben Begriffsverständnis wie im bürgerlichen Recht (§ 33b SGB I). Lebenspartnerschaften sind eingetragene Partnerschaften von Personen gleichen Geschlechts.
- Im Sozialrecht gilt ein umfassendes **Benachteiligungsverbot** (§ 33c SGB I). Niemand darf wegen seiner Rasse, seiner ethnischen Herkunft oder einer Behinderung bei der Inanspruchnahme sozialer Rechte benachteiligt werden.
- Ein im Ausland begründetes familienrechtliches Rechtsverhältnis wird in Deutschland nur berücksichtigt, wenn es einem familienrechtlichen Rechtsverhältnis in Deutschland entspricht (§ 34 SGB I). Haben mehrere Ehegatten Anspruch auf Witwen-/Witwerrente, wird diese aufgeteilt.
- Im Sozialrecht gilt ein umfassendes **Sozial-, Betriebs- und Geschäftsgeheimnis** (§ 35 SGB I).
- **Handlungsfähig** sind im Sozialrecht nicht nur Personen, die nach bürgerlichem Recht geschäftsfähig sind, sondern auch Minderjährige, die das 15. Lebensjahr vollendet haben. Diese können ohne Mitwirkung ihres gesetzlichen Vertreters, also insbesondere der Eltern, Leistungen beantragen, entgegennehmen und Widerspruch und Klage einlegen. Von der vorgezogenen Handlungsfähigkeit ausgenommen sind die Rücknahme von Anträgen, der Verzicht auf Sozialleistungen und die Entgegennahme eines Darlehens. Ferner können die gesetzlichen Vertreter die vorgezogene Handlungsfähigkeit durch entsprechende Erklärung gegenüber dem Leistungsträger einschränken oder ausschließen (§ 36 SGB I).

2.4 Sozialleistungsanspruch

Ansprüche auf Sozialleistungen entstehen, sobald ihre gesetzlichen Voraussetzungen vorliegen (§ 40 Abs. 1 SGB I).

Soweit sich aus dem Gesetz nicht zweifelsfrei ergibt, dass die Gewährung einer Sozialleistung in das Ermessen des Leistungsträgers gestellt ist, besteht ein Rechtsanspruch auf die Sozialleistung (§ 38 SGB I).

Ist die Gewährung der Sozialleistung dagegen in das **Ermessen** des Leistungsträgers gestellt („kann", „ist befugt", „darf"), besteht lediglich ein Anspruch auf fehlerfreie Ermessensausübung (§ 39 SGB I).

Mit dem Entstehen wird der Sozialleistungsanspruch fällig (§ 41 SGB), d. h. die Sozialleistung kann von diesem Zeitpunkt an verlangt werden.

In den besonderen Teilen des SGB wird hiervon teilweise abgewichen; so wird z. B. der Anspruch auf Arbeitslosengeld erst am Ende des Zahlungszeitraums fällig (§ 337 Abs. 2 SGB III).

2.4.1 Wegfall des Leistungsanspruchs

Der Anspruch auf eine Sozialleistung fällt weg, wenn Ereignisse eintreten, die zur zeitweisen oder dauerhaften Beseitigung des Anspruches führen.

Folgende Gründe führen zum Wegfall eines Sozialleistungsanspruchs:

- Der Sozialleistungsanspruch erlischt wegen **Erfüllung**, wenn der richtige Leistungsträger an den richtigen Leistungsberechtigten die richtige Sozialleistung in der richtigen Art und Weise zum richtigen Zeitpunkt am richtigen Ort erbringt (§ 362 BGB analog). Die Erfüllungswirkung tritt auch dann ein, wenn ein anderer unzuständiger Leistungsträger die Leistung gewährt (§ 107 SGB X).

- Zur **Aufrechnung** ist sowohl der Leistungsberechtigte als auch der Leistungsträger berechtigt. Die Aufrechnung des Leistungsträgers wird durch § 51 SGB I eingeschränkt. In weiterem Umfang ist eine Aufrechnung in der Arbeitsförderung, in der Grundsicherung für Arbeitsuchende und in der Sozialhilfe möglich (§ 333 SGB III, § 43 SGB II, § 26 Abs. 2–4 SGB XII).

- Bei der **Verrechnung** wird nicht eine Forderung des Leistungsträgers, sondern die eines anderen Leistungsträgers „aufgerechnet". Damit wird von der bei Aufrechnung grundsätzlich erforderlichen Gegenseitigkeit eine Ausnahme gemacht. Die Verrechnung setzt eine Ermächtigung des anderen Leistungsträgers voraus (§ 52 SGB I).

- Der Sozialleistungsanspruch fällt auch weg, wenn die Leistung berechtigterweise **an Dritte** ausbezahlt wird: bei Unterhaltspflichtverletzung (§ 48 SGB I), bei richterlich angeordneter stationärer Unterbringung (§ 49 SGB I), bei Übertragung / Verpfändung (§ 53 SGB I) bzw. Pfändung (§§ 54, 55 SGB I) des Sozialleistungsanspruches sowie bei Übergang nach dem Tod des Leistungsberechtigten (§§ 56 ff. SGB I). Weitere Fälle berechtigter Auszahlung an Dritte finden sich in den besonderen Teilen des SGB.

- Auf einen Sozialleistungsanspruch kann schriftlich verzichtet werden. Der **Verzicht** ist jederzeit mit Wirkung für die Zukunft widerrufbar (§ 46 SGB I).

- Der Sozialleistungsträger kann die Erfüllung eines Sozialleistungsanspruchs verweigern, wenn er eine Einrede gegen diesen hat. Wichtigste Einrede ist die der **Verjährung**. Ein Sozialleistungsanspruch verjährt innerhalb von vier Jahren nach Ablauf des Kalenderjahres, in dem er entstanden ist (§ 45 SGB I).

- Der Wegfall ist abzugrenzen vom **Ruhen** des Anspruches. Beim Ruhen eines Anspruches besteht dieser zwar weiter, aus ihm können aber keine Rechte geltend gemacht, z. B. kein Krankengeld bezogen werden, solange der Arbeitgeber Entgeltfortzahlung leistet. Regelungen zum Ruhen von Ansprüchen finden sich in den jeweiligen Büchern des SGB.

2.4.2 Einstweilige Sozialleistungen

Bis zur abschließenden Entscheidung über einen Sozialleistungsanspruch verstreicht nicht selten ein längerer Zeitraum. Die Betroffenen sind aber häufig auf die sofortige Gewährung der Sozialleistung angewiesen. Das SGB ermöglicht deshalb die Gewährung einstweiliger Sozialleistungen.

Ein **Vorschuss** kann gewährt werden, wenn der Anspruch dem Grunde nach feststeht und nur die Höhe der Leistung zweifelhaft ist (§ 42 SGB I). Eine **vorläufige Leistung** kann erbracht werden, wenn zwischen Leistungsträgern strittig ist, wer für die Leistung aufkommen muss (§ 43 SGB I).

2.4.3 Übertragung des Sozialleistungsanspruchs

Der Sozialleistungsanspruch steht grundsätzlich dem Leistungsberechtigten zu. Ein Übergang des Anspruches auf andere Personen ist in folgenden Fällen möglich:

- Der Leistungsträger, der die Kosten einer richterlich angeordneten Unterbringung zu tragen hat, kann Ansprüche auf laufende Geldleistungen des Leistungsberechtigten auf sich überleiten (§ 50 SGB I).
- Der Leistungsberechtigte kann seinen Anspruch auf eine Geldleistung an Dritte (z. B. eine Bank) verpfänden oder abtreten (§ 53 SGB I).
- Sozialleistungsansprüche können in den Grenzen der §§ 54, 55 SGB I von Gläubigern des Leistungsberechtigten gepfändet werden.
- Verstirbt der Leistungsberechtigte, gehen bereits entstandene Sozialleistungsansprüche auf seine Sonderrechtsnachfolger bzw. seine Erben über (§§ 56 ff. SGB I).

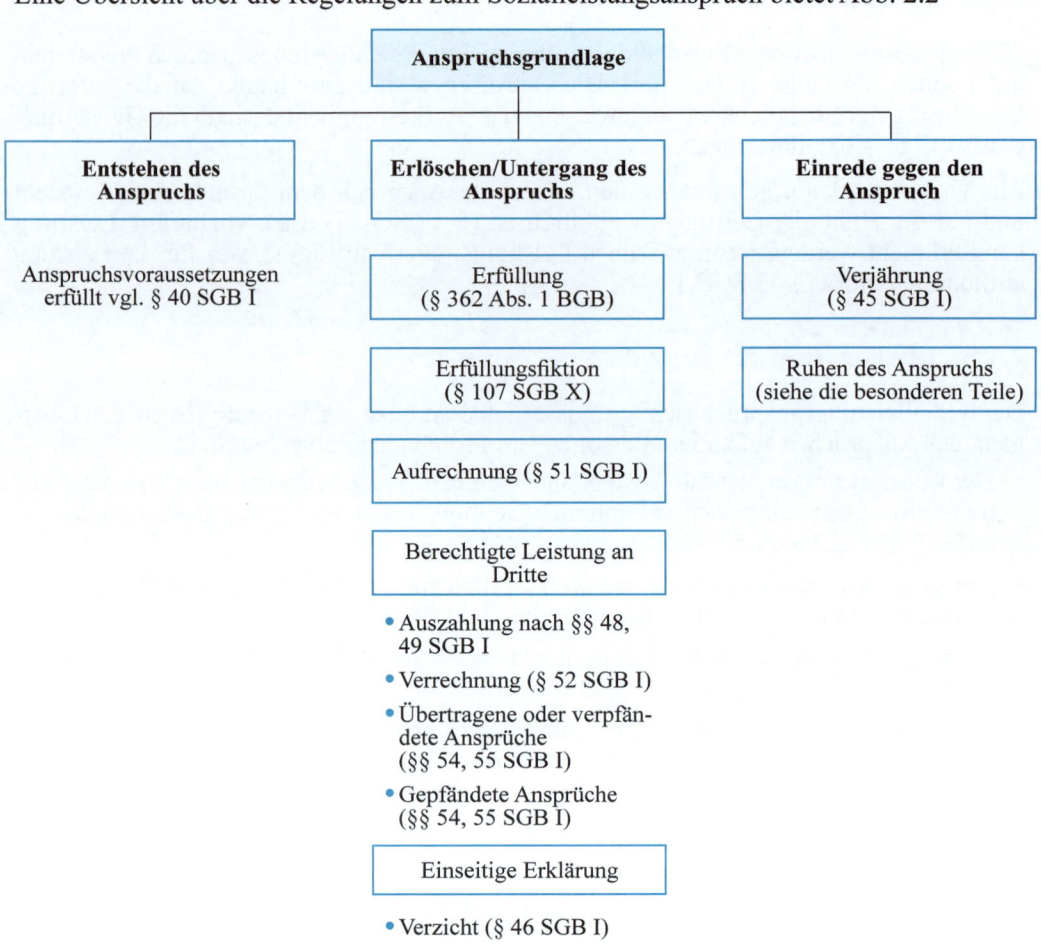

Eine Übersicht über die Regelungen zum Sozialleistungsanspruch bietet Abb. 2.2[24]

```
                         Anspruchsgrundlage
        ┌───────────────────────┼───────────────────────┐
Entstehen des         Erlöschen/Untergang des      Einrede gegen den
  Anspruchs                  Anspruchs                  Anspruch
```

Anspruchsvoraussetzungen erfüllt vgl. § 40 SGB I

Erfüllung (§ 362 Abs. 1 BGB)

Erfüllungsfiktion (§ 107 SGB X)

Aufrechnung (§ 51 SGB I)

Berechtigte Leistung an Dritte

- Auszahlung nach §§ 48, 49 SGB I
- Verrechnung (§ 52 SGB I)
- Übertragene oder verpfändete Ansprüche (§§ 54, 55 SGB I)
- Gepfändete Ansprüche (§§ 54, 55 SGB I)

Einseitige Erklärung

- Verzicht (§ 46 SGB I)

Änderung der tatsächlichen oder der rechtlichen Verhältnisse

Sonstige

- Verwirkung (§ 242 BGB)
- Versagung oder Entzug der Leistung wegen unterlassener Mitwirkung (§ 66 SGB I)

Verjährung (§ 45 SGB I)

Ruhen des Anspruchs (siehe die besonderen Teile)

Abb. 2.2: Sozialleistungsanspruch

2.4.4 Sonstige Pflichten der Leistungsträger und –berechtigten

Neben der Erbringung von Sozialleistungen ergeben sich aus dem zwischen Leistungsträger und -berechtigtem bestehenden Sozialrechtsverhältnis weitere Pflichten des Leistungsträgers:

- **Verzinsung der Sozialleistungen**

Sozialleistungen sind zu verzinsen mit 4 v. H. ab Ablauf des Kalendermonats, in dem sie fällig wurden, frühestens jedoch nach Ablauf von 6 Kalendermonaten ab Eingang des vollständigen Antrages (§ 44 SGB I).

- **Informations- und Beratungspflichten**

Die Leistungsträger müssen die Öffentlichkeit über die Rechte und Pflichten nach dem SGB aufklären (§ 13 SGB I) – z. B. mittels Presseerklärungen, Publikationen, Broschüren – und die Leistungsberechtigten beraten (§ 14 SGB I). Die Krankenkassen müssen zusätzlich Auskunft zumindest über den zuständigen Leistungsträger geben (§ 15 SGB I).

---

[4] vgl. Winkler, a. a. O., S. 352.

Verletzen die Leistungsträger diese Beratungspflichten, können dem Betroffenen Ansprüche aus dem sozialrechtlichen Herstellungsanspruch bzw. aus Amtshaftung zustehen.

Die Leistungsträger sind zudem verpflichtet, auf sachdienliche und vollständige Anträge hinzuwirken und – bei Unzuständigkeit – den Antrag unverzüglich an den zuständigen Leistungsträger weiterzuleiten (§ 16 SGB I).

Der Leistungsträger ist zur **Wahrung des Sozialgeheimnisses** verpflichtet (§ 35 SGB I).

Pflichten der Leistungsberechtigten:
- Die Leistungsberechtigten sind zur **Zahlung** ihres Teiles der Sozialversicherungsbeiträge verpflichtet.
- Weiter müssen sie **Sozialleistungen** erstatten, die sie zu Unrecht bezogen haben (§ 50 SGB X).
- Schließlich sind sie zur **Mitwirkung im Sozialverwaltungsverfahren** verpflichtet (§§ 60 ff. SGB I).

2.5 Mitwirkungspflichten des Leistungsberechtigten

Dem Bürger, der Sozialleistungen beantragt oder erhält, werden in den §§ 60–64 SGB I erhebliche Mitwirkungspflichten auferlegt. Er ist z. B. verpflichtet,
- alle für die Leistung erheblichen Tatsachen anzugeben. Wirkt er bei der Aufklärung nicht ausreichend mit, darf die Leistung versagt werden, weil deren Voraussetzungen nicht nachgewiesen sind;
- der Auskunftserteilung durch Dritte zuzustimmen (z. B. durch Arbeitgeber, Ärzte, Krankenhäuser, Sozialarbeiter;
- Änderungen in den Verhältnissen, die für die Leistung erheblich sind, mitzuteilen (z. B. Erzielung von Einkünften bei einer einkommensabhängigen Leistung);
- Beweismittel zu bezeichnen (Zeugen, Urteile, Bescheide, Krankenpapiere);
- persönlich im Amt zu erscheinen, falls anders eine Aufklärung nicht möglich ist;
- ärztliche und psychologische Untersuchungen zu dulden (z. B. Untersuchung durch den Medizinischen Dienst der Krankenkasse);
- eine Heilbehandlung einschließlich Operation zu dulden;
- an Maßnahmen zur Teilhabe am Arbeitsleben teilzunehmen.

Der Antragsteller bzw. Leistungsempfänger ist nicht zu eigenen Ermittlungen verpflichtet. Seine Auskunftspflicht erstreckt sich nur auf Tatsachen, die ihm selbst bekannt sind. Die Behörde kann von ihm nicht verlangen, Beweismittel wie Nachweise über die Einkommens- und Vermögensverhältnisse eines Dritten vorzulegen.

Mitwirkungspflichtig ist nur, wer Sozialleistungen beantragt oder erhält, nicht dessen Ehegatte/Lebenspartner. Unterhaltspflichtige und Arbeitgeber können allerdings zu Auskünften, Ausfüllen von Bescheinigungen usw. verpflichtet sein.

Weitere Mitwirkungspflichten ergeben sich aus den besonderen Teilen des Sozialgesetzbuchs (z. B. frühzeitige Arbeitssuche gemäß § 38 Abs. 1 SGB III).

2.5.1 Grenzen der Mitwirkungspflicht

Die Mitwirkungspflicht nach § 65 Abs. SGB I besteht nicht, soweit
- sie nicht in angemessenem Verhältnis zu der in Anspruch genommenen bzw. zu erstattenden Sozialleistung steht,
- ihre Erfüllung dem Betroffenen aus einem wichtigen Grund nicht zugemutet werden kann,
- der Leistungsträger sich durch einen geringeren Aufwand als der Betroffene die erforderlichen Kenntnisse selbst beschaffen kann.

Daraus folgt, dass der Sozialleistungsträger in jedem Einzelfall abwägen muss, ob es im Hinblick auf die Höhe der gewährten bzw. zu gewährenden Sozialleistung angemessen ist, in die verfassungsrechtlich geschützte Persönlichkeitssphäre, die Privat- und Intimsphäre der Betroffenen, in das Familienleben bzw. den räumlichen Bereich der Wohnung einzudringen (Art. 1, 2, 6, 13 GG) oder besondere Belastungen aufzuerlegen.

Die Sozialleistungsträger können die Mitwirkungspflichten der Leistungsberechtigten nicht zwangsweise durchsetzen. Bei Verstoß gegen die Mitwirkungspflicht kann aber die Sozialleistung nach schriftlicher Belehrung entzogen oder versagt werden, § 66 SGB I.

2.5.2 Hausbesuch

Die Duldung eines Hausbesuchs ist gesetzlich nicht als Mitwirkungshandlung vorgesehen und deshalb in der Regel unzulässig. (Ausnahme: bei gewichtigen Anhaltspunkten für die Gefährdung eines Kindes, § 8a SGB VIII in der Fassung des Bundeskinderschutzgesetzes von 2012.)

Gleichwohl werden Hausbesuche zunehmend mit unterschiedlicher Etikettierung praktiziert („zur Verhinderung von Sozialmissbrauch", „zur Feststellung, ob der Hilfeempfänger mit anderen Personen in Wirtschaftsgemeinschaft zusammenlebt", „zur besseren Beratung der Hilfsbedürftigen"), dienen aber überwiegend der Kontrolle und Kosteneinsparung.

Der Hausbesuch ist ein schwerwiegender Eingriff in die verfassungsrechtlich geschützte Sphäre der Wohnung (Art. 13 GG). Er ist deshalb nur ausnahmsweise unter folgenden Voraussetzungen zulässig:

- Durch den Hausbesuch sollen Tatsachen festgestellt werden, die für den Anspruch auf Sozialleistung bedeutsam und noch klärungsbedürftig sind und nur durch den Hausbesuch und nicht auf andere Weise aufgeklärt werden können.
- Der Betroffene muss vorher darüber informiert werden, welche Tatsachen klärungsbedürftig sind und welche festgestellt werden sollen (§ 67a SGB X).
- Der Betroffene muss vorher darüber informiert werden, dass er zwar nicht zur Duldung des Hausbesuchs verpflichtet ist, die Leistung aber verweigert werden kann, wenn anspruchsbegründende Tatsachen nicht festgestellt werden können.

Zusammenfassung

Das SGB I enthält Vorschriften, die grundsätzlich für alle Bücher des SGB und die durch § 68 SGB I in das SGB einbezogenen Gesetze gelten, soweit keine abweichenden Regelungen getroffen werden. Immer zur Anwendung kommen die Vorschriften zu den Aufgaben des SGB, zu den sozialen Rechten und zu den allgemeinen sozialrechtlichen Grundsätzen.

Als **soziale Rechte** (§§ 3-10 SGB I) werden umschrieben: Bildungs- und Arbeitsförderung, Sozialversicherung, soziale Entschädigung bei Gesundheitsschäden, Minderung des Familienaufwands, Zuschuss für eine angemessene Wohnung, Kinder- und Jugendhilfe, Sozialhilfe und Teilhabe behinderter Menschen. Diese sozialen Rechte haben in erster Linie sozialpolitische Bedeutung. Subjektive (einklagbare) Rechtsansprüche können aus ihnen allein nicht hergeleitet werden.

Leistungsansprüche bestehen nur, wenn diese in den Vorschriften der besonderen Teile des SGB geregelt sind. Rechtliche Wirkung erzeugen die sozialen Rechte bei der Auslegung der Vorschriften des SGB und bei der Ausübung von Ermessen. Hierbei ist sicherzustellen, dass die sozialen Rechte möglichst weitgehend verwirklicht werden (§ 2 Abs. 2 SGB I).

Die Leistungsberechtigten sind zur Mitwirkung verpflichtet. Sie haben Tatsachen mitzuteilen und Beweismittel zu benennen, auf Verlangen des Leistungsträgers persönlich zu erscheinen, an Untersuchungen, Heilmaßnahmen und Maßnahmen der Teilhabe am Arbeitsleben mitzuwirken (§§ 60 ff. SGB I). Kommen sie ihrer Mitwirkungspflicht nicht nach, kann der Leistungsträger die Leistung ganz oder teilweise versagen oder entziehen, wenn der Leistungsberechtigte zuvor entsprechend informiert wurde (§ 66 SGB I).

Geltungsbereich des SGB I
- Für alle besonderen Teile des SGB (§ 37 Satz 1 SGB I)
- Abweichungen in den besonderen Teilen sind möglich.
- Ausnahmen vom Vorbehalt: §§ 1–17, 31–36 SGB I (vgl. § 37 Satz 2 SGB I)

Rechte und Pflichten aus dem Sozialrechtsverhältnis

1) Pflichten der Sozialleistungsträger:

- Aufklärung, Beratung, Auskunft, Ausführung der Sozialleistungen (§§ 13–17 SGB I)
- bei Pflichtverstößen u.U. sozialrechtlicher Herstellungsanspruch

2) Pflichten der Leistungsberechtigten:

Insbesondere Mitwirkungspflichten gem. §§ 60 ff. SGB I; bei Obliegenheitsverletzungen:

- u.U. (Teil-)Versagung oder Entziehung der Leistung (§ 66 Abs. 3 SGB I),
- Aufhebung leistungsbewilligender Bescheide (§§ 45 Abs. 2 Satz 3 Nr. 2, 48 Abs. 1 Satz 2 Nr. 2 SGB X)

Weitere Bestimmungen für alle Sozialleistungsbereiche

1) Allgemeine materiell-rechtliche Grundsätze:

- Vorbehalt des Gesetzes (§ 31 SGB I)
- Unabdingbarkeit (Verbot nachteiliger Vereinbarungen, § 32 SGB I)

2) Grundsätze des Leistungsrechts:

- i.d.R. Pflichtleistungen (Rechtsanspruch, § 38 SGB I)
- Ausnahme: Ermessen (Ausübung gem. § 39 SGB I
- Vorschüsse, vorläufige Leistungen, Entstehung, Fälligkeit, Verzinsung, Verjährung, Auszahlung, Aufrechnung, Pfändbarkeit usw. (§§ 40 ff. SGB I)

Aufgaben zur Selbstüberprüfung Kapitel 2 unter www.lambertus.de

Kapitel 3

3 Gemeinsame Vorschriften (SGB IV)

> In diesem Kapitel erfahren Sie, warum der Begriff „Beschäftigter" so zentral ist, und außerdem, welche Besonderheiten für geringfügige Beschäftigungsverhältnisse gelten. Sie lernen ferner das Meldewesen kennen und erfahren Näheres über die Selbstverwaltung.

3.1 Inhaltsübersicht Viertes Buch

In den „Gemeinsamen Vorschriften" werden wichtige Grundsätze und Begriffsbestimmungen normiert, die „vor die Klammer" gezogen für alle Zweige der Sozialversicherung gelten.

Das Vierte Buch des SGB versteht unter dem Begriff der Sozialversicherung primär die Kranken-, Unfall-, Renten- und Pflegeversicherung, § 1 Abs. 1 Satz 1 SGB IV. Nach § 1 Abs. 1 Satz 2 SGB IV gelten die Vorschriften des Vierten Buches mit wenigen Ausnahmen jedoch auch für das im Dritten Buch geregelte Recht der Arbeitsförderung und damit auch für die Arbeitslosenversicherung.

Der Anwendungsbereich des SGB IV hängt primär vom Ort der Beschäftigung und nicht vom Wohnort des Betroffenen ab: § 3 Nr. 1 SGB IV setzt das **Beschäftigungsortprinzip** an die Stelle des nach § 30 Abs. 1 SGB I geltenden Wohnortprinzips.

Hinsichtlich des Geltungsbereichs sind die §§ 4 und 5 SGB IV zur sog. Ausstrahlung (Entsendung von Arbeitnehmern ins Ausland) und Einstrahlung (Entsendung von Arbeitnehmern aus dem Ausland nach Deutschland) bedeutsam. Allerdings ist § 6 SGB IV zu beachten, wonach Regelungen des über- und zwischenstaatlichen Rechts unberührt bleiben. Damit sind vor allem das EG-Recht und die völkerrechtlichen Verträge gemeint, sodass für eine Anwendung der §§ 4 und 5 SGB IV immer weniger Raum bleibt.

Große Bedeutung haben die §§ 7 ff. SGB IV. So befasst sich § 7 SGB IV mit dem Begriff Beschäftigung, der deshalb von besonderer Relevanz ist, weil Beschäftigte in den verschiedenen Zweigen der Sozialversicherung pflichtversichert sind. Der Beschäftigungsbegriff wird dabei anhand der Merkmale „Weisungsabhängigkeit" und „Eingliederung in die Arbeitsorganisation" bestimmt.

Durch die von der „Hartz-Kommission" vorgeschlagenen Reformgesetze zur Verbesserung des Arbeitsmarktes wurden die sog. **geringfügigen Beschäftigungsverhältnisse** mit Wirkung ab 01.04.2003 neu geregelt. Ab 2013 ist eine weitere Reform der sog. Minijobs in Kraft getreten: Die Geringfügigkeitsgrenze wurde von 400 Euro auf 450 Euro angehoben. Neu ist auch die Zugehörigkeit zur gesetzlichen Rentenversicherung. Die Minijobber können allerdings auf Antrag von der Rentenversicherungspflicht befreit werden.

Geringfügig und damit – außer in der Unfallversicherung – versicherungsfrei ist nach § 8 Abs. 1 Nr. 2 SGB IV eine Beschäftigung dann, wenn sie kurzzeitig ist, nämlich entweder auf längstens zwei Monate oder 50 Arbeitstage im Jahr begrenzt ist und nicht berufsmäßig ausgeübt wird (sog. Zeitgeringfügigkeit).

Häufiger ist die erste Fallgruppe dieser Beschäftigungsverhältnisse (§ 8 Abs. 1 Nr. 1 SGB IV). Hier liegt versicherungsfreie Geringfügigkeit vor, wenn das monatliche Arbeitsentgelt 450 Euro nicht übersteigt (sog. Entgeltgeringfügigkeit).

Die §§ 20 ff. SGB IV enthalten allgemeine Bestimmungen über die **Beiträge**, z.B. über Verzinsung und Verjährung. In diesen Zusammenhang gehören auch die §§ 28d ff. SGB IV. Sie betreffen „Verfahren und Haftung bei der Beitragszahlung" und regeln insbesondere, wie der sog. **Gesamtsozialversicherungsbeitrag** (die Beiträge zur Kranken-, Renten-, Pflege- und Arbeitslosenversicherung) durch die Krankenkassen als sog. Einzugsstellen (§ 28h SGB IV) eingezogen und weitergeleitet werden.

Das in der Praxis sehr bedeutsame **Meldewesen** einschließlich des **Sozialversicherungsausweises** ist in den §§ 28a ff. und 18h SGB IV geregelt.

Für geringfügig Beschäftigte in privaten Haushalten gilt eine vereinfachte Meldung, § 28h Abs. 3 und 4 (**Haushaltsscheckverfahren**).

Der Vierte Abschnitt mit den §§ 29 ff. SGB IV ist dem **Organisationsrecht** der Kranken-, Pflege-, Unfall- und Rentenversicherung gewidmet, während sich die Bestimmungen zur Organisation der Arbeitsförderung und Arbeitslosenversicherung im SGB III befinden.

§ 29 Abs. 1 SGB IV definiert die Sozialversicherungsträger (Krankenkassen, Berufsgenossenschaften, Deutsche Rentenversicherung usw.) als rechtsfähige Körperschaften des öffentlichen Rechts mit **Selbstverwaltung**. § 31 SGB IV sieht als oberstes Organ der Versicherungsträger die Vertreterversammlung vor, die die „Satzung und sonstiges autonomes Recht" beschließt, § 33 Abs. 1 SGB IV. Allerdings bestehen auf Grund der detaillierten gesetzlichen Bestimmungen nicht mehr viele Regelungsfreiräume für die Selbstverwaltung.

Dementsprechend gering ist auch das Interesse der Versicherten an den **Wahlen** zu den Vertreterversammlungen, die alle sechs Jahre durchgeführt werden und in den §§ 45 ff. SGB IV geregelt sind. Häufig enthalten die Vorschlagslisten nur so viele Namen, wie Vertreter zu wählen sind, die dann als gewählt gelten, sodass das umständliche und kostspielige Wahlverfahren entfällt, § 46 Abs. 2 SGB IV. Erleichtert werden die Sozialwahlen dadurch, dass sie in Form der Briefwahl durchgeführt werden, § 54 Abs. 1 SGB IV.

Die Vertreterversammlungen sind i. d. R. paritätisch aus Vertretern der Versicherten und der Arbeitgeber zusammengesetzt (Ausnahme: Bei den Ersatzkassen gibt es im Verwaltungsrat nur Vertreter der Versicherten, § 44 Abs. 1 Nr. 3 SGB IV).

Neben der Vertreterversammlung gibt es den Vorstand und den Geschäftsführer, § 31 Abs. 1 SGB IV. Beide werden von der Vertreterversammlung gewählt. Der Vorstand vertritt den Versicherungsträger gerichtlich und außergerichtlich, soweit nicht der Geschäftsführer zuständig ist, wie z. B. für die laufenden Verwaltungsgeschäfte, §§ 35, 36 SGB IV.

Im Bereich der Krankenversicherung sind für die Verwaltungsorganisation wesentliche Abweichungen von den eben skizzierten Grundsätzen zu beachten. Der Vertreterversammlung entspricht hier der Verwaltungsrat, der aus maximal 30 Mitgliedern besteht, §§ 31 Abs. 3a, 43 Abs. 1 Satz 2 SGB IV.

Die Verwaltung der Krankenkassen obliegt nicht einem Geschäftsführer, sondern einem hauptamtlichen, jeweils für 6 Jahre gewählten Vorstand, der aus bis zu drei Personen besteht.

In den §§ 67 ff. und 80 ff. SGB IV sind das **Haushalts- und Rechnungswesen** sowie die Verwaltung des Vermögens geregelt.

Die §§ 87 ff. SGB IV enthalten wichtige Bestimmungen über die **staatliche Aufsicht** der Versicherungsträger, die als Körperschaften des öffentlichen Rechts mit Selbstverwaltung zur sog. mittelbaren Staatsverwaltung gehören. In der Regel besteht lediglich eine Rechts-, keine Fachaufsicht des Staates. In den §§ 91 ff. SGB IV sind die Versicherungsbehörden (nämlich die regional zuständigen Versicherungsämter und das Bundesversicherungsamt) und ihre Aufgaben geregelt.

3.2 Sozialversicherte Personenkreise

In allen Sozialversicherungszweigen stellen die Arbeitnehmer – einschließlich der zu ihrer Berufsausbildung Beschäftigten – die größte Gruppe der Versicherten. Darüber hinaus sind jedoch zahlreiche besondere Personengruppen aufgrund spezieller Regelungen in den einzelnen Versicherungszweigen versichert oder von der Versicherungspflicht ausgenommen (Versicherungsfreiheit). Im Wesentlichen gehören zum versicherungspflichtigen Personenkreis neben den Arbeitnehmern bestimmte arbeitnehmerähnliche Personengruppen und die im Gesetz genannten Selbstständigen. Zum Teil führt auch der Bezug einer Leistung aus der Sozialversicherung zur Versicherungspflicht (z. B. Bezug einer Rente aus der gesetzlichen Rentenversicherung)

3.2.1 Grundsätzliches

In der Kranken-, Pflege-, Renten- und Arbeitslosenversicherung versicherungspflichtig sind Arbeitnehmer, die gegen Arbeitsentgelt beschäftigt werden. Die Sozialversicherungspflicht geht von dem Grundgedanken aus, die wirtschaftliche Existenz der Versicherungspflichtigen auch bei Krankheit, Arbeitslosigkeit und im Alter sicherzustellen. Diese Schutzbedürftigkeit ist aber nicht bei allen Personengruppen gleichermaßen gegeben, sodass Ausnahmen von der Versicherungspflicht bestehen.

Von zentraler Bedeutung ist die Unterscheidung zwischen abhängiger Beschäftigung und selbstständiger Tätigkeit, weil grundsätzlich nur „Beschäftigte" in den verschiedenen Zweigen der Sozialversicherung pflichtversichert sind.

3.2.2 Beschäftigungsverhältnis

Arbeitnehmer im Sinne der Sozialversicherung sind diejenigen, die Arbeit gegen Entgelt in einem Beschäftigungsverhältnis leisten. Der Arbeitnehmer steht dabei in einem persönlichen Abhängigkeitsverhältnis zum Arbeitgeber, weil er dessen Weisungen bei der Arbeitsausführung zu beachten hat, also dessen **Direktionsrecht** unterliegt. Eine wirtschaftliche Abhängigkeit wird zumeist ebenfalls vorliegen, weil der Arbeitnehmer auf das Arbeitsentgelt (Lohn, Gehalt, Ausbildungsvergütung etc.) zur Bestreitung seines persönlichen Lebensunterhalts angewiesen ist.

Bei der Beurteilung der Frage, ob ein Beschäftigungsverhältnis vorliegt und der Mitarbeiter somit als Arbeitnehmer anzusehen ist, muss vom Gesamtbild der tatsächlichen Verhältnisse ausgegangen werden, die evtl. von vertraglichen Festlegungen abweichen können. Dabei kommt es entscheidend auf die von der Rechtsprechung entwickelten Merkmale **„Weisungsgebundenheit"** und **„Eingliederung in die Arbeitsorganisation"** an.

Nachfolgende **Kriterien** sprechen für die Annahme einer Arbeitnehmereigenschaft:

Der Arbeitnehmer ist verpflichtet,
- den Weisungen des Arbeitgebers hinsichtlich der Arbeitserledigung Folge zu leisten,
- Arbeitszeiten einzuhalten,
- die Arbeitsleistung persönlich zu erbringen,
- Vereinbarungen zur Zielerreichung einzuhalten, Berichte abzugeben und Arbeitskontrollen zu dulden.

Demgegenüber hat er folgende Rechte:
- Anspruch auf Arbeit während der arbeitsvertraglichen Beziehung,
- Bezahlung nach Tarifvertrag oder anderen vertraglichen Gestaltungen,
- Urlaubsanspruch,
- Anspruch auf Entgeltfortzahlung im Krankheitsfall.

Für alle Bereiche des Sozialversicherungsrechts wird der Status des Arbeitnehmers einheitlich beurteilt.

3.2.2.1 Abhängiges Beschäftigungsverhältnis

Das abhängige Beschäftigungsverhältnis wird zusammenfassend durch folgende Faktoren geprägt (vgl. Abb. 3.1):

- **Persönliche Abhängigkeit:**

Im Gegensatz zum selbstständig Tätigen kann der Arbeitnehmer seine Tätigkeit nicht frei gestalten. Auch über die Arbeitszeit, den Einsatz seiner Arbeitskraft und die Gestaltung seiner Arbeit kann der Arbeitnehmer grundsätzlich nicht selbst bestimmen. Zudem trägt er selbst kein Unternehmerrisiko, ist also von den Entscheidungen eines anderen – nämlich seines Arbeitgebers – abhängig und kann den wirtschaftlichen Erfolg seiner Arbeit nicht selbst nutzen. Das Fehlen eines Unternehmensrisikos ist ein entscheidender Punkt in der Beurteilung der Arbeitnehmereigenschaft.

- **Beschäftigung gegen Entgelt:**

Die Versicherungspflicht als Arbeitnehmer ist grundsätzlich davon abhängig, dass die Beschäftigung gegen Arbeitsentgelt ausgeübt wird. Ausgenommen hiervon sind Mitarbeiter, die zu ihrer Berufsausbildung beschäftigt werden. Im Vordergrund steht der Grundsatz „Entgelt für geleistete Arbeit" – dies ist Bedingung für die Versicherungspflicht. Ausnahmen hiervon gibt es aber z. B. im Falle der Arbeitsunfähigkeit, bei der das Entgelt ohne direkte Gegenleistung gezahlt wird, sowie bei besonderen Beschäftigungsformen, wie bei der Vereinbarung flexibler Arbeitszeiten oder von Altersteilzeit.

- **Eingliederung in den Betrieb:**

Eine Eingliederung in den Betrieb wird z. B. dadurch erkennbar, dass der Beschäftigte eine Arbeit in den Räumen des Arbeitgebers ausübt bzw. ausüben muss. Anhaltspunkte sind auch die Einbindung in die Urlaubsplanung und das allgemeine organisatorische Umfeld des Betriebes. Dabei spielt es keine Rolle, wenn im Einzelfall durch besondere Beziehungen (z. B. familiärer oder freundschaftlicher Natur) oder wegen der Art der Tätigkeit größere Freiheiten bei der Gestaltung der Arbeit bestehen. Die Eingliederung in den Betrieb ist nicht räumlich, sondern organisatorisch zu verstehen. So kann sie auch bei Heimarbeit (z. B. Telearbeit) vorliegen.

- **Weisungsgebundenheit:**

Im Gegensatz zum selbstständig Tätigen unterliegt der Arbeitnehmer durch die Eingliederung in den Betrieb dem Weisungsrecht seines Arbeitgebers. Dieser bestimmt über die Art und Weise der Arbeitserledigung sowie den Ort und die Zeit der Ausübung der Tätigkeit. Entscheidend ist nicht der genaue Grad der Weisungen, die vom Arbeitgeber erteilt werden. Insbesondere in Führungspositionen oder bei Spezialisten werden sich die Vorgaben des Arbeitgebers nur auf den Rahmen der Tätigkeit erstrecken, während der Arbeitnehmer im Detail der Erledigung gewisse Freiräume und Entscheidungsspielräume hat. Dies schließt jedoch eine abhängige Beschäftigung nicht aus.

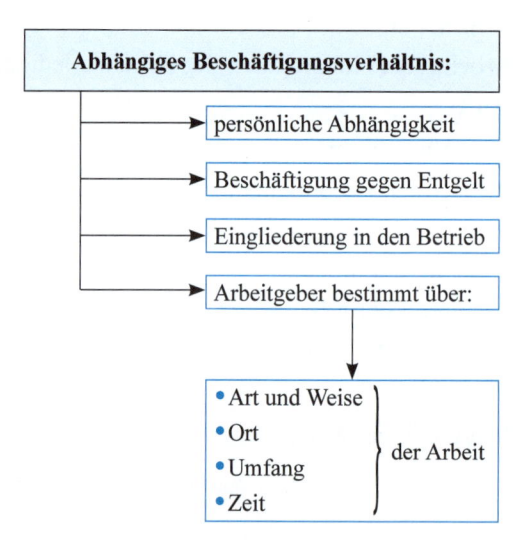

Abb. 3.1: Merkmale der abhängigen Beschäftigung

Beispiele für abhängige Beschäftigung

Assistenzarzt, Oberarzt, Chefarzt im Krankenhaus;
Filialleiter; GmbH-Geschäftsführer (wenn er der Kontrolle durch die Gesellschafter tatsächlich unterliegt);
Handelsvertreter (wenn er einen vorgegebenen Tätigkeitsbereich hat, seine Arbeitszeit nicht frei einteilen kann und der Kontrolle des Unternehmers unterliegt).

3.2.2.2 Selbstständige Tätigkeit

Selbstständig ist im Allgemeinen jemand, der unternehmerische Entscheidungsfreiheit genießt, ein unternehmerisches Risiko trägt sowie unternehmerische Chancen wahrnehmen und hierfür Eigenwerbung betreiben kann. Zu typischen Merkmalen unternehmerischen Handelns gehört u. a., dass Leistungen im eigenen Namen und auf eigene Rechnung statt im Namen und auf Rechnung des Auftraggebers erbracht werden, sowie die eigenständige Entscheidung über:

- Einkaufs- und Verkaufspreise,
- Einstellung von Personal,
- Einsatz von Kapital und Maschinen,
- die Zahlungsweise der Kunden (z. B. sofortige Barzahlung, Stundungsmöglichkeit, Einräumung von Rabatten),
- Art und Umfang der Kundenakquisition,
- Art und Umfang von Werbemaßnahmen für das eigene Unternehmen (z. B. Benutzung eigener Briefköpfe).

Beispiele für selbstständige Tätigkeit

Physiotherapeut/Ergotherapeut (wenn er Terminsgestaltung frei von Vorgaben vornimmt und selbst Patienten annimmt);
Handelsvertreter (wenn er Tätigkeit und Arbeitszeit frei gestalten kann und ein Unternehmerrisiko besteht);
Versicherungsvertreter (wenn Eigenverantwortlichkeit für einen bestimmten Bezirk besteht und Tätigkeit überwiegend weisungsfrei verrichtet wird);
Telearbeit (wenn Arbeitsergebnisse bloß abgeliefert werden und keine Eingliederung in die Arbeitsorganisation des Weisungsgebers besteht).

3.2.3 Statusfeststellungsverfahren

Häufig ist umstritten, ob eine Beschäftigung oder eine selbstständige Tätigkeit vorliegt. Der Auftraggeber hat – wie auch sonst jeder Arbeitgeber bei seinen Mitarbeitern – zu prüfen, ob ein Auftragnehmer bei ihm abhängig beschäftigt oder für ihn selbstständig tätig ist. Ist ein Auftraggeber der Auffassung, dass im konkreten Einzelfall keine abhängige Beschäftigung vorliegt, ist zwar formal von ihm nichts zu veranlassen. Er geht jedoch das Risiko ein, dass bei der Prüfung durch einen Versicherungsträger und ggf. auf dem weiteren Rechtsweg durch die Sozialgerichte der Sachverhalt anders bewertet und dadurch die Nachzahlung von Sozialversicherungsbeiträgen erforderlich wird.

In Zweifelsfällen wird deshalb empfohlen, das **Anfrageverfahren** zur Statusklärung bei der Deutschen Rentenversicherung Bund nach § 7a SGB IV (Clearingstelle) einzuleiten.

Mit dem Anfrageverfahren soll den Beteiligten in Zweifelsfällen Rechtssicherheit darüber verschafft werden, ob sie selbstständig tätig oder abhängig beschäftigt sind. Jeder Beteiligte ist berechtigt, das Anfrageverfahren zu beantragen. Aus Beweisgründen ist für das Verfahren die Schriftform vorgeschrieben. Das Anfrageverfahren entfällt, wenn bereits durch die Krankenkasse als Einzugsstelle außerhalb eines Statusfeststellungsverfahrens (z. B. im Rahmen einer Entscheidung über eine freiwillige Versicherung oder eine Familienversicherung) oder den regionalen Rentenversicherungsträger (z. B. im Rahmen einer Betriebsprüfung) ein Verfahren zur Feststellung des Status der Erwerbsperson durchgeführt oder bereits eine Entscheidung getroffen wurde.

Entscheidet die Deutsche Rentenversicherung Bund, dass es sich bei der Erwerbstätigkeit um ein abhängiges Beschäftigungsverhältnis handelt, tritt Versicherungspflicht in der Sozialversicherung ein. Die Versicherungspflicht aufgrund einer Beschäftigung beginnt grundsätzlich mit dem Tag des Eintritts in das Beschäftigungsverhältnis.

Entscheidet die Deutsche Rentenversicherung Bund im Einzelfall, dass eine selbstständige Tätigkeit vorliegt, ist vom zuständigen Rentenversicherungsträger zu prüfen, ob Rentenversicherungspflicht z. B. nach § 2 SGB VI in Betracht kommt.

3.2.4 Versicherungspflicht / Versicherungsfreiheit

Vom Grundsatz, dass Arbeitnehmer sozialversicherungspflichtig sind, wenn sie eine Beschäftigung gegen Arbeitsentgelt ausüben, gibt es vielfältige Ausnahmen. Zum einen werden bestimmte Arbeitnehmer kraft Gesetzes von der Versicherungspflicht ausgenommen. Zum anderen sind Arbeitnehmergruppen grundsätzlich versicherungspflichtig, aber aufgrund gesetzlicher Sonderregelungen von der Versicherungspflicht befreit, z. B. geringfügig Beschäftigte und höher verdienende Arbeitnehmer, deren Einkommen die Jahresarbeitsentgeltgrenze (= Versicherungspflichtgrenze) übersteigt.

3.3 Selbstverwaltung

Über 90 Prozent der deutschen Bevölkerung sind in der Sozialversicherung gegen die Risiken der Krankheit, verminderter Erwerbsfähigkeit (Invalidität), des Arbeitsunfalls, der Berufskrankheit und des Alters sowie der Pflegebedürftigkeit abgesichert. Die finanziellen Aufwendungen für die soziale Sicherung sind hoch und werden hauptsächlich durch Beiträge der Versicherten und der Arbeitgeber sowie durch Bundeszuschüsse getragen (vgl. Tabelle 1.3).

Vor diesem Hintergrund ist es notwendig, dass die Versicherten und die Arbeitgeber an der Kontrolle der Finanz- und Leistungspolitik der Versicherungsträger mitwirken.

Das Sozialgesetzbuch enthält keine Definition des Begriffs Selbstverwaltung, umschreibt aber in § 29 SGB IV die entscheidenden **Kriterien**:

- rechtliche Selbstständigkeit (Selbstverwaltung im Rechtssinne, § 29 Abs. 1 SGB IV),
- Mitwirkung der Betroffenen (ehrenamtliche Selbstverwaltung, § 29 Abs. 2 sowie § 40 Abs. 1 Satz 1 SGB IV),
- Ausgliederung aus der allgemeinen Staatsverwaltung und Einräumung selbstständiger Entscheidungsbefugnisse in eigener Verantwortung (materielle Selbstverwaltung, § 29 Abs. 3 SGB IV).
- Die Selbstverwaltung in der Sozialversicherung ist in ihrem Kernbestand verfassungsrechtlich durch Art. 87 Abs. 2 GG gedeckt.

Grundgedanke der Sozialversicherung war, die Versichertengemeinschaft als eigenständige Selbsthilfekörperschaft einzurichten und sie durch Beiträge zu finanzieren. Tragendes Prinzip der Sozialversicherung ist die Mitbeteiligung der Betroffenen durch Organe, in die sie ihre gewählten Vertreter entsenden.

Die Selbstverwaltung in der Sozialversicherung ist historisch gewachsen. Vorbild war die bereits bestehende kommunale Selbstverwaltung.

Für die Mitwirkung der Versicherten und Arbeitgeber in der Selbstverwaltung der Versicherungsträger gibt es zwei Organe: die Vertreterversammlung und den Vorstand. Sie bilden sozusagen das „Parlament" (Vertreterversammlung) und die „Regierung" (Vorstand) des Versicherungsträgers (§§ 43 ff. SGB IV). Die Mitglieder üben ihre Tätigkeit ehrenamtlich aus.

Bei den Orts-, Betriebs- und Innungskrankenkassen sowie den Ersatzkassen gibt es eine Besonderheit. Hier tritt der Verwaltungsrat an die Stelle der Vertreterversammlung und es wird ein hauptamtlicher Vorstand gebildet.

In den einzelnen Zweigen der Sozialversicherung setzen sich die Selbstverwaltungsorgane unterschiedlich zusammen.

Die Zahl der Organmitglieder wird durch die Satzung des jeweiligen Versicherungsträgers bestimmt.

Wahl der Organmitglieder

Die Mitglieder der Vertreterversammlung (bzw. bei den Krankenkassen die Mitglieder des Verwaltungsrates) werden von den Versicherten und Arbeitgebern gewählt. Jede Gruppe wählt getrennt voneinander ihre Vertreter.

Die Mitglieder des Vorstandes werden von der Vertreterversammlung gewählt.

Der hauptamtliche Vorstand der Krankenkassen wird vom Verwaltungsrat gewählt.

Die Selbstverwaltung wird grundsätzlich durch die Vertreter der Versicherten und Rentner sowie Arbeitgeber ehrenamtlich ausgeübt. Die Vertreter werden in freien, gleichen und geheimen Wahlen – den **Sozialwahlen** – gewählt. Allerdings ist die Wahlbeteiligung sehr gering („Wahl ohne Wähler"). Bei den letzten Sozialwahlen im Jahr 2011 betrug sie rund 30 Prozent. Um künftig die Wahlbeteiligung zu erhöhen, sollen Online-Wahlen ermöglicht werden.

Die Wahlen sind frei und geheim; es gelten die Grundsätze der Verhältniswahl (§ 45 Abs. 2 SGB IV). Nicht die politischen Parteien stellen sich zur Wahl, sondern hier nominieren die Gewerkschaften und andere Arbeitnehmervereinigungen mit sozial- oder berufspolitischer Zwecksetzung sowie die Vereinigungen von Arbeitgebern die zu wählenden Kandidaten (§§ 48 f. SGB IV).

Wahlberechtigt sind Versicherte, die am 2. Januar des Wahljahres das 16. Lebensjahr vollendet haben, und die Arbeitgeber (§ 50 SGB IV). Auch Rentner sind wahlberechtigt.

Sozialwahlen finden alle sechs Jahre statt. Dies geschieht entweder in einer Urwahl mit Wahlhandlung (ausschließlich Briefwahl) oder in einer sog. Friedenswahl (ohne Wahlhandlung). Bei der Friedenswahl wird auf die eigentliche Wahlhandlung verzichtet. Das ist möglich, wenn genau so viele Kandidatinnen und Kandidaten von den Sozialpartnern vorgeschlagen wurden, wie Mandate zu vergeben sind.

3.3.1 Aufgaben der Organe

Vertreterversammlung

Das höchste Organ der Selbstverwaltung ist die Vertreterversammlung. Sie besteht aus jeweils höchstens 30 Vertretern der Versicherten und der Arbeitgeber. Die Vertreterversammlung wird für sechs Jahre von Arbeitgebern und Versicherten gewählt. Der Vorsitz wechselt jährlich am 1.10. zwischen dem Vertreter der Versicherten und dem Vertreter der Arbeitgeber. Die Zusammensetzung der Vertreterversammlungen wird durch die Sozialwahl bestimmt. Die Vertreterversammlung ist auch für die Wahl der Versichertenältesten verantwortlich. Sie wählt außerdem jeweils aus ihrer Mitte die Mitglieder für die Widerspruchsausschüsse. Diese entscheiden u.a. über die Widersprüche zu Versicherungs-, Beitrags- und Rentenangelegenheiten sowie zu medizinischen und beruflichen Rehabilitationsleistungen.

Die Vertreterversammlung hat insbesondere die Aufgabe,
- den Haushalt festzustellen, also die Einnahmen und Ausgaben für das kommende Jahr zu beschließen,
- die Jahresrechnung für das vergangene Jahr abzunehmen und dem Vorstand Entlastung zu erteilen,
- die Mitglieder des Vorstandes zu wählen,
- die Satzung zu beschließen und
- die Geschäftsführung zu wählen.

Vorstand

Der Vorstand trifft die grundsätzlichen Entscheidungen des jeweiligen Rentenversicherungsträgers. Als seine „Regierung" wird der Vorstand von der Vertreterversammlung gewählt. Er besteht aus Vertretern der Arbeitgeber und Vertretern der Arbeitnehmer. Arbeitgeber- und Versichertenvertreter wechseln sich an der Spitze des Vorstandes im jährlichen Turnus jeweils am 1.10. ab.

Der Vorstand hat insbesondere die Aufgabe,

- den Versicherungsträger gerichtlich und außergerichtlich zu vertreten,
- den Entwurf des Haushaltsplanes für das kommende Jahr aufzustellen und ihn der Vertreterversammlung zur Beschlussfassung zuzuleiten,
- die Jahresrechnung zu prüfen' und sie der Vertreterversammlung zur Abnahme vorzulegen, den jährlichen Geschäftsbericht zu erstatten,
- das Vermögen des Versicherungsträgers anzulegen, Grundstücke zu erwerben, zu veräußern und zu belasten,
- Angestellte und Beamte höherer Gehaltsgruppen einzustellen, zu befördern und zu entlassen sowie
- Richtlinien für die Führung der Verwaltungsgeschäfte zu erlassen.

Geschäftsführer

Jeder Versicherungsträger hat einen Geschäftsführer. Dies gilt nicht für die Orts-, Betriebs- und Innungskrankenkassen sowie die Ersatzkassen und die Bundesagentur für Arbeit. Die Krankenkassen haben einen hauptamtlichen Vorstand.

Der Geschäftsführer übt seine Tätigkeit hauptberuflich aus und ist verantwortlich für die laufenden Verwaltungsgeschäfte und den täglichen Dienstbetrieb. Er vertritt den Versicherungsträger insoweit gerichtlich und außergerichtlich. Er ist mit den Organen der Selbstverwaltung eng verknüpft und wird von der Vertreterversammlung auf Vorschlag des Vorstandes in sein Amt gewählt. Dem Vorstand gehört er mit beratender Stimme an.

Bei Versicherungsträgern mit besonders hoher Versichertenzahl kann die Satzung eine aus drei Personen bestehende Geschäftsführung vorsehen. Das gilt auch für Versicherungsträger, die für mehrere Versicherungszweige zuständig sind.

3.3.2 Spitzenverband Bund der Krankenkassen

Die Krankenkassen bilden einen Spitzenverband mit der Bezeichnung „Spitzenverband Bund der Krankenkassen". Er ist eine Körperschaft des öffentlichen Rechts mit Selbstverwaltung (§§ 217a bis f SGB V).

Die Vertretung der 145 Krankenkassen in der Bundesrepublik Deutschland wurde früher auf Bundesebene von sieben Spitzenverbänden der verschiedenen Kassenarten wahrgenommen. Diese bisherigen Bundesverbände haben ihre Eigenschaft als Körperschaften öffentlichen Rechts verloren und wurden zum 01.01.2009 in Gesellschaften des bürgerlichen Rechts umgewandelt. Sie wirken seither unter dem Namen „Verbände der Kranken- und Pflegekassen auf Bundesebene".

Selbstverwaltungsorgane des Spitzenverbandes Bund der Krankenkassen sind der Verwaltungsrat und der von ihm gewählte Vorstand sowie die Mitgliederversammlung.

In die Mitgliederversammlung entsendet jede Mitgliedskasse jeweils einen Vertreter der Versicherten und der Arbeitgeber aus ihrem Verwaltungsrat oder ihrer Vertreterversammlung. Eine Ersatzkasse entsendet jeweils zwei Versichertenvertreter aus ihrem Verwaltungsrat. Aufgabe der Mitgliederversammlung ist es, den Verwaltungsrat des GKV Spitzenverbandes mit seinen höchstens 52 Mitgliedern zu wählen.

Der Vorstand des GKV Spitzenverbandes wird vom Verwaltungsrat gewählt. Der Vorstand (höchstens drei Personen) verwaltet den Spitzenverband und vertritt ihn gerichtlich und außergerichtlich. Die Mitglieder des Vorstandes üben ihre Tätigkeit hauptamtlich aus.

3.3.3 Deutsche Rentenversicherung Bund

Die Deutsche Rentenversicherung Bund (DRV-Bund) hat eine Doppelfunktion: Sie nimmt die Grundsatz- und Querschnittsaufgaben für die gesamte Rentenversicherung wahr und übernimmt gleichzeitig Trägeraufgaben auf Bundesebene als Versicherungsträger der allgemeinen Rentenversicherung (§§ 125 Abs.2, 138 SGB VI).

Dieser doppelten Aufgabenstruktur entsprechend müssen auch die Selbstverwaltungsorgane gebildet werden. Die Selbstverwaltung der Deutschen Rentenversicherung Bund besteht daher aus der Bundesvertreterversammlung und dem Bundesvorstand sowie der Vertreterversammlung und dem Vorstand.

3.3.4 Bundesagentur für Arbeit

Die Bundesagentur für Arbeit ist Träger der Arbeitsförderung. Sie gliedert sich in die Zentrale in Nürnberg, die Regionaldirektionen und die Agenturen für Arbeit. Als eine rechtsfähige bundesunmittelbare Körperschaft des öffentlichen Rechts mit Selbstverwaltung führt sie ihre Aufgaben im Rahmen des für sie geltenden Rechts eigenverantwortlich durch (§§ 367 ff. SGB III).

Organe der Selbstverwaltung sind bei der Bundesagentur für Arbeit der Verwaltungsrat und bei den Agenturen für Arbeit die Verwaltungsausschüsse.

Die Mitglieder der Selbstverwaltungsorgane setzen sich zu je einem Drittel aus Vertretern der Arbeitgeber, Arbeitnehmer und der öffentlichen Körperschaften (Bund, Länder, Kommunen) zusammen. Sie werden nicht gewählt, sondern auf Vorschlag berufen (§ 377 SGB III).

3.3.5 Deutsche Gesetzliche Unfallversicherung

Mitglieder der „Deutschen Gesetzlichen Unfallversicherung e.V." (DGUV) sind die neun gewerblichen Berufsgenossenschaften (vgl. Anlage 1 zu § 114 SGB VII) sowie die landes- und bundesunmittelbaren Unfallversicherungsträger der öffentlichen Hand (z.B. Unfallkassen). Organe dieses Spitzenverbandes sind die Vertreterversammlung und der Vorstand. Näheres ist in der Satzung des Verbandes geregelt.

3.4 Meldeverfahren

Das Meldeverfahren zur Kranken-, Pflege-, Renten- und Arbeitslosenversicherung ist in den §§ 28a ff. SGB IV mit ergänzenden Rechtsvorschriften einheitlich für die Zweige der Sozialversicherung geregelt. Eingangs- und Annahmestellen für alle Meldungen sind die Krankenkassen, direkte Meldungen des Versicherten oder des Arbeitgebers an die übrigen Träger sind nicht vorgesehen. Seit 01.04.2003 ist die Deutsche Rentenversicherung Knappschaft-Bahn-See zuständige Einzugsstelle für Meldungen geringfügig Beschäftigter und der Pauschalbeiträge zur Kranken- und Rentenversicherung sowie der Pauschalsteuer. Die Deutsche Rentenversicherung Knappschaft-Bahn-See führt zudem das Umlageverfahren nach dem Lohnfortzahlungsgesetz für diesen Personenkreis durch. Meldungen haben Ordnungscharakter, sie begründen in der Regel keine Rechtsansprüche, diese ergeben sich ausschließlich aus dem bestehenden Mitgliedschafts- bzw. Versicherungsverhältnis. Die Krankenkassen sind unter strenger Beachtung des Datenschutzes verpflichtet, die Meldedaten unverzüglich an die Rentenversicherungsträger und die Bundesagentur für Arbeit weiterzuleiten.

3.4.1 Meldeverfahren seit 01.01.2006

Aufgrund des Verwaltungsvereinfachungsgesetzes vom 21.03.2005 ist seit 01.01.2006 das Melde- und Beitragsverfahren vollständig automatisiert. Zum einen sind nur noch Verfahren der Datenübertragung zulässig und zum anderen sind diese Meldungen und Beitragsnachweise aus systemgeprüften Programmen zu erzeugen. Dadurch werden Arbeitsabläufe beschleunigt und die Verfahrenssicherheit für die Arbeitgeber erheblich erhöht. Hinzu kommt, dass das Verfahren nun auch einen Dialog von der Sozialversicherung zum Arbeitgeber per Datenübertragung zulässt, wodurch noch einmal die Arbeitsabläufe sowohl zeitlich wie kostenmäßig reduziert werden. Für kleinere Unternehmen ist eine

Datenübertragung über maschinell erstellte Ausfüllhilfen vorgesehen. Voraussetzung für die Erstattung der Meldungen im **automatisierten Verfahren** ist insbesondere, dass die Daten über die Beschäftigungszeiten und die Höhe der beitragspflichtigen Bruttoarbeitsentgelte aus maschinell geführten Lohnunterlagen herrühren und die Arbeiten ordnungsgemäß durchgeführt werden. Die den Meldungen zugrunde liegenden Tatbestände müssen maschinell anerkannt werden. Für die Beurteilung einer ordnungsgemäßen Abwicklung der Entgeltabrechnung sind die Regelungen der Beitragsüberwachungsverordnung maßgebend.

Seit 01.01.2006 müssen Arbeitgeber, die kein systemgeprüftes Entgeltabrechnungsprogramm einsetzen, die Meldungen zur Sozialversicherung mittels systemgeprüfter maschineller Ausfüllhilfen an die Datenannahmestellen übermitteln. Arbeitgeber, die systemgeprüfte Entgeltabrechnungsprogramme einsetzen, können für einzelne Meldungen auch systemgeprüfte Ausfüllhilfen nutzen. Eine maschinelle Zuführung von Meldedaten aus den Beständen der Arbeitgeber ist nicht zulässig. Die maschinelle Weiterleitung der Meldungen gilt auch für Meldungen, die noch Zeiträume vor dem 01.01.2006 betreffen.

Ausgenommen hiervon sind die Meldungen für geringfügig Beschäftigte in Privathaushalten. Hier gilt weiterhin das Haushaltsscheckverfahren. Diese Vordrucke sind an die Minijob-Zentrale weiterzuleiten.

Meldetatbestände

Im Meldeverfahren führen folgende Gründe zur Erstellung einer Meldung:
- Anmeldung
- Abmeldung
- Unterbrechungsmeldung
- Jahresmeldung
- Meldung von einmalig gezahltem Arbeitsentgelt
- sonstige Meldungen (z. B. Wechsel der Beitragsgruppe)
- Meldungen für geringfügig Beschäftigte
- Stornierungen und Änderungen

3.4.2 Ausfüllanleitung

Die Meldungen sind seit 01.01.2006 durch systemgeprüfte Programme bzw. durch maschinelle Ausfüllhilfen an die Datenannahmestellen zu übermitteln. Bei den maschinellen Ausfüllhilfen (sv.net unter www.itsg.de) wird der Arbeitgeber durch die Felder gesteuert.

3.5 Sozialversicherungsausweis

Durch Schwarzarbeit, illegale Beschäftigung und den missbräuchlichen Bezug von Sozialleistungen gehen den Sozialkassen in Deutschland jährlich enorme Beträge verloren. Um solche Missbräuche zu erschweren und bessere Kontrollmöglichkeiten zu schaffen, wurde 1991 ein Sozialversicherungsausweis eingeführt (§ 18h SGB IV). Dieser Ausweis begleitet die Beschäftigten während ihres gesamten Arbeitslebens. Er wird bei der erstmaligen Aufnahme einer Beschäftigung (auch einer geringfügigen Beschäftigung) durch den zuständigen Rentenversicherungsträger ausgestellt. Beamte – die von der Versicherungspflicht ausgenommen sind – brauchen ihn allerdings nicht. Der Ausweis enthält den Vor- und Familiennamen (dazu gegebenenfalls auch den Geburtsnamen) des Beschäftigten und die von der Rentenversicherung vergebene **Versicherungsnummer** (vgl. auch §§ 18f und g SGB IV). In bestimmten, für illegale Praktiken besonders anfälligen Wirtschaftsbereichen (dazu zählen u. a. das Baugewerbe, das Gaststätten- und Beherbergungsgewerbe, die Gebäudereinigung, das Schaustellergewerbe, die Personen- und Güterbeförderung, die Fleischwirtschaft) sind die Beschäftigten seit 2009 verpflichtet, (anstelle des Sozialversicherungsausweises) ihren Personalausweis, Pass, Pass- oder Ausweisersatz während der Arbeit ständig mitzuführen.[5] Das soll Kontrollen am Arbeitsplatz erleichtern, wie sie von den mobilen Prüftrupps der Agenturen für Arbeit und Zollbehörden durchgeführt werden.

---

[5] Zur Mitführungs- und Vorlagepflicht von Ausweispapieren vgl. § 2a SchwarzArbG.

Bei Beginn einer Beschäftigung muss sich der Arbeitgeber, der auch zu einer elektronischen Sofortmeldung an die Datenstelle der Rentenversicherungsträger verpflichtet ist (§ 28a Abs. 4 SGB IV), den Sozialversicherungsausweis vorlegen lassen; er hat den Beschäftigten über die Pflicht zur Mitführung der Ausweispapiere am Arbeitsplatz nachweislich und schriftlich zu belehren. Der Arbeitnehmer seinerseits ist zur Vorlage des Sozialversicherungsausweises beim Arbeitgeber verpflichtet (§ 18h Abs.3 SGB IV). Ist der Ausweis verloren gegangen oder unbrauchbar geworden, muss ein neuer beantragt werden. Die Hinterlegung des Ausweises beim Arbeitgeber bzw. beim Arbeits- oder Sozialamt oder der Krankenkasse ist nicht mehr vorgesehen.

Aus Gründen des Datenschutzes dürfen die Angaben des Sozialversicherungsausweises nur zur Aufdeckung illegaler Beschäftigungsverhältnisse und zur Verhinderung von Leistungsmissbrauch verwendet werden. Allein den Agenturen für Arbeit, Hauptzollämtern, Krankenkassen und Rentenversicherungsträgern ist es erlaubt, die Angaben im Sozialversicherungsausweis für den automatischen Abruf von Daten über die Anmeldung zur Sozialversicherung, den möglichen Bezug von Leistungen oder den Aufenthaltsstatus eines ausländischen Beschäftigten zu verwenden.

Zu den Bußgeldvorschriften vergleiche §§ 111 bis 113 SGB IV.

3.6 Sozialversicherungsbeiträge

Die Mittel der Sozialversicherung werden durch Beiträge der Versicherten, der Arbeitgeber und Dritter, durch staatliche Zuschüsse und durch sonstige Einnahmen aufgebracht. Dabei sind die Beiträge die wichtigsten Einnahmen der Sozialversicherungsträger. Grundsatz ist, dass die versicherten Arbeitnehmer und deren Arbeitgeber die Kosten des sozialversicherungsrechtlichen Systems aufzubringen haben.

Staatliche Zuschüsse haben im Wesentlichen nur eine haushaltsausgleichende Funktion bzw. dienen dem Ausgleich sog. versicherungsfremder Leistungen (= nicht beitragsgedeckte Leistungen für gesamtgesellschaftliche Aufgaben). Dieser Bundeszuschuss hat bspw. in der gesetzlichen Rentenversicherung ein Finanzvolumen aller vom Bund zu tragenden Leistungen in Höhe von fast 62 Mrd. Euro und soll daher durch zahlreiche Maßnahmen, die ausgabendämpfend oder einnahmensteigernd wirken, deutlich reduziert werden.

Die **Höhe der Beiträge** bemisst sich nach dem Beitragssatz und der Bemessungsgrundlage. Die gesetzlich festgelegten Beitragssätze betragen für das Jahr 2014:

- in der **Rentenversicherung** (§ 158 SGB VI): **18,9%**
- in der **Pflegeversicherung** (§ 55 SGB XI): **2,05%**
- in der **Arbeitslosenversicherung** (§ 341 Abs. 2 SGB III): **3,0%**
- in der **Krankenversicherung** (§ 241 SGB V): **15,5%**

Bei Versicherungspflicht besteht grundsätzlich auch Beitragspflicht. Der Beitrag wird in Höhe des jeweiligen Prozentsatzes von den Einnahmen des Versicherten erhoben, die bis zur Beitragsbemessungsgrenze berücksichtigt werden. Auf Einnahmen, die diese Grenze übersteigen, sind daher keine Beiträge zu entrichten.

Höhe des durchschnittlichen **Gesamtsozialversicherungsbeitrags** im Jahr:

2005: 42,0%	2010: 39,55%	2011: 40,35%	2012: 40,05%	2013: 39,45%

Erklärtes politisches Ziel ist die Beitragssatzstabilität, d.h. die Beiträge zur Sozialversicherung sollen die 40-Prozent-Marke nicht übersteigen, um die Lohnzusatzkosten zu begrenzen.

Die nachfolgende Tabelle 2.1 gibt einen Überblick über die maßgeblichen **Rechengrößen der Sozialversicherung** im Jahr 2014.

	2014			
	West		Ost	
	Monat (in €)	Jahr (in €)	Monat (in €)	Jahr (in €)
Beitragsbemessungsgrenze (allgemeine Rentenversicherung)	5.950	71.400	5.000	60.000
Beitragsbemessungsgrenze (knappschaftliche Rentenversicherung)	7.300	87.600	6.150	73.800
Beitragsbemessungsgrenze (Arbeitslosenversicherung)	5.950	71.400	5.000	60.000
Jahresarbeitsentgeltgrenze Kranken- und Pflegeversicherung („Versicherungspflichtgrenze")	4.462,50	53.550	4.462, 50	53.550
Beitragsbemessungsgrenze (Kranken- und Pflegeversicherung)	4.050	48.600	4.050	48.600
Bezugsgröße in der Sozialversicherung	2.765 *	33.180 *	2.345	28.140
Geringfügigkeitsgrenze	450		450	

Tabelle 2.1: Rechengrößen der Sozialversicherung für 2014

* In der gesetzlichen Kranken- und Pflegeversicherung gilt dieser Wert bundeseinheitlich.

Die Sozialversicherungs-Rechengrößen werden am Ende eines Jahres für das folgende Jahr in einer Verordnung der Bundesregierung bekannt gegeben.[6]

3.7 Geringfügige Beschäftigung

Viele Menschen sind darauf angewiesen bzw. daran interessiert, ihr Einkommen durch ein paar Euro neben der Schule oder dem Studium, dem Haushalt, der Rente oder dem Beruf aufzubessern. Auf der anderen Seite besteht ein großer Bedarf an flexibel einsetzbaren Arbeitskräften.

Seit der Neuordnung der sog. Minijobs im Jahr 2003 hat diese Beschäftigungsform starken Auftrieb erhalten.

Grundsätzlich sind drei Arten von Minijobs zu unterscheiden. Als geringfügig gilt eine Dauerbeschäftigung, bei der das Arbeitsentgelt den Betrag von regelmäßig 450 Euro im Monat (seit 2013) nicht überschreitet. Für den Arbeitnehmer ist eine solche Beschäftigung sozialversicherungs- und steuerfrei. Der Arbeitgeber spart Verwaltungsaufwand, weil er nur eine **Pauschalabgabe** an eine zentrale Einzugsstelle, die Minijob-Zentrale abzuführen hat.

Für Minijobs im **gewerblichen Bereich** beträgt diese Pauschale 30 Prozent des Arbeitsentgelts. Davon gehen 15 Prozent an die gesetzliche Rentenversicherung, 13 Prozent an die gesetzliche Krankenversicherung und 2 Prozent als Pauschalsteuer an den Fiskus.

---

[6] Die jeweils aktuellen Rechengrößen können Sie im Internet unter www.bmas.de herunterladen.

Beispiel

Hilde Schmidt ist Hausfrau. Um die Familienkasse aufzubessern, arbeitet sie als Kassiererin in einem Supermarkt. Ihr Verdienst beträgt 400 Euro/Monat. Weitere Einkünfte bezieht sie nicht.

Es ergeben sich folgende Abgaben:
- Entgelt: 400,00 €
- Pauschalbeitrag des Arbeitgebers zur Rentenversicherung (15 %): 60,00 €
- Pauschalbeitrag des Arbeitgebers zur Krankenversicherung (13 %): 52,00 €
- Steuer (2 %) 8,00 €

Frau Schmidt hat die Möglichkeit, zusätzlich zum Arbeitgeberbeitrag 3,9 Prozent ihres Entgelts (19,60) an die Rentenversicherung abzuführen und dadurch Ansprüche auf alle Leistungen der gesetzlichen Rentenversicherung zu erwerben.
Weil der Arbeitgeber für das Arbeitsentgelt der geringfügigen Beschäftigung gemäß § 8 Abs. 1 Nr. 1 SGB IV die pauschalen Rentenversicherungsbeiträge zu entrichten hat, kann er die Lohnsteuer einschließlich Solidaritätszuschlag und Kirchensteuer mit dem einheitlichen Pauschsteuersatz von 2 Prozent des Arbeitsentgelts oder aber nach den Merkmalen der von Frau Schmidt vorgelegten Lohnsteuerkarte erheben.

Handelt es sich um eine geringfügige Beschäftigung in einem **privaten Haushalt**, beträgt die Pauschale insgesamt lediglich 12 Prozent (5 Prozent Rentenversicherung, 5 Prozent Krankenversicherung, 2 Prozent Pauschalsteuer). Hinzu kommen noch der Beitrag zur Unfallversicherung (für Haushalte 1,6 Prozent) und ein „Aufwendungsausgleich" (0,1 Prozent), die für Privathaushalte im Rahmen des **Haushaltsscheckverfahrens** von der DRV Knappschaft-Bahn-See eingezogen werden. Für alle anderen geringfügig und kurzfristig Beschäftigten legt der jeweils zuständige Unfallversicherungsträger den vom Arbeitgeber allein zu zahlenden Beitrag fest.

Beispiel

Die 67-jährige Anna Schröder bezieht eine Altersrente, ist in der gesetzlichen Krankenversicherung versichert und beaufsichtigt an zwei Tagen in der Woche die Kinder der benachbarten Familie Niehaus bei der Erledigung ihrer Schulaufgaben. Sie erhält ein monatliches Entgelt von 400 Euro.

Es ergeben sich folgende Abgaben:
- Entgelt: 400,00 €
- Pauschalbeitrag des Arbeitgebers zur Rentenversicherung (5 %): 20,00 €
- Pauschalbeitrag des Arbeitgebers zur Krankenversicherung (5 %): 20,00 €

Weil der Arbeitgeber für das Arbeitsentgelt der geringfügigen Beschäftigung im Privathaushalt (§ 8a SGB IV) die pauschalen Rentenversicherungsbeiträge zu entrichten hat, kann er die Lohnsteuer einschließlich Solidaritätszuschlag und Kirchensteuer mit dem einheitlichen Pauschsteuersatz von 2 Prozent des Arbeitsentgelts oder nach den Merkmalen der von Frau Schröder vorgelegten Lohnsteuerkarte erheben.

Geringfügig und damit sozialversicherungsfrei ist – unabhängig vom Entgelt – auch eine **kurzfristige bzw. Saison-Beschäftigung** (§ 8 Abs. 1 Nr. 2 SGB IV). Der Arbeitgeber zahlt in diesem Fall keine Sozialversicherungspauschale. Die Besteuerung erfolgt nach Lohnsteuerkarte (das ist auch bei anderen Minijobs möglich) oder in Form einer Lohnsteuerpauschale von 25 Prozent.

Eine geringfügig entlohnte Nebenbeschäftigung, die neben dem Hauptberuf ausgeübt wird, bleibt ebenfalls sozialversicherungsfrei; der Arbeitgeber entrichtet dafür die üblichen Pauschalabgaben. Dies gilt jedoch nur für den ersten Nebenjob. Jede weitere, später begonnene Nebenbeschäftigung wird mit der Hauptbeschäftigung zusammengerechnet und ist dann voll beitragspflichtig; nur der Beitrag zur Arbeitslosenversicherung entfällt.

Beispiel

Horst Müller verdient in seinem Hauptberuf als Lagerarbeiter 2.000 Euro brutto/Monat. Seit Mai 2013 ist er außerdem regelmäßig frühmorgens in einer Bäckerei beschäftigt und verdient monatlich 400 Euro hinzu.

Herr Müller unterliegt in der Hauptbeschäftigung der Versicherungspflicht. Eine Zusammenrechnung der geringfügig entlohnten Beschäftigung mit der versicherungspflichtigen (Haupt-)Beschäftigung erfolgt nicht, weil das Arbeitsentgelt 450 Euro nicht übersteigt. Die Beschäftigung in der Bäckerei bleibt somit als geringfügig entlohnte Beschäftigung in der Kranken-, Renten-, Arbeitslosen- und Pflegeversicherung versicherungsfrei. (Er hatte einen Antrag auf Befreiung von der Versicherungspflicht in der gesetzlichen Rentenversicherung gestellt.)

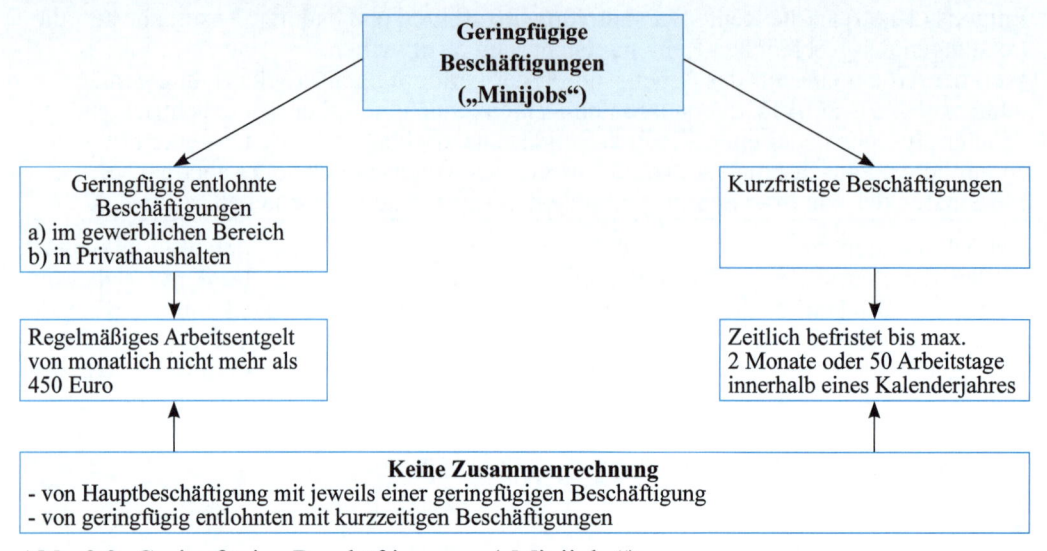

```
                    Geringfügige
                    Beschäftigungen
                    („Minijobs")
           /                          \
Geringfügig entlohnte              Kurzfristige Beschäftigungen
Beschäftigungen
a) im gewerblichen Bereich
b) in Privathaushalten
           |                                    |
Regelmäßiges Arbeitsentgelt        Zeitlich befristet bis max.
von monatlich nicht mehr als       2 Monate oder 50 Arbeitstage
450 Euro                           innerhalb eines Kalenderjahres

                Keine Zusammenrechnung
- von Hauptbeschäftigung mit jeweils einer geringfügigen Beschäftigung
- von geringfügig entlohnten mit kurzzeitigen Beschäftigungen
```

Abb. 3.2: Geringfügige Beschäftigungen („Minijobs")

In der Praxis wichtig ist die Frage, wie bei mehreren Beschäftigungsverhältnissen nebeneinander verfahren wird (vgl. hierzu auch Abb. 3.2).

Erster Grundsatz: Mehrere geringfügige wie auch Hauptbeschäftigungen werden zusammengerechnet, sodass die Versicherungsfreiheit dann entfällt, wenn der Beschäftigte insgesamt mehr als 450 Euro verdient.

Zweiter Grundsatz: Wenn ein Arbeitnehmer nur eine einzige Nebenbeschäftigung bis zu 450 Euro neben einer Haupttätigkeit ausübt, wird diese nicht berücksichtigt und bleibt versicherungsfrei.

3 Gemeinsame Vorschriften (SGB IV)

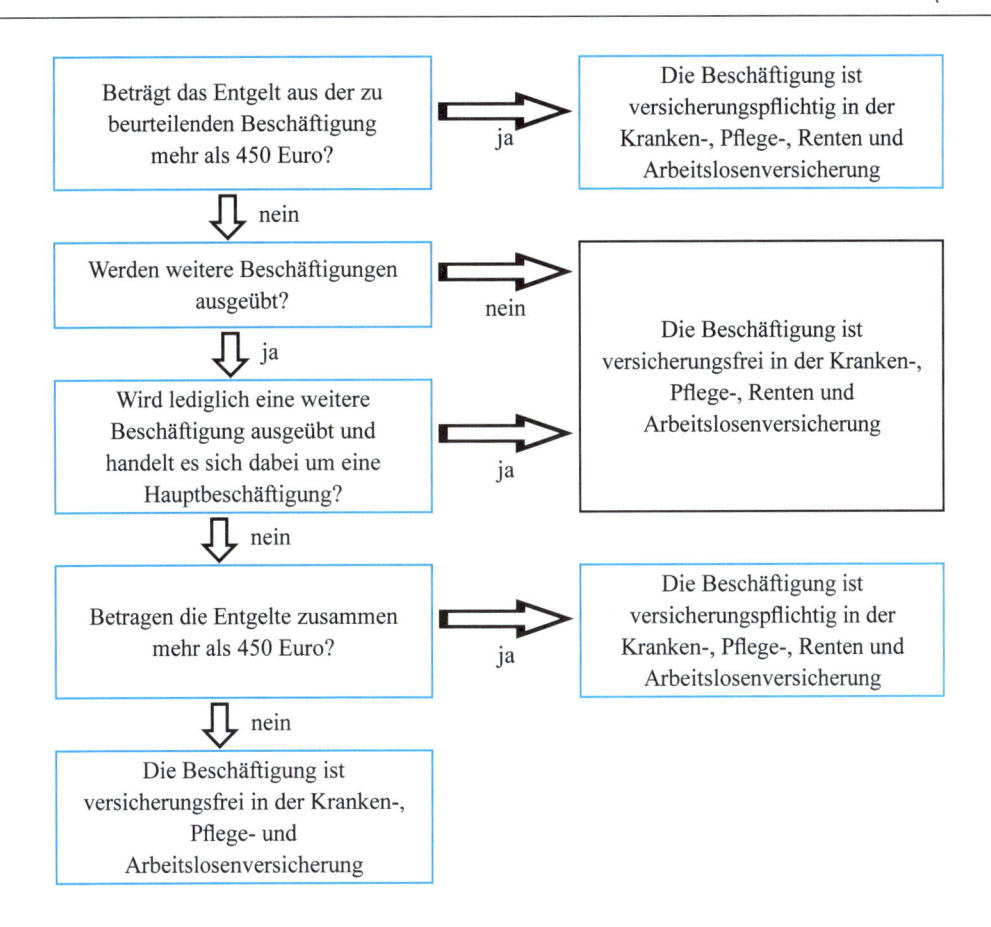

```
┌─────────────────────────┐          ┌─────────────────────────────┐
│ Beträgt das Entgelt aus │          │ Die Beschäftigung ist       │
│ der zu beurteilenden    │ ══ ja ══▶│ versicherungspflichtig in   │
│ Beschäftigung mehr als  │          │ der Kranken-, Pflege-,      │
│ 450 Euro?               │          │ Renten und                  │
└─────────────────────────┘          │ Arbeitslosenversicherung    │
           ⇩ nein                    └─────────────────────────────┘
┌─────────────────────────┐
│ Werden weitere          │ ══ nein ══▶
│ Beschäftigungen         │          ┌─────────────────────────────┐
│ ausgeübt?               │          │ Die Beschäftigung ist       │
└─────────────────────────┘          │ versicherungsfrei in der    │
           ⇩ ja                      │ Kranken-, Pflege-, Renten   │
┌─────────────────────────┐          │ und                         │
│ Wird lediglich eine     │          │ Arbeitslosenversicherung    │
│ weitere Beschäftigung   │ ══ ja ══▶ │                             │
│ ausgeübt und handelt es │          │                             │
│ sich dabei um eine      │          │                             │
│ Hauptbeschäftigung?     │          └─────────────────────────────┘
└─────────────────────────┘
           ⇩ nein
┌─────────────────────────┐          ┌─────────────────────────────┐
│ Betragen die Entgelte   │          │ Die Beschäftigung ist       │
│ zusammen mehr als       │ ══ ja ══▶│ versicherungspflichtig in   │
│ 450 Euro?               │          │ der Kranken-, Pflege-,      │
└─────────────────────────┘          │ Renten und                  │
           ⇩ nein                    │ Arbeitslosenversicherung    │
┌─────────────────────────┐          └─────────────────────────────┘
│ Die Beschäftigung ist   │
│ versicherungsfrei in    │
│ der Kranken-, Pflege-   │
│ und                     │
│ Arbeitslosenversicherung│
└─────────────────────────┘
```

Abb. 3.3: Versicherungspflicht bei Minijobs (Prüfschema)

Trotz Versicherungsfreiheit besteht eine **Beitragspflicht der Arbeitgeber**. Diese haben (wie bereits erwähnt) bei gewerblichen Minijobs eine pauschale Sozial- und Steuerabgabe in Höhe von 30 Prozent zu leisten (15 Prozent Rentenversicherung, § 172 Abs. 3 SGB VI; 13 Prozent Krankenversicherung, § 24b Satz 1 SGB V; 2 Prozent Pauschalsteuer, § 40a Abs. 2 EStG). Diese Beitragspflicht beschränkt sich allerdings im Hinblick auf die Krankenversicherung auf diejenigen geringfügig entlohnten Arbeitnehmer, die bereits anderweitig in ihr versichert sind (vgl. § 249b Satz 1 SGB V „für Versicherte"), was z. B. bei den gemäß § 10 SGB V mitversicherten Familienangehörigen der Fall ist.

In der gesetzlichen Rentenversicherung besteht seit 2013 Versicherungsfreiheit nur noch dann, wenn sie vom Beschäftigten beantragt wird (§ 6 Abs. 1b SGB VI). Ansonsten sind alle seit 01.01.2013 neu eingestellten Minijobber rentenversicherungspflichtig. (Für diejenigen, die ihre Tätigkeit davor aufgenommen haben, ändert sich nichts, es sei denn, ihr Verdienst steigt auf über 400 Euro.) Der Arbeitgeber zahlt weiterhin nur den Pauschalbeitrag in Höhe von 15 Prozent bzw. 5 Prozent (bei Minijobs in Privathaushalten). Der Eigenanteil des Arbeitnehmers beträgt 3,9 Prozent bzw. 13,9 Prozent (bei Minijobs in Privathaushalten). Das ist der Differenzbetrag zwischen dem Pauschalbeitrag des Arbeitgebers und dem vollen Beitrag zur Rentenversicherung (derzeit 18,9 Prozent). Die gezahlten Beiträge wirken sich (minimal) auf die Rentenhöhe aus, da für das ihnen zugrunde liegende Arbeitsentgelt nach § 76b SGB VI Zuschläge an Entgeltpunkten ermittelt werden. Ferner wird die geringfügig entlohnte Beschäftigung nach Maßgabe des § 52 Abs. 2 SGB VI bei der Wartezeit berücksichtigt.

Um zu verhindern, dass bei Überschreitung der 450-Euro-Grenze sogleich die volle normale Beitragspflicht eingreift, sieht § 20 Abs. 2 SGB IV eine **Gleitzone** bis 850 Euro vor, innerhalb derer die Beiträge stufenweise ansteigen.

Eine Sonderregelung besteht für geringfügige Beschäftigungen in **Privathaushalten,** die noch stärker begünstigt werden, um die hier weit verbreitete Schwarzarbeit einzudämmen (§ 8a SGB IV).

Je nach Art der geringfügigen Beschäftigung sind vom Arbeitgeber unterschiedliche pauschale Abgaben zu entrichten.

Tabelle 2.2 fasst die Höhe der Abgaben zusammen:

2014	Minijobs im gewerblichen Bereich	Minijobs in Privathaushalten	kurzfristige Minijobs [a]
Pauschalbeitrag zur Krankenversicherung (KV)	13%	5%	kein
Pauschalbeitrag zur Rentenversicherung (RV)	15%	5%	keine
Beitragsanteil des Arbeitnehmers bei Versicherungspflicht in der gesetzlichen Rentenversicherung (RV)	3,9%	13,9%	nicht möglich
Einheitliche Pauschsteuer [b]	2%	2%	keine
Umlage 1 (U 1) [c] bei Krankheit	0,7%	0,7%	0,7%
Umlage 2 (U2) Schwangerschaft/Mutterschaft	0,14%	0,14%	0,14%
Beiträge zur gesetzlichen Unfallversicherung	individuelle Beiträge an den zuständigen Unfallversicherungsträger	1,6%	individuelle Beiträge an den zuständigen Unfallversicherungsträger in Privathaushalten 1,6%
Insolvenzgeldumlage	0,15	keine	0,15 (in Privathaushalten keine)

a) Arbeitsentgelt von kurzfristigen Beschäftigungen ist stets steuerpflichtig – nähere Informationen erhalten Sie bei den Finanzverwaltungen
b) bei Verzicht auf die Vorlage der Lohnsteuerkarte/Besteuerung nach elektronischer Lohnsteuerkarte
c) bei einer Beschäftigungsdauer von mehr als 4 Wochen

Tabelle 2.2: Pauschale Abgaben bei Minijobs[7]

Entwicklung der geringfügigen Beschäftigung

Ursprünglich gedacht, um einen unkomplizierten Nebenjob zu ermöglichen, hat sich die geringfügige Beschäftigung stark ausgebreitet. Ende 2012 gab es rund 7 Millionen Minijobber. Für 4,8 Millionen Menschen stellt der Minijob die einzige Erwerbstätigkeit dar.

Die Zahl der sozialversicherungspflichtig Beschäftigten in Deutschland ging im Zeitraum 1997–2007 um 1,5 Mio. zurück. Dieser Erosion der Normalarbeitsverhältnisse stand eine deutliche Zunahme „atypischer" Beschäftigungen gegenüber, deren Anzahl im gleichen Zeitraum um 2,6 Mio. anstieg. Im Jahr 2010 stieg die Zahl der Menschen in atypischer Beschäftigung (= Minijob, Befristung, Teilzeitbeschäftigung, Zeitarbeitsverhältnis) auf 7,84 Mio.

Durch die Vereinfachung des Beitrags- und Meldeverfahrens zum 01.04.2003 erhielten diese Beschäftigungsformen zusätzlichen Auftrieb, da nur noch eine einzige Stelle – die Minijob-Zentrale bei der Deutschen Rentenversicherung Knappschaft-Bahn-See – für die An- und Abmeldung der Beschäftigten und den Einzug der Pauschalabgaben zuständig ist. Die Attraktivität dieser Beschäftigungsformen erklärt sich aber auch daraus, dass sie flexibel gehandhabt und auf den Arbeitsanfall bzw. die zeitlichen Bedürfnisse der Beschäftigten zugeschnitten werden können.

Ende 2011 belief sich die Zahl der Erwerbstätigen in Deutschland auf den Höchststand von 41,6 Mio. Die Zahl der ausschließlich geringfügig entlohnten Beschäftigten betrug 4,85 Mio. Darüber hinaus hatten 2,62 Mio. (oder 9 %) der sozialversicherungspflichtig Beschäftigten einen geringfügig entlohnten Nebenjob.

Geringfügige Beschäftigung wird überwiegend von Frauen ausgeübt. Fast zwei Drittel (64 %) der Beschäftigten in 450-Euro-Jobs sind weiblichen Geschlechts. Bei diesen Jobs handelt es sich häufig um niedrig qualifizierte oder nur stundenweise anfallende Tätigkeiten, bspw. im Reinigungsgewerbe, in der Gastronomie, im Handel oder im

---

[7] Quelle: www.minijob-zentrale.de

Zeitungsvertrieb. Die geringfügige Beschäftigung erstreckt sich aber über die ganze Breite der Wirtschaft.

Immer häufiger werden sozialversicherungspflichtige Beschäftigungsformen durch Minijobs abgelöst bzw. in mehrere geringfügige Beschäftigungsverhältnisse aufgespalten.

Kritiker warnen vor den hohen sozialen Folgekosten der Minijobs (z. B. Altersarmut).

Viele Minijobs erweisen sich als „Niedriglohnfalle" und als Sackgasse. Nur selten bieten sie eine Brücke in stabile Beschäftigung. In der Fachdiskussion zum Arbeitsmarkt werden sie höchst unterschiedlich bewertet:

Die RentnerInnen, SchülerInnen sowie Studierende erfüllen sich mit dem Minijob mehrheitlich den Wunsch nach einem Zuverdienst und sind mit dem Umfang der Beschäftigung zufrieden. Für die Hausfrauen/Hausmänner und vor allem Arbeitslose ist der Minijob in der Regel mit Nachteilen verbunden, weil spätere Ansprüche auf Sozialversicherungsleistungen reduziert sind oder ganz entfallen.

Zusammenfassung

Gemeinsame Grundsätze der Sozialversicherung werden im SGB IV geregelt. Dies gilt für die Träger der gesetzlichen Krankenversicherung, Pflegeversicherung, Unfallversicherung und Rentenversicherung und teilweise für die Arbeitsförderung, die Grundsicherung für Arbeitsuchende und die Sozialhilfe.

Das SGB IV enthält u. a. wichtige Begriffsbestimmungen und allgemeine beitragsrechtliche Vorschriften, ferner regelt es die **Meldepflichten** und die Abführung des Gesamtsozialversicherungsbeitrags, die Organisation der Sozialversicherungsträger einschließlich Zusammensetzung, Wahl und Verfahren der Selbstverwaltungsorgane und den Sozialversicherungsausweis.

Der in der Sozialversicherung versicherte Personenkreis setzt sich aus kraft Gesetz oder kraft Satzung versicherungspflichtigen Personen und freiwillig Versicherten zusammen. Einzelheiten regeln insoweit die besonderen Teile des SGB.

Versicherungspflichtig in den einzelnen Zweigen der Sozialversicherung sind insbesondere **Beschäftigte**. Dies sind nach der Legaldefinition in § 7 SGB IV Personen, die eine weisungsgebundene Arbeit verrichten und in die Arbeitsorganisation des Weisungsgebers eingebunden sind.

Nicht versicherungspflichtig sind die geringfügig Beschäftigten. Dies sind Personen, deren Arbeitsentgelt 450 Euro im Monat nicht übersteigt bzw. die innerhalb eines Jahres die Tätigkeit längstens für zwei Monate bzw. 50 Arbeitstage ausüben. Arbeitsentgelt sind alle laufenden oder einmaligen Einnahmen aus einer Beschäftigung.

Die Sozialversicherung wird vor allem durch **Beiträge** finanziert. Allgemeine Regelungen (Entstehen des Beitragsanspruchs, Einmalzahlungen, Fälligkeit, Verjährung, Beitragserstattung) regeln die §§ 20 ff. SGB IV. Ferner findet sich dort die Regelung der sog. **Gleitzone**, wenn das Einkommen zwischen 450,01 Euro und 850 Euro beträgt.

Der Arbeitgeber ist verpflichtet, bei Beginn und bei Ende der Beschäftigung eines Arbeitnehmers der Einzugsstelle eine Meldung zu erstatten (§ 28a SGB IV). Ferner muss er der **Einzugsstelle** (Krankenkasse) den Gesamtsozialversicherungsbeitrag – dieser umfasst die Arbeitgeber- und Arbeitnehmeranteile – abführen. Die Arbeitnehmeranteile kann er vom Lohn des Arbeitnehmers abziehen. Der Arbeitgeber hat für jeden Beschäftigten Lohnunterlagen zu führen und geordnet aufzubewahren sowie der Einzugsstelle rechtzeitig einen Beitragsnachweis einzureichen. Die Träger der Rentenversicherung prüfen bei den Arbeitgebern, ob diese ihre Meldepflichten ordnungsgemäß erfüllen.

Die Durchführung der Sozialversicherung obliegt den **Versicherungsträgern**: Krankenkassen, Pflegekassen, Berufsgenossenschaften, Deutsche Rentenversicherung u. a. Die Versicherungsträger sind Körperschaften des öffentlichen Rechts mit Selbstverwaltung. Sie verwalten ihre Geschäfte selbst durch Organe, in denen ehrenamtliche Vertreter der Versicherten und der an der Versicherung beteiligten Arbeitgeber tätig sind. Sie werden vom Staat beaufsichtigt.

Einzelheiten der **Selbstverwaltung** der Versicherungsträger regeln die §§ 29 ff. SGB IV: Verfassung, Zusammensetzung und Wahl der Organe, Haushalts- und Rechnungswesen, Vermögensverwaltung und Aufsichtsbehörden.

Versicherte, Rentner und Arbeitgeber wählen die Mitglieder der Vertreterversammlung. Gewerkschaften und Arbeitgebervereinigungen nominieren die Kandidaten. Die Wahl ist frei und geheim. Die Vertreterversammlung wählt den Vorstand. Der hauptamtliche Vorstand der Krankenkassen wird vom Verwaltungsrat gewählt.

Versicherungsbehörden sind die Versicherungsämter und das Bundesversicherungsamt (§§ 91–94 SGB IV). Zusätzlich können die Länder weitere Versicherungsämter errichten. Die Versicherungsämter werden i. d. R. bei den unteren Verwaltungsbehörden (Stadt, Kreis) als besondere Abteilung eingerichtet.

Beschäftigte erhalten einen **Sozialversicherungsausweis**, den sie dem Arbeitgeber zu Beginn der Beschäftigung vorzulegen haben. In einigen Branchen muss der Arbeitnehmer stets einen Personalausweis, Pass oder Ausweisersatz (nicht mehr wie früher einen mit Lichtbild versehenen Sozialversicherungsausweis) mitführen und auf Verlangen vorlegen. Der SV-Ausweis wird bei jeder Beschäftigung zum Nachweis der vergebenen Versicherungsnummer, oder wenn eine Sozialleistung (z. B. Arbeitslosengeld) beantragt wird, benötigt.

Aufgaben zur Selbstüberprüfung Kapitel 3 unter www.lambertus.de

Kapitel 4

4 Gesetzliche Krankenversicherung (SGB V)

> Sie können die Aufgaben der gesetzlichen Krankenversicherung darstellen, die versicherten Personenkreise nennen und die Leistungen, auf die Versicherte einen Anspruch haben, beschreiben.

4.1 Inhaltsübersicht Fünftes Buch

In der gesetzlichen Krankenversicherung sind derzeit knapp 85 Prozent der Bevölkerung der Bundesrepublik Deutschland bei Krankheit, Schwangerschaft und Mutterschaft versichert.

Vorschriften zur gesetzlichen Krankenversicherung finden sich vor allem im Fünften Buch Sozialgesetzbuch (SGB V), ferner im Gesetz über die gesetzliche Krankenversicherung der Landwirte (KVLG 1989) sowie im Künstlersozialversicherungsgesetz (KSVG). Vorschriften mit Bezug zur Krankenversicherung enthalten auch die anderen besonderen Teile (vor allem im SGB VI, IX, XI und XII) und die allgemeinen Teile des SGB (SGB I, IV und X) sowie die durch § 68 SGB I in das SGB einbezogenen Gesetze (z. B. §§ 195 ff. RVO), Rechtsverordnungen und autonomen Satzungen der Krankenkassen (z. B. Beitragssatzung). Weiter sind Kollektivverträge, Richtlinien und Empfehlungen sowie Verwaltungsvorschriften zu beachten.

Aufgabe der gesetzlichen Krankenversicherung ist vor allem, zur Erhaltung, Wiederherstellung und Verbesserung des Gesundheitszustandes der Versicherten beizutragen, die Versicherten über eine gesundheitsbewusste Lebensführung aufzuklären und zu beraten sowie auf gesunde Lebensverhältnisse hinzuwirken (§ 1 SGB V).

Die Verabschiedung des SGB V war deshalb mit so großen politischen Schwierigkeiten verbunden, weil nicht nur eine Übernahme des alten Krankenversicherungsrechts der RVO (Reichsversicherungsordnung) anstand. Vielmehr ging es zugleich um eine grundlegende Reform dieses Versicherungszweigs, insbesondere mit dem Ziel einer kostendämpfenden Steuerung der Leistungsinanspruchnahme sowie der Leistungserbringung. Nachdem in früheren Jahren mehrfach Versuche einer Reform gescheitert waren und sich die finanzielle Situation der gesetzlichen Krankenversicherung zunehmend verschärft hatte, schienen die Hürden einer Novellierung zeitweise unüberwindbar.

Nach heftigen Auseinandersetzungen kam mit dem **Gesundheits-Reformgesetz** (GRG) vom 20.12.1988 schließlich doch noch ein politischer Kompromiss zustande. Freilich kam dieses Rechtsgebiet damit keineswegs zur Ruhe. Vielmehr steht die Krankenversicherung weiterhin unter permanentem Kostendruck, was zu einer Vielzahl von Gesetzesänderungen führte, wie u. a. durch das Gesundheitsstrukturgesetz (GSG) vom 21.12.1992, das Beitragsentlastungsgesetz vom 01.11.1996, das **GKV-Neuordnungsgesetz** vom 23.06.1997, das GKV Solidaritätsstärkungsgesetz (GKV SolG) vom 19.12.1998 und das Gesetz zur Reform der gesetzlichen Krankenversicherung (GKV Gesundheitsreformgesetz 2000) vom 22.12.1999.

Innerhalb von nur dreieinhalb Jahren sind die vorerst letzten beiden Reformgesetze verabschiedet worden: das **Gesetz zur Modernisierung** der gesetzlichen Krankenversicherung (GMG) vom 14.11.2003 und das Gesetz zur **Stärkung des Wettbewerbs** in der gesetzlichen Krankenversicherung (GKV-WSG) vom 26.03.2007. Das GMG griff zum einem stark in das Leistungsrecht ein, indem es die Ansprüche der Versicherten eingeschränkt hat. Zum anderen hat es versucht, die starren Grenzen zwischen ambulanter und stationärer Versorgung etwas zu öffnen (z. B. Erleichterungen für die sog. integrierte ambulante/stationäre Versorgung).

Das GKV-WSG konzentriert sich auf strukturelle Maßnahmen und führt einige Leistungsverbesserungen ein, z. B. bei Prävention und Rehabilitation. Zu den strukturellen Neuerungen zählen u. a. eine allgemeine Pflicht, für einen Krankenversicherungsschutz zu sorgen, verstärkte Wahlrechte des gesetzlich Versicherten in Bezug auf unterschiedliche Tarife, Neuordnung des ärztlichen Honorierungssystems, Vereinheitlichung des Beitragssatzes in der gesetzlichen Krankenversicherung, vermehrte ambulante Behandlungsmöglichkeiten in Krankenhäusern und ein völlig neues Finanzierungssystem durch Einführung eines **Gesundheitsfonds**.

Dieses Kompromissgebilde wurde geschaffen, da man sich weder auf eine allgemeine Bürgerversicherung (wie von der SPD und den Grünen gewünscht) noch auf eine einheitliche, also einkommensunabhängige sog. Kopfpauschale (wie von Teilen der Union befürwortet) einigen konnte.

Insgesamt erhofft man sich von den vorgesehenen Maßnahmen Kostensenkungen und Einsparungen, um die Gesundheitsversorgung bei ständig zunehmenden medizinischen Fortentwicklungen und deutlich verlängerter Lebenserwartung zu ökonomisch akzeptablen Bedingungen zu sichern.

Das **Erste Kapitel** des SGB V betont in § 1 besonders die Mitverantwortung der Versicherten für ihre Gesundheit, ohne dass damit konkrete Rechtsfolgen verbunden wären (außer § 52 SGB V bei Selbstverschulden).

§ 2 SGB V enthält eine positivrechtliche Bestimmung des sog. **Sachleistungsgrundsatzes**, wonach die Versicherten Anspruch auf Gesundheitsleistungen als solche haben und sie sich nicht selbst beschaffen müssen. Seit 01.01.2004 können alle Versicherten aber auch Kostenerstattung wählen und sich damit wie Privatpatienten behandeln lassen, sogar im EU-Ausland. Allerdings werden die Kosten nur so weit erstattet, wie sie den Aufwendungen für die entsprechenden kassenärztlichen Leistungen (im Inland) entsprechen (§ 13 SGB V).

Das **Zweite Kapitel** (§§ 5 ff. SGB V) regelt den Kreis der versicherten Personen, wobei die Möglichkeit der Versicherung von Erwerbstätigen, die nicht abhängig beschäftigt sind, eingeschränkt ist. Wer zwar grundsätzlich zum Kreis der versicherungspflichtigen Personen zählt (wie insbesondere abhängig Beschäftigte), kann dennoch aufgrund einer Ausnahmeregelung versicherungsfrei sein, §§ 6 f. SGB V. Dies trifft z. B. auf alle Beschäftigten ab einer bestimmten Verdienstgrenze zu (Jahresarbeitsentgeltgrenze als **Versicherungspflichtgrenze**), die 2014 monatlich 4.462,50 Euro beträgt, wobei die Versicherungsfreiheit sofort (mit Ablauf des Kalenderjahres) eintritt; die Grenze muss nicht mehr drei Jahre hintereinander überschritten sein. Das GKV-WSG hat im Grundsatz für alle Personen mit Wohnsitz in Deutschland eine allgemeine Versicherungspflicht entweder in der gesetzlichen oder in der privaten Krankenversicherung eingeführt, § 5 Abs. 1 Nr. 13 SGB V (für Ausländer: § 5 Abs. 11 SGB V) und § 193 Abs. 3 VVG. Im Einzelnen handelt es sich um sehr komplizierte Regelungen.

Das **Dritte Kapitel** (§§ 11 ff. SGB V) regelt die Leistungsansprüche. Ganz im Vordergrund stehen die Gesundheitsleistungen. Besonders betont wird das **Wirtschaftlichkeitsgebot**, § 12 SGB V.

Die Inanspruchnahme von Leistungen im Ausland ist in §§ 13 Abs. 4 bis 6, 16 bis 18 SGB V geregelt. Zu beachten ist, dass gemäß § 30 Abs. 2 SGB I Regelungen des zwischen- und überstaatlichen Rechts den Normen im SGB vorgehen. So können z. B. bei Erkrankungen während Auslandsaufenthalten anlässlich von Urlaubs- oder Besuchsreisen dort – abweichend von den §§ 16–18 SGB V – Behandlungsleistungen in Anspruch genommen werden, und zwar nach den Art. 17 ff. der VO (EU) 883/2004 und nach entsprechenden Regelungen, die in bilateralen Sozialversicherungsabkommen zwischen der Bundesrepublik Deutschland und Ländern (z. B. der Schweiz und der Türkei) vereinbart worden sind. Diese Leistungen werden jedoch nicht nach deutschem, sondern nach dem im jeweiligen Aufenthaltsstaat geltenden Recht erbracht. Zur schon erwähnten Kostenerstattung bei Auslandsbehandlungen vgl. §§ 13 Abs. 4 und 18 SGB V.

Die §§ 20 ff. SGB V sehen „Leistungen zur Verhütung von Krankheiten" vor, etwa Maßnahmen der Zahnprophylaxe (§§ 21 f. SGB V). Leistungen zur Gesundheitsförderung bzw. **Prävention** (z. B. Kurse zur Ernährungsberatung) sollen nach § 20 SGB V als Satzungsleistung der Kassen angeboten werden. Die §§ 20a–20d SGB V benennen spezielle Leistungen u. a. der betrieblichen Gesundheitsförderung, der Förderung von Selbsthilfegruppen und der Prävention durch Schutzimpfungen. §§ 24a und b SGB V regeln die Leistungen zur Schwangerschaftsverhütung und bei nicht rechtswidrigen Schwangerschaftsabbrüchen.

Nach den §§ 25 f. SGB V bestehen Ansprüche auf Gesundheits-(Vorsorge-)Untersuchungen.

Die §§ 27 ff. SGB V gewähren den Versicherten umfassende Leistungsansprüche bei Krankheit, die unter dem Oberbegriff der Krankenbehandlung zusammengefasst sind. Geschuldet werden Leistungen, die notwendig sind, um eine Krankheit zu erkennen (Diagnose) sowie sie zu heilen, ihre Verschlimmerung zu verhüten oder Krankheitsbeschwerden zu lindern (Therapie).

Die Leistungen bei **Schwangerschaft und Mutterschaft** sind nicht mehr in der RVO geregelt, sondern seit 2013 in den §§ 24c bis i SGB V.

Bei vielen Leistungen haben die volljährigen Versicherten **Zuzahlungen** vorzunehmen (§§ 61, 39 Abs. 4 SGB V), wobei keine generelle Befreiung für bestimmte Personengruppen (z. B. Sozialhilfeempfänger) mehr vorgesehen ist. § 62 SGB V sieht als Belastungsgrenze einen jährlichen Höchstbetrag von 2 Prozent der Bruttoeinnahmen vor, wobei für Familien Abschläge vom Bruttoeinkommen vorgenommen werden. Für chronisch Kranke gilt eine Grenze von 1 Prozent.

Zur wirtschaftlichen Absicherung in Fällen von krankheitsbedingter Arbeitsunfähigkeit wird nach §§ 44 ff. SGB V i. d. R. ein **Krankengeld** gezahlt, soweit die Versicherten nicht (wie i. d. R.) während der ersten sechs Krankheitswochen einen arbeitsrechtlichen Anspruch auf Lohnfortzahlung gegen den Arbeitgeber haben. Krankengeld kommt jedoch nicht nur bei eigener Erkrankung, sondern auch in Fällen in Betracht, in denen der Versicherte ein erkranktes Kind zu betreuen hat, § 45 SGB V. Das Krankengeld beträgt 70 Prozent des Regelentgelts und ist auf maximal 90 Prozent des Nettoarbeitsentgelts begrenzt.

Erforderliche **Fahrkosten** werden nur übernommen, wenn zwingende medizinische Gründe vorliegen, § 60 SGB V.

Bei **Selbstverschulden** oder Schönheitsoperationen bestehen Leistungseinschränkungen, § 52 SGB V.

Seit 2007 ist in dem neu gefassten § 53 SGB V für die Krankenkassen die Möglichkeit vorgesehen, verschiedene **Wahltarife** einzuführen; teilweise besteht eine Verpflichtung zur Einführung. Obligatorische Angebote sind Tarife für besondere Versorgungsformen (z. B. hausarztzentrierte Versorgung) und Tarife mit Anspruch auf Krankengeld. Zusätzliche Angebote betreffen u. a. Tarife mit Selbstbehalt oder für Kostenerstattung.

Die §§ 63 ff. SGB V erlauben den Krankenkassen, neue Versorgungsmodelle zu erproben. So können die Krankenkassen gemäß § 65a SGB V in der Satzung einen Bonus in Form einer Reduzierung des Beitragssatzes für Versicherte vorsehen, die sich gesundheitsbewusst verhalten, an einem **Disease-Management-Programm** (vgl. §§ 137f und g SGB V: Strukturierte Behandlungsprogramme bei chronisch Kranken) teilnehmen oder die sich verpflichten, Fachärzte grundsätzlich nur auf Überweisung des von ihnen gewählten Hausarztes aufzusuchen (sog. „hausarztzentrierte Versorgung", § 73b SGB V). Mit diesem Modell soll dem Hausarzt eine „Lotsenfunktion" eingeräumt und das sog. „Ärzte-Hopping" vermieden werden. Ferner sollen die Krankenkassen nach § 65b SGB V neutrale Einrichtungen zur Verbraucher- und Patientenberatung finanziell fördern, die das Ziel der gesundheitlichen Information, Beratung und Aufklärung der Versicherten verfolgen.

Da die Gesundheitsleistungen im Allgemeinen als sog. Sachleistungen gewährt werden (zur Möglichkeit der Kostenerstattung s. o.), müssen die Krankenkassen sie ihren Versicherten „verschaffen". Dazu schließen sie Verträge mit den sog. Leistungserbringern ab, also mit Ärzten, Apotheken, Krankenhäusern usw. (bzw. mit deren Verbänden).

Das **Leistungserbringungsrecht** ist Gegenstand des **Vierten Kapitels** (§§ 69 ff. SGB V). Im Zentrum steht das Vertragsarztrecht (früher: Kassenarztrecht). Nur zugelassene Vertragsärzte sind zur Leistungserbringung berechtigt. Allein sie dürfen (i. d. R. auch bei Wahl der Kostenerstattung) von den Versicherten in Anspruch genommen werden. Organisiert sind Vertragsärzte in den Kassenärztlichen Vereinigungen, den hauptsächlichen Vertragspartnern der Krankenkassen bzw. ihrer Verbände.

Unter den Vertrags(zahn)ärzten besteht für die Versicherten **freie Arztwahl** (§ 76 SGB V). Mittels zahlreicher Regelungen versucht das SGB V, eine möglichst wirtschaftliche Leistungserbringung durch die Vertragsärzte zu gewährleisten. Dem dienen insbesondere entsprechende Vergütungsregelungen sowie Wirtschaftlichkeitskontrollen. Auch gelten strenge Regelungen für Bedarfsplanungen in Bezug auf die Zulassung von Ärzten. Seit 1999 sind nach langen Auseinandersetzungen auch die psychologischen Psychotherapeuten in das System der vertragsärztlichen Versorgung integriert.

Die §§ 107 ff. SGB V betreffen die „Beziehungen zu Krankenhäusern und anderen Einrichtungen" wie z.B. Rehabilitationskliniken oder Sozialpädiatrischen Zentren. Diese Bestimmungen werden ergänzt insbesondere durch das Krankenhausfinanzierungsgesetz, das Krankenhausentgeltgesetz und die Bundespflegesatzverordnung (BPflV). Die weiteren Regelungen (§§ 124 ff. SGB V) beziehen sich u.a. auf die Leistungserbringer von Heil- und Hilfsmitteln, auf Apotheken und pharmazeutische Unternehmen.

Eine grundlegende Neuerung stellt die durch das GKV-Gesundheitsreformgesetz 2000 eingeführte sog. **integrierte Versorgung** dar (§§ 140a ff. SGB V), von der inzwischen zunehmend Gebrauch gemacht wird. Hiernach können die Krankenkassen sektorenübergreifende Versorgungsverträge direkt mit unterschiedlichen Leistungserbringern (Haus- und Fachärzten, Krankenhäusern, Reha-Einrichtungen etc.) schließen. Auf diese Weise sollen Versorgungsnetze gebildet werden, in denen insbesondere für chronisch Kranke eine aufeinander abgestimmte „Rund-um-Versorgung" gewährleistet werden kann, da diese i.d.R. auf die Behandlung durch mehrere Leistungserbringer angewiesen sind und häufig zwischen ambulantem und stationärem Sektor wechseln. Wie bei der hausarztzentrierten Versorgung kann auch hier den Versicherten von den Kassen ein Bonus gewährt werden, wenn sie sich freiwillig zur Teilnahme an einem Versorgungsnetz entschließen.

In den §§ 140f–h SGB V ist die Beteiligung von **Interessenvertretern** der Patienten in verschiedenen Gremien vorgesehen, um den Belangen der Patienten Gehör zu verschaffen. Mehr als beratende Funktion haben sie aber nicht.

Das **Fünfte Kapitel** (§ 142 SGB V) sieht einen Sachverständigenrat vor, der alle zwei Jahre für die Bundesregierung ein Gutachten zur Weiterentwicklung des Gesundheitswesens erstellt.

Das **Sechste Kapitel** (§§ 143 ff. SGB V) enthält das Organisationsrecht der Krankenkassen und ergänzt die Organisationsbestimmungen des Buchs IV. Geregelt werden u.a. die Errichtung und Auflösung von Krankenkassen sowie deren Vereinigung, die Zuständigkeit der Krankenkassen für die Versicherten und deren Möglichkeiten, eine Krankenkasse zu wählen, das Mitgliedschaftsverhältnis zwischen dem Versicherten und seiner Krankenkasse, das Satzungsrecht und ergänzende Regelungen zum Meldewesen.

Zum Krankenkassenwahlrecht der Mitglieder, das ab dem 15. Lebensjahr ausgeübt werden kann, vgl. §§ 173 ff. SGB V.

Anschließend (§§ 207 ff. SGB V) finden sich im **Siebtem Kapitel** Bestimmungen über die Verbände der Krankenkassen. Das GKV-WSG hat für 2008 die Zusammenlegung der bisher sieben Bundesverbände der verschiedenen Kassenarten zu einem einheitlichen „Spitzenverband Bund der Krankenkassen" (GKV Spitzenverband) verfügt.

Das Achte Kapitel (§§ 220 ff. SGB V) regelt die Finanzierung der gesetzlichen Krankenversicherung, insbesondere das Beitragsrecht. Nach wie vor ist i.d.R. das Arbeitseinkommen der Versicherten Grundlage der Beitragsbemessung. Nur bei freiwillig Versicherten ist die gesamte wirtschaftliche Leistungsfähigkeit zu berücksichtigen. Die Beiträge werden – bis zur sog. Beitragsbemessungsgrenze, die (2014) 4.050 Euro im Monat beträgt – als Prozentsatz vom beitragspflichtigen Einkommen berechnet.

Nachdem die Krankenkassen bis Ende 2008 **Beitragssätze** in unterschiedlicher Höhe vorsahen (zwischen ca. 11 % und 16 %), wurde 2009 ein bundesweit einheitlicher Beitragssatz eingeführt, § 241 Abs. 2 SGB V, der seit 2011 15,5 Prozent beträgt. Die Beiträge werden zwischen den Arbeitnehmern und Arbeitgebern geteilt, allerdings tragen die Beschäftigten einen um 0,9 Prozent höheren Anteil (§ 249 Abs. 1 SGB V).

Darüber hinaus wurde – wie oben erwähnt – ein sog. **Gesundheitsfonds** beim Bundesversicherungsamt gebildet, aus dem die Krankenkassen Zuweisungen erhalten, §§ 271, 266 SGB V. Wenn die Zuweisungen den Finanzbedarf einer Krankenkasse übersteigen, können Prämien an die Mitglieder ausgezahlt werden (was bislang kaum vorgekommen ist). Soweit der Finanzierungsbedarf nicht gedeckt wird, kommt ein **kassenindividueller Zusatzbeitrag** in Betracht, §§ 242 und 242a SGB V. Um die Kassenmitglieder vor unverhältnismäßigen Belastungen zu schützen, denn sie tragen eventuelle Zusatzbeiträge allein, wurde ab 2011 ein Sozialausgleich eingeführt (§ 242b SGB V).

Im **Neunten Kapitel** (§§ 275 ff. SGB V) finden sich Regelungen zum **„Medizinischen Dienst der Krankenversicherung" (MDK)**. Ihm obliegen insbesondere Beratungs- und Begutachtungsfunktionen gegenüber Krankenkassen.

Das **Zehnte Kapitel** (§§ 284 ff. SGB V) regelt die Versicherungs- und Leistungsdaten, vor allem den Schutz der personenbezogenen Daten, ferner die Abrechnung der Leistungen und deren Überprüfung sowie die Aufbewahrung von Daten.

Das **Elfte Kapitel** (§§ 306 f. SGB V) betrifft Straf- und Bußgeldvorschriften.

Schließlich enthält das **Zwölfte Kapitel** (§§ 308 ff. SGB V) „Überleitungsregelungen aus Anlass der Herstellung der Einheit Deutschlands".

Abb. 4.1 enthält eine Übersicht über die Gesetzliche Krankenversicherung (SGB V):

Versicherte Personen

Pflichtversicherte (§ 5)
- Beschäftigte (einschließlich der zu ihrer Berufsausbildung Beschäftigten)
- Bezieher von Arbeitslosengeld I und II
- Jugendliche in Einrichtungen
- Rehabilitanden
- Selbständige Landwirte
- Künstler und Publizisten
- Rentner u. a.

Freiwillig Versicherte (§ 9)
- Personen, die aus der Versicherungspflicht ausscheiden
- Personen, deren Familienversicherung erloschen ist
- Personen, die die Jahresarbeitsentgeltgrenze überschreiten
- Schwerbehinderte Menschen u. a.

Familienversicherte (§ 10)
- Ehegatten
- Lebenspartner
- Kinder eines Mitglieds:
  - leibliche Kinder
  - Pflegekinder
  - Adoptivkinder
- zur Annahme aufgenommene Pflegekinder
- Stiefkinder
- Enkel

Finanzierung
- Grundsatz: hälftige Beiträge AN und AG, aber:
- Zusatzbeitrag nur AN
- Zuzahlungen der Versicherten

Versicherungsträger
Krankenkassen (§§ 4 Abs. 2 und 143 – 172)
(Paritätische Selbstverwaltung durch Arbeitgeber und Arbeitnehmer)

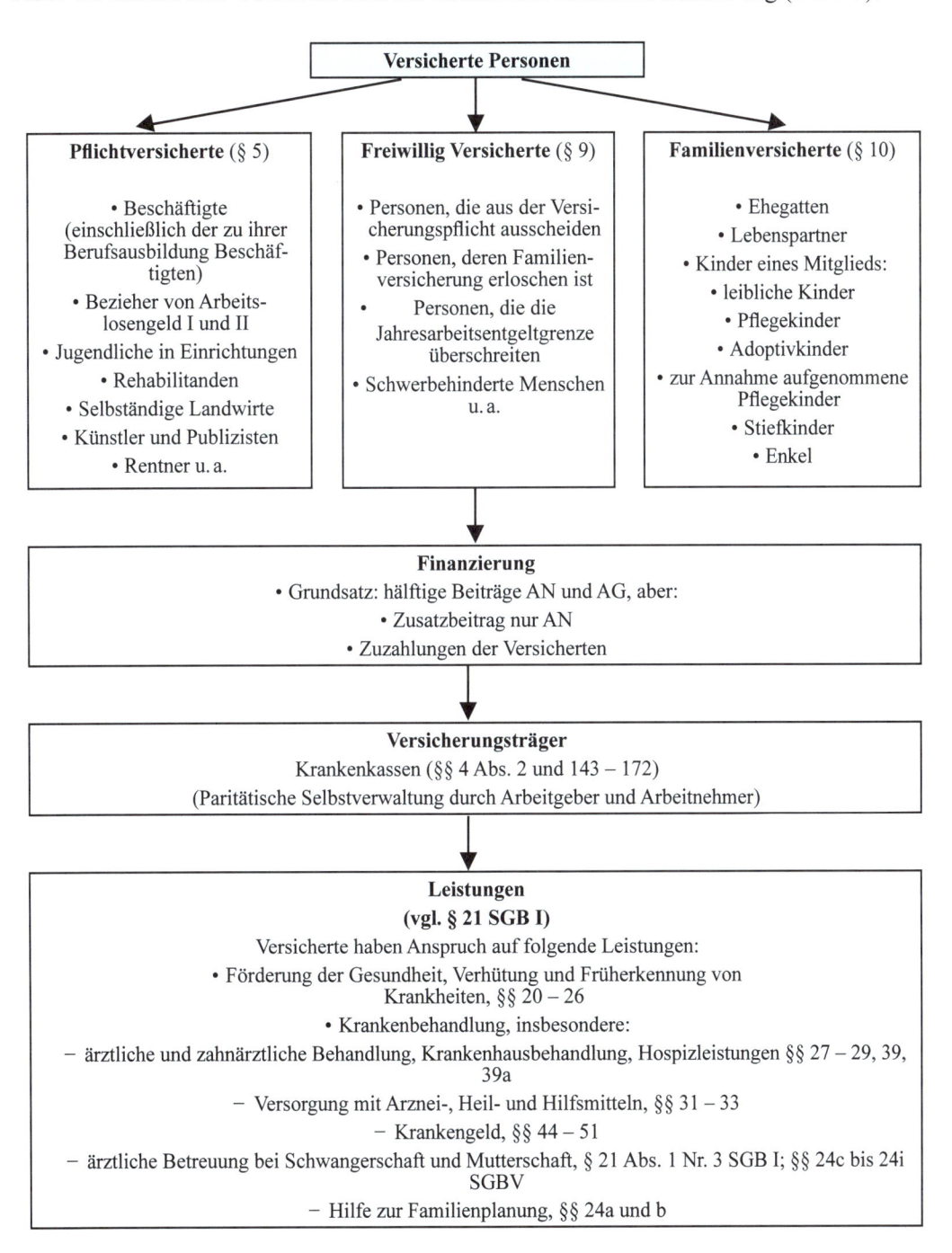

Leistungen
(vgl. § 21 SGB I)
Versicherte haben Anspruch auf folgende Leistungen:
- Förderung der Gesundheit, Verhütung und Früherkennung von Krankheiten, §§ 20 – 26
- Krankenbehandlung, insbesondere:
  - ärztliche und zahnärztliche Behandlung, Krankenhausbehandlung, Hospizleistungen §§ 27 – 29, 39, 39a
  - Versorgung mit Arznei-, Heil- und Hilfsmitteln, §§ 31 – 33
  - Krankengeld, §§ 44 – 51
  - ärztliche Betreuung bei Schwangerschaft und Mutterschaft, § 21 Abs. 1 Nr. 3 SGB I; §§ 24c bis 24i SGBV
  - Hilfe zur Familienplanung, §§ 24a und b

Abb. 4.1: Übersicht Gesetzliche Krankenversicherung

4.1.1 Versicherter Personenkreis

Leistungen der gesetzlichen Krankenversicherung erhalten nur die in dieser versicherten Personen, ferner Bezieher von Sozialhilfeleistungen (§ 264 SGB V). Deren Leistungen muss das zuständige Sozialamt der Krankenkasse erstatten.

Der versicherte Personenkreis der gesetzlichen Krankenversicherung setzt sich aus Versicherungspflichtigen, freiwillig versicherten und familienversicherten Personen zusammen.

Familienversicherung

Die GKV umfasst eine beitragsfreie Familienversicherung. Danach sind Ehe- und eingetragene Lebenspartner sowie Kinder (bis zu bestimmtem Altersgrenzen, vgl. § 10 Abs. 2 SGB V) mitversichert. Voraussetzung ist, dass das Einkommen der Ehe-/Lebenspartner und Kinder 2014 höchstens 395 Euro monatlich beträgt (ein Siebtel der monatlichen Bezugsgröße nach § 18 SGB IV) und sie nicht selbst versicherungspflichtig sind.

Versicherter Personenkreis				
Versicherung kraft Gesetzes (Versicherungspflicht)	Versicherungsfreiheit	Befreiung von der Versicherungspflicht	Freiwillige Versicherung	Familienversicherung
§ 5 Abs. 1 Nr. 1-13 SGB V (Personengruppen)	§ 6 Abs. 1 Nr. 1-8, Abs. 2 SGB V (Personengruppen)	§ 8 Abs. 1 Nr. 1-7 SGB V (Tatbestände)	§ 9 Abs. 1 Nr. 1-8 SGB V (Personen in bestimmter Situation)	§ 10 SGB V (Ehegatten, Lebenspartner und Kinder)
	§ 7 SGB V (geringfügig Beschäftigte)			

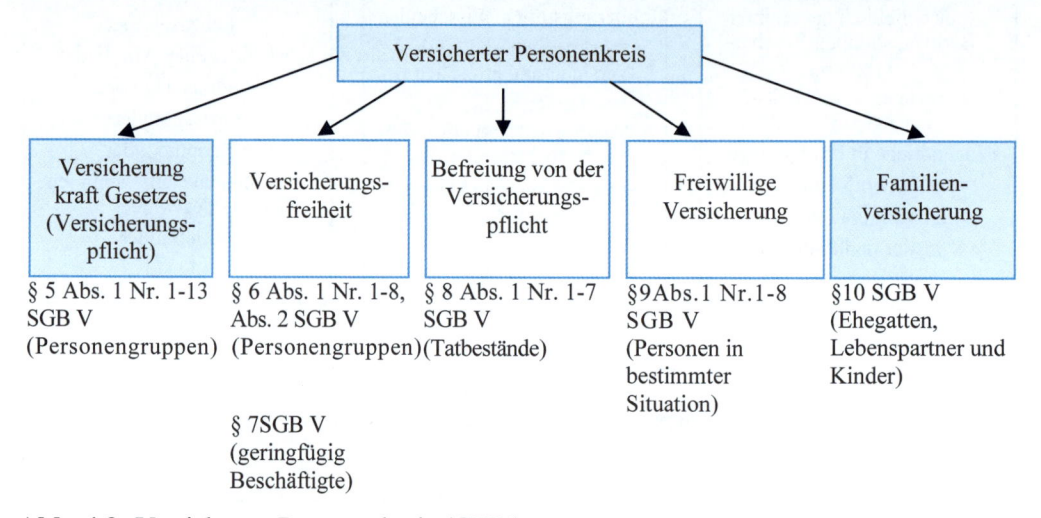

Abb. 4.2: Versicherter Personenkreis (GKV)

Versicherungspflichtig sind die in § 5 SGB V aufgezählten Personen. Die Versicherungspflicht tritt bei diesen Personen ein, wenn die gesetzlichen Voraussetzungen vorliegen. Unerheblich ist, ob Beiträge gezahlt wurden, eine Meldung erfolgte oder ein Antrag auf die Versicherung gestellt wurde. Durch die Gesundheitsreform 2007 werden alle verpflichtet, sich entweder gesetzlich oder privat gegen Krankheit zu versichern (§ 5 Abs. 1 Nr. 13 SGB V).

Keine Versicherungspflicht besteht, wenn eine **gesetzliche Ausnahme** vorliegt. Kraft Gesetzes nicht versicherungspflichtig (versicherungsfrei) sind u. a. Personen,

die eine selbstständige Tätigkeit hauptberuflich ausüben (§ 5 Abs. 5 SGB V),

deren regelmäßiges Jahresarbeitsentgelt die Entgeltgrenze übersteigt (§ 6 Abs. 1 Nr. 1 SGB V), Beamte, Richter und Zeitsoldaten (§ 6 Abs. 1 Nr. 2 SGB V) sowie geringfügig Beschäftigte (§ 7 SGB V).

Keine Versicherungspflicht besteht ferner bei Personen, die auf Antrag von dieser befreit wurden. Den Antrag können nur Personen, die hierzu nach § 8 SGB V berechtigt sind, innerhalb von drei Monaten nach Eintritt der Versicherungspflicht stellen (§ 8 SGB V). Antragsberechtigt sind u. a. Studierende.

Freiwillig versichern können sich in der gesetzlichen Krankenversicherung nur die in § 9 SGB V aufgezählten Personen. Die freiwillige Versicherung muss innerhalb von drei Monaten schriftlich erklärt werden (§ 9 Abs. 2 SGB V).

Seit dem 01.04.2007 besteht für Personen ohne anderweitige Absicherung im Krankheitsfall, die davor gesetzlich krankenversichert waren, eine **Versicherungspflicht** in der GKV (§ 5 Abs. 1 Nr. 13 SGB V). Das Gleiche gilt für Personen, die bisher niemals (gesetzlich oder privat) krankenversichert waren.

Gemäß § 193 Abs. 3 Versicherungsvertragsgesetz (VVG) ist seit 2009 grundsätzlich jede Person mit Wohnsitz in Deutschland zum Abschluss einer privaten Krankenversicherung verpflichtet, sofern sie nicht anderweitig abgesichert ist. Dabei muss mindestens ambulante und stationäre Heilbehandlung abgesichert sein.

Die Versicherungspflichtigen und die freiwillig versicherten Personen sind Mitglieder der Krankenkasse. Ihnen stehen aufgrund der Mitgliedschaft zusätzliche Rechte in der Selbstverwaltung (aktives und passives Wahlrecht zu den Selbstverwaltungsorganen der Sozialversicherungen) sowie das Kassenwahlrecht zu.

Übung 4.1

> Herrn Egon Beyer wird der versicherungspflichtige Arbeitsplatz gekündigt. Den Gang zur Arbeitsagentur oder zum Jobcenter lehnt er jedoch aus „Staatsverdrossenheit" ab. Er meldet sich nicht arbeitslos, vielmehr beschließt er, sich vorläufig von Bekannten aushalten zu lassen. Um Geld zu sparen, beantragt er bei keiner Krankenkasse die Mitgliedschaft; schließlich sei er noch jung und fit. Ist Herr Beyer dennoch gesetzlich krankenversichert?

4.1.2 Krankenversicherungsfreiheit höher verdienender Arbeitnehmer

Im Krankenversicherungsrecht ist – wie bereits erwähnt – die Versicherungspflicht von der Höhe des Arbeitsentgelts abhängig. Übersteigt das regelmäßige Jahresarbeitsentgelt die **Jahresarbeitsentgeltgrenze** (=Versicherungspflichtgrenze) besteht Versicherungsfreiheit in der Krankenversicherung, wobei die Versicherungsfreiheit bereits nach einmaligem Überschreiten und nicht erst (wie vor 2011) nach drei Jahren ununterbrochener Überschreitung der Verdienstgrenze eintritt. In § 6 Abs. 6 SGB V ist eine **allgemeine** Jahresarbeitsentgeltgrenze und daneben in § 6 Abs. 7 SGB V für bestimmte privat krankenversicherte Arbeitnehmer eine **besondere** Jahresarbeitsentgeltgrenze bestimmt worden. Beide Jahresarbeitsentgeltgrenzen sind bundeseinheitlich.

Allgemeine Jahresarbeitsentgeltgrenze

Die allgemeine Jahresarbeitsentgeltgrenze nach § 6 Abs. 6 SGB V beträgt im Kalenderjahr 2014 53.550 Euro (im Monat 4.462,50 Euro).

Besondere Jahresarbeitsentgeltgrenze

Für Arbeitnehmer, die am 31.12.2002 wegen Überschreitens der Jahresarbeitsentgeltgrenze krankenversicherungsfrei und bei einem privaten Krankenversicherungsunternehmen versichert waren (das Bestehen einer bloßen Zusatzversicherung reicht hierfür nicht aus), gilt aus Gründen des Bestands- und Vertrauensschutzes eine niedrigere Jahresarbeitsentgeltgrenze (§ 6 Abs. 7 Satz 1 SGB V), die an das Niveau der bisherigen Jahresarbeitsentgeltgrenze anknüpft. Der Arbeitgeber hat diese Sonderregelung nicht nur bei bestehenden Beschäftigungsverhältnissen zum Jahreswechsel 2002/2003, sondern auch bei künftigen Neueinstellungen zu prüfen, d. h. der Arbeitgeber muss bei Neueinstellungen den Arbeitnehmer stets fragen, ob er am 31.12.2002 wegen Überschreitens der Jahresarbeitsentgeltgrenze krankenversicherungsfrei und bei einem privaten Krankenversicherungsunternehmen versichert war. Dabei ist es unerlässlich, dass der Arbeitgeber entsprechende Nachweise (z. B. Bescheinigung des privaten Krankenversicherungsunternehmens über das Bestehen einer substitutiven Krankenversicherung am 31.12.2002) zu den Lohnunterlagen nimmt. Für Arbeitnehmer, die am 31.12.2002 nicht als Arbeitnehmer, sondern privat krankenversichert waren oder die erst nach dem 31.12.2002 einen privaten Krankenversicherungsvertrag abgeschlossen haben, gilt die allgemeine Jahresarbeitsentgeltgrenze.

Die besondere Jahresarbeitsentgeltgrenze liegt im Jahr 2014 bei 48.600 Euro (im Monat bei 4.050 Euro).

Ermittlung des regelmäßigen Jahresarbeitsentgelts

Der Begriff „Arbeitsentgelt" ist in § 14 SGB IV definiert. Zum regelmäßigen Jahresarbeitsentgelt gehören neben dem regelmäßig gewährten laufenden Arbeitsentgelt auch Sonderzuwendungen, die mit an Sicherheit grenzender Wahrscheinlichkeit mindestens einmal jährlich gezahlt werden. Vergütungen für Bereitschaftsdienst, die vertraglich vorgesehen sind und nach den Erfordernissen des Betriebes regelmäßig geleistet werden, sind bei der Ermittlung des regelmäßigen Jahresarbeitsentgelts ebenfalls zu berücksichtigen. Dagegen gehören Vergütungen für Überstunden nicht zum regelmäßigen Jahresarbeitsentgelt und werden daher nicht dazugerechnet. Werden jedoch feste Pauschbeträge zur Abgeltung der Überstunden regelmäßig zum laufenden Arbeitsentgelt gezahlt, sind diese Vergütungen bei der Berechnung mit heranzuziehen. Zuschläge, die mit Rücksicht auf den Familienstand gewährt werden, bleiben unberücksichtigt.

Das regelmäßige Jahresarbeitsentgelt wird ermittelt, indem das Monatsentgelt mit zwölf multipliziert wird. Bei Stundenlöhnern wird der Stundenlohn in einen Monatsbetrag umgerechnet (Stundenlohn x individuelle wöchentliche Arbeitszeit ohne Überstunden x 13 : 3 Monate) und dann mit 12 multipliziert. Hinzugerechnet werden die sonstigen anrechnungsfähigen Bezüge.

Beispiel

Ein Arbeitnehmer war vom 01.02.2005 bis 31.01.2012 bei einer mittelständischen Firma beschäftigt. Da sein regelmäßiges Jahresarbeitsentgelt die jeweils geltende Grenze überschritt, war er in dieser Beschäftigung krankenversicherungsfrei. Er ist freiwilliges Mitglied der gesetzlichen Krankenversicherung. Zum 01.04.2013 nimmt er eine Beschäftigung bei einer anderen Firma auf. Sein monatliches Arbeitsentgelt beträgt hier 4.300 Euro, außerdem erhält er laut Arbeitsvertrag ein Weihnachtsgeld in Höhe von 50 Prozent eines Monatsgehaltes. Obwohl der Arbeitnehmer erst im Laufe des Jahres 2013 seine Beschäftigung bei der anderen Firma angenommen hat, wird bei der Ermittlung des regelmäßigen Jahresarbeitsentgelts sein monatliches Arbeitsentgelt mit 12 multipliziert. Das regelmäßige Jahresarbeitsentgelt beträgt demnach 53.750 Euro (4.300 Euro x 12 + 2.150 Euro [zugesichertes Weihnachtsgeld]) und überschreitet somit die Jahresarbeitsentgeltgrenze von 52.200 Euro für 2013. Es besteht also Krankenversicherungsfreiheit. Das gilt auch für 2014, da die Versicherungspflichtgrenze bei 53.550 Euro liegt.

4.1.3 Hauptberuflich Selbstständige

In der Krankenversicherung werden hauptberuflich Selbstständige durch Aufnahme einer abhängigen Beschäftigung nicht versicherungspflichtig (§ 5 Abs. 5 SGB V). Dadurch wird vermieden, dass diese Personen durch Aufnahme einer mehr als geringfügigen Beschäftigung krankenversicherungspflichtig werden und damit den umfassenden Schutz der gesetzlichen Krankenversicherung erhalten. Hauptberuflich ist eine selbstständige Tätigkeit dann, wenn sie von der wirtschaftlichen Bedeutung und dem zeitlichen Aufwand her die übrigen Erwerbstätigkeiten zusammen deutlich übersteigt und den Mittelpunkt der Erwerbstätigkeit darstellt. Dies ist dann der Fall, wenn die abhängige Beschäftigung an weniger als 18 Stunden wöchentlich ausgeübt wird und das daraus erzielte Arbeitsentgelt nicht mehr als die Hälfte der monatlichen Bezugsgröße beträgt oder im Rahmen der selbstständigen Tätigkeit mindestens ein Arbeitnehmer mehr als geringfügig beschäftigt wird.

Da selbstständig Tätige in der Kranken-, Pflege- und Arbeitslosenversicherung nicht zum versicherungspflichtigen Personenkreis zählen und in der Rentenversicherung nur ein kleiner Kreis selbstständig tätiger Personen versicherungspflichtig ist, bedarf es zur Unterscheidung einer selbstständigen Tätigkeit von einer Beschäftigung als Arbeitnehmer bestimmter Abgrenzungskriterien.

Die Beschäftigung wird in § 7 Abs. 1 Satz 1 SGB IV als nicht selbstständige Arbeit, insbesondere in einem Arbeitsverhältnis, definiert. Typische Merkmale einer Beschäftigung sind – wie bereits dargestellt[8] – die Weisungsgebundenheit der Erwerbsperson und ihre betriebliche Eingliederung. Diese Merkmale sind nicht zwingend kumulativ für das Vorliegen eines Beschäftigungsverhältnisses erforderlich. So kann das Weisungsrecht – vornehmlich bei Diensten höherer Art – eingeschränkt und zur „funktionsgerecht dienen den Teilhabe am Arbeitsprozess" verfeinert sein. In der Praxis ist die Abgrenzung zwischen einer abhängigen Beschäftigung und einer selbstständigen Tätigkeit aufgrund der wirtschaftlichen Entwicklung und der veränderten Arbeitssituationen nicht mehr eindeutig, sondern fließend.

---

[8] Siehe S. 41 f. in diesem Buch.

Liegen die Kriterien für die Versicherungspflicht vor, besteht diese Versicherung kraft Gesetzes, unabhängig vom Willen der beteiligten Arbeitnehmer und Arbeitgeber.

4.2 Leistungen der gesetzlichen Krankenversicherung

Tabelle 3.1: Leistungen der gesetzlichen Krankenversicherung (SGB V)

Leistungen zur Krankheits-verhütung	Leistungen zur Familienplanung	Leistungen zur Früherkennung	Leistungen bei Krankheit	Sonstige Leistungen
• Prävention und Selbsthilfe, § 20 • Betriebliche Gesundheitsför-derung, §§ 20a, b • Schutzimpfung, § 20d • Gruppenpro-phylaxe, § 21 • Individualpro-phylaxe § 22 • Medizinische Vorsorge, § 23 • Medizinische Vorsorge für Mütter und Väter, § 24	• Leistungen zur Empfängnisrege-lung, (Empfäng-nisverhütung) § 24a • Sterilisation, § 24b Abs. 2 • Schwanger-schaftsabbruch, § 24b	• Früherkennungs-untersuchungen bei Erwachsenen, § 25 • Früherkennungs-untersuchungen bei Kindern, § 26	Krankenbehand-lung (§ 27 SGB V): • Ärztliche Behandlung, § 28 Abs. 1 • Zahnärztliche Behandlung, § 28 Abs. 2 • Psychotherapeu-tische Behand-lung, § 28 Abs. 3 • Arznei-, Ver-band-, Heil- und Hilfsmittel, §§ 31-36 • Häusliche Krankenpflege, § 37 • Soziotherapie, § 37a • Palliativversor-gung, § 37 b • Haushaltshilfe, § 38 • Krankenhausbe-handlung, § 39 • Hospiz, § 39a • Künstliche Befruchtung, § 27a Medizinische und ergänzende Leistungen zur Rehabilitation (§§ 40 ff.): • Belastungserpro-bung • Arbeitstherapie, § 42 • Krankengeld, §§ 44 ff.	• Zuschuss zum Zahnersatz, § 55 • Übernahme von Fahrkosten, § 60 • Weiterent-wicklung der Versorgung, §§ 63 ff. • Unterstützung der Versicherten bei Behandlungs-fehlern, § 66 Leistungen bei Schwangerschaft und Mutterschaft: • Ärztliche Betreu-ung Vorsorgeun-tersuchungen • Hebammenhilfe, § 24d • Versorgung mit Arznei-, Ver-band-, Heil- und Hilfsmitteln, § 24e • Entbindung, § 24f • Häusliche Pflege, § 24g • Haushaltshilfe, § 24 h • Mutterschafts-geld, § 24i.

Allen Leistungen der gesetzlichen Krankenversicherung ist gemeinsam, dass sie die Zugehörigkeit zum versicherten Personenkreis voraussetzen. Die Leistungen werden unter Beachtung des **Wirtschaftlichkeitsgebots** erbracht (§§ 4 Abs.4, 12 SGB V). Die Versicherten erhalten die Leistungen als Sach- oder Dienstleistungen (§ 2 Abs. 1 und 2 SGB V).Die Erstattung der Kosten einer medizinischen Leistung ist nur in Ausnahmefäl-len möglich (§ 13 SGB V), z. B. wenn eine rechtzeitige Entscheidung der Krankenkasse nicht möglich war oder wenn die Krankenkasse die Kostenübernahme rechtswidrig abge-lehnt hat.

Die Leistungen der gesetzlichen Krankenversicherung werden grundsätzlich nur auf **Antrag** erbracht (§ 19 SGB IV). Bei der ärztlichen und zahnärztlichen Behandlung ist die Vorlage einer von der Krankenkasse ausgestellten Krankenversichertenkarte ausrei-chend. Keine Leistungen werden erbracht, wenn der Anspruch ruht (§§ 16 ff. SGB V).

4.2.1 Prävention

Die Leistungen der Primärprävention, der betrieblichen Gesundheitsförderung, der Zusammenarbeit der Krankenkassen mit den Trägern der Unfallversicherung und des Arbeitsschutzes (§ 20a und b SGB V) sowie die Schutzimpfungen (§ 20d SGB V) sollen den Eintritt einer Krankheit verhindern. Außerdem soll die Primärprävention einen Beitrag zur Verminderung sozial bedingter Ungleichheit von **Gesundheitschancen** leisten (§ 20 Abs. 1 Satz 2 SGB V).

Themenfelder der betrieblichen Gesundheitsförderung

§ 20a Abs. 2 SGB V: Kooperation der Krankenkassen mit dem zuständigen Unfallversicherungsträger

§ 20b SGB V: Prävention arbeitsbedingter Gesundheitsgefahren

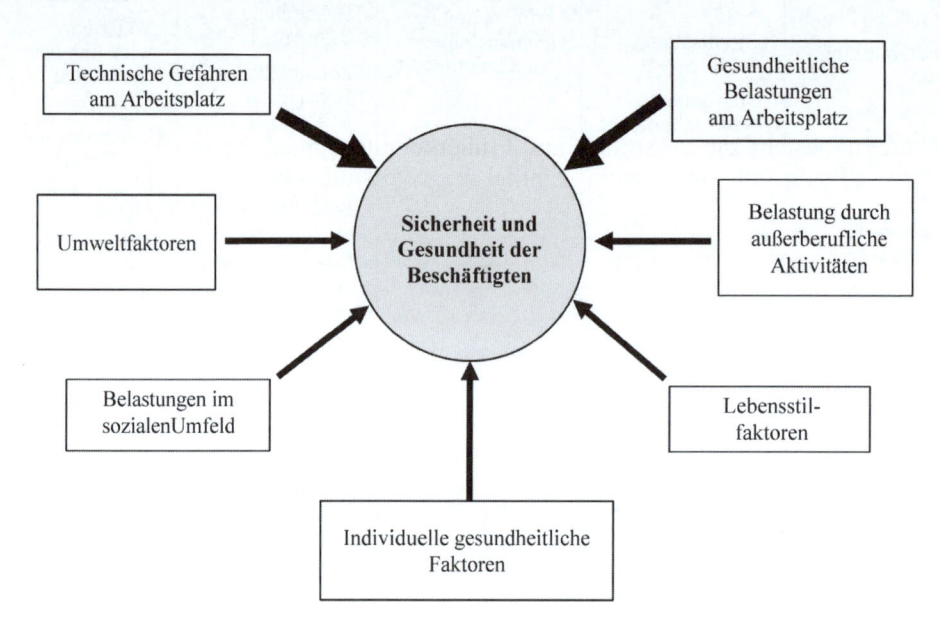

Abb. 4.3: Themenfelder der betrieblichen Gesundheitsförderung

Vorsorgeleistungen

Zahnerkrankungen bei Kindern soll mit der Gruppenprophylaxe und der Individualprophylaxe begegnet werden (§§ 21, 22 SGB V). Die Maßnahmen der Gruppenprophylaxe werden vornehmlich in Gruppen durchgeführt, z. B. im Kindergarten oder in der Schule. Anspruch auf Individualprophylaxe haben Versicherte zwischen dem 6. und 18. Lebensjahr. Die Individualprophylaxe beinhaltet eine zahnärztliche Untersuchung je Kalenderhalbjahr.

Versicherte haben Anspruch auf ärztliche Behandlung und medizinische Versorgung (medizinische Vorsorgeleistungen), wenn diese notwendig sind, eine Schwächung der Gesundheit zu beseitigen, die in absehbarer Zeit voraussichtlich zu einer Krankheit führen würde, der Gefährdung der gesundheitlichen Entwicklung entgegenzuwirken oder um Pflegebedürftigkeit zu vermeiden (§ 23 SGB V). Unter den genannten Voraussetzungen können die Krankenkassen auch Maßnahmen in Form einer Vorsorgekur für Mütter oder Väter erbringen (§ 24 SGB V).

4.2.2 Familienplanung

Der Familienplanung dienen die Leistungen der Empfängnisregelung und des **Schwangerschaftsabbruches**. Die Leistungen der Empfängnisregelung umfassen Beratung, Untersuchung und Verordnung empfängnisregelnder Mittel und bis zur Vollendung des 20. Lebensjahres die Kosten ärztlich verordneter empfängnisverhütender Mittel (§ 24a SGB V).

Versicherte haben ferner Anspruch auf Leistungen bei einer medizinisch erforderlichen **Sterilisation** und bei einem nicht rechtswidrigen Abbruch der Schwangerschaft durch einen Arzt in einem Krankenhaus oder einer sonstigen hierfür vorgesehenen Einrichtung (§ 24b SGB V).

4.2.3 Früherkennung

Gesundheitsuntersuchungen sollen das frühzeitige Erkennen einer Erkrankung ermöglichen. Auf die Früherkennungsuntersuchungen haben Versicherte (jedes zweite Jahr) Anspruch, die das 35. Lebensjahr vollendet haben (§ 25 Abs. 1 SGB V).

Gegenstand der Untersuchung ist insbesondere die frühzeitige Erkennung von Herz-, Kreislauf- und Nierenerkrankungen und der Zuckerkrankheit.

Seit April 2013 haben Versicherte ab Vollendung des 18. Lebensjahres Anspruch auf Untersuchungen zur Früherkennung von Krebserkrankungen (§ 25 Abs. 2 SGB V). Diese Untersuchungen sollen als „organisierte Früherkennungsprogramme" angeboten werden (§ 25a SGB V). Die maximale Häufigkeit der Inanspruchnahme und die Altersgrenzen der Krebsfrüherkennungsuntersuchungen werden nicht mehr gesetzlich vorgegeben; der Gemeinsame Bundesausschuss (G-BA) legt diese zukünftig fest.

Bei Kindern besteht ein Anspruch auf Früherkennungsuntersuchung bis zur Vollendung des sechsten Lebensjahres und einmal nach Vollendung des zehnten Lebensjahres (§ 26 SGB V).

4.2.4 Krankenbehandlung

Die Leistungen der Krankenbehandlung setzen eine Krankheit voraus. Dies ist ein regelwidriger Körper- oder Geisteszustand, der der Behandlung bedarf und/oder Arbeitsunfähigkeit zur Folge hat (vgl. Abb. 4.4).

Regelwidriger Körper- oder Geisteszustand
(nicht nur unerhebliche Beeinträchtigung der für das jeweilige Lebensalter „normalen" Körper- oder Geistesfunktionen)

führt zu (und / oder)

Behandlungsbedürftigkeit
Voraussetzung: Behandlungsfähigkeit
Ziel: Arbeitsfähigkeit erhalten / herstellen

Arbeitsunfähigkeit
(im konkret ausgeübten Beruf)

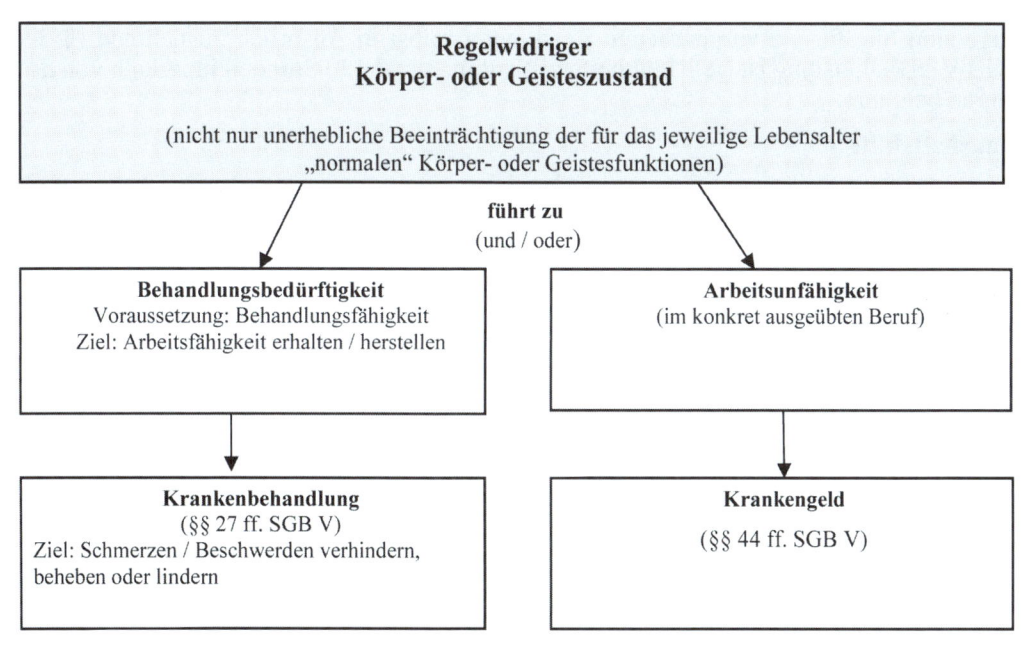

Krankenbehandlung
(§§ 27 ff. SGB V)
Ziel: Schmerzen / Beschwerden verhindern, beheben oder lindern

Krankengeld
(§§ 44 ff. SGB V)

Abb. 4.4: Krankheitsbegriff in der gesetzlichen Krankenversicherung

Ärztliche Behandlung

Die ärztliche Behandlung umfasst die Tätigkeit des Arztes, die zur Verhütung, Früherkennung und Behandlung von Krankheiten nach den Regeln der ärztlichen Kunst ausreichend und zweckmäßig ist. Soweit dabei Hilfspersonen tätig werden, müssen diese ärztlich verordnet und verantwortet sein (§ 28 Abs. 1 Satz 2 SGB V).

Die zahnärztliche Behandlung beinhaltet die Tätigkeit eines Zahnarztes, die zur Verhütung, Früherkennung und Behandlung von Zahn-, Mund- und Kieferkrankheiten nach den Regeln der zahnärztlichen Kunst ausreichend und zweckmäßig ist. Die zahnärztliche Behandlung umfasst auch die kieferorthopädische Behandlung, die allerdings nach Vollendung des 18. Lebensjahres nur bei schweren Kieferanomalien zu den Leistungen der Krankenkassen gehört (§ 28 Abs. 2 SGB V).

Die psychotherapeutische Behandlung wird durch niedergelassene ärztliche oder nicht ärztliche Vertrags-Psychotherapeuten und -Psychologen durchgeführt (§ 28 Abs. 3 SGB V).

Arzneimittel

Die Versorgung mit Arzneimitteln umfasst nur solche Arzneimittel, die verordnungspflichtig sind und vom Gemeinsamen Bundesausschuss als Kassenleistung benannt sind. Die Arzneimittel müssen ärztlich verordnet sein (§ 31 SGB V).

Heilmittel

Heilmittel sind nicht ärztliche Dienstleistungen, z.B. physikalische Therapie (Bäder, Krankengymnastik und Massagen), Stimm-, Sprech- und Sprachtherapie, Ergotherapie (§ 32 SGB V).

Hilfsmittel

Hilfsmittel sind z.B. Seh- und Hörhilfen, Körperersatzstücke, Inkontinenzhilfen, Krankenfahrzeuge, Lagerungshilfen. Die Krankenkassen übernehmen die Kosten erforderlicher ärztlich verordneter Hilfsmittel (§ 33 SGB V).

Häusliche Krankenpflege

Die häusliche Krankenpflege beinhaltet die Grund- und Behandlungspflege sowie die hauswirtschaftliche Versorgung von Versicherten in ihrem Haushalt oder in ihrer Familie (§ 37 SGB V). Sie wird erbracht, wenn Krankenhauspflege geboten, jedoch nicht ausführbar ist bzw. Krankenhauspflege vermieden wird. Sie wird bis zu vier Wochen je Krankheitsfall erbracht. Medizinische Behandlungspflege wird zudem gewährt, wenn diese zur Sicherung des ärztlichen Behandlungsziels erforderlich ist (§ 37 Abs. 2 SGB V).

Soziotherapie

Anspruch auf Soziotherapie haben psychisch schwer kranke Menschen, die nicht in der Lage sind, die für sie vorgesehenen Leistungen selbst in Anspruch zu nehmen (§ 37a SGB V). Die Leistung ist (je Krankheitsfall) auf maximal 120 Stunden innerhalb von drei Jahren begrenzt.

Haushaltshilfe

Haushaltshilfe erhalten Versicherte, wenn ihnen wegen einer Krankenhausbehandlung oder einer anderen Maßnahme die Weiterführung des Haushalts nicht möglich ist und im Haushalt ein Kind lebt, das das 12. Lebensjahr noch nicht vollendet hat oder das wegen einer Behinderung auf Hilfe angewiesen ist (§ 38 SGB V).

Krankenhaus

Anspruch auf vollstationäre Behandlung in einem zugelassenen Krankenhaus (§ 108 SGB V) haben Versicherte, wenn die Aufnahme nach Prüfung durch das Krankenhaus erforderlich ist, weil das Behandlungsziel nicht durch teilstationäre, vor- und nachstationäre oder ambulante Behandlung einschließlich häuslicher Krankenpflege erreicht werden kann. Die Krankenhausbehandlung umfasst auch ein Entlassungsmanagement zur Lösung von Problemen beim Übergang in die Versorgung nach der stationären Behandlung (§ 39 SGB V).

Hospiz

Versicherten in einem stationären Hospiz, in dem eine palliativ-medizinische Behandlung erbracht wird, erhalten einen Zuschuss, wenn eine ambulante Versorgung im Haushalt oder in der Familie nicht sichergestellt werden kann (§ 39a SGB V).

4.2.5 Rehabilitation

Leistungen der **medizinischen Rehabilitation** kann die Krankenkasse erbringen, wenn die Leistungen der Krankenbehandlung nicht ausreichend sind (§ 40 SGB V). Soweit ambulante Maßnahmen nicht ausreichend sind, hat die Krankenkasse stationäre Leistungen zu erbringen. Die Maßnahme kann auch als Mutter-Vater-Kind-Kur in einer Einrichtung des Müttergenesungswerks oder einer vergleichbaren Einrichtung erbracht werden (§ 41 SGB V).

Krankenversicherte haben Anspruch auf **Belastungserprobung** und **Arbeitstherapie**, wenn solche Leistungen nicht von den anderen Trägern der Sozialversicherung erbracht werden können (§ 42 SGB V).

Ergänzende Leistungen zur Rehabilitation sind: ärztlich verordneter Rehabilitationssport, sonstige medizinisch notwendigen Rehabilitationsleistungen und Patientenschulungen für chronisch Kranke (§ 43 SGB V).

4.2.6 Krankengeld

Versicherte haben Anspruch auf Krankengeld, wenn sie wegen einer Krankheit länger als sechs Wochen arbeitsunfähig sind oder stationär behandelt werden (§ 44 SGB V). Das Krankengeld beträgt 70 Prozent des zuvor erzielten regelmäßigen Arbeitsentgelts, jedoch nicht mehr als 90 Prozent des Netto-Arbeitsentgelts.

Das Krankengeld wird für dieselbe Krankheit längstens für 78 Wochen innerhalb von je drei Jahren gezahlt (§ 48 SGB).

Es kann ganz oder teilweise versagt werden, wenn sich der Versicherte die Krankheit vorsätzlich zugezogen hat (§ 52 SGB V). Dies gilt auch für Folgeerkrankungen aufgrund eines medizinisch nicht erforderlichen Eingriffs (z. B. Schönheitsoperation, Tätowierung, Piercing). In den letztgenannten Fällen sind die Versicherten an den Kosten zu beteiligen (§ 52 Abs. 2 SGB V).

Krankengeld erhalten ferner Versicherte, die der Arbeit fernbleiben müssen, weil ihr bis zu zwölf Jahre altes oder behindertes Kind erkrankt ist und nach ärztlichem Zeugnis der Beaufsichtigung, Betreuung oder Pflege bedarf (§ 45 SGB V). Die Leistung wird je Kind für höchstens zehn und für alle Kinder maximal 25 – bei Alleinerziehenden für längstens 20 bzw. 50 – Arbeitstage im Kalenderjahr erbracht (s. auch Kinderpflege-Krankengeld).

Familienversicherte und hauptberuflich selbstständig Erwerbstätige haben keinen Anspruch auf Krankengeld (vgl. § 44 Abs. 2 SGB V).

Krankengeld	
Funktion	Lohnersatzleistung
Anspruchsberechtigte	arbeitsunfähig erkrankte Arbeitnehmer
Höhe	70 % des Regelentgelts, höchstens 90 % des Nettoarbeitsentgelts
Beginn des Anspruchs	Tag nach ärztlicher Feststellung der Arbeitsunfähigkeit (§ 46 Abs. 1 SGB V)[a]
Zahlung	nach Ablauf der sechswöchigen Entgeltfortzahlung
Dauer	längstens 78 Wochen (unter Anrechnung der sechswöchigen Entgeltfortzahlung) • innerhalb von je 3 Jahren • wegen derselben Krankheit

Tabelle 3.2: Bestimmungen zum Krankengeld

[a] Bei Beziehern von Arbeitslosengeld, Unterhaltsgeld oder Kurzarbeitergeld vom ersten Tag der Arbeitsunfähigkeit an (§ 47b SGB V).

Der Anspruch auf Fortzahlung des Arbeitsentgelts bei Arbeitsunfähigkeit in Folge einer Krankheit richtet sich nach arbeitsrechtlichen Vorschriften (§ 44 Abs. 3 SGB V).

Das Krankengeld wird nur gezahlt, wenn nach sechs Wochen kein Anspruch (mehr) auf Lohnfortzahlung durch den Arbeitgeber (§ 3 Entgeltfortzahlungsgesetz) besteht.

Weitere Voraussetzungen sind:

- Versicherteneigenschaft zum Zeitpunkt des Eintritts der Arbeitsunfähigkeit,
- Arbeitsunfähigkeit aufgrund Krankheit oder
- stationäre Behandlung in Krankenhaus, Vorsorge- oder Reha-Einrichtung auf Kosten der Krankenkasse.
- Es handelt sich immer um dieselbe Krankheit bzw. um eindeutige Folgeerkrankungen derselben Grunderkrankung. Tritt während der Arbeitsunfähigkeit eine weitere Krankheit auf, verlängert sich die Leistungsdauer dennoch nicht.

Keinen Anspruch auf Krankengeld haben:

- Teilnehmer an Leistungen zur Teilhabe am Arbeitsleben sowie zur Berufsfindung und Arbeitserprobung, die nicht nach dem Bundesversorgungsgesetz erbracht werden; Ausnahme bei Anspruch auf Übergangsgeld
- Studenten (i. d. R. bis zum Abschluss des 14. Fachsemesters oder bis zur Vollendung des 30. Lebensjahrs)
  - Praktikanten
  - Familienversicherte
  - Bezieher von Arbeitslosengeld II und Sozialgeld
  - Personen, die infolge der Gesundheitsreform 2007 krankenversicherungspflichtig wurden (§ 5 Abs. 1 Nr. 13 SGB V).

Freiwillig Versicherte

Freiwillig Versicherte, die angestellt sind und deren Einkommen über der Beitragsbemessungsgrenze liegt, bekommen Krankengeld. Als monatliches Bruttoeinkommen wird dann die Beitragsbemessungsgrenze herangezogen.

Freiwillig versicherte Selbstständige haben Anspruch auf Krankengeld nur, wenn sie einen entsprechenden Wahltarif abgeschlossen haben (§§ 44 Abs. 2 Nr. 2, 53 Abs. 6 SGB V).

Die **Höhe des Krankengeldes** beträgt (§ 47 SGB V) 70 Prozent des regelmäßigen Arbeitsentgelts (sog. regelmäßiges Bruttoentgelt); maximal aber 90 Prozent des regelmäßigen Nettoarbeitsentgelts.

Abgezogen vom Krankengeld werden Sozialversicherungsbeiträge für die Arbeitslosen-, Pflege- und Rentenversicherung. Die Krankenkasse übernimmt die Beiträge der Krankenversicherung und jeweils die Hälfte der drei genannten Versicherungen.

Das Krankengeld wird kalendertäglich für 30 Tage je Kalendermonat gezahlt.

Bei freiwillig Versicherten über der Beitragsbemessungsgrenze wird nur das Arbeitsentgelt bis zur Höhe der kalendertäglichen Beitragsbemessungsgrenze berücksichtigt, das ist 2014 ein Betrag von 135 Euro (= Beitragsbemessungsgrenze 48.600 Euro : 360). Da das Krankengeld 70 Prozent dieses Arbeitsentgelts beträgt, kann es maximal 94,50 Euro täglich betragen.

Bei Bezug von Arbeitslosengeld oder Unterhaltsgeld wird Krankengeld in Höhe dieser Leistungen gezahlt (§ 47b SGB V).

Beispiel

(Das folgende Berechnungsbeispiel enthält keine regelmäßigen Zusatzleistungen. Diese Berechnung gilt auch für das Kinderpflege-Krankengeld.)
Karl Kästner bekommt ein monatliches Bruttogehalt von 3.000 Euro. Nach einem Schlaganfall ist er mittlerweile in der sechsten Woche arbeitsunfähig und möchte nun gern wissen, wie viel Krankengeld er ab der nächsten Woche täglich erhalten wird.

Berechnung:
Bruttotagesgehalt = 3.000 € : 30 = 100 €/Tag,
davon 70 Prozent = 70 €.
Monatliches Nettogehalt: 1.800 €
Nettotagesgehalt = 1.800 € : 30 = 60 €/Tag,
davon 90 Prozent = 54 €.
Ergebnis: Das Krankengeld beträgt 54 € täglich.

Dauer (§ 48 SGB V):

Krankengeld gibt es wegen derselben Krankheit für eine maximale Leistungsdauer von 78 Wochen (546 Kalendertage) innerhalb von je drei Jahren ab Beginn der Arbeitsunfähigkeit. Dabei handelt es sich um die sog. **Blockfrist**.

Eine Blockfrist beginnt mit dem erstmaligen Eintritt der Arbeitsunfähigkeit für die ihr zugrunde liegende Krankheit. Bei jeder Arbeitsunfähigkeit wegen einer anderen

Erkrankung beginnt eine neue Blockfrist. Es ist möglich, dass mehrere Blockfristen nebeneinander laufen.

„Dieselbe Krankheit" heißt identische Krankheitsursache. Es genügt, dass ein nicht ausgeheiltes Grundleiden Krankheitsschübe bewirkt.

Die Leistungsdauer verlängert sich nicht, wenn während der Arbeitsunfähigkeit eine andere Krankheit hinzutritt. Es bleibt bei maximal 78 Wochen.

Nach Ablauf der Blockfrist (= 3 Jahre), in der der Versicherte wegen derselben Krankheit Krankengeld für 78 Wochen bezogen hat, entsteht ein erneuter Anspruch auf Krankengeld wegen derselben Erkrankung unter folgenden Voraussetzungen:

- *erneute* Arbeitsunfähigkeit wegen derselben Krankheit,
- mindestens sechs Monate *keine* Arbeitsunfähigkeit wegen dieser Krankheit und
- mindestens sechs Monate *Erwerbstätigkeit* oder der Arbeitsvermittlung zur Verfügung stehend.

Zeiten, in denen der Anspruch auf Krankengeld zwar theoretisch besteht, aber tatsächlich ruht oder versagt wird, werden wie Bezugszeiten von Krankengeld angesehen (§ 48 Abs. 3 SGB V).

Beispiel

Karls Arbeitgeber zahlt seit Eintreten von Karls Arbeitsunfähigkeit dessen Arbeitsentgelt bis zu sechs Wochen weiter (§ 3 EntgeltfortzahlungsG), d.h. der Anspruch auf Krankengeld besteht zwar, aber er ruht (§ 49 Abs. 1 Nr. 1 SGB V). Erst danach gibt es Krankengeld. Die sechs Wochen Entgeltfortzahlung werden aber wie Krankengeld-Bezugszeiten behandelt, sodass Karl noch maximal 72 Wochen (78 Wochen abzüglich sechs Wochen) Krankengeld gezahlt wird.

Der Anspruch auf Krankengeld ruht u.a. (§ 49 SGB V)
- bei Erhalt von (mehr als einmalig gezahltem) Arbeitsentgelt. Das gilt besonders bei Entgeltfortzahlung (§ 3 Entgeltfortzahlungsgesetz) bis zu sechs Wochen;
- bei Inanspruchnahme von *Elternzeit* (früher: Erziehungsurlaub) nach dem Bundeselterngeld- und Elternzeitgesetz bis zum 3. Geburtstag eines Kindes. Dies gilt nicht, wenn die Arbeitsunfähigkeit vor Beginn der Elternzeit eingetreten ist oder wenn das Krankengeld aus einer versicherungspflichtigen (Teilzeit-)Beschäftigung während der Elternzeit errechnet wird;
- bei Bezug von Versorgungskrankengeld, Übergangsgeld, Unterhaltsgeld, Kurzarbeitergeld;
- bei Bezug von Mutterschaftsgeld oder Arbeitslosengeld; auch bei Ruhen dieser Ansprüche wegen einer Sperrzeit;
- solange die Arbeitsunfähigkeit der Krankenkasse nicht gemeldet ist. Meldefrist bis zu einer Woche nach Beginn der Arbeitsunfähigkeit.

Krankengeld ist u.a. **ausgeschlossen** (§§ 50 Abs. 1, 52a SGB V) bei Bezug von:
- Regelaltersrente;
- Altersrente für langjährige Versicherte, Altersrente für schwerbehinderte Menschen, Altersrente wegen Arbeitslosigkeit oder nach Altersteilzeit, Altersrente für Frauen;
- Rente wegen voller Erwerbsminderung;
- Ruhegehalt nach beamtenrechtlichen Grundsätzen;
- Vorruhestandsgeld und in
- Fällen von Leistungsmissbrauch.

Mit Beginn einer der o.g. Renten endet der Anspruch auf Krankengeld. War das Krankengeld höher als diese nachträglich bewilligte Rente, darf der Versicherte den Teil des Krankengelds behalten, der über diese Rente hinausging (sog. Spitzbetrag).

Krankengeld wird **gekürzt** (§ 50 Abs. 2 SGB V) um den Zahlbetrag der
- Altersrente, Rente wegen Erwerbsminderung oder Landabgabenrente, jeweils aus dem Gesetz über die Alterssicherung der Landwirte,
- Teilrente wegen Alters aus der Rentenversicherung,
- Rente wegen teilweiser Erwerbsminderung (früher: Rente wegen Erwerbs- bzw. Berufsunfähigkeit),
- Knappschaftsausgleichsleistung, Rente für Bergleute, soweit die Leistung nach Beginn der Arbeitsunfähigkeit oder stationären Behandlung zuerkannt wird.

Beispiel

Der Versicherte Friedrich Kroll erleidet einen Herzinfarkt, der Arbeitsunfähigkeit zur Folge hat. Die Krankenkasse gewährt Krankengeld für einen Zeitraum von 78 Wochen ab dem 01.10.2009. Ist die Krankheit nach Ablauf der dreijährigen Blockfrist noch nicht behoben, steht ihm ein Krankengeldanspruch ab 01.10.2012 nur dann für weitere 78 Wochen zu, wenn die Voraussetzungen des § 48 Abs. 2 SGB V erfüllt sind, er also für die Dauer von sechs Monaten nicht arbeitsunfähig, sondern erwerbstätig war oder der Arbeitsvermittlung zur Verfügung stand. Erkrankt Herr K. während der Dauer der Arbeitsunfähigkeit wegen seiner Herzerkrankung zusätzlich an einem Wirbelsäulenleiden, bewirkt dies keine Verlängerung des Bezugszeitraums über 78 Wochen hinaus (§ 48 Abs. 1 Satz 2 SGB V). Tritt die weitere Erkrankung aber erst ein, wenn Herr K. wieder gesund geschrieben ist und seine Arbeit wieder aufgenommen hat, entsteht erneut ein Anspruch auf maximal 78 Wochen Krankengeld.

Kinderpflege-Krankengeld (§ 45 SGB V)

Kinderpflege-Krankengeld zahlt die Krankenkasse bei Erkrankung des Kindes, wenn ein berufstätiger Elternteil die Pflege übernehmen muss. Zuständig ist die Krankenkasse des Elternteils, der diese Leistung in Anspruch nimmt. Grundsätzlich gibt es zehn Tage (bei Alleinerziehenden zwanzig Tage) pro Jahr und Kind, die Höhe richtet sich nach dem Einkommen. Insgesamt besteht der Anspruch auf nicht mehr als 25 bzw. 50 Arbeitstage je Kalenderjahr.

Voraussetzungen:
- Versicherteneigenschaft des Kindes, Familienversicherung genügt.
- Kind lebt im Haushalt des Versicherten.
- Kind hat das 12. Lebensjahr noch nicht vollendet oder ist behindert (ohne Altersbegrenzung).
- Aufgrund ärztlichen Zeugnisses sind eine Beaufsichtigung, Betreuung oder Pflege des Kindes und damit ein Fernbleiben von der Arbeit erforderlich.
- Keine andere im Haushalt lebende Person kann zur Pflege, Betreuung und Beaufsichtigung anwesend sein.
- Kein Anspruch gegenüber dem Arbeitgeber auf bezahlte Freistellung.
- Verdienstausfall.

Zur Auszahlung des Kinderpflege-Krankengelds sind zwei Bescheinigungen notwendig:
- Die ärztliche Bescheinigung, dass aufgrund Betreuung, Beaufsichtigung oder Pflege des Kindes ein Erscheinen am Arbeitsplatz nicht möglich ist. Diese Bescheinigung geht an die Krankenkasse und an den Arbeitgeber.
- Die Bescheinigung des Arbeitgebers, dass der betreuende Elternteil zwar von der Arbeit freigestellt wird, aber für diese Zeit kein Gehalt erhält. Diese Bescheinigung geht an die Krankenkasse. Die Krankenkassen halten auch Formulare für diese Bestätigung vor.

Die Berechnung des Kinderpflege-Krankengelds erfolgt wie beim Krankengeld.

Der Anspruch auf Kinderpflege-Krankengeld beginnt mit dem ersten Tag des Fernbleibens von der Arbeit. Der Versicherte kann wählen, an welchen Tagen er der Arbeit fernbleiben will.

Arbeitslosengeld und Arbeitslosengeld II werden bei Pflege eines erkrankten Kindes weiter bezogen. Weil die pflegende Person dann der Arbeitsvermittlung nicht mehr zur Verfügung steht, muss der Agentur für Arbeit die ärztliche Bestätigung vorgelegt werden, dass Pflege, Betreuung und Aufsicht des Kindes durch diese bestimmte Person erforderlich sind. Arbeitslosen steht dieselbe Anzahl an Kinderpflegetagen wie Berufstätigen zu. Die Bezugsdauer des Arbeitslosengelds verlängert sich dadurch nicht.

4.2.7 Sonstige Leistungen

Festzuschuss bei Zahnersatz

Versicherte erhalten einen Festzuschuss in Höhe von 50 Prozent des für die Regelversorgung mit Zahnersatz festgesetzten Betrages (§ 55 SGB V). Der Zuschuss erhöht sich um 20 Prozent, wenn sich der Versicherte während der letzten fünf Jahre vor der Behandlung mindestens einmal jährlich hat untersuchen lassen und sein Gebisszustand regelmäßige Zahnpflege erkennen lässt. Die über die Regelversorgung hinausgehenden Kosten hat der Versicherte selbst zu tragen. In Härtefällen wird ein höherer Zuschuss geleistet.

Fahrtkosten

Fahrtkosten übernimmt die Krankenkasse nur bei Fahrten zur stationären Behandlung und zurück, bei allen Rettungsfahrten zum Krankenhaus und bei Fahrten im Krankenwagen mit fachlicher Betreuung (Krankentransport) sowie bei Fahrten zu einer ambulanten Krankenbehandlung, wenn dadurch eine an sich gebotene voll- oder teilstationäre Krankenhausbehandlung vermieden oder verkürzt wird (§ 60 SGB V).

Krankenfahrten zur ambulanten Behandlung sind z. B. verordnungsfähig für Dialysebehandlung oder onkologische Strahlen-/Chemotherapie sowie für schwer in ihrer Mobilität eingeschränkte Patienten.

Schwangerschaft und Mutterschaft

Die Leistungen bei Schwangerschaft und Mutterschaft (§§ 24c bis 24i SGB V) erhalten weibliche Versicherte, bei denen der Versicherungsfall Schwangerschaft oder Mutterschaft vorliegt. Die Leistungen umfassen ärztliche Betreuung und Hebammenhilfe; Arznei-, Verband-, Heil- und Hilfsmittel; ambulante und stationäre Entbindung; häusliche Pflege; Haushaltshilfe; Mutterschaftsgeld.

4.2.8 Zuzahlungen

Zu den Leistungen müssen die Versicherten teilweise Zuzahlungen leisten (§ 61 SGB V). So beträgt die Zuzahlung z. B. für Medikamente, Heil- oder Hilfsmittel 10 Prozent, mindestens aber 5,00 Euro und höchstens 10,00 Euro. Bei Krankenhausaufenthalten und häuslicher Krankenpflege sind pro Tag 10,00 Euro zu zahlen, für längstens 28 Tage pro Kalenderjahr (§ 39 Abs. 4 SGB V). Bis Ende 2012 mussten bei Arzt- und Zahnarztbesuchen sowie bei psychotherapeutischen Behandlungen pro Quartal je 10,00 Euro entrichtet werden; diese **Praxisgebühr** ist abgeschafft worden.

In Härtefällen hat die Krankenkasse die Versicherten von der Zuzahlung ganz oder teilweise zu befreien, wenn der Versicherte unzumutbar belastet würde (§ 62 SGB V). Dies ist dann der Fall, wenn die Aufwendungen für die Zuzahlungen 2 Prozent, bei chronisch Kranken 1 Prozent der jährlichen Bruttoeinnahmen übersteigen (**Belastungsgrenze**). Versicherte, die keine Vorsorgeuntersuchungen wahrgenommen haben, fallen nicht unter die Chroniker-Regelung.

Bei Sozialhilfeempfängern ist der Regelsatz des Haushaltsvorstandes (2014: 391 Euro) für die Ermittlung der Belastungsgrenze maßgeblich (§ 62 Abs. 2 Satz 5 SGB V). Demnach zahlt die gesamte Bedarfsgemeinschaft maximal 93,84 bzw. 46,92 Euro jährlich.

> **Beispiel**
>
> Das Ehepaar Tina und Rolf Liebig lebt mit seinen beiden Kindern in Hannover. Die jährlichen Bruttoeinnahmen aller Haushaltsangehörigen betragen 45.000 Euro.
>
> Die Belastungsgrenze wird wie folgt ermittelt:
>
> | | |
> |---|---:|
> | Jährliches Familienbruttoeinkommen: | 45.000 € |
> | • minus Freibetrag gem. § 62 Abs. 2 SGB V für Ehegatte (erster Haushaltsangehöriger) in Höhe von 15 % der jährlichen Bezugsgröße West (2014: 33.180 €): | 4.977 € |
> | • minus Freibetrag für Kinder gem. § 32 Abs. 6 EStG 14.016 € (2 x 7.008 €): | |
> | • Zwischensumme: | 26.007 € |
> | • davon 2 % (gleich Belastungsgrenze) | 520,14 € |
>
> Wenn im konkreten Beispiel die Zuzahlungen die Belastungsgrenze von 520,14 Euro übersteigen, übernimmt die Krankenkasse die darüber hinausgehenden Zuzahlungen. Für den Rest des Jahres wird eine Zuzahlungsbefreiung ausgestellt.

4.3 Leistungserbringung

Die gesetzlichen Krankenkassen haben sicherzustellen, dass den Versicherten genügend Leistungserbringer (z. B. Krankenhäuser, Ärzte etc.) für die notwendigen medizinischen Leistungen zur Verfügung stehen. Einzelheiten (z. B. Zulassung der Leistungserbringer und deren Vergütung) des zwischen den Krankenkassen und den Leistungserbringern bestehenden Rechtsverhältnisses regelt das sog. Leistungserbringungsrecht (vgl. vor allem §§ 69 ff. SGB V). Leistungserbringer sind die Vertrags(zahn)ärzte, die zugelassenen Krankenhäuser und Rehabilitationseinrichtungen, die Leistungserbringer von Heilmitteln und Hilfsmitteln, die Apotheken und sonstige Leistungserbringer.

Vertragsärzte können alle Ärzte sein, die in das Arzt- oder Vertragsarztregister eingetragen sind (§ 95 SGB V). Für welche Ärzte dies gilt, regelt die Bundesärzteordnung. Der Arzt bedarf zur Ausübung seines Berufs der **Approbation** oder einer besonderen Zulassung. Die Approbation ist an einen Deutschen oder einen Angehörigen eines anderen EU-Staates, eines anderen Vertragsstaates oder einen heimatlosen Ausländer zu erteilen, der sich nicht als unwürdig oder unzuverlässig erwiesen hat, körperlich und geistig fähig und geeignet ist und der nach einem Studium der Medizin von mindestens sechs Jahren die ärztliche Prüfung bestanden hat. Die Entscheidung über die Erteilung der Approbation trifft die zuständige Behörde des Landes, in dem die ärztliche Prüfung abgelegt worden ist, nach der Approbationsordnung.

Das **Honorar** der Ärzte richtet sich bei gesetzlich krankenversicherten Patienten nach dem Einheitlichen Bewertungsmaßstab (EBM), bei Privatpatienten nach der Gebührenordnung für Ärzte (GOÄ). Bei Letzteren kann als Honorar bis zum 3,5-fachen des Gebührensatzes beansprucht werden. Für medizinisch-technische Leistungen gelten geringere Gebührensätze (§ 5 GOÄ).

Zugelassene Krankenhäuser sind die Hochschulkliniken, die Plankrankenhäuser und die Krankenhäuser, mit denen ein Versorgungsvertrag geschlossen wurde (§ 108 SGB V). Einzelheiten regelt das Krankenhausfinanzierungsgesetz (KHG). Die Vergütung der Krankenhausleistungen regeln das Fallpauschalengesetz (FPG) und das Krankenhausentgeltgesetz (KHEntgG).

Zum Zusammenhang zwischen Leistungsträger (Krankenkasse), Leistungserbringer und Leistungsberechtigtem (Versichertem) vgl. Abb. 4.5:

Sozialrechtliches Leistungsdreieck
(Krankenversicherung)

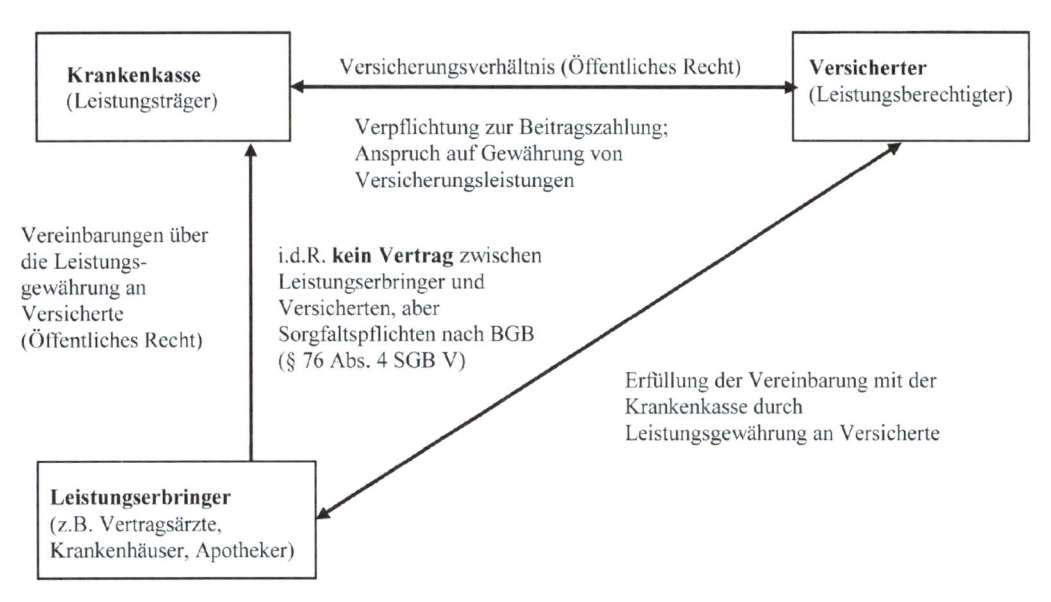

```
┌─────────────────┐   Versicherungsverhältnis (Öffentliches Recht)   ┌─────────────────────┐
│  Krankenkasse   │◄──────────────────────────────────────────────►│    Versicherter     │
│ (Leistungsträger)│                                                 │(Leistungsberechtigter)│
└─────────────────┘         Verpflichtung zur Beitragszahlung;      └─────────────────────┘
                            Anspruch auf Gewährung von
                            Versicherungsleistungen

Vereinbarungen über
die Leistungs-          i.d.R. kein Vertrag zwischen
gewährung an            Leistungserbringer und
Versicherte             Versicherten, aber
(Öffentliches Recht)    Sorgfaltspflichten nach BGB
                        (§ 76 Abs. 4 SGB V)         Erfüllung der Vereinbarung mit der
                                                     Krankenkasse durch
                                                     Leistungsgewährung an Versicherte

┌─────────────────┐
│ Leistungserbringer│
│ (z.B. Vertragsärzte,│
│ Krankenhäuser, Apotheker)│
└─────────────────┘
```

Abb. 4.5: Sozialrechtliches Leistungsdreieck im Gesundheitsbereich

4.4 Organisation

Träger der gesetzlichen Krankenversicherung sind die Krankenkassen, die in folgende **Kassenarten** gegliedert sind (§ 4 Abs. 2 SGB V):

- die Allgemeinen Ortskrankenkassen,
- die Betriebskrankenkassen,
- die Innungskrankenkassen,
- die landwirtschaftlichen Krankenkassen,
- die Deutsche Rentenversicherung Knappschaft-Bahn-See (als Träger der Krankenversicherung),
- die Ersatzkassen.

Die Zuständigkeit der Krankenkassen richtet sich nach der Wahl der Mitglieder **(sog. Kassenwahlrecht; §§ 173 ff. SGB V).**

Die gesetzlichen Krankenkassen sind rechtsfähige Körperschaften des öffentlichen Rechts mit Selbstverwaltung (§ 4 Abs. 1 SGB V). Organe der Krankenkassen sind der Verwaltungsrat und der Vorstand als Vollzugsorgan. Der Verwaltungsrat erlässt die Satzung der Krankenkasse, die der Zustimmung der Aufsichtsbehörde bedarf. Der Verwaltungsrat wird durch die Sozialwahlen bestellt. Näheres zur Selbstverwaltung finden Sie in Kapitel 3.3.

Die Krankenkassen haben neben der Durchführung des SGB V auch die Aufgabe, die Beiträge für die Pflege-, Renten- und Arbeitslosenversicherung einzuziehen. Hierfür werden sie gesondert vergütet (§§ 28h ff. SGB IV). Die Krankenkassen können sich zu Krankenkassenverbänden zusammenschließen (§§ 207-219 SGB V). Es bestehen Landesverbände der Orts-, Betriebs- und Innungskrankenkassen.

Auf Bundesebene bilden die Krankenkassen seit 01.07.2008 einen „Spitzenverband Bund der Krankenkassen", der die Krankenkassen in der gemeinsamen Selbstverwaltung vertritt, Kollektivverträge schließt und für zwingend einheitlich zu treffende Entscheidungen zuständig ist (§§ 217a ff. SGB V). Die Verbände haben die ihnen gesetzlich zugewiesenen Aufgaben zu erfüllen; sie unterstützen die Mitgliedskassen bei der Erfüllung ihrer Aufgaben insbesondere durch Beratung und Unterrichtung, Abschluss und Änderung von Verträgen, besonders mit anderen Trägern der Sozialversicherung, sowie Übernahme der

Vertretung gegenüber anderen Sozialversicherungsträgern und Entscheidung von Zuständigkeitskonflikten.

Die Zahl der Krankenkassen geht kontinuierlich zurück: von 1.147 im Jahr 1990 auf 134 im Juli 2013. Dies ist die Folge eines Konzentrationsprozesses, der sich mit der Neuordnung der Krankenkassen-Finanzierung zum 01.01.2009 und dem damit verbundenen Wettbewerbsdruck noch verstärkte.

Zum „Spitzenverband Bund der Krankenkassen" siehe Seite 46 in diesem Buch.

4.5 Finanzierung

Die Leistungen der gesetzlichen Krankenversicherung werden überwiegend durch Beiträge und Bundesmittel finanziert (§§ 220 ff. SGB V). Die Höhe der Beiträge richtet sich nach den beitragspflichtigen Einnahmen und bis zum 31.12.2008 nach dem Beitragssatz, der von der jeweiligen gesetzlichen Krankenkasse festgesetzt wurde.

Seit 2009 gilt bundesweit ein **einheitlicher allgemeiner Beitragssatz,** der nunmehr gesetzlich festgeschrieben wird (§ 241 SGB V). Er liegt 2014 bei 15,5 Prozent. Der Beitrag wird vom Bruttoeinkommen bis zur Höhe der Beitragsbemessungsgrenze (§ 223 Abs. 3 SGB V) abgezogen.

Rentner zahlen den normalen Beitrag, der sich nach dem allgemeinen Beitragssatz der Krankenkasse richtet (§ 247 SGB V).

Studierende zahlen 7/10 des allgemeinen Beitragssatzes (§ 245 Abs. 1 SGB V), also 10,85 Prozent. Bemessungsgrundlage ist gem. § 236 Abs. 1 SGB V der BAföG-Höchstsatz (derzeit 597,00 Euro); somit beträgt der studentische Beitrag 64,77 Euro im Monat

Die Krankenkassen können Selbstbehalttarife einführen und Mitgliedern, die selbst (und deren mitversicherte Angehörige) keine Leistungen in Anspruch genommen haben, Prämien zahlen (**Wahltarife,** § 53 SGB V).

Bei versicherungspflichtigen Arbeitnehmern kommen – als Grundsatz – Arbeitgeber und Arbeitnehmer je zur Hälfte für den Beitrag auf; allerdings trägt der Arbeitnehmer 0,9 Prozent des allgemeinen Beitragssatzes allein (§ 249 Abs. 1 SGB V), d.h. Arbeitnehmer: 8,2 %, Arbeitgeber: 7,3 %. Auch den kassenindividuellen Zusatzbeitrag trägt der Versicherte allein (§ 242 SGB V).

Für Mitglieder, die keinen Anspruch auf Krankengeld haben, gilt nach § 243 SGB V ein **ermäßigter Beitragssatz** in Höhe von 14,9 Prozent (2014); auch hiervon trägt der Versicherte einen Anteil von 0,9 Prozent allein.

Die Beiträge der Arbeitnehmer zahlt der Arbeitgeber an die Krankenkassen als Einzugsstelle und zieht diesen Anteil bei der Lohnzahlung ab (§§ 28d ff. SGB IV).

Eine zunehmend bedeutsame Einnahmequelle der gesetzlichen Krankenkassen sind die Zuzahlungen der Versicherten zu bestimmten Leistungen (vgl. §§ 61, 62, 39 Abs. 4 SGB V).

Im Jahr 2013 wurde ein (gekürzter) **Bundeszuschuss** in Höhe von 11,5 Mrd. Euro für nicht beitragsgedeckte, sog. versicherungsfremde Leistungen (z.B. kostenlose Familienversicherung) gezahlt.

Gesundheitsfonds

Zum 01.01.2009 wurde beim Bundesversicherungsamt ein sog. Gesundheitsfonds als Sondervermögen eingerichtet. In diesen Gesundheitsfonds fließen einerseits die Krankenversicherungsbeiträge, andererseits ein Bundeszuschuss (u.a. für die beitragsfreie Versicherung von Kindern). Die Krankenkassen erhalten aus dem Gesundheitsfonds eine Grundpauschale (§ 266 Abs. 1 SGB V); sie beträgt für das Jahr 2014 je Versicherten 223,94 Euro monatlich. Die unterschiedliche Risikostruktur (je nach Alter, Geschlecht und Krankheitsrisiko der Versicherten) wird mit Zu- und Abschlägen ausgeglichen (**morbiditätsorientierter Risikostrukturausgleich**, bei dem 80 Krankheiten berücksichtigt sind). Ist der Finanzbedarf durch den Gesundheitsfonds nicht abgedeckt, haben die Krankenkassen einen einkommensunabhängigen Zusatzbeitrag zu erheben (§ 242 Abs. 1 SGB V). Diesen kassenindividuellen Zusatzbeitrag tragen die Versicherten allein. Zum Schutz vor finanzieller Überforderung wurde ein Sozialausgleich eingeführt (§ 242b SGB V). Soweit die Zuweisungen aus dem Fonds den Finanzbedarf einer Krankenkasse übersteigen, kann sie in ihrer Satzung bestimmen, dass Prämien an ihre Mitglieder zurückgezahlt werden (§ 242 Abs. 2 SGB V).

Gesundheitfonds

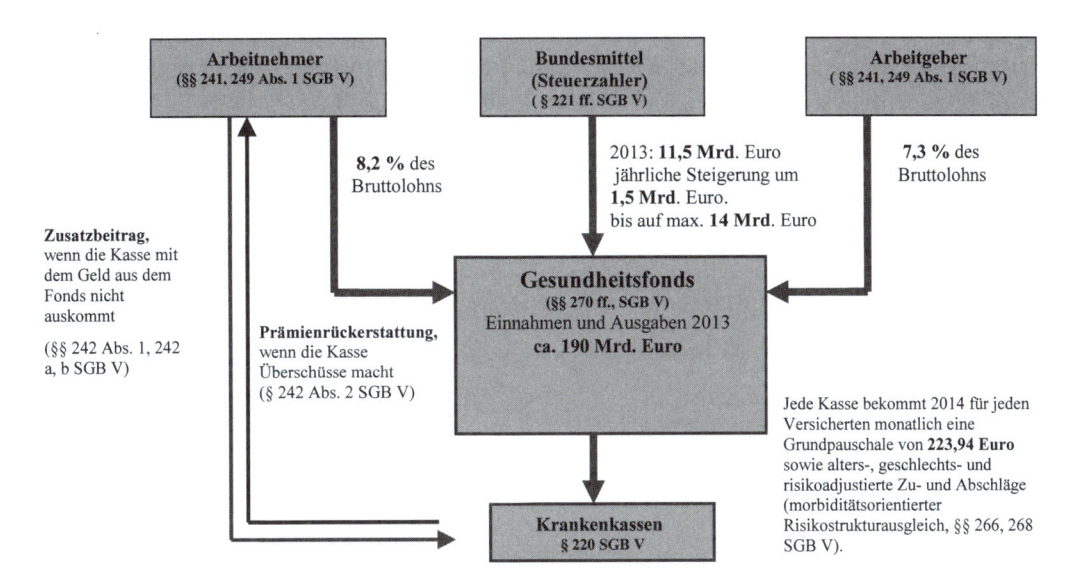

Abb. 4.6: Finanzierung des Gesundheitsfonds

4.6 Elektronische Gesundheitskarte

Die seit Oktober 2011 von den gesetzlichen Krankenkassen ausgegebene elektronische Gesundheitskarte (eGK) löst mit Wirkung vom 01.01.2014 die bisherige Krankenversichertenkarte ab (§ 291a SGB V). Sie soll neben ihren administrativen Funktionen zukünftig auch medizinische Daten verfügbar machen. Hierfür war es erforderlich, die Gesundheitskarte als Mikroprozessorkarte auszugestalten. Zusätzlich ist sie geeignet, Authentifizierung (elektronische Identitätsprüfung), Verschlüsselung und elektronische Signatur zu ermöglichen. Damit soll eine größtmögliche Sicherheit der Daten gewährleistet werden. Die elektronische Gesundheitskarte wird zur Identifikation des Karteninhabers mit einem **Lichtbild** ausgestattet (Ausnahmen: z. B. Kinder unter 15 und Schwerpflegebedürftige), um Missbrauch der Karte durch Dritte zu verhindern.

Der medizinische Teil der Gesundheitskarte soll nur auf freiwilliger Basis genutzt werden können. Das bedeutet, dass alle 70 Mio. Versicherten zwar eine Gesundheitskarte erhalten, mit der sie administrative Funktionalitäten erledigen, es darüber hinaus aber jedem Versicherten freigestellt wird, ob er den medizinischen Teil nutzen möchte oder nicht. Außerdem ist die elektronische Gesundheitskarte mit einer „europäischen Rückseite" ausgestattet, die die Inanspruchnahme von Leistungen in den Mitgliedstaaten der EU ermöglicht.[9]

Ziele der elektronischen Gesundheitskarte:
- Verbesserung der Qualität der medizinischen Versorgung
- Verbesserung patientenorientierter Dienstleistungen
- Stärkung der Eigenverantwortung und Mitwirkungsbereitschaft der Patientinnen und Patienten
- Steigerung der Wirtschaftlichkeit und Leistungstransparenz im Gesundheitswesen
- Optimierung von Arbeitsprozessen

---

[9] Bisher wurden 730 Mill. Euro für dieses IT-Projekt ausgegeben. Der zehnjährige Dauerstreit zwischen den Kassen und den Leistungserbringern (Ärzten, Apothekern, Kliniken) hat die beabsichtigten Online-Anwendungen bislang verzögert. Die Kassenärztliche Bundesvereinigung drohte zwischenzeitlich, aus dem Projekt auszusteigen. Auch besteht nach wie vor Skepsis in Sachen Datenschutz.

4.6.1 Rechtliche Grundlage

Die rechtliche Grundlage für die Weiterentwicklung der bisherigen Krankenversichertenkarte zur elektronischen Gesundheitskarte bildet das Gesetz zur Modernisierung der Gesetzlichen Krankenversicherung (GMG), das am 01.01.2004 in Kraft getreten ist.

Auch Organisation und technische Realisierung des bundesweiten Einsatzes der elektronischen Gesundheitskarte sind gesetzlich geregelt. Das im Juni 2005 verkündete „Gesetz zur Organisationsstruktur der Telematik im Gesundheitswesen" legt unter anderem die Organisationsstruktur der Gesellschaft für Telematik sowie ihre Aufgaben fest (§ 291b SGB V) und bestimmt die Grundzüge der Finanzierung der notwendigen Telematikinfrastruktur.

4.6.2 Anwendung der elektronischen Gesundheitskarte

Administrativer Teil (verpflichtend):

Versicherungsangaben einschließlich Angaben zum Zuzahlungsstatus: Name, Adresse, Geburtsdatum, Versichertennummer

Medizinischer Teil – für später geplant (freiwillig):

Arzneimitteldokumentation

- Notfallinformationen (z. B. Blutgruppe, chronische Organleiden, Allergien, Herzkrankheit, Dialyse, Asthma)
- elektronische Patientenakte (z. B. Vorerkrankungen, aktuelle Diagnosen, Operationen, Impfungen und Röntgenuntersuchungen)
- Möglichkeit zur Aufnahme von elektronischen Mitteilungen (z. B. Arztbrief)
- Ermöglichung einer sog. Patientenquittung
- eigene, von den Patientinnen und Patienten zur Verfügung gestellten Daten (z. B. Verlaufsprotokolle eines Diabetikers, Hinweis auf Patientenverfügung, Erklärung zur Organspende)

4.6.3 Datenschutz

Datenschutz- und Sicherheitsaspekte spielen bei der Einführung der elektronischen Gesundheitskarte eine zentrale Rolle. Die Patientinnen und Patienten müssen sich auf ein größtmögliches Maß an Sicherheit und Vertraulichkeit verlassen können. Gleichzeitig gilt es, praktikable Lösungen zu finden, die für einen reibungslosen Ablauf in der Praxis sorgen. Dazu wurden in enger Zusammenarbeit mit dem Bundesbeauftragten für den Datenschutz sowie Patientenvertretern folgende Regelungen gesetzlich festgelegt:

- Die Datenhoheit der Patienten und der Grundsatz der Freiwilligkeit der Speicherung von Gesundheitsdaten sind gewahrt.
- Die Patienten entscheiden darüber, welche ihrer Gesundheitsdaten aufgenommen und welche gelöscht werden und welcher Leistungserbringer Zugriff auf die Daten erhält.
- Die Umsetzung der bestehenden Rechte der Patienten, Daten einzusehen und Ausdrucke zu erhalten, wird erleichtert.

Zusammenfassung

Träger der Krankenversicherung sind die gesetzlichen Krankenkassen. Mitglieder der gesetzlichen Krankenversicherung können zwischen den Orts-, Betriebs- und Innungskrankenkassen, der deutschen Rentenversicherung Knappschaft-Bahn-See (als Träger der Krankenversicherung) sowie den Ersatzkassen wählen. Der Versicherte ist für 18 Monate an die gewählte Krankenkasse gebunden. Hat sich das Mitglied für einen Wahltarif entschieden, beträgt die Bindungsfrist mindestens drei Jahre.

In der Krankenversicherung gibt es Pflichtversicherte, freiwillig Versicherte und Familienversicherte.

Pflichtversicherte sind hauptsächlich Arbeiter, Angestellte und Rentner. Arbeiter und Angestellte sind versicherungsfrei, wenn ihr Arbeitsentgelt die Versicherungspflichtgrenze übersteigt; diese Jahresarbeitsentgeltgrenze liegt im Jahr 2014 bei 4.462,50 Euro/Monat. Sie können sich dann freiwillig in der GKV versichern oder zu einer privaten Krankenversicherung (PKV) wechseln.

Freiwillig versichern kann sich grundsätzlich nur, wer zuletzt pflicht- oder familienversichert war.

Die Familienversicherung begründet eine eigene Mitgliedschaft. Wer familienversichert ist, zahlt keine Beiträge.

Die Mittel der Krankenversicherung werden vorwiegend durch Beiträge aufgebracht. Sie richten sich nach den beitragspflichtigen Einnahmen und dem Beitragssatz.

Den Beitrag tragen der Arbeitnehmer und der Arbeitgeber grundsätzlich je zur Hälfte.

Seit Juli 2009 gibt es einen bundeseinheitlichen Beitragssatz; 2014 beträgt der allgemeine Beitragssatz 15,5 Prozent, der ermäßigte Beitragssatz (für Mitglieder, die keinen Anspruch auf Krankengeld haben) beträgt 14,9 Prozent. Davon tragen die Arbeitnehmer einen Anteil von 0,9 Prozent allein.

Die Leistungen der Krankenversicherung müssen ausreichend, zweckmäßig und wirtschaftlich sein. Die wichtigsten Leistungen sind die zur Prävention, die bei Krankheit sowie bei Schwangerschaft und Mutterschaft.

Bei Krankheit haben die Versicherten Anspruch auf Krankenbehandlung, d.h. auf ärztliche und zahnärztliche Behandlung, auf häusliche Krankenpflege und Haushaltshilfe, auf Krankenhausbehandlung oder auf Leistungen zur Rehabilitation.

Bei Schwangerschaft und Mutterschaft haben die Versicherten Anspruch auf ärztliche Betreuung, ambulante und stationäre Entbindung, häusliche Pflege und Haushaltshilfe sowie auf Mutterschaftsgeld.

> **Reformpläne der Bundesregierung:**
>
> Zum 01.01.2015 soll der allgemeine Beitragssatz von 15,5 auf 14,6 Prozent gesenkt werden. Arbeitgeber und Arbeitnehmer tragen je die Hälfte, also 7,3 Prozent. Der bisherige Sonderbeitrag von 0,9 Prozent, den Arbeitnehmer allein zahlen, wird gestrichen, ebenso der pauschale Zusatzbeitrag, den die Krankenkassen erheben konnten.
>
> Stattdessen kann künftig jede Krankenkasse einen individuellen einkommensabhängigen Zusatzbeitrag von den Versicherten erheben. Der Arbeitgeberanteil bleibt -wie bisher- eingefroren. Der steuerfinanzierte Sozialausgleich soll ebenfalls entfallen (GKV-Finanzstruktur- und Qualitäts-Weiterentwicklungsgesetz, Regierungsentwurf vom 26.03.2014).

Aufgaben zur Selbstüberprüfung Kapitel 4 unter www.lambertus.de

Kapitel 5

5 Soziale Pflegeversicherung (SGB XI)

> Sie können den pflegeversicherten Personenkreis nennen und die Voraussetzungen sowie den Umfang der Leistungen der Pflegeversicherung erläutern.

5.1 Inhaltsübersicht Elftes Buch

Durch das Pflegeversicherungsgesetz vom 26.05.1994 ist das SGB um das Elfte Buch ergänzt worden. Erstmals seit 1920, als die Arbeitslosenversicherung geschaffen wurde, ist ein neuer – wahrscheinlich letzter – Zweig der Sozialversicherung eingeführt worden. Mit der Einführung der Pflegeversicherung sollte der Schutz des Einzelnen im Falle der Pflegebedürftigkeit verbessert und der Pflegebedürftige aus der Sozialhilfe herausgeführt werden.

Die Schaffung der Pflegeversicherung war politisch stark umstritten und ist es, wie die aktuelle Reformdiskussion zeigt, nach wie vor. Insbesondere die Wirtschaft wehrte sich vehement gegen die Einführung, weil sie wegen der zusätzlichen Beitragsbelastungen eine Schwächung ihrer internationalen Wettbewerbsfähigkeit befürchtete. Umso mehr war der Gesetzgeber darauf bedacht, den zunächst auf 1,7 Prozent festgesetzten Beitragssatz nicht zu erhöhen, was in Anbetracht der Zunahme der Pflegebedürftigen sowie des Anstiegs der Kosten für die Pflegeleistungen deutlich zulasten der Pflegequalität ging. So offenbarte der Prüfbericht des Medizinischen Dienstes der Spitzenverbände der Krankenkassen (MDS) vom August 2007 gefährliche Mängel in der Pflege, sowohl bei ambulanten Pflegediensten als auch in Heimen. Demnach bekommt jeder dritte Pflegebedürftige nicht genug zu essen und zu trinken, mehr als 40 Prozent werden nicht häufig genug umgebettet und liegen sich wund (Dekubitus), besonders Demenzkranke werden nicht ausreichend betreut.

Das **Pflege-Weiterentwicklungsgesetz** (2008) sah Leistungsverbesserungen vor, führte die Pflegestützpunkte ein sowie eine bis zu sechsmonatige Pflegezeit für Beschäftigte und erhöhte den Beitragssatz um 0,25 Prozentpunkte.

Der weiterhin bestehende Reformdruck führte 2012 zur Verabschiedung des **Pflege-Neuausrichtungs-Gesetzes**, das u.a. verbesserte Leistungen für Demenzkranke und die Förderung neuer Wohnformen vorsieht.

Das SGB XI beginnt im **Ersten Kapitel** mit umfangreichen allgemeinen Vorschriften, die programmatischen Charakter haben, wie z.B. § 8 Abs. 1 SGB XI, wonach die pflegerische Versorgung der Bevölkerung eine gesamtgesellschaftliche Aufgabe ist. Daneben werden u.a. der Vorrang der häuslichen Pflege, der Vorrang von Prävention und Rehabilitation sowie die Pflicht der Pflegekassen zur Aufklärung und Beratung festgelegt.

Das **Zweite Kapitel** (§§ 14 ff. SGB XI) umschreibt den leistungsberechtigten Personenkreis. In § 14 SGB XI wird der **Begriff der Pflegebedürftigkeit** normiert, in § 15 SGB XI deren verschiedene Stufen (erhebliche Pflegebedürftigkeit – Pflegestufe I, Schwerpflegebedürftigkeit – Stufe II und Schwerstpflegebedürftigkeit – Stufe III).

§ 18 SGB XI regelt das Verfahren zur Feststellung der Pflegebedürftigkeit unter Einschaltung des Medizinischen Dienstes der Krankenversicherung (MDK).

Das **Dritte Kapitel** (§§ 20 ff. SGB XI) regelt den versicherungspflichtigen Personenkreis. Die Versicherungspflicht ist dabei an die Versicherung in der gesetzlichen Krankenversicherung gebunden: Soweit Personen dort pflicht- oder freiwillig versichert sind, sind sie es auch in der sozialen Pflegeversicherung. Eine Besonderheit stellt § 23 SGB XI dar. Danach besteht für privat Krankenversicherte die Pflicht, bei ihrem Krankenversicherungsunternehmen zugleich auch eine private Pflegeversicherung abzuschließen. Und wer weder gesetzlich noch privat krankenversichert ist, kann der Pflegeversicherung freiwillig beitreten, § 26a SGB XI.

Das **Vierte Kapitel** (§§ 28 ff. SGB XI) ist dem **Leistungsrecht** gewidmet. Leistungen bei häuslicher Pflege werden entweder als „Pflegesachleistung" oder als Pflegegeld für selbst beschaffte Pflegehilfen gewährt. Um Mitnahmeeffekten vorzubeugen, beträgt das

Pflegegeld nur gut die Hälfte des Wertes der entsprechenden Pflegesachleistung (= professionelle Hilfe durch ambulante Pflegedienste). Außerdem sind in Abständen obligatorische Beratungen des Pflegebedürftigen durch zugelassene Pflegeeinrichtungen vorgesehen, § 37 Abs. 3 SGB XI. Möglich ist auch eine Kombination von Geld- und Sachleistung, § 38 SGB XI. Weiter kommen Leistungen der teilstationären Tages- und Nachtpflege sowie in Ausnahmefällen der vollstationären Kurzzeitpflege in Betracht, §§ 41f. SGB XI. Schließlich sind „zusätzliche Betreuungsleistungen" – unabhängig von der Pflegestufe – vorgesehen, wenn ein „erheblicher Bedarf an allgemeiner Beaufsichtigung und Betreuung" gegeben ist, etwa bei Demenzkranken, §§ 45a und b SGB XI.

Darüber hinaus sind in § 43 SGB XI Leistungen der vollstationären Pflege vorgesehen. Pflegebedürftige in vollstationären Einrichtungen der Behindertenhilfe erhalten einen Pauschalbetrag, § 43a SGB XI.

Ergänzend sieht § 44 SGB XI Leistungen zur sozialen Sicherung von Pflegepersonen (zu diesen vgl. § 19 SGB XI) vor, insbesondere in Form von Beiträgen zur gesetzlichen Rentenversicherung.

Im **Fünften Kapitel** (§§ 46 ff. SGB XI) ist die **Organisation** der Pflegekassen geregelt. Als Träger der Pflegeversicherung werden sie bei Krankenkassen errichtet, denen damit auch die Wahrnehmung der Aufgaben der Pflegekassen obliegt. Weitere Regelungen betreffen die Mitgliedschaft, das Meldewesen und die Verbände.

Das **Sechste Kapitel** (§§ 54 ff. SGB XI) regelt die **Finanzierung**. Das Beitragsrecht entspricht dabei weitgehend dem der gesetzlichen Krankenversicherung. Allerdings hatte das Bundesverfassungsgericht 2001 verlangt, diejenigen Versicherten, die Kinder betreuen und erziehen, beitragsrechtlich besser als kinderlose Versicherte zu stellen. Kinderlose (ab dem 23.Lebensjahr) müssen daher einen Beitragszuschlag in Höhe von 0,25 Prozent leisten (§ 55 Abs. 3 und 4 SGB XI).

§ 66 SGB XI sieht einen umfassenden Finanzausgleich unter allen Pflegekassen vor.

Das **Siebte Kapitel** (§§ 69 ff. SGB XI) enthält Bestimmungen über die „Beziehung der Pflegekassen zu den Leistungserbringern". Geregelt werden insbesondere die **Zulassung** von Pflegeeinrichtungen und das Vertragswesen, ferner Wirtschaftlichkeitsprüfungen und die Qualitätssicherung.

Im **Achten Kapitel** (§§ 82 ff. SGB XI) wird die **Pflegevergütung** geregelt (Finanzierung der Pflegeeinrichtungen, Vergütung der stationären und ambulanten Pflegeleistungen).

Das **Neunte Kapitel** (§§ 93 ff. SGB XI) regelt den **Datenschutz** und die Statistik.

Im **Zehnten Kapitel** (§§ 110 f. SGB XI) werden die Grundsätze der **privaten Pflegeversicherung** geregelt, um die Interessen der Personen zu wahren, die zum Abschluss einer privaten Pflegeversicherung verpflichtet sind.

Das **Elfte Kapitel** normiert die wichtigen Bestimmungen zur **Qualitätssicherung** und zum Schutz der Pflegebedürftigen (§§ 112 ff. SGB XI)

Im **Zwölften Kapitel** ist das Ordnungswidrigkeitsrecht (Bußgeldvorschrift) geregelt (§ 121 SGB XI). Hier sind auch die Übergangsregelungen bezüglich der Leistungsverbesserungen für demenziell Erkrankte enthalten (§§ 122 ff. SGB XI).

Das **Dreizehnte Kapitel** (§§ 126 ff. SGB XI) enthält die durch das Pflege-Neuausrichtungs-Gesetz ab 2013 eingeführte Zulagenförderung für private Pflege-Zusatzversicherungsverträge. Dadurch soll die **private Pflegevorsorge** unterstützt werden, denn das SGB XI bietet – wie erwähnt – keinen „Vollkasko-Schutz".

Abb. 5.1 fasst die wichtigsten Regelungsbereiche des SGB XI systematisch zusammen:

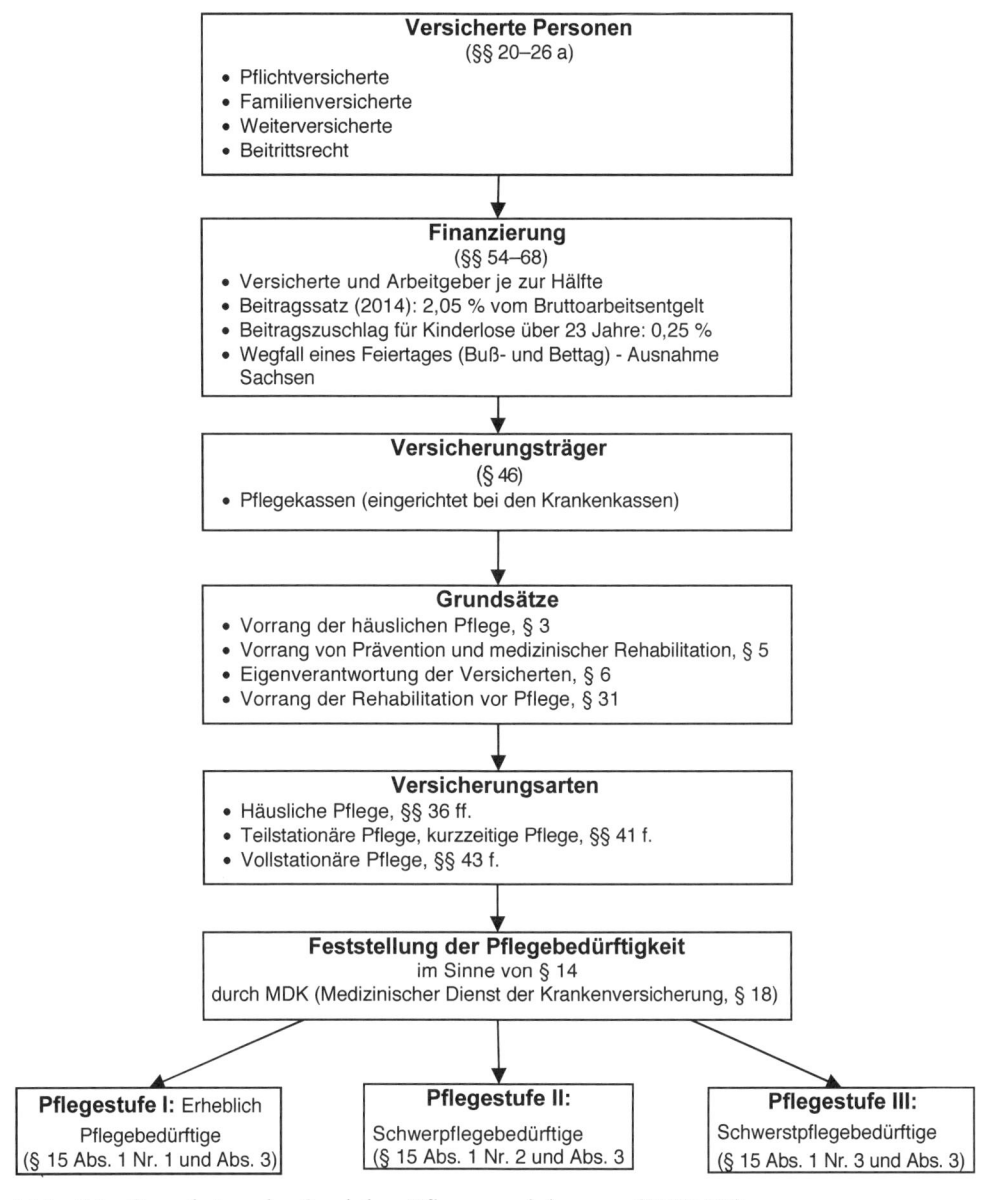

```
┌─────────────────────────────────────────┐
│         Versicherte Personen            │
│              (§§ 20–26 a)               │
│  • Pflichtversicherte                   │
│  • Familienversicherte                  │
│  • Weiterversicherte                    │
│  • Beitrittsrecht                       │
└─────────────────────────────────────────┘
                    ↓
┌─────────────────────────────────────────┐
│              Finanzierung               │
│               (§§ 54–68)                │
│  • Versicherte und Arbeitgeber je zur   │
│    Hälfte                               │
│  • Beitragssatz (2014): 2,05 % vom      │
│    Bruttoarbeitsentgelt                 │
│  • Beitragszuschlag für Kinderlose über │
│    23 Jahre: 0,25 %                     │
│  • Wegfall eines Feiertages (Buß- und   │
│    Bettag) - Ausnahme Sachsen           │
└─────────────────────────────────────────┘
                    ↓
┌─────────────────────────────────────────┐
│           Versicherungsträger           │
│                 (§ 46)                  │
│  • Pflegekassen (eingerichtet bei den   │
│    Krankenkassen)                       │
└─────────────────────────────────────────┘
                    ↓
┌─────────────────────────────────────────┐
│               Grundsätze                │
│  • Vorrang der häuslichen Pflege, § 3   │
│  • Vorrang von Prävention und           │
│    medizinischer Rehabilitation, § 5    │
│  • Eigenverantwortung der               │
│    Versicherten, § 6                    │
│  • Vorrang der Rehabilitation vor       │
│    Pflege, § 31                         │
└─────────────────────────────────────────┘
                    ↓
┌─────────────────────────────────────────┐
│            Versicherungsarten           │
│  • Häusliche Pflege, §§ 36 ff.          │
│  • Teilstationäre Pflege, kurzzeitige   │
│    Pflege, §§ 41 f.                     │
│  • Vollstationäre Pflege, §§ 43 f.      │
└─────────────────────────────────────────┘
                    ↓
┌─────────────────────────────────────────┐
│     Feststellung der Pflegebedürftigkeit│
│             im Sinne von § 14           │
│  durch MDK (Medizinischer Dienst der    │
│       Krankenversicherung, § 18)        │
└─────────────────────────────────────────┘
          ↓          ↓           ↓
┌──────────────┐ ┌──────────────┐ ┌──────────────┐
│Pflegestufe I:│ │Pflegestufe II│ │Pflegestufe III│
│  Erheblich   │ │  Schwerpflege│ │Schwerstpflege-│
│Pflegebedürft.│ │  bedürftige  │ │  bedürftige   │
│(§ 15 Abs. 1  │ │(§ 15 Abs. 1  │ │(§ 15 Abs. 1   │
│Nr. 1 u.Abs.3)│ │Nr. 2 u.Abs.3)│ │Nr. 3 u.Abs.3) │
└──────────────┘ └──────────────┘ └──────────────┘
```

Abb. 5.1: Grundzüge der Sozialen Pflegeversicherung (SGB XI)

In Abb. 5.2 erhalten Sie eine Übersicht über das Verfahren zur Feststellung der Pflegebedürftigkeit.

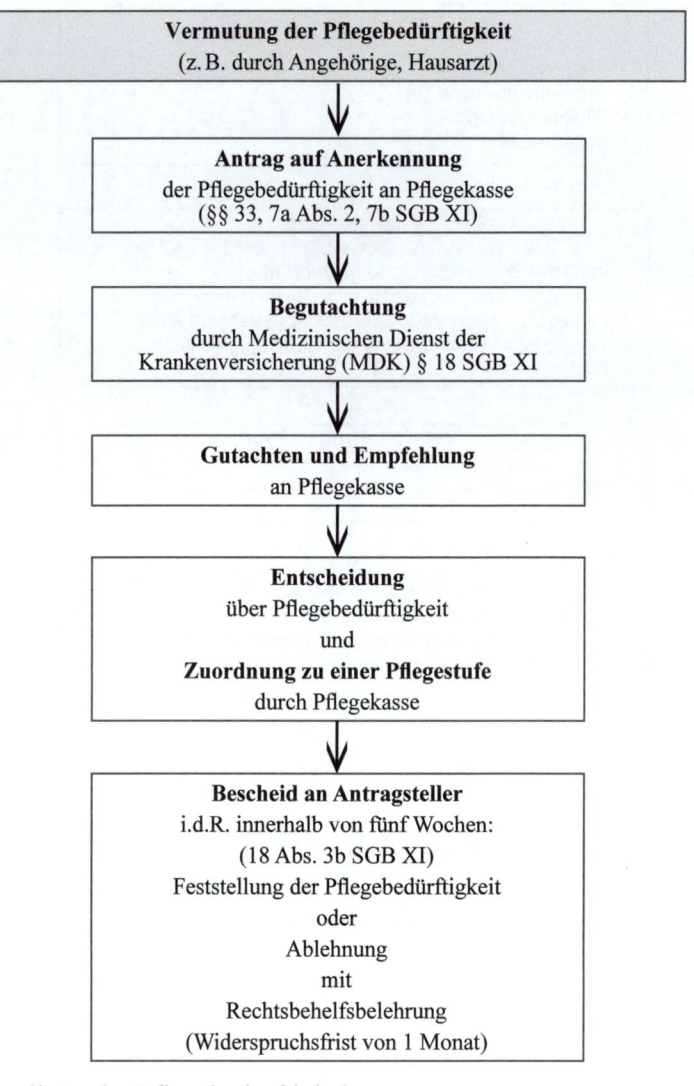

Vermutung der Pflegebedürftigkeit
(z. B. durch Angehörige, Hausarzt)

↓

Antrag auf Anerkennung
der Pflegebedürftigkeit an Pflegekasse
(§§ 33, 7a Abs. 2, 7b SGB XI)

↓

Begutachtung
durch Medizinischen Dienst der
Krankenversicherung (MDK) § 18 SGB XI

↓

Gutachten und Empfehlung
an Pflegekasse

↓

Entscheidung
über Pflegebedürftigkeit
und
Zuordnung zu einer Pflegestufe
durch Pflegekasse

↓

Bescheid an Antragsteller
i.d.R. innerhalb von fünf Wochen:
(18 Abs. 3b SGB XI)
Feststellung der Pflegebedürftigkeit
oder
Ablehnung
mit
Rechtsbehelfsbelehrung
(Widerspruchsfrist von 1 Monat)

Abb. 5.2: Feststellung der Pflegebedürftigkeit

5.2 Versicherter Personenkreis

Den Regelungen des versicherten Personenkreises liegt der Grundsatz **„Pflegeversicherung folgt Krankenversicherung"** zugrunde, nach dem die in der gesetzlichen Krankenversicherung versicherungspflichtigen und freiwillig Versicherten der sozialen Pflegeversicherung und jene der privaten Krankenkassen der privaten Pflegeversicherung zugeordnet werden (§§ 20, 23 SGB XI).

Die Versicherungspflicht in der sozialen Pflegeversicherung erstreckt sich auf alle Personen, die Mitglieder der gesetzlichen Krankenversicherung sind. Unerheblich ist, ob es sich um eine Pflichtversicherung (§ 20 Abs. 1 SGB XI) oder eine freiwillige Versicherung handelt (§ 20 Abs. 3 SGB XI). An der Durchführung der Pflegeversicherung sind neben den gesetzlichen Krankenkassen auch die privaten Krankenversicherungsunternehmen beteiligt, um das Ziel einer weitgehend lückenlosen Absicherung gegen das Risiko der Pflegebedürftigkeit zu erreichen. Deshalb haben Personen, die bei einem privaten Krankenversicherungsunternehmen mit Anspruch auf allgemeine Krankenhausleistungen versichert sind, zur Absicherung des Risikos der Pflegebedürftigkeit für sich und ihre Familienangehörigen einen Versicherungsvertrag abzuschließen (§ 23 Abs. 1 SGB XI); eine private Zusatz- oder Krankenhaustagegeldversicherung löst hingegen diese Versicherungspflicht nicht aus. Personen, die nach beamtenrechtlichen Vorschriften oder Grundsätzen bei Pflegebedürftigkeit Anspruch auf Beihilfe haben, sind zum Abschluss eines „beihilfekonformen" Versicherungsvertrages verpflichtet, wenn sie nicht nach anderen Vorschriften pflegeversichert sind (§ 23 Abs. 3 SGB XI).

Pflegeversicherter Personenkreis

Versicherungspflichtige Personen (§§ 20, 21 SGB XI)	Freiwillig versicherte Personen (§§ 26, 26a SGB XI)	Familienversicherte Personen (§ 25 SGB XI)

• Versicherungspflichtige und freiwillig Versicherte der gesetzlichen Krankenversicherung
• Personen mit Anspruch auf Heilbehandlung nach dem BVG oder in entsprechender Anwendung des BVG
• Bezieher von Kriegsschadenrente oder vergleichbaren Leistungen nach dem Lastenausgleichsgesetz
• Bezieher von ergänzender Hilfe zum Lebensunterhalt nach dem BVG oder in entsprechender Anwendung des BVG
• Bezieher laufender Leistungen zum Unterhalt und von Krankenhilfe nach SGB VIII
• Krankenversorgungsberechtigte nach dem BEG
• Soldaten auf Zeit, soweit sie nicht gesetzlich oder privat krankenversichert sind
	• Personen, die aus der Versicherungspflicht ausscheiden (Weiterversicherug)
	• Personen, die aus der Familienversicherung ausscheiden
	• Personen, die ihren Wohnsitz ins Ausland verlegen
	• Beitritt nach § 26a SGB XI
	• Zuwanderer aus dem Ausland
	• Auslandsrückkehrer
		• Ehegatte
		• Lebenspartner
		• Kinder des Mitglieds:
		  • leibliche
		  • Adoptivkinder
		  • zur Annahme aufgenommene Pflegekinder
		  • Stiefkinder
		  • Enkel

Tabelle 4.1: Pflegeversicherter Personenkreis

5.3 Leistungen der Pflegeversicherung

Leistungen erhalten nur die versicherten pflegebedürftigen Personen. Pflegebedürftig sind Personen, die wegen einer körperlichen, geistigen oder seelischen Krankheit oder Behinderung für die gewöhnlichen und regelmäßig wiederkehrenden Verrichtungen im Ablauf des täglichen Lebens auf Dauer, voraussichtlich für mindestens sechs Monate, in erheblichem oder höherem Maße der Hilfe bedürfen (§ 14 Abs. 1 SGB XI). Zu den Krankheiten und Behinderungen gehören Funktionsstörungen am Stütz- und Bewegungsapparat, der inneren Organe oder der Sinnesorgane sowie Störungen des Zentralnervensystems (§ 14 Abs. 2 SGB XI).

Bei den **gewöhnlichen wiederkehrenden Verrichtungen** im Ablauf des täglichen Lebens werden nur Hilfestellungen im Bereich der Körperpflege, der Ernährung, der Mobilität und der hauswirtschaftlichen Versorgung berücksichtigt (§ 14 Abs. 4 SGB XI). Die medizinische Behandlungspflege – z. B. Messen des Blutzuckerspiegels, Insulinspritzen – wird beim Zeitaufwand berücksichtigt (§ 15 Abs. 3 Satz 2 SGB XI). Erheblich ist der Hilfebedarf nur, wenn er täglich durchschnittlich 90 Minuten beträgt, wovon mehr als 45 Minuten auf die Grundpflege – zu dieser gehören die Körperpflege, die Ernährung und die Mobilität – entfallen müssen.

Die Höhe der Pflegeleistungen ist davon abhängig, welcher Pflegestufe der Betroffene angehört.

Wer nicht mindestens die Voraussetzungen der Pflegestufe I erfüllt (sog. Pflegestufe „0"), erhält i. d. R. keine Leistungen der Pflegeversicherung (Ausnahme bei Demenzkranken); unter Umständen hat er/sie aber Anspruch auf Sozialhilfe in Form der „Hilfe zur Pflege" gemäß §§ 61–66 SGB XII.

Eine Auflistung der Pflegestufen mit den jeweiligen Graden der Pflegebedürftigkeit finden Sie in Tabelle 4.2; Tabelle 4.3 gibt darüber hinaus eine Übersicht über den jeweils nötigen Hilfebedarf in den verschiedenen Bereichen des täglichen Lebens .

Pflegestufen (§ 15 SGB XI)		
Pflegestufe I: Erheblich Pflegebedürftige	**Pflegestufe II:** Schwerpflegebedürftige	**Pflegestufe III:** Schwerstpflegebedürftige

Tabelle 4.2: Pflegestufen

Pflegestufe 0:

In die sog. Pflegestufe 0 werden Personen mit erheblich eingeschränkter Alltagskompetenz (vgl. §§ 45a und b SGB XI) eingeordnet, die zwar einen Hilfebedarf im Bereich der Grundpflege und der hauswirtschaftlichen Versorgung haben, jedoch nicht die Voraussetzungen für eine Einstufung in die Pflegestufe I erfüllen.

	Pflegebedürftigkeit			
	Hilfebedarf in den Bereichen (§ 14 Abs. 4 SGB XI)			
	Grundpflege			
	Körperpflege • Waschen • Baden • Duschen • Zahnpflege • Kämmen • Rasieren • Darm-/Blasenentleerung	**Ernährung** • mundgerechte Zubereitung oder Aufnahme der Nahrung	**Mobilität** • Aufstehen • Zubettgehen • An- und Auskleiden • Gehen • Stehen • Treppensteigen • Verlassen und Wiederaufsuchen der Wohnung	**Hauswirtschaftliche Versorgung** • Einkaufen • Kochen • Reinigung der Wohnung • Spülen • Wechseln und Waschen der Wäsche und Kleidung • Beheizen
Stufe I	Mindestens 1x täglich wenigstens zwei Verrichtungen aus einem oder mehreren Bereichen. Pflegeeinsatz im Tagesdurchschnitt 90 Minuten, davon mehr als 45 Minuten im Bereich der Grundpflege.			mehrfach in der Woche
Stufe II	Einzeln oder in Kombination mindestens 3x täglich zu verschiedenen Tageszeiten. Pflegeeinsatz im Tagesdurchschnitt mindestens drei Stunden, davon mindestens zwei Stunden im Bereich der Grundpflege.			mehrfach in der Woche
Stufe III	Einzeln oder in Kombination rund um die Uhr (auch nachts) Pflegeeinsatz im Tagesdurchschnitt mindestens fünf Stunden, davon mindestens vier Stunden im Bereich der Grundpflege.			mehrfach in der Woche
Kinder	Vergleich mit einem gesunden Kind gleichen Alters. Maßgebend ist der über den natürlichen, altersbedingten Pflegeaufwand hinausgehende Pflegebedarf (§ 14 Abs. 2 SGB XI).			

Tabelle 4.3: Pflegebedürftigkeit (Hilfebedarf)

Die Pflegeleistungen müssen beantragt werden (§ 33 Abs. 1 SGB XI).

Die Pflegeleistungen setzen weiter voraus, dass der Antragsteller in den letzten zehn Jahren vor der Antragstellung mindestens 2 Jahre der sozialen Pflegeversicherung angehörte (§ 33 Abs. 2 Nr. 6 SGB XI). Bei Kindern ist ausreichend, dass die Eltern diese **Vorversicherungszeit** zurückgelegt haben.

Keine Pflegeleistungen werden gewährt, wenn der Anspruch ruht (insbesondere wegen eines Auslandaufenthalts oder des Bezugs von Pflegeleistungen der gesetzlichen Unfallversicherung oder der sozialen Entschädigung) oder erloschen ist (§§ 34, 35 SGB XI).

Leistungsausschluss besteht auch für Personen, die in die Bundesrepublik einreisen, um missbräuchlich Pflegeleistungen in Anspruch zu nehmen (§ 33a SGB IX).

Eine Übersicht über die wesentlichen Pflegeleistungen gibt Tabelle 4.4:

Leistungen der Pflegeversicherung			
bei häuslicher Pflege	**bei teilstationärer Pflege**	**bei vollstationärer Pflege**	**für Pflegepersonen**
• Pflegegeld • Pflegesachleistung • Kombinationsleistung • Ersatzpflege • Pflegehilfsmittel • Wohnumfeldverbesserung • Betreuungsbetrag	• Tages- und Nachtpflege	• Kurzzeitpflege • vollstationäre Pflege	• Soziale Sicherung der Pflegepersonen • Pflegekurse

Tabelle 4.4: Leistungen der Pflegeversicherung

5.3.1 Pflegesachleistung

Pflegesachleistung (häusliche Pflegehilfe) erhalten Pflegebedürftige, die nicht in einer stationären Pflegeeinrichtung oder einem Altenpflegeheim untergebracht sind (§ 36 SGB XI). Sie beinhaltet Pflegeeinsätze bei der Grundpflege und der hauswirtschaftlichen Versorgung durch professionelle Pflegekräfte. Der Umfang der Pflegeeinsätze richtet sich nach der Pflegestufe, in die der Pflegebedürftige eingestuft ist. Bei Pflegestufe I werden Pflegeeinsätze (ab 01.01.2012) bis zum Gesamtwert von 450 Euro, bei Pflegestufe II bis 1.100 Euro und bei Pflegestufe III bis 1.550 Euro im Monat erbracht. In Härtefällen, z.B. im Endstadium einer Krebserkrankung, erhalten Pflegebedürftige der Pflegestufe III bis zu 1.918 Euro.

5.3.2 Pflegegeld

Anstelle der häuslichen Pflegehilfe (Pflegesachleistung) kann der Pflegebedürftige Pflegegeld in Anspruch nehmen, wenn er die Pflege anderweitig sicherstellt, z.B. durch Angehörige und Nachbarn (§ 37 SGB XI). Das Pflegegeld beträgt (ab 2012) im Kalendermonat je nach Pflegestufe des Pflegebedürftigen 235 Euro (Pflegestufe I), 440 Euro (Pflegestufe II oder 700 Euro (Pflegestufe III). Pflegebedürftige der Pflegestufe I und II müssen einmal halbjährlich und Pflegebedürftige der Pflegestufe III einmal vierteljährlich eine häusliche Beratung durch zugelassene Pflegeeinrichtungen oder eine durch die Pflegekasse beauftragte Pflegefachkraft abrufen. Unterlassen sie dies, wird das Pflegegeld angemessen gekürzt und im Wiederholungsfall ganz gestrichen (§ 37 Abs. 3 SGB XI). Verstirbt der Pflegebedürftige, wird das Pflegegeld bis zum Ende des Sterbemonats gezahlt.

5.3.3 Kombinationsleistung

Kombinationsleistung (§ 38 SGB XI) erhalten Pflegebedürftige, die die Pflegesachleistung nach § 36 SGB XI nicht in vollem Umfang abrufen. Der Pflegebedürftige erhält dann anteiliges Pflegegeld in Höhe des Prozentsatzes der nicht abgerufenen Pflegesachleistung.

Beispiel

Ein Pflegebedürftiger der Pflegestufe II, dem Pflegesachleistungen im Gesamtwert bis zu 1.100 Euro monatlich zustehen, nimmt nur Sachleistungen im Wert von 550 Euro in Anspruch; das sind 50 Prozent des ihm zustehenden Sachleistungshöchstwertes. Daneben kann er noch 50 Prozent der Pflegegeldsumme beanspruchen, die ihm zustünde, wenn er ausschließlich das Pflegegeld bezöge. Dies beläuft sich für Pflegestufe II auf 450 Euro; also könnte er bei einem restlichen Anspruch von 50 Prozent noch 225 Euro Pflegegeld neben der Sachleistung beanspruchen.

5.3.4 Verhinderungspflege / Ersatzpflege

Ersatzpflege erhalten Pflegebedürftige, deren Pflegeperson wegen Erholungsurlaub, Krankheit und ähnlichen Hindernisgründen die Pflege nicht erbringen kann (§ 39 SGB XI). Der Pflegebedürftige muss bereits mindestens zwölf Monate häuslich gepflegt worden sein. Die Ersatzpflege wird bis zu einem Höchstbetrag von 1.550 Euro im Kalenderjahr (ab 01.01.2012) und für maximal 28 Kalendertage erbracht. Gegebenenfalls kann nach Erschöpfen des Anspruches auf Ersatzpflege die Kurzzeitpflege in Anspruch genommen werden.

5.3.5 Pflegehilfsmittel

Die Pflegekassen haben Pflegehilfsmittel zu erbringen, wenn diese weder von den Krankenkassen noch von anderen Leistungsträgern gewährt werden, z. B. Pflegebett, Notrufsystem (§ 40 Abs. 1 SGB XI). Bei Pflegehilfsmitteln, die zum Verbrauch bestimmt sind (z. B. Desinfektionsmittel, Einmalhandschuhe) ist die Leistung auf 31 Euro im Monat begrenzt.

Seit 2013 können auch Versicherte der sog. Pflegestufe 0 Pflegehilfsmittel erhalten.

5.3.6 Wohnumfeldverbesserung

Bei Pflegebedürftigen, bei denen infolge der Pflegebedürftigkeit ein Umbau der Wohnung erforderlich ist, kann die Pflegekasse Leistungen der Wohnumfeldverbesserung erbringen (§ 40 Abs. 4 SGB XI). Die Leistung beträgt maximal 2.557 Euro je Pflegebedürftigem. Sie kann erst dann erneut abgerufen werden, wenn sich der Gesundheitszustand so verschlechtert hat, dass ein weiterer Umbau erforderlich ist.

Leben mehrere Pflegebedürftige in einer gemeinsamen Wohnung ist der Gesamtzuschuss je Maßnahme auf 10.228 Euro begrenzt.

5.3.7 Tages- und Nachtpflege

Leistungen der teilstationären Pflege sind die Tages- und die Nachtpflege (§ 41 SGB XI). Sie beinhalten neben der Pflege die Beförderung des Pflegebedürftigen von der Wohnung zur Pflegeeinrichtung und wieder zurück. Die Leistungen sind bei der Pflegestufe I auf 450 Euro, bei Pflegestufe II auf 1.100 Euro und bei Pflegestufe III auf 1.550 Euro im Kalendermonat begrenzt (ab 01.01.2012).

5.3.8 Kurzzeitpflege

Leistungen der Kurzzeitpflege (in einer vollstationären Einrichtung) erhalten Pflegebedürftige, wenn die Pflegeperson ausfällt oder sich der Gesundheitszustand des Pflegebedürftigen kurzzeitig verschlechtert und häusliche Pflege nicht ausreichend oder nicht möglich ist (§ 42 SGB XI). Die Leistung ist auf vier Wochen und auf 1.550 Euro im Kalenderjahr (ab 2012) begrenzt.

5.3.9 Vollstationäre Pflege

Leistungen der vollstationären Pflege erhalten Pflegebedürftige, bei denen die häusliche oder teilstationäre Pflege nicht möglich ist und die Unterbringung in einem Pflegeheim oder einer anderen vollstationären Pflegeeinrichtung erforderlich ist (§ 43 Abs. 1 SGB XI). Ist sie nicht notwendig, erhalten die Betroffenen einen Zuschuss zu ihren Pflegeaufwendungen (§ 43 Abs. 4 SGB XI). Die Pflegekasse erbringt Leistungen für die pflegebedingten Aufwendungen einschließlich der medizinischen Behandlungspflege bis zu 1.550 Euro bei Pflegestufe III. In Härtefällen, z. B. im Endstadium einer Krebserkrankung, können bis zu 1.918 Euro im Kalendermonat erbracht werden. Die Kosten für Unterkunft und Verpflegung (sog. Hotelkosten) muss der Pflegebedürftige selbst tragen (§ 4 Abs. 2 Satz 2 SGB IX).

5.3.10 Soziale Sicherung der Pflegepersonen

Für die Pflegepersonen sind Leistungen der sozialen Sicherung in der Rentenversicherung und in der Unfallversicherung vorgesehen (§ 44 SGB XI), wenn die Pflegetätigkeit wenigstens 14 Stunden pro Woche beträgt, die Pflegeperson keiner Beschäftigung von über 30 Stunden nachgeht und sie noch keine Vollrente wegen Alters bezieht.

Bei Pflegezeit (nach dem Pflegezeitgesetz) werden zusätzliche Leistungen nach § 44a SGB XI gewährt.

Ferner sollen die Pflegekassen für Angehörige und sonstige ehrenamtliche Pflegepersonen unentgeltliche Schulungskurse durchführen (§ 45 SGB XI).

Auf Nachweis werden den ehrenamtlichen Pflegepersonen notwendige Aufwendungen (Verdienstausfall, Fahrkosten usw.) bis zum Gesamtbetrag von 1.550 Euro erstattet.

Tabelle 4.5 listet sämtliche Leistungen der Pflegeversicherung auf.

Leistungsart	SGB XI	Leistungen	Pflegestufe I Erheblich Pflegebedürftige	Pflegestufe II Schwerpflegebedürftige	Pflegestufe III Schwerstpflegebedürftige (in Härtefällen)
Häusliche Pflege	§ 36	**Pflegesachleistung** bis zu € monatlich ab 01.01.2012	450	1.100	1.550 (1.918)
	§ 37	**Pflegegeld** € monatlich ab 01.01.2012	235	440	700
Verhinderungspflege (Ersatzpflege) • durch nahe Angehörige • durch sonstige Personen	§ 39	Pflegeaufwendungen für bis zu vier Wochen im Kalenderjahr bis zu € ab 01.01.2012	235 a) 1.550	440 a) 1.550	700 a) 1.550
Kurzzeitpflege	§ 42	Pflegeaufwendungen bis zu € im Jahr ab 01.01.2012	1.550	1.550	1.550
Teilstationäre Tages- und Nachtpflege b)	§ 41	Pflegeaufwendungen bis zu € monatlich ab 01.01.2012	450 b)	1.100 b)	1.550 b)
Zusätzliche Leistungen für Versicherte mit erheblichem allgemeinem Betreuungsbedarf (z. B. Demenzkranke)	§§ 45a, b	Leistungsbetrag bis zu € jährlich	1.200 / 2.400 c)	1.200 / 2.400 c)	1.200 / 2.400 c)
Vollstationäre Pflege	§ 43	Pflegeaufwendungen pauschal € monatlich ab 01.01.2012	1.023	1.279	1.550 (1.918)
Pflege in vollstationären Einrichtungen der Hilfe für behinderte Menschen	§ 43 a	Pflegeaufwendungen in Höhe von	10 % des Heimentgelts, höchstens 256 € monatlich		
Pflegehilfsmittel, die zum Verbrauch bestimmt sind	§ 40 Abs. 2	Aufwendungen bis zu € monatlich	31		

Leistungsart	SGB XI	Leistungen	Pflegestufe I Erheblich Pflegebedürftige	Pflegestufe II Schwerpflegebedürftige	Pflegestufe III Schwerstpflegebedürftige (in Härtefällen)
Technische und sonstige Pflegehilfsmittel	§ 40 Abs. 3	Aufwendungen in Höhe von	100 Prozent der Kosten, unter bestimmten Voraussetzungen ist jedoch eine Zuzahlung von 10 Prozent, höchstens 25 € je Pflegehilfsmittel zu leisten. Technische Pflegehilfsmittel werden vorrangig leihweise, also unentgeltlich und somit zuzahlungsfrei zur Verfügung gestellt		
Maßnahmen zur Verbesserung des Wohnumfeldes	§ 40 Abs. 4	Aufwendungen in Höhe von bis zu	2.557 € je Maßnahme (maximal 10.228 € je Wohngruppe)		
Zahlung von Rentenversicherungsbeiträgen für Pflegepersonen [d]	§ 44	je nach Umfang der Pflegetätigkeit bis zu € monatlich (Beitrittsgebiet)	135,83 (114,66)	271,66 (229,32)	407,48 (343,98)
Zahlung von Beiträgen zur Arbeitslosenversicherung für Pflegepersonen bei Pflegezeit	§ 44a Abs. 2	€ monatlich (Beitrittsgebiet)	8,09 (6,83)		
Zuschüsse zur Kranken- und Pflegeversicherung für Pflegepersonen bei Pflegezeit	§ 44a Abs. 1	bis zu € monatlich Krankenversicherung Pflegeversicherung	139,24 18,42		

Tabelle 4.5: Leistungsansprüche der Versicherten an die Pflegeversicherung[10]

[a] Auf Nachweis werden den nahen Angehörigen notwendige Aufwendungen (Verdienstausfall, Fahrkosten usw.) bis zum Höchstbetrag für sonstige Personen erstattet.

[b] Neben dem Anspruch auf Tagespflege bleibt ein hälftiger Anspruch auf die jeweilige ambulante Pflegesachleistung oder das Pflegegeld erhalten.

[c] Abhängig von der persönlichen Pflegesituation auf Grundlage der dauerhaften und regelmäßigen Schädigungen oder Fähigkeitsstörungen nach § 45a Abs. 2 Satz 1 Nr. I bis 13 SGB XI werden bis zu 1.200 Euro (Grundbetrag) bzw. bis zu 2.400 Euro (erhöhter Betrag) gewährt

[d] Bei wenigstens 14 Stunden Pflegetätigkeit pro Woche, wenn die Pflegeperson keiner Beschäftigung von über 30 Stunden nachgeht und sie noch keine Vollrente wegen Alters bezieht.

---

[10] Quelle: Bundesministerium für Gesundheit.

Weitere Maßnahmen der Pflegeversicherung werden in Tab. 4.6 dargestellt.

SGB XI		Zur Stärkung der Pflege bei häuslicher Versorgung	bei stationärer Versorgung
§ 92c	Hilfestellung durch wohnortnahe Pflegestützpunkte	x	x
§ 7a, b	Individuelle Pflegeberatung (Fall-Management)	x	x
§ 92a	Übermittlung von		
	• Leistungs- und Preisvergleichslisten über zugelassene Pflegeeinrichtungen	x	
	• Leistungs- und Preisvergleichslisten über niedrigschwellige Betreuungsangebote	x	x
	• Informationen zu Selbsthilfekontakt- stellen und Selbsthilfegruppen	x	x
§ 92b	• Informationen über Integrierte Versorgungsverträge/Teilnahme an der Integrierten Versorgung im Einzugsbereich des Antragstellers	x	x
§ 45	Pflegekurse für Angehörige und ehrenamtliche Pflegepersonen	x	
§ 87b	Vergütungszuschläge für zusätzliche Betreuung bei Versorgung von Pflegebedürftigen mit erheblichem allgemeinem Betreuungsbedarf (Definition: § 45a Abs. 2)		x
§ 87a Abs. 4	Förderung von aktivierenden und rehabilitativen Maßnahmen durch Bonuszahlungen an Pflegeeinrichtungen für deutliche Reduzierung des Hilfebedarfs		x
§ 45c	Förderung der Versorgungsstrukturen für Personen mit erheblichem allgemeinen Betreuungsbedarf	x	
§ 45d	Förderung des Auf- und Ausbaus ehrenamtlicher Strukturen sowie der Selbsthilfe	x	x
§ 17 Abs. 2–4 SGB IX	Leistungen des Persönlichen Budgets als trägerübergreifende Komplexleistung	x	x

Tabelle 4.6: Weitere Maßnahmen der Pflegeversicherung

Übung 5.1

Die 77-jährige Rentnerin Frau Reinemund ist seit Jahren an Diabetes mellitus erkrankt. Leider musste ihr nun der rechte Fuß amputiert werden. Insgesamt ist ihr Gesundheitszustand sehr schlecht. Nach dem Krankenhausaufenthalt möchte sie gerne in ihren eigenen Haushalt zurück, den sie bislang allein geführt hat. Aber sie braucht nunmehr Unterstützung im Alltag. Der Medizinische Dienst der Krankenversicherung (MDK) hat in seinem Gutachten folgenden Bedarf festgestellt: morgens und abends jeweils 50 Minuten Hilfebedarf bei der Körperpflege (Waschen, Duschen, Zahnpflege, Kämmen), 30 Minuten Hilfebedarf bei der Mobilität (Aufstehen und Zubettgehen, An- und Ausziehen), täglich 60 Minuten Hilfebedarf bei der hauswirtschaftlichen Versorgung (Einkaufen, Kochen, Reinigung der Wohnung). Auf Anraten ihres Hausarztes stellt Frau R. einen Antrag bei ihrer Pflegekasse. Hat sie Anspruch auf Leistungen nach dem SGB XI?

5.4 Leistungserbringungsrecht

Soweit sich aus dem SGB XI nichts Abweichendes ergibt, werden die Pflegeleistungen als Sachleistung erbracht. Die Pflegekassen haben dafür Sorge zu tragen, dass mit einer ausreichenden Zahl an Leistungserbringern Versorgungs- und Vergütungsvereinbarungen abgeschlossen sind (§§ 69 Satz 2, 72 ff. SGB XI). Leistungserbringer in der sozialen Pflegeversicherung sind (§§ 71 ff. SGB XI):

- vollstationäre Pflegeeinrichtungen (Pflegeheime),
- vollstationäre Einrichtungen der Behindertenhilfe,
- Anbieter von Pflegehilfsmitteln,

- ambulante Pflegeeinrichtungen (Pflegedienste) und
- geeignete Pflegefachkräfte.

5.5 Organisation

Träger der sozialen Pflegeversicherung sind die Pflegekassen (§ 46 SGB XI). Bei jeder gesetzlichen Krankenkasse ist eine Pflegekasse eingerichtet. Die Pflegekassen sind rechtsfähige Körperschaften des öffentlichen Rechts. Organe der Pflegekasse sind die Organe der Krankenkasse, bei der sie errichtet ist (§ 46 Abs. 2 SGB XI).

5.6 Finanzierung

Die Pflegeversicherung wird im Wesentlichen durch Beiträge finanziert (§ 54 SGB XI). Weitere Einnahmen erhält die Pflegekasse aus den Zuzahlungen der Pflegebedürftigen zu den Hilfsmitteln. Schließlich können einer Pflegekasse Mittel aus dem Finanzausgleich zwischen den Pflegekassen zufließen (§§ 66 ff. SGB XI).

Der Beitrag zur sozialen Pflegeversicherung wird durch die Anwendung des Beitragssatzes auf die beitragspflichtigen Einnahmen ermittelt. Der Beitragssatz ist ab 2013 gesetzlich auf 2,05 Prozent festgesetzt (§ 55 Abs. 1 SGB XI). Die Beiträge kinderloser Versicherter über 23 Jahren sind um 0,25 Prozent höher als bei Versicherten mit Kindern (§§ 55 Abs. 3, 58 Abs. 1 Satz 3 SGB XI).

Bei versicherungspflichtigen Arbeitnehmern tragen Arbeitgeber und Arbeitnehmer den (Grund-)Beitrag je zur Hälfte, soweit zur Kompensation der wirtschaftlichen Belastungen des Arbeitgebers ein immer auf einen Wochentag fallender gesetzlicher Feiertag gestrichen wurde – dies ist in allen Bundesländern mit Ausnahme von Sachsen der Fall. In Sachsen tragen die Arbeitgeber 0,95 Prozent, die Arbeitnehmer 1,0 Prozent (§ 58 Abs. 3 SGB XI).

Rentner tragen ihren Pflegeversicherungsbeitrag voll. Freiwillig Versicherte und privat Versicherte erhalten von ihrem Arbeitgeber einen Zuschuss zu den Beiträgen der Pflegeversicherung.

Der paritätische Beitragssatz zur Pflegeversicherung soll spätestens zum 01.01.2015 um 0,3 Prozent erhöht werden, damit die Finanzierung der für 2015 gesetzlich vorgesehenen Dynamisierung der Leistungen gesichert ist. In einem zweiten Schritt wird mit der Umsetzung des neuen Pflegebedürftigkeitsbegriffs der Beitrag um weitere 0,2 Prozentpunkte und damit insgesamt um 0,5 Prozent angehoben (laut Koalitionsvertrag zwischen CDU, CSU und SPD für die 18. Legislaturperiode).

5.7 Reform der Pflegeversicherung

5.7.1 Pflegereform 2008

Durch das Pflege-Weiterentwicklungsgesetz vom 28.05.2008 sollten Pflegebedürftige mehr Leistungen erhalten, Angehörige mehr Unterstützung und das System sollte besser organisiert werden. Bezahlt wurde das Plus an Leistungen mit einer Anhebung des Pflegebeitrags zum 01.07.2008 um 0,25 Prozent auf damals 1,95 Prozent.

Pflegestützpunkt

Der wohnortnahe Pflegestützpunkt soll für die BürgerInnen alles zum Thema Pflege aus einer Hand bieten, angefangen von der Beratung, über die Vermittlung von Essen auf Rädern, ehrenamtlichen Hilfspersonen, häuslicher Krankenpflege bis hin zum Nachweis von Pflegediensten oder auch Einzelpflegekräften. Geplant ist ein Stützpunkt je 20.000 Einwohner. Träger der Stützpunkte können zum Beispiel Pflegekassen, Kommunen oder Sozialdienste sein. Zuständig sind die Länder (vgl. § 92c SGB XI).

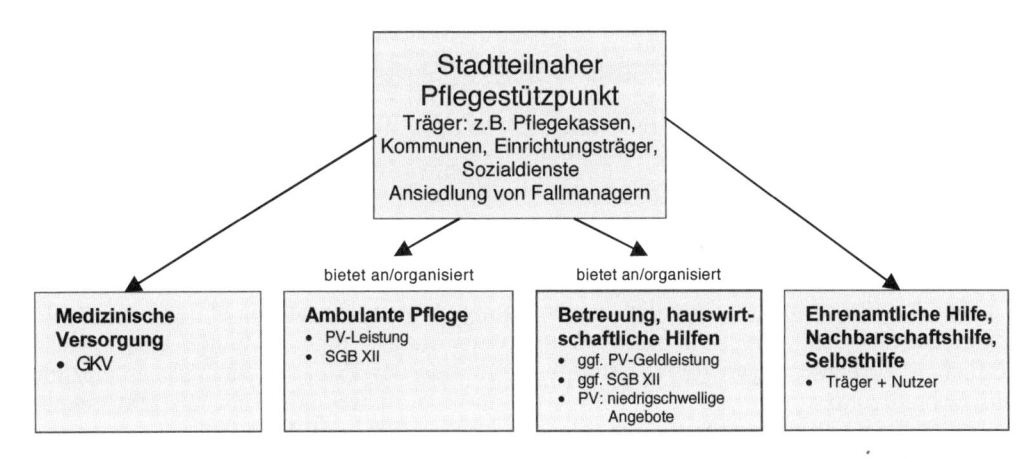

```
              Stadtteilnaher
              Pflegestützpunkt
           Träger: z.B. Pflegekassen,
        Kommunen, Einrichtungsträger,
                Sozialdienste
         Ansiedlung von Fallmanagern
```

	bietet an/organisiert	bietet an/organisiert	
Medizinische Versorgung • GKV	**Ambulante Pflege** • PV-Leistung • SGB XII	**Betreuung, hauswirtschaftliche Hilfen** • ggf. PV-Geldleistung • ggf. SGB XII • PV: niedrigschwellige Angebote	**Ehrenamtliche Hilfe, Nachbarschaftshilfe, Selbsthilfe** • Träger + Nutzer

PV: Pflegeversicherung. GKV: Gesetzliche Krankenversicherung. SGB XII: Sozialgesetzbuch Zwölftes Buch Sozialhilfe

Abb. 5.3: Konzept der Pflegestützpunkte[11]

Fallmanagement

Die Pflegekassen werden verpflichtet, für ihre pflegebedürftigen Versicherten einen sog. Fallmanager anzubieten – etwa im Rahmen der Pflegestützpunkte. Der Fallmanager kümmert sich um alle Belange von Pflegebedürftigen und ihren Angehörigen. Ein Fallmanager soll Ansprechpartner für etwa 100 Pflegebedürftige sein.

Förderung betreuter Wohnformen/Wohngemeinschaften

Neue Wohnformen werden im Pflegeversicherungsgesetz besser berücksichtigt (§§ 45e, f SGB XI). So sollen Pflegebedürftige in ambulant betreuten Wohneinrichtungen die dort erbrachten Betreuungsleistungen flexibler als bisher in Anspruch nehmen und diese Leistungen allein oder mit anderen Pflegebedürftigen gemeinsam abrufen („poolen") können. Das bedeutet: Eine Senioren-WG legt ihr Geld zusammen und teilt sich eine Pflegekraft.

Individuelle Pflege

Pflegekassen sollen künftig leichter Verträge mit Einzelpflegekräften unterschiedlicher Qualifikation schließen können. Damit kann ambulante Pflege künftig individueller und bedarfsgerechter erbracht werden. Daneben soll bürgerschaftliches Engagement gestärkt werden: Aufwendungen, die z. B. für die vorbereitende und begleitende Schulung der bürgerschaftlich engagierten Helfer oder für die Organisation und Planung dieser Einsätze entstehen, können in den Vergütungsverträgen angemessen berücksichtigt werden.

Anhebung und Dynamisierung der Leistungssätze

Die Leistungen sowohl im ambulanten als auch im stationären Bereich wurden ab 2008 stufenweise angehoben. Nach Abschluss der Anhebungsphase werden sie ab 2015 alle drei Jahre angepasst.

Demenzkranke

Der Geldbetrag für Menschen mit erheblich eingeschränkter Alltagskompetenz wurde von 460 Euro auf bis zu 2.400 Euro jährlich angehoben und auch an Menschen gezahlt, deren körperliche Einschränkungen noch nicht so ausgeprägt sind, dass sie der Pflegestufe I zugeordnet werden.

Pflegezeit

Bei der Pflege durch Angehörige wurde für die Dauer von längstens sechs Monaten ein Anspruch auf unbezahlte Freistellung von der Arbeit mit Rückkehrmöglichkeit eingeführt (§§ 3 und 4 Pflegezeitgesetz). Kleinbetriebe mit bis zu fünfzehn Beschäftigten sind ausgenommen. Die Pflegezeit kann von verschiedenen Angehörigen nacheinander wahrgenommen werden. Die Pflegepersonen bleiben während dieser Zeit sozial abgesichert. Weitere kurzfristige Freistellungsmöglichkeiten (bis zu zehn Arbeitstage) bei plötzlich auftretendem Pflegebedarf werden gewährt. Diese arbeitsrechtliche Regelung des Pflegezeitgesetzes wird durch die Pflegeversicherung flankiert (§ 44a Abs. 1 SGB XI).

---

[11] Quelle: Bundesministerium für Arbeit und Sozialordnung.

Qualitätssicherung und Transparenz

Die Prüfberichte des Medizinischen Dienstes der Krankenversicherung werden in verständlicher Sprache aufbereitet und veröffentlicht. Zum sog. **Pflege-TÜV** lesen Sie bitte die §§ 114 ff. SGB XI, insbesondere § 115 Abs. 1a und 1b. (Kritiker werfen dem „Pflege-TÜV" vor, er prüfe alles außer der Pflege.) Standards für die Qualität in der Pflege sind von den Verbänden der Einrichtungsträger und Kostenträger verbindlich zu vereinbaren (§ 113a SGB XI).

Prävention und Rehabilitation

Mit finanziellen Anreizen werden Anstrengungen von Einrichtungen gefördert, mit aktivierender Pflege und Rehabilitation qualitativ gute Pflege zu bieten und – soweit möglich – Verbesserungen des Gesundheitszustands der Pflegebedürftigen zu erzielen bzw. Verschlechterungen zu vermeiden. Pflegeheime, denen es durch verstärkte Bemühungen gelingt, Pflegebedürftige in eine niedrigere Pflegestufe einzustufen, erhalten einen einmaligen Geldbetrag in Höhe von einheitlich 1.536 Euro (§ 87a Abs. 4 SGB XI).

Neuer Pflegebedürftigkeitsbegriff

Der geltende Begriff ist zu verrichtungsbezogen und zu einseitig somatisch ausgerichtet.

Die besonderen Bedürfnisse von Demenzkranken (und ihrer pflegenden Angehörigen) werden mit der bisherigen Beurteilung der Pflegebedürftigkeit nicht angemessen erfasst. Viele altersverwirrte Menschen fallen durch das Raster der Pflegeversicherung, weil sie körperlich noch fit sind. Pflegebedürftigkeit soll deshalb neu definiert werden. Hierzu wurde erneut ein **Expertenbeirat** eingesetzt, der im Juni 2013 einen Bericht zur konkreten Ausgestaltung des neuen Begriffs vorlegte. Statt der bislang drei Pflegestufen soll es künftig fünf sog. **Pflegegrade** geben. Der **Grad der Selbstständigkeit** wird dafür maßgeblich sein und nicht mehr der Faktor „Zeit". Mit der Erprobung des neuen Begutachtungsverfahrens wurde 2014 begonnen (vgl. §§ 123 und 124 SGB XI).

5.7.2 Pflegereform 2012

Das **Pflege-Neuausrichtungs-Gesetz** vom 23.10.2012 sieht folgende Neuregelungen vor:

1. Verbesserte Leistungen, insbes. für demenziell Erkrankte
2. Mehr Unterstützung für pflegende Angehörige (z. B. Weiterzahlung des Pflegegeldes zur Hälfte bei Verhinderungs- und Kurzzeitpflege)
3. Verbesserte Beratung und fristgerechte Begutachtung
4. Förderung alternativer Wohnformen für Senioren
5. Private Vorsorge wird staatlich gefördert
6. Anhebung des Beitragssatzes auf 2,05 Prozent ab 01.01.2013

Leistungen für Demenzkranke ab 01.01.2013

- Zusätzlicher Betreuungsbetrag in Höhe von bis zu 100 oder 200 Euro monatlich (45b Abs. 1 S. 2 SGB XI) – auch bei Pflegestufe 0.
- Mehrleistungen in der ambulanten Pflege (§ 123 SGB XI).

Menschen mit erheblich eingeschränkter Alltagskompetenz, d. h. mit erheblichem Bedarf an allgemeiner Beaufsichtigung und Betreuung, haben Anspruch auf:

in Pflegestufe 0:	Pflegegeld	120 Euro
	Pflegesachleistung	225 Euro
in Pflegestufe I:	Pflegegeld	305 Euro
	Pflegesachleistung	665 Euro
in Pflegestufe II:	Pflegegeld	525 Euro
	Pflegesachleistung	1.250 Euro
in Pflegestufe III:	Pflegegeld	700 Euro
	Pflegesachleistung	1.550 Euro

- Neue Leistung „Häusliche Betreuung" (§ 124 SGB XI): Hilfen bei der Alltagsgestaltung (Spazierengehen, Vorlesen usw.).
- Verhinderungspflege (bis zu vier Wochen im Jahr), Pflegehilfsmittel und Maßnahmen zur Verbesserung des Wohnumfeldes können voll in Anspruch genommen werden (§§ 39, 40 SGB XI).
- Zusätzliche Betreuung und Aktivierung von demenziell erkrankten Menschen in stationären Pflegeeinrichtungen.
- Die im Rahmen der Qualitätsprüfung gewonnenen Informationen über die ärztliche, fachärztliche und zahnärztliche Versorgung sowie die Arzneimittelversorgung in vollstationären Einrichtungen sind ab 01.01.2014 verständlich, übersichtlich und vergleichbar kostenfrei zur Verfügung zu stellen (auch im Internet) bzw. in den Heimen auszuhängen (§ 115 Abs. 1b SGB XI).

5.8 Pflegestatistik 2011

2,5 Millionen Pflegebedürftige insgesamt		
Zu Hause versorgt: 1,76 Millionen (70%)		**In Heimen vollstationär versorgt:** 734.000 (30%)
Durch Angehörige: 1,18 Millionen Pflegebedürftige	Zusammen mit/ durch ambulante Pflegedienste: 576.000 Pflegebedürftige	In 12.4000 Pflegeheimen mit 661.000 Beschäftigten
	Durch 12.300 ambulante Pflegedienste mit 291.000 Beschäftigten	

Abb. 5.4: Eckdaten der Pflegestatisik[12]

Die Mehrheit (65 %) der Pflegebedürftigen ist weiblich; der Frauenanteil in Heimen liegt bei 73 Prozent. Insgesamt 83 Prozent der Pflegebedürftigen waren 65 Jahre und älter, mehr als ein Drittel (36 %) war über 85 Jahre alt.

In freigemeinnütziger Trägerschaft befinden sich 54 Prozent der Pflegeheime. Zwei Drittel der Beschäftigten sind Teilzeitkräfte.

Die Zahl der Pflegebedürftigen ist seit 1999 um 16 Prozent gestiegen. Bis zum Jahr 2030 werden 3,6 Millionen prognostiziert.[13]

Zahlen und Fakten zur Pflegeversicherung	
Zahl der Versicherten	
Soziale Pflegeversicherung:	rd. 69,79 Mio. (Stand: 01.01.2012)
Private Pflege-Pflichtversicherung:	rd. 9,52 Mio. (Stand: 31.12.2011)
Gesamtzahl der Leistungsbezieher (ambulant u. stationär)	rd. 2,54 Mio.
ambulant:	rd. 1,77 Mio.
stationär:	rd. 0,77 Mio.
Zuordnung zu den Pflegestufen	
im ambulanten Bereich	im stationären Bereich
Pflegestufe I	62,6 %	43,0 %
Pflegestufe II	29,0 %	37,5 %
Pflegestufe III	8,5 %	19,5 %

Tabelle 4.7: Zahlen und Fakten zur Pflegeversicherung (2013)[14]

---

[12] Statistisches Bundesamt (Hrsg), Pflegestatistik 2011 vom 08.03.2013.
[13] Statistisches Bundesamt, Pressemitteilung vom 18.01.2013.
[14] Quelle: Bundesministerium für Gesundheit (05/2013).

Das Bundesgesundheitsministerium erstellt in Zusammenarbeit mit dem Statistischen Bundesamt alle zwei Jahre eine umfassende Pflegestatistik, die u. a. auch wichtige Rückschlüsse auf den zukünftig zu erwartenden Finanzierungsbedarf (und damit die Beitragssätze) zulässt.

Zusammenfassung

Die Ausgaben für die Pflegeversicherung werden durch Beiträge der Mitglieder und der Arbeitgeber finanziert. Die Höhe der Beiträge richtet sich nach dem Beitragssatz und den beitragspflichtigen Einnahmen der Mitglieder. Familienversicherte zahlen keinen Beitrag.

Seit 01.01.2013 beträgt der Beitragssatz 2,05 Prozent.

Arbeitnehmer, die in der Krankenversicherung versicherungspflichtig sind, und ihre Arbeitgeber tragen diese Beiträge jeweils zur Hälfte (ausgenommen Freistaat Sachsen). In der Krankenversicherung freiwillig versicherte Arbeitnehmer entrichten die vollen Beiträge selbst. Sie erhalten jedoch von ihrem Arbeitgeber einen Beitragszuschuss in Höhe des Arbeitgeberanteils. Beiträge zahlen auch Krankengeldbezieher und Rentner.

Für Kinderlose, die das 23. Lebensjahr vollendet haben, wird seit 01.01.2005 ein Beitragszuschlag in Höhe von 0,25 Prozent erhoben, den das Mitglied allein trägt.

Leistungen für Pflegebedürftige sind Leistungen bei häuslicher Pflege, teilstationärer Pflege und Kurzzeitpflege sowie vollstationärer Pflege.

Die Leistungen müssen beantragt werden. Anspruch auf Leistungen besteht, wenn der Pflegebedürftige Versicherter ist.

Leistungen bei häuslicher Pflege sind Pflegesachleistungen (professionelle Hilfe durch Pflegedienste), Pflegegeld (für selbst beschaffte Pflegehilfen), häusliche Pflege bei Verhinderung der Pflegeperson und Pflegehilfsmittel. Der Umfang der Sachleistungen und die Höhe des Pflegegeldes richten sich nach der jeweiligen Stufe der Pflegebedürftigkeit (Pflegestufe I, II oder III).

Teilstationäre Pflege besteht aus Tages- oder Nachtpflege in hierfür vorgesehenen Einrichtungen. Sie umfasst auch die notwendige Beförderung.

Kurzzeitpflege ist die Pflege in einer vollstationären Einrichtung in besonderen Lebenssituationen. Sie ist nur zeitlich begrenzt möglich.

Pflegebedürftige haben Anspruch auf vollstationäre Pflege, wenn häusliche oder teilstationäre Pflege nicht möglich ist oder nicht in Betracht kommt wegen der Besonderheit des einzelnen Falle. Die Aufwendungen für vollstationäre Pflege sind von der Pflegekasse zurzeit bis zu 1.550 Euro monatlich zu übernehmen, wenn häusliche oder teilstationäre Pflege nicht möglich ist. Da die Heimkosten i. d. R. viel höher sind (durchschnittlich 3.252 Euro in Pflegestufe III) und das Einkommen der Pflegebedürftigen plus Leistungen der Pflegekasse nicht ausreichen, ist zusätzlich Sozialhilfe in vielen Fällen nötig.

> Statt drei Pflegestufen soll es zukünftig (ab 2016) fünf Pflegegrade geben. Für die Eingruppierung soll in acht Bereichen beurteilt werden, was die Betroffenen noch leisten können. Dazu zählen neben Mobilität und geistigen Fähigkeiten auch Selbstversorgung, die Einnahme von Medikamenten und soziale Kontakte.

> Der Gesetzgeber ist bemüht, die Vereinbarkeit von Pflege und Beruf zu verbessern. Zum 01.07.2008 ist das **Pflegezeitgesetz** in Kraft getreten, mit dem für Beschäftigte die „Pflegezeit" und die „kurzzeitige Arbeitsverhinderung" eingeführt wurde.
>
> Das ab dem 01.01.2012 geltende **Familienpflegezeitgesetz** sieht vor, dass Beschäftigte für maximal zwei Jahre ihre Wochenarbeitszeit auf bis zu 15 Stunden reduzieren können – jedoch ohne Rechtsanspruch. Die Lohneinbußen werden durch staatliche Zuschüsse abgefedert.

Aufgaben zur Selbstüberprüfung Kapitel 5 unter www.lambertus.de

A. Bearbeitungshinweise zu den Übungen

(Übung 4.1 auf S. 63; Übung 5.1 auf S. 91)

Übung 4.1: Im Krankenversicherungsrecht gilt der Grundsatz der Versicherungspflicht.

In § 5 SGB V ist bestimmt, wer in der gesetzlichen Krankenversicherung pflichtversichert ist. Der häufigste Fall ist in § 5 Abs. 1 Nr. 1 SGB V geregelt: Danach sind Arbeiter, Angestellte und Auszubildende, die gegen Arbeitsentgelt beschäftigt sind, in der gesetzlichen Krankenversicherung versichert.

Für die Mitgliedschaft in der gesetzlichen Krankenversicherung ist kein Antrag nötig. Die Mitgliedschaft tritt gemäß § 186 SGB V kraft Gesetzes ein. § 186 Abs. 1 SGB V legt fest, dass für versicherungspflichtige Beschäftigte die Mitgliedschaft mit dem Tag des Eintritts in das Beschäftigungsverhältnis beginnt.

Auch das Ende des Versicherungsverhältnisses tritt kraft Gesetzes ein (vgl. § 190 SGB V). Für Beschäftigte endet das Versicherungsverhältnis gem. § 190 Abs. 2 SGB V mit Ablauf des Tages, an dem das Beschäftigungsverhältnis endet. (Damit endet gem. § 19 Abs. 1 SGB V an sich auch der Anspruch auf Leistungen. In der gesetzlichen Krankenversicherung besteht aber gem. § 19 Abs. 2 SGB V der Leistungsanspruch für die Dauer von einem Monat nach dem Ende der Mitgliedschaft fort!)

Für Herrn B. ergibt sich die Versicherungspflicht aus § 5 Abs. 1 Nr. 13 SGB V. Hiernach sind alle Personen versicherungspflichtig, für die kein sonstiger Versicherungsschutz besteht und die zuvor in der gesetzlichen Krankenversicherung versichert waren. Ausnahmen von der Versicherungspflicht nach §§ 5 Abs. 5, 6 SGB V sind nicht ersichtlich.

Dass Herr B. die Mitgliedschaft in der gesetzlichen Krankenversicherung ablehnt, ist unerheblich. Gem. § 186 Abs. 11 SGB V ist er seit dem ersten Tag, an dem kein anderer Versicherungsschutz besteht, auch gegen seinen Willen pflichtversichert. (Problematisch wird die Beitragszahlung sein!)

Übung 5.1: Frau R. könnte Ansprüche gegen die Pflegekasse auf Leistungen bei häuslicher Pflege nach §§ 36, 37 oder 38 SGB XI haben. Hierfür müssten die Anspruchsvoraussetzungen vorliegen.

I. Vorliegen der Leistungsvoraussetzungen

1. Versicherung in der Sozialen Pflegeversicherung nach §§ 20 ff. SGB V:
   Dies kann hier unterstellt werden, vgl. § 20 Abs. 1 Nr. 11 SGB XI.

2. Erfüllen der Vorversicherungszeit nach § 33 Abs. 2 SGB XI:
   Das Erfüllen der Vorversicherungszeit kann hier ebenfalls unterstellt werden.

3. Antragstellung nach § 33 Abs. 1 SGB XI ist erfolgt.

4. Pflegebedürftigkeit nach §§ 14, 15 SGB XI:
   Frau R. müsste pflegebedürftig im Sinne der §§ 14, 15 SGB XI sein. Es müsste zunächst eine Krankheit oder Behinderung vorliegen. Sie leidet an Diabetes und ist nunmehr durch die erfolgte Fußamputation stark eingeschränkt. Gemäß dem Gutachten des MDK (§ 18 SGB XI) braucht sie auch Hilfe bei den gewöhnlichen und regelmäßig wiederkehrenden Verrichtungen im Ablauf des täglichen Lebens und zwar in den Bereichen Körperpflege (§ 14 Abs. 4 Nr. 1), Mobilität (§ 14 Abs. 4 Nr. 3), und bei der hauswirtschaftlichen Versorgung (§ 14 Abs. 4 Nr. 4). Da Frau R. bereits 77 Jahre alt und chronisch krank ist, wird diese Hilfe auch voraussichtlich länger als sechs Monate benötigt. Zur Feststellung der Pflegestufe muss der Bedarf im Einzelnen errechnet werden. Nach dem Gutachten des MDK (§ 18 SGB XI) hat sie im Bereich der Körperpflege und Mobilität einen Bedarf von zusammen 130 Minuten täglich. Hinzu kommt der Bedarf im Bereich der hauswirtschaftlichen Versorgung von täglich 60 Minuten. Damit ist ein Zeitaufwand von täglich 190 Minuten erreicht, sodass Frau R. der Pflegestufe II – schwer pflegebedürftig – zuzuordnen ist. Pflegebedürftigkeit ist somit gegeben, denn das Zeitlimit von mindestens drei Stunden, wobei auf die Grundpflege mindestens zwei Stunden entfallen müssen, ist erfüllt (§ 15 Abs. 3 Nr. 2 SGB XI).

II. Ergebnis:

Frau R. kann Ansprüche auf Leistungen bei häuslicher Pflege nach § 36 (Pflegesachleistung durch Pflegedienst), § 37 (Pflegegeld) oder § 38 (Kombinationsleistung) SGB XI gegenüber ihrer Pflegekasse geltend machen.

B. Abbildungsverzeichnis

Abb. 1.1: Die fünf Säulen der Sozialversicherung 18
Abb. 1.2: Gliederung des Sozialrechts („moderne" Gliederung) 20
Abb. 1.3: Faktoren sozialer Gerechtigkeit 23
Abb. 1.4: Grundzüge des Sozialrechts (Aufbringung der Mittel) 26
Abb. 2.1: Das sozialrechtliche Leistungsdreieck 30
Abb. 2.2: Sozialleistungsanspruch 34
Abb. 3.1: Merkmale der abhängigen Beschäftigung 42
Abb. 3.2: Geringfügige Beschäftigungen („Minijobs") 52
Abb. 3.3: Versicherungspflicht bei Minijobs (Prüfschema) 53
Abb. 4.1: Übersicht Gesetzliche Krankenversicherung 61
Abb. 4.2: Versicherter Personenkreis (GKV) 62
Abb. 4.3: Themenfelder der betrieblichen Gesundheitsförderung 66
Abb. 4.4: Krankheitsbegriff in der gesetzlichen Krankenversicherung 67
Abb. 4.5: Sozialrechtliches Leistungsdreieck im Gesundheitsbereich 75
Abb. 4.6: Finanzierung des Gesundheitsfonds 77
Abb. 5.1: Grundzüge der Sozialen Pflegeversicherung (SGB XI) 83
Abb. 5.2: Feststellung der Pflegebedürftigkeit 84
Abb. 5.3: Konzept der Pflegestützpunkte 93
Abb. 5.4: Eckdaten der Pflegestatistik 95

C. Tabellenverzeichnis

Tabelle 1.1: Grundprinzipien sozialer Sicherung („klassische" Gliederung) 19
Tabelle 1.2: Vergleich: Sozialversicherung - Privatversicherung 21
Tabelle 1.3: Sozialbudget 2011 24
Tabelle 2.1: Rechengrößen der Sozialversicherung für 2014 50
Tabelle 3.1: Leistungen der gesetzlichen Krankenversicherung (SGB V) 65
Tabelle 3.2: Bestimmungen zum Krankengeld 69
Tabelle 4.1: Pflegeversicherter Personenkreis 85
Tabelle 4.2: Pflegestufen 86
Tabelle 4.3: Pflegebedürftigkeit (Hilfebedarf) 86
Tabelle 4.4: Leistungen der Pflegeversicherung 87
Tabelle 4.5: Leistungsansprüche der Versicherten an die Pflegeversicherung 90
Tabelle 4.6: Weitere Maßnahmen der Pflegeversicherung 91
Tabelle 4.7: Zahlen und Fakten zur Pflegeversicherung (2013) 95

Zweites Modul
Sozialversicherung 2

- Gesetzliche Rentenversicherung
- Gesetzliche Unfallversicherung
- Arbeitsförderung / Arbeitslosenversicherung

Einleitung

In diesem Modul werden drei weitere Gebiete des Sozialversicherungsrechts behandelt: die Renten-, die Unfall- und die Arbeitslosenversicherung (Arbeitsförderung).

Zunächst die gesetzliche **Rentenversicherung,** die im SGB VI geregelt ist. Die gesetzliche Rentenversicherung bildet zusammen mit der betrieblichen Altersversorgung und der privaten Altersvorsorge das sog. „3-Säulen-System" der Alterssicherung. Nach wie vor kommt der gesetzlichen Rentenversicherung eine herausragende Stellung zu: Zwei Drittel der Ausgaben der gesamten Alterssicherung werden von ihr gedeckt. Durch die Veränderung der Altersstruktur der Bevölkerung in Deutschland („demografischer Faktor") verschiebt sich das Verhältnis von Beitragszahlern zu Rentenbeziehern. Künftig werden weniger Beitragszahler immer mehr Rentner finanzieren müssen (deren Rentenbezugsdauer sich ebenfalls erhöht). Deshalb wurde das Rentenniveau gesenkt und das Renteneintrittsalter auf 67 Jahre angehoben. Die private und die betriebliche Altersvorsorge werden seit 2002 stärker gefördert.

Anschließend lernen Sie die gesetzliche **Unfallversicherung** (SGB VII) näher kennen. Deren Aufgabe ist es zum einen, Arbeitsunfälle und Berufskrankheiten sowie arbeitsbedingte Gesundheitsgefahren zu verhüten (Prävention), und zum anderen, bei eingetretenen Arbeitsunfällen oder Berufskrankheiten die Gesundheit und Leistungsfähigkeit wiederherzustellen (Rehabilitation) sowie die Versicherten oder ihre Hinterbliebenen durch Geldleistungen zu entschädigen.

Schließlich erhalten Sie einen Überblick über die Arbeitsförderung / Arbeitslosenversicherung.

Im Fall von **Arbeitslosigkeit** kommt der finanziellen Absicherung der Betroffenen eine besondere Bedeutung zu. Die wichtigste Sozialleistung (Entgeltersatzleistung) ist hier das Arbeitslosengeld. Daneben spielen die beschäftigungspolitischen Ziele eine große Rolle: das Entstehen von Arbeitslosigkeit zu vermeiden und die Dauer von Arbeitslosigkeit zu verkürzen. Hier setzen die Leistungen der **Arbeitsförderung** an (z. B. Ausbildungsvermittlung, Arbeitsvermittlung, Förderung der Berufsausbildung und beruflichen Weiterbildung, Eingliederungsmaßnahmen).

Sie lernen in den folgenden Kapiteln,

- wer Träger und wer Versicherter der gesetzlichen Rentenversicherung ist,
- welche Leistungen und Rentenarten das SGB VI vorsieht und wie Renten berechnet werden,
- wie die gesetzliche Rentenversicherung organisiert ist und mit welchen Mitteln sie finanziert wird.

Ferner erfahren Sie

- welche Aufgaben die gesetzliche Unfallversicherung erfüllt,
- in welchen Fällen sie welche Leistungen erbringt,
- wie sich die Unfallversicherungsträger für den Arbeitsschutz einsetzen.

Außerdem

- können Sie die Leistungsträger und -empfänger der Arbeitsförderung benennen,
- kennen Sie die Maßnahmen und Leistungen des SGB III und können diese nach Ziel und Priorität ordnen,
- haben Sie einen Überblick über die Organisation und Finanzierung der Arbeitsförderung erhalten.

Kapitel 6

6 Gesetzliche Rentenversicherung (SGB VI)

> Nach Lektüre dieses Kapitels können Sie die versicherungspflichtigen und versicherungsfreien Personenkreise benennen und wissen, wer sich freiwillig versichern kann. Sie können die wichtigsten Leistungen der Rentenversicherung und deren Voraussetzungen darstellen. Außerdem können Sie erläutern, wie die Höhe der Rente berechnet wird.

6.1 Inhaltsübersicht Sechstes Buch

6.1.1 Entwicklung der Rentengesetzgebung seit 1992

Durch das **Rentenreformgesetz** 1992 (RRG) wurde das Recht der gesetzlichen Rentenversicherung als Buch VI in das SGB eingefügt. Das RRG stieß damals auf einen breiten Konsens. Alle großen Parteien waren überzeugt, dass vor allem mit der neuen Rentenformel die Probleme der demografischen Veränderungen gelöst seien. Diese bestehen darin, dass immer mehr Rentnern immer weniger Erwerbstätige und damit Beitragszahler gegenüberstehen und dass sich die Rentenbezugsdauer verlängert hat. Die **neue Rentenformel** sah einen Steuerungsmechanismus im Hinblick auf die Entwicklung der Beiträge, der Rentenanpassung sowie des Bundeszuschusses vor: Diese drei Faktoren wurden in ein gegenseitiges Abhängigkeitsverhältnis gebracht, damit bei höherem Finanzbedarf zwar die Beiträge und der Bundeszuschuss steigen konnten, aber zugleich auch die Rentenanpassung zu vermindern war, um auf diese Weise eine möglichst gleichmäßige Lastenverteilung auf Beitragszahler, Rentner und Staat zu erreichen.

Weil aber dennoch die Beiträge in den kommenden Jahren deutlich über 20 Prozent steigen würden, bemühte sich der Gesetzgeber in der Folgezeit immer wieder um Korrekturen. Zunächst versuchte er zur Beitragssatzstabilität beizutragen, indem er die sog. Ökosteuer einführte, die u. a. der gesetzlichen Rentenversicherung zu Gute kommt.

Dann verabschiedete der Bundestag im Jahr 2001 das **Altersvermögensgesetz** und das Altersvermögensergänzungsgesetz, wodurch tief in das System der gesetzlichen Rentenversicherung eingegriffen wurde, vorrangig mit dem Ziel, die Lohnnebenkosten zu begrenzen. Dies sollte zum einen durch eine Änderung der Rentenanpassung geschehen; zum anderen baute der Gesetzgeber darauf, dass die Altersversorgung nicht mehr allein durch die Renten der gesetzlichen Rentenversicherung gewährleistet wird, sondern zusätzlich durch eine freiwillige private kapitalgedeckte Zusatzversorgung (nach dem damals zuständigen Ressortminister **„Riester-Rente"** genannt). Der Gesetzgeber erwartet, dass die Versicherten stufenweise bis zu vier Prozent ihres Bruttoeinkommens für eine derartige Zusatzversicherung investieren, um das bisherige Nettorentenniveau halten zu können. Dafür erhalten sie vom Staat Zuschüsse bzw. können die Versicherungsprämien als Sonderausgaben steuerlich geltend machen. Berücksichtigt man, dass der Versicherte bis dahin „nur" ca. zehn Prozent an Rentenversicherungsbeiträgen zu zahlen hatte (die anderen ca. 10 Prozent trägt der Arbeitgeber), bedeutet dies eine deutliche Erhöhung seiner bisherigen Altersvorsorge-Belastung. Die vom Gesetzgeber angestrebte Beitragssatzstabilität ist also für die Arbeitnehmer nicht gewährleistet.

Im Juli 2004 ist das „Gesetz zur Sicherung der nachhaltigen Finanzierungsgrundlagen der gesetzlichen Rentenversicherung" (RV-Nachhaltigkeitsgesetz) verabschiedet worden. Der neue **„Nachhaltigkeitsfaktor"** in der Rentenformel berücksichtigt das sich künftig noch verschlechternde Verhältnis der Anzahl der Beitragszahler zur Anzahl der Rentenempfänger. Dadurch soll der Beitragssatz bis 2020 nicht über 20 Prozent und bis 2030 nicht über 22 Prozent steigen (vgl. § 154 Abs. 3 SGB VI). Allerdings ist dies nur um den Preis einer Senkung des Rentenniveaus möglich. Dies veranlasste die Bundesregierung, zusätzlich zur privaten „Riester-Rente" noch eine weitere staatliche Förderung der ebenfalls privaten **„Rürup-Rente"** (benannt nach dem „Wirtschaftsweisen" Bert Rürup) einzuführen. Die Bürgerinnen und Bürger müssen mehr private Vorsorge leisten, um im Alter ein allzu großes Absinken ihres Lebensstandards zu vermeiden.

Schließlich hat der Gesetzgeber 2007 das umstrittene „Gesetz zur Anpassung der Regelaltersgrenze an die demografische Entwicklung und zur Stärkung der Finanzierungsgrundlagen der gesetzlichen Rentenversicherung" verabschiedet, das die Anhebung der **Regelaltersgrenze** für den Bezug von Altersrenten vom 65. auf das 67. Lebensjahr vorsieht. Betroffen sind die Geburtsjahrgänge ab 1947.

6.1.2 Inhaltsübersicht SGB VI

Das SGB VI enthält keine einleitenden allgemeinen Grundsätze, sondern beginnt im **Ersten Kapitel** mit den Regelungen zum versicherten Personenkreis. In erster Linie sind auch hier die abhängig Beschäftigten – also vor allem die Arbeitnehmer – versicherungspflichtig. Jedoch besteht, anders als in der Krankenversicherung, keine Versicherungspflichtgrenze. Auch Arbeiter und Angestellte mit hohem Arbeitseinkommen sind daher versicherungspflichtig; die Beiträge werden allerdings nur bis zu einer bestimmten Bemessungsgrenze erhoben. Versicherungspflichtig sind ferner bestimmte selbstständig Tätige, bei denen der Gesetzgeber trotz der Selbstständigkeit von einer erhöhten sozialen Schutzbedürftigkeit gegen das Risiko der Erwerbsminderung sowie im Alter ausgeht.

Befreiungsmöglichkeiten von der Versicherungspflicht sind in § 6 SGB VI vorgesehen.

Eine Besonderheit stellt die Versicherungspflicht aufgrund Kindererziehung für drei Jahre je Kind dar, § 3 Satz 1 Nr. 1 SGB VI.

Eine weitere Besonderheit besteht in der Möglichkeit vor allem für Selbstständige, nach § 4 SGB VI freiwillig die Pflichtversicherung in der gesetzlichen Rentenversicherung zu beantragen, was erhebliche leistungsrechtliche Vorteile im Vergleich zur eigentlichen freiwilligen Versicherung hat. Diese steht so gut wie allen Bürgern und Bürgerinnen offen (§ 7 SGB VI).

§ 8 SGB VI sieht eine Nachversicherungspflicht für Personen vor, die – z. B. als Beamte – ursprünglich versicherungsfrei waren, aus dem betreffenden Rechtsverhältnis jedoch ausgeschieden sind und ihre früheren Versorgungsanwartschaften verloren haben.

Das **Zweite Kapitel** regelt die Leistungen. Die §§ 9 ff. SGB VI sehen unter der Überschrift „Leistungen zur Teilhabe" insbesondere medizinische Rehabilitationsleistungen (Kuren u. a.) vor, wenn die Erwerbsfähigkeit erhalten oder wiederhergestellt werden kann – aber auch nur dann.

Im Mittelpunkt des **Leistungsrechts** stehen die Rentenansprüche, §§ 33 ff. SGB VI. Das Gesetz befasst sich in den §§ 35 bis 42 SGB VI zunächst mit den Renten wegen Alters. Die Regelaltersrente kann ab Vollendung des 65. (in Zukunft des 67.) Lebensjahres in Anspruch genommen werden, §§ 35, 235 Abs. 2 SGB VI. In den folgenden Vorschriften, die durch die §§ 236 bis 238 SGB VI ergänzt werden, sind die verschiedenen Arten **vorgezogener Altersrenten** geregelt, nämlich die Altersrente für langjährig Versicherte (§ 36 SGB VI), für Schwerbehinderte (§ 37 SGB VI) sowie für langjährig unter Tage beschäftigte Bergleute (§ 40 SGB VI).

Nach den §§ 237 und 237a SGB VI (i. V. m. den Anlagen 19 und 20) werden die **Altersgrenzen** für die früher vorgezogenen Renten wegen Arbeitslosigkeit oder nach Altersteilzeitarbeit und für Frauen von ursprünglich 60 bzw. 63 Jahren schrittweise erhöht; entsprechendes gilt bei Renten für langjährig Versicherte, vgl. § 236 SGB VI.

Eine vorzeitige Inanspruchnahme der Renten bleibt in engen Grenzen möglich, wobei dann aber laut § 77 Abs. 2 Nr. 2a SGB VI **Rentenabschläge** in Höhe von 3,6 Prozent je Jahr der vorzeitigen Inanspruchnahme in Kauf genommen werden müssen.

Hinsichtlich der Altersrente für schwerbehinderte Menschen sieht § 37 SGB VI eine Beschränkung dieser Rentenart auf Schwerbehinderte im Sinne des § 2 Abs. 2 SGB IX vor. Die günstigere Regelung des alten Rechts, wonach auch bei Berufs- oder Erwerbsunfähigkeit ohne Schwerbehinderung ein Anspruch auf diese Altersrente besteht, gilt gem. § 236a Abs. 3 SGB VI nur noch für Versicherte, die vor dem 01.01.1951 geboren sind.

Zudem wird gem. § 236a Abs. 2 SGB VI die bisherige Altersgrenze von 60 Jahren stufenweise auf 65 Jahre angehoben. Die Rente kann zwar trotz der Anhebung weiterhin ab Vollendung des 60. Lebensjahres in Anspruch genommen werden, dann werden jedoch auch hier Abschläge i.H.v. jährlich 3,6 Prozent vorgenommen.

In den §§ 43 bis 45 SGB VI waren bis 31.12.2000 die Rente wegen Berufsunfähigkeit (wenn der Versicherte noch zu einer gewissen Erwerbstätigkeit in der Lage ist), wegen Erwerbsunfähigkeit (wenn der Versicherte zu keiner Erwerbstätigkeit mehr in der Lage ist) und die Rente für Bergleute (bei verminderter oder mangelnder Erwerbsfähigkeit im Bergbau) geregelt. Dieser Bereich wurde mit Wirkung ab 01.01.2001 grundlegend reformiert, wobei allerdings die Neuregelungen nur für Renten Anwendung finden, die nach diesem Stichtag beginnen, § 302b SGB VI.

Von dieser Ausnahme abgesehen, wird jetzt nach § 43 SGB VI zwischen einer Rente wegen **voller und teilweiser Erwerbsminderung** unterschieden. Die Erstgenannte wird bei einem Restleistungsvermögen des Versicherten von weniger als drei Stunden täglich gewährt, die Zweitgenannte bei einem Restleistungsvermögen von drei bis unter sechs Stunden am Tag. Wer täglich sechs und mehr Stunden arbeiten kann, erhält keine Erwerbsminderungsrente.

Die §§ 46 bis 49 SGB VI befassen sich schließlich mit den **Renten wegen Todes**, nämlich Witwen- bzw. Witwerrente, Erziehungsrente, Waisenrente und der (in der Praxis seltenen) Rente wegen Todes bei Verschollenheit.

Ansprüche auf Rente setzen die Erfüllung von (je nach Art der Rente unterschiedlich langen) **Wartezeiten** voraus, verlangen also eine bestimmte Dauer der Zugehörigkeit zur gesetzlichen Rentenversicherung. Die Wartezeiterfüllung ist in den §§ 50 bis 53 SGB VI geregelt. Auf die Wartezeit werden unterschiedliche rentenrechtliche Zeiten (vgl. §§ 54 bis 62 SGB VI) angerechnet, in erster Linie Beitragszeiten, z. T. darüber hinaus auch beitragsfreie Zeiten, wie etwa Zeiten der Kindererziehung (sog. Berücksichtigungszeiten).

Die **Höhe der Renten**, die in den §§ 63 ff. SGB VI geregelt ist, richtet sich vor allem nach der Höhe der während des Versicherungslebens durch Beiträge versicherten Arbeitsentgelte und Arbeitseinkommen. Für diese Einkommen werden Entgeltpunkte ermittelt, die in Relation zum jeweiligen durchschnittlichen Einkommen aller Versicherten gesetzt werden. Erhält ein Versicherter beispielsweise in einem bestimmten Jahr ein dem Durchschnittseinkommen aller Versicherten entsprechendes versichertes Arbeitsentgelt (siehe Anlage 1 zum SGB VI), werden ihm dafür 1,0 Entgeltpunkte gutgeschrieben, § 63 Abs. 2 SGB VI.

Für beitragsfreie Zeiten (z. B. bestimmte Zeiten der Ausbildung, die begrenzt auf drei Jahre rentensteigernd wirken) werden Entgeltpunkte angerechnet, deren Höhe von der Höhe der in der übrigen Zeit versicherten Einkommen abhängig ist (sog. **Gesamtleistungsbewertung**, §§ 71 ff. SGB VI). Wer also mehr Beiträge gezahlt hat, profitiert von den anrechnungsfähigen Ausbildungszeiten in höherem Maße als die Versicherten, die in geringerem Umfang Beiträge entrichtet haben.

Die auf diese Weise (und unter zusätzlicher Berücksichtigung des **Zugangsfaktors**, § 77 SGB VI) ermittelten Entgeltpunkte werden gemäß den §§ 63 Abs. 6, 64 SGB VI zur Berechnung des Monatsbetrags einer Rente mit dem **Rentenartfaktor** (§ 67 SGB VI) und dem aktuellen Rentenwert (§ 68 SGB VI) multipliziert.

Der **aktuelle Rentenwert** soll nach § 65 SGB VI zum 1. Juli eines jeden Jahres an die jeweilige Entwicklung der Einkommen angepasst werden (**„Dynamisierung"**). Dadurch wird eine Teilhabe der Rentner am wirtschaftlichen Aufschwung gewährleistet, aber auch an wirtschaftlicher Rezession. Der Gesetzgeber hat jedoch aus finanzpolitischen Gründen immer wieder abweichende Sonderregelungen vorgenommen (vgl. Schutzklausel gem. §§ 68a und 255e ff. SGB VI).

Um Beitragserhöhungen – im Interesse der Stabilität der Lohnnebenkosten – zu vermeiden, hatte der Gesetzgeber durch das Altersvermögensergänzungsgesetz ab 2002 die bisherige Rentenanpassung an die Entwicklung der Nettoeinkommen durch eine modifizierte Bruttolohnanpassung abgelöst. Durch das oben erwähnte Rentenversicherungs-Nachhaltigkeitsgesetz von 2004 wurden die Rentenanpassungen noch einmal vermindert. Im Ergebnis wird dies zu einer Absenkung des Nettorentenniveaus führen. Die neue „Schutzklausel" des § 68a SGB VI soll weitere Rentenkürzungen verhindern.

Hat ein Rentner neben der Rente aus der gesetzlichen Rentenversicherung weitere Einkommen (z. B. eine Unfallrente oder eine Beamtenpension), sehen §§ 89 ff. SGB VI begrenzte Anrechnungen vor. Bei Renten wegen verminderter Erwerbsfähigkeit bestehen **Hinzuverdienstgrenzen** (§ 96a SGB VI).

Jüngere verheiratete Versicherte können – bei Rentenbeginn – gemeinsam bestimmen, dass und wie die von ihnen während der Ehe erworbenen Rentenansprüche zwischen ihnen aufgeteilt werden (sog. **Rentensplitting** unter Ehegatten, §§ 120a ff. SGB VI).

Das **Dritte Kapitel** (§§ 125 ff. SGB VI) ist der Organisation und den Besonderheiten des Datenschutzes gewidmet. Früher war die Rentenversicherung organisatorisch vor allem in die Angestelltenversicherung (Bundesversicherungsanstalt für Angestellte – BfA) und in die Arbeiterversicherung (22 Landesversicherungsanstalten – LVA) gegliedert. Die **Organisationsreform** (2004) hat eine für alle Beschäftigten und Selbstständigen einheitliche „Deutsche Rentenversicherung" eingeführt. Sie ist gegliedert in Bundesträger („**Deutsche Rentenversicherung Bund**" und „Deutsche Rentenversicherung Knappschaft-Bahn-See") und Regionalträger („Deutsche Rentenversicherung ..." mit regionaler Zusatzbezeichnung). Seit 2005 werden Neuversicherte durch Zuteilung einer lebenslangen **Versicherungsnummer** (§ 147 SGB VI) einem der Rentenversicherungsträger dauerhaft – also unabhängig von späteren Wohnsitzwechseln – zugeordnet (§ 127 SGB VI).

Im **Vierten Kapitel** (§§ 153 ff. SGB VI) ist die Finanzierung geregelt. Im Rentenversicherungsrecht gilt das **Umlageverfahren**, wonach die Ausgaben aus den laufenden Einnahmen finanziert werden. Ein Kapitalstock wird nicht gebildet, lediglich eine sog. Nachhaltigkeitsrücklage (§ 216 SGB VI). Das Beitragsrecht (§§ 157 ff. SGB VI) ist ähnlich gestaltet wie in der Krankenversicherung. Die monatliche Beitragsbemessungsgrenze ist aber höher (2014: 5.950 Euro (West) bzw. 5.000 Euro (Ost)).

Die Rentenversicherungsträger erhalten vom Bund einen beträchtlichen **Zuschuss** (§ 213 SGB VI), durch den sog. versicherungsfremde Leistungen abgedeckt werden sollen, z.B. die Berücksichtigung von Anrechnungszeiten oder die Aufwendungen des Bundes zur Finanzierung der Kindererziehungszeiten in der Rentenversicherung, die nur formal als Beitragszahlungen behandelt werden (§ 177 SGB VI).

Das **Fünfte Kapitel** (§§ 228 ff. SGB VI) enthält „Sonderregelungen" vor allem für die neuen Bundesländer und für Sachverhalte, die vor Inkrafttreten des SGB VI eingetreten sind, z.B. für frühere Versicherungszeiten. Die Notwendigkeit derartiger Regelungen ergibt sich daraus, dass für die Berechnung der Rentenansprüche oft jahrzehntelange Versicherungsbiografien zu berücksichtigen sind, in deren Verlauf es immer wieder zu Rechtsänderungen gekommen ist.

Das SGB VI schließt mit den **Bußgeldvorschriften** in den §§ 320 f. SGB VI.

Abb. 1.1 gibt Ihnen einen ersten Überblick über die Gesetzliche Rentenversicherung (GRV).

Versicherte Personen

Pflichtversicherte (§§ 1–4)
- Personen, die gegen Arbeitsentgelt oder zu ihrer Berufsausbildung beschäftigt sind, § 1
- bestimmte Selbstständige, § 2
- Ausnahmen, §§ 5, 6

Freiwillig Versicherte (§ 7)
- Beitrittsrecht für jede Person ab 16. Lebensjahr

Finanzierung
- Beiträge des Versicherten und Beiträge des Arbeitgebers je zur Hälfte, § 168 Abs. 1 Nr. 1
- Beitragssatz in der allgemeinen Rentenversicherung (2014): 18,9 %
- Bundeszuschuss, §§ 213, 214
- Freiwillig Versicherte, § 167

Versicherungsträger (§§ 125 ff.)
- Deutsche Rentenversicherung Bund (DRV)
- Deutsche Rentenversicherung Knappschaft-Bahn-See
- Regionalträger
  (z. B. Deutsche Rentenversicherung Nord
  Deutsche Rentenversicherung Mitteldeutschland
  Deutsche Rentenversicherung Baden-Württemberg)

Leistungen

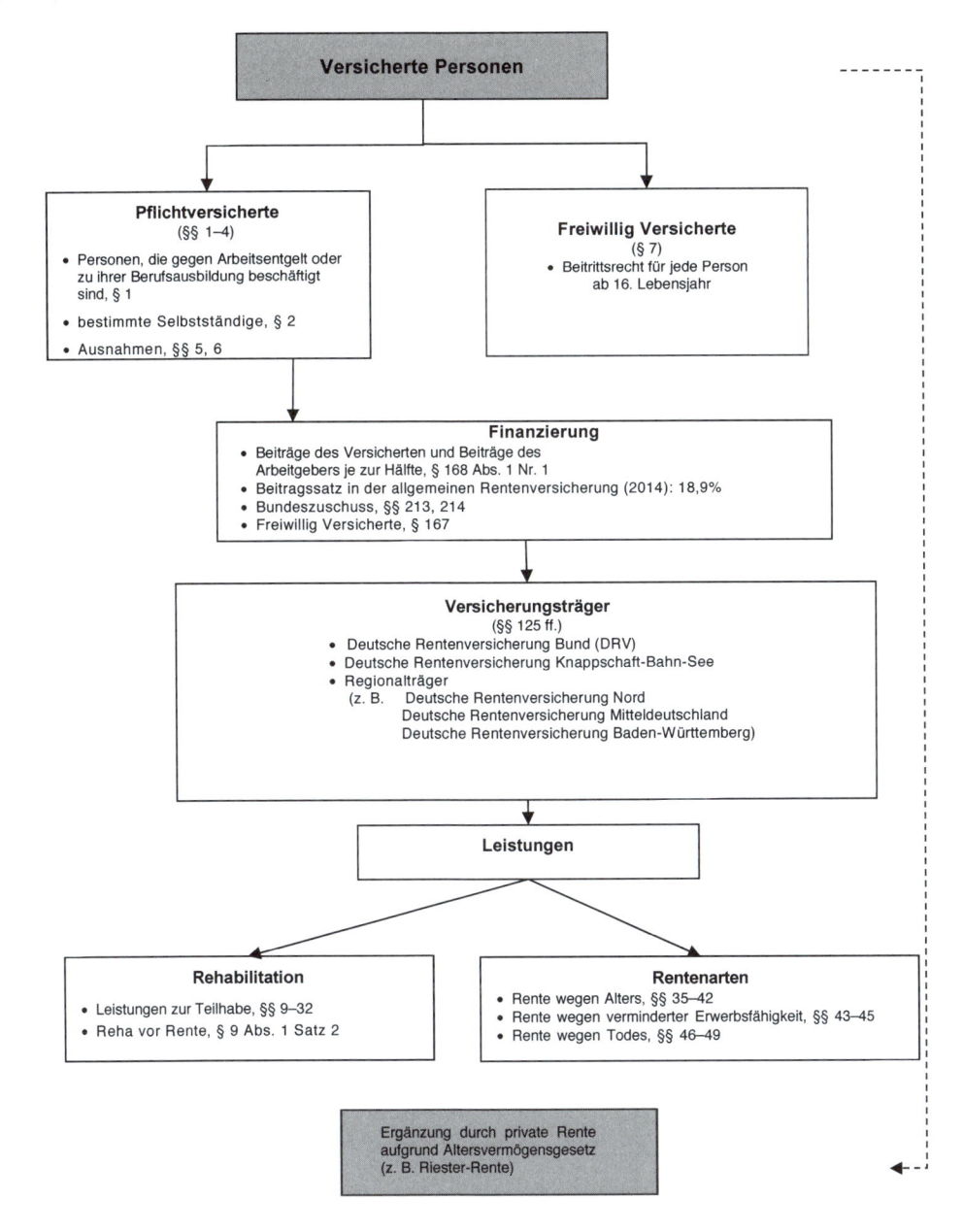

Rehabilitation
- Leistungen zur Teilhabe, §§ 9–32
- Reha vor Rente, § 9 Abs. 1 Satz 2

Rentenarten
- Rente wegen Alters, §§ 35–42
- Rente wegen verminderter Erwerbsfähigkeit, §§ 43–45
- Rente wegen Todes, §§ 46–49

Ergänzung durch private Rente aufgrund Altersvermögensgesetz (z. B. Riester-Rente)

Abb. 1.1: Übersicht Gesetzliche Rentenversicherung (SGB VI)

6.2 Versicherter Personenkreis

Der versicherte Personenkreis der gesetzlichen Rentenversicherung setzt sich aus Versicherungspflichtigen und freiwillig versicherten Personen zusammen.

Versicherungsfrei sind Beamte und Richter (auf Lebenszeit, auf Zeit oder auf Probe), Soldaten auf Zeit, Mitglieder geistlicher Genossenschaften, Diakonissen und Angehörige ähnlicher Gemeinschaften, wenn ihnen eine Versorgungsanwartschaft bei dieser Gemeinschaft zugesichert ist, sowie geringfügig Beschäftigte und Bezieher einer Vollrente wegen Alters (§ 5 SGB VI).

Von der Versicherungspflicht befreien lassen können sich insbesondere Mitglieder von berufsständischen Versorgungseinrichtungen (z. B. Ärzte, Rechtsanwälte), Lehrer und Erzieher an nicht öffentlichen Schulen sowie selbstständige Handwerker (§ 6 SGB VI).

Kraft Gesetzes sind schließlich Personen rentenversichert, die nachversichert wurden (z. B. Beamte, die ohne Versorgungsanspruch aus dem Dienst ausscheiden) oder denen aufgrund eines Versorgungsausgleichs (§§ 1587 ff. BGB) eine Versorgungsanwartschaft übertragen wurde (§ 8 SGB VI).

Beschäftigte (§ 1 SGB VI)	Selbstständige (§ 2 SGB VI)	Sonstige (§ 3 SGB VI)	Auf Antrag Versicherungspflichtige (§ 4 SGB VI)	Nachversicherte (§ 8 SGB VI)	Freiwillig Versicherte (§ 7 SGB VI)
• Beschäftigte gegen Arbeitsentgelt • zur Ausbildung Beschäftigte • behinderte Menschen in einer WfbM • u. a.	• Lehrer/Erzieher • Hebammen/Entbindungspfleger • arbeitnehmerähnliche Selbstständige • u. a.	• Kindererziehungszeiten • Pflegepersonen • Arbeitslosengeldbezieher • Krankengeldbezieher • u. a.	• Entwicklungshelfer • im Ausland vorübergehend beschäftigte Deutsche • u. a.	• Personen, die versicherungsfrei waren oder für die aufgrund eines Versorgungsausgleichs / Rentensplittings Anwartschaften bestehen • u. a.	• Personen, die nicht versicherungspflichtig sind, ab 16. Lebensjahr

Tabelle 1.1: Versicherter Personenkreis (SGB VI)

6.3 Generationenvertrag

Wenn über die Zukunft der sozialen Sicherungssysteme debattiert wird, steht auch der sog. Generationenvertrag auf dem Prüfstand. Im engeren Sinne bezeichnet dieser Begriff das Funktionsprinzip der sozialen Alterssicherung, wie sie mit der Rentenreform von 1957 im damaligen Bundesgebiet eingeführt wurde. Die Reform brachte den Übergang zur „dynamischen Rente", die nicht mehr nur die größte Not im Alter lindern, sondern den Rentnern darüber hinaus die Beibehaltung ihres im Arbeitsleben erworbenen Lebensstandards ermöglichen sollte. Zu diesem Ziel wurden die Renten an die laufende Entwicklung der Arbeitnehmereinkommen gekoppelt.

Die Finanzierung des Rentensystems erfolgt seitdem im **Umlageverfahren**, d. h. die Rentenversicherungsbeiträge der aktiven Arbeitnehmer werden nicht zu deren Gunsten aufgehäuft und angelegt, sondern sogleich wieder für die Auszahlung der laufenden Renten ausgegeben. Die Beitragszahler erwerben mit ihren Einzahlungen in die Rentenkasse allerdings einen Anspruch, im Alter selbst wieder in gleicher Weise unterstützt zu werden. Mit diesem staatlich organisierten Ausgleich zwischen den Generationen übernahm die gesetzliche Rentenversicherung eine Aufgabe, wie sie früher – unter günstigen Voraussetzungen – innerhalb des Familienverbands bewältigt werden konnte.

Grundlage des Generationenvertrags ist das Vertrauen vor allem der aktiven Generation auf eine gerechte Verteilung der Lasten und auf die zuverlässige Einlösung ihrer künftigen Ansprüche. Verschieben sich die Gewichte zwischen Leistung und später zu erwartender Gegenleistung über das zumutbare Maß hinaus, droht der gesellschaftliche Konsens verloren zu gehen, auf dem der Generationenvertrag beruht. Die ungünstige demografische Entwicklung zwingt dazu, über rentenpolitische Lösungen außerhalb des Generationenvertrags nachzudenken.

Der Generationenvertrag

> Die Mitglieder der Gesellschaft werden in ihrer Jugend von den Älteren umsorgt/versorgt und erhalten eine Ausbildung, die sie befähigen soll, den eigenen Lebensunterhalt zu sichern.
>
> ↑
>
> Im mittleren (erwerbsfähigen) Alter sorgen sie ihrerseits für die junge Generation *und* sichern mit ihren Sozialbeiträgen zugleich die Renten der älteren Menschen („Sandwich-Generation").
>
> ↓
>
> Damit haben sie einen Anspruch an die Gesellschaft erworben, im Alter selbst in gleicher Weise unterstützt zu werden.

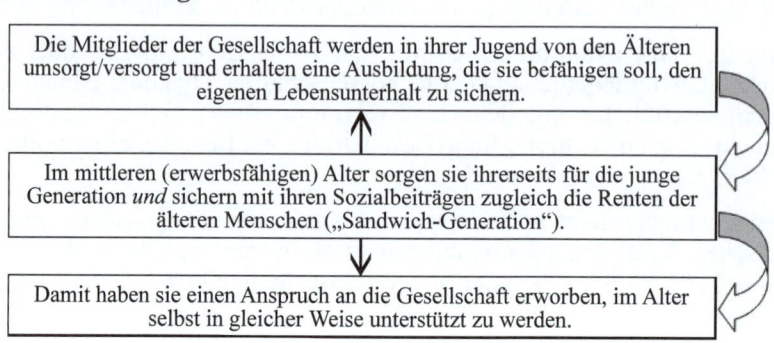

Abb. 1.2: Generationenvertrag

6.4 Leistungen der Rentenversicherung

6.4.1 Rehabilitationsleistungen

In der gesetzlichen Rentenversicherung sind Leistungen zur medizinischen Rehabilitation, Leistungen zur Teilhabe am Arbeitsleben, Übergangsgeld und ergänzende Leistungen vorgesehen. Die Leistungen zur Teilhabe haben Vorrang vor Rentenleistungen (§ 9 Abs.1 Satz 2 SGB VI).

Die Rehabilitationsleistungen können an Versicherte erbracht werden, deren Erwerbsfähigkeit (wegen Krankheit oder körperlicher, geistiger oder seelischer Behinderung) erheblich gefährdet oder bereits gemindert ist und die die Wartezeit erfüllt haben (§§ 10, 11 SGB VI). Ausgeschlossen sind die Rehabilitationsleistungen u. a. bei älteren Versicherten und wenn seit der letzten Maßnahme zur Rehabilitation vier Jahre noch nicht verstrichen sind (§ 12 SGB VI).

Die Rehabilitationsleistungen müssen beantragt werden. Sie stehen im Ermessen des Rentenversicherungsträgers (§ 9 Abs. 2 SGB VI).

6.4.2 Rentenarten

Die gesetzliche Rentenversicherung kennt Renten wegen Alters, Renten wegen verminderter Erwerbsfähigkeit und Renten wegen Todes (§ 33 Abs. 1 SGB VI).

Auf die Leistungen der gesetzlichen Rentenversicherung haben die Versicherten und ihre Hinterbliebenen einen Anspruch, wenn die für die jeweilige Rente erforderliche Mindestversicherungszeit (Wartezeit) erfüllt ist und die jeweiligen besonderen versicherungsrechtlichen und persönlichen Voraussetzungen vorliegen (§ 34 Abs. 1 SGB VI).

Rentenarten		
Rente wegen Alters	**Rente wegen verminderter Erwerbsfähigkeit**	**Rente wegen Todes**
• Regelaltersrente, §§ 35, 235 • Altersrente für langjährig Versicherte, §§ 36, 236 • Altersrente für schwerbehinderte Menschen §§ 37, 236 a • Altersrente für besonders langjährig Versicherte, § 38 • Altersrente für langjährig unter Tage beschäftigte Bergleute, §§ 40, 238 • Altersrente wegen Arbeitslosigkeit oder nach Altersteilzeitarbeit, § 237 • Altersrente für Frauen, § 237 a	• Rente wegen teilweiser Erwerbsminderung, § 43 Abs. 1, § 240 • Rente wegen voller Erwerbsminderung, § 43 Abs. 2, § 241 • Rente für Bergleute, §§ 45, 242	• Kleine Witwen- oder Witwerrente, § 46 Abs. 1, §§ 242a Abs. 1, 243 Abs. 1 • Große Witwen- oder Witwerrente, § 46 Abs. 2, §§ 242a Abs. 3–5, 243 Abs. 2 • Erziehungsrente, § 47 • Waisenrente, § 48 • Rente wegen Todes bei Verschollenheit, § 49

Abb. 1.3: Rentenarten

6.4.2.1 Renten wegen Alters

Es gibt verschiedene Altersrenten. Bei allen wurden die Altersgrenzen schrittweise angehoben.

Regelaltersrente

Regelaltersrente erhalten Versicherte, wenn sie die Regelaltersgrenze erreicht und die allgemeine Wartezeit von fünf Jahren erfüllt haben (§§ 35, 235 Abs. 2 SGB VI). Ab 2012 wird die Regelaltersgrenze stufenweise von 65 auf 67 Jahre erhöht, beginnend mit dem Geburtsjahrgang 1947.

Altersrente für langjährig Versicherte

Anspruch auf Altersrente für langjährig Versicherte haben Versicherte, die das 67. Lebensjahr vollendet haben und eine Wartezeit von 35 Jahren erfüllen (§ 36 SGB VI). Für ältere Versicherte bestehen Sonderregelungen (§ 236 SGB VI). Die vorzeitige Inanspruchnahme ist nach Vollendung des 63. Lebensjahres (in Ausnahmefällen des 62. Lebensjahres) möglich.

Altersrente für besonders langjährig Versicherte

Versicherte haben Anspruch auf diese Altersrente, wenn sie das 65. Lebensjahr vollendet und die Wartezeit von 45 Jahren erfüllt haben (§ 38 SGB VI).

Ab dem 01.07.2014 können Versicherte, die 45 Beitragsjahre (einschließlich bestimmter Zeiten der Arbeitslosigkeit) nachweisen, bereits mit dem vollendeten 63. Lebensjahr abschlagsfrei in Rente gehen.

Altersrente für schwerbehinderte Menschen

Altersrente für schwerbehinderte Menschen erhalten Versicherte, die das 65. Lebensjahr vollendet haben, bei Beginn der Altersrente als Schwerbehinderte gemäß § 2 Abs. 2 SGB IX anerkannt sind (Grad der Behinderung mindestens 50) und eine Wartezeit von 35 Jahren erfüllen (§ 37 SGB VI). Ältere schwerbehinderte Menschen können die Rente frühestens ab Vollendung des 60. Lebensjahres beanspruchen (§ 236a SGB VI).

Altersrente wegen Arbeitslosigkeit oder nach Altersteilzeit

Anspruch auf Altersrente wegen Arbeitslosigkeit haben Versicherte, die vor dem 01.01.1952 geboren sind, das 60. Lebensjahr vollendet haben, arbeitslos sind und nach Vollendung des Lebensalters von 58 Jahren und sechs Monaten insgesamt 52 Wochen arbeitslos waren oder mindestens 24 Kalendermonate Altersteilzeitarbeit ausgeübt haben, 8 Jahre Pflichtbeitragszeiten in den letzten 10 Jahren vor Rentenbeginn und eine Wartezeit von 15 Jahren erfüllt haben (§ 237 SGB VI).

Altersrente für Frauen

Anspruch auf Altersrente für Frauen haben versicherte Frauen, die vor dem 01.01.1952 geboren sind, die das 60. Lebensjahr vollendet haben und nach Vollendung des 40. Lebensjahres Pflichtbeitragszeiten von mehr als 10 Jahren und eine Wartezeit von 15 Jahren erfüllen (§ 237a SGB VI).

Altersrente für langjährig unter Tage beschäftigte Bergleute

Anspruch auf Altersrente für langjährig unter Tage beschäftigte Bergleute haben diejenigen, die das 62. Lebensjahr vollendet haben und eine Wartezeit von 25 Jahren erfüllen (§ 40 SGB VI). Für bestimmte Personen bleibt es aufgrund eines besonderen Vertrauensschutzes beim 60. Lebensjahr (§ 238 SGB VI). Gegebenenfalls kommt zusätzlich eine Knappschaftsausgleichsleistung in Betracht (§ 239 SGB VI).

Versicherte können die Rente wegen Alters in voller Höhe (sog. **Vollrente**) oder in Höhe eines Drittels, der Hälfte oder von zwei Dritteln (sog. **Teilrente**) in Anspruch nehmen (§ 42 SGB VI). Die Teilrente ist eine im Vergleich zur Vollrente in der Höhe herabgesetzte Altersrente, sie gibt dem Versicherten durch die bei der Teilrente höheren Hinzuverdienstgrenzen die Möglichkeit eines gleitenden Übergangs in den Ruhestand.

Eine Rente wegen Alters wird vor Erreichen der Regelaltersgrenze nur geleistet, wenn die **Hinzuverdienstgrenze** nicht überschritten wird (§ 34 Abs. 2 Satz 1 SGB VI). Die Hinzuverdienstgrenze beträgt bei der Altersrente als Vollrente 450 Euro (§ 34 Abs. 3 Nr. 1 SGB VI). Bei einer Teilrente richtet sich die individuelle Hinzuverdienstgrenze nach dem Verdienst der letzten drei Kalenderjahre vor Rentenbeginn (§ 34 Abs. 3 Nr. 2 SGB VI). Wird die Hinzuverdienstgrenze überschritten, besteht Anspruch auf die niedrigere Teilrente. Vom 67. Lebensjahr an darf ohne Minderung der Altersrente unbegrenzt hinzuverdient werden (vgl. Abb. 1.5).

> Für die Anhebung der Altersgrenzen und die Höhe der Rentenabschläge bei vorzeitiger Inanspruchnahme sind bei allen Rentenarten noch Ausnahmen vorgesehen.

Rentner, deren monatliche Rente den Grundsicherungsbedarf nicht deckt, erhalten ergänzend Leistungen der Grundsicherung im Alter und bei Erwerbsminderung (§§ 41 ff. SGB XII).

6.4.2.2 Renten wegen Erwerbsminderung

Versicherte haben bis zum Erreichen der Regelaltersgrenze Anspruch auf Rente wegen teilweiser Erwerbsminderung, wenn sie teilweise erwerbsgemindert sind, in den letzten fünf Jahren vor Eintritt der Erwerbsminderung drei Jahre Pflichtbeitragszeiten haben und vor Eintritt der Erwerbsminderung die allgemeine Wartezeit von fünf Jahren erfüllt haben (§ 43 Abs. 1 SGB VI). Teilweise erwerbsgemindert sind Versicherte, die wegen Krankheit oder Behinderung auf nicht absehbare Zeit außerstande sind, unter den üblichen Bedingungen des allgemeinen Arbeitsmarktes mindestens sechs Stunden täglich erwerbstätig zu sein.

Anspruch auf Rente wegen voller Erwerbsminderung haben Versicherte, die voll erwerbsgemindert sind, in den letzten fünf Jahren vor Eintritt der Erwerbsminderung drei Jahre Pflichtbeitragszeiten und die allgemeine Wartezeit von fünf Jahren erfüllen (§ 43 Abs. 2 SGB VI). Voll erwerbsgemindert sind Versicherte, die wegen Krankheit oder Behinderung auf nicht absehbare Zeit außerstande sind, unter den üblichen Bedingungen des allgemeinen Arbeitsmarktes täglich mindestens drei Stunden erwerbstätig zu sein (vgl. hierzu auch Abb. 1.4).

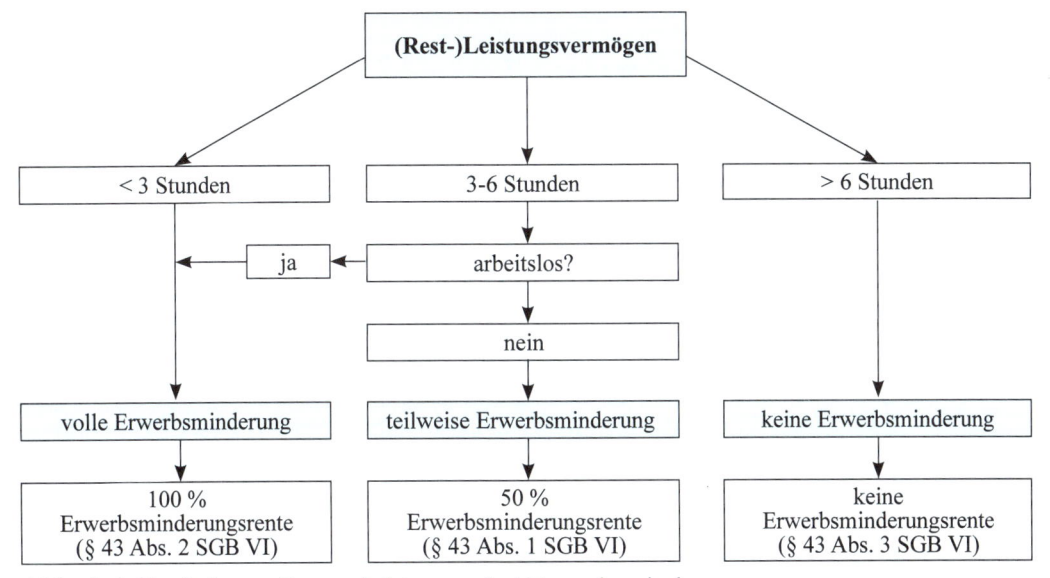

Abb. 1.4: Prüfschema Rentenleistungen bei Erwerbsminderung

Rente wegen teilweiser Erwerbsminderung bei Berufsunfähigkeit erhalten Versicherte, die vor dem 02.01.1961 geboren sind, berufsunfähig sind, in den letzten fünf Jahren vor Eintritt der Berufsunfähigkeit drei Jahre Pflichtbeitragszeiten für eine Beschäftigung und die allgemeine Wartezeit erfüllen (§ 240 SGB VI). Berufsunfähig ist, wer in seiner Erwerbsfähigkeit auf weniger als sechs Stunden gesunken ist (§ 240 Abs. 2 SGB VI).

Wer täglich 6 und mehr Stunden zu arbeiten in der Lage ist, erhält keine Erwerbsminderungsrente. Zu beachten ist, dass hierbei gemäß § 43 Abs. 3 SGB VI die Arbeitsmarktlage keine Rolle spielt. § 240 SGB VI enthält jedoch eine Ausnahmeregelung, nach der für vor dem 02.01.1961 geborene Versicherte in Anlehnung an die frühere Rechtslage ein sog. Berufsschutz erhalten bleibt. Diesen Personen wird eine halbe Erwerbsminderungsrente auch dann gewährt, wenn sie zwar „irgendeiner" Beschäftigung mehr als sechs Stunden am Tag nachgehen könnten, in diesem zeitlichen Umfang aber aufgrund der Situation auf dem Arbeitsmarkt nicht in ihrem bisherigen oder einem vergleichbaren zumutbaren Beruf tätig sein können.

Die **Arbeitsmarktlage** spielt auch eine Rolle bei Versicherten, die täglich noch mindestens drei, jedoch nicht mehr sechs Stunden arbeiten, dieses Restleistungsvermögen wegen Arbeitslosigkeit aber nicht verwerten können. Sie bekommen eine volle Erwerbsminderungsrente.

> **Beispiel**
>
> Ein Versicherter verfügt über ein Leistungsvermögen von 7 Stunden pro Tag und wäre an sich nicht erwerbsgemindert (§ 43 Abs. 3 SGB VI). Aufgrund einer Erkrankung muss er aber alle 45 Minuten eine Pause von zehn Minuten einlegen. In der Region, in der er wohnt, stehen auf dem Arbeitsmarkt nur Fließbandarbeiten zur Verfügung, die keine Pausen erlauben. In diesem Fall ist trotz des Restleistungsvermögens von über sechs Stunden von einer vollen Erwerbsminderung nach § 43 Abs. 2 SGB VI auszugehen.

Die Rente wegen teilweiser Erwerbsminderung wird aufgrund des geringeren Rentenartfaktors in § 67 Ziff. 2 SGB VI (0,5 statt 0,667) niedriger als die frühere Rente wegen Berufsunfähigkeit bewertet. Darüber hinaus werden für vor Vollendung des 65. Lebensjahres in Anspruch genommene Renten wegen verminderter Erwerbsfähigkeit Abschläge i. H. v jährlich 3,6 Prozent vorgenommen, § 77 Abs. 2 Nr. 3 SGB VI.

6.5.2.3 Rente wegen Todes

Witwen-/Witwerrente

Witwen oder Witwer, die nicht wieder heiraten, haben nach dem Tod ihres rentenversicherten Ehegatten Anspruch auf eine kleine Witwen-/Witwerrente, wenn der Ehegatte die allgemeine Wartezeit von fünf Jahren erfüllt hat (§ 46 Abs. 1 SGB VI). Anspruch auf große Witwen-/Witwerrente haben Witwen/Witwer eines Rentenversicherten, wenn sie ein eigenes Kind oder ein Kind des versicherten Ehegatten erziehen, das das 18. Lebensjahr noch nicht vollendet hat, das 47. Lebensjahr vollendet haben oder erwerbsgemindert sind (§ 46 Abs. 2 SGB VI).

Die Witwen-/Witwerrente entfällt, wenn der/die Berechtigte wieder heiratet oder eine eingetragene Lebenspartnerschaft begründet. Bei der ersten Wiederheirat wird eine Abfindung in Höhe des 24-fachen Monatsbetrages der Rente gezahlt (§ 107 SGB VI).

Witwen- oder Witwerrente ist auch geschiedenen Ehegatten zu zahlen, deren Ehe vor dem 01.07.1977 geschieden wurde und die nicht wieder geheiratet haben (Geschiedenenrente, § 243 SGB VI).

Erziehungsrente

Versicherte haben bis zum Erreichen der Regelaltersgrenze Anspruch auf Erziehungsrente, wenn ihre Ehe nach dem 30.06.1977 geschieden und der geschiedene Ehegatte verstorben ist, sie ein eigenes Kind oder ein Kind des geschiedenen Ehegatten erziehen, sie nicht wieder geheiratet haben und bis zum Tode des geschiedenen Ehegatten die allgemeine Wartezeit von fünf Jahren erfüllt haben (§ 47 SGB VI).

Waisenrente

Kinder haben nach dem Tode eines versicherten Elternteils Anspruch auf Halbwaisenrente, wenn sie noch einen Elternteil haben, der unterhaltspflichtig ist und der verstorbene Elternteil die allgemeine Wartezeit von fünf Jahren erfüllt hat (§ 48 Abs. 1 SGB VI). Sie haben Anspruch auf Vollwaisenrente, wenn kein unterhaltspflichtiger Elternteil mehr vorhanden ist und der verstorbene Elternteil die allgemeine Wartezeit erfüllt hat (§ 48 Abs. 2 SGB VI). Der Anspruch auf Halb- und Vollwaisenrente besteht bis zur Vollendung des 18., bei Ausbildung, schwerer Behinderung oder Ableistung eines Bundesfreiwilligendienstes bis zur Vollendung des 27. Lebensjahres. Hat der/die Waise das 18. Lebensjahr vollendet, ist die Einkommensanrechnung nach § 97 SGB VI zu beachten.

6.4.3 Rentenhöhe

> Die **Höhe der monatliche Rente** ergibt sich, wenn
> - die persönlichen Entgeltpunkte,
> - der Rentenartfaktor und
> - der aktuelle Rentenwert
>
> miteinander multipliziert werden (§ 64 SGB VI).

6.4.3.1 Persönliche Entgeltpunkte

Das Verfahren zur Festsetzung und Auszahlung der Rente setzt einen Antrag voraus (§115 Abs. 1 SGB VI). Die Renten werden durch Rentenbescheid des Versicherungsträgers festgestellt und durch die Deutsche Post ausgezahlt (§§ 117–119 SGB VI). Die Post erteilt ferner die Rentenanpassungsmitteilungen (§119 Abs. 2 SGB VI).

Die Höhe der Rente richtet sich nach der Höhe der während des Versicherungslebens durch Beiträge versicherten Arbeitsentgelte und Arbeitseinkommen **(Grundsatz der Lohn- und Beitragsbezogenheit der Rente)**, § 63 Abs. 1 SGB VI. Das in den Kalenderjahren durch Beiträge versicherte Arbeitsentgelt und Arbeitseinkommen wird in persönliche Entgeltpunkte (PEP) umgerechnet.

Die Versicherung eines Arbeitsentgelts oder Arbeitseinkommens in Höhe des Durchschnittsentgelts eines Kalenderjahres (s. dazu Anlage 1 zum SGB VI) ergibt einen vollen Entgeltpunkt (§§ 63 Abs. 2, 66 SGB VI). Bei der Ermittlung der Entgeltpunkte wird das versicherte Arbeitsentgelt bis zur Beitragsbemessungsgrenze zunächst für jedes Kalenderjahr durch das Durchschnittsentgelt aller Versicherten für dasselbe Kalenderjahr geteilt. Zu- und Abschläge ergeben sich aus den jeweiligen individuellen Verhältnissen, z. B. nach Durchführung eines Versorgungsausgleichs oder bei Rentensplitting unter Ehegatten. Für jeden Monat an **Kindererziehungszeiten** (während der ersten drei Lebensjahre des Kindes) werden gem. § 70 Abs.2 SGB VI 0,0833 Entgeltpunkte gutgeschrieben, also 1,0 Entgeltpunkte pro Jahr. Dies gilt jedoch nur für Kinder, die *nach* dem 01.01.1992 geboren wurden. Bislang erhalten Mütter, die *vor* 1992 ein Kind zur Welt gebracht haben, nur einen Punkt gutgeschrieben (vgl. § 249 SGB VI). Diese Ungleichbehandlung soll ab 01.07.2014 durch die sog. **„Mütterrente"** abgemildert werden: Die Erziehungsleistung aller Mütter und Väter, deren Kinder vor 1992 geboren wurden, wird mit einem zusätzlichen Entgeltpunkt in der Alterssicherung berücksichtigt.

Ferner gibt es Zuschläge bei Witwen- und Waisenrenten (§§ 78, 78a SGB VI).

Für beitragsfreie Zeiten (z.B. bestimmte Zeiten der Ausbildung) werden Entgeltpunkte angerechnet, deren Höhe von der Höhe der in der übrigen Zeit versicherten Arbeitsentgelte und Arbeitseinkommen abhängig ist (§§ 63 Abs. 3; Gesamtleistungsbewertung §§ 71 ff. SGB VI).

Beispiel

Frau Eva Sauer ist gesetzlich rentenversichert. 1995 bekommt sie ein Kind. Fortan widmet sie sich ausschließlich der Kindererziehung. Für die ersten drei Erziehungsjahre gelten die Pflichtbeiträge nach §§ 56 Abs. 1, 177 SGB VI als gezahlt. Die weiteren sieben Jahre bis zur Vollendung des 10. Lebensjahres des Kindes werden nach § 57 SGB VI als Berücksichtigungszeiten angerechnet.

6.4.3.2 Rentenartfaktor

Mit dem Rentenartfaktor (RAF) wird der Wert der Rente im Verhältnis zur Altersrente ausgedrückt (§§ 63 Abs. 4, 67 SGB VI).

Bei der Rente wegen Alters und bei der Rente wegen voller Erwerbsminderung beträgt er 1,0 und bei der Rente wegen teilweiser Erwerbsminderung 0,5.

6.4.3.3 Zugangsfaktor

Mit dem Zugangsfaktor wird bei der Rentenberechnung der vorzeitige oder der hinausgeschobene Rentenbezug berücksichtigt (§§ 63 Abs. 5, 77 SGB VI).

Der Zugangsfaktor beträgt grundsätzlich 1,0, wenn eine Altersrente mit Erreichen der maßgeblichen Altersgrenze bewilligt wird und bei vorzeitigem Rentenbezug Vorteile nicht auszugleichen sind (z. B. bei der Rente wegen verminderter Erwerbsfähigkeit oder der Altersrente für schwerbehinderte Menschen). Der Zugangsfaktor mindert sich für jeden Monat, in dem die Rente vor Erreichen der maßgeblichen Altersgrenze in Anspruch genommen wird, um 0,003. Wird die Rente erst nach Vollendung des 65. Lebensjahres in Anspruch genommen, erhöht sich der Zugangsfaktor um 0,005.

Beispiel

Nimmt A erst ein Jahr nach Erreichen der Altersgrenze Altersrente in Anspruch, erhöht sich der Zugangsfaktor um 12 x 0,005 auf 1,060, d. h. seine monatliche Rente ist sechs Prozent höher.

Der Monatsbetrag der Rente ergibt sich, indem die unter Berücksichtigung des Zugangsfaktors ermittelten persönlichen Entgeltpunkte mit dem Rentenartfaktor und dem aktuellen Rentenwert vervielfältigt werden. Hierdurch werden die Lohnentwicklung und somit die eingetretene Geld- und Produktivitätsentwicklung berücksichtigt, sodass die Renten als dynamische Renten oder Produktivitätsrenten bezeichnet werden können.

6.4.3.4 Aktueller Rentenwert

Der aktuelle Rentenwert (AR) wird jährlich zum 01. Juli durch Rechtsverordnung der Bundesregierung angepasst, entsprechend der Entwicklung des Durchschnittsentgelts unter Berücksichtigung des Beitragssatzes zur gesetzlichen Rentenversicherung (§§ 63 Abs. 7, 68 f. SGB VI). Er ist Teil der Rentenformel und bewirkt die jährliche Dynamisierung der Rente. Solange noch unterschiedliche Einkommensverhältnisse in den alten und neuen Bundesländern bestehen, gibt es verschiedene aktuelle Rentenwerte.

Der aktuelle Rentenwert beträgt seit 01.07.2014 28,61 Euro (West) und 26,39 Euro (Ost).

6.4.3.5 Nachhaltigkeitsfaktor

Mit dem ab 01.07.2005 eingeführten Nachhaltigkeitsfaktor („Riesterfaktor") soll gewährleistet werden, dass das Verhältnis der Anzahl der Rentner zur Anzahl der Beitragszahler bei der Anpassung des aktuellen Rentenwerts berücksichtigt wird. Verschlechtert sich dieses Verhältnis, fällt die Anpassung des aktuellen Rentenwertes niedriger aus. Der Nachhaltigkeitsfaktor soll dazu beitragen, die Finanzen der Rentenversicherung zu stabilisieren (§§ 68, 255a und e SGB VI).

6.4.3.6 Rentenformel

Drei Faktoren bestimmen die Höhe einer Rente:[15]

PEP	**Persönliche Entgeltpunkte** (§ 66 SGB VI)
	Versichertes Arbeitsentgelt (bis zur Beitragsbemessungsgrenze) für jedes Kalenderjahr geteilt durch das Durchschnittsentgelt aller Versicherten für dasselbe Kalenderjahr, aufsummiert für das gesamte Versicherungsleben und multipliziert mit dem **Zugangsfaktor** (ZF).
RAF	**Rentenartfaktor** (§ 67 SGB VI)
	Ein nach dem Sicherungsziel der zu berechnenden Rente festgelegter Faktor
AR	**Aktueller Rentenwert** (West: § 68 SGB VI; Ost: § 255a SGB VI)
	Betrag, der einer monatlichen Rente wegen Alters entspricht, die sich aus Beiträgen aufgrund eines Durchschnittsentgelts für ein Kalenderjahr ergibt.
PEP x RAF x AR = Monatsrente (Rentenformel, § 64 SGB VI)	

Tabelle 1.2: Faktoren der Rentenformel

Übung 1.1

> Veronika Sommer aus Dortmund hat 25 Jahre lang bei der Firma Köhler gearbeitet. Die von ihr zur gesetzlichen Rentenversicherung entrichteten Beiträge entsprechen 90 Prozent des Durchschnittsentgelts aller Versicherten. Nach Erreichen der Regelaltersgrenze beantragt sie im Oktober 2013 Altersrente.
>
> Wie hoch wird diese sein?

6.4.3.7 Nachgelagerte Besteuerung

Seit 2005 unterliegen Renten der gesetzlichen Rentenversicherung, der landwirtschaftlichen Alterskassen, der berufsständischen Versorgungswerke und bestimmte private Leibrenten – ebenso wie bisher schon die Beamtenpensionen – der sog. nachgelagerten Besteuerung. Das bedeutet, dass während des Arbeitslebens die Altersvorsorgeaufwendungen (z. B. die Rentenversicherungsbeiträge) bis zu einer Höchstgrenze steuerfrei bleiben und später bei Bezug der Rentenleistungen eine volle Besteuerung stattfindet (§ 22 EStG).

Da die Beiträge für die Altersvorsorge nur schrittweise von der Steuer freigestellt werden können, erfolgt auch die nachgelagerte Besteuerung der Renten Schritt für Schritt.

Die volle Besteuerung der Renten erfolgt erst ab 2040, die volle Freistellung der Beiträge von der Steuer „bereits" im Jahr 2025.

---

[15] In jüngster Vergangenheit war die lückenlose Rentenanpassung nicht gesichert: Durch ein Sondergesetz wurde sie ganz ausgesetzt. Auch in den Jahren 2005 und 2006 stiegen die Renten nicht (sog. „Null-Runden"); 2007 wurde eine geringfügige Anhebung um 0,54 Prozent vorgesehen. Zum 01.07.2008 wurden die Renten um 1,1 Prozent (statt nur um 0,46 Prozent) erhöht. Dies geschah durch Aussetzen des sog. Riesterfaktors für zwei Jahre aufgrund einer Schutzklausel. Im Jahr 2009 erhöhten sich die gesetzlichen Renten in Westdeutschland um 2,41 Prozent und in Ostdeutschland um 3,38 Prozent. 2011 wurden die Renten (nach Ausgleich früherer an sich erforderlich gewesener Rentenkürzungen) um 0,99 Prozent erhöht. Ab Juli 2014 stiegen die Renten in den alten Bundesländern um 1,67 Prozent und in den neuen Bundesländern um 2,53 Prozent. Das Rentenniveau liegt in Ostdeutschland knapp 8 Prozent unter dem des Westens.

6.4.4 Hinzuverdienstgrenzen

Eine Übersicht über die 2013 geltenden Hinzuverdienstgrenzen für die verschiedenen Rentenarten finden Sie in der nachfolgenden Abbildung:[16]

Hinzuverdienstgrenzen (Stand 2013) Rentenarten	Hinzuverdienstgrenze pro Monat in €	
	West	Ost
Altersrenten Mindesthinzuverdienstgrenzen **Vor Erreichen der Regelaltersgrenze**		
• Vollrente	450,00*	450,00*
• Teilrente von 2/3	525,53	466,55
• Teilrente von 1/2	768,08	681,88
• Teilrente von 1/3	1010,63	897,21
Renten wegen verminderter Erwerbsfähigkeit (bei Rentenbeginn ab 01.01.2001) **Renten wegen voller Erwerbsminderung**		
• in voller Höhe	450,00*	450,00*
• in Höhe von 3/4	687,23	610,11
• in Höhe von 1/2	929,78	825,44
• in Höhe von 1/4	1.131,90	1.004,88
Rente wegen teilweiser Erwerbsminderung		
• in voller Höhe	929,78	825,44
• in Höhe von 1/2	1131,90	1004,88
Renten wegen verminderter Erwerbsfähigkeit (bei Rentenbeginn bis 31.12.2000) **Erwerbsunfähigkeitsrente**	450,00*	450,00
Berufsunfähigkeitsrente		
• in voller Höhe	768.08	681,88
• in Höhe von 2/3	1024,10	909,17
• in Höhe von 1/3	1266,65	1124,51
* Mit Ausnahme der auf 450 EUR festgesetzten Hinzuverdienstgrenzen handelt es sich um allgemeine Hinzuverdienstgrenzen, bis zu denen mindestens hinzuverdient werden kann. Für Versicherte, die zuletzt mehr als die Hälfte des Durchschnittverdienstes versichert haben, gelten höhere, individuelle Hinzuverdienstgrenzen, die sich nach dem letzten Verdienst richten.		

Abb. 1.5: Hinzuverdienstgrenzen

> Frührentner müssen jeden Hinzuverdienst und jede Änderung dem zuständigen Rentenversicherungsträger melden. Ansonsten droht Rückforderung oder Entfall der Rentenzahlung (§§ 34, 96a, 228a, 313 SGB VI).

6.4.5 Versicherungskonto

Für alle Versicherten wird ein Versicherungskonto geführt, das durch die Versicherungsnummer gekennzeichnet ist. Der Versicherte erhält regelmäßig eine Mitteilung über die dort gespeicherten Daten, seinen **Versicherungsverlauf** (§ 149 SGB VI).

6.4.6 Renteninformation

Nach Vollendung des 27. Lebensjahres erhalten alle Versicherten jährlich eine schriftliche Renteninformation. Versicherte, die das 55. Lebensjahr vollendet haben, erhalten alle drei Jahre Auskunft über die bisher erworbene Anwartschaft auf Rente (**Rentenauskunft**). Die Rentenauskunft kann auf Antrag auch jüngeren Versicherten erteilt werden (§ 109 SGB VI).

---

[16] Quelle: Statistik der Deutschen Rentenversicherung. Aktuelle Daten 2013.

6.5 Organisation

Seit dem 01.01.2005 wird zwischen der allgemeinen Rentenversicherung, der knappschaftlichen Rentenversicherung und der Alterssicherung für Landwirte[17] unterschieden (§§ 125 ff. SGB VI).

Für die allgemeine Rentenversicherung ist die Deutsche Rentenversicherung (DRV) zuständig. Diese gliedert sich auf in die Deutsche Rentenversicherung Bund und die Regionalträger, z. B. die DRV Westfalen. Die Bundesknappschaft, die Bahnversicherung und die Seekasse wurden in der Deutschen Rentenversicherung Knappschaft-Bahn-See[18] zusammengeführt.

Die Rentenversicherungsträger sind öffentlich-rechtliche Körperschaften mit Selbstverwaltung (§ 29 SGB IV).

6.6 Finanzierung

Die gesetzliche Rentenversicherung wird durch Beiträge (§§ 168 ff. SGB VI) und durch Zuschüsse des Bundes finanziert (§§ 213 ff. SGB VI). Die Beiträge werden nach einem Vomhundertsatz (Beitragssatz) von der Beitragsbemessungsgrundlage erhoben. Der Beitragssatz wird durch Rechtsverordnung festgesetzt (§§ 157 bis 160 SGB VI). Im Jahr 2014 beträgt er 18,9 Prozent; in der knappschaftlichen Rentenversicherung beträgt er 25,1 Prozent. Der Beitragssatz ist so festzusetzen, dass die Einnahmen der Rentenversicherung – einschließlich des Bundeszuschusses – die Ausgaben decken.

Beiträge sind vom monatlichen Bruttolohn bis zur Beitragsbemessungsgrenze zu entrichten (§ 157 SGB VI). Diese wird jährlich durch die Bundesregierung festgesetzt. Im Jahr 2014 beträgt sie in den alten Bundesländern 71.400 Euro und in den neuen Bundesländern 60.000 Euro[19].

Die Beiträge der Beschäftigten tragen die Arbeitgeber und die Arbeitnehmer je zur Hälfte (§ 168 Abs.1 Nr. 1 SGB VI). Selbstständige tragen ihre Beiträge allein (§ 169 SGB VI). Bei Wehr- und Zivildienstleistenden trägt der Bund die Beiträge, bei Beziehern von Entgeltersatzleistungen anteilig der Leistungsträger, bei Pflegepersonen die Pflegekasse bzw. das private Versicherungsunternehmen (§ 170 SGB VI).

Der Beitragsanteil von Arbeitnehmern wird vom Arbeitgeber einbehalten und mit seinem Anteil und den weiteren Sozialversicherungsbeiträgen als **Gesamtsozialversicherungsbeitrag** an die Krankenkassen als Einzugsstelle abgeführt (§§ 28d ff. SGB IV), die den Beitrag an den zuständigen Rententräger weiterleitet. Im Übrigen sind die Beiträge – soweit nichts anderes bestimmt ist – von demjenigen zu zahlen, der sie zu tragen hat (§ 173 SGB VI).

Die Zuschüsse des Bundes werden u. a. zur Finanzierung nicht beitragsgedeckter (sog. versicherungsfremden) Leistungen erbracht (§ 213 SGB VI). Der Bundeszuschuss wird durch die Ökosteuer mitfinanziert; er betrug im Jahr 2013 rund 65,6 Mrd. Euro.

Die Bundeszuschüsse sollen die Kosten für gesamtgesellschaftliche Aufgaben, die der Rentenversicherung übertragen wurden, abdecken (z. B. die Berücksichtigung von Anrechnungszeiten, Zeiten der Kindererziehung, Fremdrenten oder Finanzierungstransfers von West nach Ost).

Übung 1.2

> Herr Götz hört und liest seit Monaten von der großen Finanzkrise und nun auch noch von einem Börsencrash. Er fragt sich verunsichert, was mit all den Beiträgen passiert ist, die er jahrzehntelang in die gesetzliche Rentenversicherung eingezahlt hat. Ist seine Rente noch sicher? Sind seine Beiträge vom Börsencrash beeinträchtigt? Er ruft bei der Deutschen Rentenversicherung an.
>
> Wird diese ihn beruhigen können?

---

[17] Die Alterssicherung der Landwirte ist ein eigenständiger Zweig der Sozialversicherung. Träger ist seit 2013 die Sozialversicherung für Landwirtschaft, Forsten und Gartenbau. Näheres vgl. Bundesministerium für Arbeit und Soziales (2013), a. a. O., S. 905 ff.
[18] vgl. S. 47 in diesem Buch.
[19] vgl. Rechengrößen der Sozialversicherung auf S. 50 in diesem Buch.

6.7 Alterssicherung in der Zukunft

Da absehbar ist, dass die gesetzliche Rentenversicherung infolge der demografischen Entwicklung künftig nicht mehr lebensstandarderhaltend sein kann, kommt künftig der betrieblichen und der individuellen Vorsorge mehr Bedeutung zu.

Die Alterssicherung wird sich daher in Zukunft stärker als bisher auf **drei Säulen** stützen müssen:

- die gesetzliche Rentenversicherung,
- die betriebliche Altersvorsorge und
- die private Altersvorsorge (Riester-Rente).

6.7.1 Betriebliche Altersvorsorge

Die betriebliche Altersvorsorge wird in § 1 Betriebsrentengesetz (BetrAVG) definiert. Sie ist klassischerweise eine freiwillige Leistung des Arbeitgebers. Seit Januar 2002 gibt es jedoch eine entscheidende Neuerung. Seither haben Beschäftigte grundsätzlich das Recht, einen Teil ihres Lohns oder Gehalts zugunsten einer betrieblichen Altersvorsorge umzwandeln, um später eine Betriebsrente zu erhalten (siehe Entgeltumwandlung).

Die Beiträge zum Aufbau einer Betriebsrente können vom Arbeitgeber oder vom Arbeitnehmer allein oder aber auch von beiden gemeinsam aufgebracht werden (siehe Finanzierung).

In immer mehr Branchen haben sich die Tarifparteien dazu entschlossen, die Altersvorsorge durch Entgeltumwandlung tariflich zu regeln. Die Arbeitnehmer haben so die Option, Teile des tarifvertraglichen Lohns für ihre Altersvorsorge einzusetzen. In den Tarifverträgen ist zudem häufig vorgesehen, dass die Arbeitgeber sich am Aufbau der Betriebsrente finanziell beteiligen. Neben der „klassischen" arbeitgeberfinanzierten Betriebsrente, die auch in Zukunft vom Umfang her den weitaus größten Teil der Betriebsrenten ausmachen wird, wird somit häufig ergänzend eine Finanzierung über Entgeltumwandlung genutzt. Der Arbeitgeber kann zwischen fünf Wegen zur Durchführung der betrieblichen Altersvorsorge wählen:

6.7.1.1 Durchführungswege

Der Arbeitgeber kann die Betriebsrente entweder im Rahmen einer Direktzusage selbst organisieren oder sich einer Unterstützungskasse bedienen (sog. interne Durchführungswege). Er kann aber auch einen der externen Durchführungswege in Form einer Direktversicherung, einer Pensionskasse oder eines Pensionsfonds nutzen. Welche dieser Einrichtungen er auswählt, liegt allein in seinem Ermessen. Das ist auch sachgerecht, weil grundsätzlich der Arbeitgeber für die Erfüllung der gegebenen Zusage haftet, unabhängig davon, ob er die Leistungen direkt oder über einen Versorgungsträger erbringt.

Direktzusage

Bei der Direktzusage (auch Pensions- oder unmittelbare Versorgungszusage genannt) verpflichtet sich der Arbeitgeber, seinen Beschäftigten oder deren Angehörigen Versorgungsleistungen zu gewähren. Träger der Versorgung ist der Arbeitgeber selbst. Er kann zur Finanzierung der späteren Leistungen Rückstellungen bilden. Die Höhe der Leistung, die der Arbeitgeber zahlt, richtet sich i. d. R. nach der Dauer der Betriebszugehörigkeit und der Höhe des früheren Verdienstes. Die Direktzusage unterliegt keiner staatlichen Aufsicht oder Anlageregulierung. Die Ansprüche der Beschäftigten sind jedoch geschützt, denn bei einer Insolvenz des Arbeitgebers zahlt der Pensions-Sicherungs-Verein die vom Arbeitgeber versprochene Leistung.

Unterstützungskasse

Eine Unterstützungskasse ist eine rechtlich selbstständige Versorgungseinrichtung, die betriebliche Altersversorgung für einen oder mehrere Arbeitgeber durchführt. Der Arbeitgeber ist an dieser Unterstützungskasse beteiligt und zahlt Beiträge für die Arbeitnehmer ein. Bei der Anlage des eingebrachten Kapitals unterliegt die Unterstützungskasse keinen Auflagen. Ein Rechtsanspruch der Arbeitnehmer gegenüber der Unterstützungskasse selbst besteht nicht. Ein solcher besteht nur gegenüber dem Arbeitgeber. Im Fall der

Insolvenz des Arbeitgebers sind die Beschäftigten über den Pensions-Sicherungs-Verein geschützt.

Direktversicherung

Die Direktversicherung ist eine besondere Form der Lebensversicherung, die der Arbeitgeber als Versicherungsnehmer für seine Arbeitnehmer abschließt. Begünstigte dieser Lebensversicherung sind die Beschäftigten oder im Todesfall ihre Hinterbliebenen. Die Zahlungen an das Versicherungsunternehmen erfolgen durch den Arbeitgeber. Direktversicherungen unterliegen der staatlichen Versicherungsaufsicht durch die Bundesanstalt für Finanzdienstleistungsaufsicht (BaFin) und damit den Anlagebeschränkungen, die für Versicherungen gelten. Deshalb ist eine Insolvenzsicherung über den Pensions-Sicherungs-Verein auch nur in Ausnahmefällen vorgesehen.

Pensionskasse

Eine Pensionskasse ist eine Versorgungseinrichtung, die der Lebensversicherung ähnelt. Sie kann von einem oder mehreren Unternehmen getragen werden. Der oder die Arbeitgeber leisten die Beiträge, aus denen später Betriebsrenten finanziert werden. Die Pensionskassen unterliegen der Versicherungsaufsicht der BaFin und damit den Anlagebeschränkungen, die für Versicherungen gelten. Eine Absicherung gegen Insolvenz über den Pensions-Sicherungs-Verein erfolgt daher nicht.

Pensionsfonds

Pensionsfonds sind rechtlich selbstständige Einrichtungen, die gegen Zahlung von Beiträgen betriebliche Altersvorsorge für Arbeitgeber durchführen und dabei der Versicherungsaufsicht unterliegen. Die eingebrachten Mittel können anders als bei Direktversicherungen und Pensionskassen weitgehend frei am Kapitalmarkt angelegt werden. Da dies neben Chancen auch Risiken birgt, sind die Betriebsrentenansprüche der Beschäftigten für den Fall der Insolvenz des Arbeitgebers über den Pensions-Sicherungs-Verein geschützt.

6.7.1.2 Entgeltumwandlung

Seit Beginn des Jahres 2002 haben alle Arbeitnehmerinnen und Arbeitnehmer einen grundsätzlichen Anspruch auf betriebliche Altersvorsorge durch Entgeltumwandlung. Das heißt, Beschäftigte können Teile ihres künftigen Gehalts, Sonderzahlungen (z. B. Weihnachts- und Urlaubsgeld) oder auch Gehaltserhöhungen in sog. Anwartschaften auf Betriebsrente umwandeln. Der Arbeitgeber muss diesem Wunsch nachkommen. Allerdings kann der Arbeitgeber bestimmen, in welchem Durchführungsweg die Mittel eingesetzt werden sollen. Wird beispielsweise die betriebliche Altersvorsorge bereits über eine Pensionskasse oder einen Pensionsfonds abgewickelt, sollen diese Wege auch für die Entgeltumwandlung genutzt werden können. Existieren weder Pensionskasse noch Pensionsfonds, muss der Arbeitgeber seinen Beschäftigten mindestens eine Betriebsrente in Form einer sog. Direktversicherung anbieten. So ist es auch für Mitarbeiter in kleinen und mittelgroßen Unternehmen möglich, bei der Bildung einer Betriebsrente in den Genuss von Steuervorteilen und Beitragsersparnissen zu kommen.

Eine Pflicht des Arbeitgebers, sich an der Alterssicherung seiner Beschäftigten finanziell zu beteiligen, ist durch den Rechtsanspruch auf Entgeltumwandlung allerdings nicht entstanden.

Das Recht auf Entgeltumwandlung ist dem sog. Tarifvorrang untergeordnet. Das bedeutet: Mitglieder einer Gewerkschaft oder Beschäftigte, für die ein allgemein verbindlicher Tarifvertrag gilt, können ihren Tariflohn nur umwandeln, wenn der Tarifvertrag das ausdrücklich vorsieht. Dadurch werden Betriebe von Einzelvereinbarungen entlastet und die betriebliche Altersvorsorge wird flächendeckend für ganze Branchen gebündelt.

6.7.1.3 Finanzierung

Die Beiträge zum Aufbau einer Betriebsrente können vom Arbeitgeber oder vom Arbeitnehmer allein oder aber auch von beiden gemeinsam aufgebracht werden. Der Arbeitgeber entnimmt die Mittel zum Aufbau von Betriebsrenten für seine Beschäftigten aus dem Betriebsvermögen oder er bildet Rückstellungen (bei der Direktzusage). Die Arbeitnehmerinnen und Arbeitnehmer leisten ihre Einzahlungen entweder auf dem Weg der Entgeltumwandlung oder unmittelbar durch Eigenbeiträge.

6.7.2 Private Altersvorsorge (Riester-Rente)

Personen, die in Form der sog. Riester-Rente private Altersvorsorge betreiben, erhalten staatliche Zuschüsse. Voraussetzung ist, dass es sich um eine zertifizierte Vorsorgeform handelt (gem. Altersvorsorgeverträge-Zertifizierungsgesetz). Die staatliche Grundzulage beträgt seit dem Jahr 2008 Euro 154 für Ledige (308 Euro für Verheiratete) und 185 Euro je Kind; für ab dem 01.01.2008 geborene Kinder beträgt die Zulage 300 Euro. Einen einmaligen Berufseinsteiger-Bonus in Höhe von 200 Euro erhalten allen unter 25-Jährigen.

Ferner können 2.100 Euro steuerlich als Sonderausgaben (neben den Vorsorgeaufwendungen) geltend gemacht werden. Voraussetzung der Förderung ist ein Mindesteigenbeitrag in Höhe von vier Prozent des Vorjahreseinkommens, mindestens aber 60 Euro (Sockelbetrag). Der geförderte Altersvorsorgevertrag darf eine Auszahlung an den Versicherten nicht vor Vollendung des 60. Lebensjahres vorsehen und hat in Form einer lebenslangen gleich bleibenden oder steigenden monatlichen Rente zu erfolgen.

Die Förderung ist durch das Altersvermögensgesetz (AVmG) eingeführt worden und in den §§ 10a, 79 ff. Einkommenssteuergesetz (EStG) geregelt.

Nach ersten Anlaufschwierigkeiten gibt es inzwischen knapp 15 Mio. Riester-Verträge.

Auch der Erwerb von selbst genutztem Wohneigentum zur Altersvorsorge ist förderungsfähig (Eigenheimrente, sog. „Wohn-Riester").

Zusammenfassung

Die Finanzierung der Rentenversicherung hat drei Grundlagen: den Beitrag des Versicherten, den Beitrag des Arbeitgebers und den Bundeszuschuss. Umlageverfahren und Generationenvertrag sind Merkmale des Finanzierungssystems.

Der Arbeitnehmer trägt den Beitrag zur Hälfte, die andere Hälfte der Arbeitgeber. Freiwillig Versicherte und Selbstständige zahlen den Beitrag in voller Höhe selbst.

Der monatliche Beitragssatz des Pflichtversicherten beträgt (2014) 18,9 Prozent des Arbeitsverdienstes (jedoch nur bis zur Beitragsbemessungsgrenze). Der freiwillig Versicherte bestimmt die Höhe der Beiträge selbst.

Die Rentenversicherung zahlt ihren Versicherten Renten wegen verminderter Erwerbsfähigkeit, Altersrenten sowie Renten wegen Todes.

Renten wegen verminderter Erwerbsfähigkeit sind Renten wegen teilweiser Erwerbsminderung und Renten wegen voller Erwerbsminderung. Diese Renten ersetzen das Einkommen, wenn der Versicherte eingeschränkt oder gar nicht mehr erwerbsfähig ist.

Altersrenten werden gezahlt als Regelaltersrente, Altersrente für langjährig und besonders langjährig Versicherte, Altersrente für schwerbehinderte Menschen sowie wegen Arbeitslosigkeit oder nach Altersteilzeitarbeit und an Frauen.

Bei den Altersrenten vor dem Erreichen der Regelaltersgrenze ist eine Hinzuverdienstgrenze zu beachten. Wird sie überschritten, ist die Altersrente nicht mehr zu zahlen. Die Hinzuverdienstgrenze erhöht sich, wenn die Altersrente als Teilrente von zwei Dritteln, der Hälfte oder einem Drittel gewählt wird.

Renten können erst dann gezahlt werden, wenn eine Mindestversicherungszeit in der gesetzlichen Rentenversicherung zurückgelegt ist. Diese wird als Wartezeit bezeichnet. Es gibt die allgemeine Wartezeit von fünf Jahren sowie die Wartezeiten von 15, 20, 35 und 45 Jahren, je nach Rentenart.

Renten werden nur auf Antrag gezahlt. Es ist möglich, sie sowohl schriftlich als auch mündlich zu beantragen. Der Tag der Antragstellung ist wichtig für den Rentenbeginn.

Der Monatsbetrag der Rente ergibt sich, indem die persönlichen Entgeltpunkte, der Rentenartfaktor und der aktuelle Rentenwert miteinander multipliziert werden.

Die Entgeltpunkte für Beitragszeiten spiegeln das Arbeitsleben des Versicherten wider. Wer in einem Jahr den Arbeitsverdienst hat, der dem durchschnittlichen Arbeitsverdienst aller Arbeitnehmer entspricht, erhält für dieses Jahr einen Entgeltpunkt.

Der Rentenartfaktor für die Altersrente beträgt 1,0. Gleich hoch ist er für die Rente wegen voller Erwerbsminderung. Für die Rente wegen teilweiser Erwerbsminderung beträgt er

0,5. Für die große Witwenrente ist er auf 0,55 bzw. 0,6 und für die kleine Witwenrente auf 0,25 festgesetzt. In den ersten drei Monaten nach dem Todesmonat beträgt er jedoch 1,0 (Sterbevierteljahr).

Der aktuelle Rentenwert dient der Dynamisierung der Rente. Für die neuen Bundesländer gibt es (noch) einen eigenen aktuellen Rentenwert Ost.

Zum 1. Juli eines jeden Jahres ist ein neuer aktueller Rentenwert zu bestimmen und ein neuer Monatsbetrag der Rente zu errechnen.

Renten der gesetzlichen Rentenversicherung werden seit dem Jahr 2005 nachgelagert, also erst dann versteuert, wenn sie bezogen werden. Dafür werden die Beiträge für die Altersvorsorge bis zu einer Höchstgrenze steuerfrei gestellt.

Hintergrundinformation

Die **demografischen Veränderungen** (mit ihren gravierenden Auswirkungen auf die Rentenversicherung) ergeben sich aus drei Komponenten: der Geburtenhäufigkeit, der Migration (Ein- oder Auswanderung) und der Lebenserwartung.

Die **Kinderzahl** in Deutschland gehört weltweit zu den niedrigsten. Während beispielsweise in den Niederlanden 1.600 und in den USA gar 2.000 Kinder auf 1.000 Frauen kommen, sind es hierzulande im Schnitt nur 1.400. Da mehr Menschen sterben, als Kinder geboren werden, „dünnt" der Bestand an Eltern de facto immer weiter aus. So wird die Elterngeneration der heute 30-Jährigen durch deren Nachkommen nur noch zu etwa zwei Dritteln ersetzt, sodass es künftig weniger Eltern gibt, die dann auch weniger Kinder bekommen. Es entsteht ein Schneeballeffekt, der sich schon heute beziffern lässt: Wenn man nur die Geburtenrate berücksichtigt, wird die deutsche Bevölkerung von derzeit 80,5 Mio. auf 59 Mio. im Jahr 2050 schrumpfen.

Dass dennoch vom Statistischen Bundesamt für die Jahrhundertmitte mit einer Bevölkerung von 65 bis 70 Mio. gerechnet wird, liegt an der zweiten demografischen Komponente: der prognostizierten **Zuwanderung**.

Der dritte Faktor ist die (u. a. wegen der Errungenschaften der modernen Medizin) ständig **steigende Lebenserwartung**. Ein Kind, das heute in Deutschland geboren wird, hat eine um 30 Jahre höhere Lebenserwartung als noch vor 100 Jahren. Gegenüber 1970 hat sich die Lebenserwartung bereits um sieben Jahre erhöht. Bis zum Jahr 2060 gehen die Experten von einem weiteren Anstieg um vier Jahre aus.[20]

Als Konsequenz steigt auch die **Rentenbezugsdauer** immer weiter an: In Deutschland beziehen Senioren derzeit im Schnitt 19 Jahre lang Rente – das sind sechs Monate mehr als 2011. Frauen erhalten durchschnittlich 21,3 Jahre lang Rente, Männer 16,7 Jahre lang.

Aufgaben zur Selbstüberprüfung Kapitel 6 unter www.lambertus.de

---

[20] vgl. Statistisches Bundesamt: Bevölkerung Deutschlands bis 2060 - 12. koordinierte Bevölkerungsvorausberechnung, November 2009.

Kapitel 7

7 Gesetzliche Unfallversicherung (SGB VII)

> Sie erfahren in diesem Kapitel,
> - welche Funktion und Aufgaben die gesetzliche Unfallversicherung hat und wie sie organisiert ist;
> - welche Leistungen im Versicherungsfall gewährt werden;
> - dass dem Arbeitsschutz und dem betrieblichen Gesundheitsmanagement ein hoher Stellenwert zukommt;
> - dass die Verhütung von arbeitsbedingten Gefahren in Ihrem eigenen Interesse, aber auch im Interesse aller anderen Beteiligten (Staat, Arbeitgeber, Berufsgenossenschaften) liegt.

7.1 Inhaltsübersicht Siebtes Buch

Mit Wirkung ab 01.01.1997 ist das Recht der gesetzlichen Unfallversicherung aus der RVO in das Siebte Buch des SGB überführt worden. Grundlegende Änderungen gegenüber dem früheren Recht hat das SGB VII nicht gebracht.

Die gesetzliche Unfallversicherung weist von allen Zweigen der Sozialversicherung die größte Kontinuität auf. Der Begriff „Unfallversicherung" ist insofern irreführend, weil es ausschließlich um Arbeitsunfälle (einschließlich der Unfälle auf dem Weg zur und von der Arbeitsstätte) und um Berufskrankheiten geht. Die weit häufigeren Haushalts- und Freizeitunfälle sind nicht erfasst.

Die §§ 2 ff. SGB VII regeln den versicherten Personenkreis. Wie in den übrigen Sozialversicherungszweigen sind auch in der Unfallversicherung in erster Linie die abhängig Beschäftigten versichert, und zwar sowohl die Gering- wie Höherverdienenden. Hinzu kommen aber noch zahlreiche weitere Personengruppen, wie z. B. Lebensretter, Blut- und Organspender, Kindergartenkinder, Schüler und Studenten. Eine Besonderheit stellt dar, dass sich – anders als in der Krankenversicherung – grundsätzlich fast alle Unternehmer freiwillig versichern können, soweit sie nicht ohnehin pflichtversichert sind.

Leistungsansprüche (§§ 26 ff. SGB VII) kommen nach Eintritt eines **Arbeitsunfalls** (einschließlich eines Wegeunfalls) oder einer **Berufskrankheit** in Betracht, §§ 7 ff. SGB VII.

Noch vor den Leistungsansprüchen wird in den §§ 14 ff. SGB VII die **Unfallverhütung** geregelt, die eine zentrale Rolle spielt. Als Leistungen werden zunächst Maßnahmen der Heilbehandlung gewährt, die sich weitgehend mit denjenigen der Krankenbehandlung in der gesetzlichen Krankenversicherung decken (ärztliche Behandlung, Arznei- und Verbandmittel usw.). Hinzu kommen Pflegeleistungen, die Vorrang vor Leistungen nach dem SGB XI haben.

Ergänzt werden diese Leistungen bei Arbeitsunfähigkeit durch das **Verletztengeld**, das dem Krankengeld entspricht, §§ 45 ff. SGB VII. Hat ein Arbeitsunfall zur dauernden Minderung oder zum Verlust der Erwerbsfähigkeit geführt, erhält der Versicherte **Verletztenrente**, §§ 56 ff. SGB VII. Im Falle des Todes als Folge eines Arbeitsunfalls erhalten der Ehegatte Witwen- oder Witwerrente und die Kinder Waisenrente, §§ 63 ff. SGB VII. Unter bestimmten Voraussetzungen kommen auch Abfindungen für Verletztenrenten in Betracht, §§ 75 ff. SGB VII.

Träger der gesetzlichen Unfallversicherung sind in erster Linie die gewerblichen und landwirtschaftlichen **Berufsgenossenschaften**, daneben u. a. die Unfallkassen des Bundes und der Länder sowie die Gemeindeunfallversicherungsverbände und Feuerwehr-Unfallkassen, §§ 114 ff. SGB VII.

Das **Beitragsrecht** (§§ 150 ff. SGB VII) unterscheidet sich grundlegend von dem der übrigen Versicherungszweige. Zum einen werden die Beiträge allein von den Unternehmern getragen, zum anderen werden sie nach dem Grad der Unfallgefahren abgestuft (sog. **Gefahrtarife** nach Gefahrklassen, §§ 157 ff. SGB VII).

Abb. 2.1 stellt die gesetzliche Unfallversicherung (SGB VII) im Überblick dar.

Pflichtversicherte
(§ 2)

insbesondere:
- alle Arbeitnehmer
- Unternehmer (Arbeitgeber)
- Heimarbeiter
- Schüler und Studenten
- Personen, die bei Unglücksfällen Hilfe leisten
- Arbeitslose bei Erfüllung ihrer Mitwirkungspflichten
- ehrenamtlich Tätige

Finanzierung
Beiträge nach Gefahrklassen
zahlt AG allein (§§ 150 bis 181)

Träger der Unfallversicherung
(§§ 114 ff.)
- Berufsgenossenschaften
- Unfallversicherungsträger der öffentlichen Hand (Unfallkassen)

Aufgaben

Unfallverhütung (Prävention)
(§§ 14 bis 25)
- Erlass von Unfallverhütungsvorschriften (Arbeitssicherheit)
- Arbeitsmedizinischer und sicherheitstechnischer Dienst
- Sicherheitsbeauftragte

Leistungen bei Unfallfolgen
(§§ 26 bis 103)
- Rehabilitation (Leistungen zur Teilhabe)
- Entschädigung durch Geldleistungen

Versicherungsfälle:

| Arbeitsunfall | Wegeunfall | Berufskrankheit |
| § 8 Abs. 1 | § 8 Abs. 2 | § 9 |

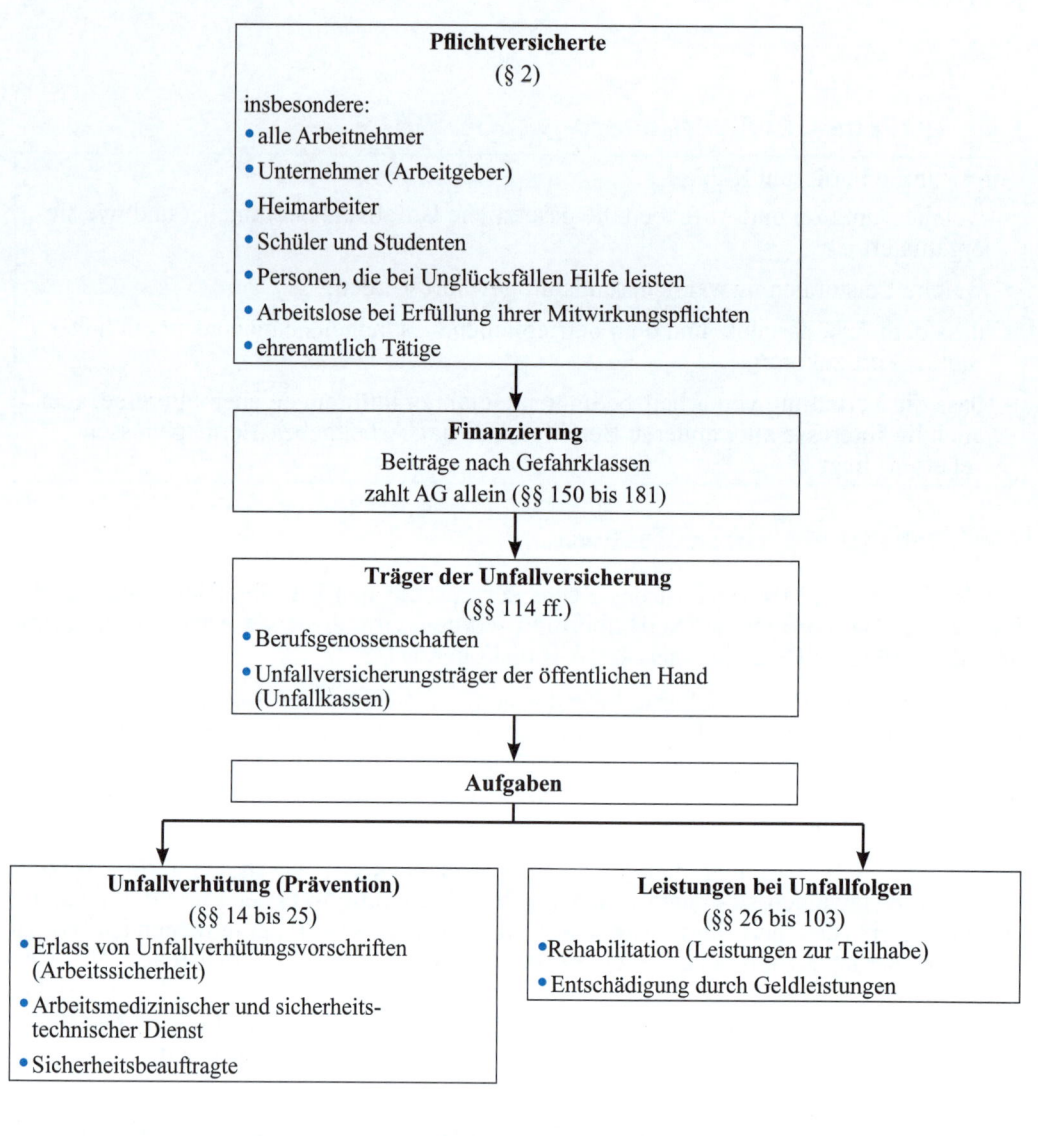

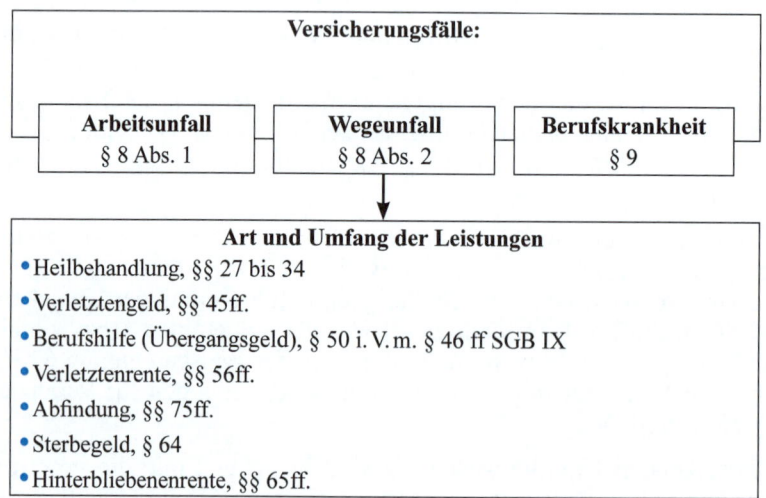

Art und Umfang der Leistungen
- Heilbehandlung, §§ 27 bis 34
- Verletztengeld, §§ 45ff.
- Berufshilfe (Übergangsgeld), § 50 i. V. m. § 46 ff SGB IX
- Verletztenrente, §§ 56ff.
- Abfindung, §§ 75ff.
- Sterbegeld, § 64
- Hinterbliebenenrente, §§ 65ff.

Abb. 2.1: Überblick Gesetzliche Unfallversicherung (SGB VII)

7.2 Versicherter Personenkreis

1) Hauptfall: „Beschäftigte", § 2 Abs. 1 Nr. 1 SGB VII, sowie „Lernende", § 2 Abs. 1 Nr. 2 SGB VII (Auszubildende)
2) „unechte" Versicherte: Schüler, Studenten, Nothelfer etc., § 2 Abs. 1 Nr. 8 ff. SGB V
3) sog. „Wie-Beschäftigte" (z. B. bei Verrichtungen aus Gefälligkeit), § 2 Abs. 2 SGB VII
4) Versicherte kraft Satzung, z. B. Unternehmer, § 3 SGB VII
5) Freiwillig Versicherte, § 6 SGB VII.

Arbeitnehmer sowie Auszubildende sind kraft Gesetzes unfallversichert – unabhängig davon, wie hoch ihr Arbeitsentgelt ist.

Darüber hinaus (vgl. § 2 SGB VII) sind insbesondere geschützt:

- Landwirte,
- Kinder in Kindertagesstätten oder bei geeigneten Tagespflegepersonen,
- Helfer bei Unglücksfällen,
- Zivil- und Katastrophenschutzhelfer,
- Blut- und Organspender,
- ehrenamtlich tätige Personen (bürgerschaftliches Engagement).

Auch Praktikanten und Ferienjobber sind gesetzlich unfallversichert: Sobald sie in den Betrieb eingegliedert und an die Weisungen des Arbeitgebers gebunden sind, stehen sie unter dem Schutz der GUV. Der Versicherungsschutz gilt vom ersten Tag an und ist unabhängig davon, wie lange das Arbeitsverhältnis dauert.

Studenten, die ein (freiwilliges oder von der Studienordnung vorgeschriebenes) Praktikum ableisten, sind grundsätzlich über den für das Unternehmen zuständigen Unfallversicherungsträger abgesichert.

Unternehmer (und ihre mitarbeitenden Ehepartner), Selbstständige und Freiberufler können sich freiwillig versichern, sofern sie nicht schon kraft Gesetzes oder aufgrund von Satzungsbestimmungen pflichtversichert sind (§ 6 SGB VII). Für Beamte gelten besondere Vorschriften zur Unfallfürsorge.

7.3 Arbeitsunfall als Versicherungsfall

Rechtsgrundlage: §§ 7 Abs. 1, 8 SGB VII

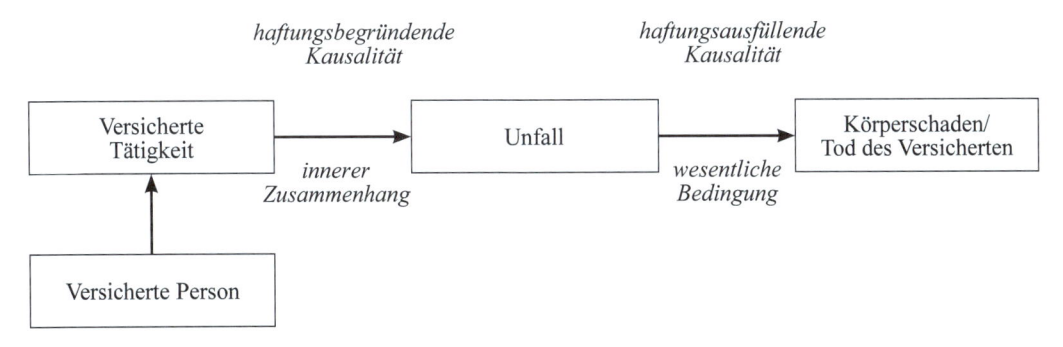

Abb. 2.2: Rechtliche Voraussetzungen für einen Arbeitsunfall

Eintritt des Versicherungsfalls:

Arbeitsunfall ist gemäß § 8 Abs. 1 Satz 1 SGB VII ein Unfall infolge einer unter Versicherungsschutz gemäß §§ 2, 3, 6 SGB VII stehenden Tätigkeit. Private (eigenwirtschaftliche) Tätigkeiten fallen nicht darunter.

1) Unfall: zeitlich begrenztes, von außen auf den Körper einwirkendes Ereignis, das zu einem Gesundheitsschaden oder zum Tode führt, § 8 Abs. 1 Satz 2 SGB VII.
2) Geschehen bei einer versicherten Tätigkeit
   a) Die Tätigkeit ist der Art nach versichert.
   b) Das konkrete Verhalten steht in einem inneren Zusammenhang mit der versicherten Tätigkeit.

3) Kausalität zwischen Unfallereignis und versicherter Tätigkeit
   a) Zurechnungszusammenhang
   b) wertende Betrachtung: Gleichwertigkeit der verrichteten Tätigkeit beim Zusammentreffen mit weiteren, nicht versicherten Kausalfaktoren
4) Eintritt eines Körperschadens durch das Unfallereignis
   a) Kausalzusammenhang zwischen Unfallereignis und Körperschaden
   b) dabei erforderlich: Der Unfall ist die wesentliche, d. h. überwiegend maßgebliche Ursache für die Entstehung des Körperschadens.

Gleichgestellte Versicherungsfälle:
1) Wegeunfälle, § 8 Abs. 2 Nr. 1 bis 4 SGB VII
2) Arbeitsgeräteunfälle, § 8 Abs. 2 Nr. 5 SGB VII

Beispiel

Herr Jäckle fährt nach seiner Spätschicht mit seinem Pkw nach Hause. In einer scharfen Linkskurve verliert er die Kontrolle über das Fahrzeug, kommt von der Fahrbahn ab und überschlägt sich mehrfach. Seitdem ist er querschnittsgelähmt. Hier handelt es sich um einen Versicherungsfall nach § 8 Abs. 2 Nr. 1 SGB VII (Wegeunfall).

Beispiel

Frau Dimas fährt auf dem Weg zur Arbeit ihren 3-jährigen Sohn zum Kindergarten. Dabei erleidet sie einen Verkehrsunfall. Auch hier handelt es sich um einen Versicherungsfall, vgl. § 8 Abs. 2 Nr. 2a SGB VII.

Das Unfallrisiko am Arbeitsplatz ist in den vergangenen Jahren zurückgegangen. Nach Mitteilung der Deutschen Gesetzlichen Unfallversicherung (DGUV) gab es 2011 pro 1.000 Vollarbeiter 24,5 Unfälle, verglichen mit 25,8 Unfällen im Jahr zuvor. Auch der Schulbesuch ist sicherer geworden: Vor allem die Zahl der schweren Unfälle in Schulen, Universitäten und Kindertagesstätten sowie auf dem Weg dorthin ging deutlich zurück.

Arbeits- und Wegeunfälle 2011:

Arbeitsunfälle: 919.025 (-3,71 % gegenüber Vorjahr)
Wegeunfälle: 188.452 (-15,86 % gegenüber Vorjahr)

Unfalltote 2011:

Arbeitsunfälle: 498 (-4,05 %)
Wegeunfälle: 394 (+7,36 %)

Übung 2.1

Während der Arbeitszeit wird Herr Walter, der auf dem Beifahrersitz eines Lkw zu einer Baustelle unterwegs ist, schwer verletzt, weil sein Arbeitskollege, Herr Schäfer, aus kurzer Unaufmerksamkeit auf einen Bus auffährt.

Stehen Herrn Walter wegen der erlittenen Körperverletzungen Schadensersatzansprüche gegen seinen Kollegen zu?

Übung 2.2

Sabrina ist Auszubildende bei der Firma Kröger. Eines Morgens ist sie auf dem Motorrad unterwegs zur Arbeit. In einer unübersichtlichen Kurve überholt sie zwei Kleintransporter und stößt mit einem entgegenkommenden Fahrzeug zusammen, wobei sie erheblich verletzt wird. Später wird sie in einem Strafprozess wegen fahrlässiger Gefährdung des Straßenverkehrs verurteilt.

Besteht für Sabrina in diesem Fall Versicherungsschutz in der gesetzlichen Unfallversicherung?

7.4 Berufskrankheiten

Berufskrankheiten sind Krankheiten, die Versicherte infolge einer den Versicherungsschutz begründenden Tätigkeit erleiden (§ 9 SGB VII). In der Berufskrankheiten-Verordnung sind die anerkannten Berufskrankheiten bezeichnet (z. B. Hautkrankheiten, Atemwegserkrankungen, Lärmschwerhörigkeit, durch chemische oder physikalische Einwirkungen verursachte Krankheiten).

Krankheiten, die nicht in der Verordnung genannt sind, haben die Unfallversicherungsträger als Berufskrankheit anzuerkennen, sofern im Zeitpunkt der Entscheidung nach neuen medizinischen Erkenntnissen die Voraussetzungen dafür erfüllt sind.

Die Pflicht zur Anzeige eines Versicherungsfalls durch die Unternehmer folgt aus § 193 SGB VII; die Anzeigepflicht von Ärzten bei Berufskrankheiten ist in § 202 SGB VII geregelt.

Die fünf häufigsten anerkannten Berufskrankheiten sind:
1. Lärmschwerhörigkeit
2. Asbestose
3. Silikose
4. Lungen-/Kehlkopfkrebs
5. Hautkrankheiten

Die Liste der anerkannten Berufskrankheiten finden Sie im Internet unter www.baua.de

Beispiel

Herr Fink hat im Rahmen seiner Berufstätigkeit in den letzten 25 Jahren ständig Kontakt mit Asbest gehabt. Nun wird bei ihm ein Bronchialkarzinom (Lungenkrebs) festgestellt, das auf die berufliche Tätigkeit zurückzuführen ist. Herr F. hat Ansprüche auf Leistungen nach dem SGB VII, da es sich um eine anerkannte Berufskrankheit gemäß Nr. 4104 Anlage 1 der **Berufskrankheitenverordnung** (BKV) handelt.

Übung 2.3

Der Bergmann Paul Freyschmidt arbeitet seit seiner Jugend in einem Kohlebergwerk im Saarland. Die Arbeit unter Tage bleibt nicht ohne gesundheitliche Folgen. Sein behandelnder Arzt diagnostiziert ein sog. „Augenzittern", hervorgerufen durch den jahrelangen Kontakt mit Kohlenstaub.

Handelt es sich bei dem Augenzittern um eine Berufskrankheit?

7.5 Leistungen der Unfallversicherung

Die gesetzliche Unfallversicherung schützt vor den Folgen von Arbeitsunfällen und Berufskrankheiten, die bei („*infolge*") der Verrichtung einer beruflichen Tätigkeit eintreten können. Daneben sorgt sie auch für die Verhütung von Arbeitsunfällen, Berufskrankheiten und arbeitsbedingten Gesundheitsgefahren.

Wer an einem Arbeitsunfall schuld ist, spielt keine Rolle. Die gesetzliche Unfallversicherung tritt in die zivilrechtliche Haftung des Unternehmers und der Betriebsangehörigen untereinander ein (Ablösung der Unternehmerhaftpflicht).

Versicherungsschutz genießt, wer eine versicherte Tätigkeit ausübt. Dazu gehört auch der Hin- und Rückweg zur und von der Arbeitsstelle. Der Versicherungsschutz beginnt erst ab **Durchschreiten der Außentür** des Gebäudes (nicht ab der Wohnungstür). Der Weg darf nicht länger als zwei Stunden unterbrochen werden, sonst geht der Versicherungsschutz verloren.

Grundsätzlich versichert sind zudem **Fahrgemeinschaften** auf dem Weg von und zur Arbeit – auch dann, wenn Umwege von und zur Arbeitsstätte notwendig werden (§ 8 Abs. 2 Nr. 1–4 SGB VII).

Unfälle beim Essen und Trinken (Verschlucken, Vergiftung und Verletzung) stehen in der Regel nicht unter Versicherungsschutz, weil dies dem privaten Lebensbereich zuzuordnen ist.

Die mit dem Essen und Trinken zusammenhängenden Wege sind grundsätzlich der versicherten Tätigkeit zuzurechnen, ebenso das Aufsuchen der Toilette auf dem Betriebsgelände.

Der sachliche Zusammenhang mit der versicherten Tätigkeit wird auch bei betrieblichen **Gemeinschaftsveranstaltungen** bejaht, wenn Zweck der Veranstaltung die Stärkung der Verbundenheit zwischen Unternehmen und Belegschaft ist und die gesamte Belegschaft teilnehmen kann, aber nicht muss.

Der Versicherungsschutz beim **Betriebssport** ist an folgende Voraussetzungen geknüpft: Ausgleichssport (kein Wettkampfcharakter); Regelmäßigkeit; Teilnehmer im Wesentlichen Betriebsangehörige; unternehmensbezogene Organisation.

Nach Eintritt von Arbeitsunfällen oder Berufskrankheiten erbringt die Unfallversicherung

- umfassende Heilbehandlung inklusive Verletztengeld,
- berufliche Rehabilitation inklusive Übergangsgeld,
- Leistungen zur Teilhabe am Leben in der Gemeinschaft und ergänzende Leistungen,
- Unfallrenten, Hinterbliebenenleistungen als Geldleistungen bei Dauerschäden/Tod,
- Leistungen bei Pflegebedürftigkeit.

7.5.1 Heilbehandlung und medizinische Rehabilitation

Die Unfallversicherung übernimmt nach einem Versicherungsfall die Kosten für die ärztliche Behandlung, für die erforderlichen Arznei-, Verband-, Heil- und Hilfsmittel sowie für Aufenthalte im Krankenhaus bzw. in einer Rehabilitationseinrichtung. Zuzahlungen zu Arznei-, Heil- und Hilfsmitteln müssen nicht entrichtet werden (§§ 27–34 SGB VII).

Unter den in § 34 Abs. 1 SGB VII genannten Verfahren für die Heilbehandlung ist das sog. **Durchgangsarztverfahren** (D-Arzt) wegen seiner steuernden Funktion von besonderer Bedeutung.

7.5.2 Verletztengeld

Das Verletztengeld, das man während der Zeit der Arbeitsunfähigkeit erhält, beträgt 80 Prozent des entgangenen Bruttoentgelts bis maximal zur Höhe des Nettolohns (Regelentgelt), soweit und solange kein Arbeitsentgelt fortgezahlt wird. Die Leistungsdauer beträgt höchstens 78 Wochen (§§ 45–52 SGB VII).

7.5.3 Leistungen zur Teilhabe am Arbeitsleben

Wer nach einem Unfall oder wegen einer Berufskrankheit seine Tätigkeit nicht mehr wie bisher ausüben kann, hat Anspruch auf Leistungen zur Teilhabe am Arbeitsleben (berufliche Rehabilitation, § 35 SGB VII). Diese umfassen in erster Linie Leistungen zur Erhaltung des alten Arbeitsplatzes oder zur Erlangung eines neuen Arbeitsplatzes. Sollten diese Leistungen nicht zum Erfolg führen, kann man sich umschulen oder in einem anderen Beruf anlernen lassen.

Während dieser Zeit besteht ein Anspruch auf **Übergangsgeld**. Sofern gleichzeitig Arbeitsentgelt gezahlt wird, ist dieses anzurechnen (§§ 49–52 SGB VII).

7.5.4 Leistungen zur sozialen Rehabilitation

Die Leistungen zur Teilhabe am Leben in der Gemeinschaft und ergänzende Leistungen sind insbesondere Kraftfahrzeug- und Wohnungshilfe, Haushaltshilfe, psychosoziale Betreuung und Rehabilitationssport. Sie werden gleichwertig neben der Heilbehandlung und den Leistungen zur Teilhabe am Arbeitsleben erbracht, soweit Art und Schwere der Verletzungsfolgen dies erforderlich machen (§§ 39–43 SGB VII mit Verweis auf SGB IX).

7.5.5 Renten an Versicherte

Eine **Verletztenrente** erhält man, wenn die Erwerbsfähigkeit durch einen Unfall oder eine Berufskrankheit über 26 Wochen nach Eintritt des Versicherungsfalls hinaus um mindestens 20 Prozent gemindert wird. Wie hoch die Rente ist, richtet sich danach, wie sehr die Erwerbsfähigkeit gemindert ist und wie viel man in den vollen zwölf Kalendermonaten vor dem Versicherungsfall verdient hat. Die Feststellung der Minderung der Erwerbsfähigkeit (MdE) erfolgt nach dem Prinzip der **abstrakten Schadensberechnung,** da es um die „verminderten Arbeitsmöglichkeiten auf dem gesamten Gebiet des Arbeitslebens" geht (vgl. § 56 Abs. 2 SGB VII).

Die Renten aus der Unfallversicherung (§§ 56–62 SGB VII) werden – ebenso wie die Rentenleistungen aus der gesetzlichen Rentenversicherung – jährlich angepasst.

7.5.6 Pflegegeld

Wer infolge eines Versicherungsfalls pflegebedürftig wird, erhält neben der Unfallrente auch Pflegeleistungen oder ein Pflegegeld, eine Pflegekraft oder ggf. auch Heimpflege (§ 44 SGB VII).

7.5.7 Sterbegeld

Führt ein Versicherungsfall zum Tod des Versicherten, erhalten die Hinterbliebenen ein Sterbegeld; die Überführungskosten werden ggf. erstattet (§ 64 SGB VII). Das Sterbegeld beträgt den siebten Teil der im Zeitpunkt des Todes geltenden Bezugsgröße für die Sozialversicherung (vgl. § 18 SGB IV). Im Jahr 2014 beläuft sich diese auf 33.180 Euro (West) und 28.140 Euro (Ost).

Die Höhe des Sterbegeldes beträgt demnach: 4.740 Euro in den alten und 4.020 Euro in den neuen Bundesländern.

7.5.8 Hinterbliebenenrente / Witwen- und Witwerrente

Sollte ein Ehepartner durch einen Versicherungsfall sterben, zahlt die Unfallversicherung eine Hinterbliebenenrente bis zu einer evtl. Wiederheirat. Wie hoch diese Rente ist, richtet sich nach dem Alter, der Erwerbs- bzw. Berufsfähigkeit und der Zahl der Kinder. So beträgt die jährliche Hinterbliebenenrente 40 Prozent des Jahresarbeitsverdienstes des Verstorbenen, wenn der/die Hinterbliebene

- 45 Jahre oder älter ist und der Todesfall vor dem 01.01.2012 liegt oder
- erwerbsgemindert, erwerbs- oder berufsunfähig ist oder
- mindestens ein waisenrentenberechtigtes Kind erzieht.

Bei Todesfällen nach dem 31.12.2011 wird die Altersgrenze von 45 Jahren schrittweise auf 47 Jahre angehoben; die Anhebung richtet sich nach der Anhebung der Altersgrenzen für Hinterbliebenenrenten in der gesetzlichen Rentenversicherung. Falls der/die Hinterbliebene jünger als 45 (bzw. 47) Jahre ist und zum Zeitpunkt des Todesfalls kein Kind hat, erhält er/sie für die Dauer von zwei Jahren jährlich 30 Prozent des Jahresarbeitsverdienstes des Verstorbenen. Für Ehepaare, die bereits vor dem 01.01.2002 verheiratet waren und von denen mindestens einer zu diesem Zeitpunkt mindestens 40 Jahre alt war, wird die Rente über zwei Jahre hinaus unbegrenzt gezahlt bis zu einer eventuellen Wiederheirat.

Hat der/die Hinterbliebene eigenes Einkommen (z. B. weil er/sie arbeitet oder andere Renten bezieht), so wird es mit 40 Prozent auf die Hinterbliebenenrente angerechnet, wobei ein dynamisierter Freibetrag (der sich für jedes waisenrentenberechtigte Kind erhöht) abgezogen wird (§§ 63–66 SGB VII).[21]

---

[21] Ab 01.07.2013 beträgt der monatliche Freibetrag 742,90 Euro in den alten und 679,54 Euro in den neuen Bundesländern.

7.5.9 Waisenrente

Sollte ein Versicherter durch einen Versicherungsfall sterben und Kinder unter 18 Jahren zurücklassen, so erhalten diese eine Waisenrente (§§ 67 f. SGB VII). Bei Halbwaisen zahlt die Versicherung 20 Prozent des Jahresarbeitsverdienstes des Verstorbenen, bei Vollwaisen 30 Prozent. Die Waisenrente wird über das 18. Lebensjahr der Waisen hinaus bis zum 27. Lebensjahr gezahlt, wenn

- das Kind eine Schul- oder Berufsausbildung absolviert oder
- ein freiwilliges soziales oder ökologisches Jahr oder einen Dienst nach dem BFDG leistet oder
- sich wegen einer körperlichen, geistigen oder seelischen Behinderung nicht selbst unterhalten kann.

Haben Waisen über 18 Jahre ein eigenes Einkommen, so wird es – wie bei der Hinterbliebenenrente – mit 40 Prozent auf die Waisenrente angerechnet, wobei ein dynamisierter Freibetrag abgezogen wird.[22]

Witwen- und Waisenrente dürfen zusammen maximal 80 Prozent des Jahresarbeitsverdienstes des Verstorbenen erreichen, anderenfalls werden sie anteilig gekürzt (§ 70 SGB VII).

7.5.10 Rentenabfindung

Sofern nicht zu erwarten ist, dass die **Minderung der Erwerbsfähigkeit** (MdE) wesentlich sinkt, kann man die Abfindung der Unfallrente beantragen. Unterschieden wird zwischen der Abfindung sog. „kleiner" Renten mit einer MdE bis zu 40 Prozent und der Abfindung sog. „großer" Renten ab einer MdE von über 40 Prozent. Die Abfindung der „kleinen" Renten erfolgt grundsätzlich auf Lebenszeit, d. h. die Rentenzahlung ist durch eine einmalige Abfindung vollständig abgegolten. Das Abfindungskapital wird unter Berücksichtigung des Alters und des seit dem Unfall vergangenen Zeitraums mittels einer von der Bundesregierung erlassenen Kapitalwertverordnung berechnet.

Wenn die Erwerbsfähigkeit des Verletzten um 40 Prozent oder mehr gemindert und das 18. Lebensjahr vollendet ist, kann auf Antrag die halbe Rente als Abfindung für 10 Jahre ausgezahlt werden. Ein besonderer Verwendungsnachweis ist nicht erforderlich. Die Abfindung kann maximal neunmal so hoch sein wie die halbe Jahresrente. In diesem Fall erhält man neben der Abfindung für einen Zeitraum von zehn Jahren weiterhin die Hälfte der Rente. Mit Beginn des 11. Rentenjahres zahlt die Unfallversicherung dann wieder die volle Rente (§§ 75–80 SGB VII).

7.6 Organisation

Träger der gesetzlichen Unfallversicherung sind gemäß § 114 SGB VII die gewerblichen und landwirtschaftlichen **Berufsgenossenschaften** sowie die sog. Eigenunfallversicherungsträger – dies sind insbesondere die Gebietskörperschaften, die Länder und der Bund, z.B. die Unfallkassen und die Gemeindeunfallversicherungsverbände.

Zuständig für Sozial- und Gesundheitsberufe ist die „Berufsgenossenschaft für Gesundheitsdienst und Wohlfahrtspflege".

Die Berufsgenossenschaften sind rechtsfähige Körperschaften des öffentlichen Rechts mit Selbstverwaltung (§ 29 SGB IV). Organe sind der Vorstand und die Vertreterversammlung.[23]

7.7 Finanzierung

Die Berufsgenossenschaften als Träger der gesetzlichen Unfallversicherung im gewerblichen und landwirtschaftlichen Bereich finanzieren sich **allein** aus den Beiträgen der Unternehmer (d.h. Arbeitnehmer, Schüler, Studierende etc. zahlen keine Beiträge). Wie hoch diese Beiträge sind, richtet sich nach der Höhe der jährlichen Arbeitsentgeltzahlungen (Lohnsumme) und nach dem Grad der Unfallgefahr (§ 167 SGB VII).

---

[22] Der monatliche Freibetrag beträgt ab 01.07.2013 495,26 Euro in den alten und 453,02 Euro in den neuen Bundesländern.
[23] Zum Spitzenverband „Deutsche Gesetzliche Unfallversicherung" vgl. S. 47 in diesem Buch.

Die Unfallgefahr richtet sich nach sog. **Gefahrklassen**, denen Unternehmen mit vergleichbaren Unfallrisiken zugeordnet werden.

Die Beiträge werden nach Ablauf eines Kalenderjahres im Wege der Umlage festgesetzt (§§ 165 ff. SGB VII). Der Beitragssatz in der gewerblichen Wirtschaft betrug 2013 durchschnittlich 1,32 Prozent.

7.8 Arbeitsschutz / Unfallverhütung

Verantwortlich für den Arbeitsschutz im Betrieb ist der Arbeitgeber. Er muss u.a. Arbeitsstätten, Arbeitsmittel, Geräte, Anlagen so einrichten und den gesamten Betrieb so organisieren, dass Arbeitnehmerinnen oder Arbeitnehmer gegen Gefahren für Leben und Gesundheit geschützt sind. Er muss Maßnahmen durchführen, die Unfälle bei der Arbeit und arbeitsbedingte Gesundheitsgefahren verhüten und zu einer menschengerechten Gestaltung der Arbeit führen. Dazu verpflichten die staatlichen Arbeitsschutzvorschriften, insbesondere das Arbeitsschutzgesetz, und die Unfallverhütungsvorschriften der Unfallversicherungsträger.

Auch der Betriebsrat hat auf die Bekämpfung von Unfall- und Gesundheitsgefahren zu achten und Arbeitsschutzbehörden, die Berufsgenossenschaften sowie sonstige Stellen bei der Gefahrenbekämpfung zu unterstützen sowie sich für die Durchführung der Arbeitsschutzvorschriften einzusetzen.

Der Arbeitsschutz betrifft folgende Bereiche, die ineinander greifen:
- Arbeitsstätten einschließlich Betriebshygiene,
- Arbeitsmittel, Geräte und technische Anlagen,
- Gefahrstoffe,
- Arbeitszeitregelungen,
- Schutz bestimmter Personengruppen,
- arbeitsmedizinische Vorsorge,
- Gefährdungsbeurteilung,
- betriebliches Gesundheitsmanagement.

7.9 Rechtsgrundlagen

In den Bundesländern gibt es besondere Arbeitsschutzbehörden: die Ämter für Arbeitsschutz oder Gewerbeaufsichtsämter. Die Unfallversicherungsträger verfügen über eigene technische Aufsichtsdienste.

Die Bundesanstalt für Arbeitsschutz und Arbeitsmedizin (BAuA) forscht, berät und qualifiziert auf dem Gebiet des Arbeitsschutzes. Sie ist auch Geschäftsstelle der „Gemeinsamen Deutschen Arbeitsschutzstrategie", die vom Bund, den Ländern und den Unfallversicherungsträgern entwickelt wird, um die Bereiche Sicherheit/Gesundheit in der Arbeitswelt zu optimieren.

Arbeitsschutzbestimmungen finden sich in verschiedenen Gesetzen und Verordnungen des Staates sowie in den Unfallverhütungsvorschriften der Berufsgenossenschaften.

Schutzvorschriften können sich sowohl auf einzelne Gewerbezweige und Berufe als auch auf bestimmte Fabrikationsanlagen, die Gestaltung von Arbeitsplätzen usw. beziehen. Außerdem gibt es beispielsweise:
- Vorschriften über den Einsatz und die Beschaffenheit von Arbeitsmitteln und Geräten;
- Vorschriften über den Einsatz bestimmter Stoffe, die in der Produktion verwendet werden;
- Vorschriften, die für bestimmte Personengruppen gelten, usw.

Siebtes Buch Sozialgesetzbuch

Das SGB VII verpflichtet die Berufsgenossenschaften, mit allen geeigneten Mitteln für die Verhütung von Arbeitsunfällen, Berufskrankheiten und arbeitsbedingten Gesundheitsgefahren und für eine wirksame Erste Hilfe in den Betrieben und Verwaltungen zu sorgen. Die Berufsgenossenschaften erlassen aufgrund des Gesetzes Vorschriften zur Unfallverhütung, die für ihre Mitglieder (Unternehmen) und die Versicherten rechtsverbindlich sind. Technische Aufsichtspersonen wachen darüber, dass die Unfallverhütungsvorschriften eingehalten werden, und beraten die Unternehmer und die Versicherten (§§ 14–24 SGB VII).

Arbeitssicherheitsgesetz (ASiG)

Das Gesetz über Betriebsärzte, Sicherheitsingenieure und andere Fachkräfte verpflichtet den Arbeitgeber, Fachleute zu bestellen, die ihn in allen Fragen des Arbeits- und Gesundheitsschutzes unterstützen, einschließlich der menschengerechten Gestaltung der Arbeit. Zu den Aufgaben der Arbeitsschutzexperten gehört es beispielsweise, den Arbeitgeber im gesamten Spektrum der sicherheits- und gesundheitsrelevanten Faktoren bei der Arbeit zu beraten. Dies beginnt bei der Planung von Betriebsanlagen, betrifft die Beschaffung von Arbeitsmitteln sowie die Gestaltung der Arbeitsplätze.

Das Arbeitssicherheitsgesetz wird durch **Unfallverhütungsvorschriften** der Träger der gesetzlichen Unfallversicherung (Berufsgenossenschaften) konkretisiert.

Den Betriebsärzten ist unter anderem die Aufgabe zugewiesen, die Arbeitnehmer arbeitsmedizinisch zu untersuchen und zu beraten. Mit der neuen Unfallverhütungsvorschrift **„Betriebsärzte und Fachkräfte für Arbeitssicherheit"** wurden praxisnahe und am tatsächlichen Gefährdungspotenzial orientierte Regelungen, auch für Klein- und Kleinstbetriebe, geschaffen.

Arbeitsschutzgesetz

Es verpflichtet die Arbeitgeber, die Gesundheitsgefahren am Arbeitsplatz zu beurteilen und entsprechende Schutzmaßnahmen zu treffen. Darüber muss der Arbeitgeber informieren/aufklären. Er muss Vorkehrungen für besonders gefährliche Arbeitsbereiche und Arbeitssituationen treffen sowie ggf. arbeitsmedizinische Vorsorge ermöglichen.

Verordnung zur arbeitsmedizinischen Vorsorge (ArbMedVV)

Die arbeitsmedizinische Vorsorge dient der individuellen Aufklärung und Beratung der Beschäftigten über die Wechselwirkungen zwischen ihrer Arbeit und Gesundheit und ist damit eine wichtige Ergänzung der technischen und organisatorischen Arbeitsschutzmaßnahmen. Die neue Verordnung vom 31.10.2013 regelt Pflichten von Arbeitsgebern und Ärzten, gewährleistet die Datenschutzrechte der Beschäftigten, schafft Transparenz über die Anlässe für Pflicht- und Angebotsuntersuchungen und stärkt den Anspruch der Beschäftigten auf Wunschuntersuchungen. Sie regelt die grundsätzliche Trennung arbeitsmedizinischer Vorsorgeuntersuchungen von Eignungsuntersuchungen, deren Zulässigkeit sich nach arbeitsrechtlichen Grundsätzen beurteilt. Durch die Verordnung sollen Verbesserungen in bisher vernachlässigten Bereichen (z. B. Muskel-Skelett-Erkrankungen) angestoßen werden. Dabei übernimmt der Ausschuss für Arbeitsmedizin eine zentrale Rolle.

Arbeitszeitgesetz

Das Arbeitszeitgesetz begrenzt die tägliche Höchstarbeitszeit und legt Mindestruhepausen während der Arbeitszeit sowie Mindestruhezeiten nach der Arbeit fest. Damit sichert es den Gesundheitsschutz der Arbeitnehmer. Besonders geschützt sind Nachtarbeiter, und zwar unabhängig von ihrem Geschlecht. Es besteht ein grundsätzliches Arbeitsverbot an Sonn- und Feiertagen, von dem unter besonderen Voraussetzungen Ausnahmen zulässig sind.

Jugendarbeitsschutzgesetz

Dieses Gesetz schützt Kinder und Jugendliche vor Überlastungen. So regelt es beispielsweise, wie alt ein junger Mensch mindestens sein muss, um arbeiten zu dürfen, wie lange er maximal arbeiten darf und wie viel Jahresurlaub er erhalten muss. Die **Kinderarbeitsschutzverordnung** konkretisiert die nach dem Jugendarbeitsschutzgesetz für Kinder ab

13 Jahre und vollzeitschulpflichtige Jugendliche ausnahmsweise zulässigen leichten und für sie geeigneten Arbeiten.

Mutterschutzgesetz

Es legt fest, wie eine im Arbeitsverhältnis stehende schwangere Frau und ihr Kind vor Gefahren, Überforderung und Gesundheitsschädigung am Arbeitsplatz geschützt werden. Spezifische Regelungen sind in der „Verordnung zum Schutz der Mutter am Arbeitsplatz" enthalten.[24]

PSA-Benutzungsverordnung

Mit der PSA-Benutzungsverordnung gibt es eine einheitliche Regelung für die Auswahl, Bereitstellung und Benutzung von **persönlichen Schutzausrüstungen** (PSA) für alle Tätigkeitsbereiche. Es ist vonseiten der Arbeitgeber auch dafür zu sorgen, dass die Beschäftigten darin unterwiesen werden, wie sie die Schutzausrüstung (z. B. Atemschutzgeräte, Auffanggurte, Handschuhe) sicherheitsgerecht benutzen.

Lastenhandhabungsverordnung

Die Lastenhandhabungsverordnung enthält Bestimmungen zur Sicherheit und zum Gesundheitsschutz bei manuellen Lastenhandhabungen, die eine Gefährdung für die Beschäftigten, insbesondere der Lendenwirbelsäule, mit sich bringen. Grundsätzlich sind die Arbeitgeber angehalten, solche Lastenhandhabungen zu vermeiden. Ist dies nicht möglich, gestaltet der Arbeitgeber die Arbeit so, dass diese Tätigkeiten möglichst sicher und mit möglichst geringer Gesundheitsgefährdung der Beschäftigten vonstatten gehen.

Baustellenverordnung

Am 01.07.1998 trat die Verordnung über Sicherheit und Gesundheitsschutz auf Baustellen in Kraft. Ihre Instrumente sollen maßgeblich dazu beitragen, die im Baubereich im Vergleich zu anderen Wirtschaftsbereichen besonders hohen Unfall- und Gesundheitsrisiken zu reduzieren und die Sicherheit und Gesundheit der Beschäftigten zu verbessern. Kernelemente der Verordnung sind die nach Maßgabe der Verordnung zu übermittelnde Vorankündigung, der Sicherheits- und Gesundheitsschutzplan und die Bestellung eines Koordinators.

Bildschirmarbeitsverordnung

Durch die Bildschirmarbeitsverordnung werden notwendige Schutzbestimmungen für die Beschäftigten bei der Arbeit an Bildschirmgeräten zusammengefasst und alle Arbeitgeber zu ihrer Beachtung verpflichtet. Dies betrifft Mindestanforderungen an das Bildschirmgerät selbst, den Arbeitsplatz und die Arbeitsumgebung sowie hinsichtlich der Softwareausstattung und der Arbeitsorganisation. Auch das Angebot der fachkundigen Augenuntersuchung gehört dazu.

Betriebssicherheitsverordnung

Bei der Benutzung von Arbeitsmitteln dürfen die Sicherheit und die Gesundheit der Beschäftigten nicht gefährdet werden. Die Betriebssicherheitsverordnung enthält daher entsprechende Schutzziele und Bestimmungen. Ferner regelt sie umfassend die Schutzmaßnahmen für Beschäftigte und Dritte beim Betrieb überwachungsbedürftiger Anlagen. Zu den überwachungsbedürftigen Anlagen zählen beispielsweise Dampfkesselanlagen, Druckbehälteranlagen und Aufzugsanlagen.

Arbeitsstättenverordnung

Sie bestimmt, wie Fabriken, Werkstätten, Büros und Verwaltungen, Lager und Läden eingerichtet und betrieben werden müssen, damit von ihnen keine Gefährdungen für die Sicherheit und die Gesundheit der Beschäftigten ausgehen. Das betrifft unter anderem die Abmessungen, die Belüftung, die Beleuchtung und die Temperatur.

---

[24] Näheres zum Mutterschutzgesetz finden Sie auf S. 265 ff. in diesem Buch.

Geräte- und Produktsicherheitsgesetz

In Deutschland dürfen nur Produkte angeboten und verkauft werden, die sicherheitstechnisch einwandfrei sind. Dafür soll dieses Gesetz und die hierzu erlassenen Rechtsverordnungen sorgen. Es ist auch die nationale Grundlage europäischer Vorschriften, die nur sicheren Produkten den freien Warenverkehr in der Gemeinschaft erlauben. Von Verbraucherprodukten und technischen Arbeitsmitteln dürfen keine Unfallgefahren ausgehen. Diese Verpflichtungen treffen alle, die Produkte in den Verkehr bringen: Hersteller, Importeure und auch Händler.

Gefahrstoffverordnung

Mit der „Verordnung zum Schutz vor Gefahrstoffen" steht ein flexibel anwendbares Instrumentarium zum Schutz der Beschäftigten bei Tätigkeiten mit Gefahrstoffen, insbesondere gefährlichen Chemikalien, zur Verfügung.

Die Verordnung gibt dem Arbeitgeber zusätzliche Gestaltungsspielräume für konkrete, betriebsbezogene Schutzmaßnahmen, da nur er die Bedingungen in seinem Betrieb im Einzelnen kennt. Regelungen zur Beurteilung der Gefährdung und ein Schutzstufenkonzept in der Verordnung leiten den Arbeitgeber im Hinblick auf seine Entscheidungsfindung an.

Biostoffverordnung

Die Biostoffverordnung schafft einen branchenübergreifenden rechtlichen Rahmen für den Schutz der Beschäftigten bei Tätigkeiten mit biologischen Arbeitsstoffen, d. h. mit krankheitserregenden Mikroorganismen. Auf der Grundlage der Klassifizierung biologischer Arbeitsstoffe in vier Risikogruppen werden gefährdungsabhängige Schutzmaßnahmen zum Schutz vor Infektionen, sensibilisierenden oder toxischen Wirkungen festgelegt.

Anwendung finden diese Regelungen für schätzungsweise fünf Millionen Beschäftigte, die bei ihrer beruflichen Tätigkeit in der Forschung, in der biotechnischen Produktion, der Nahrungsmittelproduktion, der Landwirtschaft, der Abfall- und Abwasserwirtschaft und im Gesundheitsdienst mit biologischen Arbeitsstoffen in Kontakt kommen.

Mit Themen wie „Rinderwahnsinn" (BSE) oder „Vogelgrippe" ist auch der Schutz von Beschäftigten bei Tätigkeiten mit diesen Erregern in den Mittelpunkt des Interesses gerückt. Die Biostoffverordnung regelt in diesem Zusammenhang den Gesundheitsschutz der Beschäftigten, z. B. in der landwirtschaftlichen Tierhaltung, bei der Tötung von Tieren oder in Forschungs- und Kontrolllaboratorien.

Lärm- und Vibrationsarbeitsschutzverordnung

Mit der Verordnung soll einerseits der **Lärmschwerhörigkeit** – einer der häufigsten Berufskrankheiten –, andererseits den Muskel- und Skeletterkrankungen sowie neurologischen Störungen begegnet werden, die durch starke und lang andauernde Vibrationen hervorgerufen werden können.

Arbeitsschutzverordnung zu künstlicher optischer Strahlung

Mit der Einhaltung der festgelegten Expositions-Grenzwerte sollen schädigende Wirkungen (z. B. durch Laser oder UV-/IR-Strahlung) insbesondere auf Augen und Haut vermieden werden.

Abb. 2.3 veranschaulicht die Zusammenhänge von staatlichem und betrieblichem Arbeitsschutz und die Rolle der Unfallversicherungsträger.

Staatlicher Arbeitsschutz
- ILO-Empfehlungen/-Übereinkommen
- Richtlinien der EU
- Arbeitsschutzrecht des Bundes und der Länder
- Staatliche Gewerbeaufsicht/Staatliche Ämter für Arbeitsschutz

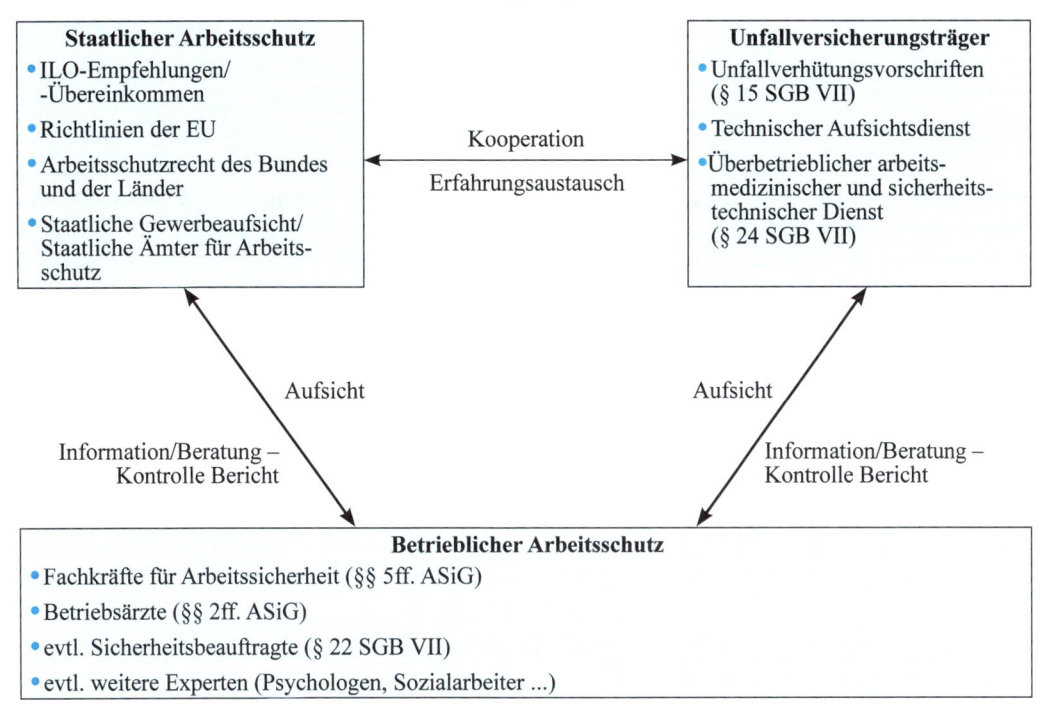

Kooperation
Erfahrungsaustausch

Unfallversicherungsträger
- Unfallverhütungsvorschriften (§ 15 SGB VII)
- Technischer Aufsichtsdienst
- Überbetrieblicher arbeitsmedizinischer und sicherheitstechnischer Dienst (§ 24 SGB VII)

Aufsicht — Information/Beratung – Kontrolle Bericht

Aufsicht — Information/Beratung – Kontrolle Bericht

Betrieblicher Arbeitsschutz
- Fachkräfte für Arbeitssicherheit (§§ 5ff. ASiG)
- Betriebsärzte (§§ 2ff. ASiG)
- evtl. Sicherheitsbeauftragte (§ 22 SGB VII)
- evtl. weitere Experten (Psychologen, Sozialarbeiter ...)

Abb. 2.3: Institutionen des Arbeitsschutzes in Deutschland

7.10 Reform der gesetzlichen Unfallversicherung

Der Bundestag hat 2008 das „Gesetz zur Modernisierung der gesetzlichen Unfallversicherung" beschlossen. Die gesetzliche Unfallversicherung wurde gestrafft und an die heutigen wirtschaftlichen Strukturen angepasst. Die Zahl der gewerblichen Berufsgenossenschaften ist von 35 auf 9 reduziert worden (vgl. Anlage 1 zu § 114 SGB VII).

Im Unterschied zur gesetzlichen Kranken- und Rentenversicherung blieb die Unfallversicherung von größeren sozialpolitischen Auseinandersetzungen verschont, was vielleicht ihren geringeren Bekanntheitsgrad erklärt.

Flankiert werden die neuen Organisationsstrukturen durch eine Neugestaltung des Lastenausgleichs zwischen den gewerblichen Berufsgenossenschaften. Aufgrund ihrer Branchengliederung sind sie von den Auswirkungen des wirtschaftlichen Strukturwandels besonders stark betroffen. Ab 2014 soll das neue Verfahren eine gerechtere Lastenverteilung bewirken.

Mit der Übertragung des Prüfdienstes von der Unfall- auf die Rentenversicherung wird die Betriebsprüfung nur noch von einem Zweig der Sozialversicherung durchgeführt. Dadurch werden Doppelprüfungen in Betrieben vermieden.

Außerdem wird mit dem Gesetz die **Gemeinsame Deutsche Arbeitsschutzstrategie** umgesetzt. Bund, Länder und Unfallversicherungsträger handeln im Bereich der Prävention künftig in noch engerer Abstimmung und auf der Grundlage gemeinsam festgelegter Arbeitsschutzziele.

Kapitel 7

Zusammenfassung

Die gesetzliche Unfallversicherung bietet Schutz „aus einer Hand" bei Krankheit, Minderung der Erwerbsfähigkeit und Tod infolge von Arbeitsunfällen, Wegeunfällen und Berufskrankheit. Sie war zunächst auf die Beschäftigten beschränkt (sog. echte Unfallversicherung). Nach dem Zweiten Weltkrieg wurde sie auf weitere Personenkreise ausgedehnt, z. B. Schüler, Studierende, Kinder in Kindergärten, Nothelfer (sog. unechte Unfallversicherung).

Die gesetzliche Unfallversicherung hat die Aufgabe, Arbeitsunfälle und Berufskrankheiten sowie **arbeitsbedingte Gesundheitsgefahren** mit allen geeigneten Mitteln zu verhüten und nach Eintritt von Arbeitsunfällen oder Berufskrankheiten die Gesundheit und Leistungsfähigkeit der Versicherten wiederherzustellen oder sie oder ihre Hinterbliebenen durch Geldleistungen zu entschädigen (§ 1 SGB VII).

Die Versicherungspflicht kann sich sowohl aus dem Gesetz (§ 2 SGB VII) als auch aus der Satzung der jeweiligen Berufsgenossenschaft ergeben (§ 3 SGB VII).

Wie-Beschäftigte sind Personen, die nicht Beschäftigte sind, aber „wie Beschäftigte" für einen anderen fremdnützig (z. B. aus Gefälligkeit) tätig werden (§ 2 Abs. 2 SGB VII).

Versicherungsfrei in der gesetzlichen Unfallversicherung sind Personen, die nach beamtenrechtlichen oder vergleichbaren Vorschriften bei Dienstunfällen und Berufskrankheiten abgesichert sind (§ 4 SGB VII). Die geringfügig Beschäftigten sind nicht versicherungsfrei.

Die Leistungen der gesetzlichen Unfallversicherung setzen neben der Zugehörigkeit zum unfallversicherten Personenkreis insbesondere einen Versicherungsfall der gesetzlichen Unfallversicherung voraus.

Versicherungsfälle der gesetzlichen Unfallversicherung sind der **Arbeitsunfall** und die **Berufskrankheit.** Ein Arbeitsunfall liegt vor, wenn bei einer versicherten Tätigkeit ein zeitlich begrenztes von außen auf den Körper einwirkendes Ereignis eintritt und hierdurch ein Gesundheitsschaden oder der Tod herbeigeführt wird (§ 8 SGB VII). Zwischen dem unfallbringenden Verhalten und der versicherten Tätigkeit muss ein innerer Zusammenhang bestehen. Bei Unfällen im Zusammenhang mit sog. eigenwirtschaftlichen Tätigkeiten (z. B. der Einnahme von Mahlzeiten) liegt kein Arbeitsunfall vor.

Um einen Arbeitsunfall handelt es sich auch dann, wenn dieser sich auf dem Weg von der Wohnung zum Ort der versicherten Tätigkeit und von diesem zurück ereignet (sog. **Wegeunfall**).

Berufskrankheiten sind Krankheiten, die in der Berufskrankheiten-Verordnung als solche bezeichnet werden und die der Versicherte bei einer versicherten Tätigkeit erleidet (§ 9 SGB VII). Nicht in der Verordnung genannte Krankheiten werden nur als Berufskrankheit anerkannt, wenn im Zeitpunkt der Entscheidung nach neuen Erkenntnissen der medizinischen Wissenschaft die Voraussetzungen hierfür erfüllt sind.

Der Eintritt eines Versicherungsfalles muss dem Versicherungsträger vom Unternehmen angezeigt werden. Ein Antrag des Anspruchsberechtigten ist nicht erforderlich.

Zur Verhütung von Arbeitsunfällen erlassen die Unfallversicherungsträger als autonomes Recht **Unfallverhütungsvorschriften**. Diese enthalten Bestimmungen über betriebliche Einrichtungen und das Verhalten der Versicherten; sie wenden sich an die Unternehmer und die Beschäftigten. Unternehmer und Versicherte sind zur Beachtung der Unfallverhütungsvorschriften gleichermaßen verpflichtet. Die Berufsgenossenschaften überwachen die Durchführung und beraten ihre Mitglieder.

Dem **Arbeitsschutz** dienen ferner Vorschriften außerhalb der Unfallversicherung, z. B. die Gewerbeordnung, das Arbeitssicherheits- und das Arbeitsschutzgesetz, nach dem die Unternehmer verpflichtet sind, die Arbeitsräume, Betriebsvorrichtungen, Maschinen und Gerätschaften unfallsicher bereitzustellen. Unternehmen mit mehr als 20 Beschäftigten müssen Sicherheitsbeauftragte bestellen.

Versicherte haben Anspruch auf **Heilbehandlung** einschließlich Leistungen der medizinischen Rehabilitation, auf Teilhabe am Arbeitsleben und Teilhabe am Leben in der Gemeinschaft. Der Versicherungsträger hat mit allen geeigneten Mitteln möglichst frühzeitig darauf hinzuwirken, dass ein Gesundheitsschaden beseitigt oder gebessert wird, damit Versicherte nach Genesung möglichst auf Dauer wieder beruflich eingegliedert werden.

Leistungen zur Heilbehandlung und zur **Rehabilitation** haben Vorrang vor Rentenleistungen. Mit den Leistungen der Heilbehandlung und der Teilhabe am Arbeitsleben soll die Arbeitsfähigkeit für die bisherige oder eine andere Tätigkeit wiederhergestellt werden, ggf. durch eine Umschulung.

Verletztengeld erhalten gesetzlich Unfallversicherte während der Arbeitsunfähigkeit.

Übergangsgeld wird während einer Maßnahme zur Teilhabe am Arbeitsleben geleistet.

Verletztenrente erhalten Versicherte, die infolge eines Versicherungsfalles über die 26. Woche nach dem Versicherungsfall hinaus um mehr als 20 v.H. in ihrer Erwerbsfähigkeit gemindert sind. Die Höhe der Rente richtet sich nach dem Jahresarbeitsverdienst. Bei Verlust der Erwerbsfähigkeit wird Vollrente (zwei Drittel des Jahresarbeitsverdienstes), bei teilweiser Erwerbsunfähigkeit wird eine entsprechende Teilrente gewährt. Die Rente sinkt mit der Minderung der Erwerbsfähigkeit; ist diese um weniger als 10 v.H. gemindert, so fällt die Rente in der Regel ganz weg.

Im Todesfall werden Sterbegeld, Hinterbliebenenrente (Witwen-/Witwer-, Waisenrente) und Beihilfen gewährt. Eine **Rente** kann durch Kapitalabfindung abgelöst werden. Auch kleine Renten bei einer Minderung der Erwerbsfähigkeit ab 40 v.H. können abgefunden werden.

Träger der gesetzlichen Unfallversicherung sind die gewerblichen und landwirtschaftlichen **Berufsgenossenschaften** sowie die sog. Eigenunfallversicherungsträger – dies sind insbesondere die Unfallkassen der Gebietskörperschaften.

Die Berufsgenossenschaften sind rechtsfähige Körperschaften des öffentlichen Rechts mit Selbstverwaltung. Organe sind der Vorstand und die Vertreterversammlung.

Die gesetzliche Unfallversicherung wird durch **Beiträge** finanziert (Umlageverfahren, §§ 165 ff. SGB VII). Im Unterschied zu den anderen Zweigen der Sozialversicherung tragen die Arbeitgeber die Beiträge allein. Die Höhe der Beiträge bemisst sich nach den Einkünften der Versicherten und der Unfallgefahr in dem jeweiligen Unternehmen. Die Unfallgefahr richtet sich nach sog. **Gefahrklassen**, denen Unternehmen mit vergleichbaren Unfallgefahren zugeordnet werden. Der Beitragssatz in der gewerblichen Wirtschaft beträgt durchschnittlich 1,32 Prozent.

Aufgaben zur Selbstüberprüfung Kapitel 7 unter www.lambertus.de

Kapitel 8

8 Arbeitsförderung / Arbeitslosenversicherung (SGB III)

In diesem Kapitel lernen Sie die Leistungen der Arbeitsförderung an Arbeitnehmer (insbesondere Entgeltersatzleistungen), an Arbeitgeber und an Institutionen kennen.

8.1 Inhaltsübersicht Drittes Buch

Das Recht der Arbeitsförderung war früher im Arbeitsförderungsgesetz (AFG) geregelt. Zum 01.01.1998 ist es als Drittes Buch in das Sozialgesetzbuch eingegliedert worden. Veranlasst durch die damals sehr hohe Arbeitslosigkeit ist Anfang 2002 das „Gesetz zur Reform der arbeitsmarktpolitischen Instrumente" in Kraft getreten. Es betont den Begriff der **„aktiven Arbeitsförderung",** um die Zahlung von Arbeitslosengeld so weit wie möglich zu vermeiden (§ 5 SGB III).

Anfang 2003 sind – in Umsetzung der Vorschläge der „Hartz-Kommission" – das Erste und Zweite „Gesetz für moderne Dienstleistungen am Arbeitsmarkt" in Kraft getreten, die u. a. die Einführung von „Mini-Jobs" vorsahen. Am 01.01.2004 trat das „Dritte Gesetz für moderne Dienstleistungen am Arbeitsmarkt" in Kraft. Das „Vierte Gesetz für moderne Dienstleistungen am Arbeitsmarkt" („Hartz IV") betraf nicht das SGB III, sondern das SGB II (Grundsicherung für Arbeitsuchende) und ist seit dem 01.01.2005 in Kraft.

Seit vielen Jahren wird versucht, mit neuen Konzepten und ständigen Gesetzesänderungen eine Besserung auf dem Arbeitsmarkt herbeizuführen. Jüngstes Beispiel ist das **„Gesetz zur Verbesserung der Eingliederungschancen am Arbeitsmarkt"** vom 20.12.2011, das (überwiegend) zum 01.04.2012 in Kraft getreten ist. Dieses Gesetz ordnet die arbeitsmarktpolitischen Instrumente neu und verringert die Regelungsdichte. So wurde die Anzahl der Instrumente um ein Viertel reduziert.

Das SGB III beginnt mit der Normierung von Grundsätzen. § 1 SGB III umschreibt allgemein die Aufgaben der Arbeitsförderung, wonach deren Leistungen dazu beitragen sollen, dass „ein hoher Beschäftigungsstand erreicht und die Beschäftigungsstruktur ständig verbessert wird".

§ 2 SGB III betont sowohl die Verantwortung der Agenturen für Arbeit (ehemals „Arbeitsämter") als auch von Arbeitgebern und Arbeitnehmern, auf die **Vermeidung von Arbeitslosigkeit** hinzuwirken und zusammenzuarbeiten.

In den §§ 12 ff. SGB III findet sich eine nähere Beschreibung derjenigen Personen (u. a. Auszubildende, Arbeitslose, Langzeitarbeitslose, Behinderte), die berechtigt sind, die verschiedenen Leistungen des Dritten Buches in Anspruch zu nehmen.

Die §§ 22, 23 SGB III betreffen das Verhältnis der Leistungen aktiver Arbeitsförderung zu anderen Leistungen.

Für Arbeitslose, die kein Arbeitslosengeld „I" nach SGB III (die Bezeichnung „Arbeitslosengeld I" gibt es im Gesetz nicht) mehr beziehen, sondern nur noch Arbeitslosengeld II nach SGB II, sind keine Förderungsleistungen nach dem Dritten Buch vorgesehen (§ 22 Abs. 4 SGB III).

In den §§ 24 ff. SGB III ist die **Versicherungspflicht** geregelt. Wie auch in den anderen Zweigen der Sozialversicherung sind primär die als Arbeiter oder Angestellte gegen Entgelt oder zu ihrer Berufsausbildung Beschäftigten versicherungspflichtig, sofern sie nicht nur geringfügig im Sinne von § 8 SGB IV beschäftigt sind. In Grenzen gibt es auch eine freiwillige Weiterversicherung, z. B. bei einem Wechsel zu einer selbstständigen Tätigkeit, § 28a SGB III.

Im Übrigen finden die gemeinsamen Vorschriften des Buches IV über die Sozialversicherung gemäß § 1 Abs. 1 Satz 2 SGB IV mit wenigen Ausnahmen auch für die Arbeitsförderung Anwendung.

Die systematische Stellung des Buches III vor dem Buch IV verdeutlicht, dass sich die Arbeitsförderung im Gegensatz zu den anderen Zweigen der Sozialversicherung nicht auf die Gewährung beitragsabhängiger Versicherungsleistungen beschränkt. Die für die

Sozialversicherung im eigentlichen Sinne typische Absicherung bei Eintritt eines bestimmten versicherten Risikos – z. B. die Gewährung von Arbeitslosengeld bei Arbeitslosigkeit – stellt nur einen Teil der in § 3 SGB III näher aufgeführten Leistungen dar.

Daneben treten vor allem zahlreiche präventive Maßnahmen, die darauf abzielen, den Versicherungsfall Arbeitslosigkeit erst gar nicht eintreten zu lassen. Hierzu zählt u. a. die **Berufsberatung** (§§ 29 ff. SGB III), die sicherstellen soll, dass möglichst von vornherein eine Ausbildung bzw. Beschäftigung gewählt wird, die einerseits den Neigungen der betreffenden Person entspricht, andererseits aber auch eine berufliche Perspektive bietet.

Ähnliches gilt u. a. auch für die **Vermittlung** in Ausbildung oder Arbeit (§§ 35 ff. SGB III), wobei auch private Vermittler eingeschaltet werden können. Das Vermittlungsmonopol der Arbeitsverwaltung ist aufgehoben worden (vgl. §§ 296 ff. SGB III).

Die Förderung der **beruflichen Weiterbildung**, um durch Qualifizierung eine drohende Arbeitslosigkeit abzuwenden, ist in den §§ 81 ff. SGB III geregelt.

Ist Arbeitslosigkeit eingetreten, sieht das Dritte Buch neben der Versicherungsleistung **Arbeitslosengeld** (§§ 136 ff. SGB III) eine Reihe von Maßnahmen vor, die den möglichst raschen Wiedereinstieg in das Erwerbsleben bewirken sollen. Außer der schon genannten Vermittlung und der beruflichen Weiterbildung zählen hierzu u. a. Maßnahmen zur Aktivierung und beruflichen Eingliederung (§ 45 SGB III).

§ 37 SGB III sieht unmittelbar nach der Arbeitsuchendmeldung vor, dass sich die Agentur für Arbeit und der Arbeitslose gemeinsam Gedanken über die erforderlichen und möglichen Maßnahmen zur Vermeidung von Langzeitarbeitslosigkeit machen. Das Ergebnis wird nach einer **Potenzialanalyse** in einer Art Vertrag, der sog. **Eingliederungsvereinbarung**, festgehalten.

§ 8 SGB III betont besonders die Ziele der **Frauenförderung** und der Vereinbarkeit von Familie und Beruf.

Die §§ 93 f. SGB III sollen mit dem **Gründungszuschuss** einen Anreiz zur Aufnahme einer selbstständigen Tätigkeit geben. Die Förderung der Gründung von sog. „Ich-AGs" ist 2006 abgeschafft worden

Hinzuweisen ist darauf, dass zur beruflichen Eingliederung nicht nur die betroffenen Arbeitslosen selbst, sondern daneben auch die Arbeitgeber (§§ 88 ff. SGB III) bzw. Träger bestimmter Maßnahmen (§§ 74 ff. SGB III) Leistungen in Anspruch nehmen können (auch hier ist zu beachten, dass nach § 22 Abs. 4 SGB III viele Leistungen nicht gewährt werden, wenn das SGB II anwendbar ist).

Wichtig ist, dass nach den §§ 4 und 5 SGB III die Vermittlung sowie die aktive Arbeitsförderung Vorrang vor den Versicherungsleistungen im engeren Sinne (Arbeitslosengeld) haben. Das entspricht im Regelfall nicht nur dem Interesse des Arbeitslosen oder des von Arbeitslosigkeit Bedrohten, sondern ist im Endeffekt auch kostengünstiger. Um dem Nachdruck zu verleihen, sieht § 2 Abs. 2 SGB III vor, dass die Arbeitgeber ihre Arbeitnehmer vor Beendigung eines Arbeitsverhältnisses (z. B. durch Kündigung) frühzeitig bei der Suche nach einer neuen Beschäftigung unterstützen.

Weiter sind die Arbeitnehmer verpflichtet, sich spätestens drei Monate vor Ende des Arbeitsverhältnisses bzw. sich unverzüglich, nachdem sie von einer **Kündigung** Kenntnis erhalten haben, bei der Agentur für Arbeit als arbeitssuchend zu melden,

§ 38 SGB III. Anderenfalls droht ihnen eine Sperrzeit und damit ein Ruhen des Arbeitslosengeldes, § 159 Abs. 1 Satz 2 Nr. 7 SGB III.

Von den in § 3 Abs. 4 genannten **Entgeltersatzleistungen** spielt das Arbeitslosengeld die größte Rolle. Seit „Hartz IV", also seit dem 01.01.2005, gibt es außerdem noch die Leistung „Arbeitslosengeld II" nach dem SGB II, das die frühere Arbeitslosenhilfe des SGB III ersetzt hat. Die Anspruchsvoraussetzungen des Arbeitslosengeldes („I") sind in den §§ 136–161 SGB III normiert. Hervorzuheben ist, dass die Voraussetzung der Arbeitslosigkeit (§ 138 SGB III) u. a. nur erfüllt ist, wenn der Arbeitslose bereit ist, jede ihm zumutbare Beschäftigung anzunehmen. Die Zumutbarkeit richtet sich dabei gemäß § 140 Abs. SGB III vor allem nach dem letzten Arbeitsentgelt des Versicherten. Bereits nach drei Monaten Arbeitslosigkeit ist eine Minderung des Arbeitsentgelts um mehr als 30 Prozent zumutbar und nach einem halben Jahr braucht es nur noch die Höhe des Arbeitslosengeldes zu erreichen.

Außerdem ist die Erfüllung einer **Anwartschaftszeit** (§§ 142 und 143 SGB III) notwendig. Hierzu muss der Arbeitslose grundsätzlich innerhalb der letzten zwei Jahre vor Eintritt der Arbeitslosigkeit mindestens zwölf Monate versicherungspflichtig beschäftigt gewesen sein. Die Höhe des Arbeitslosengeldes orientiert sich gemäß den §§ 149 ff. SGB III in erster Linie an dem im letzten Jahr vor der Arbeitslosigkeit erzielten Nettoeinkommen. Hiervon erhält der Arbeitslose, sofern er mindestens ein Kind zu versorgen hat, 67 Prozent, ansonsten 60 Prozent. Die Anspruchsdauer richtet sich laut den §§ 147 f. SGB III nach dem Alter des Versicherten und der Dauer des zuvor bestehenden Versicherungsverhältnisses.

Die §§ 155 ff. SGB III regeln ausführlich die Minderung und das Ruhen des Arbeitslosengeldes, z.B. bei verspäteter Meldung wegen Arbeitslosigkeit oder bei selbstverschuldeter Arbeitslosigkeit (**Sperrzeit**, § 159 SGB III).

Als weitere Entgeltersatzleistungen zu nennen sind das Übergangsgeld für behinderte Menschen (§§ 119 ff. SGB III), das Kurzarbeitergeld bei Arbeitsausfall (§§ 95 ff. SGB III), das Saison-Kurzarbeitergeld mit ergänzenden Leistungen (§§ 101 f. SGB III) und das Insolvenzgeld (§§ 165 ff. SGB III).

Hinzu kommen die sog. **Transferleistungen** für Arbeitnehmer, die wegen Betriebsänderungen von Arbeitslosigkeit bedroht sind. Durch sie soll – mit finanzieller Unterstützung auch der Arbeitgeber als Leistungsvoraussetzung – die weitere Beschäftigung der Arbeitnehmer gewährleistet werden, §§ 110 f. SGB III.

Noch hinzuweisen ist auf die bedeutsame Förderung der Berufsausbildung (§§ 73 ff. SGB III) sowie der **beruflichen Weiterbildung** (§§ 81 ff. SGB III) und die wichtigen Maßnahmen zur Förderung der beruflichen Eingliederung behinderter Menschen (§§ 112 ff. SGB III). Erwähnenswert sind auch die Maßnahmen zum Gelingen des Übergangs von der Schule in die Berufsausbildung (§§ 48 und 49 SGB III), sowie die berufsvorbereitenden Bildungsmaßnahmen, §§ 51 ff. SGB III).

Die §§ 280 ff. SGB III betreffen die Aufgaben der **Bundesagentur für Arbeit**. Die Vorschriften der §§ 309 ff. SGB III beziehen sich in erster Linie auf die Pflichten im Leistungsverfahren. In den §§ 340 ff. SGB III ist die Finanzierung der Leistungen geregelt. Der Beitragssatz ist von 6,5 Prozent in den Jahren 1996 bis 2006 auf nunmehr 3,0 Prozent gesunken.

Die §§ 367 ff. SGB III enthalten Vorschriften über die Organisation der Arbeitsverwaltung und den Datenschutz. Schließlich normieren die beiden letzten Kapitel **Straf- und Bußgeldvorschriften** sowie Sonderregelungen.

Einen ersten Überblick über Träger, Beiträge und Berechtigte der Arbeitsförderung gibt die Tabelle 1.3.

Träger	Bundesagentur für Arbeit und die örtlichen Agenturen für Arbeit, § 367 Abs. 2
Versicherungspflicht	gemäß §§ 24 bis 26 mit den in §§ 27, 28 normierten Ausnahmen
Freiwillige Weiterversicherung	§ 28a (Versicherungspflichtverhältnis auf Antrag)
Beiträge	a) Beitragspflicht gemäß §§ 346 ff. b) **Beitragssatz** gemäß § 341 Abs. 2 (2014: 3,0 %) c) Beiträge werden von den versicherungspflichtigen Beschäftigten und den Arbeitgebern je zur Hälfte getragen, § 346 Abs. 1 Satz 1 d) Beitragsbemessungsgrundlagen sind die beitragspflichtigen Einnahmen, die bis zur Beitragsbemessungsgrenze berücksichtigt werden, § 341 Abs. 3 Satz 1 e) die **Beitragsbemessungsgrenze** entspricht derjenigen der allgemeinen Rentenversicherung, § 341 Abs. 4 (für 2014: West: 71.400 €/Jahr, 5.950 €/Monat; Ost: 60.000 €/Jahr, 5.000 €/Monat)

Berechtigte	• HeimarbeiterInnen, § 13
	• Auszubildende, § 14
	• Ausbildung- und Arbeitsuchende, § 15
	• Arbeitslose, § 16
	• von Arbeitslosigkeit bedrohte Arbeitnehmer, § 17
	• Langzeitarbeitslose, § 18
	• behinderte Menschen, § 19
	• Berufsrückkehrende, § 20
	• Träger, § 21

Tabelle 1.3: Arbeitsförderung (SGB III)

8.2 Versicherte Personen

In einem Versicherungspflichtverhältnis stehen Personen, die als Beschäftigte oder aus sonstigen Gründen versicherungspflichtig sind (§§ 24 ff. SGB III). Außerdem besteht die Möglichkeit, die Versicherungspflicht zu beantragen. Bestimmte Personen sind versicherungsfrei.

Zunächst sind Personen, die gegen Arbeitsentgelt oder zu ihrer Berufsausbildung beschäftigt sind, versicherungspflichtig. Mit wenigen Ausnahmen unterliegen damit alle Arbeitnehmer der Versicherungspflicht.

Zu den sonstigen Versicherungspflichtigen (§ 26 SGB III) gehören hauptsächlich:
- Jugendliche, die in Einrichtungen der beruflichen Rehabilitation Leistungen zur Teilhabe am Arbeitsleben erhalten,
- Wehr- oder Zivildienstleistende,
- Personen, die Mutterschaftsgeld, Krankengeld, Verletztengeld oder Übergangsgeld beziehen,
- Personen, die eine Rente wegen voller Erwerbsminderung beziehen,
- Personen in der Zeit, in der sie eine Pflegezeit nach den PfegeZG in Anspruch nehmen,
- Personen in der Zeit, in der sie ein unter drei Jahre altes Kind erziehen.

Versicherungspflicht auf Antrag

Seit dem 01.02.2006 können sich Personen auf Antrag (gem. § 28a SGB III) freiwillig versichern, die eine der folgenden Beschäftigungsarten ausüben:
- Pflege eines Angehörigen (mit einem zeitlichen Umfang von wenigstens 14 Stunden wöchentlich),
- Aufnahme einer selbstständigen Tätigkeit (mindestens 15 Stunden/Woche),
- Beschäftigung außerhalb der EU.

Voraussetzungen:

Innerhalb der letzten 24 Monate vor dieser Beschäftigung (z. B. Pflege eines Angehörigen) hat ein Versicherungspflichtverhältnis von mindestens zwölf Monaten bestanden

oder

es wurden Entgeltersatzleistungen (nach dem SGB III) von der Agentur für Arbeit bezogen, z. B. Arbeitslosengeld oder Übergangsgeld,

und

mindestens einen Monat vor dieser Beschäftigung bestand noch ein Versicherungspflichtverhältnis.

Der Antrag ist spätestens innerhalb von drei Monaten nach Aufnahme dieser Beschäftigung bei der örtlichen Agentur für Arbeit zu stellen.

Versicherungsfreiheit besteht gem. §§ 27 f. SGB III insbesondere für solche Personen, für die es nicht als notwendig angesehen wird, dass sie durch die Arbeitsförderung geschützt werden.

Versicherungsfrei sind unter anderem Personen, die
- als Beamter, Richter, Soldat auf Zeit sowie Berufssoldat der Bundeswehr, Geistlicher, Mitglieder von geistlichen Gemeinschaften, Diakonissen, Lehrer an privaten genehmigten Ersatzschulen,
- nur geringfügig beschäftigt sind,
- als Schüler einer allgemeinbildenden Schule oder als ordentliche Studierende einer Hochschule bzw. Fachschule eine Beschäftigung ausüben und
- Personen, die das Lebensalter für die Regelaltersrente aus der gesetzlichen Rentenversicherung erreicht haben, sowie Bezieher einer Rente wegen voller Erwerbsminderung, die wegen einer Minderung ihrer Leistungsfähigkeit dauernd nicht mehr verfügbar sind.

8.3 Leistungen der Arbeitsförderung

Leistungen der Arbeitsförderung (SGB III)		
Leistungen für Arbeitnehmer (Bürgerinnen und Bürger)	**Leistungen für Arbeitgeber (Unternehmer)**	**Leistungen für Träger (Institutionen)**
Berufsberatung, §§ 29 ff.	Arbeitsmarktberatung, § 34	Berufseinstiegsbegleitung, § 49
Vermittlung, §§ 35 ff.	Vermittlung, §§ 35–44	Unterstützung und Förderung der Berufsausbildung, §§ 74ff.:
Potenzialanalyse und Eingliederungsvereinbarung, § 37	Eingliederungszuschüsse für schwer vermittelbare und besonders betroffene behinderte Menschen, §§ 88 ff., 131	• ausbildungsbegleitende Hilfen (abH), § 75
Vermittlungsunterstützende Leistungen, §§ 44, 45		• außerbetriebliche Berufsausbildung, §§ 76ff.
Aktivierungs- und Vermittlungsgutschein, § 45 Abs. 4 u. Abs. 7	Förderung der Teilhabe behinderter Menschen am Arbeitsleben (berufliche Rehabilitation), §§ 73, 112 ff.	Maßnahmekosten bei berufsvorbereitenden Bildungsmaßnahmen, § 54
Förderung der Aufnahme einer selbstständigen Tätigkeit (Gründungszuschuss), §§ 93, 94	Einstiegsqualifizierung, § 54a	Förderung von Jugendwohnheimen, § 80a
Förderung der Berufsausbildung, §§ 56 ff.	Probebeschäftigung und Arbeitshilfe für behinderte Menschen, § 46	
Förderung der beruflichen Weiterbildung, §§ 81 ff., 144	Weiterbildung wegen fehlenden Berufsabschlusses (Zuschuss zum Arbeitsentgelt für Ungelernte), § 81 Abs. 5	
Weiterbildungsförderung in kleinen und mittleren Unternehmen, § 131a		
Förderung der Teilhabe behinderter Menschen am Arbeitsleben, §§ 112 bis 129	Kurzarbeitergeld/Transferkurzarbeitergeld/Saison-Kurzarbeitergeld, §§ 95–111, 320, 323 Abs. 2, 327	
Entgeltersatzleistungen:		
• Arbeitslosengeld, §§ 136 ff.		
• Teilarbeitslosengeld, § 162		
• Übergangsgeld, §§ 119 ff.		
• Kurzarbeitergeld, §§ 95 ff.		
• Insolvenzgeld, §§ 165 ff.		
Förderung der ganzjährigen Beschäftigung, §§ 101, 102		
Transferleistungen, §§ 110, 111		

Tabelle 1.4: Leistungen der Arbeitsförderung

Die Leistungen der aktiven Arbeitsförderung sind vorrangig einzusetzen, um sonst erforderliche Leistungen, die das Arbeitsentgelt bei Arbeitslosigkeit ersetzen, zu vermeiden und um Langzeitarbeitslosigkeit zu verhindern.

Leistungen der aktiven Arbeitsförderung sind Ermessensleistungen mit Ausnahme der in § 3 Abs. 3 SGB III aufgeführten neun Leistungen.

Die Teilnehmenden an Maßnahmen der aktiven Arbeitsmarktpolitik gelten als nicht arbeitslos (§ 16 Abs. 2 SGB III).

8.3.1 Leistungen für ArbeitnehmerInnen

- Berufsberatung sowie Ausbildungs- und Arbeitsvermittlung und diese unterstützende Leistungen,
- Förderung aus dem Vermittlungsbudget (§ 44 SGB III),
- Maßnahmen zur Aktivierung und beruflichen Eingliederung (§ 45 SGB III),
- Gründungszuschuss zur Förderung der Aufnahme einer selbstständigen Tätigkeit (§§ 93, 94 SGB III),
- Berufsausbildungsbeihilfe während einer beruflichen Ausbildung oder einer berufsvorbereitenden Bildungsmaßnahme (§§ 56–72 SGB III),
- Förderung der beruflichen Weiterbildung: u. a. Bildungsgutschein (§§ 81 ff., 131a, 144 SGB III),
- Übernahme der Weiterbildungskosten (Fahrkosten, Lehrgangskosten, Kinderbetreuungskosten) während der Teilnahme an einer beruflichen Weiterbildung,
- Leistungen zur Teilhabe behinderter Menschen am Arbeitsleben (insbesondere Ausbildungsgeld, Übernahme der Teilnahmekosten und Übergangsgeld) und zusätzlich besondere Leistungen (z. B. Kraftfahrzeughilfe, technische Arbeitshilfen),
- Arbeitslosengeld während der Arbeitslosigkeit, Teilarbeitslosengeld während Teilarbeitslosigkeit sowie Arbeitslosengeld bei beruflicher Weiterbildung,
- Kurzarbeitergeld bei Arbeitsausfall,
- Insolvenzgeld bei Zahlungsunfähigkeit des Arbeitgebers,
- Saison-Kurzarbeitergeld während der Schlechtwetterzeit („Wintergeld") und
- Transferleistungen (im Rahmen von Betriebsänderungen).

8.3.2 Leistungen für Arbeitgeber / Unternehmen

- Arbeitsmarktberatung sowie Ausbildungs- und Arbeitsvermittlung,
- Zuschüsse zu den Arbeitsentgelten bei Eingliederung von leistungsgeminderten Arbeitnehmern (Eingliederungszuschuss, §§ 88, 89 und 131 SGB III) sowie im Rahmen der Förderung der beruflichen Weiterbildung beschäftigter Arbeitnehmer (§ 81 Abs. 5 SGB III),
- Berufliche Rehabilitation behinderter und schwerbehinderter Menschen (Probebeschäftigung, § 46; Zuschüsse zur Ausbildungsvergütung, § 73; Eingliederungszuschuss, § 90 SGB III),
- Zuschüsse zur Ausbildungsvergütung bei Durchführung von Maßnahmen während der betrieblichen Ausbildung
- Zuschüsse zur Vergütung bei einer Einstiegsqualifizierung, § 54a SGB III.

8.3.3 Leistungen für Träger

- Zuschüsse zu zusätzlichen Maßnahmen der betrieblichen Ausbildung,
- Berufseinstiegsbegleitung (§ 49 SGB III),
- Ausbildungsbegleitende Hilfen (abH) für lernbeeinträchtigte Auszubildende und Teilnehmende an einer Einstiegsqualifizierung sowie für Auszubildende, bei denen ein Abbruch der Ausbildung droht, §§ 75 ff. SGB III). Die Angebote gehen über betriebs- und ausbildungsübliche Inhalte hinaus und beinhalten u. a. Stützunterricht zum Abbau von Sprach- und Bildungsdefiziten sowie sozialpädagogische Begleitung.
- Übernahme der Kosten für die Ausbildung in einer außerbetrieblichen Einrichtung und beschäftigungsbegleitende Eingliederungshilfen sowie Zuschüsse zu den Aktivierungshilfen,
- Darlehen und Zuschüsse für Einrichtungen der beruflichen Rehabilitation.

Die Zuschüsse werden vor allem für die sog. **Benachteiligtenförderung** (sozial benachteiligte Auszubildende) gewährt (§§ 74–79 SGB III).

Alle Träger (und ebenso diejenigen Maßnahmen, die mittels eines Gutscheins in Anspruch genommen werden können) bedürfen einer externen Zulassung. Auch die Anbieter von Arbeitsmarktdienstleistungen werden stärkeren **Qualitätskontrollen** unterzogen (§§ 176–184 SGB III).

8.4 Beratung und Vermittlung

Die Agentur für Arbeit hat Jugendlichen und Erwachsenen, die am Arbeitsleben teilnehmen oder teilnehmen wollen, Berufsberatung anzubieten. Arbeitgeber erhalten Arbeitsmarktberatung (§§ 29 ff. SGB III).

Diese Leistungen sind – ebenso wie die Vermittlung von Ausbildungs- und Arbeitsplätzen – kostenlos.

Die Berufsberatung umfasst die Erteilung von Auskunft und Rat
- zur Berufswahl, beruflichen Entwicklung und zum Berufswechsel,
- zur Lage und Entwicklung des Arbeitsmarktes und der Berufe,
- zu den Möglichkeiten der beruflichen Bildung,
- zur Ausbildungs- und Arbeitsplatzsuche und
- zu Leistungen der Arbeitsförderung.

Bei der Berufsberatung sind Neigung, Eignung und Leistungsfähigkeit der Ratsuchenden sowie die Beschäftigungsmöglichkeiten zu berücksichtigen.

8.5 Berufliche Orientierung

Zur Vorbereitung der Jugendlichen und Erwachsenen auf die Berufswahl sowie zur Unterrichtung der Ausbildungssuchenden, Arbeitsuchenden, Arbeitnehmer und Arbeitgeber hat die Agentur für Arbeit Berufsorientierung zu betreiben. Dabei soll sie umfassend über
- Fragen der Berufswahl,
- die Berufe und ihre Anforderungen und Aussichten,
- Wege und Förderung der beruflichen Bildung sowie
- beruflich bedeutsame Entwicklungen in den Betrieben, Verwaltungen und auf dem Arbeitsmarkt

unterrichten (§ 33 SGB III).

Um den Übergang von der Schule in die Berufsausbildung zu erleichtern, kann die Agentur für Arbeit Berufsorientierungsmaßnahmen unterstützen (§ 48 SGB III). Zur Berufseinstiegsbegleitung vgl. § 49 SGB III.

8.6 Arbeitsmarktberatung

Die Arbeitsmarktberatung soll dazu beitragen, die Arbeitgeber bei der Besetzung von Ausbildungs- und Arbeitsstellen zu unterstützen (§ 34 SGB III).

Die Agentur für Arbeit hat Ausbildungs- und Arbeitsuchenden sowie Arbeitgebern die Vermittlung von Ausbildung und Arbeit anzubieten. Sie hat durch Vermittlung darauf hinzuwirken, dass Ausbildungssuchende eine Ausbildungsstelle, Arbeitsuchende eine Arbeitsstelle und Arbeitgeber geeignete Arbeitnehmer und Auszubildende erhalten. Sie hat dabei die Neigung, Eignung und Leistungsfähigkeit der Ausbildungssuchenden und Arbeitsuchenden sowie die Anforderungen der angebotenen Stellen zu berücksichtigen.

8.7 Eingliederungsvereinbarung

Die Agentur für Arbeit hat spätestens nach der Ausbildungssuchend- oder Arbeitssuchendmeldung zusammen mit dem Arbeitslosen die für die Vermittlung erforderlichen beruflichen und persönlichen Merkmale des Arbeitslosen, seine beruflichen Fähigkeiten und seine Eignung festzustellen (vgl. § 37 SGB III). Diese Feststellung wird **Potenzialanalyse** genannt.

Die Agentur für Arbeit und der Arbeitslose halten in einer Eingliederungsvereinbarung die zur beruflichen Eingliederung erforderlichen Leistungen und die eigenen Bemühungen des Arbeitslosen fest. Eine Eingliederungsvereinbarung ist mit dem Ausbildungssuchenden zu schließen, der zu Beginn des neuen Ausbildungsjahres noch nicht vermittelt ist.

In der Eingliederungsvereinbarung sind auch die Vermittlungsbemühungen der Agentur für Arbeit und die Eigenbemühungen des Arbeitslosen oder Ausbildungssuchenden festzulegen. Die Vereinbarung ist spätestens nach sechsmonatiger Arbeitslosigkeit zu überprüfen; arbeitslose und ausbildungssuchende Jugendliche werden bereits nach drei Monaten überprüft.

8.8 Verbesserung der Eingliederungsaussichten

Arbeitslose und von Arbeitslosigkeit bedrohte Arbeitsuchende sowie Ausbildungssuchende können gefördert werden, wenn dadurch ihre Eingliederungsaussichten verbessert werden.

§ 44 SGB III regelt die Förderung aus dem **Vermittlungsbudget,** um die Ziele der Eingliederungsvereinbarung zu unterstützen.

Die **Maßnahmen zur Aktivierung und beruflichen Eingliederung** können nach § 45 SGB III gefördert werden, z. B. die Verringerung von Vermittlungshemmnissen; Stabilisierung einer Beschäftigungsaufnahme oder Heranführung an eine selbstständige Tätigkeit.

8.9 Förderung der Berufsausbildung

Die Berufsausbildung kann gemäß §§ 56 ff. SGB III durch eine Berufsausbildungsbeihilfe gefördert werden.

Anspruch auf eine **Berufsausbildungsbeihilfe** besteht, wenn die gewählte berufliche Ausbildung oder die berufsvorbereitende Bildungsmaßnahme förderungsfähig ist, der Auszubildende die persönlichen Voraussetzungen für eine Förderung erfüllt und ihm die erforderlichen Mittel für Lebensunterhalt, Fahrtkosten sowie Maßnahmekosten nicht anderweitig zur Verfügung stehen.

Zu den persönlichen Voraussetzungen gehört unter anderem, dass der Auszubildende außerhalb des Haushaltes der Eltern oder eines Elternteils wohnt und eine Ausbildungsstätte von der Wohnung der Eltern oder eines Elternteils aus nicht in angemessener Zeit erreichen kann. Für Auszubildende, die das 18. Lebensjahr vollendet haben, verheiratet, geschieden oder verwitwet sind und mit mindestens einem Kind zusammenleben, gelten erleichterte Bedingungen (§ 60 Abs. 2 SGB III).

Bei einer berufsvorbereitenden Bildungsmaßnahme wird der Auszubildende nur gefördert, wenn die Maßnahme zur Vorbereitung auf eine Berufsausbildung oder zur beruflichen Eingliederung erforderlich ist.

Die Berufsausbildungsbeihilfe besteht in der Beihilfe zum Lebensunterhalt, für Fahrkosten, sonstige Aufwendungen (z. B. Gebühren für Fernunterricht) und für Lehrgangskosten.

Arbeitgeber können durch Zuschüsse zur Ausbildungsvergütung gefördert werden. Träger von Maßnahmen der beruflichen Ausbildung können durch Zuschüsse gefördert werden, wenn sie durch zusätzliche Maßnahmen für förderungsbedürftige Auszubildende diesen eine berufliche Ausbildung ermöglichen und ihre Eingliederungsaussichten verbessern.

8.10 Förderung der beruflichen Weiterbildung

Bei Teilnahme an Maßnahmen der beruflichen Weiterbildung können ArbeitnehmerInnen durch Übernahme der Weiterbildungskosten gefördert werden (§§ 81 ff. SGB III).

Wesentliche Voraussetzung dafür ist, dass die Weiterbildung notwendig ist, um die Arbeitnehmer bei Arbeitslosigkeit beruflich einzugliedern oder eine ihnen drohende Arbeitslosigkeit abzuwenden.

Ferner kann die Teilnahme an der Maßnahme nur gefördert werden, wenn vor ihrem Beginn eine Beratung durch die Agentur für Arbeit erfolgt ist und die Maßnahme und der Träger der Maßnahme für die Förderung zugelassen sind.

8.10.1 Auswahl der Träger

Für die Förderung sind die Träger zugelassen, bei denen eine **fachkundige Stelle** festgestellt hat, dass sie

- die erforderliche Leistungsfähigkeit besitzen,
- in der Lage sind, durch eigene Vermittlungsbemühungen die Eingliederung der Teilnehmer zu unterstützen,
- durch Aus- und Fortbildung sowie Berufserfahrung des Leiters und der Lehrkräfte eine erfolgreiche berufliche Weiterbildung erwarten lassen und
- ein System zur **Qualitätssicherung** anwenden (vgl. § 178 SGB III).

Fachkundige Stellen sind von der Akkreditierungsstelle zur Zertifizierung zugelassenen Stellen (§ 177 SGB III).

8.10.2 Anforderungen an Maßnahmen

Zugelassen sind nach § 179 f. SGB III nur die Maßnahmen, bei denen eine fachkundige Stelle festgestellt hat, dass sie

- eine erfolgreiche berufliche Bildung erwarten lassen und nach Lage und Entwicklung des Arbeitsmarktes zweckmäßig sind,
- angemessene Teilnahmebedingungen bieten,
- mit einem Zeugnis abschließen, das Auskunft über den vermittelten Lehrstoff gibt und wenn
- Kosten und Dauer angemessen sind.

Eine Maßnahme wird außerdem nur zugelassen, wenn sie das Ziel hat,
- berufliche Kenntnisse, Fertigkeiten und Fähigkeiten festzustellen, zu erhalten, zu erweitern, der technischen Entwicklung anzupassen oder einen beruflichen Aufstieg zu ermöglichen,
- einen beruflichen Abschluss zu vermitteln oder
- zu anderer beruflicher Tätigkeit zu befähigen (vgl. § 180 SGB III).

Die Agentur für Arbeit kann die Durchführung der Maßnahmen überwachen sowie den Erfolg beobachten (**Qualitätsprüfung** gem. § 183 SGB III).

8.10.3 Bildungsgutschein

Das Vorliegen der Voraussetzungen für eine Förderung wird dem Arbeitnehmer/der Arbeitnehmerin von der Agentur für Arbeit bescheinigt (Bildungsgutschein). Der Bildungsgutschein ist von dem Träger, der ausgewählt wurde, vor Beginn der Maßnahme der Agentur für Arbeit vorzulegen (§ 81 Abs. 4 SGB III).

> Als **Weiterbildungskosten** können gemäß §§ 83 ff. SGB III übernommen werden:
> - Lehrgangskosten und Kosten für die Eignungsfeststellung,
> - Fahrkosten,
> - Kosten für eine auswärtige Unterbringung und Verpflegung sowie
> - Kosten für die Betreuung von Kindern.

8.11 Förderung der Teilhabe behinderter Menschen

Behinderte Menschen können Leistungen zur Förderung der Teilhabe am Arbeitsleben bekommen, die wegen Art oder Schwere der Behinderung erforderlich sind, um ihre Erwerbsfähigkeit zu erhalten, zu bessern, herzustellen oder wiederherzustellen und ihre Teilhabe am Arbeitsleben zu sichern (§§ 112 ff. SGB III),

Bei der Wahl der Leistungen sind Eignung, Neigung, bisherige Tätigkeit sowie Lage und Entwicklung des Arbeitsmarktes angemessen zu berücksichtigen. Soweit es erforderlich ist, schließt das Verfahren zur Leistungsauswahl die Prüfung zur beruflichen Eignung oder eine Arbeitserprobung ein.

Leistungen zur beruflichen Rehabilitation behinderter und schwerbehinderter Menschen werden auch nach den Förderungsbestimmungen des SGB IX erbracht; vgl. das nachfolgende Kapitel in diesem Buch.

8.11.1 Verschiedene Leistungsarten

Für behinderte Menschen können **allgemeine Leistungen** sowie besondere Leistungen zur Teilhabe am Arbeitsleben und diese ergänzende Leistungen erbracht werden.

Die allgemeinen Leistungen umfassen Leistungen zur Unterstützung der Beratung und Vermittlung, Verbesserung der Aussichten auf Teilhabe am Arbeitsleben, Förderung der Aufnahme einer Beschäftigung oder selbstständigen Tätigkeit, der Berufsausbildung und der beruflichen Weiterbildung (§§ 115, 116 SGB III).

Die **besonderen Leistungen** sind das Übergangsgeld, das Ausbildungsgeld (falls Übergangsgeld nicht gezahlt werden kann) und die Übernahme der Teilnahmekosten für eine Maßnahme, § 118 SGB III.

Die Leistungen können auf Antrag auch als Teil eines trägerübergreifenden **Persönliches Budgets** erbracht werden (§ 118 SGB III i. V. m. § 17 Abs. 2 bis 4 SGB IX), um den Leistungsberechtigten ein möglichst selbstbestimmtes Leben zu ermöglichen.

8.11.2 Übergangsgeld

Übergangsgeld überbrückt einkommenslose Zeiten während der Teilnahme an Maßnahmen der beruflichen Rehabilitation (§§ 119–121 SGB III i. V. m. §§ 44 ff. SGB IX). Ein Anspruch besteht i. d. R. nur, wenn die Vorbeschäftigungszeit erfüllt ist, d. h. der Behinderte muss innerhalb der letzten drei Jahre vor Beginn der Bildungsmaßnahme mindestens zwölf Monate versicherungspflichtig beschäftigt gewesen sein oder Anspruch auf Arbeitslosengeld (I) gehabt und beantragt haben.

Die Höhe des Übergangsgeldes richtet sich nach der Berechnungsgrundlage. Das sind 80 Prozent des zuletzt regelmäßig erzielten Arbeitsentgelts oder des Arbeitseinkommens (Regelentgelt), für das zuletzt Beiträge gezahlt worden sind – höchstens jedoch das Nettoarbeitsentgelt. Berechnungsgrundlage ist aber mindestens ein Betrag von 65 Prozent des fiktiven Arbeitsentgelts einer altersmäßig und beruflich vergleichbaren nicht behinderten Person.

Das Übergangsgeld beträgt 68 Prozent der Berechnungsgrundlage; für Versicherte, die mindestens ein (steuerlich berücksichtigtes) Kind erziehen, sind es 75 Prozent.

Auf das Übergangsgeld ist eigenes Einkommen anzurechnen. Das Übergangsgeld wird nach Ablauf eines Jahres angepasst. Maßgebend dafür ist die Veränderung der Bruttolohn- und Gehaltssumme je durchschnittlich beschäftigtem Arbeitnehmer.

Wer an einer behindertenspezifischen Maßnahme zur beruflichen Ausbildung oder zur Berufsvorbereitung teilnimmt, hat Anspruch auf **Ausbildungsgeld**, wenn kein Anspruch auf Übergangsgeld besteht (§ 122 SGB III). Das gilt auch für eine Unterstützte Beschäftigung (vgl. § 38a SGB IX), eine Grundausbildung und eine Maßnahme im Eingangsverfahren bzw. Berufsbildungsbereich einer anerkannten Werkstätte für behinderte Menschen (WfbM).[25]

8.12 Eingliederungszuschüsse an Arbeitgeber

Die Eingliederungszuschüsse wurden ab April 2012 vereinheitlicht. Statt der bisher sechs verschiedenen Zuschüsse gibt es nun eine allgemeine Grundnorm, die eine passgenauere Förderung ermöglichen soll.

Arbeitgeber können zur Eingliederung von ArbeitnehmerInnen Zuschüsse zu den Arbeitsentgelten erhalten. Damit wird ein Anreiz geschaffen, Menschen einzustellen,

---

[25] Zur WfbM vgl. S. 179 f. in diesem Buch.

deren Vermittlung wegen in ihrer Person liegender Umstände erschwert ist (§§ 88 ff. SGB III).

Der Eingliederungszuschuss darf 50 Prozent des berücksichtigungsfähigen Arbeitsentgelts nicht übersteigen und höchstens für zwölf Monate gezahlt werden. Nach Ablauf von zwölf Monaten ist der Eingliederungszuschuss entsprechend der zu erwartenden Zunahme der Leistungsfähigkeit des Arbeitnehmers zu vermindern.

Schwerbehinderte oder sonstige behinderte Menschen sind bis zu 70 Prozent und bis zu 24 Monate förderfähig. Für besonders betroffene schwerbehinderte Menschen kann die Förderdauer bis zu 60 Monaten, bei über 55-Jährigen bis zu 96 Monaten betragen (§ 90 SGB III).

Förderungsausschluss und Rückzahlung des Eingliederungszuschusses sind in § 92 SGB III geregelt.

8.13 Arbeitsbeschaffungsmaßnahmen

Die Agentur für Arbeit konnte **bisher** Arbeitsbeschaffungsmaßnahmen (ABM) durch Zuschüsse zu den Lohnkosten für Beschäftigungen fördern, wenn

- die Maßnahmen dazu dienen, insbesondere bei hoher Arbeitslosigkeit entsprechend den Problemschwerpunkten der regionalen und beruflichen Teilarbeitsmärkte Arbeitslosigkeit abzusagen und arbeitslosen Arbeitnehmern zur Erhaltung oder Wiedererlangung der Beschäftigungsfähigkeit, die für eine Eingliederung in den Arbeitsmarkt erforderlich ist, zumindest vorübergehend eine Beschäftigung zu ermöglichen,
- in den Maßnahmen zusätzliche und im öffentlichen Interesse liegende Arbeiten durchgeführt werden,
- eine Beeinträchtigung der Wirtschaft als Folge der Förderung nicht zu befürchten ist und
- mit den von der Agentur für Arbeit zugewiesenen Arbeitnehmern Arbeitsverhältnisse begründet werden (§§ 260 ff. SGB III a. F.).

Zukünftig entfallen die ABM aufgrund der schlechten Evaluierungsergebnisse: Sie hatten in Bezug auf die Integration in den ersten Arbeitsmarkt eine negative Wirkung und haben eher Chancen verbaut („Lock-in-Effekt").

8.14 Entgeltersatzleistungen

Unter bestimmten Voraussetzungen zahlt die Agentur für Arbeit Entgeltersatzleistungen. Hierzu zählen gemäß § 3 Abs. 4 SGB III
- Arbeitslosengeld bei Arbeitslosigkeit und bei beruflicher Weiterbildung,
- Teilarbeitslosengeld bei Teilarbeitslosigkeit,
- Übergangsgeld bei Teilnahme an Maßnahmen zur beruflichen Rehabilitation (Teilhabe am Arbeitsleben),
- Kurzarbeitergeld bei Arbeits- und Entgeltausfall sowie
- Insolvenzgeld bei Zahlungsunfähigkeit des Arbeitgebers.

8.14.1 Arbeitslosengeld
(§§ 136–161, 309–313, 323–325 SGB III)

Die Regelungen zum Arbeitslosengeld sind von vielen individuellen Voraussetzungen abhängig und teilweise sehr kompliziert. Nachfolgend nur die grundsätzlichen Bestimmungen.

Voraussetzungen:
- Arbeitslosigkeit,
- persönliche Arbeitslosmeldung,
- Erfüllung der Anwartschaftszeit.

Arbeitslosigkeit wird nach § 138 SGB III definiert durch
- Beschäftigungslosigkeit,
- Eigenbemühungen und
- Verfügbarkeit, d.h. den Vermittlungsbemühungen der Agentur für Arbeit zur Verfügung stehen.

Übung 3.1

> Herr Moor hat als Architekt bis zum Zeitpunkt seiner Entlassung 4.800 Euro im Monat verdient. Seither bezieht er Arbeitslosengeld. Nach fünf Wochen hat die Agentur für Arbeit eine Vollzeitstelle in einem Architektenbüro für ihn gefunden, die jedoch nur mit 1.800 Euro monatlich vergütet ist.
>
> Würde es sich auf die Arbeitslosigkeit von Herrn M. auswirken, wenn er diese Stelle ablehnt?

Die **Anwartschaftszeit** ist erfüllt, wenn der Antragsteller in den letzten zwei Jahren (Rahmenfrist) vor der Arbeitslosmeldung und dem Eintritt der Arbeitslosigkeit mindestens zwölf Monate (= 360 Kalendertage) in einem Versicherungspflichtverhältnis stand (§§ 142 f. SGB III).

Übung 3.2

> Frau Emmerich war lange Zeit arbeitssuchend und fand dann endlich eine neue Anstellung bei einem Immobilienmakler; die Stelle war allerdings auf eineinhalb Jahre befristet.
>
> Hat sie bei ordnungsgemäßer Arbeitslosmeldung nach Ende des Beschäftigungsverhältnisses Anspruch auf Arbeitslosengeld?

Höhe des Arbeitslosengeldes

Die Höhe des Arbeitslosengeldes richtet sich nach dem Leistungsentgelt und dem Leistungssatz. Das Leistungsentgelt wird aus dem Bemessungsentgelt ermittelt (§ 151 SGB III). Das Bemessungsentgelt ist grundsätzlich das durchschnittlich auf den Tag entfallende beitragspflichtige Bruttoarbeitsentgelt, das der Arbeitslose im letzten Jahr erzielt hat. Das letzte Jahr ist der Bemessungszeitraum im Bemessungsrahmen (§ 150 SGB III).

Das Bruttoarbeitsentgelt wird durch pauschalierte Abzüge für Beiträge zur Sozialversicherung, Lohnsteuer und Solidaritätszuschlag in ein pauschaliertes Nettoentgelt (**Leistungsentgelt**) umgerechnet. Grundlage für die Berechnung des Arbeitslosengeldes ist also nicht das tatsächlich erzielte Nettoarbeitsentgelt, sondern das pauschaliert verminderte Leistungsentgelt (§ 153 SGB III).

Das Arbeitslosengeld beträgt **60 Prozent** (allgemeiner Leistungssatz); für Arbeitslose, die mindestens ein Kind im Sinne der Steuervorschriften haben, **67 Prozent** (erhöhter Leistungssatz) des Leistungsentgelts (§ 149 SGB III).

Das Arbeitslosengeld wird für Kalendertage berechnet und geleistet. Ist es für einen vollen Kalendermonat zu zahlen, ist dieser mit 30 Tagen zugrunde zu legen (§ 154 SGB III).

Die **Berechnung des Arbeitslosengeldes** erfolgt in fünf Schritten:
1. Wann beginnt der Bemessungsrahmen (§ 150 SGB III)?
2. Wie viele Tage umfasst der Bemessungszeitraum innerhalb des Bemessungsrahmens (eventuell Verlängerung des Bemessungsrahmens gem. § 150 Abs. 3 SGB III)?
3. Wie hoch ist das Bemessungsentgelt, das im Bemessungszeitraum erzielt wurde (§ 151 SGB III)?
4. Welches Leistungsentgelt ergibt sich, nachdem die pauschalierten Sozialversicherungsbeiträge, Steuern etc. abgezogen wurden (§ 153 SGB III)?
5. Welcher Leistungssatz (allgemeiner oder erhöhter gem. § 149 SGB III) ist zu berücksichtigen?

Zumutbarkeit

Arbeitslosen sind alle ihrer Arbeitsfähigkeit entsprechenden Beschäftigungen zumutbar, soweit keine allgemeinen oder personenbezogenen Gründe entgegenstehen (§ 140 SGB

III). Es erfolgt keine Zuordnung zu bestimmten Qualifikationsstufen. In den ersten drei Monaten der Arbeitslosigkeit sind der/dem Arbeitslosen Beschäftigungen zumutbar, deren Arbeitsentgelt nicht mehr als 20 Prozent unter dem Arbeitsentgelt liegt, nach dem das Arbeitslosengeld bemessen worden ist. In den folgenden drei Monaten ist auch eine Beschäftigung mit insgesamt 30 Prozent niedrigerem Entgelt zumutbar. Anschließend sind Beschäftigungen zumutbar, deren Nettoarbeitsentgelt die Höhe des Arbeitslosengeldes erreicht.

Der zumutbare Zeitaufwand für das Pendeln von der Wohnung zur Arbeitsstätte und zurück beträgt bis zu 2,5 Stunden täglich; bei Beschäftigungen von weniger als 6 Stunden bis zu 2 Stunden täglich (vgl. § 140 SGB III).

Berechnungsbeispiel für einen Arbeitslosen ohne Kind(er):		
Jahreseinkommen:	30.000 €	
Bemessungszeitraum:	1 Jahr	
Bemessungsentgelt:	30.000 € : 365 Tage	= 82,19 €
abzüglich Sozialversicherungspauschale (21%) gem. § 153 Abs. 1 Nr. 1 SGB III		17,26 €
und abzüglich (angenommene) Lohnsteuer nach Lohnsteuerklasse I/IV einschließlich Solidaritätszuschlag gem. § 153 Abs. 1 Nr. 2 und 3 SGB III		13,55 €
Leistungsentgelt		**51,38 €**
Allgemeiner Leistungssatz: 60 %		
= 30,83 € Arbeitslosengeld pro Kalendertag		
= 924,90 € pro Monat		

Dauer des Anspruchs

Die Dauer des Anspruchs auf Arbeitslosengeld richtet sich nach der Dauer der versicherungspflichtigen Beschäftigung innerhalb der letzten fünf Jahre vor der Arbeitslosmeldung und nach dem Lebensalter, das die oder der Arbeitslose bei der Entstehung des Anspruchs vollendet hat (§ 147 SGB III).

Die Dauer des Anspruchs beträgt		
nach Versicherungspflicht-verhältnissen von insges. mindestens ... Monaten	und nach Vollendung des ....Lebensjahres	.... Monate
12		6
16		8
20		10
24		12
30	50.	15
36	55.	18
48	58.	24

Tabelle 1.5: Dauer des Anspruchs auf Arbeitslosengeld

Für Arbeitslose, die überwiegend auf kurze Zeit befristete Beschäftigungen hatten und die Anwartschaftszeit nach § 142 Abs. 2 erfüllen, beträgt die Dauer des Anspruchs zwischen drei und fünf Monaten – unabhängig vom Lebensalter. Außerdem sind nur die Versicherungspflichtverhältnisse innerhalb der zweijährigen Rahmenfrist des § 143 SGB III zu berücksichtigen (§ 147 Abs. 3 SGB III).

Übung 3.3

Der kinderlose 38-jährige Herr Fetzer hat sich arbeitslos gemeldet. Nach langer Arbeitsuche war er zuvor ein Jahr befristet beschäftigt.

Er fragt, wie lange er Arbeitslosengeld beziehen kann und wie hoch der Anspruch sein wird.

Wie lautet Ihre Antwort?

Ruhen des Anspruchs

Der Anspruch auf Arbeitslosengeld ruht während der Zeit, für die der Arbeitslose einen Anspruch auf andere Sozialleistungen hat, z. B. auf Krankengeld, Versorgungskrankengeld, Verletztengeld, Mutterschaftsgeld, Übergangsgeld, Rente wegen voller Erwerbsminderung oder Altersrente aus der gesetzlichen Rentenversicherung (§ 156 SGB III)

Hat der Arbeitslose wegen der Beendigung des Arbeitsverhältnisses eine Abfindung, Entschädigung oder ähnliche Leistung (Entlassungsentschädigung) erhalten oder einen Anspruch darauf und ist das Arbeitsverhältnis ohne Einhaltung einer der ordentlichen Kündigungsfrist des Arbeitgebers entsprechenden Frist beendet worden, so ruht der Anspruch auf Arbeitslosengeld vom Ende des Arbeitsverhältnisses an bis zu dem Tage, an dem das Arbeitsverhältnis bei Einhaltung dieser Frist geendet hätte (§ 158 SGB III).

Der Anspruch auf Arbeitslosengeld ruht gem. § 157 SGB III während der Zeit, für die der Arbeitslose Arbeitsentgelt erhält oder zu beanspruchen hat (z. B. Urlaubsabgeltung).

Sperrzeit

Hat sich der Arbeitnehmer versicherungswidrig verhalten, ohne dafür einen wichtigen Grund zu haben, ruht der Anspruch für die Dauer einer Sperrzeit (§ 159 SGB III).

Sperrzeiten gibt es z. B. bei:
- Arbeitsaufgabe,
- Arbeitsablehnung,
- unzureichenden Eigenbemühungen,
- Ablehnung einer beruflichen Eingliederungsmaßnahme,
- Abbruch einer beruflichen Eingliederungsmaßnahme,
- Meldeversäumnis oder
- verspäteter Arbeitsuchendmeldung.

Die **Dauer der Sperrzeit** bei Arbeitsaufgabe beträgt grundsätzlich zwölf Wochen. Eine Verkürzung auf drei Wochen bzw. auf sechs Wochen ist möglich. Bei unzureichenden Eigenbemühungen beträgt die Sperrzeit zwei Wochen und bei einer Meldeversäumnis oder bei verspäteter Arbeitsuchendmeldung eine Woche. Die Dauer der Sperrzeit bei Arbeitsablehnung (und bei Ablehnung oder Abbruch einer beruflichen Eingliederungsmaßnahme) beträgt drei, sechs oder zwölf Wochen, je nach Häufigkeit des versicherungswidrigen Verhaltens.

Bei Sperrzeiten von insgesamt mindestens 21 Wochen erlischt der Anspruch auf Arbeitslosengeld, wenn die/der Arbeitslose auf die Rechtsfolgen hingewiesen wurde (§ 161 SGB III).

Übung 3.4

> Frau Horn hat die ständigen widersprüchlichen Arbeitsanweisungen ihrer neuen Chefin satt. Im Vertrauen darauf, dass sie ihren Lebensunterhalt in den nächsten Monaten mit Arbeitslosengeld bestreiten könne, kündigt sie ihren Job.
>
> Was hat Frau H. nicht bedacht?

Hinzuverdienst

Arbeitslose dürfen dazuverdienen, das Nebeneinkommen muss aber in jedem Fall der Agentur für Arbeit gemeldet werden. Die Arbeitszeit muss unter 15 Stunden wöchentlich liegen (vgl. § 138 Abs. 3 SGB III).

Es gibt einen Freibetrag von monatlich 165 Euro, der vom Nettoeinkommen abgezogen wird. Was darüber hinausgeht, wird auf das Arbeitslosengeld angerechnet.

Ausnahme: Wurde die Erwerbstätigkeit bereits vor Beginn der Arbeitslosigkeit ausgeübt (mindestens zwölf Monate innerhalb der letzten 18 Monate), kann ein individuell höherer Freibetrag gelten (§ 155 Abs. 2 SGB III).

Sozialversicherung

Bezieher von Arbeitslosengeld sind über die Agentur für Arbeit gesetzlich kranken-, pflege- und unfallversichert; wenn im Jahr vor Beginn des Arbeitslosengeldbezugs Rentenversicherungspflicht bestand, sind sie auch rentenversichert (§§ 173, 174 SGB III, § 251 Abs. 4a SGB V, § 59 Abs. 1 SGB XI).

Frühzeitige Meldepflicht bei drohender Arbeitslosigkeit

Arbeitnehmer müssen sich unmittelbar nach Kenntnis der Beendigung ihres Arbeitsverhältnisses (z. B. Kündigung oder Aufhebungsvertrag) oder eines sonstigen Versicherungspflichtverhältnisses (z. B. Krankengeldbezug) persönlich bei der Agentur für Arbeit melden. Die Meldung muss drei Monate vor Ablauf des Arbeitsverhältnisses erfolgen, außer der Arbeitnehmer erfährt erst später von der eintretenden Arbeitslosigkeit, dann hat die Meldung innerhalb von drei Tagen nach Kenntnis des Beendigungszeitpunkts zu erfolgen (§ 38 Abs. 1 SGB III). Bei Nichtbeachtung dieser Meldepflicht kommt es – wie oben erwähnt – zu einer einwöchigen Sperrzeit.

> **Beispiel**
>
> Herr Geschwind hat einen befristeten Arbeitsvertrag über ein Jahr, der am 31.07. endet. Am 01.08. geht er zur Arbeitsagentur, um sich arbeitslos zu melden. Sein Fallmanager teilt ihm korrekterweise mit, dass diese Arbeitsuchendmeldung gem. § 38 Abs. 1 SGB III zu spät erfolgt ist (er hätte sich spätestens drei Monate vor Beendigung des Arbeitsverhältnisses melden müssen) und daher eine Minderung des Arbeitslosengeldes (Ruhen des Anspruchs) erfolgen wird (Sperrzeit gem. § 159 Abs. 1 Nr. 7; Dauer: eine Woche gem. § 159 Abs. 6 SGB III).

Sonderformen des Arbeitslosengeldes:

Arbeitslosengeld bei Minderung der Leistungsfähigkeit (§ 145 SGB III)

Wenn die Leistungsfähigkeit eines Arbeitslosen gemindert ist, gibt es eine Sonderform des Arbeitslosengeldes, die Regelung im Sinne der sog. **Nahtlosigkeit**. Diese Zahlung überbrückt die Zeit ohne Anspruch auf Arbeitslosengeld (weil man nicht vermittelt werden kann), bis eine andere Leistung, z. B. Weiterbildung oder Rente, gewährt wird.

Voraussetzungen:

- Arbeitslosigkeit oder Bestehen eines Arbeitsverhältnisses, das jedoch aufgrund einer Krankheit/Behinderung schon mindestens sechs Monate nicht ausgeübt werden konnte.
- Erfüllung der Anwartschaftszeit (Die Anwartschaftszeit ist erfüllt, wenn der Antragsteller in den letzten zwei Jahren vor der Arbeitslosmeldung und dem Eintritt der Arbeitslosigkeit mindestens zwölf Monate (= 360 Kalendertage) in einem Versicherungspflichtverhältnis stand.)
- Der Arbeitslose steht wegen einer Minderung seiner Leistungsfähigkeit länger als sechs Monate der Arbeitsvermittlung nicht zur Verfügung, weswegen kein Anspruch auf Arbeitslosengeld besteht.
- Es wurde entweder Erwerbsminderungsrente beim zuständigen Rentenversicherungsträger beantragt oder Maßnahmen zur beruflichen Eingliederung behinderter Menschen (Antrag auf Leistungen zur medizinischen Rehabilitation oder zur Teilhabe am Arbeitsleben).

Der Antrag muss innerhalb eines Monats nach Zugang eines entsprechenden Aufforderungsschreibens der Agentur für Arbeit gestellt worden sein. Wurde ein solcher Antrag unterlassen, ruht der Anspruch auf Arbeitslosengeld nach Ablauf der Monatsfrist bis zu dem Tag, an dem der Arbeitslose den Antrag stellt.

Leistungsfortzahlung bei Arbeitsunfähigkeit (§ 146 SGB III)

Wer während des Bezuges von Arbeitslosengeld infolge Krankheit unverschuldet arbeitsunfähig wird (oder auf Kosten der Krankenkasse stationär behandelt wird), erhält weiterhin Leistungen bis zu sechs Wochen.

8.14.2 Teilarbeitslosengeld

Anspruch auf das Teilarbeitslosengeld hat ein Arbeitnehmer, wenn er
- teilarbeitslos ist,
- sich arbeitslos gemeldet und
- die Anwartschaftszeit für das Teilarbeitslosengeld erfüllt hat.

Teilarbeitslos ist, wer eine versicherungspflichtige Beschäftigung verloren hat, die er neben einer weiteren versicherungspflichtigen Beschäftigung ausgeübt hat (Mehrfachbeschäftigter), und eine versicherungspflichtige Beschäftigung sucht. Die Anwartschaftszeit für das Teilarbeitslosengeld hat erfüllt, wer in der Rahmenfrist von zwei Jahren als Mehrfachbeschäftigter mindestens zwölf Monate eine weitere versicherungspflichtige Beschäftigung ausgeübt hat. Das Teilarbeitslosengeld wird längstens für sechs Monate gezahlt. Im Übrigen gelten für das Teilarbeitslosengeld die gleichen Regeln wie für das Arbeitslosengeld (§ 162 SGB III).

8.14.3 Kurzarbeitergeld

Arbeitnehmer haben nach § 95 SGB III Anspruch auf Kurzarbeitergeld, wenn
- ein erheblicher Arbeitsausfall mit Entgeltausfall vorliegt,
- die betrieblichen Voraussetzungen erfüllt sind,
- die persönlichen Voraussetzungen erfüllt sind und
- der Arbeitsausfall der Agentur für Arbeit schriftlich angezeigt worden ist.

Ein Arbeitsausfall ist erheblich, wenn
- er auf wirtschaftlichen Gründen oder einem u. a. wendbaren Ereignis beruht,
- er vorübergehend und nicht vermeidbar ist und
- im jeweiligen Kalendermonat mindestens ein Drittel der Arbeitnehmer von einem Entgeltausfall von mehr als 10 Prozent ihres monatlichen Bruttoentgelts betroffen sind (§ 96 SGB III).

Die betrieblichen Voraussetzungen sind erfüllt, wenn in dem Betrieb regelmäßig mindestens ein Arbeitnehmer beschäftigt ist (§ 97 SGB III). Zu den persönlichen Voraussetzungen gehört unter anderem, dass das Arbeitsverhältnis nicht gekündigt oder durch Aufhebungsvertrag aufgelöst ist (§ 98 SGB III).

Das Kurzarbeitergeld wird frühestens von dem Kalendermonat an geleistet, in dem die Anzeige des Arbeitgebers über den Arbeitsausfall bei der Agentur für Arbeit eingegangen ist (§ 99 Abs. 2 SGB III).

Die Bezugsdauer des Kurzarbeitergeldes ist begrenzt. Die Frist hierfür beginnt mit dem ersten Kalendermonat, für den in dem Betrieb Kurzarbeitergeld gezahlt wird, und beträgt grundsätzlich längstens sechs Monate (§ 104 SGB III). Die im Rahmen der Finanz- und Wirtschaftskrise 2009 eingeführten Sonderregelungen (z. B. Verlängerung der Bezugsfrist) sind ab 2012 zurückgenommen.

Die **Höhe** des Kurzarbeitergeldes richtet sich nach der Differenz zwischen dem pauschalierten Nettoentgelt, das ohne den Arbeitsausfall gezahlt worden wäre, und dem tatsächlich während der Kurzarbeit gezahlten Entgelt. Es beträgt 60 Prozent dieses Unterschiedsbetrages; für Beschäftigte mit mindestens einem steuerlich berücksichtigungsfähigen Kind aber 67 Prozent (§§ 105 f. SGB III).

Der Antrag auf Kurzarbeitergeld ist vom Betrieb zu stellen.

Kurzarbeit (und Qualifizierung) sind für den Arbeitgeber eine gute Alternative zur Entlassung und haben sich in der globalen Wirtschaftskrise als Instrument zur Erhaltung von Arbeitsplätzen bewährt. Das Kurzarbeitergeld soll den Beschäftigten die Arbeitsplätze und den Betrieben die eingearbeiteten ArbeitnehmerInnen erhalten.

8.14.4 Förderung der ganzjährigen Beschäftigung

Zu den Leistungen der Arbeitsförderung gehört auch die Förderung der ganzjährigen Beschäftigung in der Bauwirtschaft und in anderen Wirtschaftszweigen (z. B. Dachdeckerhandwerk, Garten- und Landschaftsbau) mit hohen saisonbedingten Arbeitsausfällen.

Arbeitnehmer haben in der **Schlechtwetterzeit** (vom 1. Dezember bis 31. März) Anspruch auf Saison-Kurzarbeitergeld, wenn sie von einem erheblichen saisonbedingten Arbeitsausfall betroffen sind (§ 101 SGB III).

Die Arbeitgeber haben einen Anspruch auf Erstattung der von ihnen allein zu tragenden Beiträge zur Sozialversicherung für BezieherInnen von Saison-Kurzarbeitergeld (§ 102 Abs. 4 SGB III).

Zum Zuschuss-Wintergeld und Mehraufwands-Wintergeld vgl. § 102 SGB III.

8.14.5 Transferleistungen

Die Agenturen für Arbeit unterstützen die Betriebe auch bei einem notwendigen Personalabbau infolge einer betrieblichen Umstrukturierung (Betriebsänderung). Den betroffenen Arbeitnehmern soll der Transfer in ein anderes Beschäftigungsverhältnis durch sog. Transfermaßnahmen / Transferkurzarbeitergeld ermöglicht werden (§§ 110, 111 SGB III).

8.14.6 Insolvenzgeld

ArbeitnehmerInnen haben Anspruch auf Insolvenzgeld, wenn sie bei Eröffnung des Insolvenzverfahrens über das Vermögen ihres Arbeitgebers für die vorausgehenden drei Monate des Arbeitsverhältnisses noch Ansprüche auf Arbeitsentgelt haben (§§ 165 ff., 316 SGB III). Sie müssen den Antrag innerhalb einer Ausschlussfrist von zwei Monaten nach dem Insolvenzereignis stellen (§ 324 Abs. 3 SGB III). Insolvenzgeld ist auch zu zahlen, wenn die Eröffnung des Insolvenzverfahrens mangels Masse abgelehnt worden ist.

Insolvenzgeld wird in Höhe des Nettoarbeitsentgelts geleistet (§ 167 SGB III). Grundlage für die Berechnung ist i. d. R. das Arbeitsentgelt, das für die letzten drei Monate des Arbeitsverhältnisses vor dem Insolvenzereignis geschuldet und nicht gezahlt wurde. Daneben übernimmt die Agentur für Arbeit auch die noch nicht gezahlten Gesamtsozialversicherungsbeiträge (§ 175 SGB III).

Abb. 3.1 gibt einen zusammenfassenden Überblick über die Arbeitsförderung/Arbeitslosenversicherung:

Pflichtversicherte Personen (§§ 24 ff.)
- Beschäftigte
- Auszubildende
- Sonstige Versicherungspflichtige
- Versicherungspflichtverhältnis auf Antrag (§ 28a)

Finanzierung (§§ 340 ff.)
- Beiträge der AN
- Beiträge der AG
- Bundesmittel

Anspruch auf Arbeitslosengeld hat jeder Versicherte, der
- arbeitslos ist
- sich um Arbeit bemüht
- der Arbeitsvermittlung zur Verfügung steht
- die Anwartschaftszeit erfüllt hat
- sich bei der Agentur für Arbeit arbeitslos gemeldet hat
- das Arbeitslosengeld beantragt hat (§§ 136 ff.)

Anspruchsdauer (6 – 24 Monate) gestaffelt nach Beschäftigungsdauer und Lebensalter (§ 147)

Finanzielle Leistungen der Arbeitsförderung:
- Entgeltersatzleistungen (Arbeitslosengeld, Teilarbeitslosengeld, Übergangsgeld, Kurzarbeitergeld, Insolvenzgeld)
- Transferleistungen, §§ 110, 111
- Förderung der beruflichen Weiterbildung, §§ 73, 81 ff., 131a
- Saison-Kurzarbeitergeld, §§ 101, 133
- Wintergeld, § 102

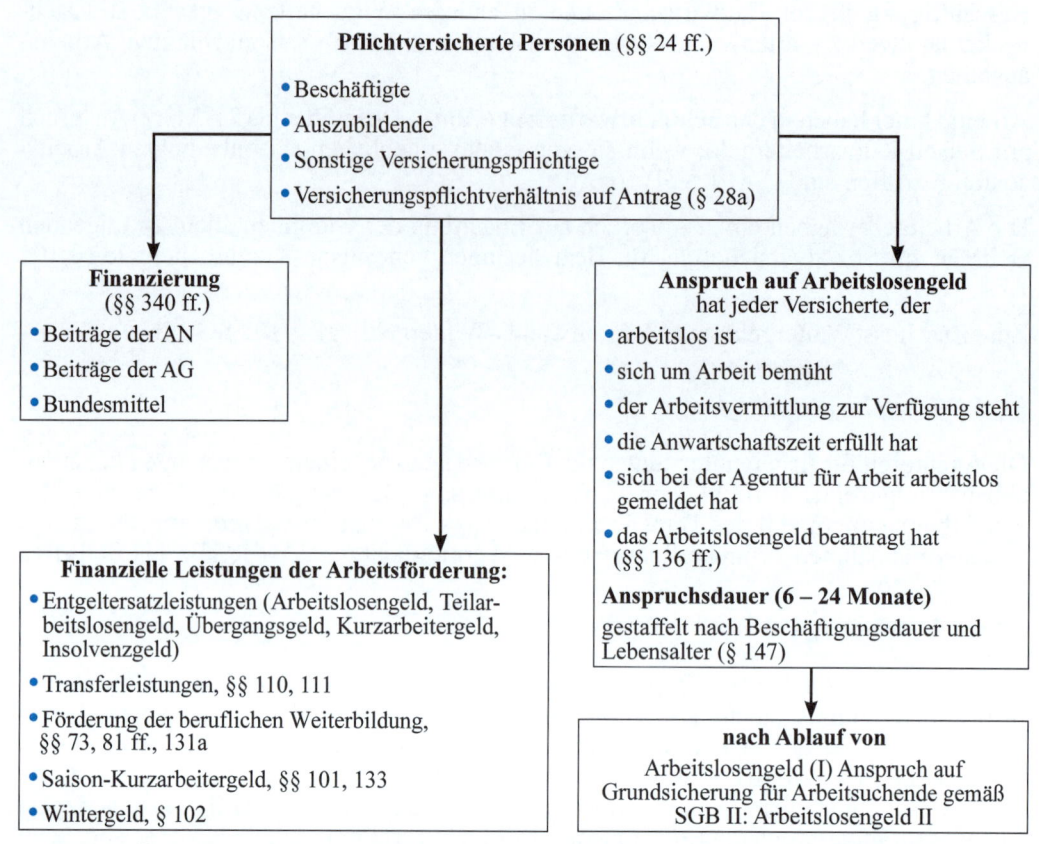

nach Ablauf von Arbeitslosengeld (I) Anspruch auf Grundsicherung für Arbeitsuchende gemäß SGB II: Arbeitslosengeld II

Abb. 3.1: Überblick Arbeitsförderung / Arbeitslosenversicherung (SGB III)

8.15 Überprüfung der arbeitsmarktpolitischen Instrumente

Das „Gesetz zur Neuausrichtung der arbeitsmarktpolitischen Instrumente" trat am 01.01.2009 in Kraft.

Das bisherige Instrumentarium wurde einer Wirksamkeitsanalyse unterzogen (vgl. § 282 Abs. 2 und 3 SGB III). Arbeitsuchende Menschen sollen künftig schneller in den Arbeitsmarkt integriert werden, bewährte Instrumente sollen weiterentwickelt, ineffiziente abgeschafft und außerdem sollen die Aktivitäten der Arbeitsförderung (SGB III) und der Grundsicherung für Arbeitsuchende (SGB II) enger aufeinander abgestimmt werden.

8.15.1 Stärkung der Arbeitsvermittlung

Die Agenturen für Arbeit erhalten ein sog. **Vermittlungsbudget** als Grundlage für eine flexible und unbürokratische Förderung Arbeitsuchender bei der Erreichung ihrer Eingliederungsziele (§ 44 SGB III). Im Gegenzug entfallen insgesamt neun bislang einzeln geregelte Arbeitnehmerleistungen zur aktiven Arbeitsförderung (insbesondere Leistungen zur Unterstützung der Beratung und Vermittlung sowie alle Mobilitätshilfen). Mit den Mitteln dieses Vermittlungsbudgets können die Arbeitsuchenden individuell gefördert werden. Ob und in welchem Umfang eine Förderung erfolgt, richtet sich maßgeblich danach, ob die jeweilige Leistung für die berufliche Eingliederung notwendig ist. Nach dem Willen des Gesetzgebers sollen dabei auch individuelle Bedürftigkeitsprüfungen möglich sein.

§ 45 SGB III ermöglicht die Beauftragung von Trägern mit **Maßnahmen zur Aktivierung** und beruflichen Eingliederung Arbeitsuchender. Diese Neuregelung fasst die positiven Elemente früherer Instrumente zusammen und ermöglicht ähnliche Förderkonzepte in neuen (flexiblen) Zusammenhängen. Dadurch entfallen insbesondere:

- die Beauftragung von Dritten mit der Vermittlung (§ 37 SGB III alter Fassung),
- Aktivierungshilfen (§ 241 Abs. 3a SGB III alter Fassung),
- Personal-Service-Agenturen (§ 37c SGB III alter Fassung) und
- die Eignungsfeststellungs- und Trainingsmaßnahmen (§ 48 SGB III alter Fassung).

Im Einzelnen handelt es sich um unterstützende Maßnahmen zur Heranführung an den Ausbildungs- und Arbeitsmarkt; zur Feststellung, Verringerung oder Beseitigung von Vermittlungshemmnissen; zur Vermittlung in eine versicherungspflichtige Beschäftigung; zur Heranführung an eine selbstständige Tätigkeit oder zur Stabilisierung einer Beschäftigungsaufnahme.

§ 37 SGB III fasst die Regelungen zum Profiling und zur **Eingliederungsvereinbarung** zusammen. Abs. 1 sieht vor, dass die Potenzialanalyse bereits unverzüglich nach der Arbeitsuchendmeldung stattfinden hat. Eingliederungsvereinbarungen müssen künftig – vergleichbar der Regelung des § 15 Abs. 1 S. 2 Nr. 2 SGB II – auch eine konkrete Regelung darüber enthalten, welche Eigenbemühungen zu seiner beruflichen Eingliederung der Ausbildung- oder Arbeitsuchende in welcher Häufigkeit mindestens unternehmen muss und in welcher Form er diese nachzuweisen hat. Kommt eine Eingliederungsvereinbarung nicht zustande, sollen die Agenturen die erforderlichen Eigenbemühungen des Arbeitsuchenden per Verwaltungsakt festsetzen.

Die Regelung zur **frühzeitigen Arbeitssuche** findet sich in § 38 Abs. 1 SGB III. Die Absätze 2 und 3 regeln die Mitwirkungspflichten, Obliegenheiten und Rechte des Arbeitsuchenden im Vermittlungsprozess. Arbeitsuchende können für die Dauer von bis zu zwölf Wochen von der Arbeitsvermittlung ausgeschlossen werden, wenn sie ihren in der Eingliederungsvereinbarung niedergelegten Pflichten nicht nachkommen. Damit ist auch für Nichtleistungsbezieher eine wirksame Sanktionsmöglichkeit geschaffen worden.

Die Internet-Jobbörse des **„Virtuellen Arbeitsmarktes"** wird zu einem vollwertigen Vermittlungsweg ausgebaut (§ 35 Abs. 3 SGB III). Auf eine entsprechende Anfrage von Arbeitgebern haben die Agenturen den Arbeitssuchenden zur Herstellung des Kontakts aufzufordern und ihn dabei auch über die Rechtsfolgen einer Arbeitsablehnung ohne wichtigen Grund zu belehren.

Mit § 135 SGB III steht der Bundesagentur für Arbeit ein eng begrenztes Budget von einem Prozent der im Eingliederungstitel für Ermessensleistungen der aktiven Arbeitsförderung enthaltenen Mittel (sog. **Experimentiertopf**) zur Verfügung, um die Durchführung zeitlich befristeter Projekte zur Erprobung innovativer arbeitsmarktpolitischer Maßnahmen zu ermöglichen. Die Regelung gilt für Förderungen, die bis zum 31.12.2016 begonnen haben.

8.15.2 Weiterentwicklung wirksamer Arbeitsmarktinstrumente

Zur Verbesserung der beruflichen Eingliederungschancen normiert § 53 SGB III für Auszubildende ohne Schulabschluss einen Anspruch auf Vorbereitung zum nachträglichen **Erwerb eines Hauptschulabschlusses** im Rahmen einer berufsvorbereitenden Bildungsmaßnahme ein. Dieser Anspruch besteht nur dann, wenn der Auszubildende seine Vollzeitschulpflicht nach den Gesetzen der Länder bereits erfüllt hat, § 52 Abs. 1 Nr. 2 SGB III.

Arbeitnehmer erhalten unter den Voraussetzungen des § 81 Abs. 3 SGB III einen Anspruch auf Maßnahmen zum nachträglichen Erwerb des Hauptschulabschlusses im Rahmen von Maßnahmen der beruflichen Weiterbildung.

Die Vorschriften zur Förderung benachteiligter Jugendlicher beim Übergang in die Berufsausbildung werden in den §§ 74–80 SGB III neu gefasst. § 75 Abs. 2 Nr. 2 SGB III ermöglicht es dabei den Trägern, Teilnehmer an **ausbildungsbegleitenden Hilfen** auch nach Abbruch einer Ausbildung bis zur Aufnahme einer sich anschließenden betrieblichen oder außerbetrieblichen Ausbildung in der Maßnahme zu belassen. Sie sind gemäß § 76 Abs. 4 SGB III verpflichtet, im Falle des Abbruchs der außerbetrieblichen Berufsausbildung erfolgreich absolvierte Teile der Ausbildung zu bescheinigen.

8.15.3 Abschaffung ineffizienter Arbeitsmarktinstrumente

Folgende Arbeitsmarktinstrumente, die sich in den vergangenen Jahren als ineffizient erwiesen haben, sind **abgeschafft** worden:

- der **Einstellungszuschuss bei Neugründung,** da diesen Unternehmen bereits die Eingliederungszuschüsse nach den §§ 217 ff. SGB III a. F. sowie zahlreiche Fördermöglichkeiten außerhalb des SGB III zugute kommen;
- die Förderung der beruflichen Weiterbildung durch Vertretung im Wege der **sog. Job-Rotation:** Die Bereitschaft von Arbeitgebern, einen Arbeitslosen für die Zeit der Weiterbildung ihres Arbeitnehmers einzustellen, ist nach den Erkenntnissen der Bundesregierung nur sehr gering ausgeprägt, da die Unternehmen den Vertretungsbedarf vorrangig durch eigenes Personal decken;
- der **Zuschuss zur Ausbildungsvergütung** bei ausbildungsbegleitenden Hilfen der Agentur für Arbeit während der Ausbildungszeit wegen des geringen Nutzens bei gleichzeitig hohem Verwaltungsaufwand; gleiches gilt für die Beschäftigung begleitenden Eingliederungshilfen, die ebenfalls kaum genutzt wurden;
- die sog. **Infrastrukturmaßnahmen.**

8.15.4 Neuordnung der arbeitsmarktpolitischen Instrumente

Mit dem „Gesetz zur Verbesserung der Eingliederungschancen am Arbeitsmarkt" vom 20.12.2011 wurde der „Instrumentenkasten" abermals aufgeräumt.

Folgende Änderungen traten zum 01.04.2012 in Kraft:

- die Arbeitsbeschaffungsmaßnahmen (ABM) wurden abgeschafft;
- Maßnahmen der beruflichen Weiterbildung wurden zusammengefasst;
- Eingliederungszuschüsse wurden vereinheitlicht;
- Ein-Euro-Jobs werden konsequent nachrangig ausgestaltet. Vorrang haben Vermittlung in den regulären Arbeitsmarkt und Qualifizierung;
- die Voraussetzungen für den Gründungszuschuss (jetzt Ermessensleistung) wurden verschärft.

8.15.5 Arbeitsmarktintegration im Bereich der Grundsicherung für Arbeitsuchende

Da sich die Änderungen des SGB III auch auf die Grundsicherung für Arbeitsuchende (SGB II) auswirken, hat dies der Gesetzgeber zum Anlass genommen, die Leistungen zur Eingliederung nach dem SGB II neu zu ordnen und zu modifizieren. Die Verweisung auf das SGB III bleibt dabei erhalten, allerdings regelt § 16 SGB II künftig ausschließlich, welche Leistungen der Arbeitsförderung nach dem SGB III auch erwerbsfähige Hilfebedürftige beanspruchen können und welche Besonderheiten dabei gelten.

Mit dem Verweis auf § 44 SGB III eröffnet der Gesetzgeber auch den erwerbsfähigen Hilfebedürftigen eine flexible und unbürokratische Förderung aus dem Vermittlungsbudget. Rechtsansprüche bestehen gemäß § 16 Abs. 1 Nr. 2–5 SGB II auf die Zuweisung in eine Maßnahme zur Aktivierung und beruflichen Eingliederung nach sechs Monaten Arbeitslosigkeit sowie auf die Übernahme von Weiterbildungskosten zum nachträglichen Erwerb des Hauptschulabschlusses bei Erwachsenen.

8.16 Organisation

Die Bundesagentur für Arbeit ist Träger der Arbeitsförderung. Sie gliedert sich in die Zentrale mit Sitz in Nürnberg, die Regionaldirektionen und die Agenturen für Arbeit.

Die Bundesagentur für Arbeit ist eine rechtsfähige, bundesunmittelbare Körperschaft des öffentlichen Rechts mit Selbstverwaltung (§ 367 SGB III).[26]

Zuständig für die Leistungen der Arbeitsförderung sind die Agenturen für Arbeit und die sonstigen Dienststellen der Bundesagentur für Arbeit. Von den Agenturen für Arbeit

---

[26] Näheres siehe S. 47 in diesem Buch.

werden **Jobcenter** als einheitliche Anlaufstellen für alle eingerichtet, die einen Arbeits- oder Ausbildungsplatz suchen. Im Jobcenter werden diese Personen informiert, der Beratungs- und Betreuungsbedarf geklärt und der erste Eingliederungsschritt verbindlich vereinbart.

```
                    ┌─────────────────────────────────────┐
                    │     Bundesagentur für Arbeit        │
                    │ Träger der Arbeitsförderung (§ 367 SGB III) │
                    └─────────────────────────────────────┘
```

Leistungen der Arbeitsförderung (§ 3 SGB III)	Weitere Aufgaben: (§§ 280-298 SGB III)
	• Statistik
	• Arbeitsmarkt- und Berufsforschung
	• Berichterstattung
Beratung (§§ 29-34 SGB III) und **Vermittlung** (§§ 4, 35-45 SGB III)	• Erteilung von Genehmigungen und Erlaubnissen
	• Ausländerbeschäftigung
	• Bekämpfung von Leistungsmissbrauch und illegaler Beschäftigung
	(vgl. § 2 Schwarzarbeitsbekämpfungsgesetz; § 67e SGB X)
Leistungen an Arbeitnehmer | Leistungen an Arbeitgeber | Leistungen an Träger	

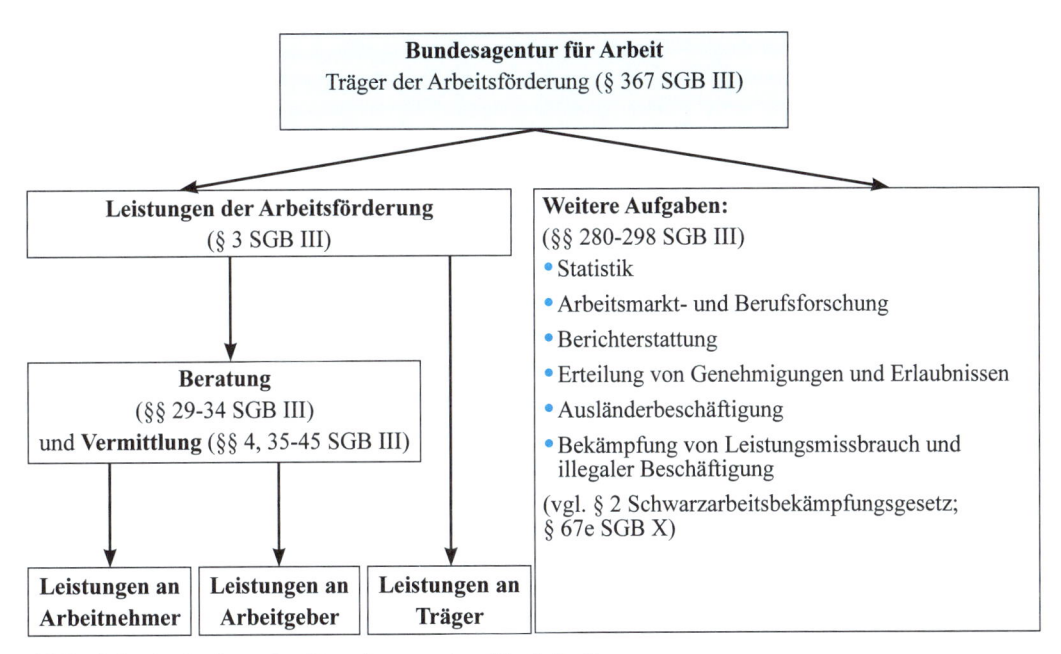

Abb. 3.2: Aufgaben der Bundesagentur für Arbeit

8.17 Finanzierung

Die Finanzierung der Leistungen der Arbeitsförderung hat verschiedene Grundlagen: die Beiträge der Versicherungspflichtigen, der Arbeitgeber und Dritter (Beitrag zur Arbeitsförderung), Umlagen, Bundesmittel und sonstige Einnahmen (§ 340 SGB III).

Beitrag

Die Beiträge werden nach einem Prozentsatz, dem Beitragssatz, von der Beitragsbemessungsgrundlage erhoben. Der Beitragssatz beträgt im Jahr 2014 (unverändert) 3,0 Prozent (§ 341 Abs. 2 SGB III).

Beitragsbemessungsgrundlage ist das Arbeitsentgelt. Es ist bis zur Beitragsbemessungsgrenze der allgemeinen Rentenversicherung zu berücksichtigen (§ 341 Abs. 4 SGB III). Im Jahr 2014 beträgt die Beitragsbemessungsgrenze 5.950 Euro monatlich / 71.400 Euro jährlich (West) bzw. 5.000 Euro monatlich / 60.000 Euro jährlich (Ost).

Die Beiträge werden von den Versicherungspflichtigen und den Arbeitgebern grundsätzlich je zur Hälfte getragen (§ 346 SGB III).

Die Beiträge der Personen in Einrichtungen der beruflichen Rehabilitation und in Einrichtungen der Jugendhilfe tragen die Einrichtungsträger, die Beiträge der Wehr- und Zivildienstleistenden trägt der Bund, die der Gefangenen das zuständige Land, die der Bezieher von Krankengeld und Verletztengeld grundsätzlich der Leistungsträger und der Leistungsberechtigte je zur Hälfte, bei den sonstigen Leistungen der jeweilige Leistungsträger oder der Bund (vgl. § 347 SGB III).

Die Beiträge sind grundsätzlich von dem zu zahlen, der sie zu tragen hat; die Beiträge aus einer versicherungspflichtigen Beschäftigung werden vom Arbeitgeber an die Einzugsstelle abgeführt (§ 348 SGB III). Freiwillig Versicherte tragen ihren Beitrag stets allein.

Umlagen

In den Zweigen des Baugewerbes und in weiteren Wirtschaftszweigen, die von saisonbedingtem Arbeitsausfall betroffen sind, wird eine Umlage zur Finanzierung des Saison-Kurzarbeitergeldes (Winterbeschäftigungs-Umlage) sowie der damit entstehenden Kosten erhoben (§§ 354 ff. SGB III).

Die Umlage wird von den Arbeitgebern oder gemeinsam von Arbeitgebern und Arbeitnehmern der betroffenen Branchen finanziert.

Die Mittel für das Insolvenzgeld werden durch eine von den Arbeitgebern zu zahlende monatliche Umlage aufgebracht (§§ 358 ff. SGB III). Der Umlagesatz für 2013 beträgt 0,15 Prozent (des Arbeitsentgelts).

Bundesmittel

Der Bund beteiligt sich an den Kosten der Arbeitsförderung. Er zahlte in den Jahren 2009 und 2010 je 7,8 Mrd. Euro an die Bundesagentur für Arbeit; im Jahr 2012 waren es 7,24 Mrd. Euro

Sollten die Mittel der Bundesagentur für Arbeit nicht ausreichen, leistet der Bund vorübergehende Unterstützung in Form von Liquiditätshilfen als zinslose Darlehen (§§ 363 ff. SGB III).

Zusammenfassung

Die Arbeitsförderung soll dazu beizutragen, dass ein hoher Beschäftigungsstand erreicht und die Beschäftigungsstruktur ständig verbessert wird. Die Leistungen der Arbeitsförderung sind insbesondere darauf auszurichten, das Entstehen von Arbeitslosigkeit zu vermeiden oder die Dauer der Arbeitslosigkeit zu verkürzen. Die Leistungen sind so einzusetzen, dass sie der beschäftigungspolitischen Zielsetzung der Sozial-, Wirtschafts- und Finanzpolitik der Bundesregierung entsprechen.

Folgende Leistungen der **Arbeitsförderung** können in Anspruch genommen werden:
- Berufsberatung und Arbeitsmarktberatung,
- Ausbildungsvermittlung und Arbeitsvermittlung,
- Leistungen zur Verbesserung der Eingliederungsaussichten, Berufsorientierungsmaßnahmen sowie Berufseinstiegsbegleitung, Förderung der Aufnahme einer Beschäftigung und einer selbstständigen Tätigkeit, Förderung der Berufsausbildung und der beruflichen Weiterbildung, Förderung der Teilhabe behinderter Menschen am Arbeitsleben,
- Saison-Kurzarbeitergeld in Betrieben des Baugewerbes und in Betrieben solcher Wirtschaftszweige, die von saisonbedingtem Arbeitsausfall betroffen sind,
- Förderung aus dem Vermittlungsbudget sowie Maßnahmen zur Aktivierung und beruflichen Eingliederung,
- die Entgeltersatzleistungen: Arbeitslosengeld, Teilarbeitslosengeld, Übergangsgeld, Kurzarbeitergeld und Insolvenzgeld.

Dem **versicherten Personenkreis** der Arbeitsförderung gehören, anders als in den sonstigen Zweigen der Sozialversicherung, nur versicherungspflichtige Personen an. Eine freiwillige Versicherung und eine Familienversicherung sind nicht vorgesehen. Zu beachten ist aber § 28a SGB III (freiwillige Weiterversicherung).

Von der Versicherungspflicht sind zahlreiche Beschäftigte ausgenommen (sog. versicherungsfreie Beschäftigte). So sind u. a. Richter, Beamte und Soldaten, geringfügig Beschäftigte und Schüler und Studierende, die während ihrer Ausbildung oder ihres Studiums eine Beschäftigung ausüben, nicht versicherungspflichtig.

Abgesehen vom Arbeitslosengeld bei Arbeitslosigkeit, dem Teilarbeitslosengeld und dem Insolvenzgeld zählen alle Leistungen zu den Leistungen der aktiven Arbeitsförderung. Sie sind damit in der Regel Ermessensleistungen. Ein Anspruch besteht jedoch auf den Aktivierungs- und Vermittlungsgutschein, auf Leistungen zum nachträglichen Erwerb des Hauptschulabschlusses, die Berufsausbildungsbeihilfe, besondere Leistungen zur Teilhabe am Arbeitsleben, Arbeitslosengeld bei beruflicher Weiterbildung, Kurzarbeitergeld, Wintergeld und Leistungen zur Förderung der Teilnahme an Transfermaßnahmen (§ 3 Abs. 3 SGB III).

Die **Berufsberatung** steht auch nicht versicherten Ratsuchenden offen. Sie beinhaltet Auskunft und Rat zur Berufswahl, zur beruflichen Entwicklung und zum Berufswechsel, zur Lage und Entwicklung des Arbeitsmarktes und der Berufe, zu den Möglichkeiten der beruflichen Bildung, zur Ausbildungs- und Arbeitsplatzsuche sowie zu den Leistungen der Arbeitsförderung, Berufsorientierung und berufsorientierenden Maßnahmen.

Neben der Bundesagentur für Arbeit bieten **private Vermittler** vergütete Vermittlung an. Die Vermittler unterliegen einer Missbrauchsaufsicht der Bundesagentur für Arbeit (§§ 296–298 SGB III).

Mit dem **Gründungszuschuss** wird die Aufnahme einer selbstständigen Tätigkeit gefördert (§§ 93, 94 SGB III).

Berufsausbildungsbeihilfe erhalten Auszubildende in einer Lehre, die ihren Lebensunterhalt weder aus eigenem Einkommen noch aus dem Einkommen ihres Ehe- bzw. Lebenspartners oder ihrer Eltern finanzieren können (§§ 56–72 SGB III).

Die **berufliche Weiterbildung** wird gefördert, wenn sie notwendig ist, vor Beginn der Maßnahme eine Beratung durch die Agentur für Arbeit erfolgt ist und sowohl die Maßnahme als auch der Träger der Maßnahme für die Förderung zugelassen sind. Die Agentur für Arbeit ist verpflichtet, Arbeitnehmern, die die Voraussetzungen der Förderung der beruflichen Weiterbildung erfüllen, dies in einem Bildungsgutschein zu bescheinigen (§§ 81 ff., 131a SGB III).

Leistungen zur **Teilhabe behinderter Menschen** am Arbeitsleben erhalten behinderte oder von Behinderung bedrohte einschließlich der lernbehinderten Menschen, wenn die Leistungen erforderlich sind, um die Erwerbsfähigkeit zu erhalten, zu bessern, herzustellen oder wiederherzustellen und die Teilhabe am Arbeitsleben zu sichern. Leistungen zum Lebensunterhalt während der Teilnahme an einer behindertenspezifischen Bildungsmaßnahme sind das Übergangsgeld und das Ausbildungsgeld. Auf Antrag können Leistungen zur Teilhabe auch durch ein Persönliches Budget ausgeführt werden (§§ 112 bis 128 SGB III; §§ 17, 33 bis 54 SGB IX).

Arbeitslosengeld (I) wird bei Arbeitslosigkeit (§§ 136 ff. SGB III) und bei beruflicher Weiterbildung (§ 144 SGB III) gewährt. Anspruch auf Arbeitslosengeld bei Arbeitslosigkeit haben Arbeitnehmer, die arbeitslos sind, sich bei der Agentur für Arbeit arbeitslos gemeldet und die Anwartschaftszeit erfüllt haben. Arbeitslos ist ein Arbeitnehmer, der nicht in einem Beschäftigungsverhältnis steht (sog. Beschäftigungslosigkeit), sich bemüht, die Beschäftigungslosigkeit zu beenden (sog. Eigenbemühungen) und den Vermittlungsbemühungen der Agentur für Arbeit zur Verfügung steht (sog. Verfügbarkeit). Die Arbeitslosmeldung muss persönlich erfolgen.

Die **Anwartschaftszeit** erfüllt, wer innerhalb der letzten zwei Jahre zwölf Monate in einem versicherungspflichtigen Beschäftigungsverhältnis gestanden hat (§§ 142 f. SGB III). Kein Arbeitslosengeld wird gewährt, wenn der Anspruch ruht: wegen Bezugs bestimmter anderer Sozialleistungen, wegen Anspruchs oder des Bezugs einer Abfindung oder einer Urlaubsabgeltung, wegen einer Sperrzeit oder wegen eines Arbeitskampfes. Das Arbeitslosengeld beträgt 60 Prozent, bei Arbeitnehmern mit mindestens einem Kind 67 Prozent des vorherigen durchschnittlichen Nettoverdienstes. Es wird je nach Dauer der Vorbeschäftigungszeit und des Alters des Antragstellers für sechs bis maximal 24 Monate gezahlt. Das Arbeitslosengeld muss beantragt werden.

Teilarbeitslosengeld erhalten Arbeitnehmer, die eine versicherungspflichtige Beschäftigung verloren haben, die sie neben einer anderen versicherungspflichtigen Beschäftigung ausübten, sich teilarbeitslos gemeldet haben und innerhalb der letzten zwei Jahre mindestens zwölf Monate neben einer versicherungspflichtigen Beschäftigung eine weitere versicherungspflichtige Beschäftigung ausübten. Es wird längstens für sechs Monate gezahlt (§ 162 SGB III).

Anspruch auf **Übergangsgeld** haben behinderte Menschen, die die Vorbeschäftigungszeit – mindestens zwölf Monate innerhalb der letzten drei Jahre – erfüllen und an einer Maßnahme der Berufsausbildung, der Berufsvorbereitung einschließlich einer wegen der Behinderung erforderlichen Grundausbildung oder an einer Maßnahme der beruflichen Weiterbildung teilnehmen, für die besondere Leistungen der Teilhabe am Arbeitsleben erbracht werden (§§ 119 ff. SGB III).

Anspruch auf **Kurzarbeitergeld** haben Arbeitnehmer, wenn ein erheblicher Arbeitsausfall mit Entgeltausfall vorliegt, der Betrieb regelmäßig mindestens einen Arbeitnehmer beschäftigt, der Arbeitnehmer in einem ungekündigten Arbeitsverhältnis steht und der Arbeitsausfall vom Arbeitgeber der Agentur für Arbeit angezeigt wurde. Das Kurzarbeitergeld beträgt 67 Prozent bzw. 60 Prozent der Differenz zwischen dem ohne Arbeitsausfall anfallenden Arbeitsentgelt und dem tatsächlichen Nettoentgelt (§§ 95 ff. SGB III).

Anspruch auf **Insolvenzgeld** haben Arbeitnehmer, die im Inland beschäftigt waren und bei Eintritt eines sog. Insolvenzereignisses (Eröffnung des Insolvenzverfahrens über das Vermögen ihres Arbeitgebers, Abweisung des Antrags auf Eröffnung des Insolvenzverfahrens mangels Masse oder vollständige Beendigung der Betriebstätigkeit im Inland bei offensichtlich unzureichender Insolvenzmasse) für die vorausgehenden drei Monate des Arbeitsverhältnisses noch Ansprüche auf Arbeitsentgelt haben (§§ 165 ff. SGB III).

Anspruch auf Förderung der Teilnahme an **Transfermaßnahmen** haben Arbeitnehmer, die aufgrund von Betriebsänderungen von Arbeitslosigkeit bedroht sind. Gefördert werden Transfermaßnahmen, wenn sie von einem Dritten durchgeführt werden, die vorgesehene Maßnahme der Eingliederung der Arbeitnehmer in den Arbeitsmarkt dienen soll, die Durchführung der Maßnahme gesichert ist und ein System der Qualitätssicherung angewandt wird. Transferkurzarbeitergeld wird zur Vermeidung von Entlassungen und zur Verbesserung der Vermittlungsaussichten von Arbeitnehmer/-innen geleistet (§§ 110 f. SGB III).

Leistungen für Arbeitgeber

Arbeitgeber können zur Eingliederung von Arbeitnehmern mit Vermittlungshemmnissen Zuschüsse zu den Arbeitsentgelten in Höhe von 50 Prozent des Arbeitsentgelts für längstens zwölf Monate erhalten. Bei behinderten und schwerbehinderten Menschen kann die Förderhöhe bis zu 70 Prozent des berücksichtigungsfähigen Arbeitsentgelts und die Förderdauer bis zu 24 Monate betragen. Bei besonders betroffenen schwerbehinderten Menschen, die wegen in ihrer Person liegender Umstände nur erschwert vermittelbar sind, darf die Förderung 70 Prozent des berücksichtigungsfähigen Arbeitsentgelts sowie 60 Monate – bzw. wenn sie das 55. Lebensjahr vollendet haben 96 Monate – nicht überschreiten (§§ 88 ff. SGB III).

Die Agentur für Arbeit kann einem Arbeitgeber **Eingliederungszuschüsse** in Höhe von bis zu 70 Prozent des Arbeitsentgelts für zwölf Monate gewähren, wenn er einen schwerbehinderten Menschen einstellt (§ 73 Abs. 3 SGB III).

Arbeitgebern, bei denen von der Agentur für Arbeit geförderte **ausbildungsbegleitende Hilfen** während der betrieblichen Ausbildungszeit durchgeführt oder durch Abschnitte der Berufsausbildung in einer außerbetrieblichen Einrichtung ergänzt werden und während dieser Zeit die Ausbildungsvergütung weitergezahlt wird, kann von der Agentur für Arbeit ein Zuschuss zur Ausbildungsvergütung gewährt werden (§ 79 SGB III).

Arbeitgebern können (Ermessen) Zuschüsse zum Arbeitsentgelt von Arbeitnehmern gewährt werden, bei denen die Notwendigkeit der Weiterbildung wegen eines bisher **fehlenden Berufsabschlusses** anerkannt ist, soweit die Weiterbildung im Rahmen eines bestehenden Arbeitsverhältnisses stattfindet (§ 81 Abs. 5 SGB III).

Die Agenturen für Arbeit können Arbeitgebern Zuschüsse für eine **behindertengerechte Ausgestaltung** von Ausbildungs- oder Arbeitsplätzen gewähren, soweit dies erforderlich ist, um die dauerhafte Teilhabe am Arbeitsleben zu erreichen oder zu sichern und der Arbeitgeber hierzu nicht verpflichtet ist (§ 46 Abs. 2 SGB III).

Die Kosten einer befristeten **Probebeschäftigung** eines behinderten, schwerbehinderten oder gleichgestellten Menschen kann die Agentur für Arbeit einem Arbeitgeber bis zu einer Dauer von drei Monaten erstatten, wenn dadurch die Möglichkeit der Teilhabe am Arbeitsleben zu erreichen ist (§ 46 Abs. 1 SGB III). Außerdem können Arbeitgeber für die betriebliche Aus- oder Weiterbildung (schwer)behinderter Menschen Zuschüsse zur Ausbildungsvergütung erhalten (§ 73 Abs. 1 und 2 SGB III).

Leistungen für Träger

Zuschüsse für Einrichtungen der beruflichen Aus- oder Weiterbildung oder der beruflichen Rehabilitation können Maßnahmeträger erhalten, wenn dies für die Erbringung von anderen Leistungen der aktiven Arbeitsförderung erforderlich ist und die Träger sich in angemessenem Umfang an den Kosten beteiligen. Außerdem müssen die Träger zertifiziert sein (§§ 74 ff., 176 ff. SGB III).

Finanzierung und Organisation

Die Arbeitsförderung wird durch Beiträge, Umlagen, Mittel des Bundes sowie sonstige Einnahmen finanziert.

Der Beitragssatz beträgt 2014: 3,0 Prozent.

Träger der Arbeitsförderung ist die Bundesagentur für Arbeit. Diese besteht aus der Zentrale mit Sitz in Nürnberg, den Regionaldirektionen und den Agenturen für Arbeit. Die Bundesagentur für Arbeit ist eine Körperschaft des öffentlichen Rechts mit Selbstverwaltung.

Selbstverwaltungsorgane sind bei der Zentrale der Verwaltungsrat und bei den Agenturen für Arbeit die Verwaltungsausschüsse.

Hintergrundinformation

Arbeitslosigkeit ist ein fester Bestandteil des (kapitalistischen) Wirtschaftskreislaufes. Sie hat mehrere Ursachen; diese liegen aufseiten des globalen Wirtschaftssystems, aufseiten der Arbeitgeber (z.B. falsche Unternehmenspolitik) und aufseiten der Arbeitnehmer (z.B. fehlende Qualifikation). Es gibt kein Universalmittel, um sie ganz abzuschaffen. Umso bedeutsamer ist die soziale Absicherung für die betroffenen Menschen. Hauptursachen der Arbeitslosigkeit sind:

- *konjunkturelle Arbeitslosigkeit:* zyklische Schwankungen im Wirtschaftsgeschehen, z.B. durch Rezession;
- *strukturelle Arbeitslosigkeit:* Niedergang einer Branche; Rationalisierung; fehlende Flexibilität auf dem Arbeitsmarkt;
- *systemische Arbeitslosigkeit:* allgemeine Schwäche des Wirtschafts- und Gesellschaftssystems; Unternehmen investieren im Ausland; mangelnde Attraktivität für Investoren im Inland;
- *friktionelle Arbeitslosigkeit:* kurzfristige Übergangsschwierigkeiten, z.B. beim Wechsel des Arbeitsplatzes oder fehlender Qualifikation.

Die Arbeitslosenquote stieg in den Jahren 1990 bis 2005 kontinuierlich von 7,2 auf 13,0 Prozent an. Sie ging im Oktober 2013 auf 6,5 Prozent zurück (das sind 2,8 Millionen registrierte Arbeitslose).[27] Die Zahl der Arbeitslosen lag im Februar 2014 bei 3,14 Millionen.

---

[27] Bundesagentur für Arbeit, Presse Info vom 30.10.2013.

Den Kernbereich des Sozialrechts – die fünf Zweige der Sozialversicherung – haben Sie nun kennengelernt. Aus diesem Grund finden Sie in Tabelle 1.6 eine Gesamtübersicht.

	Krankenversicherung (SGB V)	Pflegeversicherung (SGB XI)	Unfallversicherung (SGB VII)	Rentenversicherung (SGB VI)	Arbeitsförderung/Arbeitslosenversicherung (SGB III)
Versicherte	§§ 5, 9, 10 SGB V	§§ 1 Abs. 2, 20 ff. SGB XI	§§ 2, 3, 6 SGB VII	§§ 1ff. SGB VI	§§ 24ff. SGB III
Besonderheiten	Familienversicherung (§ 10 SGB V) Versicherungsfreiheit für Besserverdienende (§ 6 Abs. 1 Nr. 1 SGB V) Jahresarbeitsentgeltgrenze (= Versicherungspflichtgrenze) 2014: 53.550 €	Familienversicherung (§ 25 SGB XI), wer privat krankenversichert ist, muss private Pflegeversicherung ab- schließen (§ 1 Abs. 2 Satz 2 SGB XI)	„Wie-Beschäftigte" (§ 2 Abs. 2 SGB VII) Versicherung kraft Satzung (§ 3 SGB VII); freiwillige Unternehmensversicherung (§ 6 SGB VII)	Nachversicherung, Versorgungsausgleich, Rentensplitting (§ 8 SGB VI), freiwillige Versicherung (§ 7 SGB VI)	Versicherungspflichtverhältnis auf Antrag (freiwillige Weiterversicherung) insbes. für Existenzgründer (§ 28a SGB III)
Versicherungsfälle	Krankheit = regelwidriger Körper- oder Geisteszustand, der Behandlungsbedürftigkeit und/oder Arbeitsunfähigkeit zur Folge hat • Schwangerschaft/Mutterschaft	Pflegebedürftigkeit (§ 14 SGB XI) Drei Pflegestufen (§ 15 SGB XI): • (I) erheblich pflegebedürftig • (II) schwer pflegebedürftig • (III) schwerstpflegebedürftig Grds. kein Leistungsanspruch bei Hilfebedarf < Pflegestufe I sog. Pflegestufe 0 für Demenzkranke	Arbeitsunfall (auch: Wegeunfall, Arbeitsgeräteunfall), Berufskrankheit (§§ 7 Abs. 1, 8 9 SGB VII) innerer Zusammenhang sowie haftungsbegründende und -ausfüllende Kausalität erforderlich	(volle, teilweise) Erwerbsminderung, Alter, Tod (§ 33 SGB VI)	Arbeitslosigkeit (§ 138 SGB III), setzt voraus: 1. Beschäftigungslosigkeit, 2. Eigenbemühungen, 3. Verfügbarkeit
Leistungen	§ 21 Abs. 1 SGB I; §§ 11 und 20ff. SGB V insbesondere • Prävention (§§ 24, 25, 26 SGB V) • Krankenbehandlung (§§ 27 ff SGB V) • Krankengeld (§§ 44 ff. SGB V) • Leistungen bei Schwangerschaft und Mutterschaft (§§ 24c bis i SGB V)	§ 21a SGB I; §§ 28, 36ff. SGB XI • Pflegesachleistungen (§ 36 SGB XI) • Pflegegeld (§ 37 SGB XI) • Kombination aus beidem (§ 38 SGB XI) • teilstationäre Pflege, Kurzzeitpflege, (§§ 41, 42 SGB IX) • vollstationäre Pflege (§ 43 SGB XI)	§ 22 Abs. 1 SGB I; §§ 14 ff. SGB VII insbes. • Prävention (§§ 14-24 SGB VII) • Krankenbehandlung (§§ 26 ff. SGB VII) • Rehabilitation (§§ 35ff. SGB VII) • Renten (§§ 56 ff. SGB VII) (abstrakte Schadensberechnung, § 56 Abs. 2)	§ 23 Abs. 1 SGB I Insbesondere • Leistungen zur Teilhabe (§§ 9 ff. SGB VI) • Renten (§§ 33 ff. SGB VI)	§ 19 Abs. 1 SGB I, § 3 SGB III Vorrang der • Arbeitsvermittlung (§ 4 SGB III) • aktiven Arbeitsförderung vor Entgeltersatz (§ 5) Entgeltersatzleistungen (§ 3 Abs.4): • Arbeitslosengeld • Teilarbeitslosengeld • Übergangsgeld • Kurzarbeiter- und Insolvenzgeld
besondere Leistungsvoraussetzungen	Antrag, § 19 Satz 1 SGB IV Krankenversichertenkarte, elektronische Gesundheitskarte (§§ 15 Abs. 2, 291 f. SGB V)	Antrag, § 19 Satz 1 SGB IV Vorversicherungszeit, § 33 SGB XI	von Amts wegen, § 19 Satz 2 SGB IV	Wartezeit (= Mindestversicherungszeit, § 34 Abs. 1 SGB VI), Antrag (§§ 19 Satz 1 SGB IV; 115 SGB VI)	für Arbeitslosengeld: persönliche Arbeitslosmeldung Anwartschaftszeit, Antrag (§§ 137 Abs. 1, 141, 142, 323 SGB III)
Träger	§ 21 Abs. 2 SGB I, §§ 143ff. SGB V Krankenkassen (§ 4 SGB V), z.B. AOK, Ersatzkassen, BKK	§ 21a Abs. 2 SGB I; § 46 SGB XI: Pflegekassen (bei jeder Krankenkasse)	§ 22 Abs. 2 SGB I; §§ 114ff. SGB VII: v.a. Berufsgenossenschaften, Unfallkassen	§ 23 Abs. 2 SGB I; § 125 SGB VI Regional- und Bundesträger der Deutschen Rentenversicherung (DRV)	§ 19 Abs. 2 SGB I; §§ 367ff. SGB III: Bundesagentur für Arbeit (BA)
Beitragstragung	grds. AG und AN je zur Hälfte (§ 249 Abs. 1 SGB V)	AG und AN je zur Hälfte (Ausnahme: Sachsen; § 58 Abs. 1-3 SGB XI)	AG allein (§ 150 Abs. 1 SGB VII)	AG und AN je zur Hälfte (§ 168 Abs. 1 Nr. 1 SGB VI)	AG und AN je zur Hälfte (§ 346 Abs. 1 SGB III)
Beitragssätze	bundeseinheitlicher Beitragssatz i.H.v. 15,5 % (davon tragen die Arbeitnehmer 0,9 % allein, vgl. §§ 241, 249 SGB V; ebenso den Zusatzbeitrag nach § 242 SGB V)	seit 01.01.2013: 2,05 % (§§ 55 Abs. 1, 58 Abs. 3 SGB V); 0,25 % Beitragszuschlag für Kinderlose über 23 Jahre (§§ 55 Abs. 3 Satz 1, 58 Abs. 1 Satz 3, 59 Abs. 5 SGB XI)	abhängig von Gefahrklasse und Lohnsumme (§ 153 SGB V). Beitragssatz bei gewerblichen Berufsgenossenschaften: 1,32%	seit 01.01.2013: 18,9 % (in der allgemeinen Rentenversicherung); 25,1% (in der knappschaftlichen Rentenversicherung)	seit 01.01.2012: 3,0 % (§ 341 Abs. 2 SGB III)

Tabelle 1.6: Gesamtübersicht Sozialversicherung[28]

---

[28] vgl. Kokemoor, a.a.O., S. 162 f.

Im Sozialversicherungsrecht geht es darum, ob ein Versicherter von einem Leistungsträger eine Sozialleistung verlangen kann.

Die nachfolgende Übersicht listet die Fragen auf, die bei der **Prüfung sozialversicherungsrechtlicher Ansprüche** zu klären sind.

1. Anspruchsberechtigung	Voraussetzung für den Anspruch auf eine Versicherungsleistung ist die Eigenschaft als Versicherter. Diese Eigenschaft kann kraft eigener Versicherung oder als Familienmitglied bestehen. Die eigene Versicherung beruht entweder auf Pflichtversicherung in der Eigenschaft als Beschäftigter (was dem arbeitsrechtlichen Arbeitnehmerbegriff entspricht) oder auf freiwilliger Versicherung (§ 2 SGB IV).
2. Leistung	Es muss geklärt werden, welche konkrete Sozialleistung begehrt wird. Eine Übersicht über die infrage kommenden Leistungen enthalten die Abs. 1 der §§ 18–29 SGB I.
3. Träger	Welcher Träger für welche Leistung zuständig ist, ergibt sich jeweils aus Abs. 2 der §§ 18–29 SGB I.
4. Beratung	Leistungsberechtigte haben gegenüber den Leistungsträgern einen Anspruch auf Beratung und Auskunft (§§ 14, 15 SGB I; §§ 7ff. SGB XI). Kann ein Anspruch wegen fehlerhafter Beratung durch den Leistungsträger nicht realisiert werden, hat der Leistungsberechtigte einen sog. Herstellungsanspruch.
5. Leistungsgrundsätze	Alle Sozialleistungen werden nach gesetzlich geregelten Grundsätzen erbracht. Sie sind im SGB I und ergänzend in den einzelnen Leistungsgesetzen geregelt. Die Leistungsträger sind bei Ermessensleistungen nicht frei, sondern an gesetzliche Vorgaben gebunden (§ 39 SGB I).
6. Verfahren	Voraussetzung für Sozialleistungen ist i.d.R. ein Antrag des Leistungsberechtigten. Er muss Mitwirkungspflichten nachkommen, um den Anspruch auf eine Sozialleistung zu erhalten (z.B. Duldung einer ärztlichen Untersuchung, § 62 SGB I). Die zentralen Verfahrensgrundsätze sind im SGB X enthalten.
7. Streitigkeiten	Gegen die Entscheidung eines Leistungsträgers kann beim Sozialgericht geklagt werden. Zuvor ist bei der Stelle, die den Verwaltungsakt erlassen hat, Widerspruch einzulegen (§§ 78,84 SGG).

Tabelle 1.7: Prüfschema sozialversicherungsrechtlicher Ansprüche [29]

Zwischenanmerkung

Die rechtliche Absicherung sozialer Risiken ist ein langer historischer Prozess, der noch nicht abgeschlossen ist.

Das Versicherungsprinzip soll sicherstellen, dass Leistung und Gegenleistung in einem angemessenen Verhältnis zueinander stehen. Gleichzeitig ist das Sozialversicherungsrecht vom Solidaritätsgedanken durchdrungen.

Die überwiegend durch Beiträge finanzierten Sicherungssysteme stehen in ökonomischen Krisenzeiten vor großen Problemen. Einnahmedefizite und gleichzeitige Ausgabensteigerungen bei den Leistungen führen dazu, dass die staatlichen – steuerfinanzierten – Zuschüsse immer höher werden.

Bislang haben die sozialen Netze gehalten. Finanz- und Wirtschaftskrisen, die Wiedervereinigung Deutschlands und neue Problemlagen waren und sind große Herausforderungen für die Sozialversicherung.

---

[29] vgl. Kittner/Deinert, a.a.O., S. 337.

A. Bearbeitungshinweise zu den Übungen

Übung 1.1 (S. 113): Frau Sommer erhält für jedes Jahr ihrer Berufstätigkeit 0,9 Entgeltpunkte (§§ 35, 70 Abs. 1 Satz 1 SGB VI), also (25 x 0,9) 22,5 Entgeltpunkte (EP). Bei den Renten wegen Alters beträgt der Rentenartfaktor (RAF) 1,0 (§ 67 Nr. 1 SGB VI). Der aktuelle Rentenwert (AR) beträgt ab Juli 2014 (Rechtsverordnung gem. § 69 SGB VI) 28,61 € für die alten Bundesländer. Gem. § 64 SGB VI ergibt sich eine Monatsrente von 22,5 € x 1 x 28,61 € = 643,73 €.

Übung 1.2 (S. 115): In der gesetzlichen Rentenversicherung gilt gemäß § 153 SGB VI das so genannte Umlageverfahren. Die aktuell ausgezahlten Renten werden direkt durch die Beiträge der Versicherten bezahlt. Mit den Beiträgen der Versicherten wird kein Kapitalstock gebildet.

Zur Finanzierung der Rentenversicherung leistet der Bund außerdem gemäß § 213 SGB VI Zuschüsse. Der Bund garantiert dabei auch die Liquidität der gesetzlichen Rentenversicherung: Sollten die liquiden Mittel der Rentenversicherung die aktuellen Zahlungsverpflichtungen nicht decken können, ist der Bund gemäß § 214 SGB VI verpflichtet, eine Liquiditätshilfe in Höhe der fehlenden Mittel zu leisten (Bundesgarantie).

Herr G. kann also beruhigt sein: Der Börsencrash hat keine Auswirkungen auf seine eingezahlten Beiträge. Diese wurden nicht angespart und etwa auf dem Kapitalmarkt angelegt, sondern sie wurden direkt an die derzeitigen Rentenbezieher ausgezahlt.

Übung 2.1 (S. 124): Herr Walter kann den Arbeitskollegen nicht auf Schadensersatz wegen seiner Körperverletzungen in Anspruch nehmen. Er wurde bei einer gem. § 2 Abs. 1 Nr. 1 SGB VII unfallversicherten Tätigkeit verletzt, er hat somit einen Arbeitsunfall (§ 8 Abs. 1 SGB VII) erlitten. Gemäß § 105 Abs. 1 SGB VII sind Arbeitskollegen, die durch eine betriebliche Tätigkeit einen Arbeitsunfall von Arbeitnehmern desselben Betriebs verursachen, grundsätzlich nicht zum Ersatz des Personenschadens verpflichtet (Haftungsprivileg).

Da Herr Schäfer wegen nur kurzer Unaufmerksamkeit nicht grob fahrlässig (hier nur einfache Fahrlässigkeit) gehandelt hat, muss er auch keine Regressforderungen der gesetzlichen Unfallversicherung gem. § 110 SGB VII befürchten. Die Haftungsprivilegien sollen dem Betriebsfrieden dienen und Geschädigten einen solventen Schuldner sichern.

Übung 2.2 (S. 124): § 7 Abs. 2 SGB VII besagt, dass verbotswidriges Handeln das Vorliegen eines Versicherungsfalles nicht ausschließt. Es bleibt zu prüfen, ob ein Arbeitsunfall vorliegt. Hier kann nur ein Wegeunfall gem. § 8 Abs. 2 Nr. 1 SGB VII in Betracht kommen. Entscheidend ist, ob ein innerer Zusammenhang zur versicherungspflichtigen Tätigkeit vorhanden ist. Durch ihr strafrechtlich relevantes Handeln könnte sich Sabrina von der betrieblichen Tätigkeit gelöst haben; dies ist hier jedoch nicht der Fall. Der innere Zusammenhang entfällt nur dann, wenn die Handlungstendenz auf betriebsfremde Interessen gerichtet wäre. Trotz der Verkehrswidrigkeit bezweckte Sabrina, den Weg in Richtung Betriebsstätte (Ort der Tätigkeit) zurückzulegen. Es besteht also Versicherungsschutz in der gesetzlichen Unfallversicherung; sie ist gem. § 2 Abs. 1 Nr. 2 SGB VII versichert.

Übung 2.3 (S. 125): Neben dem Arbeitsunfall ist die Berufskrankheit der zweite Versicherungsfall der gesetzlichen Unfallversicherung. Sie ist in § 9 SGB VII definiert: Berufskrankheiten sind Krankheiten, die die Bundesregierung durch Rechtsverordnung mit Zustimmung des Bundesrates als Berufskrankheit bezeichnet und die der Versicherte infolge einer den Versicherungsschutz nach §§ 2, 3 oder 6 SGB VII begründenden Tätigkeit erleidet.

Die Rechtsverordnung, in der die Berufskrankheiten aufgeführt sind, ist die Berufskrankheitenverordnung. In dieser Verordnung kann die Bundesregierung gemäß § 9 Abs. 1 SGB VII Krankheiten aufnehmen, die Erkenntnissen der medizinischen Wissenschaft zufolge durch besondere Einwirkungen verursacht werden, denen bestimmte Personengruppen durch ihre Arbeit in erheblich höherem Maße als die übliche Bevölkerung ausgesetzt sind.

Unter den Voraussetzungen des § 9 Abs. 2 SGB VII müssen Unfallversicherungsträger auch Krankheiten als Berufskrankheiten anerkennen, die nicht in der Berufskrankheitenverordnung aufgeführt sind. Die Aufnahme in die Berufskrankheitenverordnung erleichtert aber in der Praxis die Beweisführung des Versicherten.

Die Berufskrankheit muss infolge der versicherten Tätigkeit auftreten. Bricht die Krankheit infolge einer Vorschädigung aus, handelt es sich nicht um eine Berufskrankheit im Sinne des SGB VII.

Das Augenzittern des Herrn F. ist als Berufskrankheit einzuordnen. In Anlage 1 Nr. 6101 zur Berufskrankheitenverordnung ist das Augenzittern als Berufskrankheit aufgeführt. Da das Augenzittern nach ärztlicher Diagnose auf den ständigen Kontakt mit Kohlenstaub zurückzuführen ist, handelt es sich um eine Berufskrankheit.

Übung 3.1 (S. 148): Voraussetzung der Arbeitslosigkeit ist nach § 138 Abs. 1 SGB III— neben Beschäftigungslosigkeit und Eigenbemühungen — die Verfügbarkeit. An der Verfügbarkeit des Herrn M. könnten Zweifel bestehen, wenn er die angebotene Stelle ablehnt. Nach § 138 Abs. 5 Nr. 3 SGB III steht den Vermittlungsbemühungen der Agentur für Arbeit nur zur Verfügung, wer bereit ist, jede zumutbare Beschäftigung anzunehmen und auszuüben. Die Zumutbarkeit einer Beschäftigung ist in § 140 SGB III geregelt. Absatz 3 dieser Vorschrift besagt, dass die Herrn M. angebotene Beschäftigung aus personenbezogenen Gründen unzumutbar ist, denn das zu erzielende Gehalt würde weit unter den festgelegten Grenzen liegen: In den ersten drei Monaten der Arbeitslosigkeit ist eine Minderung um mehr als 20 Prozent und in den folgenden drei Monaten um mehr als 30 Prozent nicht zumutbar.

Auch wenn Herr M. nicht bereit wäre, die Stelle anzunehmen, ist er dennoch als verfügbar anzusehen. Die Weigerung würde sich nicht auf das gesetzlich definierte Merkmal „Arbeitslosigkeit" auswirken.

Übung 3.2 (S. 148): Neben Arbeitslosigkeit und Arbeitslosmeldung ist die Erfüllung der Anwartschaftszeit dritte Voraussetzung für einen Anspruch auf Arbeitslosengeld (§ 137 Abs. 1 SGB III). Die Anwartschaftszeit hat gem. § 142 SGB III erfüllt, wer innerhalb der Rahmenfrist mindestens zwölf Monate in einem Versicherungspflichtverhältnis gestanden hat. Gemäß § 143 SGB III beträgt die Rahmenfrist grundsätzlich zwei Jahre. Wer also vor Eintritt der Arbeitslosigkeit innerhalb der Rahmenfrist von zwei Jahren mindestens zwölf Monate versicherungspflichtig beschäftigt war, erfüllt die Anwartschaftszeit.

Frau E. war innerhalb der Rahmenfrist 18 Monate lang versicherungspflichtig beschäftigt. Die Anwartschaftszeit ist demnach erfüllt. Sie hat Anspruch auf Arbeitslosengeld.

Übung 3.3 (S. 149): Die Dauer des Anspruchs auf Arbeitslosengeld richtet sich gem. § 147 Abs. 1 SGB III nach der Dauer der Versicherungspflichtverhältnisse und dem Lebensalter, das der Arbeitslose bei der Entstehung des Anspruchs vollendet hat. Sie bewegt sich zwischen sechs und 18 Monaten; für über 58-jährige bis 24 Monate (vgl. Tabelle in § 147 Abs. 2 SGB III).

Bei der Höhe des Arbeitslosengeldes differenziert § 149 SGB III danach, ob der Arbeitslose bzw. dessen Ehegatte/Lebenspartner mindestens ein (steuerlich berücksichtigtes) Kind haben oder nicht. Ist dies der Fall, wird ein „erhöhter Leistungssatz" von 67 Prozent des zuvor erzielten, pauschalierten Nettoentgelts gezahlt. Ist der Arbeitslose kinderlos, erhält er lediglich den „allgemeinen Leistungssatz" in Höhe von 60 Prozent des Nettoentgelts. Die Berechnung des Anspruchs ist in den §§ 150 ff. SGB III detailliert geregelt.

Herr F. hat gem. § 147 Abs. 2 SGB III einen sechsmonatigen Anspruch auf Arbeitslosengeld, und zwar in Höhe von 60 Prozent seines pauschalierten Nettoentgelts (gem. § 149 Nr. 2 SGB III).

Übung 3.4 (S. 150): Bei versicherungswidrigem Verhalten im Sinne von § 159 SGB III wird im Hinblick auf den Arbeitslosengeldanspruch eine sog. Sperrzeit verhängt. Frau H. hat sich versicherungswidrig verhalten, indem sie ihren Job aufgab (§ 159 Abs. 1 Nr. 1 SGB III). Sie hatte hierfür keinen wichtigen Grund. Daher wird sie eine zwölfwöchige Sperrzeit hinnehmen müssen (gem. § 159 Abs. 3 SGB III). Die Sperrzeit führt nicht nur zu einer Verschiebung (Ruhen) ihres Anspruchs auf Arbeitslosengeld, sondern verringert gem. § 148 Abs. 1 Nr. 4 SGB III auch die Gesamtdauer ihres Leistungsbezugs.

B. Abbildungsverzeichnis

Abb. 1.1: Übersicht Gesetzliche Rentenversicherung (SGB VI) 105
Abb. 1.2: Generationenvertrag 106
Abb. 1.3: Rentenarten 107
Abb. 1.4: Prüfschema Rentenleistungen bei Erwerbsminderung 109
Abb. 1.5: Hinzuverdienstgrenzen 114
Abb. 2.1: Überblick Gesetzliche Unfallversicherung (SGB VII) 122
Abb. 2.2: Rechtliche Voraussetzungen für einen Arbeitsunfall 123
Abb. 2.3: Institutionen des Arbeitsschutzes in Deutschland 133
Abb. 3.1: Überblick Arbeitsförderung / Arbeitslosenversicherung (SGB III) 154
Abb. 3.2: Aufgaben der Bundesagentur für Arbeit 157

C. Tabellenverzeichnis

Tabelle 1.1: Versicherter Personenkreis (SGB VI) 106
Tabelle 1.2: Faktoren der Rentenformel 113
Tabelle 1.3: Arbeitsförderung (SGB III) 140
Tabelle 1.4: Leistungen der Arbeitsförderung 141
Tabelle 1.5: Dauer des Anspruchs auf Arbeitslosengeld 149
Tabelle 1.6: Gesamtübersicht Sozialversicherung 162
Tabelle 1.7: Prüfschema sozialversicherungsrechtlicher Ansprüche 163

Aufgaben zur Selbstüberprüfung Kapitel 8 unter www.lambertus.de

Drittes Modul

- Rehabilitation und Teilhabe
- Sozialverwaltungsverfahren und Sozialdatenschutz

Einleitung

In diesem Modul werden das Rehabilitationsrecht (SGB IX) behandelt sowie das Sozialverwaltungsverfahren und der Sozialdatenschutz.

Im **Rehabilitationsrecht** des Neunten Buches des SGB geht es insbesondere um die Teilhabe behinderter Menschen. Menschen mit Behinderung haben zwar Funktionseinschränkungen, sie können aber weitgehend „normal" arbeiten und leben.

Ziel der Rehabilitation ist, den Auswirkungen einer Krankheit bzw. einer körperlichen, geistigen oder seelischen Behinderung auf die Erwerbsfähigkeit und auf die gesellschaftlichen Teilhabechancen entgegenzuwirken oder sie zu überwinden. Mit anderen Worten: Integrieren statt Aussortieren. In allen Lebensbereichen soll das Prinzip der **„Inklusion"** umgesetzt werden.

Dieses Modul schließt mit einem Kapitel über das **Sozialverwaltungsverfahren** und den **Sozialdatenschutz.**

Die Regelungen des SGB X weichen nur in Teilen vom allgemeinen Verwaltungsverfahren ab. Beachten Sie besonders die Voraussetzungen für die Aufhebung von Verwaltungsakten (Rücknahme rechtswidriger Verwaltungsakte/Widerruf rechtmäßiger Verwaltungsakte). Auch an dieser Stelle der wichtige Hinweis: Lesen Sie die angegebenen Paragrafen und achten Sie darauf, dass Sie das jeweils genannte Buch des SGB (I–XII) anwenden!

Dem **Datenschutz** kommt wegen der ungeahnten technischen Möglichkeiten ein hoher Stellenwert zu (Grundrecht auf informationelle Selbstbestimmung). Die Datenskandale der letzten Zeit haben sicherlich auch Ihr Bewusstsein geschärft.

Nach dem Durcharbeiten dieses Moduls

- kennen Sie die Träger, Aufgaben und Leistungen des Rehabilitations- und Schwerbehindertenrechts,
- können Sie den Begriff der Behinderung definieren und die Auswirkungen auf die Teilhabe an der Gesellschaft beurteilen,
- kennen Sie die Besonderheiten des Sozialverwaltungsverfahrens und erkennen die Bedeutung des Schutzes von Sozialdaten.

Kapitel 9

9 Rehabilitation und Teilhabe behinderter Menschen (SGB IX)

> In diesem Kapitel lernen Sie die verschiedenen Rehabilitationsträger und -leistungen kennen. Nach der Lektüre können Sie die Leistungsgruppen zur Teilhabe (medizinische, berufliche und soziale Rehabilitation) sowie die für behinderte Menschen geltenden Sonderregelungen benennen und darstellen.

9.1 Inhaltsübersicht Neuntes Buch

Am 01.07.2001 trat das Neunte Buch des SGB mit dem Titel „Rehabilitation und Teilhabe behinderter Menschen" in Kraft. Dieses Gesetz ist das Ergebnis einer fast drei Jahrzehnte währenden Diskussion über ein einheitliches Recht für behinderte Menschen. Einer der Hauptstreitpunkte war die Frage, ob für Rehabilitationsleistungen ein neuer Zweig der Sozialversicherung mit einem eigenständigen Leistungsträger geschaffen oder ob das bestehende, über alle Sozialleistungsgebiete verstreute Behindertenrecht lediglich koordinierter und übersichtlicher gestaltet werden sollte.

Verbesserungen der sozialen Sicherung behinderter Menschen sind mit hohen zusätzlichen Kosten verbunden und so gab es eine politische Vorgabe für das SGB IX, die in der Kostenneutralität bestand. In Bezug auf den Leistungskatalog änderte sich nicht viel; einige neue Regelungen zum Verwaltungsverfahren erwiesen sich als positiv.

Nachdem das SGB IX **keinen einheitlichen Träger** für Rehabilitationsleistungen eingeführt hat, sind für diese die übrigen Sozialleistungsträger zuständig, also die Sozialversicherungsträger (Kranken-, Pflege-, Unfall-, Renten- und Arbeitslosenversicherung), die Kriegsopferfürsorge, die Kinder- und Jugendhilfe sowie vor allem auch die Sozialhilfe.

Damit ist eines der größten Probleme bestehen geblieben, nämlich im Einzelfall die richtige **Zuständigkeit** zu bestimmen. Hier hat der Gesetzgeber mit § 14 SGB IX versucht, eine praktikable Regelung zu schaffen. Diese Vorschrift soll gewährleisten, dass Streitigkeiten über die Zuständigkeit des Rehabilitationsträgers nicht auf dem Rücken des behinderten Menschen, sondern möglichst zügig – innerhalb weniger Wochen – entschieden werden („Turboparagraf").

Die Regelungen des bisherigen Schwerbehindertengesetzes wurden in das SGB IX überführt. Das SGB IX besteht aus zwei Teilen: **Teil 1** (§§ 1–67) enthält „Regelungen für behinderte und von Behinderung bedrohte Menschen", **Teil 2** (§§ 68–160) „Besondere Regelungen zur Teilhabe schwerbehinderter Menschen (**Schwerbehindertenrecht**)".

Zu Teil 1 des SGB IX:

Das **erste Kapitel** enthält allgemeine Regelungen. § 1 SGB IX führte dabei gewisse Begriffsänderungen ein. Statt – wie früher – von „Behinderten" wird nunmehr von „behinderten Menschen" gesprochen und statt von „Eingliederung" von „Teilhabe am Leben in der Gesellschaft". Auch der Begriff der Behinderung im § 2 SGB IX wurde neu gefasst, ohne dass damit wesentliche inhaltliche Änderungen verbunden waren (eine identische Begriffsbestimmung findet sich in § 3 Behindertengleichstellungsgesetz).

Im Jahr 2001 hat sich die Weltgesundheitsorganisation (WHO) von ihrer stark defizitorientierten Definition von Behinderung getrennt und eine neue, differenzierte Klassifikation (ICF) verabschiedet, vgl. Abb. 1.1 und 1.2. Nach heutigem Verständnis wird Behinderung begriffen als Wechselwirkung von Beeinträchtigungen mit teilhabeeinschränkenden oder -fördernden Kontextfaktoren.[30]

---

[30] vgl. Teilhabebericht der Bundesregierung (2013), a. a. O., S. 29 ff.

```
┌─────────────────────────────────────────┐
│           Schädigung                    │
│          (Impairment)                   │
│ Ursachen: Krankheit, angeborenes        │
│ Leiden, Unfall; Beschreibung des        │
│ jeweiligen Gesundheitszustandes.        │
└─────────────────────────────────────────┘
                    ↓
┌─────────────────────────────────────────┐
│     Fähigkeitsstörung (Disability)      │
│ Funktionelle Einschränkung, die im      │
│ Unterschied zu einem Menschen steht,    │
│ der gleichen Alters und gleichen        │
│ Geschlechts ist und aus dem gleichen    │
│ Kulturkreis und sozialen Umfeld stammt. │
└─────────────────────────────────────────┘
                    ↓
┌─────────────────────────────────────────┐
│      Beeinträchtigung (Handicap)        │
│ Schränkt die Rolle ein, die der         │
│ Betroffene unter „normalen"             │
│ Bedingungen eingenommen hätte.          │
└─────────────────────────────────────────┘
```

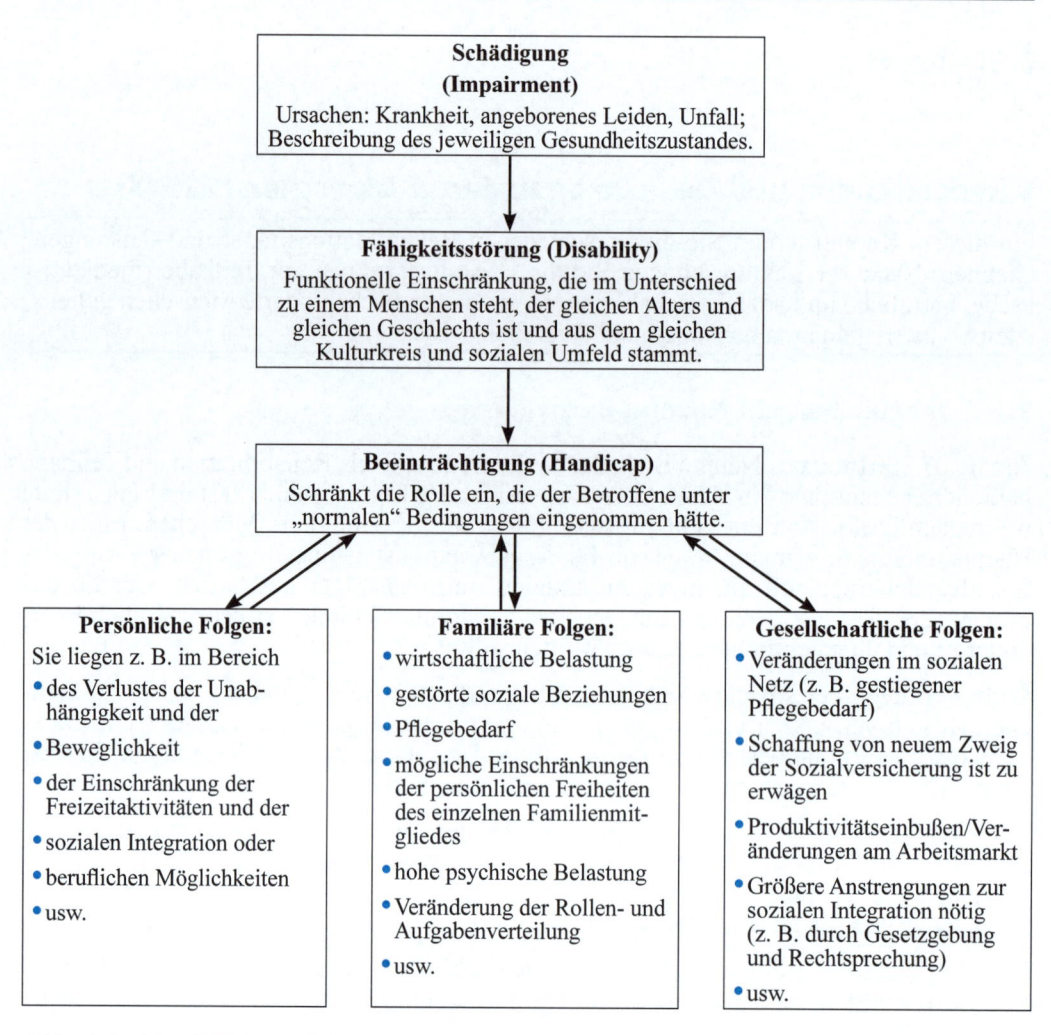

Persönliche Folgen:	Familiäre Folgen:	Gesellschaftliche Folgen:
Sie liegen z. B. im Bereich • des Verlustes der Unabhängigkeit und der • Beweglichkeit • der Einschränkung der Freizeitaktivitäten und der • sozialen Integration oder • beruflichen Möglichkeiten • usw.	• wirtschaftliche Belastung • gestörte soziale Beziehungen • Pflegebedarf • mögliche Einschränkungen der persönlichen Freiheiten des einzelnen Familienmitgliedes • hohe psychische Belastung • Veränderung der Rollen- und Aufgabenverteilung • usw.	• Veränderungen im sozialen Netz (z. B. gestiegener Pflegebedarf) • Schaffung von neuem Zweig der Sozialversicherung ist zu erwägen • Produktivitätseinbußen/Veränderungen am Arbeitsmarkt • Größere Anstrengungen zur sozialen Integration nötig (z. B. durch Gesetzgebung und Rechtsprechung) • usw.

Abb. 1.1: Alte WHO-Definition von Behinderung

§ 3 SGB IX schreibt den Grundsatz des **Vorrangs der Prävention** (zur Vermeidung von Behinderungen) fest und § 8 Abs. 2 und 3 SGB IX hat den schon bisher geltenden Grundsatz des Vorrangs von Rehabilitationsleistungen vor Pflege- und Rentenleistungen übernommen.

Von großer praktischer Bedeutung ist § 7 SGB IX: Danach richten sich im Zweifel die Rechte eines behinderten Menschen nicht nach den Bestimmungen des SGB IX, sondern nach denjenigen Regelungen, die für den zuständigen Leistungsträger gelten; ist also z. B. eine Krankenkasse zuständig, gilt in erster Linie das SGB V (Krankenversicherungsrecht), hat ein Rentenversicherungsträger Rehabilitationsleistungen zu erbringen, richten sich diese primär nach dem SGB VI (Rentenversicherungsrecht) usw.

§ 9 regelt das „**Wunsch- und Wahlrecht** der Leistungsberechtigten" und versucht, den Interessen der behinderten Menschen nach individueller Leistungsausgestaltung entgegenzukommen. Soweit die Realisierung von Wünschen eines behinderten Menschen nicht zu Mehrkosten führt, sind diese zu berücksichtigen.

Die §§ 10–12 SGB IX bemühen sich darum, die Leistungserbringung der **verschiedenen Rehabilitationsträger** (Krankenkassen, Berufsgenossenschaften, Rentenversicherungsträger usw.) im Interesse der behinderten Menschen zu koordinieren.

Kapitel 2 befasst sich mit der „Ausführung von Leistungen zur Teilhabe". Hier werden neue Wege versucht, wie z. B. dadurch, dass gem. § 17 Abs. 2 bis 6 SGB IX Rehabilitationsleistungen auch im Rahmen eines „**persönlichen Budgets**" gewählt werden können, was dem Selbstbestimmungsrecht des einzelnen behinderten Menschen in besonderer Weise entspricht.

§§ 19 und 20 SGB IX sollen auf eine ausreichende quantitative und qualitative Infrastruktur im Bereich der Rehabilitation hinwirken. Ein Element dieser Infrastruktur stellen die im **3. Kapitel** (§§ 22 ff. SGB IX) vorgeschriebenen „**Gemeinsamen Servicestellen**" dar, die von den Rehabilitationsträgern möglichst ortsnah einzurichten sind. Sie sollen die behinderten Menschen, deren Vertrauenspersonen und die Personensorgeberechtigten beraten und unterstützen (vgl. auch §§ 60 ff. SGB IX).

Die **Kapitel 4–7** (§§ 26 ff. SGB IX) enthalten Übersichten über die medizinischen, beruflichen und sozialen Rehabilitationsleistungen der verschiedenen Reha-Träger, wie sie in den für diese geltenden Gesetzen (SGB V für die Krankenversicherung, SGB VII für die Unfallversicherung usw.) vorgesehen sind.

§ 63 SGB IX des **8. Kapitels** sieht als Besonderheit ein **Klagerecht der Verbände** vor, für den Fall, dass behinderte Menschen in ihren Rechten verletzt werden.

Zu Teil 2 des SGB IX:

Wie oben erwähnt, sind hier (§§ 68 ff. SGB IX) die Regelungen des früheren Schwerbehindertengesetzes übernommen worden. Es handelt sich materiell teils um privates Arbeitsrecht, teils um flankierende öffentlich-rechtliche Normen, um diese arbeitsrechtlichen Regelungen sicherzustellen. Hinzu kommen die Bestimmungen zu den **Werkstätten für behinderte Menschen** sowie diejenigen zur unentgeltlichen Beförderung schwerbehinderter Menschen im öffentlichen Personenverkehr.

Zu den wesentlichen arbeitsrechtlichen Änderungen gegenüber dem bisherigen Schwerbehindertenrecht zählen z.B. das Verbot für Arbeitgeber, schwerbehinderte Menschen wegen ihrer Behinderung zu diskriminieren; bei Verstoß gegen dieses **Benachteiligungsverbot** besteht ein Anspruch auf Geldentschädigung (§ 81 Abs. 2 SGB IX i.V.m. dem Allgemeinen Gleichbehandlungsgesetz), sowie der Ausbau betrieblicher Prävention (§ 84 SGB IX). Die Rehabilitationsträger und die Integrationsämter können Arbeitgeber, die ein betriebliches Eingliederungsmanagement einführen, durch Prämien oder einen Bonus fördern (§ 84 Abs. 3 SGB IX).

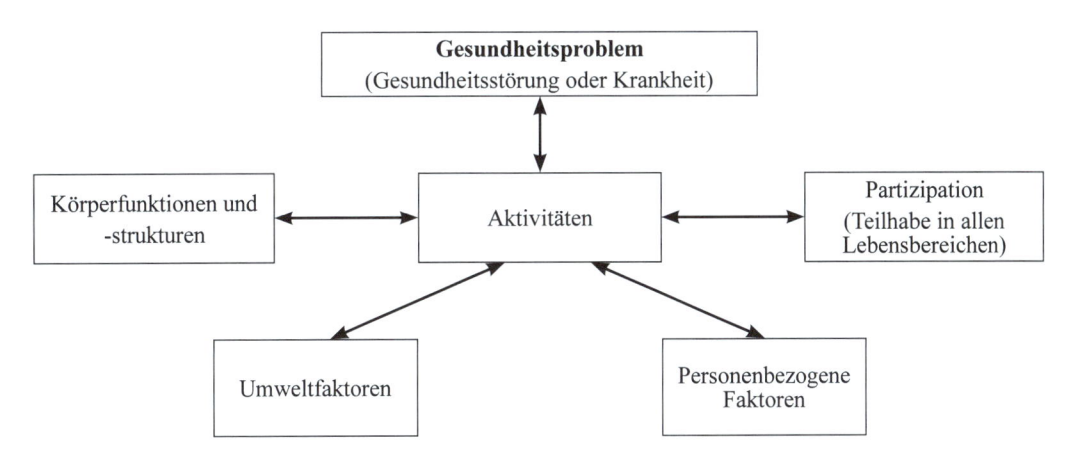

> Diese Klassifikation berücksichtigt die Wechselwirkung mit verschiedenen Kontextfaktoren:
> Behinderte Menschen *sind* nicht nur behindert, sie *werden* auch behindert. Aber:
> Behindern ist heilbar! Behinderndes Verhalten und behindernde Strukturen müssen abgebaut werden.
> Ziel ist die inklusive Gesellschaft.

Abb. 1.2: Dimensionen der Behinderung (neue WHO-Klassifikation seit 2002)[31]

9.2 Weitere Rechtsgrundlagen

Behinderte und von Behinderung bedrohte Menschen können selbstverständlich die gleichen Sozialleistungen und sonstigen Hilfen wie andere Bürger in Anspruch nehmen, die einschlägigen Vorschriften gelten in gleicher Weise für diesen Personenkreis. Dieser Grundsatz wird durch **Artikel 3** Abs. 3 Satz 2 des **Grundgesetzes** bekräftigt, wonach niemand wegen seiner Behinderung benachteiligt werden darf. Die Vorschrift bindet als individuelles Grundrecht Gesetzgebung, vollziehende Gewalt und Rechtsprechung unmittelbar, nicht nur auf Bundesebene, sondern auch in Ländern und Gemeinden sowie sonstigen Institutionen und Organisationen. Auf Rechtsbeziehungen zwischen Privaten

---

[31] Nach Deutsches Institut für medizinische Dokumentation und Information (2005), S. 23.

wirkt das Benachteiligungsverbot mittelbar, indem es bei der Auslegung und Anwendung bürgerlichen Rechts berücksichtigt werden muss. In diesem Zusammenhang ist auch auf das **Allgemeine Gleichbehandlungsgesetz** (AGG) von 2006 hinzuweisen.

Nicht zum Sozialrecht im engeren Sinn gehören die Regelungen des **Behindertengleichstellungsgesetzes** (BGG), das am 01.05.2002 in Kraft getreten ist. Sie sollen das Benachteiligungsverbot auch über das Sozialrecht hinaus umsetzen sowie dazu dienen, die Gleichberechtigung behinderter Menschen in vielen Bereichen des öffentlichen und privaten Lebens zu sichern und im Alltag zu praktizieren. Hierzu enthält das Gesetz allgemeine Bestimmungen zu:

- Benachteiligungsverbot für Träger öffentlicher Gewalt,
- Berücksichtigung besonderer Belange behinderter Frauen *(Gender Mainstreaming)*,
- Definition von Behinderung,
- Zielvereinbarungen zur Herstellung von **Barrierefreiheit**,
- Gebärdensprache und behinderungsgerechte Gestaltung von Bescheiden im Verwaltungsverfahren,
- barrierefreie Informationstechnik,
- Verbandsklagerecht sowie
- die gesetzliche Verankerung der/des Beauftragten der Bundesregierung für die Belange behinderter Menschen.

Mit Unterzeichnung der **UN-Behindertenrechtskonvention (UN-BRK)**[32] durch die Bundesrepublik im Jahr 2009 wurden die politischen und rechtlichen Ziele neu bestimmt: Zielmarke ist die inklusive Gesellschaft. Der 2011 beschlossene **Nationale Aktionsplan** legt konkrete Maßnahmen zur Umsetzung der UN-Konvention in Deutschland fest.

Inklusion[33] bedeutet, dass allen Menschen von Anfang an in allen Lebensbereichen (Arbeit und Beschäftigung, Bildung, Wohnen, Mobilität, Kultur, Freizeit) eine selbstbestimmte und gleichberechtigte Teilhabe möglich ist.

Wo Inklusion gelingt, werden separierende Einrichtungen und Maßnahmen überflüssig: Das Wechselspiel von Exklusion (= ausgrenzen) und Integration (= wieder hereinholen) findet ein Ende.

Der neue Bericht der Bundesregierung vom August 2013 über die „Lebenslagen von Menschen mit Behinderungen" geht u. a. der zentralen Fragestellung nach: Wodurch werden Teilhabe/Partizipation behindert?[34]

---

[32] Welke, A., a. a. O.
[33] Deutscher Verein für öffentliche und private Fürsorge (Hg.), a. a. O.
[34] Teilhabebericht der Bundesregierung (2013), a. a. O., S. 66 ff.

9.3 Rehabilitation und Teilhabe (Übersicht)

```
┌─────────────────────────────────────────────────────────────┐
│                      Teilhabeleistungen                     │
│  für behinderte und von Behinderung bedrohte Menschen (§ 2 SGB IX) │
└─────────────────────────────────────────────────────────────┘
                              ↓
┌─────────────────────────────────────────────────────────────┐
│                     Rehabilitationsträger                   │
│                         (§ 6 SGB IX)                        │
│       Bundesagentur für Arbeit – Krankenkassen              │
│      Rentenversicherungsträger – Berufsgenossenschaften     │
│         Jugendhilfe – Sozialhilfe – Kriegsopferfürsorge     │
│          Pflicht zur Zusammenarbeit (§ 12 SGB IX)           │
│             Zuständigkeitsklärung (§ 14 SGB IX )            │
│         Gemeinsame Servicestellen (§§ 22ff. SGB IX)         │
└─────────────────────────────────────────────────────────────┘
                              ↓
┌─────────────────────────────────────────────────────────────┐
│                   Rehabilitationsleistungen                 │
│                  Zur Teilhabe werden erbracht:              │
│  Leistungen zur medizinischen/ beruflichen/ sozialen Rehabilitation │
│       und finanzielle Leistungen zur Unterhaltssicherung    │
│                         (§ 5 SGB IX)                        │
└─────────────────────────────────────────────────────────────┘
                              ↓
┌─────────────────────────────────────────────────────────────┐
│                  Allgemeine Voraussetzungen                 │
│  • Vorrang von Prävention (§ 3 SGB IX)                      │
│  • Rehabilitation vor Rente (§ 8 SGB IX)                    │
│  • Wunsch- und Wahlrecht des Leistungsberechtigten (§ 9 SGB IX) │
└─────────────────────────────────────────────────────────────┘
                              ↓
┌─────────────────────────────────────────────────────────────┐
│                  Besondere Voraussetzungen                  │
│ (in den jeweiligen Leistungsgesetzen, z. B. SGB II, III, V, VI, VII, VIII oder XII) │
└─────────────────────────────────────────────────────────────┘
```

Abb. 1.3: Übersicht SGB IX

> **Für die Leistungserbringung legt das SGB IX sechs wesentliche Grundsätze fest:**
> 1) Prävention vor Rehabilitation (§ 3),
> 2) Inklusion /Teilhabe statt Exklusion / soziale Ausgrenzung
>   (vgl. § 10 SGB I; §§ 1, 4 Abs. 3, 19 Abs. 3 SGB IX),
> 3) Vorrang ambulanter vor stationären Leistungen (§ 19 Abs. 2)
> 4) Individualisierung und Eigenverantwortung (§ 9 Abs. 1, 17 Abs. 2 bis 4).
> 5) Rehabilitation vor Pflege (§ 8 Abs. 3)
> 6) Rehabilitation vor Rente (§ 8 Abs. 2)

9.3.1 Leistungen zur Teilhabe

Leistungen zur Teilhabe sind vorrangig vor Rentenleistungen („**Reha vor Rente**", § 8 Abs. 2 SGB IX).

Das Gesetz unterteilt die Leistungen zur Rehabilitation und Teilhabe in vier Gruppen (§ 5 SGB IX):

1) **Leistungen zur medizinischen Rehabilitation**
   (§§ 26 ff. SGB IX – Heilbehandlung u. a.),
2) **Leistungen zur Teilhabe am Arbeitsleben**
   (§§ 33 ff. SGB IX – u. a. Berufsvorbereitung und Umschulung),
3) **unterhaltssichernde und andere ergänzende Leistungen**
   (§§ 44 ff. SGB IX – insbes. Krankengeld, Verletztengeld, Übergangsgeld) und
4) **Leistungen zur Teilhabe am Leben in der Gemeinschaft** (§§ 55 ff. SGB IX –
   z. B. heilpädagogische Leistungen für Kinder; Hilfen zur Förderung der Verständigung bei hörbehinderten Menschen).

Wer körperlich, geistig oder seelisch behindert oder von einer solchen Behinderung bedroht ist, hat ein Recht auf Hilfe. Zu berücksichtigen ist der Grundsatz einer möglichst frühzeitigen Intervention (§ 4 SGB IX).

Die Hilfe kann notwendig sein,
- um die Behinderung abzuwenden, zu beseitigen oder zu mindern oder
- um zu verhüten, dass sich die Behinderung verschlimmert oder
- um ihre Folgen zu mildern, und zwar unabhängig davon, welche Ursache die Behinderung hat oder
- um Einschränkungen der Erwerbsfähigkeit oder Pflegebedürftigkeit zu vermeiden, zu überwinden oder zu mindern oder
- um die persönliche Entwicklung zu fördern.

Leistungen für **behinderte Kinder** sind so zu planen und zu gestalten, dass Kinder nach Möglichkeit nicht von ihrem sozialen Umfeld getrennt und gemeinsam mit nicht behinderten Kindern betreut werden können (§ 4 Abs. 3 SGB IX).

Eine Übersicht über die Leistungen zur Teilhabe behinderter Menschen finden Sie in Tabelle 1.1.

Leistungen zur Teilhabe behinderter Menschen (Übersicht)			
Leistungen zur medizinischen Rehabilitation (§§ 26–32 SGB IX)	**Leistungen zur Teilhabe am Arbeitsleben** (§§ 33–43 SGB IX)	**Leistungen zur Teilhabe am Leben in der Gesellschaft** (§§ 55–59 SGB IX)	**unterhaltssichernde und andere ergänzende Leistungen zur Teilhabe** (§§ 44–54 SGB IX)
Insbesondere: • Ärztliche Behandlung einschließlich Psychotherapie • Zahnärztliche Behandlung • Arznei- und Verbandmittel • Heilmittel einschließlich physikalischer Sprach- und Beschäftigungstherapie • Seh- und Hörhilfen, • Körperersatzstücke, orthopädische und andere Hilfsmittel • Belastungserprobung und Arbeitstherapie • Medizinische, psychologische und pädagogische Hilfen • Stufenweise Wiedereingliederung • Früherkennung und Frühförderung behinderter oder von Behinderung bedrohter Kinder • Aktivierung von Selbsthilfepotenzialen Die Leistungen zur medizinischen Rehabilitation werden in ambulanter oder stationärer Form erbracht.	Insbesondere: • Hilfen zur Erhaltung oder Erlangung eines Arbeitsplatzes, einschließlich Leistungen zur Beratung und Vermittlung, Trainingsmaßnahmen und Mobilitätshilfen • Berufsvorbereitung einschließlich einer wegen der Behinderung erforderlichen Grundausbildung • berufliche Anpassung und Weiterbildung • berufliche Ausbildung • Gründungszuschuss entsprechend § 93 SGB III durch die Rehabilitationsträger nach § 6 Abs. 1 Nr. 2 bis 5 SGB IX • Sonstige Hilfen zur Förderung der Teilhabe am Arbeitsleben • Medizinische, psychologische und pädagogische Hilfen • Arbeitsassistenz • Ausbildungszuschüsse zur betrieblichen Ausführung von Bildungsleistungen • Eingliederungszuschüsse • Zuschüsse für Arbeitshilfen im Betrieb • Teilweise oder volle Kostenerstattung für eine befristete Probebeschäftigung • Leistungen im Eingangsverfahren und Berufsbildungsbereich der Werkstätten für behinderte Menschen (WfbM) • Individuelle betriebliche Qualifizierung im Rahmen Unterstützter Beschäftigung nach § 38a SGB IX.	Insbesondere: • Hilfsmittel und Hilfen, die nicht in den §§ 31, 33 SGB IX genannt sind • Heilpädagogische Leistungen für Kinder, die noch nicht eingeschult sind • Hilfen zum Erwerb praktischer Kenntnisse und Fähigkeiten • Hilfen zur Verständigung mit der Umwelt • Hilfen bei der Beschaffung, Umbau, Ausstattung und Erhaltung einer Wohnung • Hilfen zum selbstbestimmten Leben in betreuten Wohnmöglichkeiten • Hilfen zur Teilhabe am gesellschaftlichen und kulturellen Leben • Weitere Leistungen der Eingliederungshilfe	Insbesondere: • Krankengeld, Übergangsgeld, Verletztengeld, Versorgungskrankengeld, Ausbildungsgeld oder Unterhaltsbeihilfe • Beiträge und Beitragszuschüsse zur gesetzlichen Kranken-, Pflege-, und Rentenversicherung sowie zur Bundesagentur für Arbeit • Ärztlich verordneter Rehabilitationssport in Gruppen einschließlich Übungen für behinderte oder von Behinderung bedrohte Frauen und Mädchen, die der Stärkung des Selbstbewusstseins dienen • Ärztlich verordnetes Funktionstraining in Gruppen • Fahr- und andere Reisekosten • Betriebs- oder Haushaltshilfe, Kinderbetreuungskosten • Nachgehende Leistungen zur Sicherung des Erfolges der Leistungen zur Rehabilitation und Teilhabe • Kraftfahrzeughilfe

Tabelle 1.1: Leistungen zur Teilhabe behinderter Menschen[35]

---

[35] Bundesarbeitsgemeinschaft für Rehabilitation (BAR), a.a.O., S. 38 f.

9.3.1.1 Leistungen zur medizinischen Rehabilitation
(§§ 26 ff. SGB IX)

Die Leistungen zur medizinischen Rehabilitation umfassen insbesondere:
- ärztliche und zahnärztliche Behandlung,
- Arznei- und Verbandsmittel,
- Heilmittel einschließlich physikalischer, Sprach- und Beschäftigungstherapie,
- Hilfsmittel, einschließlich der notwendigen Änderung, Instandhaltung und Ersatzbeschaffung sowie der Ausbildung im Gebrauch der Hilfsmittel,
- Psychotherapie als ärztliche und psychotherapeutische Behandlung
- Belastungserprobung und Arbeitstherapie,
- stufenweise Wiedereingliederung ins Arbeitsleben.

Die Leistungen zur medizinischen Rehabilitation werden ambulant oder stationär durch Rehabilitationsdienste und -einrichtungen ausgeführt und schließen bei Bedarf die erforderliche Unterkunft und Verpflegung ein.

Zur Realisierung des Grundsatzes **„Leistungen zur Teilhabe vor Pflege"** (vgl. § 8 Abs. 3 SGB IX; §§ 11 Abs. 2 und 23 Abs. 1 Nr. 4 SGB V sowie § 5 SGB XI) wurde ein dreigliedriges System rehabilitativer Einrichtungen aufgebaut: Geriatrische Ambulanzen; Tageskliniken; stationäre Versorgung von Alters- und Langzeitkranken.

9.3.1.2 Leistungen zur Teilhabe am Arbeitsleben
(§§ 33 ff. SGB IX)

Die Leistungen zur Teilhabe am Arbeitsleben umfassen insbesondere:

Hilfen, um einen Arbeitsplatz zu erhalten oder zu erlangen, einschließlich Leistungen zur Beratung und Vermittlung, Trainingsmaßnahmen und Mobilitätshilfen,

Berufsvorbereitung einschließlich einer Grundausbildung, die wegen der Behinderung erforderlich ist (z. B. für blinde Menschen),

berufliche Anpassung, Ausbildung, Weiterbildung, einschließlich eines schulischen Abschlusses, der erforderlich ist, u. a. einer beruflichen Weiterbildung teilzunehmen,
- sonstige Hilfen zur Förderung der Teilhabe am Arbeitsleben,
- Arbeitsassistenz,
- Eingliederungszuschüsse,
- Kostenerstattung für befristete Probebeschäftigung.

Bei der Auswahl der Leistungen zur Teilhabe am Arbeitsleben müssen die Eignung, Neigung und die bisherige Tätigkeit des behinderten Menschen berücksichtigt werden, aber auch die Lage und Entwicklung auf dem Arbeitsmarkt. Zu den Leistungen zur Teilhabe am Arbeitsleben gehört auch, dass die Kosten für die Unterkunft und Verpflegung übernommen werden – vorausgesetzt, dass der behinderte Mensch außerhalb des eigenen oder des elterlichen Haushalts untergebracht werden muss, um an der Maßnahme teilnehmen zu können. Das kann notwendig sein, wenn Art und Schwere der Behinderung oder die Sicherung des Erfolgs der Leistungen zur Teilhabe dies erfordern.

9.3.1.3 Leistungen zur Teilhabe am Leben in der Gemeinschaft

Zur sozialen (gesellschaftlichen) Rehabilitation zählen gem. §§ 55 ff. SGB IX z. B.:
- heilpädagogische Leistungen für Kinder, die noch nicht eingeschult sind,
- Hilfen zur Förderung der Verständigung mit der Umwelt (Kommunikationshilfen),
- Hilfen zu selbstbestimmtem Leben in betreuten Wohnmöglichkeiten,
- Hilfen zur Teilhabe am gemeinschaftlichen und kulturellen Leben.

9.3.1.4 Finanzielle Leistungen

Zur Sicherung ihres Lebensunterhaltes erhalten Behinderte während der Leistungen zur medizinischen Rehabilitation in der Regel entweder Krankengeld, Versorgungskrankengeld, Verletztengeld oder Übergangsgeld, je nachdem, welcher Leistungsträger zuständig ist (vgl. §§ 44 ff. SGB IX). Das Krankengeld beträgt 70 Prozent des Arbeitsentgeltes, das der Beitragsberechnung zugrunde liegt. Dabei darf es 90 Prozent des Nettoarbeitsentgelts nicht übersteigen. In der Rentenversicherung wird anstelle des Krankengeldes ein Übergangsgeld gezahlt, das abhängig von den familiären Verhältnissen regelmäßig 75 oder 68 Prozent des letzten Nettoarbeitsentgelts beträgt.

Bei Leistungen zur Teilhabe am Arbeitsleben erhalten behinderte Menschen in der Regel ein Übergangsgeld in gleicher Höhe. Ist die Bundesagentur für Arbeit zuständig, leistet sie Unterhalts- oder Übergangsgeld, wenn bestimmte Versicherungszeiten in der Arbeitslosenversicherung nachgewiesen werden. Darüber hinaus leistet die Bundesagentur für Arbeit im Rahmen der beruflichen Erstausbildung behinderter Jugendlicher und junger Erwachsener unter bestimmten Voraussetzungen ein Ausbildungsgeld. Erwerbsfähige, hilfebedürftige behinderte Menschen erhalten Leistungen zur Sicherung des Lebensunterhalts nach den Bestimmungen des SGB II.

9.3.2 Persönliches Budget
(§ 17 Abs. 2–4 SGB IX)

Damit behinderte und pflegebedürftige Menschen in der Lage sind, ein möglichst selbstbestimmtes Leben zu führen, können sie statt der einzelnen Sachleistungen auf Antrag auch regelmäßige oder einmalige Geldzahlungen zur eigenen Verfügung erhalten, mit denen sie benötigte Leistungen selbst organisieren und bezahlen können. Dieses Persönliche Budget kann auch trägerübergreifend als Gesamtbudget aller in Betracht kommenden Leistungen gezahlt werden.

9.4 Einrichtungen der beruflichen Rehabilitation

Menschen mit angeborenen oder erworbenen Behinderungen benötigen nach der bzw. parallel zur medizinischen Rehabilitation häufig Möglichkeiten der beruflichen Rehabilitation. Je nach Art bzw. Umfang der Behinderung und der Ausgangssituation stehen dazu unterschiedliche Einrichtungen zur Verfügung.

9.4.1 Berufsbildungswerke

Die BBW (www.bagbbw.de) sind überbetriebliche Einrichtungen, in denen behinderte Jugendliche eine berufliche Erstausbildung erhalten, die wegen ihrer Behinderung auf eine ausbildungsbegleitende Betreuung durch Ärzte, Psychologen und (Sozial-)Pädagogen angewiesen sind und deshalb nicht betrieblich ausgebildet werden können. Bundesweit besteht ein Netz von 52 Berufsbildungswerken mit insgesamt über 14.000 Ausbildungsplätzen.

Die BBW dienen der beruflichen Eingliederung behinderter Jugendlicher nach dem Ende der Schulzeit, wenn Art und Umfang der Behinderung eine normale betriebliche Ausbildung ausschließen. Sie bieten differenzierte und aufeinander abgestimmte Ausbildungsprogramme an, sind behindertengerecht und orientieren sich an den aktuellen und zukünftigen Anforderungen des Arbeitsmarktes. Ärzte, Psychologen, Sozialarbeiter und -pädagogen, Erzieher, Physio- und Ergotherapeuten sind in begleitenden Diensten organisiert und unterstützen und fördern in allen Phasen der Berufsausbildung. Die BBW werden in der Regel als Internatsbetrieb geführt.

Vorgeschaltet ist üblicherweise eine Maßnahme zur Arbeitserprobung/Berufsfindung, die bis zu zwölf Wochen dauern kann. Sie dient dazu, die besonderen Begabungen und Fähigkeiten zu ermitteln, die vorliegenden Handicaps im Hinblick auf eine Berufstätigkeit einzuschätzen, sich mit verschiedenen Berufen vertraut zu machen und schließlich eine Berufswahl zu treffen.

In der Berufsvorbereitung (in der Regel ein Jahr) sollen Wissenslücken geschlossen, die Ausbildungsfähigkeit gefördert sowie weitere tragfähige Grundlagen für die Ausbildung erarbeitet werden. Die Jugendlichen können aus über 240 Berufen auswählen.

Die Ausbildung selbst erfolgt je nach Ziel über eine Dauer von zwei bis dreieinhalb Jahren, parallel zur praktischen Ausbildung erfolgt der Besuch der Berufsschule. Ein wesentlicher Aspekt ist in allen Phasen die Persönlichkeitsförderung und schließlich eine intensive Betreuung bei Bewerbung und Arbeitsbeginn einschließlich Beratung des einstellenden Betriebes.

Bei den Ausbildungsplätzen gibt es folgende Verteilung der Behinderungsarten: Lernbehinderung 48 Prozent, Körperbehinderung 30 Prozent, Sinnesbehinderung 14 Prozent, psychische Behinderung 8 Prozent.

9.4.2 Berufsförderungswerke

Die BFW sind überbetriebliche Einrichtungen, in denen behinderte Erwachsene mit begleitenden Diensten (z. B. Ärzte, Psychologen) beruflich umgeschult und fortgebildet werden.

Verschiedene Erkrankungen und/oder Behinderungen können im Laufe eines Berufslebens dazu führen, dass jemand im bisherigen Beruf nicht mehr wettbewerbsfähig arbeiten kann. Oft gehen lange Phasen von Krankheit und Arbeitslosigkeit voraus, ehe der Bedarf bzw. die Möglichkeit einer beruflichen Rehabilitation erkannt wird. Verschiedene Gründe, z. B. die Notwendigkeit sozialer, psychologischer, medizinischer Betreuung oder besonderer Lernhilfen, können dazu führen, dass diese Maßnahme in einem Berufsförderungswerk durchgeführt wird. Berufsförderungswerke dienen der beruflichen Rehabilitation behinderter Erwachsener. Bislang haben über eine halbe Million Menschen über die BFW den Weg zurück in einen Beruf gefunden.

In den insgesamt 28 BFW (www.arge-bfw.de) in Deutschland, die in einer Arbeitsgemeinschaft zusammengeschlossen sind, werden insgesamt 13.000 Ausbildungsplätze bereitgehalten. Am Beginn einer beruflichen Rehabilitation steht häufig eine Phase der Abklärung der beruflichen Eignung (Berufsfindung/Arbeitserprobung), in der einerseits Fähigkeiten und Neigung des Teilnehmers und andererseits Anforderungen an Arbeitsplatz bzw. Beruf miteinander verglichen und aufeinander abgestimmt werden, unter Berücksichtigung von physischer und psychischer Beanspruchung sowie der sozialen Situation. Diese umfassende Klärung des Fähigkeitspotenzials geschieht im Rahmen des sog. Reha Assessments. Schließlich wird daraus der Rehabilitationsbedarf ermittelt und ein Rehabilitationsplan erstellt.

Waren es bis vor einigen Jahren überwiegend komplette Ausbildungsgänge, die die Wiedereingliederung mithilfe eines neuen Berufes zum Ziel hatten, steht inzwischen eine breite Palette von Leistungen zu Verfügung, die den Erhalt des Arbeitsplatzes von Behinderten bzw. die berufliche Wiedereingliederung zum Ziel haben: Neben kürzeren Qualifizierungen ohne IHK-Abschluss (z. B. Baumarktfachberater, Haustechniker) werden Maßnahmen zur betrieblichen Eingliederung (§ 84 SGB IX), Case-Management zum Erhalt eines Arbeitsplatzes, Bewerbungstraining, Integrationsmaßnahmen für Langzeitarbeitslose, Maßnahmen in Kooperation mit Krankenkassen, „Auftragsqualifizierung" für Unternehmen u. a. angeboten. Darüber hinaus werden Rehabilitations-Vorbereitungslehrgänge („Lernen lernen", schulisches Grundwissen auffrischen) und weiterhin auch Qualifizierungen mit IHK-Abschluss (Dauer zwei Jahre) durchgeführt. Das Spektrum reicht von kaufmännischen und technischen Qualifizierungen über gärtnerische und soziale Berufe bis zu IT und Medienberufen.

Die ärztliche und psychologische Präsenz ist in der Eignungsdiagnostik ebenso wichtig wie auch zur Begleitung während der Qualifizierung. Darüber hinaus unterstützen Sozialarbeiter und -pädagogen als Reha-Berater die Teilnehmerinnen, ebenso erfolgt eine Begleitung zur Praktikums- und Stellenvermittlung.

In den BFW werden zurzeit ca. 20 Prozent Frauen und 80 Prozent Männer ausgebildet. Die Vermittlungsquote (berufliche Eingliederung) liegt bei nahezu 70 Prozent.

BBW und BFW sind in § 35 SGB IX als Einrichtungen der beruflichen Rehabilitation benannt.

9.4.3 Berufliche Trainingszentren

Berufliche Trainingszentren (www.bag-btz.de) sind Spezialeinrichtungen zur Teilhabe **psychisch behinderter Menschen** am Arbeitsleben. Ziel ist die Abklärung einer realistischen beruflichen Perspektive, die Wiedereingliederung der Teilnehmer in den Arbeitsmarkt oder die Stabilisierung für eine anzuschließende Umschulung/Ausbildung bzw für einen Wiedereinstieg in das Berufsleben. Die beruflichen Trainingszentren verfügen über Trainingsplätze, die den betrieblichen Bedingungen und Anforderungen entsprechen. Zurzeit gibt es in den Bundesländern siebzehn berufliche Trainingszentren mit insgesamt über 1.000 Plätzen.

Das Förderangebot umfasst berufsvorbereitende Bildungsmaßnahmen (um den Einstieg in eine Berufsausbildung oder in eine Erwerbstätigkeit zu erleichtern), Reha-Vorbereitungslehrgänge (z. B. einem Ausbildungsgang im BFW vorgeschaltet), berufsfördernde Maßnahmen (z. B. berufliches Training in verschiedenen Berufsfeldern sowie Anpassungsfortbildungen („training on the job"), die eine Wiedereingliederung in Arbeit und Beruf unterstützen.

Eine tägliche Mindestbelastbarkeit der TeilnehmerInnen von fünf Stunden ist i. d. R. Voraussetzung. Während aller Maßnahmen, die je nach Ausgangssituation und Inhalt 3–15 Monate dauern können, sind die psychosoziale Betreuung und das Training sozialer Kompetenzen von besonderer Bedeutung. Die Begleitung erfolgt durch Ausbilder, Arbeitspädagogen, Sozialarbeiter und Sozialpädagogen sowie Psychologen.

Träger der Maßnahmen können Rentenversicherer, Berufsgenossenschaften sowie die Agentur für Arbeit sein. Beim Übergang vom BTZ in den allgemeinen Arbeitsmarkt ist eine Betreuung durch den Integrationsfachdienst möglich.

9.4.4 Einrichtungen der medizinisch-beruflichen Rehabilitation

Das sind besondere Rehabilitationszentren für spezielle Krankheits- oder Behinderungsarten, in denen in einem nahtlos ineinandergreifenden Verfahren Leistungen zur medizinischen Rehabilitation und Leistungen zur Teilhabe am Arbeitsleben erbracht werden (sog. Phase II). Gegenwärtig gibt es in den Bundesländern 23 Einrichtungen, die Mitglied in der Bundesarbeitsgemeinschaft der medizinisch-beruflichen Rehabilitationseinrichtungen (www.mbreha.de) sind. In ihnen stehen insgesamt 1.600 Betten/Plätze für die Leistungen der medizinisch-beruflichen Rehabilitation zur Verfügung.

Phase I (Medizinische Rehabilitation):
Physiotherapie, Neuropsychologie, Logopädie, Ergotherapie

Phase II (Medizinisch-berufliche Rehabilitation):
Belastungserprobung, Arbeitserprobung, Berufs- und Arbeitstraining, berufliches Assessment, Berufsfindung

Phase III (Berufsfördernde Leistungen):
Berufliche Neuorientierung, Anpassungsqualifizierung, Reintegrationsmaßnahmen

9.4.5 Werkstätten für behinderte Menschen
(§§ 39–43, 136 ff. SGB IX; Werkstättenverordnung – WVO)

Behinderte Menschen, die wegen der Art oder Schwere ihrer Behinderung nicht auf dem allgemeinen Arbeitsmarkt tätig sein können, erhalten hier eine angemessene berufliche Bildung und eine Beschäftigung. Die Werkstätten (www.bagwfbm.de) ermöglichen es ihnen, ihre Leistungsfähigkeit zu entwickeln, zu erhöhen oder wiederzugewinnen und ein Arbeitsentgelt zu erzielen. In Deutschland gibt es ca. 700 anerkannte Werkstätten mit rund 300.000 Beschäftigten.

Wenn behinderte Menschen in einer WfbM tätig sind, besteht für sie **Versicherungsschutz** in der Kranken-, Unfall-, Pflege- und Rentenversicherung. Sie haben einen arbeitnehmerähnlichen Rechtsstatus.

Definition und Aufgaben der WfbM sind in § 136 SGB IX festgelegt: Sie dienen der Teilhabe behinderter Menschen am Arbeitsleben, sofern diese wegen Art oder Schwere der Behinderung nicht, noch nicht oder noch nicht wieder auf dem allgemeinen

Arbeitsmarkt beschäftigt werden können. Die WfbM stehen allen Behinderten offen, „sofern erwartet werden kann, dass sie ... wenigstens ein Mindestmaß wirtschaftlich verwertbarer Arbeitsleistung erbringen werden" (§ 136 Abs. 2 Satz 1 SGB IX). Weitere Inhalte und Bedingungen regelt die **Werkstättenverordnung**, z. B. die Aufgaben des Fachausschusses; das Verfahren zur Anerkennung als WfbM durch die Bundesagentur für Arbeit gem. § 142 SGB IX.

Die Werkstätten sollen über ein möglichst breites Angebot an Berufsbildungs- und Arbeitsplätzen sowie einen **begleitenden (sozialen) Dienst** verfügen (§ 136 Abs. 1 Satz 4 SGB IX). Die Sozialarbeiter/Sozialpädagogen, Psychologen, Ärzte, Ergotherapeuten u. a. unterstützen die Fachkräfte und bieten Hilfe in Konfliktsituationen an.[36]

Die Werkstatt für behinderte Menschen ist in mehrere Bereiche gegliedert:

Im sog. **Eingangsverfahren** (vier Wochen, im Einzelfall bis drei Monate) wird festgestellt, ob die Werkstatt die geeignete Einrichtung zur Teilhabe am bzw. Eingliederung in das Arbeitsleben ist und welche Leistungen zur Förderung notwendig sind. Es wird ein Eingliederungsplan erstellt, ggf. andere Einrichtungen oder Maßnahmen empfohlen (§ 40 SGB IX, § 3 WVO).

Im **Berufsbildungsbereich** werden Einzelmaßnahmen und Lehrgänge (Grund- und Aufbaukurs, je ein Jahr) zur Verbesserung der Teilhabe am Arbeitsleben sowie zur Weiterentwicklung der Persönlichkeit durchgeführt. Es werden Fertigkeiten und Grundkenntnisse verschiedener Arbeitsabläufe einschließlich des Umgangs mit verschiedenen Werkstoffen und Werkzeugen vermittelt. Entsprechend der Art und Schwere der Behinderung, der unterschiedlichen Leistungsfähigkeit und Entwicklungsmöglichkeit sowie der Eignung und Neigung der behinderten Menschen soll das Angebot an Leistungen zur Teilhabe am Arbeitsleben möglichst breit gefächert sein. Die erfolgreiche Absolvierung dieses Bereichs ist Voraussetzung zur Übernahme in den Arbeitsbereich (§ 40 SGB IX, § 4 WVO).

Im **Arbeitsbereich** werden ebenfalls verschiedene Arbeitsplätze angeboten, die, soweit möglich, denjenigen auf dem allgemeinen Arbeitsmarkt entsprechen sollen (§ 41 SGB IX, § 5 WVO). Bei der Gestaltung der Plätze und Arbeitsabläufe sind die besonderen Bedürfnisse der behinderten Menschen zu berücksichtigen (z. B. Gliederung komplexer Arbeitsabläufe in überschaubare Einzelschritte, Vermeiden von Zeitdruck).

Je nachdem, in welchem Bereich der WfbM der behinderte Mensch tätig ist, trägt i. d. R. entweder die Agentur für Arbeit oder der überörtliche Träger der Sozialhilfe die entstehenden Kosten. Zur Zuständigkeit für die jeweiligen Leistungen im Einzelnen vgl. § 42 SGB IX.

Grundsätzlich ist der Übergang auf den allgemeinen Arbeitsmarkt ein wichtiges Ziel der WfbM, es finden diesbezüglich besondere Förderangebote statt. Tatsächlich ist dieser Wechsel nur einer kleinen Zahl möglich.

In der Werkstätten-Mitbestimmungsverordnung (WMVO) sind die Wahl, die Aufgaben und die Mitwirkungsrechte des **Werkstattrats** geregelt (vgl. § 144 Abs. 2 SGB IX).

9.5 Besondere Regelungen zur Teilhabe schwerbehinderter Menschen (Schwerbehindertenrecht)

9.5.1 Kündigungsschutz

Wenn ein Grad der Behinderung (GdB) von wenigstens 50 festgestellt wurde (in der Regel durch das Versorgungsamt), sind Schwerbehinderte am Arbeitsplatz besonders geschützt. Dieser besondere Schutz gilt vor allem hinsichtlich der Kündigung durch den Arbeitgeber (§§ 85 ff. SGB IX). Außerdem haben Schwerbehinderte Menschen Anspruch auf zusätzlichen bezahlten Urlaub (in der Regel fünf Arbeitstage, § 125 SGB IX).

---

[36] Für je 120 behinderte Menschen sollen ein Sozialpädagoge oder ein Sozialarbeiter zur Verfügung stehen (§ 10 Abs. 2 WVO).

9.5.2 Ausgleichsabgabe

Alle öffentlichen und privaten Arbeitgeber mit mindestens 20 Arbeitsplätzen sind verpflichtet, 5 Prozent der Arbeitsplätze mit schwerbehinderten Menschen zu besetzen. Bei öffentlichen Arbeitgebern des Bundes gilt teilweise eine Beschäftigungspflichtquote von 6 Prozent. Bei der Berechnung der Zahl der Pflichtarbeitsplätze zählen Stellen, auf denen Auszubildende beschäftigt werden, nicht mit. Schwerbehinderte Auszubildende werden auf zwei Pflichtplätze angerechnet. Darüber hinaus kann die Arbeitsagentur einen schwerbehinderten Menschen auf bis zu drei Pflichtplätze anrechnen, wenn seine Eingliederung in das Arbeitsleben besonders schwierig ist. Für jeden nicht mit einem schwerbehinderten Menschen besetzten Pflichtarbeitsplatz muss eine Ausgleichsabgabe (§ 77 SGB IX) gezahlt werden, deren Höhe wie folgt gestaffelt ist:

- monatlich 115 Euro bei einer Erfüllungsquote von 3 bis unter 5 Prozent,
- monatlich 200 Euro bei einer Erfüllungsquote von 2 bis unter 3 Prozent,
- monatlich 290 Euro bei einer Erfüllungsquote von unter 2 Prozent.

Die erhöhten Sätze sind erstmals zum 31.03.2013 zu zahlen.

9.5.3 Schwerbehindertenvertretung

In Betrieben und Verwaltungen, die mindestens fünf schwerbehinderte Menschen nicht nur vorübergehend beschäftigen, wird eine Schwerbehindertenvertretung (Vertrauensperson der schwerbehinderten Menschen) gewählt. Die Schwerbehindertenvertretung (§§ 94 ff. SGB IX) soll die Eingliederung schwerbehinderter Menschen in den Betrieb oder die Dienststelle fördern und die Interessen der beschäftigten schwerbehinderten Menschen vertreten.

Damit schwerbehinderten Menschen auf Dauer ein angemessener Platz im Arbeitsleben gesichert werden kann, können im Einzelfall besondere Hilfen notwendig werden, die die Leistungen zur Teilhabe am Arbeitsleben ergänzen. Dafür sind besondere Geldleistungen der Bundesagentur für Arbeit sowie der Integrationsämter vorgesehen. Eine solche Leistung wird beispielsweise erbracht, wenn eine Maschine umgerüstet werden muss, damit der Arbeitsplatz so eingerichtet wird, dass er der Behinderung entspricht.

9.5.4 Nachteilsausgleiche

Darüber hinaus können schwerbehinderte Menschen sog. Nachteilsausgleiche (§ 126 SGB IX) in Anspruch nehmen, die in der Regel davon abhängen, ob weitere gesundheitliche Voraussetzungen vorliegen. Zu diesen Ausgleichsleistungen gehören beispielsweise:

- Steuervergünstigungen (Freibeträge),
- unentgeltliche Beförderung im öffentlichen Personenverkehr,
- Kfz-Finanzierungshilfen,
- Vergünstigungen bei der Kraftfahrzeugsteuer,
- Parkerleichterungen (gesonderte Parkplätze),
- Befreiung vom Rundfunkbeitrag.

Die Nachteilsausgleiche sind abhängig vom **Merkzeichen** und vom **Grad der Behinderung** (GdB). Sie werden vom Versorgungsamt in den Schwerbehindertenausweis eingetragen.

Eine Übersicht über verschiedene Kategorien der Behinderung, die entsprechenden Merkzeichen und infrage kommende Nachteilsausgleiche gibt Tabelle 1.2.

aG	B	Bl	G	Gl	H	RF
außergewöhnlich gehbehindert	Notwendigkeit ständiger Begleitung	blind	erheblich gehbehindert	gehörlos	hilflos	Befreiung vom Rundfunkbeitrag
Unentgeltliche Beförderung im öffentlichen Nahverkehr nach Erwerb einer Wertmarke (§§ 145–147 SGB IX)	Unentgeltliche Beförderung der Begleitperson im öffentlichen Nah- und Fernverkehr, ausgenommen bei Fahrten in Sonderzügen und Sonderwagen (§§ 145–147 SGB IX)	Unentgeltliche Beförderung im öffentlichen Nahverkehr (§§ 145–147 SGB IX)	Unentgeltliche Beförderung im öffentlichen Nahverkehr nach Erwerb einer Wertmarke (§§ 145–147 SGB IX) oder Kraftfahrzeugsteuerermäßigung (§ 3a Abs. 2 Satz 1 KraftStG)	Unentgeltliche Beförderung im öffentlichen Nahverkehr nach Erwerb einer Wertmarke (§§ 145–147 SGB IX) oder Kraftfahrzeugsteuerermäßigung (§ 3a Abs. 2 Satz 1 KraftStG)	Unentgeltliche Beförderung im öffentlichen Nahverkehr (§§ 145–147 SGB IX)	Befreiung vom Rundfunkbeitrag oder Ermäßigung (§ 4 Rundfunkbeitragsstaatsvertrag)
Kraftfahrzeugsteuerbefreiung (§ 3a Abs. 1 KraftStG)	Unentgeltliche Beförderung der Begleitperson bei den meisten innerdeutschen Flügen. Details regeln die Tarife der Fluggesellschaften.	Kraftfahrzeugsteuerbefreiung (§ 3a Abs. 1 KraftStG)		Telekom-Sozialtarif bei einem GdB von mind. 90: Ermäßigung bei den Verbindungsentgelten bis zu € 8,72 netto monatlich (s. „RF")	Kraftfahrzeugsteuerbefreiung oder Kfz-Steuerermäßigung (§ 3a Abs.1 bzw. Abs. 2 KraftStG)	Telekom-Sozialtarif bis zu € 6,94 bzw. € 8,72 monatlich bei bestimmten Tarifen; nicht bei Flatrates
Anerkennung der Kfz-Kosten für behinderungsbedingte Privatfahrten als außergewöhnliche Belastung: bis zu 15.000 km x € 0,30 = € 4.500 (§ 33 EStG)	Unentgeltliche Beförderung von Begleitpersonen blinder Menschen im internationalen Eisenbahnverkehr (Internat. Personen- und Gepäcktarif TCV)	Befreiung / Ermäßigung vom Rundfunkbeitrag	Abzugsbetrag für behinderungsbedingte Privatfahrten bei einem GdB ab 70 und dem Merkzeichen „G": bis zu 3.000 km x € 0,30 =900 € (§ 33 EStG)	Befreiung vom Rundfunkbeitrag für Taubblinde; Ermäßigung des Beitrags für Gehörlose, die sich auch mit Hörhilfe nicht ausr. verständigen können (§ 4 Rundfunkbeitragsstaatsvertrag)	Pauschbetrag als außergewöhnliche Belastung bei der Einkommenssteuer: € 3.700 (§ 33b EStG)	
Kostenloser Fahrdienst in vielen Gemeinden und Landkreisen mit unterschiedlichen kommunalen Regelungen		Telekom Sozialtarif bei GdB von mind. 90: Vergünstigung von € 8,72 netto monatl. (s. „RF")	Mehrbedarfserhöhung bei der Sozialhilfe: 17 % (§ 30 SGB XII)	Gehörlosengeld in Berlin, Brandenburg, Nordrhein-Westfalen, Sachsen, Sachsen-Anhalt	In vielen Gemeinden Befreiung von der Hundesteuer (Ortssatzungen über Hundesteuer)	
Parkerleichterungen, Parkplatzreservierung (§ 46 Abs. 1 StVO)		Pauschbetrag als außergewöhnliche Belastung bei der Einkommensteuererklärung: € 3.700,– (§ 33b EStG)				
		Parkerleichterungen, Parkplatzreservierung (§ 46 Abs. 1 StVO)				
		Gewährung von Blindengeld (Landesblindengeldgesetze)				
		In vielen Gemeinden Befreiung von der Hundesteuer				

Tabelle 1.2: Merkzeichenabhängige Nachteilsausgleiche[37]

---

[37] Quelle: beta- Institut für angewandtes Gesundheitsmanagement (2013).

9.5.5 Schwerbehindertenausweis

(§§ 69 Abs. 5, 70 SGB IX; SchwerbehindertenausweisVO)

Schwerbehinderte Menschen erhalten auf Antrag beim zuständigen Versorgungsamt einen Schwerbehindertenausweis. Der Ausweis dient zum einen dazu, die Schwerbehinderteneigenschaft nachzuweisen, und ermöglicht es zum anderen, Nachteilsausgleiche in Anspruch zu nehmen. Das Versorgungsamt stellt auch fest, ob ein Anspruch auf besondere Nachteilsausgleiche besteht. Sollte das der Fall sein, erhält man ein entsprechendes Merkzeichen im Schwerbehindertenausweis. Beispielsweise kennzeichnet das Merkzeichen „G" eine „erhebliche Beeinträchtigung der Bewegungsfähigkeit im Straßenverkehr". Dies berechtigt dazu, sich unentgeltlich im öffentlichen Personennahverkehr befördern zu lassen oder weniger Kfz-Steuer zu zahlen.

Voraussetzung für die „Freifahrt" ist, dass der Ausweis mit einer Wertmarke versehen ist und für die Deutsche Bahn AG oder ihre Tochtergesellschaften ein Streckenverzeichnis vorliegt. Blinde und hilflose Menschen sowie bestimmte Gruppen Einkommensschwacher erhalten die für ein Jahr gültige Wertmarke auf Antrag unentgeltlich. Diese Befreiung gilt auch für bestimmte Gruppen von Kriegsopfern. Ist die Berechtigung zur Mitnahme einer Begleitperson nachgewiesen, fährt die Begleitperson ebenfalls kostenlos.

Ab 2013 kann ein **neuer Schwerbehindertenausweis** in Form einer handlichen Plastikkarte ausgestellt werden, mit Hinweis auf die Schwerbehinderung in englischer Sprache und Kennzeichnung in Braille-Schrift. Die Vorderseite enthält das Lichtbild und die persönlichen Daten sowie die Berechtigung zur Mitnahme einer Begleitperson; auf der Rückseite sind die Merkzeichen und der Grad der Behinderung (GdB) eingetragen. Spätestens ab 2015 werden nur noch die neuen Ausweise ausgestellt. Es besteht kein Umtauschzwang.

9.5.6 Gleichstellung behinderter mit schwerbehinderten Menschen

Wer einen Grad der Behinderung von weniger als 50, aber mindestens 30 hat, soll unter bestimmten Voraussetzungen den schwerbehinderten Menschen gleichgestellt werden (§ 2 Abs. 3 SGB IX). Voraussetzung ist, dass der behinderte Mensch ohne die Gleichstellung keinen Arbeitsplatz bekommen oder seinen jetzigen Arbeitsplatz nicht behalten könnte. Wer den schwerbehinderten Menschen gleichgestellt wird, kann für die Eingliederung in das Arbeitsleben die gleichen Hilfen in Anspruch nehmen wie diese. Ausgeschlossen sind der Zusatzurlaub und die unentgeltliche Beförderung im öffentlichen Personenverkehr.

Gleichstellungen werden auf Antrag des behinderten Menschen von der Agentur für Arbeit ausgesprochen, die vorher auch den Arbeitgeber und die Schwerbehindertenvertretung anhört (§ 68 Abs. 2 SGB IX). Zur Gleichstellung behinderter Jugendlicher und junger Erwachsener vgl. § 68 Abs. 4 SGB IX.

Abb. 1.4 fasst wichtige Regelungen zur Beschäftigung schwerbehinderter Menschen zusammen.

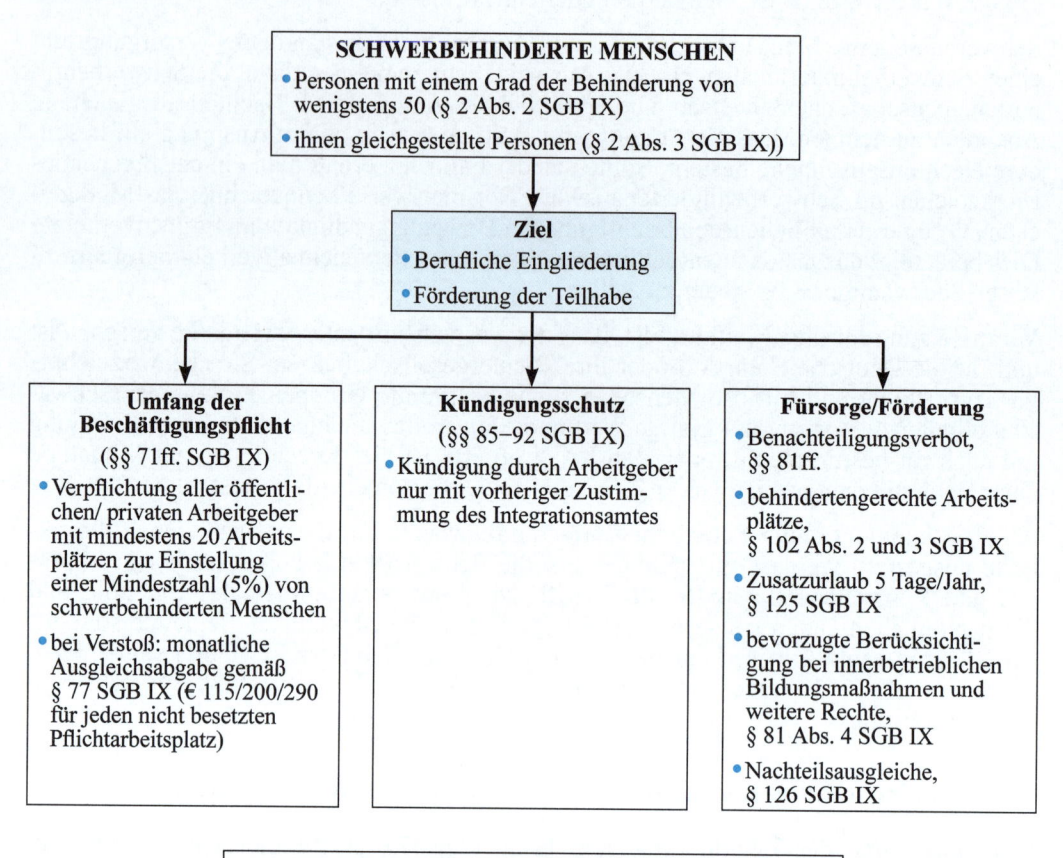

SCHWERBEHINDERTE MENSCHEN
- Personen mit einem Grad der Behinderung von wenigstens 50 (§ 2 Abs. 2 SGB IX)
- ihnen gleichgestellte Personen (§ 2 Abs. 3 SGB IX))

Ziel
- Berufliche Eingliederung
- Förderung der Teilhabe

Umfang der Beschäftigungspflicht
(§§ 71ff. SGB IX)
- Verpflichtung aller öffentlichen/ privaten Arbeitgeber mit mindestens 20 Arbeitsplätzen zur Einstellung einer Mindestzahl (5%) von schwerbehinderten Menschen
- bei Verstoß: monatliche Ausgleichsabgabe gemäß § 77 SGB IX (€ 115/200/290 für jeden nicht besetzten Pflichtarbeitsplatz)

Kündigungsschutz
(§§ 85–92 SGB IX)
- Kündigung durch Arbeitgeber nur mit vorheriger Zustimmung des Integrationsamtes

Fürsorge/Förderung
- Benachteiligungsverbot, §§ 81ff.
- behindertengerechte Arbeitsplätze, § 102 Abs. 2 und 3 SGB IX
- Zusatzurlaub 5 Tage/Jahr, § 125 SGB IX
- bevorzugte Berücksichtigung bei innerbetrieblichen Bildungsmaßnahmen und weitere Rechte, § 81 Abs. 4 SGB IX
- Nachteilsausgleiche, § 126 SGB IX

Interessenwahrnehmung
- Schwerbehindertenvertretung, §§ 93ff. SGB IX
- Zusammenarbeit mit Betriebsrat/Personalrat, § 99 SGB IX
- Klagerecht der Verbände, § 63 SGB IX

Integrationsämter
§§ 101–103 SGB IX

Abb. 1.4: Beschäftigung schwerbehinderter Menschen

9.5.7 Zuständigkeiten

Welcher Rehabilitationsträger unter welchen Voraussetzungen welche Leistungen zur Teilhabe erbringt, richtet sich – wegen des gegliederten Systems – nach den für die einzelnen Rehabilitationsträger geltenden Leistungsgesetzen (§ 7 Satz 2 SGB IX). So kann z. B. Leistungen der Rentenversicherung grundsätzlich nur erwarten, wer dort versichert ist, und Leistungen der Sozialhilfe, wer deren Voraussetzungen erfüllt; die einschlägigen Regelungen finden sich in den jeweiligen Büchern des Sozialgesetzbuchs und in anderen Leistungsgesetzen (vgl. Abb. 1.5).

Leistungen zur	„Allgemeiner Teil des Rehabilitationsrechts" (§§ 1 bis 67 SGB IX)								
	„Besondere Teile des Rehabilitationsrechts"								
	SGB II	SGB III	SGB V	SGB VI	SGB VII	SGB VIII	SGB XI	SGB XII	BVG
medizinischen Rehabilitation (§ 5 Nr. 1 SGB IX)			X	X	X	X	X	X	X
Teilhabe am Arbeitsleben (§ 5 Nr. 2 SGB IX)	X	X		X	X	X		X	X
Teilhabe am Leben in der Gemeinschaft (§ 5 Nr. 4 SGB IX)					X	X		X	X

Abb. 1.5: Zuständigkeiten und Regelungen des Rehabilitationsrechts

Jeder Träger des gegliederten Sozialleistungssystems kümmert sich – neben seinen sonstigen Aufgaben – um die Rehabilitation und Teilhabe in seinem spezifischen Bereich:

- Die **Krankenversicherung** erbringt für ihre Versicherten Leistungen zur medizinischen Rehabilitation. Träger sind
  - Allgemeine Ortskrankenkassen,
  - Krankenkassen,
  - Innungskrankenkassen,
  - Landwirtschaftliche Krankenkassen,
  - Ersatzkassen,
  - Deutsche Rentenversicherung Knappschaft-Bahn-See (als Krankenversicherung).

- Die **Rentenversicherung** ist für Leistungen zur medizinischen Rehabilitation ihrer Versicherten und zu deren Teilhabe am Arbeitsleben zuständig. Träger sind
  - Deutsche Rentenversicherung Bund,
  - Deutsche Rentenversicherung Regionalträger (Länder),
  - Deutsche Rentenversicherung Knappschaft-Bahn-See.

- Die **Unfallversicherung** ist bei Arbeitsunfällen und Berufskrankheiten für Leistungen zur medizinischen Rehabilitation, zur Teilhabe am Arbeitsleben und zur Teilhabe am Leben in der Gemeinschaft zuständig. Träger sind die
  - gewerblichen Berufsgenossenschaften,
  - landwirtschaftliche Berufsgenossenschaft,
  - Eigenunfallversicherungsträger des Bundes, der Länder und der Gemeinden (Unfallkassen).

- Die **Träger der sozialen Entschädigung** bei Gesundheitsschäden übernehmen z. B. für Kriegs- und Wehrdienstopfer Leistungen zur medizinischen Rehabilitation, zur Teilhabe am Arbeitsleben und zur Teilhabe am Leben in der Gemeinschaft. Träger sind
  - Landesversorgungsämter,
  - Versorgungsämter/Integrationsämter,
  - Fürsorgestellen,
  - Hauptfürsorgestellen.

- Die **Bundesagentur für Arbeit** mit ihren Regionaldirektionen und Agenturen für Arbeit übernimmt, soweit hierfür kein anderer Träger zuständig ist, Leistungen zur Teilhabe am Arbeitsleben. Für erwerbsfähige, hilfebedürftige Arbeitsuchende übernehmen die Träger der Grundsicherung für Arbeitsuchende nach dem SGB II die Leistungen zur Teilhabe am Arbeitsleben.
- Die **Sozialhilfe** und die **Jugendhilfe** treten für alle erforderlichen Leistungen zur Teilhabe ein – allerdings nur dann, wenn keiner der anderen Träger zuständig ist. Ansprechpartner sind hier hauptsächlich die Sozial- und Jugendämter der Städte und Gemeinden.

9.5.8 Gemeinsame Servicestellen

Wer für welchen Bereich zuständig ist, ist oft schwer überschaubar. Damit dem behinderten Menschen daraus keine Nachteile entstehen, sind alle Träger der Rehabilitation verpflichtet, eng zusammenzuarbeiten. Zudem haben die Träger in allen Landkreisen und kreisfreien Städten „Gemeinsame Servicestellen" (§§ 22 ff. SGB IX) eingerichtet, die trägerübergreifend über Zuständigkeit, Leistungsvoraussetzungen und Verwaltungsabläufe informieren und die Betroffenen bei ihren Anträgen beraten und unterstützen.

Die Träger sind verpflichtet, innerhalb von zwei Wochen die Zuständigkeiten zu klären und schnelle und bürgerfreundliche Leistungen zu erbringen (§ 14 SGB IX).

Jeder Rehabilitationsträger muss den (formlosen) Antrag auf Leistungen zur Rehabilitation und Teilhabe entgegennehmen – auch dann, wenn er selbst nicht zuständig ist – und an die zuständige Stelle weiterleiten. Der Rehabilitationsträger, an den der Antrag weitergeleitet wird, muss in aller Regel abschließend über den Antrag entscheiden. Eine nochmalige Weiterleitung des Antrags kommt nur in Ausnahmefällen in Betracht, und auch nur dann, wenn sichergestellt ist, dass ein anderer Rehabilitationsträger sich dazu bereit erklärt, über den Antrag zu entscheiden.

9.5.9 Versorgungsämter und Integrationsämter

Die Aufgaben nach dem SGB IX werden u. a. von Versorgungsämtern, der Arbeitsverwaltung und Integrationsämtern wahrgenommen. Die Versorgungsämter stellen die Behinderung, den Grad der Behinderung und weitere gesundheitliche Merkmale fest, die jemand erfüllen muss, um Nachteilsausgleiche beanspruchen zu können. Außerdem stellen sie die Schwerbehindertenausweise aus. Die Bundesagentur für Arbeit fördert die Einstellung schwerbehinderter Menschen und überwacht die Erfüllung der Beschäftigungspflicht.

Die **Integrationsämter** (§§ 101 ff. SGB IX) kümmern sich um den besonderen Kündigungsschutz, die begleitende Hilfe im Arbeits- und Berufsleben und erheben die Ausgleichsabgabe. Sie helfen zusätzlich, wenn schwerbehinderte und ihnen gleichgestellte behinderte Menschen Schwierigkeiten bei der Beschäftigung haben. Sie können insbesondere Geldleistungen an Arbeitgeber erbringen, um die Beschäftigung schwerbehinderter Menschen zu fördern.

Zusammenfassung

Rehabilitation umfasst alle Leistungen, die dazu dienen, Menschen mit Behinderung in die Gesellschaft einzugliedern und ihnen zu ermöglichen, an allen Lebensbereichen teilzusagen.

Das Sozialgesetzbuch Neuntes Buch – Rehabilitation und Teilhabe behinderter Menschen – ist am 01.07.2001 in Kraft getreten. Es beendete nur teilweise die rechtliche Unübersichtlichkeit, indem die Vorschriften, die für mehrere Sozialleistungsbereiche gelten, zusammengefasst wurden. Im Mittelpunkt stehen bei behinderten und von Behinderung bedrohten Menschen nicht mehr allein Fürsorge und Versorgung, sondern ihre selbst bestimmte Teilhabe am gesellschaftlichen Leben und die Beseitigung von Hindernissen, die ihrer Chancengleichheit entgegenstehen. Deswegen sind die Bestimmungen des SGB IX darauf ausgerichtet, dieses Ziel mit medizinischen, beruflichen und sozialen Leistungen zu erreichen („Leistungen zur Teilhabe").

Welcher Rehabilitationsträger unter welchen Voraussetzungen welche Leistungen erbringt, richtet sich nach den für den jeweiligen Träger geltenden Leistungsgesetzen

(z. B. SGB III für die Arbeitsagentur, SGB VI für die Träger der Rentenversicherung).

Neben Teil 1, dem „allgemeinen Teil" des Rehabilitationsrechts, enthält das SGB IX in Teil 2 auch das Schwerbehindertenrecht (siehe §§ 68 ff.). Hierbei handelt es sich im Wesentlichen nicht um Sozialrecht, sondern um einen Teil des Arbeitsrechts (u. a. Kündigungsschutz, Benachteiligungsverbot, Zusatzurlaub).

Insbesondere die Feststellung der Behinderteneigenschaft und des Grads der Behinderung werden im Streitfall von den Sozialgerichten entschieden.

Hintergrundinformation

Nachdem Sie sich mit dem Thema Rehabilitation und Teilhabe näher befasst haben, noch einige Zusatzinformationen:

In Deutschland (Stand Mai 2012) leben 9,8 Millionen Menschen mit Behinderung, das entspricht ca. 12 Prozent der Bevölkerung. 7,3 Millionen BürgerInnen haben eine schwere Behinderung, 2,5 Millionen sind leicht behindert. Die meisten Behinderungen werden im Laufe des Lebens durch eine Krankheit verursacht; nur ca. 5 Prozent der Menschen sind von Geburt an behindert. Rund 3 Millionen Menschen mit Behinderung sind im erwerbsfähigen Alter.[38]

Zum größten Teil sind die behinderten Erwerbstätigen im Dienstleistungsbereich (29 %), insbesondere im Erziehungs- oder Gesundheitswesen beschäftigt. An zweiter Stelle liegt mit einem Anteil von 23 Prozent der Bereich „Verarbeitendes Gewerbe". Danach folgen die „Öffentliche Verwaltung" (13 %) sowie „Handel und Gastgewerbe" (11 %).

Es zeigt sich also, dass – nicht zuletzt aufgrund der gesetzlichen Rehabilitationsmaßnahmen – behinderte und schwerbehinderte Menschen einen nicht zu unterschätzenden Anteil zur wirtschaftlichen Entwicklung beitragen.

Im neuen Teilhabebericht der Bundesregierung (August 2013) werden neben Menschen mit (anerkannten) Behinderungen auch Menschen mit gesundheitlichen Beeinträchtigungen erfasst.[39]

In Deutschland leben 18,1 Millionen Menschen mit einer Beeinträchtigung – mehr als 20 Prozent der Bevölkerung.

- 95 Prozent aller Beeinträchtigungen treten erst im Verlauf des Lebens auf, die meisten im Alter.
- 87 Prozent der Kinder mit Beeinträchtigungen besuchen einen allgemeinen Kindergarten.
- Nur 22 Prozent aller Schulkinder mit sonderpädagogischer Förderung besuchen eine allgemeine Schule.
- 60 Prozent aller Erwachsenen mit sog. geistigen Behinderungen leben noch im Elternhaus.
- 58 Prozent der Menschen mit Beeinträchtigungen im erwerbsfähigen Alter sind auf dem allgemeinen Arbeitsmarkt beschäftigt.
- Nur 33 Prozent der Menschen mit Behinderungen treffen sich in ihrer Freizeit mit anderen.[40]

Aufgaben zur Selbstüberprüfung Kapitel 9 unter www.lambertus.de

---

[38] Statistisches Bundesamt, Pressemitteilung vom 18.09.2012.
[39] Vgl. Teilhabebericht der Bundesregierung (2013), a. a. O., S. 273 ff.
[40] Quelle: Beauftragter der Bundesregierung für die Belange behinderter Menschen (2013).

Kapitel 10

10 Sozialverwaltungsverfahren und Sozialdatenschutz (SGB X)

> In diesem Kapitel lernen Sie das einheitliche Verwaltungsverfahren für das Sozialrecht kennen. Sie begreifen die Funktion des Verwaltungsakts und verstehen die Bedeutung des Schutzes von Sozialdaten.

10.1 Verwaltungsverfahren

Für das Sozialrecht gibt es mit dem SGB X ein einheitliches Verwaltungsverfahren. Es lehnt sich sehr stark an die Verwaltungsverfahrensgesetze des Bundes und der Länder an.

Das SGB X regelt neben dem Verwaltungsverfahren auch den Schutz der Sozialdaten und die Zusammenarbeit der Leistungsträger sowie ihre Beziehungen zu Dritten.

10.1.1 Allgemeines

Die öffentlich-rechtliche Verwaltungstätigkeit in Angelegenheiten nach dem SGB wird in den §§ 1–66 SGB X geregelt. Diese Vorschriften kommen zur Anwendung, soweit in den besonderen Teilen keine abweichenden Regelungen getroffen wurden (§ 37 Satz 1 SGB I). Das Verwaltungsverfahren nach dem SGB X umfasst die nach außen wirkende Tätigkeit der Behörden, die auf die Prüfung der Voraussetzungen, die Vorbereitung und den Erlass von Verwaltungsakten bzw. auf den Abschluss eines öffentlich-rechtlichen Vertrages gerichtet ist (§ 8 SGB X). In Sozialverwaltungsverfahren gilt der Grundsatz der Nichtförmlichkeit; es soll „einfach, zweckmäßig und zügig" durchgeführt werden (§ 9 SGB X).

Amtssprache im Sozialverwaltungsverfahren ist Deutsch. Hörbehinderte Menschen können Gebärdensprache verwenden. Hierdurch entstehende Kosten für einen Dolmetscher muss die Behörde tragen (§ 19 Abs. 1 und 2 SGB X). Geht ein Antrag oder eine sonstige Erklärung in einer Fremdsprache bei der Behörde ein, soll sie dem Einsender eine angemessene Frist zur Einreichung einer Übersetzung setzen. Verstreicht diese Frist, kann sie das Schriftstück selbst übersetzen lassen und Ersatz der Kosten verlangen (§ 19 Abs. 2 SGB X). Fristen beginnen erst ab dem Zeitpunkt, in dem die Übersetzung bei der Behörde vorliegt (§ 19 Abs. 3 SGB X).

10.1.2 Subjekte des Sozialverwaltungsverfahrens

Subjekt des Sozialverwaltungsverfahrens ist die Behörde. Mit der Sache befassen muss bzw. kann sie sich, wenn sie international, sachlich, instanziell und örtlich zuständig ist. Soweit unterschiedliche Organe innerhalb einer Behörde bestehen, ist ggf. zusätzlich zu prüfen, welches dieser Organe funktionell zuständig ist.

Einzelheiten der Zuständigkeit regeln die besonderen Teile des SGB. Lediglich in § 2 SGB X finden sich ergänzende allgemeine Regelungen zur örtlichen Zuständigkeit. In diesen Vorschriften wird der Grundsatz der Erstbefassung festgelegt (§ 2 Abs. 1 SGB X), die die Behörden zur Sicherstellung der **Nahtlosigkeit** der Leistungsgewährung bei einem Zuständigkeitswechsel verpflichtet (§ 2 Abs. 3 SGB X) und zu unaufschiebbaren Maßnahmen in einem dringenden Fall berechtigt (§ 2 Abs. 4 SGB X).

Mitarbeiter der Behörde dürfen in einer Angelegenheit nicht tätig werden, wenn es sich um ihren eigenen Fall handelt, ein naher Angehöriger beteiligt ist oder sie bei einem Beteiligten beschäftigt sind oder diesen beraten oder vertreten haben (§ 16 SGB X). Ferner kann der Dienststellenleiter anordnen, dass ein Mitarbeiter sich weiterer Verfahrenshandlungen zu enthalten hat, wenn bei ihm die Besorgnis der Befangenheit besteht (§ 17 SGB X).

Die Behörden sind gegenseitig zur **Amtshilfe** verpflichtet. Dabei haben sie den Sozialdatenschutz zu wahren (§§ 3–7 SGB X). Beteiligte des Sozialverwaltungsverfahrens sind der Antragsteller, der Antragsgegner, Adressaten des Verwaltungsakts und von der Verwaltungsbehörde zum Verwaltungsverfahren hinzugezogene Personen (§ 12 SGB X). Beteiligungsfähig sind natürliche und juristische Personen, Vereinigungen, denen ein

Recht zustehen kann, und Behörden bei von anderen Behörden geführten Verfahren (§ 10 SGB X); im eigenen Verfahren sind die Behörden dagegen Nichtbeteiligte.

Handlungsfähig sind geschäftsfähige Personen und Behörden durch ihre Leiter, ferner, wer das 15. Lebensjahr vollendet hat (§ 11 SGB X; § 36 SGB I).

Die Beteiligten können sich in dem Verfahren durch Bevollmächtigte (z. B. Rechtsanwalt) vertreten lassen bzw. sich von einem Beistand zu Verhandlungen bei der Behörde begleiten lassen (§ 13 SGB X).

10.1.3 Ablauf des Sozialverwaltungsverfahrens

Die Einleitung des Sozialverwaltungsverfahrens setzt bei den meisten Leistungen einen Antrag voraus. Von Amts wegen hat die Behörde das Verfahren in der gesetzlichen Unfallversicherung und in der Sozialhilfe – außer bei der Grundsicherung im Alter und bei Erwerbsminderung – einzuleiten. Im Übrigen steht die Entscheidung über die Einleitung des Verfahrens im pflichtgemäßen Ermessen der Behörde (§ 18 SGB X).

Den Sachverhalt ermittelt die Behörde von Amts wegen (Untersuchungsgrundsatz, § 20 SGB X). An Beweisanträge ist sie dabei nicht gebunden. Sie hat alle für die Entscheidung maßgeblichen Umstände zu ermitteln. Über die hierbei zu verwendenden Beweismittel entscheidet die Behörde nach pflichtgemäßem Ermessen (§ 21 SGB X). Die Behörde kann das Sozial- oder Verwaltungsgericht um die Vernehmung von Zeugen oder Sachverständige, die ohne Zeugnisverweigerungsrecht die Aussage verweigern, ersuchen (§ 22 SGB X).

Die Behörde hat in der Regel vor Entscheidungen, die in die Rechte des Beteiligten eingreifen, diesem Gelegenheit zu geben, sich zu äußern (§ 24 SGB X).

Jeder Beteiligte hat im Sozialverwaltungsverfahren ein Recht auf **Akteneinsicht**, wenn die Kenntnis des Akteninhalts zur Geltendmachung oder zur Verteidigung rechtlicher Interessen erforderlich ist, z. B. zur Entscheidung über die Einlegung eines Widerspruchs (§ 25 SGB X).

10.1.4 Verwaltungsakt[41]

Wichtigste und häufigste Entscheidungsform der Behörde/des Leistungsträgers ist der Verwaltungsakt. Der Verwaltungsakt ist eine Verfügung, Entscheidung oder andere hoheitliche Maßnahme, die eine Behörde zur Regelung eines Einzelfalles auf dem Gebiet des öffentlichen Rechts trifft und die auf unmittelbare Rechtswirkung nach außen gerichtet ist (§ 31 SGB X). Die Behörde ist zum Erlass eines Verwaltungsakts verpflichtet, wenn sie dies zuvor schriftlich zugesichert hat (§ 34 SGB X). An die Zusicherung ist sie unter Umständen nicht gebunden, wenn sich nach deren Erteilung die Sach- oder Rechtslage geändert hat.

Begriffselemente des Verwaltungsakts				
Behörde	Hoheitliche Maßnahme	Regelung mit unmittelbarer Rechtswirkung	Einzelfallregelung	Rechtswirkung nach außen

Abb. 2.1: Begriffselemente des Verwaltungsakts

Der Verwaltungsakt kann mit einer Nebenbestimmung verbunden werden, wenn dies durch eine Rechtsvorschrift zugelassen ist oder die Erfüllung der gesetzlichen Voraussetzungen sichergestellt wird. **Nebenbestimmungen** sind die Befristung, die Bedingung, der Widerrufsvorbehalt, die Auflage und der Vorbehalt einer nachträglichen Aufnahme, Änderung oder Ergänzung einer Auflage (§ 32 SGB X).

Der Verwaltungsakt muss inhaltlich hinreichend bestimmt sein (§ 33 Abs. 1 SGB X). Er kann grundsätzlich schriftlich, elektronisch, mündlich oder in anderer Weise erlassen werden. Etwas anderes gilt, wenn eine bestimmte Form gesetzlich vorgeschrieben ist, z. B. Schriftform bei Erstattungsbescheiden nach § 50 Abs. 3 SGB X. Bei einem mündlichen Verwaltungsakt kann der Betroffene eine schriftliche Bestätigung des Verwaltungsakts verlangen, wenn hieran ein rechtliches Interesse besteht (§ 33 Abs. 2 SGB X).

---

[41] Vgl. Papenheim, H.-G. / Baltes, J. a. a. O., S. 353 ff.

Ein schriftlicher oder schriftlich bzw. elektronisch bestätigter Verwaltungsakt muss folgenden Mindestinhalt haben: erlassende Behörde, eindeutig bestimmter Verfügungssatz, Begründung, Unterschrift und Rechtsbehelfsbelehrung (§§ 33, 35, 36 SGB X).

Der Verwaltungsakt ist demjenigen, für den er bestimmt oder der von ihm betroffen ist, bekannt zu geben. Ist ein Bevollmächtigter bestellt, erfolgt die Bekanntgabe an diesen (§ 37 Abs. 1 SGB X). Schriftliche Verwaltungsakte gelten mit dem dritten Tage nach der Aufgabe zur Post, elektronische Verwaltungsakte nach der Absendung als bekannt gegeben. Etwas anderes gilt, wenn der Verwaltungsakt später zugegangen ist. Bestehen Zweifel am Zugang des Verwaltungsakts, muss die Behörde den Zugang nachweisen (§ 37 Abs. 2 SGB X).

Ein Verwaltungsakt wird mit seiner Bekanntgabe wirksam. Formelle **Bestandskraft** erlangt er mit seiner Unanfechtbarkeit (§ 39 SGB X).

Ist ein Verwaltungsakt rechtswidrig, so kann dies verschiedene Rechtsfolgen haben. Bei Schreib-, Rechen- und sonstigen offensichtlichen Fehlern kann er berichtigt werden. Form- und Verfahrensfehler können oftmals geheilt werden (§ 41 SGB X). Fehlende örtliche Zuständigkeit bzw. Verfahrensfehler sind unbeachtlich, wenn der Verwaltungsakt im Übrigen rechtmäßig ist (§ 42 SGB X).

Bei sonstigen Fehlern ist der Verwaltungsakt aufhebbar, solange er noch nicht bestandskräftig ist. Nach Ablauf der Rechtsbehelfsfristen tritt Bestandskraft ein (§ 39 SGB X). Eine Aufhebung kann nicht mehr verlangt werden. Ohne Rechtswirkung bleibt ein Verwaltungsakt nur dann, wenn er wegen schwerwiegender Fehler nichtig ist (§ 40 SGB X).

Auch nach Erlangen der Bestandskraft kann ein Verwaltungsakt zurückgenommen, widerrufen oder aufgehoben werden, wenn die Voraussetzungen der §§ 44 ff. SGB X vorliegen.

Aufhebung von Verwaltungsakten

Rücknahme rechtswidriger, nicht begünstigender Verwaltungsakte (§ 44 SGB X)	Rücknahme rechtswidriger, begünstigender Verwaltungsakte (§ 45 SGB X)	Widerruf rechtmäßiger, nicht begünstigender Verwaltungsakte (§ 46 SGB X)	Widerruf rechtmäßiger, begünstigender Verwaltungsakte (§ 47 SGB X)	Aufhebung von Verwaltungsakten mit Dauerwirkung (§ 48 SGB X)
	Erstattung zu Unrecht erbrachter Leistungen (§ 50 Abs. 1 SGB X)			Erstattung zu Unrecht erbrachter Leistungen (§ 50 Abs. 1 SGB X)

Abb. 2.2: Aufhebung von Verwaltungsakten

10.1.4.1 Rücknahme

Rechtswidrige, nicht begünstigende Verwaltungsakte (z. B. wenn Sozialleistungen zu Unrecht nicht gewährt werden) können mit Wirkung für die Vergangenheit zurückgenommen werden. Rechtswidrig ist ein Verwaltungsakt, wenn bei seinem Erlass das Recht unrichtig angewandt oder ein unrichtiger Sachverhalt zugrunde gelegt wurde. Etwas anderes gilt, wenn der Betroffene vorsätzlich unrichtige Angaben gemacht hat (§ 44 SGB X).

Ein begünstigender rechtswidriger Verwaltungsakt, insbesondere die Bewilligung einer Sozialleistung, kann zurückgenommen werden, wenn der Betroffene auf den Bestand des Verwaltungsaktes nicht vertrauen durfte bzw. sein Vertrauen unter Abwägung mit öffentlichen Interessen nicht schutzwürdig ist. Dies ist vor allem der Fall, wenn der Betroffene falsche Angaben machte (§ 45 SGB X). Schutzwürdig ist sein Vertrauen, wenn er die Leistung bereits verbraucht oder eine Vermögensdisposition getroffen hat, die er nur unter unzumutbaren Nachteilen rückgängig machen kann. Bei der Rücknahme rechtswidriger begünstigender Verwaltungsakte mit Dauerwirkung ist § 45 Abs. 3 SGB X zu beachten.

10.1.4.2 Widerruf

Der Widerruf rechtmäßiger, nicht begünstigender (belastender) Verwaltungsakte ist möglich, wenn dies nicht aus anderen Gründen unzulässig ist (§ 46 Abs. 1 SGB X). Ihr Widerruf für die Zukunft ist jederzeit möglich.

Rechtmäßige, begünstigende Verwaltungsakte dürfen mit Wirkung für die Zukunft nur widerrufen werden, wenn dies durch Rechtsvorschriften zugelassen oder in dem Verwaltungsakt vorbehalten ist oder der Begünstigte eine im Verwaltungsakt enthaltene Auflage nicht erfüllt hat und die Rücknahme ermessensgerecht ist (§ 47 Abs. 1 SGB X).

10.1.4.3 Aufhebung

Verwaltungsakte mit Dauerwirkung (z. B. Festsetzung des Grads der Behinderung; Rentenbescheid) sind für die Zukunft aufzuheben, wenn sich nach ihrem Erlass in der tatsächlichen oder rechtlichen Lage eine wesentliche Änderung der Verhältnisse ergeben hat. Bereits ab Eintritt der Änderung ist der Verwaltungsakt aufzuheben, wenn die Änderung für den Betroffenen günstig ist oder der Betroffene seiner Mitwirkungspflicht vorsätzlich oder grob fahrlässig nicht nachgekommen ist (§ 48 SGB X). Ist ein Verwaltungsakt aufgehoben worden und hat der Betroffene aufgrund dieses Verwaltungsaktes Leistungen bezogen, so ist er zur Erstattung verpflichtet (§ 50 SGB X).

10.1.4.4 Prüfschema: Rechtswidrigkeit des Verwaltungsakts

Rechtswidrig ist der Verwaltungsakt nur dann, wenn er gegen den Grundsatz der Gesetzmäßigkeit der Verwaltung verstößt, also materielle oder formelle Fehler aufweist.[42]

Materielle Fehler
1) Rechtsgrundlage
   - Liegt gültige Ermächtigungsgrundlage (für Eingriffe) oder Anspruchsgrundlage (für Ansprüche) vor?
   - Liegen die einzelnen Tatbestandsmerkmale der Ermächtigungs- bzw. Anspruchsnorm vor (zunächst Auslegung der Tatbestandsmerkmale, dann Subsumtion des Sachverhalts)?
2.) Bei Ermessensleistungen:
   - Liegt Ermessensfehler vor (§ 39 SGB I)?
   - Ist als Ermessensgrenze u. a. der Grundsatz der Verhältnismäßigkeit beachtet worden?
3.) Ist im Tenor (Entscheidungssatz) des Verwaltungsakts der Grundsatz der Bestimmtheit (§ 33 Abs. 1 SGB X) beachtet worden?

Formelle Fehler
1) Zuständigkeit
   a) sachliche (z. B. § 97 SGB XII)
   b) örtliche (z. B. § 98 SGB XII)
2) Verfahren (§§ 8–30 SGB X), insbesondere
   a) Antrag (z. B. für die Grundsicherung im Alter nach § 41 Abs. 1 SGB XII und die Sozialhilfe für Deutsche im Ausland nach § 24 SGB XII; für Renten § 115 SGB VI)
   b) Anhörung Beteiligter (§ 24 SGB X)
   c) Sozialdatenschutz (§ 35 SGB I i. V. m. §§ 67–85a SGB X)
3) Form
   a) allgemeine (§ 33 Abs. 2–5 SGB X)
   b) Begründung (§ 35 SGB X)
4) Rechtsbehelfsbelehrung

ist gesetzlich vorgeschrieben (§ 36 SGB X), aber besondere Fehlerfolge: § 66 Abs. 2 SGG (Verlängerung der Widerspruchsfrist auf ein Jahr)

5) Bekanntgabe nach § 37 SGB X.

Beachte: Die Heilungsmöglichkeit von Verfahrens- und Formfehlern ist nach § 41 SGB X zu prüfen. Ist der Fehler nicht geheilt, muss zusätzlich die Unbeachtlichkeit des Fehlers nach § 42 SGB X geprüft werden.

---

[42] Vgl. Klinger / Kunkel u. a., a. a. O., S. 437 f.

10.1.5 Öffentlich-rechtlicher Vertrag

Im Sozialrecht können öffentlich-rechtliche Verträge geschlossen werden, soweit dies durch Rechtsvorschriften nicht ausgeschlossen wird (§§ 53 ff. SGB X). Das SGB X unterscheidet dabei zwischen dem Vergleichsvertrag, durch den eine Unsicherheit in der Würdigung des Sachverhalts oder der Rechtslage beseitigt wird (§ 54 SGB X), und dem Austauschvertrag (§ 55 SGB X). Der Abschluss und die Wirksamkeit des öffentlich-rechtlichen Vertrages richten sich nach den allgemeinen vertragsrechtlichen Grundsätzen. Verträge sind schriftlich zu schließen.

10.1.6 Rechtsbehelfsverfahren, Kosten und Vollstreckung

Gegen einen belastenden Verwaltungsakt gibt es als förmlichen Rechtsbehelf den **Widerspruch**.

Das Rechtsbehelfsverfahren richtet sich in sozialrechtlichen Angelegenheiten weitestgehend nach dem Sozialgerichtsgesetz (SGG).[43]

In der Kinder- und Jugendhilfe und in wohngeldrechtlichen Angelegenheiten z. B. ist aber die Verwaltungsgerichtsordnung (VwGO) anzuwenden (vgl. § 62 SGB X).

Das Sozialverwaltungsverfahren ist gebührenfrei (§ 64 SGB X). Die Vollstreckung richtet sich in sozialrechtlichen Angelegenheiten nach dem Verwaltungs-Vollstreckungsgesetz bzw. den entsprechenden landesrechtlichen Vorschriften (§ 66 SGB X).

10.2 Schutz der Sozialdaten[44]

10.2.1 Grundsätze

Der Pflicht des Leistungsberechtigten, sich im Rahmen seiner Mitwirkungspflicht nach § 60 SGB I zu offenbaren, entspricht die Pflicht des Sozialleistungsträgers, diese Daten nicht weiterzugeben. Diese Geheimhaltungspflicht ist in § 35 SGB I geregelt als Ausformung des Grundrechts auf **informationelle Selbstbestimmung** gemäß Art. 1 Abs. 1 i. V. m. Art. 2 Abs. 1 GG. Die spezifische Regelung des Sozialdatenschutzes im SGB I und X hat Vorrang vor den allgemeinen Datenschutzbestimmungen im Bundes- und jeweiligen Landesdatenschutzgesetz. Der Datenschutz gilt für alle Eingriffe in das Sozialgeheimnis – unabhängig davon, ob sich die Daten in einer automatisierten Datenverarbeitungsanlage oder in Akten befinden.

Abb. 2.3 gibt einen Eindruck von der Vielzahl möglicher Eingriffe, vor denen die Sozialdaten geschützt werden müssen.

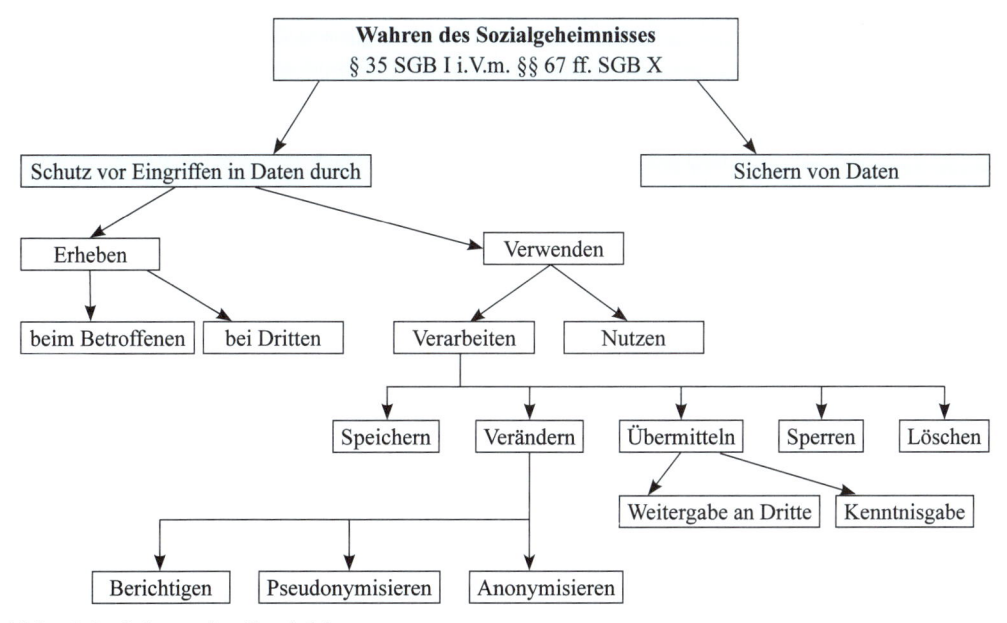

Abb. 2.3: Schutz der Sozialdaten

---
[43] Vgl. Kapitel 19 in diesem Buch, S. 291 ff.
[44] Vgl. Klinger/Kunkel u. a., a. a. O., S. 61 ff.

10.2.2 Datenerhebung

Datenerhebung ist das Beschaffen von Daten über eine Person (§ 67 Abs. 5 SGB X). Sie ist nur zulässig, wenn die Daten erforderlich sind, um eine konkrete Aufgabe nach dem SGB erfüllen zu können (§ 67a Abs. 1 Satz 1 SGB X). Der Umfang der Datenerhebung wird also bestimmt von den Tatbestandsmerkmalen der Ermächtigungs- oder Anspruchsgrundlage, die der Sozialleistungsträger durch Subsumtion auszufüllen hat. Zunächst muss der Träger versuchen, die Daten beim Betroffenen selbst zu erheben (§ 67a Abs. 2 Satz 1 SGB X: **Betroffenenerhebung**). Dies geschieht durch mündliches Befragen, Zusenden eines Fragebogens oder Einholen von Auskünften bei Dritten mit Einwilligung des Betroffenen.[45]

Nur in den genannten Ausnahmefällen des § 67a Abs. 2 Satz 2 SGB X darf eine Erhebung von Daten ohne Mitwirkung des Betroffenen erfolgen (Dritterhebung, vgl. Abb. 2.4).

Datenerhebung
(§ 67 a SGB X)

- beim Betroffenen selbst
- mit seiner Einwilligung bei Dritten

wenn:
Daten erforderlich für die Erfüllung einer bestimmten Aufgabe nach dem SGB

Dritterhebung
(ohne Mitwirkung/Einwilligung der Betroffenen)

Bei den in §§ 35 SGB I oder 69 Abs. 2 SGB X genannten Stellen, wenn:
(1) diese Übermittlungsbefugnis nach SGB haben
und
(2) Betroffenenerhebung für Leistungsberechtigten zu aufwändig wäre
und
(3) keine überwiegenden schutzwürdigen Interessen des Betroffenen beeinträchtigt sind

bei anderen Personen/Stellen, wenn:
(1) Gesetz die Erhebung erlaubt oder die Übermittlung vorschreibt, z. B.:
- § 117 SGB XII; § 57 SGB II:
  bei Unterhaltspflichtigen und bei Arbeitgebern
- § 118 SGB XII:
  Kfz-Stelle
  Bundesagentur für Arbeit
  Renten- oder Unfallversicherungsträger
  Einwohnermeldeamt
  Energieversorgungsunternehmen
- § 21 Abs. 4 SGB X:
  Finanzbehörden
- § 100 SGB X:
  Arzt (Übermittlungspflicht nur bei Einwilligung des Betroffenen)
oder
(2) Spezifische Aufgabe nach dem SGB fordert Erhebung
und
keine überwiegenden schutzwürdigen Interessen des Betroffenen werden beeinträchtigt
oder
(3) Betroffenenerhebung wäre zu aufwändig

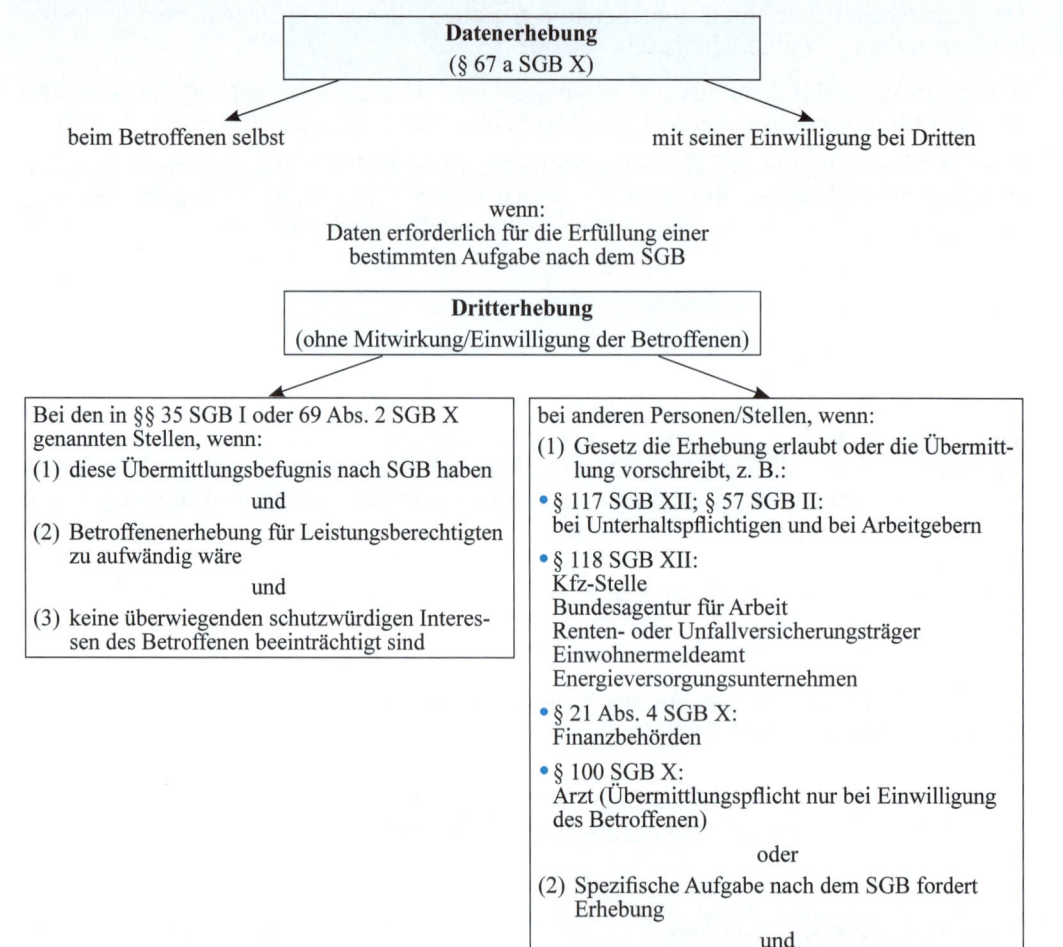

Abb. 2.4: Erhebung von Sozialdaten

10.2.3 Prinzipien des Datenschutzes

Die Gewährleistung sozialer Rechte durch die sozialen Sicherungssysteme ist ohne den Umgang mit personenbezogenen Daten (Sozialdaten) der betroffenen Bürger nicht denkbar. Die Erhebung, Verarbeitung oder Nutzung von oftmals hochsensiblen Daten der Betroffenen (z. B. über ihren Gesundheitszustand), ist grundsätzlich als Eingriff in das verfassungsrechtlich garantierte Recht des Einzelnen auf **informationelle Selbstbestimmung** zu bewerten, d. h. es muss gesetzlich genau geregelt sein, welche Informationen ein

---
[45] dies., a. a. O., S. 64 f.

Sozialleistungsträger über einen Versicherten speichern darf.

Der Schutz personenbezogener Daten ist von zwei zentralen Prinzipien geprägt, die ihren Niederschlag in der Vielzahl datenschutzrechtlicher Vorschriften gefunden haben:

a) Das **Sozialgeheimnis** (= die eine Person betreffenden Sozialdaten) ist zu wahren. Daten über Personen dürfen daher nur erhoben, verarbeitet oder genutzt werden, wenn dies zur Erfüllung der Aufgaben der verantwortlichen Stelle – in der Regel ein Sozialleistungsträger wie z. B. ein Rentenversicherungsträger oder eine Krankenkasse – erforderlich ist. So dürfen Krankenkassen beispielsweise Informationen über einzelne Personen erheben, soweit diese für die Feststellung des Versicherungsverhältnisses und der Mitgliedschaft dieser Personen erforderlich sind.

b) Diese strengen Anforderungen gelten prinzipiell dann nicht, wenn der Betroffene vorher in den Umgang mit seinen Daten im Einzelfall eingewilligt hat oder eine gesetzliche Übermittlungsbefugnis vorliegt (**Verbot mit Erlaubnisvorbehalt**).

Es ist aber zu berücksichtigen, dass Sozialleistungen ein komplexes Leistungsgefüge darstellen und die einzelnen Träger zu ihrer Aufgabenerfüllung oft auf Sozialdaten bei anderen Trägern angewiesen sind. Die Tatsache, dass es unterschiedliche Sozialleistungszweige gibt, darf jedoch nicht zu Informationsdefiziten führen. Diesen Gedanken hat das Bundesverfassungsgericht in seinem berühmten Volkszählungsurteil folgendermaßen beschrieben: „Grundsätzlich muss [...] der Einzelne Einschränkungen seines **Rechts auf informationelle Selbstbestimmung** im überwiegenden Allgemeininteresse hinnehmen" (BVerfG vom 15.12.1983). So kann es häufig vorkommen, dass die Krankenversicherung auf Daten der Unfall- oder Rentenversicherung zurückgreifen muss, um einen Leistungsanspruch zu berechnen.

Mit den Vorschriften über das Sozialgeheimnis in § 35 SGB I, über den Sozialdatenschutz im 2. Kapitel des SGB X (§§ 67–85a) sowie den ergänzenden datenschutzrechtlichen **Sondervorschriften** in den einzelnen Büchern des Sozialgesetzbuches ist der Gesetzgeber der verfassungsrechtlichen Vorgabe nachgekommen, Regelungen über den Schutz von Sozialdaten, als besonders schutzwürdige personenbezogene Daten, aufzustellen. Danach hat jede Person Anspruch darauf, dass die ihn betreffenden Sozialdaten von den Leistungsträgern **nicht unbefugt** erhoben, verarbeitet oder genutzt werden. Die Vorschriften über das Sozialgeheimnis und den Sozialdatenschutz gelten unabhängig davon, ob das SGB von Bundes- oder Landesbehörden angewandt wird.

Sozialdaten sind Einzelangaben über persönliche oder sachliche Verhältnisse einer bestimmten oder bestimmbaren natürlichen Person, z. B. Name, Anschrift, Familien- und Arbeitsverhältnisse.

Betriebs- und Geschäftsgeheimnisse stehen diesen Sozialdaten gleich (§ 35 Abs. 4 SGB I, § 67 Abs. 1 Satz 2 SGB X).

In der Regel nicht unmittelbar an das Sozialgeheimnis gebunden sind die **freien Träger**, z. B. die Wohlfahrtsverbände, derer sich die Leistungsträger bei der Erbringung von Sozialleistungen bedienen. Diese sind aber an das Bundesdatenschutzgesetz und an die Landesdatenschutzgesetze gebunden. Kirchliche Träger und ihre Wohlfahrtsverbände haben kirchenrechtliche Datenschutzvorschriften zu beachten. Ferner unterliegen bestimmte Berufsgruppen (z. B. Ärzte, Anwälte, Notare, Steuerberater, Sozialarbeiter) der strafrechtlichen Schweigepflicht (§ 203 StGB).[46]

10.2.4 Datenspeicherung, -veränderung oder -nutzung

Die Speicherung, Veränderung oder Nutzung von Sozialdaten durch die in § 35 Abs. 1 SGB I genannten Stellen ist zulässig, wenn dies zur Erfüllung der in der Zuständigkeit der verantwortlichen Stelle liegenden gesetzlichen Aufgaben nach dem SGB erforderlich ist und für die Zwecke erfolgt, für die die Daten erhoben worden sind (§ 67c Abs. 1 SGB X).

---

[46] Zum Datenschutz durch freie Träger vgl. Papenheim, H.-G./Baltes, J. (2013), a. a. O., S. 286 ff.

10.2.5 Datenübermittlung

Die Übermittlung von Sozialdaten ist nur zulässig, wenn der Betroffene eingewilligt hat (§ 67b Abs. 1 SGB X) oder wenn eine gesetzliche Übermittlungsbefugnis nach den §§ 68 bis 77 SGB X oder nach einer anderen Rechtsvorschrift des Sozialgesetzbuchs vorliegt (§ 67d Abs. 1 SGB X).

Übermitteln ist das Bekanntgeben gespeicherter oder durch Datenverarbeitung gewonnener Sozialdaten an einen Dritten in der Weise, dass die Daten an den Dritten weitergegeben werden oder der Dritte zur Einsicht oder zum Abruf bereitgehaltene Daten einsieht oder abruft (§ 67 Abs. 6 Nr. 3 SGB X). Dritter ist jede Person oder Stelle außerhalb der verantwortlichen Stelle (§ 67 Abs. 10 SGB X). Verantwortliche Stelle ist jede Person oder Stelle, die Sozialdaten für sich selbst erhebt, verarbeitet oder nutzt oder dies durch andere im Auftrag vornehmen lässt (§ 67 Abs. 1 SGB X).

Werden Sozialdaten von einem Leistungsträger im Sinne des § 12 SGB I erhoben, verarbeitet oder genutzt, ist verantwortliche Stelle der Leistungsträger.

Deshalb liegt keine Übermittlung, sondern Nutzung von Sozialdaten im Rechtssinne vor, wenn mit diesen innerhalb der Verwaltung eines Leistungsträgers umgegangen wird. Denn Nutzen ist jede Verwendung von Sozialdaten, soweit es sich nicht um Verarbeitung handelt, auch die Weitergabe innerhalb der verantwortlichen Stelle (§ 67 Abs. 7 SGB X).

Allerdings ist auch innerhalb eines Leistungsträgers sicherzustellen, dass Sozialdaten nur Befugten zugänglich sind und nur an diese weitergegeben werden (§ 35 Abs. 1 Satz 2 SGB I). Es handelt sich hierbei um den sog. **internen Sozialdatenschutz.** Aus § 78 Abs. 1 Satz 2 SGB X kann der Grundsatz abgeleitet werden, dass Sozialdaten ihren besonders schutzwürdigen Charakter nicht dadurch verlieren, dass sie an Dritte übermittelt werden. Selbst wenn der Dritte keine Stelle im Sinne des § 35 Abs. 1 SGB I ist, hat er die Daten in demselben Umfang und mit denselben Vorkehrungen geheim zu halten, wie die in § 35 Abs. 1 SGB I genannten Stellen.

Schließlich ist als Prinzip festzuhalten, dass Datenübermittlungen, die nach den §§ 68–75 SGB X an sich zulässig waren, **rechtlichen Beschränkungen** unterliegen, wenn es sich um besonders schutzwürdige Gesundheitsdaten (vgl. § 76 SGB X) handelt oder die Übermittlungen in das außereuropäische Ausland (§ 77 SGB X) erfolgen sollen.

10.2.5.1 Gesetzliche Übermittlungsbefugnisse

Die §§ 68–77 SGB X sehen folgende Regelungen für die Datenübermittlung vor:
- Übermittlung bestimmter enumerativ genannter Angaben wie z. B. Name oder Anschrift für Aufgaben der Polizeibehörden, Staatsanwaltschaften, Gerichte und Behörden der Gefahrenabwehr (§ 68 SGB X),
- Übermittlung für die Erfüllung sozialer Aufgaben (§ 69 SGB X),
- Übermittlung für die Durchführung des Arbeitsschutzes (§ 70 SGB X),
- Übermittlung für die Erfüllung besonderer gesetzlicher Aufgaben und Mitteilungsbefugnisse (§ 71 SGB X),
- Übermittlung bestimmter enumerativ genannter Angaben wie z. B. Name oder (frühere) Anschrift für den Schutz der inneren und äußeren Sicherheit (§ 72 SGB X),
- Übermittlung für die Durchführung eines Strafverfahrens (§ 73 SGB X),
- Übermittlung bei Verletzung der Unterhaltspflicht und beim Versorgungsausgleich (§ 74 SGB X),
- Übermittlung zur Durchsetzung öffentlich-rechtlicher Ansprüche und in Vollstreckungsverfahren (§ 74a SGB X),
- Übermittlung von Sozialdaten für die Forschung und Planung (§ 75 SGB X) sowie
- Übermittlung ins Ausland und an über- oder zwischenstaatliche Stellen (§ 77 SGB X).

Die Befugnis zur Übermittlung von Sozialdaten bedeutet allerdings nicht, dass der Leistungsträger verpflichtet wäre, die Daten zu übermitteln. Eine Übermittlungspflicht ergibt sich nicht aus den §§ 68 ff. SGB X, sondern muss sich aus anderen Rechtsvorschriften, wie beispielsweise über die Amtshilfepflicht gemäß §§ 3 ff. SGB X, ergeben.

Besondere praktische Bedeutung kommt der Übermittlung für die **Erfüllung sozialer Aufgaben** nach § 69 SGB X zu. Dazu zählt der häufigste Fall der Übermittlung von Daten im Zusammenhang mit der gesetzlichen Aufgabenerfüllung der Leistungsträger und der Durchführung von Verfahren nach dem Sozialgesetzbuch. Nicht nur die Übermittlung im Einzelfall, sondern auch regelmäßige Datenübermittlungen sind zulässig.

Beispiel

(1) Holt ein Leistungsträger notwendige Auskünfte bei einem anderen Leistungsträger ein, darf er zu diesem Zweck die Daten übermitteln, die die ersuchte Stelle zur sachgemäßen Erteilung der Auskunft benötigt.
(2) Will ein Leistungsträger die Strafverfolgung etwa wegen Betrugs zulasten der Sozialversicherung oder wegen Vorenthaltung und Veruntreuung von Arbeitsentgelten einleiten, rechtfertigt dies die Übermittlung der Sozialdaten an die Strafverfolgungsbehörden.

Im Einzelnen werden folgende Voraussetzungen für die Übermittlung nach § 69 Abs. 1 SGB X aufgestellt:

- Die Übermittlung von Sozialdaten ist erforderlich für die Erfüllung der Zwecke, für die sie erhoben worden sind, oder für die Erfüllung einer gesetzlichen Aufgabe der übermittelnden Stelle nach dem SGB (§ 69 Abs. 1 Nr. 1 Alt. 1 und 2, Abs. 2 SGB X), unabhängig davon, welche Stelle Empfänger der Daten ist.
- Die Übermittlung ist erforderlich für die Erfüllung einer gesetzlichen Aufgabe des Empfängers (§ 69 Abs. 1 Nr. 1 Alt. 3 SGB X), der eine in § 35 SGB I genannte Stelle ist. Die Übermittlung dient zwar nicht der Aufgabenerfüllung der übermittelnden Stelle, dafür muss der Empfänger aber zwingend eine Stelle sein, die ihrerseits an das Sozialgeheimnis gebunden ist.
- Die Übermittlung ist für die Richtigstellung unwahrer Tatsachenbehauptungen des Betroffenen im Zusammenhang mit einem Verfahren über die Erbringung von Sozialleistungen erforderlich (§ 69 Abs. 1 Nr. 3 SGB X). In diesem Fall bedarf die Übermittlung der vorherigen Genehmigung durch die zuständige oberste Bundes- oder Landesbehörde.

Beispiel

Eine Berufsgenossenschaft teilt einem Rentenversicherungsträger Angaben zu einer Verletztenrente mit, damit dieser prüfen kann, ob und ggf. in welcher Höhe Leistungen der Rentenversicherung nach § 93 SGB VI angerechnet werden dürfen.

§ 69 Abs. 2 SGB X stellt der Datenübermittlung an die in § 35 SGB I genannten Stellen die Übermittlung an drei weitere Adressatenkreise gleich:

- bestimmte staatliche Stellen, die außerhalb des SGB sozialorientierte Leistungen (z. B. nach dem Bundesentschädigungs- oder dem Beamtenversorgungsgesetz) zu erbringen haben,
- gemeinsame Einrichtungen der Tarifvertragsparteien, die Zusatzversorgungseinrichtungen des öffentlichen Dienstes und die öffentlich-rechtlichen Zusatzversorgungseinrichtungen und
- Bezugsstellen des öffentlichen Dienstes, soweit sie kindergeldabhängige Leistungen festzusetzen haben.

10.2.5.2 Mitteilungspflichten

Von hohem Gewicht ist ferner die Übermittlung von Sozialdaten zur Erfüllung besonderer gesetzlicher Mitteilungspflichten (§ 71 SGB X):

- zur Abwendung geplanter schwerer Straftaten nach § 138 StGB,
- zum Schutz vor bestimmten übertragbaren Krankheiten und Geschlechtskrankheiten,
- gegenüber der Finanzverwaltung zur Sicherung des Steueraufkommens,
- zur Überprüfung von bestimmten Voraussetzungen nach dem Wohngeldgesetz,

- zur Bekämpfung der Schwarzarbeit und illegalen Beschäftigung,
- zur Mitteilung einzutragender Tatsachen an das Gewerbezentralregister,
- zur Erfüllung der Aufgaben der statistischen Ämter der Länder und des Statistischen Bundesamtes zum Aufbau und zur Führung des Statistikregisters,
- zur Erfüllung der Aufgaben der Deutschen Rentenversicherung Bund, soweit sie als zentrale Stelle Aufgaben nach dem Einkommensteuergesetz wahrnimmt und
- zur Erfüllung der Aufgaben der Deutschen Rentenversicherung Knappschaft-Bahn-See, soweit sie bei geringfügig Beschäftigten Aufgaben nach dem Einkommensteuergesetz durchführt.

Mitteilungen der in § 35 Abs. 1 SGB I genannten Stellen sind ferner nach § 71 Abs. 1 Satz 2, Abs. 2, 2a und Abs. 3 SGB X zulässig, sofern sie erforderlich sind

- zur Erfüllung der gesetzlichen Pflichten zur Sicherung und Nutzung von Archivgut,
- zur Korrektur des Melderegisters bei den Meldebehörden,
- zur Erfüllung gesetzlicher Vorgaben des Aufenthaltsgesetzes,
- zur Erfüllung gesetzlicher Vorgaben des Asylbewerberleistungsgesetzes und
- zum Erlass von Maßnahmen in Betreuungssachen durch das Betreuungsgericht (früher: Vormundschaftsgericht).

10.2.5.3 Forschung und Planung

Die Übermittlung von Sozialdaten für die Forschung und Planung an Dritte bedarf der Genehmigung durch die oberste Bundes- oder Landesbehörde, die für den Bereich zuständig ist, aus dem die Daten herrühren (§ 75 Abs. 2 SGB X). Wegen der vom Gesetzgeber getroffenen Abwägung zwischen der Wahrung des Sozialdatenschutzes einerseits und der Förderung der Wissenschafts- und Forschungsfreiheit andererseits darf eine Genehmigung nur als den in § 75 Abs. 1 SGB X genannten Gründen versagt werden.

10.2.5.4 Terrorismusbekämpfung

Weitere Übermittlungstatbestände beinhalten wegen steigender Kriminalitätsraten und der Bedrohung durch den internationalen Terrorismus schließlich die §§ 68, 72, 73 SGB X, die unter eng begrenzten Voraussetzungen die Übermittlung von Sozialdaten an Sicherheitsbehörden, Staatsanwaltschaften und Gerichte zulassen.

§ 68 Abs. 3 SGB X lässt auch eine Übermittlung von bestimmten Sozialdaten zur Durchführung einer nach Landes- oder Bundesrecht zulässigen Rasterfahndung zu. Die Übermittlung von Sozialdaten muss jedoch zu diesem Zweck erforderlich sein.

10.2.6 Nutzungsbeschränkung beim Datenempfänger

Der Schutz des Sozialgeheimnisses bei der Übermittlung von Sozialdaten wird nicht nur durch Regelungen in den §§ 67d–77 SGB X zur Zulässigkeit der Übermittlung, sondern auch zur **Zweckbindung** und Geheimhaltungspflicht des Dritten, an den die Daten übermittelt worden sind, sichergestellt (§ 78 SGB X). Der Datenempfänger darf die Daten nur zu dem Zweck verwenden oder weiter übermitteln, zu dem sie ihm selbst befugt übermittelt worden sind. Werden Daten an eine nicht öffentliche Stelle übermittelt, so sind die dort beschäftigten Personen, welche diese Daten verarbeiten, von dieser Stelle spätestens bei der Übermittlung auf die Einhaltung der Pflichten zur Wahrung des Sozialgeheimnisses hinzuweisen. Die Datenempfänger haben ihre Beschäftigten auf diese Beschränkungen hinzuweisen.

10.2.7 Technisch-organisatorische Vorkehrungen

Technisch-organisatorische Vorkehrungen und Maßnahmen zum Schutz von Sozialdaten spielen angesichts immer komplexerer Datenverarbeitungsprozesse unter Einsatz neuer Formen des Datenaustauschs und der Telekommunikation eine zentrale Rolle.

Die in § 35 SGB I genannten Stellen, die selbst oder im Auftrag Sozialdaten erheben, verarbeiten oder nutzen, haben die technisch-organisatorischen Vorkehrungen einschließlich der Dienstanweisungen zu treffen, die erforderlich sind, um die Umsetzung der datenschutzrechtlichen Vorschriften des SGB, insbesondere die in der Anlage zu § 78a SGB X genannten Anforderungen, zu gewährleisten:

- Zutrittskontrolle,
- Zugangskontrolle,
- Zugriffskontrolle,
- Weitergabekontrolle,
- Eingabekontrolle,
- Auftragskontrolle,
- Verfügbarkeitskontrolle und
- Trennungsgebot.

Die Vorgaben des § 78a SGB X gelten nicht nur im Hinblick auf den Umgang mit automatisierten Daten, sondern auch für manuell verarbeitete Daten beispielsweise in Akten. Dagegen sind die Vorgaben in der Anlage zu § 78a SGB X ausdrücklich nur für die automatisierte Datenverarbeitung zu beachten. Der Gesetzgeber hat dem technisch-organisatorischen Datenschutz auch durch die neuen Bestimmungen zum Gebot der **Datenvermeidung und Datensparsamkeit** sowie zum Datenschutzaudit (§§ 78b und 78c SGB X) eine zusätzliche Bedeutung verliehen.

Die automatisierte Verarbeitung von Sozialdaten (vgl. § 79 SGB X) birgt besondere **Gefahren des Datenmissbrauchs** in sich, insbesondere wenn ein Dritter ohne weitere Beschränkungen durch Abruf auf größere Datensammlungen zugreifen kann. Deshalb ist die Einrichtung eines automatisierten Verfahrens, das die Übermittlung von Sozialdaten an Dritte durch Abruf ermöglicht, zwischen den in § 35 Abs. 1 SGB X genannten Stellen nur zulässig, soweit dieses Verfahren unter Berücksichtigung der schutzwürdigen Interessen der Betroffenen wegen der Vielzahl der Übermittlungen oder wegen ihrer besonderen Eilbedürftigkeit angemessen ist und wenn die jeweiligen Aufsichtsbehörden die Teilnahme der unter ihrer Aufsicht stehenden Stellen genehmigt haben.

Beispiel

Automatisiertes Abrufverfahren gem. § 150 Abs. 5 SGB VI im Hinblick auf Dateien der Datenstelle der Rentenversicherung. Die allgemeinen Voraussetzungen solcher Abrufe sind in § 79 SGB X geregelt.
Ein automatisiertes Datenabgleichsverfahren, wonach die Bundesagentur für Arbeit Personen, die Leistungen nach dem SGB II (Arbeitslosengeld II/Sozialgeld) beziehen, regelmäßig überprüfen darf, ist in § 52 SGB II geregelt.

10.2.8 Datenverarbeitung im Auftrag

Der Zwang zur Optimierung der sozialen Sicherungssysteme hat zur Vergabe von Leistungen an die Privatwirtschaft auch auf dem Gebiet der Datenverarbeitung geführt.

§ 80 SGB X legt fest, unter welchen Voraussetzungen die Erhebung, Verarbeitung oder Nutzung von Sozialdaten im Auftrag zulässig ist. Datenverarbeitung im Auftrag ist von besonderen Zulässigkeitsvoraussetzungen abhängig, weil von ihr grundsätzliche Gefahren für die Wahrung des Sozialgeheimnisses wegen der Einschaltung Dritter ausgehen, und löst strenge Überwachungspflichten des Auftraggebers aus (§ 80 Abs. 2 SGB X).

§ 80 Abs. 5 SGB X lässt darüber hinaus die Verarbeitung von Sozialdaten im Auftrag durch nicht öffentliche Stellen nur im Ausnahmefall zu, wenn beim Auftraggeber sonst Störungen im Betriebsablauf auftreten würden oder die übertragenen Arbeiten beim Auftragnehmer erheblich kostengünstiger besorgt werden können und der Auftrag nicht zur Verlagerung des überwiegenden Teils des Datenbestandes auf den nicht öffentlichen Auftragnehmer führt.

Eine Ausnahme hierzu ist in § 51 SGB II geregelt, wonach Träger der Leistungen nach dem SGB II (Grundsicherung für Arbeitsuchende) zur Erfüllung ihrer Aufgaben abweichend von § 80 Abs. 5 SGB X auch dann nicht öffentliche Stellen mit der Erhebung, Verarbeitung und Nutzung von Sozialdaten beauftragen dürfen, soweit die Speicherung der Daten den gesamten Datenbestand umfasst.

10.2.9 Datenschutzaufsicht und Rechte des Betroffenen

Die Datenschutzaufsicht über die in § 35 Abs. 1 SGB I genannten Stellen obliegt dem Bundesbeauftragten für den Datenschutz, soweit es sich um Stellen des Bundes handelt, im Übrigen den Landesbeauftragten für den Datenschutz (§ 81 Abs. 2 SGB X). Außerdem haben die in § 35 SGB I genannten Stellen interne Beauftragte für den Datenschutz zu bestellen (§ 81 Abs. 4 SGB X in Verbindung mit §§ 4f, 4g BDSG).

Aus dem Recht auf informationelle Selbstbestimmung folgt, dass dem betroffenen Bürger weit reichende Rechte gegenüber den Stellen einzuräumen sind, die über seine Daten verfügen. Es handelt sich dabei um unabdingbare Rechte (§ 84a SGB X). Die datenschutzrechtlichen Kontroll-, Sanktions- und Teilhaberechte des Betroffenen erstrecken sich auf

- das Recht, sich an den Datenschutzbeauftragten zu wenden (§ 81 Abs. 1 SGB X),
- Ansprüche auf Schadensersatz geltend zu machen (§ 82 SGB X),
- Auskunft über die zu seiner Person verarbeiteten Sozialdaten zu fordern (§ 83 SGB X),
- Berichtigung, Löschung und Sperrung unrichtiger oder unbefugt erhobener Sozialdaten zu verlangen (§ 84 SGB X) und
- unter bestimmten Voraussetzungen Widerspruch gegen die automatisierte Verarbeitung seiner Sozialdaten zu erheben (§ 84 Abs. 1a SGB X in Verbindung mit § 20 Abs. 5 BDSG).

Bei unrechtmäßiger Kenntniserlangung von Sozialdaten besteht seit 2010 gem. § 83a SGB X eine Informationspflicht („Beichtpflicht") gegenüber den Betroffenen und den Aufsichtsbehörden.

10.2.10 Sozialdatenschutzrechtliche Sondervorschriften

Ergänzend zu den Vorschriften über das Sozialgeheimnis (§ 35 SGB I) und den allgemeinen Vorschriften zum Schutz von Sozialdaten (§§ 67–85a SGB X) gibt es **bereichsspezifische Sondervorschriften** in den einzelnen Büchern des SGB, zu denen insbesondere die folgenden zählen:

- Grundsicherung für Arbeitsuchende: §§ 50–52a SGB II
- Arbeitsförderung: §§ 282, 282a, 289, 298, 394 bis 397 SGB III
- Gemeinsame Vorschriften für die Sozialversicherung: §§ 18f, 18g, 28p, 28q SGB IV
- Gesetzliche Krankenversicherung: §§ 275–277, 284 bis 305b SGB V sowie die besonderen Vorschriften über die Gesundheitskarte (§§ 291a und b SGB V) und die Datentransparenz (§§ 303a ff. SGB V)
- Gesetzliche Rentenversicherung: §§ 145–152 SGB VI
- Gesetzliche Unfallversicherung: §§ 199–208 SGB VII
- Kinder- und Jugendhilfe: §§ 61–68 SGB VIII
- Rehabilitation und Teilhabe behinderter Menschen: §§ 10, 13, 21 SGB IX
- Gesetzliche Pflegeversicherung: §§ 93–108 SGB XI
- Sozialhilfe: §§ 118–120 SGB XII (Überprüfung durch Datenabgleiche zwischen Sozialhilfeträgern und den verschiedenen Sozialversicherungsträgern)

10.2.11 Informationsfreiheitsgesetz

Seit dem 01.01.2006 gilt das Informationsfreiheitsgesetz (IFG). Danach hat jeder Bürger gegenüber Bundesbehörden grundsätzlich einen voraussetzungsfreien Anspruch auf Zugang zu vorhandenen amtlichen Informationen. Eine wesentliche Schranke stellt dabei das Sozialgeheimnis als „besonderes Amtsgeheimnis" dar (§ 3 Nr. 4 IFG). Der Anspruch auf Informationszugang im Zuständigkeitsbereich bundesunmittelbarer

Sozialleistungsträger spielt somit keine große Rolle.

Bisher haben elf Bundesländer für ihren Zuständigkeitsbereich ähnliche Gesetze erlassen (z. B. Nordrhein-Westfalen und Thüringen).[47] Danach sind verwaltungsinterne Weisungen und Richtlinien zugänglich zu machen.

10.3 Zusammenarbeit der Leistungsträger

Die §§ 86 ff. SGB X sollen das Zusammenwirken der Leistungsträger sicherstellen. Die Träger, ihre Verbände und die beteiligten öffentlich-rechtlichen Vereinigungen sind verpflichtet, bei der Erfüllung ihrer Aufgaben sowohl im einzelnen Fall als auch allgemein eng zusammenzuarbeiten (§ 86 SGB X). Sie sollen insbesondere bei der Planung und Forschung zusammenwirken (§ 95 SGB X) und können Arbeitsgemeinschaften bilden (§ 94 SGB X).

Im Einzelfall sollen die Leistungsträger die Ergebnisse von ärztlichen und psychologischen Untersuchungen anderen Leistungsträgern zugänglich machen, die diese für ihre Entscheidung benötigen (§ 96 SGB X). Ein Leistungsträger kann einen anderen im Einzelfall oder in gleich gelagerten Fällen mit der Wahrnehmung von Aufgaben beauftragen, soweit dies gesetzlich nicht ausgeschlossen ist (§ 88 SGB X).

Die zuständigen Leistungsträger sind zur **Erstattung von Sozialleistungen** verpflichtet, die ein anderer Leistungsträger vorübergehend erbracht hat oder der nur nachrangig zuständig ist (§§ 102–114 SGB X). Die §§ 98 ff. SGB X verpflichten Dritte (z. B. Arbeitgeber, Unterhaltspflichtige, Angehörige) zur Mitwirkung im Sozialverwaltungsverfahren.

Arbeitgeber, Angehörige, Unterhaltspflichtige, Ärzte, Angehörige anderer Heilberufe und Leistungsträger sind auskunftspflichtig (§§ 98 ff. SGB X).

Zusätzliche Mitwirkungspflichten können sich aus den besonderen Teilen des SGB ergeben.

Haben Leistungsträger Sozialleistungen erbracht, deren Notwendigkeit durch andere verursacht wurde, sind diese zu erstatten. So geht ein Anspruch des Leistungsberechtigten gegen seinen Arbeitgeber auf Arbeitsvergütung auf den Leistungsträger über, wenn dieser Sozialleistungen erbracht hat (§ 115 SGB X). Dasselbe gilt für Ansprüche gegen Schadensersatzpflichtige (§ 116 SGB X).

Zusammenfassung

Geltungsbereich des SGB X
- für alle besonderen Teile des SGB
- Abweichungen in den besonderen Teilen möglich (§ 37 Satz 1 SGB I)

Ausnahme: beim Sozialdatenschutz nur Ergänzungen möglich (§ 35 Abs. 2 i. V. m. § 37 Satz 2 SGB I)

Sozialverwaltungsverfahren
- geregelt in den §§ 1–66 SGB X
- viele Parallelen zum Verwaltungsverfahrensgesetz (VwVfG)
- Verwaltungsakt ist Rechtsgrund für das Behaltendürfen einer Leistung
- rechtswidriger Verwaltungsakt bleibt grundsätzlich wirksam, bis er aufgehoben wird (§ 39 Abs. 2 SGB X)
- Verfahren einschl. Widerspruchsverfahren ist kostenfrei (§ 64 SGB X)
- Besonderheiten gegenüber dem VwVfG hinsichtlich der Bestandskraft und Aufhebung von Verwaltungsakten

---

[47] Bis 2014 haben die Länder Bayern, Baden-Württemberg, Niedersachsen, Sachsen und Hessen keine Informationsfreiheitsgesetze, die eigentlich Informationszugangsgesetze sind, erlassen.

Zusammenarbeit der Leistungsträger und ihre Beziehungen zu Dritten

Die §§ 86–119 SGB X regeln:
- Zusammenarbeit der Leistungsträger untereinander und mit Dritten
- Erstattungsansprüche der Leistungsträger untereinander
- Erstattungs- und Ersatzansprüche der Leistungsträger gegenüber Dritten

Sozialdatenschutz

- geregelt in § 35 SGB I i. V. m. §§ 67–85a SGB X
- geht den allgemeinen Regeln des Bundesdatenschutzgesetzes vor (§ 1 Abs. 1 BDSG)
- geht den Vorschriften über das Sozialverwaltungsverfahren vor (§ 37 Satz 3 SGB I)
- ist unabdingbar (§ 84a Abs. 1 SGB X)
- Sozialgeheimnis schützt Sozialdaten sowie Betriebs- und Geschäftsgeheimnisse (§ 35 Abs. 1 und Abs. 4 SGB I)

Die Leistungsträger sind verpflichtet, Sozialdaten (sowie Betriebs- und Geschäftsgeheimnisse) vor unbefugter Erhebung, Verarbeitung oder Nutzung zu schützen. Sozialdaten sind Einzelangaben über persönliche oder sachliche Verhältnisse einer Person (Betroffener), die von einem Träger oder einer anderen in § 35 SGB I genannten Institution zur Durchführung der gesetzlichen Aufgaben erhoben, verarbeitet oder genutzt werden.

Die **Erhebung** von Sozialdaten durch Leistungsträger ist nur zulässig, wenn die Kenntnis dieser Daten zur Erfüllung einer Aufgabe des Trägers erforderlich ist. Die Daten sind grundsätzlich beim Betroffenen zu erheben. Bei anderen Personen dürfen sie nur in den gesetzlich zugelassenen Fällen erhoben werden.

Die **Verarbeitung** und die **Nutzung** von Sozialdaten sind nur zulässig, soweit dies durch das SGB X oder die besonderen Teile des Sozialgesetzbuchs **zugelassen** oder vorgeschrieben ist oder **der Betroffene eingewilligt** hat. Dies gilt insbesondere für die Übermittlung von Sozialdaten. Einzelne die Übermittlung legitimierende Tatbestände finden sich in den §§ 68 ff. SGB X. Die Leistungsträger sind verpflichtet, technische und organisatorische Maßnahmen zu treffen, um die gesetzlichen Anforderungen sicherzustellen. Verarbeiten oder nutzen Dritte Sozialdaten, hat der Auftraggeber sicherzustellen, dass bei diesen der Schutz der Sozialdaten gewährleistet ist.

Die Betroffenen haben das Recht, sich bei Verletzung ihres Datenschutzrechtes an die für die Kontrolle zuständige Stelle (Datenschutzbeauftragte) zu wenden. Haben sie einen Schaden erlitten, haben sie einen **Schadensersatzanspruch**. Sie können Auskunft über die zu ihrer Person gespeicherten Sozialdaten verlangen. Unrichtige Sozialdaten sind zu berichtigen. Missbrauch von Sozialdaten ist mit Strafe bzw. Geldbuße bedroht (§§ 81 ff. GB X).

Aufgaben zur Selbstüberprüfung Kapitel 10 unter www.lambertus.de

A. Abbildungsverzeichnis

Abb. 1.1:	Alte WHO-Definition von Behinderung	S. 170
Abb. 1.2:	Dimensionen der Behinderung	S. 171
Abb. 1.3:	Übersicht SGB IX	S. 173
Abb. 1.4:	Beschäftigung schwerbehinderter Menschen	S. 184
Abb. 1.5:	Zuständigkeiten und Regelungen des Rehabilitationsrechts	S. 185
Abb. 2.1:	Begriffselemente des Verwaltungsakts	S. 190
Abb. 2.2:	Aufhebung von Verwaltungsakten	S. 191
Abb. 2.3:	Schutz der Sozialdaten	S. 193
Abb. 2.4:	Erhebung von Sozialdaten	S. 194

B. Tabellenverzeichnis

Tabelle 1.1:	Leistungen zur Teilhabe behinderter Menschen	S. 175
Tabelle 1.2:	Merkzeichenabhängige Nachteilsausgleiche	S. 182

Viertes Modul

- Soziale Hilfen
- Soziale Förderung, Soziale Entschädigung
- Rechtsschutz

Einleitung

In diesem letzten Modul zum Sozialrecht lernen Sie zunächst die Grundlagen der **„Sozialen Mindestsicherung"** kennen.

Am Jahresende 2012 erhielten in Deutschland knapp 7,25 Mio. Menschen Transferleistungen der Mindestsicherungssysteme, um ihren Lebensunterhalt zu bestreiten; das sind 9 Prozent der Bevölkerung. Die Mindestsicherungsquote war in Ostdeutschland (einschließlich Berlin) mit 13,4 Prozent deutlich höher als im früheren Bundesgebiet.[48]

Zu den existenzsichernden finanziellen Hilfen des Staates zählen:

- **Arbeitslosengeld II/Sozialgeld** nach dem SGB II (Grundsicherung für Arbeitsuchende). Ende 2012 erhielten ca. 6,04 Millionen Personen diese umgangssprachlich als „Hartz IV" bezeichneten Leistungen.
- Laufende **Hilfe zum Lebensunterhalt** außerhalb von Einrichtungen im Rahmen der Sozialhilfe nach dem SGB XII.
- Laufende Leistungen der **Grundsicherung im Alter und bei Erwerbsminderung** im Rahmen der Sozialhilfe nach dem SGB XII.
- Leistungen nach dem **Asylbewerberleistungsgesetz**.
- Leistungen der **Kriegsopferfürsorge** nach dem Bundesversorgungsgesetz.

Die Erwerbsfähigkeit ist hier ein Schlüsselbegriff: Sie grenzt die Grundsicherung für Arbeitsuchende (SGB II) von der Sozialhilfe (SGB XII) ab. Für nicht erwerbsfähige Hilfebedürftige kommt nur die Sozialhilfe infrage.

Außerdem werden Sie in diesem Modul das **Soziale Entschädigungsrecht** kennen lernen.

Die soziale Entschädigung bietet einen Ausgleich für Schäden, für welche die Allgemeinheit eine besondere Verantwortung trägt. Anders als in der Sozialversicherung geht es hierbei nicht um die Absicherung allgemeiner Lebensrisiken, sondern um den Ausgleich von Nachteilen, die durch die Übernahme besonderer Risiken im Interesse der Allgemeinheit entstehen (z. B. Ausgleich von Gesundheitsschäden während des Wehr- oder Zivildienstes).

Des Weiteren wird die **Kinder- und Jugendhilfe** (SGB VIII) vorgestellt sowie die wichtigsten **Hilfen für Familien** (Mutterschutz, Kindergeld, Elterngeld). Kurzdarstellungen zur Ausbildungsförderung und zum Wohngeld runden diese „Soziale Förderung" ab, die dem Ziel der Chancengerechtigkeit verpflichtet ist.

Schließlich lernen Sie den **Rechtsschutz** auf dem Gebiet des Sozialrechts, die Sozialgerichtsbarkeit, kennen. Für dieses letzte Kapitel benötigen Sie Vorkenntnisse über das „Sozialverwaltungsverfahren", insbesondere den Verwaltungsakt. Bitte frischen Sie Ihr Wissen nochmals auf.

---

[48] Statistisches Bundesamt, Pressemitteilung vom 14.11.2013.

Kapitel 11

11 Grundsicherung für Arbeitsuchende (SGB II)

> Sie werden in diesem Kapitel erfahren, welche Leistungen der Grundsicherung für Arbeitsuchende vorgesehen sind, wer leistungsberechtigt ist und was „zumutbare Arbeit" heißt.

11.1 Inhaltsübersicht Zweites Buch

Das sozialpolitisch heftig umstrittene SGB II (in der Öffentlichkeit bekannt als „Hartz IV") ist durch das „Vierte Gesetz für moderne Dienstleistungen am Arbeitsmarkt" eingeführt worden und am 01.01.2005 in Kraft getreten.

Es geht bei diesem Gesetz vor allem um die Zusammenlegung der früheren Arbeitslosenhilfe, die bis 2004 im SGB III geregelt war, und der – als Ergänzung häufig notwendigen – sozialhilferechtlichen Leistung „Hilfe zum Lebensunterhalt" zum sog. **Arbeitslosengeld II**. Damit sollte die unhaltbare Situation beseitigt werden, dass sich Leistungsempfänger wegen desselben Problems (Existenzsicherung) an zwei verschiedene Sozialbehörden (Arbeitsamt bzw. -agentur und Sozialamt) wenden mussten. Eigenständige „Dienstleistungen" für die Arbeitsuchenden sind im SGB II nur spärlich vorgesehen; die wesentlichen Regelungen finden sich im SGB III, auf die § 16 Abs. 1 SGB II verweist.

Zu beachten ist, dass für den nach SGB II leistungsberechtigten Personenkreis die Hilfe zum Lebensunterhalt nach §§ 27 ff. SGB XII (Sozialhilfe) in der Regel ausgeschlossen ist, das SGB II also vorgeht, § 5 Abs. 2 SGB II. Für den Bürger hat dies keine praktische Bedeutung, weil die Höhe der Leistungen im Wesentlichen gleich ist.

Die Überschrift **des ersten Kapitels** (§§ 1–6d SGB II) lautet **„Fördern und Fordern"**.

§ 1 SGB II nennt Aufgabe und Ziel des Gesetzes und enthält die Absichtserklärung, Arbeitsuchende so zu fördern und zu fordern, dass sie keiner Leistungen nach SGB II bedürfen (Hilfe zur Selbsthilfe). Arbeitsuchende sollen alle Möglichkeiten ausschöpfen, damit sie wieder erwerbstätig und damit von Hilfe unabhängig werden.

§ 2 SGB II umschreibt den Grundsatz des Forderns, während der des Förderns erst im dritten Kapitel (§ 14 SGB II) enthalten ist. Mit Fordern ist insbesondere gemeint, dass der Arbeitsuchende (fast) jede Art von Erwerbstätigkeit aufnehmen muss.

Die Regelung des § 6 SGB II **„Träger der Grundsicherung für Arbeitsuchende"** muss im Zusammenhang mit §§ 6a ff. und 44b SGB II gesehen werden: „Träger" ist zwar hauptsächlich die Bundesagentur für Arbeit, daneben sind es die kreisfreien Städte und Landkreise. „Wahrgenommen" werden die Aufgaben nach § 44b SGB II jedoch von gemeinsamen Einrichtungen, den „Jobcentern" (§ 6d SGB II), die die vorgenannten Träger zu bilden haben. Hinzu kommen 108 zugelassene kommunale Träger, die allein – also ohne Beteiligung der Agentur für Arbeit – für das SGB II zuständig sind (sog. Optionskommunen).

Kapitel 2 (§§ 7–13 SGB II) enthält „Anspruchsvoraussetzungen". Zunächst ist der Kreis der Berechtigten beschrieben, bei dem es sich um zwei Gruppen handelt (§ 7 SGB II): Zum einen sind es die erwerbsfähigen Arbeitsuchenden selbst, zum anderen sind es deren Angehörige der Bedarfsgemeinschaft (z. B. Ehegatte, Partner, Eltern, Kinder usw.).

Erwerbsfähig ist, wer mindestens drei Stunden täglich arbeiten kann, § 8 Abs. 1 SGB II. Dass grundsätzlich jede Arbeit zumutbar ist, wurde schon gesagt; zu den strengen Zumutbarkeitsregelungen vgl. § 10 SGB II.

Aus §§ 9, 11–11b, 12 SGB II ergibt sich, wer unter Berücksichtigung seines Einkommens und Vermögens hilfebedürftig ist. Von Erwerbseinkommen bleiben – in gestuftem Umfang – gewisse Beträge anrechnungsfrei, anderes Einkommen ist voll, Vermögen weitgehend einzusetzen. Diese Regelungen ähneln denen des SGB XII (Sozialhilfe).

Das **dritte Kapitel** (§§ 14–35 SGB II) regelt die **„Leistungen"**. Für die wichtigsten Leistungen zur Förderung der Erwerbstätigkeit („Eingliederung in Arbeit") gelten die entsprechenden Bestimmungen des SGB III, vgl. § 16 Abs. 1 SGB II. Dabei handelt es sich grundsätzlich um Ermessensleistungen. Hinzu kommen Leistungen, die schon bisher vor allem im kommunalen Sozialbereich erbracht werden, z. B. Schuldner- und Suchtberatung, psychosoziale Betreuung oder Betreuung minderjähriger Kinder, § 16a SGB II.

§ 16d SGB II ist die Grundlage für die sog. „**Ein-Euro-Jobs**", Arbeitsgelegenheiten im öffentlichen Interesse. „Ein Euro" steht für eine kleine Aufwandsentschädigung pro Arbeitsstunde, die zusätzlich zum Arbeitslosengeld II gewährt wird. Auch zur Übernahme von „Ein-Euro-Jobs" sind die Arbeitslosen verpflichtet.

Die Kernleistung des SGB II ist das **Arbeitslosengeld II**, §§ 19 ff. SGB II. Es dient der „Sicherung des Lebensunterhalts" (§ 20 Abs. 1 SGB II) und entspricht der sozialhilferechtlichen Hilfe zum Lebensunterhalt, ist also nicht – wie die frühere Arbeitslosenhilfe nach SGB III – am bisherigen Arbeitsverdienst orientiert. Die pauschalierte „Regelleistung" beträgt (entsprechend der Sozialhilfe) seit dem 01.01.2014 für Alleinstehende im gesamten Bundesgebiet einheitlich 391 Euro und wird jährlich angepasst, § 20 Abs. 5 SGB II i. V. m. § 28a SGB XII. Gehört der Bedarfsgemeinschaft (gemeinsamer Haushalt) eine zweite Person an, die ihrerseits erwerbsfähig, aber arbeitslos ist, werden zweimal 353 Euro als Regelbedarf gezahlt. Für andere Haushaltsangehörige ist der Regelbedarf nach Alter gestaffelt.

Hinzu kommt die Übernahme angemessener Aufwendungen für Unterkunft und Heizung sowie für gewisse Mehrbedarfe (z. B. von Schwangeren und Alleinerziehenden), §§ 21, 22 SGB II. Schließlich besteht noch die Möglichkeit, zusätzliche Hilfe in Form von Darlehen zu leisten, §§ 24 Abs. 4 und 5, 42a SGB II.

Kinder, Jugendliche (Schülerinnen und Schüler) sowie junge Erwachsene bis maximal 25 Jahre haben außerdem Anspruch auf **Leistungen für Bildung und Teilhabe** (§§ 28, 29 SGB II). Voraussetzung ist, dass sie eine allgemein- oder berufsbildende Schule besuchen und keine Ausbildungsvergütung erhalten.

Nach Ende der Bezugsdauer des „klassischen" Arbeitslosengeldes gemäß SGB III, das offiziell nicht „Arbeitslosengeld I" heißt, kann es wegen des geringeren Arbeitslosengeldes II zu großen sozialen Härten kommen. Um diese zu mildern, sah § 24 SGB II a. F. für maximal zwei Jahre einen Zuschlag vor. Dieser Zuschlag ist jedoch abgeschafft worden.

Wichtig: Die Bezieher von Arbeitslosengeld II sind in der gesetzlichen Kranken- und Pflegeversicherung sowie in der gesetzlichen Rentenversicherung **pflichtversichert**, wobei die Beiträge vom Bund getragen werden. Sollte ausnahmsweise keine Versicherungspflicht gegeben sein, erhalten sie entsprechende Zuschüsse für die freiwillige Versicherung, § 26 SGB II.

Nichterwerbsfähige Angehörige, die mit erwerbsfähigen Hilfebedürftigen in Bedarfsgemeinschaft leben, erhalten nach § 19 Abs. 1 Satz 2 SGB II **Sozialgeld**. Voraussetzung ist, dass kein Anspruch auf Sozialhilfe (Grundsicherung im Alter und bei Erwerbsminderung) nach SGB XII besteht (hier ist also das SGB II nachrangig gegenüber dem SGB XII).

Hinzuweisen ist noch auf das sog. **Einstiegsgeld** nach § 16b SGB II, das (als Ermessensleistung) einen Anreiz zur Erwerbstätigkeit bieten soll

Sanktionen sind ausführlich in den §§ 31 ff. SGB II geregelt: Wie und unter welchen Voraussetzungen das Arbeitslosengeld II vermindert oder ganz gestrichen wird, vor allem, wenn der Arbeitslose nicht das von ihm „Geforderte" im Hinblick auf Bemühungen zur Aufnahme von Arbeit erfüllt.

Das **vierte Kapitel** (§§ 36–44k SGB II) enthält „Gemeinsame Vorschriften für Leistungen", u. a. zur örtlichen Zuständigkeit, zum Antragserfordernis, zu Berechnung und Auszahlung der Geldleistungen. Nach §§ 44a ff. SGB II wird eine einheitliche Entscheidung über das Vorliegen von Erwerbs- oder Nichterwerbsfähigkeit für alle beteiligten oder möglicherweise betroffenen Leistungsträger (insbes. Agentur für Arbeit, Rentenversicherung, Sozialhilfe) getroffen; dadurch sollen Verschiebungen auf jeweils andere Leistungsträger verhindert werden.

Kapitel 5 (§§ 46–49 SGB II) regelt „Finanzierung und Aufsicht", wobei § 46 SGB II eine Finanzzuständigkeit des Bundes für Leistungen der Bundesagentur für Arbeit einschließlich deren Verwaltungskosten vorsieht.

Kapitel 6 (§§ 50–52a SGB II) regelt den „Datenschutz", **Kapitel 7** (§§ 53–55 SGB II) „Statistik und Forschung", **Kapitel 8** (§§ 56–62 SGB II) „Mitwirkungspflichten" (z. B. Auskunftspflicht von Arbeitgebern, § 57 SGB II).

Die Kapitel 9 bis 11 (§§ 63–78 SGB II) enthalten „Bußgeldvorschriften", eine Vorschrift zur „Bekämpfung von Leistungsmissbrauch" sowie „Übergangs- und Schlussvorschriften".

11.2 Leistungsberechtigte

Erwerbsfähige Hilfebedürftige über 15 und unter 67 Jahren erhalten **Arbeitslosengeld II**. **Erwerbsfähig** ist, wer unter den üblichen Bedingungen des allgemeinen Arbeitsmarktes mindestens drei Stunden täglich arbeiten kann (§ 8 SGB II). Hilfebedürftig ist, wer seinen notwendigen Lebensunterhalt und den seiner mit ihm in einer Bedarfsgemeinschaft lebenden Angehörigen weder aus eigenen Mitteln (Einkommen und Vermögen) und Kräften (Einsatz der Arbeitskraft) noch mithilfe anderer bestreiten kann (§ 9 SGB II).

Nichterwerbsfähige Hilfebedürftige, die mit Arbeitslosengeld-II-Berechtigten in einer Bedarfsgemeinschaft leben, erhalten **Sozialgeld** (§§ 19 Abs. 1 Satz 2, 23 SGB II).

Beide Leistungen (Arbeitslosengeld II und Sozialgeld), die einander in ihren Grundbestandteilen entsprechen, werden monatlich im Voraus erbracht und in der Regel für jeweils sechs Monate bewilligt.

Jugendliche unter 25 Jahren erhalten eine besondere Betreuung, damit jeder eine Chance für den Einstieg in die Berufswelt bekommt. Wer unter 25 Jahre alt ist und einen Antrag auf Arbeitslosengeld II stellt, ist umgehend in eine Ausbildung oder Arbeit zu vermitteln (§ 3 Abs. 2 SGB II).

Hilfebedürftigkeit vorausgesetzt, erhalten erwerbsfähige Jugendliche ab Vollendung des 15. Lebensjahres Arbeitslosengeld II als Leistung zum Lebensunterhalt. Bei der Beurteilung der Erwerbsfähigkeit kommt es nicht darauf an, ob der Jugendliche z. B. wegen Schulbesuchs keine Erwerbstätigkeit verrichten kann, sondern ob er theoretisch imstande ist, eine solche Arbeit zu verrichten.

Von den Bezieherinnen und Beziehern des Arbeitslosengeldes II wird erwartet, dass sie in eigener Verantwortung alles tun, um die Abhängigkeit von staatlicher Hilfe – und damit die finanzielle Belastung der Gemeinschaft – so schnell wie möglich zu beenden (§ 2 SGB II).

Beispiel

Frau Grüner wird arbeitslos und erhält zunächst Arbeitslosengeld nach dem SGB III, da sie zuvor in die Arbeitslosenversicherung eingezahlt hat, §§ 136 ff. SGB III. Nach 6 Monaten läuft ihr Anspruch auf Arbeitslosengeld aus. Im Rahmen ihres Antrags auf Leistungen nach dem SGB II – Grundsicherung für Arbeitsuchende, §§ 19 ff. SGB II – wird überprüft, ob sie über hinreichend Einkommen oder Vermögen verfügt, um ihren Lebensunterhalt selbst zu bestreiten, ob andere vorrangige Sozialleistungen in Betracht kommen oder ob es Personen gibt, die ihr zum Unterhalt verpflichtet sind. Ist dies der Fall und es liegt keine Hilfebedürftigkeit vor, erhält sie keine Leistungen nach dem SGB II.

11.3 Leistungen im Rahmen der Grundsicherung für Arbeitsuchende

Das Arbeitslosengeld II (Alg II) umfasst regelmäßig die Grundsicherung des Lebensunterhalts, bestehend aus dem Regelbedarf, dem Mehrbedarf und den Kosten für Unterkunft und Heizung. Zusätzlich können einmalige Leistungen gewährt werden (vgl. Abb. 1.1).

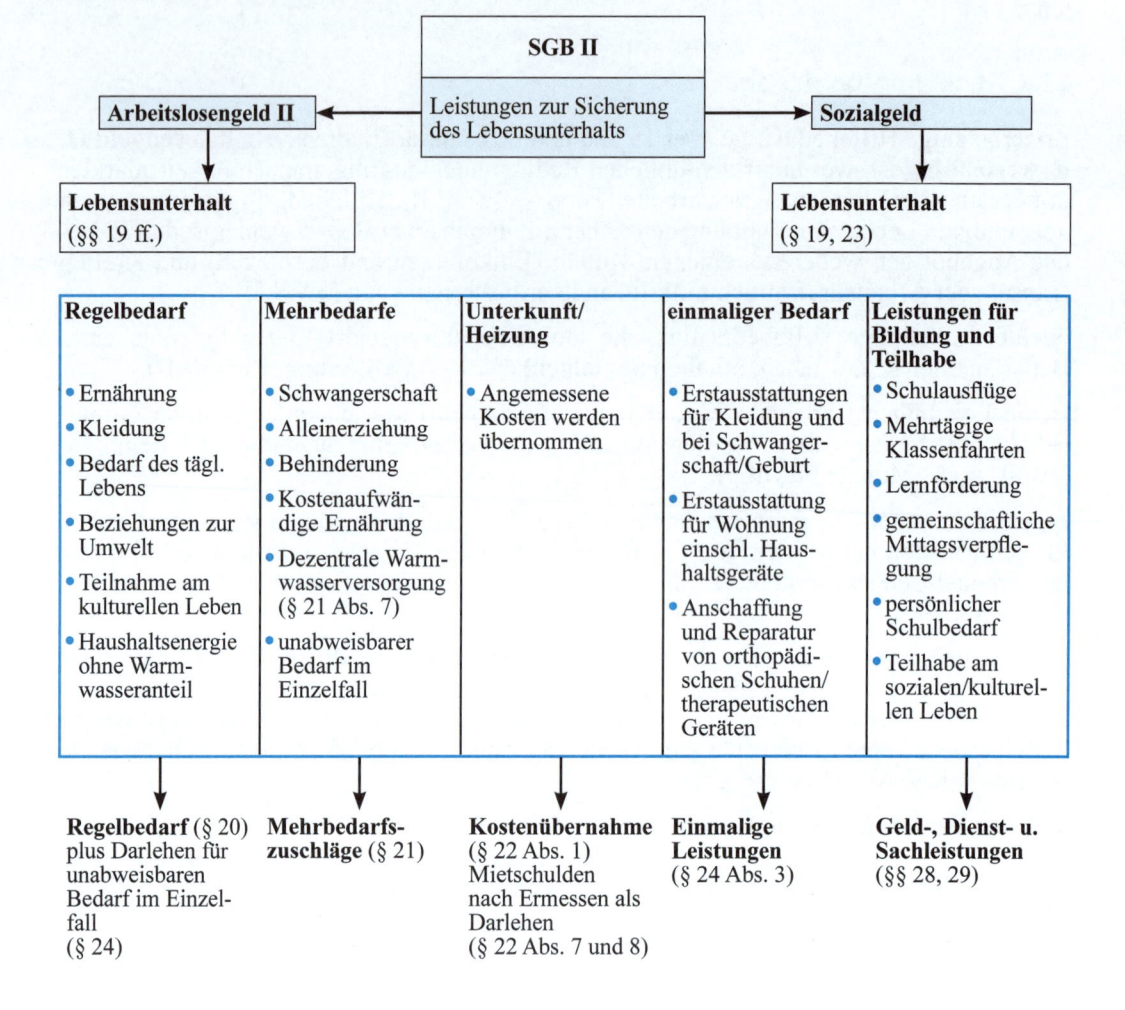

Regelbedarf	Mehrbedarfe	Unterkunft/ Heizung	einmaliger Bedarf	Leistungen für Bildung und Teilhabe
• Ernährung • Kleidung • Bedarf des tägl. Lebens • Beziehungen zur Umwelt • Teilnahme am kulturellen Leben • Haushaltsenergie ohne Warmwasseranteil	• Schwangerschaft • Alleinerziehung • Behinderung • Kostenaufwändige Ernährung • Dezentrale Warmwasserversorgung (§ 21 Abs. 7) • unabweisbarer Bedarf im Einzelfall	• Angemessene Kosten werden übernommen	• Erstausstattungen für Kleidung und bei Schwangerschaft/Geburt • Erstausstattung für Wohnung einschl. Haushaltsgeräte • Anschaffung und Reparatur von orthopädischen Schuhen/ therapeutischen Geräten	• Schulausflüge • Mehrtägige Klassenfahrten • Lernförderung • gemeinschaftliche Mittagsverpflegung • persönlicher Schulbedarf • Teilhabe am sozialen/kulturellen Leben
Regelbedarf (§ 20) plus Darlehen für unabweisbaren Bedarf im Einzelfall (§ 24)	Mehrbedarfszuschläge (§ 21)	Kostenübernahme (§ 22 Abs. 1) Mietschulden nach Ermessen als Darlehen (§ 22 Abs. 7 und 8)	Einmalige Leistungen (§ 24 Abs. 3)	Geld-, Dienst- u. Sachleistungen (§§ 28, 29)

Abb. 1.1: Existenzsicherung nach SGB II

Darüber hinaus gibt es sog. „aktivierende Leistungen" wie Einstiegsgeld und Freibeträge bei Hinzuverdienst (Erwerbseinkommen).

Außerdem erfolgt für Bezieher von Arbeitslosengeld II die Übernahme der Beiträge zur Kranken- und Pflegeversicherung. Bezieher von Sozialgeld sind in der Regel im Rahmen der Familienversicherung kranken- und pflegeversichert.

11.3.1 Höhe des Regelbedarfs

Alleinstehende, Alleinerziehende oder Personen, deren Partner minderjährig sind, erhalten seit 01.01.2014 391 Euro pro Monat. Sind beide Partner volljährig, bekommen beide je 90 Prozent der Regelleistung. Hiervon sind alle Ausgaben des täglichen Lebens – wie Lebensmittel, Kleidung oder Telefon – zu bezahlen. Auch Ausgaben für Strom, Bus oder Pkw müssen davon beglichen werden.

Für Kinder bis zur Vollendung des 14. Lebensjahres betrug die Regelleistung bislang 60 Prozent und für Jugendliche ab Beginn des 15. Lebensjahres bis zur Vollendung des 25. Lebensjahres lag sie bei 80 Prozent der Regelleistung, wenn sie unverheiratet sind und im Haushalt der Eltern leben (§ 20 SGB II a. F.). Diese Bestimmungen hat das Bundesverfassungsgericht im sog. **Hartz IV-Urteil** vom 09.02.2010 für nicht verfassungsgemäß erklärt. Das Gericht hat nicht die Höhe, wohl aber die Berechnungsgrundlage der Leistungssätze als „nicht nachvollziehbar und nicht realitätsgerecht" kritisiert. Erst Anfang 2011 verständigte sich die Regierungskoalition auf eine Neuregelung: das Regelbedarfs-Ermittlungsgesetz.

Die Höhe des Arbeitslosengeldes II entspricht gem. § 20 Abs. 5 SGB II den sechs Regelbedarfsstufen nach dem SGB XII (Sozialhilfe).

Regelbedarf 2014	Euro
Alleinstehende/r, Alleinerziehende/r; Volljährige mit mdj. Partner	391
Zusammenlebende Ehegatten oder Lebenspartner (je Person)	353
Erwachsene Leistungsberechtigte, die keinen eigenen und keinen gemeinsamen Haushalt mit einem Partner führen	313
Haushaltsangehörige ab Vollendung des 14. Lebensjahres bis zur Vollendung des 18. Lebensjahres (Kinder von 14 bis unter 18 Jahren)	296
Haushaltsangehörige vom Beginn des 7. bis zur Vollendung des 14. Lebensjahres (Kinder von 6 bis unter 14 Jahren)	261
Haushaltsangehörige bis zur Vollendung des 6. Lebensjahres (Kinder von 0 bis unter 6 Jahren)	229
Rechtsgrundlagen: §§ 20, 23 SGB II	

Tabelle 1.1: Höhe der Regelbedarfe bei Alg II / Sozialgeld (ab 01.01.2014)

Für Kinder und Jugendliche werden zusätzlich zum maßgebenden Regelbedarf **Bildungs- und Teilhabeleistungen** (sog. Bildungspaket) gewährt (§§ 28, 29 SGB II).

11.3.2 Befristeter Zuschlag

Der befristete Zuschlag zum Arbeitslosengeld II sollte bis zu 24 Monate lang finanzielle Härten vermeiden. Er wurde gezahlt, wenn das „Arbeitslosengeld I" plus Wohngeld höher war als das dem erwerbsfähigen Hilfebedürftigen und seinen in Bedarfsgemeinschaft lebenden Angehörigen zustehende Arbeitslosengeld II einschließlich Sozialgeld. Diese Regelung ist 2011 abgeschafft worden.

11.3.3 Freibeträge

Einkommen aus Erwerbstätigkeit wird nicht in vollem Umfang auf das Arbeitslosengeld II angerechnet, sonst würde die Arbeitsmotivation darunter leiden.

Grundsätzlich gilt: Die ersten 100 Euro sind immer anrechnungsfrei.

Außerdem wird für Erwerbstätige ein Freibetrag bei Erwerbstätigkeit abgesetzt. Über 100 Euro monatlich hinausgehendes Bruttoeinkommen bis 1.000 Euro monatlich ist zu 20 Prozent anrechnungsfrei. Weiteres Bruttoeinkommen bis 1.200 Euro monatlich wird noch zu 10 Prozent anrechnungsfrei gestellt. Für Beschäftigte mit Kindern in der Bedarfsgemeinschaft beträgt die Grenze 1.500 Euro (§ 11b Abs. 3 SGB II).

Erwerbstätigenfreibeträge:

20 Prozent des Bruttoeinkommens von	100,01 €	bis 1.000 €
10 Prozent des Bruttoeinkommens von	1.000,01 €	bis 1.200 €
(bei mindestens einem Kind in der Bedarfsgemeinschaft bis		1.500 €

Daraus ergeben sich zum Beispiel folgende Freibeträge:

Bruttoverdienst	anrechnungsfreier Betrag
100 Euro	100 Euro
200 Euro	120 Euro
400 Euro	160 Euro
800 Euro	240 Euro
1.200 Euro	300 Euro
1.500 Euro (mit Kind)	330 Euro

Abb. 1.2: Freibeträge für Erwerbstätige

Beispiel

Frau Jacobsen bezieht Leistungen nach dem SGB II. Sie verdient als Schreibkraft in einer Rechtsanwaltskanzlei monatlich 500 Euro. Von diesen 500 Euro sind der Grundfreibetrag von 100 Euro nach § 11b Abs. 2 SGB II abzuziehen. Von den verbleibenden 400 Euro kann zudem ein Freibetrag in Höhe von 20 Prozent für die Einkommensanrechnung unberücksichtigt bleiben (§ 11b Abs. 3 Satz 2 Nr. 1 SGB II), d. h. 80 Euro. Insgesamt bleiben 180 Euro anrechnungsfrei; auf die Leistungen nach dem SGB II werden ihr also 320 Euro angerechnet.

Weitere Absetzbeträge gem. § 11b SGB II und nach der Arbeitslosengeld II/Sozialgeld-Verordnung (Alg II–V), die einige der Absetzbeträge pauschaliert.

Vom Arbeitseinkommen absetzbar sind:

- die auf das Einkommen entrichteten Steuern und Pflichtbeiträge zur Sozialversicherung in voller Höhe,

- die Beiträge zu gesetzlich vorgeschriebenen öffentlichen oder privaten Versicherungen (z. B. Kfz-Haftpflichtversicherung) in Höhe der tatsächlichen Aufwendungen,

- die Beiträge zu öffentlichen oder privaten Versicherungen, die zwar nicht gesetzlich vorgeschrieben, aber nach Grund und Höhe angemessen sind (Pauschbetrag von 30 Euro monatlich),

- geförderte Altersvorsorgebeiträge (Beiträge zur „Riester-Rente") nach § 82 des Einkommensteuergesetzes, soweit sie den Mindesteigenbetrag nach § 86 des Einkommensteuergesetzes nicht überschreiten,

- die mit der Erzielung des Einkommens verbundenen notwendigen Ausgaben („Werbungskosten"). Derzeit ist monatlich pauschal ein Betrag von 15,33 Euro absetzbar. Nachgewiesene höhere Ausgaben können berücksichtigt werden.

- Zusätzlich sind die Fahrtkosten für öffentliche Verkehrsmittel absetzbar. Beim eigenen Auto/Motorrad ist ein Betrag in Höhe von 0,20 Euro für jeden Entfernungskilometer der kürzesten Verbindung absetzbar. Das gilt nicht, wenn Bus oder Bahn deutlich billiger sind („Sozialticket").

Beispiel

Erwerbstätiges Ehepaar
Frau Franke ist als Floristin tätig und verdient brutto 1.400 Euro im Monat (netto 1.008 Euro). Ihr Ehemann arbeitet täglich fünf Stunden in einem Hochlager; er verdient brutto 900 Euro, netto 710 Euro. Er fährt täglich mit seinem Auto 15 km zu seiner Arbeitsstätte. Für die Kfz-Haftpflichtversicherung zahlt er 35 Euro im Monat. Er hat einen Vertrag über eine Riester-Rente; dafür zahlt er 20 Euro monatlich. Das Ehepaar hat zwei Kinder im Alter von 9 und 16 Jahren. Die monatliche Miete beträgt 580 Euro einschließlich Nebenkosten. Die Heizkosten belaufen sich auf 95 Euro im Monat.

Zunächst wird der Bedarf berechnet, dann das anzurechnende Einkommen. Liegt der Bedarf höher als das Einkommen, ergibt sich aus dem Differenzbetrag der Anspruch auf Arbeitslosengeld II.

Bedarf

Regelleistung Frau Franke	353 €
Regelleistung Herr Franke	353 €
Regelleistung Kind (16 Jahre)	296 €
Regelleistung Kind (9 Jahre)	261 €
Kosten der Unterkunft	580 €
Heizkosten	95 €
Bedarf insgesamt	**1.938 €**

Einzusetzendes Einkommen

Nettoeinkommen Frau Franke	1.008 €
Abzüglich (gem. § 11b Abs.3 SGB II)	
1. Stufe: Grundfreibetrag	./. 100 €
2. Stufe: Freibetrag i.H.v. 20 % von 900 € (100 € bis 1.000 €)	./. 180 €
3. Stufe: Freibetrag i.H.v. 10 % von 400 € (1.000 € bis 1.400 € = Bruttolohn)	./. 40 €
Einzusetzendes Einkommen Frau Franke	**688 €**
Nettoeinkommen Herr Franke	710,00 €
Abzüglich (gem. § 11b Abs.3 SGB II)	
1. Stufe: Grundfreibetrag	./. 100,00 €
2. Stufe: Freibetrag i.H.v. 20 % von 800 € (100 € bis 900 € = Bruttolohn)	./. 160,00 €
Überschreitung der Grundfreibetrags*	./. 57,33 €
Einzusetzendes Einkommen Herr Franke	**392,67 €**
Kindergeld: 2 x 184 €	368,00 €
Einzusetzendes Einkommen insgesamt	**1.448,67 €**
SGB II-Leistung (1.938,00 € minus 1.448,67 €)	**489,33 €**

*Zustandekommen des Betrags von 57,33 € gemäß Arbeitslosengeld II-/ Sozialgeld-Verordnung:

Versicherungspauschale	30,00 €
Pauschale Werbungskosten	15,33 €
Beitrag zur Riester-Rente	20,00 €
Fahrtkosten: 19 Arbeitstage/Monat x 15 km x 0,20 €	57,00 €
Kfz-Haftpflichtversicherung	35,00 €
Insgesamt	**157,33 €**

(Das sind 57,33 Euro mehr als der Grundfreibetrag in Höhe von 100,00 Euro gem. § 11b Abs. 2 Satz 2 SGB II. Ein höherer Betrag ist nachgewiesen und wird somit abgezogen.)

Berücksichtigung von Vermögen

Geldleistungen werden nur erbracht, soweit kein zu berücksichtigendes Vermögen vorhanden ist. Allerdings sind nicht alle Vermögenswerte einzusetzen, es verbleibt ein „Schonvermögen".

Folgende Sachen und Rechte werden nach § 12 Abs. 3 SGB II **nicht berücksichtigt:**

- angemessener Hausrat,
- ein angemessenes Kraftfahrzeug,
- für die Altersvorsorge bestimmte Vermögensgegenstände,
- ein selbst genutztes Hausgrundstück von angemessener Größe oder eine entsprechende Eigentumswohnung,

- Vermögen, das zur Beschaffung/Erhaltung eines Hausgrundstücks bestimmt ist, sofern dieses zu Wohnzwecken behinderter oder pflegebedürftiger Menschen dient oder dienen soll,
- Sachen und Rechte, wenn ihre Verwertung unwirtschaftlich ist oder für den Betroffenen eine besondere Härte bedeuten würde.

Soweit Vermögen zu berücksichtigen ist, werden **Freibeträge** eingeräumt (vgl. § 12 Abs.2 SGB II).

Beispiel

Ein Ehepaar lebt zusammen mit zwei minderjährigen Kindern. Der Ehemann ist am 25.06.1973, die Ehefrau am 17.07. 1978 geboren. Ab 01.09. 2013 werden Leistungen nach dem SGB II beantragt. Wie hoch ist die Gesamtsumme, die vom Vermögen des Ehepaares abgesetzt werden kann?

Grundfreibetrag Ehemann: (150 Euro je vollendetes Lebensjahr = 40 x 150 Euro)	6.000 Euro
Grundfreibetrag Ehefrau: (35 x 150 Euro)	5.250 Euro
Freibetrag für Altersvorsorge (bei Verwertungsausschluss):	
Ehemann (750 Euro je vollendetes Lebensjahr = 40 x 750 Euro) Höchstgrenze von 50.250 Euro wird nicht überschritten.	30.000 Euro
Ehefrau (35 x 750)	26.250 Euro
Freibetrag für notwendige Anschaffungen (750 Euro für jeden Leistungsberechtigten)	1.500 Euro
Gesamtfreibetrag Eltern:	**69.000 Euro**

Für die beiden **Kinder** werden jeweils ein Grundfreibetrag von 3.100 Euro und zusätzlich ein Freibetrag für Anschaffungen in Höhe von 750 Euro, also 3.850 Euro pro Kind, eingeräumt.

Gesamtfreibetrag Kinder: **7.700 Euro**

Das Vermögen der Familie ist somit erst einzusetzen, wenn es die Summe der Freibeträge (hier: 76.700 Euro) übersteigt.

11.3.4 Kinderzuschlag

Eltern mit geringem Einkommen waren für den Lebensunterhalt ihrer Kinder bislang oft auf ergänzende Unterstützung angewiesen. Jetzt können Eltern, die mit ihrem Einkommen oder Vermögen zwar ihren eigenen Unterhalt sicherstellen können, nicht aber den Unterhalt für ihre Kinder, den sog. Kinderzuschlag für diese erhalten, wenn durch den Kinderzuschlag verhindert wird, dass die Familie allein wegen des Unterhalts der Kinder Arbeitslosengeld II/Sozialgeld beantragen müsste (§ 6a BKGG).

Der Zuschlag kann pro kindergeldberechtigtem Kind unter 25 Jahren bis zu 140 Euro pro Monat betragen. Er wird bei der Familienkasse beantragt, die auch das Kindergeld auszahlt. Bis zu welchem Einkommen Familien den Kinderzuschlag erhalten können, hängt von der Höhe der Miete und ggf. vorhandenen Ansprüchen auf Mehrbedarf ab.

Zusätzlich können Bezieher von Kinderzuschlag für ihre Kinder auch Leistungen für Bildung und Teilhabe erhalten (vgl. §§ 28 ff. SGB II)

11.4 Zumutbare Arbeit

Grundsätzlich ist jede Arbeit zumutbar. Wer eine zumutbare Arbeit, eine Ausbildung, eine Arbeitsgelegenheit, ein Praktikum oder eine Eingliederungsmaßnahme ablehnt, muss mit Kürzung des Arbeitslosengeldes II rechnen. Was aber heißt „zumutbar"?

Hilfebedürftige müssen jede Chance nutzen, ihren Lebensunterhalt oder wenigstens einen Teil davon wieder selbst zu verdienen. Arbeit ist grundsätzlich zumutbar, wenn der Hilfebedürftige dazu geistig, seelisch und körperlich in der Lage ist (§ 10 SGB II).

Niemand darf einen Job ablehnen, weil er nicht seiner Ausbildung entspricht, der Arbeitsort weiter entfernt ist als der frühere oder weil die Bedingungen subjektiv ungünstig scheinen.

Auch eine Entlohnung unterhalb des Tariflohns oder des ortsüblichen Entgelts ist nicht von vornherein Grund zur Ablehnung. Ebenso sind Mini- und Zusatzjobs (sog. Ein-Euro-Jobs gemäß § 16d SGB II) anzunehmen.

Nicht zumutbar sind aber Tätigkeiten, die die Rückkehr in den früher ausgeübten Beruf erschweren, weil der früher ausgeübte Beruf besondere körperliche Fertigkeiten erfordert, die bei Ausübung der neuen Tätigkeit verloren gehen würden (z. B. ist es einem Konzertpianisten in der Regel nicht zumutbar, als Holzfäller zu arbeiten, weil er seine Fingerfertigkeit verlieren könnte). Nicht zumutbar sind ferner Tätigkeiten, wodurch die Pflege eines Angehörigen behindert oder die Erziehung eines Kindes gefährdet wird. Nicht gefährdet ist in der Regel die Erziehung von Kindern ab drei Jahren, die in einer Tageseinrichtung oder auf sonstige Weise betreut werden können.

Beispiel

Herr Göger ist muslimischen Glaubens und bezieht Leistungen nach dem SGB II. Von seinem persönlichen Ansprechpartner (§ 14 Satz 2 SGB II) wird ihm eine Tätigkeit in einer Schweinefleischproduktion angeboten. Diese Arbeit ist Herrn G. aufgrund seiner Religion nach § 10 Abs. 1 Nr. 1 SGB II nicht zumutbar, er muss diese Tätigkeit daher nicht annehmen.

Beispiel

Frau Mager bezieht Leistungen nach dem SGB II. Sie ist Konzertgeigerin und soll nunmehr in den städtischen Parkanlagen (mit Hecken- und Baumschnitt, Unkraut beseitigen usw.) beschäftigt werden. Durch diese Tätigkeit könnte ihre Fingerfertigkeit Schaden nehmen. Daher ist ihr diese Tätigkeit nach § 10 Abs. 1 Nr. 2 SGB II nicht zumutbar.

11.5 Sanktionen

Wer eine Arbeit, eine Ausbildung, einen Zusatzjob oder eine Eingliederungsmaßnahme ablehnt, obwohl sie zumutbar ist, muss mit Kürzungen des Arbeitslosengeldes II rechnen. Das gilt für alle Arbeitsuchenden, die von den Leistungen der Grundsicherung leben und ihre Pflichten verletzen (§§ 31 ff. SGB II).

Weigert sich ein/e Arbeitslosengeld-II-EmpfängerIn, eine zumutbare Arbeit anzunehmen oder seine/ihre Pflichten gemäß der Eingliederungsvereinbarung zu erfüllen, kann eine erste Absenkung der Regelleistung um 30 Prozent erfolgen. Kommt es innerhalb eines Jahres zu einer zweiten Pflichtverletzung, kann eine Minderung um 60 Prozent erfolgen. Bei jeder weiteren Pflichtverletzung innerhalb eines Jahres entfällt der vollständige Leistungsanspruch, einschließlich der Kosten für Unterkunft und Heizung (§ 31a SGB II).

Bei jungen Menschen unter 25 Jahren kann bereits bei einer zweiten Pflichtverletzung innerhalb eines Jahres der Anspruch auf Leistungen zum Lebensunterhalt vollständig entfallen. Leistungen zur Eingliederung in Arbeit können weiterhin erbracht werden (§ 31a Abs. 2 SGB II).

Von der Sanktion ist das gesamte Arbeitslosengeld II erfasst, also auch die Leistungen für die Unterkunft und Leistungen für Mehrbedarfe. Der Träger kann den vollständigen Wegfall der Leistung auf eine Absenkung um nur 60 Prozent abmildern, wenn die Alg-II-Empfänger sich nachträglich bereit erklären, ihren Pflichten nachzukommen.

Während der Minderung des Auszahlungsanspruchs besteht gem. § 31b Abs. 2 SGB II kein Anspruch auf Hilfe zum Lebensunterhalt nach dem SGB XII (Sozialhilfe).

Was passiert, wenn Alg II-Bezieher eine zumutbare Arbeit ablehnen?
Erste Ablehnung
• Kürzung des Arbeitslosengeldes II um einen Betrag in Höhe von 30 Prozent des nach § 20 SGB II maßgebenden Regelbedarfs
Erste wiederholte Ablehnung innerhalb eines Jahres
• Kürzung des Arbeitslosengeldes II um einen Betrag in Höhe von 60 Prozent des nach § 20 SGB II maßgebenden Regelbedarfs • Es können ergänzende Sachleistungen oder geldwerte Leistungen in angemessenem Umfang erbracht werden • Leistungen für den Bedarf zu Unterkunft und Heizung können direkt an den Vermieter und andere Empfangsberechtigte überwiesen werden
Jede weitere wiederholte Ablehnung innerhalb eines Jahres
• Wegfall des gesamten Arbeitslosengeldes II • Es können ergänzende Sachleistungen oder geldwerte Leistungen in angemessenem Umfang erbracht werden • Erklärt sich der Leistungsberechtigte nachträglich bereit, seinen Pflichten nachzukommen, kann der Träger den vollständigen Wegfall des Arbeitslosengeldes II in eine für den Betroffenen weniger harte Absenkung um nur 60 Prozent des maßgebenden Regelbedarfs umwandeln
Die Sanktionen dauern jeweils grundsätzlich drei Monate
Die Sanktionen gelten auch, wenn der Alg II-Bezieher eine zumutbare Eingliederungsmaßnahme oder die Erfüllung von in der Eingliederungsvereinbarung festgelegten Pflichten ablehnt.

Abb. 1.3: Sanktionen bei Ablehnung zumutbarer Arbeit[49]

Was passiert, wenn Alg II-Bezieher, die jünger als 25 Jahre sind, eine zumutbare Arbeit ablehnen?
Erste Ablehnung
• Das Arbeitslosengeld II wird auf die Leistungen für Unterkunft und Heizung beschränkt, d. h. der Regelbedarf und ggf. gewährte Mehrbedarfe fallen weg • Es können ergänzende Sachleistungen oder geldwerte Leistungen in angemessenem Umfang erbracht werden • Leistungen für den Bedarf zu Unterkunft und Heizung können direkt an den Vermieter und andere Empfangsberechtigte überwiesen werden
Wiederholte Ablehnung innerhalb eines Jahres
• Wegfall des gesamten Arbeitslosengeldes II • Es können ergänzende Sachleistungen oder geldwerte Leistungen in angemessenem Umfang erbracht werden • Erklärt sich der Jugendliche nachträglich bereit, seinen Pflichten nachzukommen, kann der Träger wieder Leistungen für Unterkunft und Heizung erbringen
Die Sanktionen dauern jeweils grundsätzlich drei Monate, die Absenkung und der Wegfall des Regelbedarfs können auf sechs Wochen verkürzt werden
Die Sanktionen gelten auch, wenn der Alg II-Bezieher eine zumutbare Eingliederungsmaßnahme oder die Erfüllung von in der Eingliederungsvereinbarung festgelegten Pflichten ablehnt.

Abb. 1.4: Sanktionen für Alg II-Bezieher *unter* 25 Jahren[50]

---

[49] BMAS, Grundsicherung für Arbeitsuchende. Sozialgesetzbuch (SGB II). Fragen und Antworten (Stand: Januar 2014), S. 66.
[50] BMAS, Grundsicherung für Arbeitsuchende. Sozialgesetzbuch (SGB II). Fragen und Antworten (Stand: Januar 2014), S. 68.

11.6 Soziale Sicherung

Bezieher von Arbeitslosengeld II, die nicht bereits familienversichert sind, sind versicherungspflichtig in der gesetzlichen Kranken- und Pflegeversicherung. Die entsprechenden Beiträge werden vom Bund getragen. Seit 2011 sind Alg II- Bezieher nicht mehr in der gesetzlichen Rentenversicherung versicherungspflichtig. Für die Zeiten des Leistungsbezugs werden jedoch Anrechnungszeiten an die Rentenversicherung gemeldet.

11.7 Träger

Träger der Grundsicherung für Arbeitsuchende sind die Bundesagentur für Arbeit (die örtlichen Agenturen für Arbeit) und die kreisfreien Städte und Kreise (kommunale Träger), § 6 SGB II.

- Die kommunalen Träger sind insbesondere für die Bedarfe für Unterkunft und Heizung, für Kinderbetreuungsleistungen, Schuldner- und Suchtberatung, psychosoziale Betreuung, die Übernahme von besonderen einmaligen Bedarfen sowie für die Leistungen für Bildung und Teilhabe zuständig.
- Die Bundesagentur für Arbeit ist insbesondere für alle Leistungen zur Eingliederung in den Arbeitsmarkt und die Leistungen zur Sicherung des Lebensunterhalts aller in einer Bedarfsgemeinschaft lebenden Personen einschließlich der Beiträge zur Sozialversicherung zuständig.
- Die 108 (bisher 69) zugelassenen kommunalen Träger (Optionskommunen) haben im Rahmen der Experimentierklausel auch die den Agenturen für Arbeit obliegenden Aufgaben übernommen (§§ 6a, b SGB II).

Zur einheitlichen Durchführung der Grundsicherung für Arbeitsuchende bilden die Träger gemeinsame Einrichtungen (§ 44b SGB II), die den Namen „**Jobcenter**" führen (§ 6d SGB II). Die frühere Mischverwaltung in den Arbeitsgemeinschaften (ARGEn) hatte das Bundesverfassungsgericht gerügt.

11.8 Finanzierung

Der Bund trägt die Aufwendungen der Grundsicherung für Arbeitsuchende aus Bundesmitteln (§ 46 SGB II), soweit die Leistungen von der Bundesagentur erbracht werden.

Werden die Leistungen von kommunalen Trägern erbracht, erfolgt eine entsprechende Finanzierung. Der Bund beteiligt sich zweckgebunden an den Leistungen für Unterkunft und Heizung (§ 46 Abs. 5 SGB II).

Zusammenfassung

Bis zum Inkrafttreten der Grundsicherung für Arbeitsuchende gab es in Deutschland zwei parallele Fürsorgesysteme für erwerbsfähige Hilfebedürftige: die Arbeitslosenhilfe nach SGB III und die Sozialhilfe nach dem BSHG. Dieses Nebeneinander zweier Systeme hatte viele Nachteile: Die sog. Aufstocker, die zusätzlich Sozialhilfe zur Arbeitslosenhilfe benötigten, mussten trotz gleichen Unterstützungsbedarfs bei zwei verschiedenen Behörden (Arbeitsamt und Sozialamt) Leistungen beantragen. Außerdem gab es große Unterschiede bei den Eingliederungsleistungen und bei der sozialen Absicherung.

Die Regelungen des Zweiten Buches Sozialgesetzbuch (SGB II), das die Zusammenführung von Arbeitslosenhilfe und Sozialhilfe zur neuen „Grundsicherung für Arbeitsuchende" beinhaltet, sind zum 01.01.2005 in Kraft getreten. Damit ist erstmals eine **einheitliche Leistung für alle erwerbsfähigen Menschen** geschaffen worden, die hilfebedürftig sind, weil sie entweder keine Arbeit haben oder kein ausreichendes Einkommen/Vermögen besitzen, um ihren Lebensunterhalt zu bestreiten.

Ziel der Grundsicherung für Arbeitsuchende ist es, die **Eigenverantwortung** von erwerbsfähigen Hilfebedürftigen und Personen, die mit ihnen in einer Bedarfsgemeinschaft leben, zu stärken und dazu beizutragen, dass sie ihren Lebensunterhalt aus eigenen Mitteln und Kräften bestreiten können.

Die erwerbsfähigen Hilfebedürftigen erhalten in der „Grundsicherung für Arbeitsuchende" aus einer Hand Zugang zu Beratungs-, Vermittlungs- und Integrationsleistungen.

Den Beziehern von Arbeitslosengeld II stehen die wesentlichen Eingliederungsleistungen des Dritten Buches Sozialgesetzbuch (SGB III) zur Verfügung. Die Betreuung durch **persönliche Ansprechpartner (Fallmanager)** soll dazu beitragen, dass personenbezogene Dienstleistungen zur Aktivierung der Hilfebedürftigen umfassend greifen können. In einer Eingliederungsvereinbarung werden mit dem Arbeitsuchenden verbindliche Festlegungen über die gemeinsamen Bemühungen zur Eingliederung getroffen.

Das Arbeitslosengeld II wird aus Steuern, d. h. aus Mitteln der Allgemeinheit, finanziert. Deshalb besteht ein Interesse an bestmöglichen Eingliederungshilfen, aber auch ein Anspruch auf konsequente Eigeninitiative und aktive Mitwirkung der Arbeitsuchenden selbst („**Fördern und Fordern**").

Grundsätzlich ist die Aufnahme jeder Arbeit zumutbar. Ausnahmen gelten zum Beispiel, wenn der Beschäftigung körperliche, geistige oder seelische Gründe entgegenstehen. Auch die Betreuung von Kindern unter drei Jahren oder die Pflege von Angehörigen können Gründe für die Ablehnung einer Arbeit sein. Außerdem können sonstige wichtige Gründe geltend gemacht werden.

Wer eine Arbeit, eine Ausbildung, eine Arbeitsgelegenheit, ein Praktikum oder eine Eingliederungsmaßnahme ablehnt, obwohl diese zumutbar ist, muss mit Kürzungen und dem Wegfall des Arbeitslosengeldes II rechnen. Kommt es innerhalb eines Jahres zu einer dreimaligen Pflichtverletzung, entfällt der Leistungsanspruch auf das Arbeitslosengeld II vollständig.

Bei Jugendlichen unter 25 Jahren gelten verstärkte **Sanktionsmöglichkeiten**, da das Arbeitslosengeld II bereits bei der zweiten Pflichtverletzung vollständig gekürzt wird. Erklärt sich der erwerbsfähige Hilfsbedürftige nachträglich bereit, seinen Verpflichtungen nachzukommen, kann unter Berücksichtigung aller Umstände des Einzelfalls der Sanktionszeitraum auf sechs Wochen gekürzt werden.

Bei der Bemessung des Arbeitslosengeldes II ist grundsätzlich zu berücksichtigen, dass es sich hierbei um eine **bedarfsorientierte und bedürftigkeitsabhängige** Fürsorgeleistung des Staates handelt. Dementsprechend orientiert sich das Niveau des Alg II nicht an der Höhe des zuletzt bezogenen Nettoentgelts aus Erwerbstätigkeit, sondern an dem konkreten Bedarf des betroffenen erwerbsfähigen Hilfebedürftigen und der mit ihm in Bedarfsgemeinschaft zusammenlebenden Angehörigen (Ehe-/Partner sowie Kinder bis zur Vollendung des 25. Lebensjahres).

Leistungen erhalten Personen, die das 15. Lebensjahr vollendet und die Altersgrenze für die Regelaltersrente (künftig 67 Jahre) noch nicht erreicht haben, erwerbsfähig und hilfsbedürftig sind und ihren gewöhnlichen Aufenthalt in der Bundesrepublik Deutschland haben.

Leistungen erhalten auch nichterwerbsfähige Personen, die mit erwerbsfähigen Leistungsberechtigten in einer Bedarfsgemeinschaft leben (**Sozialgeld**).

Zur **Bedarfsgemeinschaft** gehören insbesondere die erwerbsfähigen Hilfebedürftigen und ihre Partner, die im Haushalt lebenden Eltern und die dem Haushalt angehörenden unverheirateten Kinder bis zum 25. Lebensjahr. Partner sind Ehe- oder Lebenspartner sowie Personen, die im wechselseitigen Willen Verantwortung füreinander tragen und füreinander einstehen.

Die Leistungen der Grundsicherung für Arbeitsuchende werden in Form von **Dienst-, Geld- und Sachleistungen** erbracht.

Die Dienstleistungen – insbesondere Information, Beratung und umfassende Unterstützung durch einen persönlichen Ansprechpartner – haben das Ziel, den erwerbsfähigen Hilfebedürftigen wieder in die Arbeitswelt einzugliedern.

Geldleistungen dienen der Sicherung des Lebensunterhalts der erwerbsfähigen Hilfebedürftigen und der mit ihnen in einer Bedarfsgemeinschaft lebenden Personen. Hierzu zählen insbesondere das Arbeitslosengeld II, Leistungen für Unterkunft und Heizung und das Sozialgeld.

Der Anspruch auf Arbeitslosengeld II ist zeitlich unbegrenzt und orientiert sich an der Bedürftigkeit des Einzelnen. Die Träger der Grundsicherung prüfen alle sechs Monate, ob sich die Voraussetzungen (Erwerbsfähigkeit, Altersgrenze etc.) geändert haben.

Der monatliche **Regelbedarf** beträgt (ab 01.01.2014) für Personen, die alleinstehend oder alleinerziehend sind oder deren Partner minderjährig ist, 391 Euro. Der Regelbedarf zur Sicherung des Lebensunterhaltes für erwerbsfähige Hilfebedürftige umfasst neben dem Bedarf an Ernährung, Körperpflege, Hausrat und den Bedürfnissen des täglichen Lebens auch Beziehungen zur Umwelt und Teilnahme am kulturellen Leben. Die Regelleistung deckt laufende und einmalige Bedarfe ab. Auch Ausgaben für Strom, Warmwasserbereitung, Bus oder Pkw müssen davon beglichen werden.

Die monatliche Geldleistung stellt ein Budget dar, mit dem eigenverantwortlich gewirtschaftet werden muss. Soweit Leistungen nicht ausreichen, können ergänzende Darlehen in Betracht kommen.

Über die Regelleistung hinaus können gesonderte **einmalige Leistungen** erbracht werden u.a. für die Erstausstattung der Wohnung (einschließlich Haushaltsgeräten), die Erstausstattung für Bekleidung und Erstausstattung bei Schwangerschaft und Geburt.

Für werdende Mütter (ab der 13. Schwangerschaftswoche), die erwerbsfähig und hilfebedürftig sind, sowie für Personen, die mit einem oder mehreren minderjährigen Kindern zusammenleben und allein für deren Pflege und Erziehung sorgen, wird ein **Mehrbedarf** anerkannt.

Arbeitslosengeld II-Empfänger werden in die gesetzliche **Kranken- und Pflegeversicherung** einbezogen.

Erwerbsfähigen Hilfebedürftigen, die arbeitslos sind, kann bei Aufnahme einer sozialversicherungspflichtigen oder selbstständigen Erwerbstätigkeit ein **Einstiegsgeld** gezahlt werden, wenn dies zur Eingliederung in den allgemeinen Arbeitsmarkt erforderlich ist.

Das sog. **Bildungspaket** umfasst Leistungen für ein- und mehrtägige Klassenfahrten, Zuschuss zum Mittagsessen, Lernförderung (Nachhilfe), Schulbedarf, Kultur/Sport/Spiel und Schülerbeförderung.

Ein Antrag auf Wohngeld muss mit dem Arbeitslosengeld II nicht mehr gestellt werden. Die angemessenen **Kosten der Unterkunft** sowie die **Heizkosten** werden für die gesamte Bedarfsgemeinschaft im Rahmen des Arbeitslosengeldes II/Sozialgeldes übernommen. Auch Mietschulden können in Form eines Darlehens übernommen werden, wenn ansonsten Wohnungslosigkeit einzutreten droht.

Wer in einer unangemessen großen oder teuren Wohnung lebt, bekommt die Kosten zunächst für maximal sechs Monate bezahlt, wenn es nicht möglich oder zumutbar ist, vorher umzuziehen oder die Mietkosten z.B. durch Untervermietung zu senken. Nach Ablauf der sechs Monate ist im Einzelfall zu entscheiden, ob nur noch der angemessene Anteil der Kosten gezahlt oder ein Umzug verlangt wird.

Träger der Grundsicherung für Arbeitsuchende sind die Bundesagentur für Arbeit und die Kommunen (kreisfreie Städte und Kreise), die gemeinsame Einrichtungen (Jobcenter) gebildet haben.

Aufgaben zur Selbstüberprüfung Kapitel 11 unter www.lambertus.de

Kapitel 12

12 Sozialhilfe (SGB XII)

> Sie lernen die Funktion der Sozialhilfe als Auffangnetz im System der sozialen Sicherung kennen. Sie wissen, wer anspruchsberechtigt ist und welche Leistungen die Sozialhilfe vorsieht.

12.1 Inhaltsübersicht Zwölftes Buch

Bis Mitte des 19. Jahrhunderts gab es als öffentliche soziale Unterstützung verschiedene Formen der Armenhilfe. Ein Meilenstein war die im Preußischen Allgemeinen Landrecht (seit 1794) vorgesehene Unterstützung Bedürftiger. **Armenpflege/Armenfürsorge** wurde dabei als Teil des Polizeirechts gesehen. Erst seit Mitte des 20. Jahrhunderts setzte sich durch, die Armenfürsorge als Teilsystem der sozialen Sicherung anzusehen. Die erste reichseinheitliche Regelung wurde 1924 mit der Reichsfürsorgepflichtverordnung (RFV) erlassen.

Im Jahr 1961 erfolgte dann mit der Verabschiedung des **Bundessozialhilfegesetzes** (BSHG) ein richtungsweisender Schritt: Erstmals wurden gerichtlich durchsetzbare Ansprüche auf Leistungen zur Sicherung des Existenzminimums vorgesehen, und zwar für BürgerInnen, die ihren Lebensunterhalt nicht anderweitig sichern konnten.

Mit dem Zwölften Buch hat der Gesetzgeber die Sozialhilfe im Jahr 2005 in das Sozialgesetzbuch integriert. Auch das SGB II (Grundsicherung für Arbeitsuchende) wird als Teil des Sozialhilferechts angesehen, weil die dort vorgesehenen Leistungen ebenfalls nur bei **Bedürftigkeit** gewährt werden. Wichtig ist, dass durch Buch II der Anwendungsbereich des SGB XII in Bezug auf die Hilfe zum Lebensunterhalt (§§ 27–40 SGB XII) stark eingeschränkt ist, da alle erwerbsfähigen Erwachsenen unter 65/67 Jahren vorrangig von SGB II erfasst werden.

Das SGB XII gilt danach vor allem für Kinder und Jugendliche, die nicht in Haushaltsgemeinschaft mit ihren Angehörigen leben, und für nicht erwerbsfähige sowie ältere Menschen. Für Letztgenannte wurde die **Grundsicherung im Alter und bei Erwerbsminderung** in die Sozialhilfe (§§ 41 ff. SGB XII) integriert, die 2001 mit dem eigenständigen „Gesetz über eine bedarfsorientierte Grundsicherung im Alter und bei Erwerbsminderung" (GSiG) eingeführt worden war. Mit der speziellen gesetzlichen Grundlage des GSiG sollte den Grundsicherungsleistungen der Charakter der „Sozialhilfe" oder „Fürsorge" genommen werden, der viele ältere Menschen – wegen möglicher Regressansprüche gegenüber unterhaltspflichtigen Kindern – von der Inanspruchnahme der Hilfen abhielt („verschämte Altersarmut"). Jetzt sind sie doch wieder Sozialhilfeempfänger.

Die Systematik des SGB XII ist im Vergleich zum abgelösten BSHG anders gestaltet worden. Die bisherige Zweiteilung in „Hilfe zum Lebensunterhalt" und „Hilfe in besonderen Lebenslagen" wurde aufgegeben zu Gunsten einer Gliederung in sieben Kapitel, in denen die Leistungen der Sozialhilfe für unterschiedliche Lebenslagen spezifiziert werden. Beim Leistungsrecht selbst hat sich wenig geändert.

Ausnahme: Die Hilfe zum Lebensunterhalt ist weitgehend pauschaliert worden, wobei die früheren einmaligen Leistungen zum großen Teil in den Regelbedarf einbezogen worden sind, § 27a Abs. 2 und 3 SGB XII.

Diente früher die Hilfe zum Lebensunterhalt des BSHG als allgemeines **Auffangnetz** zur Existenzsicherung, bestehen heute gleichrangig drei sich gegenseitig ausschließende Leistungssysteme: das SGB II für erwerbsfähige Arbeitslose, das Asylbewerberleistungsgesetz für Asylbewerber und das SGB XII für Nicht-Erwerbsfähige; hinzu kommt als neue Leistungsart noch der sog. Kinderzuschlag nach § 6a BKGG.

Das **erste Kapitel** (§§ 1–7 SGB XII) enthält allgemeine Vorschriften für das gesamte Sozialhilferecht, wie den Grundsatz der Sicherung der Menschenwürde oder den **Nachranggrundsatz**, §§ 1, 2 SGB XII. Träger der Sozialhilfe sind die kreisfreien Städte und Landkreise sowie die sog. überörtlichen Träger, z.B. Landeswohlfahrtsverbände, § 3 SGB XII. Die Zuständigkeit ist in den §§ 97 ff. SGB XII sowie in den einschlägigen

Landesgesetzen geregelt. Wichtig ist § 5 SGB XII, wonach die Tätigkeitsbereiche der Kirchen (z. B. Diakonie, Caritas) und der sog. freien Wohlfahrtspflege (z. B. Arbeiterwohlfahrt, Deutsches Rotes Kreuz) durch die öffentlichen Sozialhilfeträger „angemessen unterstützt" werden sollen. Vor allem sollen beide Gruppen von Leistungsträgern eng zusammenarbeiten.

Das **zweite Kapitel** (§§ 8–26 SGB XII) hat zwar die Überschrift „Leistungen der Sozialhilfe", es geht hier aber nur um allgemeine, allerdings wichtige Grundsätze, die erst im Zusammenhang mit den anschließenden Kapiteln 3 bis 9 den Kern des Leistungsrechts ergeben.

Neben § 9 SGB XII, der den **Individualisierungsgrundsatz** enthält, ist auf die §§ 10 und 11 SGB XII hinzuweisen, die etwas zu den Formen der Leistungserbringung sagen: Dienstleistungen (z. B. Beratung), Sachleistungen (z. B. Überlassung von Hausratsgegenständen) und Geldleistungen, wobei Letztere grundsätzlich Vorrang vor Gutscheinen und Sachleistungen haben. In § 11 sind ausführlich die Leistungen der „Beratung" (z. B. Schuldnerberatung) und „Unterstützung" sowie „Aktivierung" beschrieben. § 12 SGB XII sieht „Leistungsabsprachen" zwischen Sozialbehörde und Hilfeempfänger (das SGB XII gebraucht die Begriffe „Leistungsberechtigte" bzw. „nachfragende Person") vor. In den §§ 13 und 14 SGB XII werden u. a. der Vorrang ambulanter vor stationären sowie präventiver vor rehabilitativen Leistungen normiert.

Auf Sozialhilfeleistungen besteht grundsätzlich ein gerichtlich durchsetzbarer **Anspruch** (§ 17 Abs. 1 SGB XII). Davon zu unterscheiden ist, dass über die Ansprüche nach „pflichtmäßigem Ermessen" zu entscheiden ist, § 17 Abs. 2 SGB XII. Die Überschrift „Leistungsberechtigte" zu § 19 SGB XII ist missverständlich; es geht um allgemeine Anspruchsvoraussetzungen zu den einzelnen Leistungsgruppen, die in den folgenden Kapiteln behandelt werden, z. B. in Bezug auf die Bedürftigkeit oder den Nachranggrundsatz.

In den §§ 21 und 22 SGB XII wird das Verhältnis zu SGB II und BAföG geklärt.

Ausführlich sind in § 23 SGB XII die Voraussetzungen und vor allem die Begrenzungen bzw. der Ausschluss (bei Asylbewerbern) der Leistungsberechtigung von **Ausländern** geregelt.

§ 24 SGB XII sieht Leistungen an Deutsche im Ausland nur noch im Einzelfall bei außergewöhnlichen Notfällen vor, wenn nachgewiesen wird, dass eine Rückkehr ins Inland nicht möglich ist.

Das dritte Kapitel (§§ 27–40 SGB XII) regelt die **„Hilfe zum Lebensunterhalt"**. Für den größten Teil potenzieller Leistungsempfänger kommt diese Leistung allerdings nicht mehr in Betracht: nämlich für die erwerbsfähigen Arbeitsuchenden, für die – wie erwähnt – das SGB II zuständig ist. Auch ältere und „voll erwerbsgeminderte" Menschen werden nicht einbezogen: Für sie gilt das 4. Kapitel des SGB XII (Grundsicherung im Alter und bei Erwerbsminderung).

Nahezu der gesamte Bedarf des „notwendigen Lebensunterhalts" (Ernährung, Kleidung usw.) wird als pauschale Geldleistung nach sog. **Regelsätzen** (Regelbedarf) gedeckt, soweit dies nicht durch eigenes Einkommen und Vermögen möglich ist. Anrechnungsfreie Einkommensbeträge gibt es bei der Hilfe zum Lebensunterhalt nur hinsichtlich Erwerbseinkünften (nämlich in Höhe von 30 Prozent dieser Einkommen und höchstens 50 Prozent der Regelbedarfsstufe 1, § 82 Abs. 3 SGB XII), nicht aber z. B. bei Bezug von Renten und bei Kapitaleinkünften. Die Höhe der Regelsätze richtet sich seit 2011 nach Regelbedarfsstufen (§§ 27a Abs. 2 und 3 SGB XII; Anlage zu § 28). Die Regelbedarfsstufe 1 (sog. Eckregelsatz) beträgt seit 01.01.2014: 391 Euro.

Für weitere Haushaltsangehörige gelten geringere Beträge. Unterkunfts- und Heizkosten werden in angemessenem Umfang in Höhe der tatsächlichen Kosten getragen, §§ 35 ff. SGB XII.

Bestimmte Gruppen (insbesondere Behinderte, Schwangere, Alleinerziehende) erhalten Aufwendungen für **Mehrbedarf** in Höhe eines bestimmten Prozentsatzes der jeweils maßgebenden Regelbedarfsstufe, § 30 SGB XII.

Einmalige Bedarfe werden nur noch in drei eng begrenzten Fällen anerkannt, siehe § 31 SGB XII.

Wichtig ist, dass für Leistungsempfänger auch die Beiträge zur gesetzlichen Kranken- und Pflegeversicherung getragen werden bzw. getragen werden können, sodass sie in diesen beiden Sozialversicherungszweigen unmittelbar leistungsberechtigt und den anderen Kranken- und Pflegeversicherten gleichgestellt sind, § 32 SGB XII. Auch Rentenbeiträge können übernommen werden, § 33 SGB XII.

Die Gewährung von **Darlehen** ist bei unabweisbar gebotenem Bedarf im Einzelfall und bei vorübergehender Notlage möglich (§§ 37, 38 SGB XII).

Seit 2011 gibt es Leistungen für **Bildung und Teilhabe,** §§ 34 und 34a SGB XII. Dabei geht es um spezielle Bedarfe von Schülerinnen und Schülern, sowie von Kindern, die eine Tagesstätte besuchen.

Lebt jemand in einer **Haushaltsgemeinschaft** mit anderen zusammen, so vermutet das Gesetz (§ 39 SGB XII), dass er nicht bedürftig ist. Will er dennoch Hilfe zum Lebensunterhalt, muss er diese Vermutung widerlegen.

Im **vierten Kapitel** (§§ 41–46 SGB XII) wird die **Grundsicherung im Alter und bei Erwerbsminderung** geregelt. Anspruchsberechtigt sind Menschen ab 65/67 Jahren und dauerhaft (ausschließlich aus gesundheitlichen Gründen) voll erwerbsgeminderte Personen über 18 Jahre, §§ 19 Abs. 2, 41 SGB XII. Die Leistungen entsprechen denjenigen der Hilfe zum Lebensunterhalt, § 42 SGB XII. Auch Bedürftigkeit muss vorliegen, sodass z. B. Rentenbezüge oder Vermögen berücksichtigt werden. Im Unterschied zur Hilfe zum Lebensunterhalt nach den §§ 27 ff. SGB XII wird jedoch gegenüber an sich unterhaltsverpflichteten Kindern oder Eltern ein Rückgriff nur vorgenommen, wenn deren jährliches Gesamteinkommen 100.000 Euro übersteigt, § 43 Abs. 3 SGB XII; damit soll der „verschämten Altersarmut" entgegengetreten werden. Allerdings gilt hier nicht der Amtsgrundsatz, vielmehr müssen die Leistungen beantragt werden, wobei die Rentenversicherungsträger ihre Versicherten auf die Grundsicherung aufmerksam zu machen und sie fachlich zu beraten haben, § 46 SGB XII. Die Träger der Rentenversicherung haben auch die „dauerhafte volle Erwerbsminderung" festzustellen, § 45 SGB XII.

Das **fünfte Kapitel** (§§ 47–52 SGB XII) sieht für Bedürftige, soweit sie nicht selbst krankenversichert sind, in Krankheitsfällen die entsprechenden Leistungen wie nach SGB V vor (Hilfen zur Gesundheit).

Große praktische Bedeutung kommt nach wie vor der **Eingliederungshilfe für behinderte Menschen** zu, die im **sechsten Kapitel** (§§ 53–60 SGB XII) geregelt ist. Trotz des eigenständigen Neunten Buches (SGB IX)[51] für Menschen mit Behinderung haben die sozialhilferechtlichen Bestimmungen ihre Bedeutung nicht verloren. Der Begriff der Behinderung ist derselbe wie in § 2 Abs. 1 SGB IX und umfasst die körperliche, seelische und geistige Behinderung. Der Anspruch auf Eingliederungshilfe setzt jedoch voraus, dass die bereits eingetretene oder drohende Behinderung wesentlich ist. In anderen Fällen kann sie gewährt werden.

Wegen des Nachranggrundsatzes gehen Leistungen insbesondere der Krankenkassen, Berufsgenossenschaften und Rentenversicherungsträger der Eingliederungshilfe des SGB XII vor. Deren Aufgabe ist es vor allem, dem behinderten Menschen die Teilnahme am Leben in der Gemeinschaft zu erleichtern, ihm die Ausübung einer angemessenen Tätigkeit zu ermöglichen und ihn so weit wie möglich unabhängig von Pflege zu machen.

In Bezug auf die Leistungen der Eingliederungshilfe verweist § 54 Abs. 1 SGB XII zunächst auf die im SGB IX genannten Regelungen zur medizinischen, beruflichen und sozialen **Rehabilitation.** Ergänzend werden u. a. Hilfen zur schulischen und beruflichen Bildung bzw. Ausbildung sowie zur Ausbildung für eine sonstige angemessene Tätigkeit genannt, die für jugendliche Behinderte von großer Bedeutung sein können. Für behinderte Menschen in Einrichtungen werden im Bedarfsfall auch Pflegeleistungen erbracht, § 55 SGB XII. Auch Hilfen in Werkstätten für Behinderte können gewährt werden, § 56 SGB XII. Einzelheiten regelt die wichtige Eingliederungshilfe-Verordnung zu § 60 SGB XII. Zu beachten ist, dass nach § 92 Abs. 2 SGB XII der Einsatz eigenen Einkommens bzw. des Einkommens der Eltern und Ehegatten großzügiger zugunsten der behinderten Menschen geregelt ist. Zudem wird Eingliederungshilfe auch dann in vollem Umfang gewährt, wenn den betreffenden Personen die Mittelaufbringung nicht oder nur zum Teil zumutbar ist. Das betrifft vor allem minderjährige behinderte Kinder.

---

[51] Vgl. Kapitel 9 dieses Buches, S. 169 ff.

Das **siebte Kapitel** (§§ 61−66 SGB XII) regelt die **Hilfe zur Pflege**. Die Pflegeversicherung nach SGB XI hat zwar die Sozialhilfe als primären Leistungsträger bei Pflegebedürftigkeit abgelöst. Wegen der Leistungsbegrenzungen des SGB XI (keine „Vollkaskoversicherung") kommt der Sozialhilfe in Pflegefällen jedoch zunehmend größere Bedeutung zu: Das betrifft u. a. den Bereich der Aufwendungen für Unterkunft und Verpflegung (sog. „Hotelkosten"), die von der Pflegeversicherung nicht übernommen werden. Das betrifft aber auch Fälle besonders kostenintensiver Pflege, insbesondere bei Schwerstpflegebedürftigkeit. Die Hilfe zur Pflege kann auch dort relevant werden, wo die Voraussetzungen der Pflegebedürftigkeit nach SGB XI noch nicht erreicht sind, weil sie nicht erheblich (= Pflegestufe I) sind. An die Entscheidung der Pflegekasse über das Ausmaß der Pflegebedürftigkeit ist der Sozialhilfeträger gebunden, § 62 SGB XII. Die Leistungen bestehen u. a. in häuslicher Pflege, teilstationärer und stationärer Pflege, §§ 61 Abs. 2, 63 ff. SGB XII.

Die **Kapitel 8 und 9** (§§ 67−69 und 70−74 SGB XII) regeln die beiden Bereiche „**Hilfe zur Überwindung besonderer sozialer Schwierigkeiten**" (z. B. bei Obdachlosigkeit) und – als Auffanggruppe – „**Hilfe in anderen Lebenslagen**" (z. B. Hilfe zur Fortführung des Haushalts; Hilfen für Alte oder Blinde).

Kapitel 10 (§§ 75−81 SGB XII) trägt die Überschrift „Einrichtungen" und regelt deren Rechtsbeziehungen zu den Sozialhilfeträgern. Wenn sich ein Hilfeempfänger z. B. in einem Pflegeheim oder in einer Behinderteneinrichtung befindet, ist der Sozialhilfeträger zur Übernahme der Vergütung nur verpflichtet, wenn mit der Einrichtung bzw. seinem Verband zuvor eine **Vereinbarung** insbesondere über die **Qualität** der Leistungen und deren Vergütung abgeschlossen wurde, § 75 Abs. 3 SGB XII.

Der „**Einsatz des Einkommens und des Vermögens**" ist Gegenstand des **elften Kapitels** (§§ 82−96 SGB XII). Während bei der Hilfe zum Lebensunterhalt ein bestimmter Betrag nur vom Erwerbseinkommen anrechnungsfrei bleibt, gilt diese Beschränkung bei Leistungen nach den Kapiteln 5 bis 9 nicht. Hier sieht § 85 SGB XII anrechnungsfreie Beträge in Bezug auf sämtliche Einkommensarten vor. Nach Abzug unvermeidbarer Ausgaben (dazu im Einzelnen § 82 Abs. 2 SGB XII) ergibt sich das **bereinigte Einkommen**.

Vermögen ist grundsätzlich insgesamt einzusetzen. Es gibt aber auch hier wichtige Ausnahmen, wie etwa das „angemessene Hausgrundstück" (mit Haus, das allein oder zusammen mit Angehörigen gewohnt wird) oder „kleinere Barbeträge", § 90 SGB XII. Wer familienrechtliche Unterhaltsansprüche in ausreichender Höhe hat, ist nicht hilfebedürftig. Zahlt der Unterhaltsverpflichtete nicht, leistet zunächst die Sozialhilfe vor, nimmt dann jedoch bei diesem Regress, § 94 SGB XII (Anspruchsübergang).

Das **zwölfte Kapitel** (§§ 97−101 SGB XII) regelt die „Zuständigkeit der Träger der Sozialhilfe", das **dreizehnte** (§§ 102−115 SGB XII) die „Kosten", das **vierzehnte** (§§ 116-120 SGB XII) enthält „Verfahrensvorschriften", das **fünfzehnte** (§§ 121−129 SGB XII) befasst sich mit der „Statistik" und das **sechzehnte** und letzte Kapitel (§§ 130−138 SGB XII) enthält „Übergangs- und Schlussbestimmungen".

Die nachfolgende Abb. 2.1 gibt einen Überblick über die Sozialhilfe (SGB XII):

Prinzipien der Sozialhilfe (SGB XII)

- **Mindestsicherung** („soziokulturelles Existenzminimum") für Menschen, die ihren Lebensunterhalt nicht aus eigenen Kräften/ Mitteln aufbringen können
- **Rechtsanspruch** auf Hilfe am Maßstab der Würde des Menschen (§§ 1, 17)
- **Nachrang (Subsidiarität)** gegenüber zumutbarer Selbst- und Dritthilfe (§ 2)
- Sozialhilfe nach den **Besonderheiten des Einzelfalls** (§ 9)
- **Anspruchsübergang**, wenn Sozialhilfeträger zunächst vorleistet (§§ 93, 94)

Träger (§§ 3, 97–99)

- örtliche Träger: Kommunen (Städte und Landkreise)
- überörtliche Träger: nach Landesrecht

Voraussetzungen (§ 19)

- Hilfesuchende können notwendige Mittel zum Leben nicht selbst aufbringen (Pflicht zur Verwertung des eigenen Einkommens und Vermögens sowie zur Geltendmachung von Ansprüchen gegen Dritte)
- Hilfe von Angehörigen bzw. von Trägern anderer Sozialleistungen reicht nicht aus

= **Hilfebedürftigkeit liegt vor**

Leistungen der Sozialhilfe

- Hilfe zum Lebensunterhalt:
  a) außerhalb von Einrichtungen (Regelbedarf, Unterkunft und Heizung, Mehrbedarf, einmalige Bedarfe), §§ 27 ff.
  b) in Einrichtungen (Heimkosten, Kleidung, Barbetrag/Taschengeld), § 27b
- Grundsicherung im Alter und bei Erwerbsminderung, §§ 41 ff.
- Hilfen zur Gesundheit, §§ 47 ff.
- Eingliederungshilfe für behinderte Menschen, §§ 53 ff.
- Hilfe zur Pflege, §§ 61 ff.
- Hilfe zur Überwindung besonderer sozialer Schwierigkeiten, §§ 67 ff.
- Hilfe in anderen Lebenslagen (Hilfe zur Weiterführung des Haushalts, Altenhilfe, Blindenhilfe, Bestattungskosten), §§ 70 ff.

Abb. 2.1: Systematik und Leistungen der Sozialhilfe (SGB XII)

12.2 Entwicklung der Sozialhilfe

Als 1962 das Bundessozialhilfegesetz (BSHG) in Kraft trat, zielte es darauf ab, vorübergehend einzelne Personengruppen in Notlagen zu unterstützen, z. B. Ältere mit geringen Renten. Zwar ging die Altersarmut in den Folgejahren etwas zurück, zugleich verstärkten sich aber andere **Problemlagen** wie zum Beispiel

- die *Zunahme der Arbeitslosigkeit*: Langzeitarbeitslose, gering qualifizierte Arbeitnehmer, jüngere Arbeitslose ohne Sozialleistungsansprüche benötigten zunehmend Hilfe zum Lebensunterhalt;
- die *abnehmende Stabilität der Familie*: Bei vielen Alleinerziehenden kompensiert die Hilfe zum Lebensunterhalt unzureichende Unterhaltszahlungen;
- *Migranten als neue Empfängergruppen*: Asylbewerber, Bürgerkriegsflüchtlinge, (Spät-)Aussiedler, arbeitslose Ausländer;

- *demografischer Wandel*: Zunahme der Pflegebedürftigen, die auf Leistungen der Hilfe zur Pflege angewiesen sind;
- Zunahme der Menschen mit Behinderung.

Auf diesen Wandel der Notlagen reagierte der Gesetzgeber einerseits mit mehreren Novellierungen, um das BSHG auf die veränderte gesellschaftliche Situation abzustimmen, und andererseits mit einer Reihe von Gesetzen, wodurch die Leistungen für bestimmte Personengruppen aus der Sozialhilfe ausgegliedert wurden (z. B. Asylbewerberleistungsgesetz von 1993; Pflegeversicherungsgesetz von 1995).

Parallel zur Eingliederung der Sozialhilfe als Zwölftes Buch in das Sozialgesetzbuch wurde im Jahr 2005 für erwerbsfähige Arbeitsuchende im Alter von 15 Jahren bis Erreichung der Regelaltersgrenze das SGB II geschaffen, das Leistungen der neu eingeführten „Grundsicherung für Arbeitsuchende" enthält. Dieser Personenkreis ist von Leistungen der Hilfe zum Lebensunterhalt nach dem SGB XII grundsätzlich ausgeschlossen (§ 21 SGB XII).

Die **Armutsgefährdung** steigt in den meisten Bundesländern seit Jahren kontinuierlich an. Im Jahr 2012 hatten 14 Prozent der Bevölkerung im früheren Bundesgebiet ein erhöhtes Armutsrisiko, in den neuen Ländern waren es 19,7 Prozent. Die Armutsgefährdung in Ostdeutschland ist also nach wie vor höher.[52]

Gemäß der Definition der Europäischen Union gelten Menschen als armutsgefährdet, die mit weniger als 60 Prozent des mittleren Einkommens (Median) der Gesamtbevölkerung auskommen müssen. 2011 lag dieser Schwellenwert für Einpersonen-Haushalte bei 980 Euro im Monat. Fast jede sechste Person war 2011 armutsgefährdet. Frauen hatten – wie bereits in den Vorjahren - ein höheres Armutsrisiko als Männer.[53]

Besonders alarmierend ist die Lage der Kinder. Nach einem Unicef-Bericht (2013) sind die Kinder von Alleinerziehenden am stärksten betroffen: 40 Prozent der Kinder, die bei einem Elternteil aufwachsen, leben unterhalb der Armutsgrenze (mit gravierenden Negativfolgen für Bildung, Gesundheit und Teilhabe). Im Vergleich der OECD-Staaten steht Deutschland bei der **Kinderarmut** unter 29 Ländern im Mittelfeld auf Platz 11.[54]

12.3 Ziele und Grundsätze

Im Falle unzureichenden Einkommens und Vermögens deckt die Sozialhilfe den soziokulturellen Mindestbedarf, um eine Lebensführung auf gesellschaftlich akzeptablem Niveau zu ermöglichen. Andere Belastungen wie Behinderung, Pflegebedürftigkeit oder besondere soziale Schwierigkeiten versucht die Sozialhilfe im Bedarfsfall auszugleichen, indem sie die erforderlichen Unterstützungsleistungen mit dem Ziel bereitstellt, dass die betroffenen Personen am gesellschaftlichen Leben teilhaben können.

Ein zentrales Ziel der Sozialhilfe ist es, die **Selbsthilfekräfte** zu stärken: Die Leistung soll „so weit wie möglich befähigen, unabhängig von ihr zu leben; darauf haben auch die Leistungsberechtigten nach ihren Kräften hinzuarbeiten" (§ 1 Satz 2 SGB XII).

Die wichtigsten **Grundsätze des Sozialhilferechts** sind Folgende:
- **Sicherung der Menschenwürde**, § 1 SGB XII: Jeder hat einen gerichtlich durchsetzbaren Anspruch auf Leistungen zur Sicherung des soziokulturellen Existenzminimums, wobei ihn eine zumutbare Selbsthilfeverpflichtung trifft.
- **Bedarfsdeckung**: Sozialhilfe hat die Aufgabe, den konkreten Bedarf zu decken, wobei es nicht auf die Ursache der Bedürftigkeit ankommt.
- **Gegenwartsprinzip**: Sozialhilfe ist nur zur Deckung des gegenwärtigen Bedarfs bestimmt. Weder gibt es Hilfe für die Vergangenheit noch für die Zukunft.
- **Individualisierungsgrundsatz**: Sozialhilfe orientiert sich am konkreten, individuellen Bedarf (§ 9 SGB XII). Daraus folgt nicht zuletzt, dass die Bedürftigkeit im Hinblick auf die Einkommenslage der gesamten, tatsächlichen Haushaltsgemeinschaft zu beurteilen ist („Bedarfsgemeinschaft"). Im pauschalierten Regelsatzsystem gibt es

---

[52] Statistisches Bundesamt, Pressemitteilung vom 29.08.2013.
[53] Statistisches Bundesamt, Pressemitteilungen vom 29.08.2013 und vom 25.10.2013. Die Sozialhilfeausgaben stiegen 2012 auf knapp 24 Mrd. Euro, das sind 5,4 % mehr als im Jahr zuvor (Statistisches Bundesamt, Pressemitteilung vom 13.11.2013).
[54] vgl. Bertram, H. (Hg.), a. a. O.

eine „Öffnungsklausel" für die Einzelfallorientierung in § 27a Abs. 4 SGB XII.
- **Wunschrecht**: Aus dem Grundsatz des Schutzes der Menschenwürde folgt, dass auf Wünsche des Bedürftigen in Bezug auf die Hilfeleistungen so weit wie möglich Rücksicht zu nehmen ist, § 9 Abs. 2 und 3 SGB XII.
- **Amtsgrundsatz**: Sobald der Sozialhilfeträger von der Bedarfssituation Kenntnis erlangt hat, ist er i. d. R. zu den vorgesehenen Leistungen verpflichtet, § 18 SGB XII. Eines Antrags – wie etwa in der Sozialversicherung oder nach SGB II – bedarf es nicht.
- **Ortsprinzip**: Zuständig ist der Sozialhilfeträger, in dessen örtlichem Bereich der Bedürftige sich tatsächlich aufhält, § 98 Abs. 1 Satz 1 SGB XII.
- **Nachranggrundsatz (Subsidiaritätsprinzip)**: Sozialhilfe erhält nicht, wer sich selbst – insbesondere durch Erwerbstätigkeit – helfen kann oder wer die erforderliche Hilfe von anderen, insbesondere Angehörigen oder anderen Sozialleistungsträgern erhält, § 2 SGB XII.

12.4 Träger der Sozialhilfe

Träger der Sozialhilfe sind die örtlichen und die überörtlichen Träger (§ 3 SGB XII).

Örtliche Träger sind die kreisfreien Städte (Stadtkreise) und die Landkreise. Die Stadt- und Landkreise führen die Sozialhilfe als Selbstverwaltungsangelegenheit durch. Den Ländern ist die Bestimmung des überörtlichen Trägers überlassen (z. B. in Bayern: die Bezirke; in Nordrhein-Westfalen: die Landschaftsverbände).

Gemäß § 5 Abs. 5 SGB XII können die Träger der Sozialhilfe auch die Verbände der freien Wohlfahrtspflege (sog. freie Träger) an der Durchführung von Aufgaben beteiligen oder ihnen Aufgaben übertragen. Dadurch ändert sich aber nichts an der Zuständigkeit (und damit Verantwortlichkeit) des Trägers der Sozialhilfe.

Der örtliche Träger ist gemäß § 97 Abs. 1 grundsätzlich zuständig, soweit nicht ausnahmsweise der überörtliche Träger sachlich zuständig ist (nach Landesrecht oder nach § 97 Abs. 3 und 5 SGB XII).

12.5 Leistungsarten der Sozialhilfe

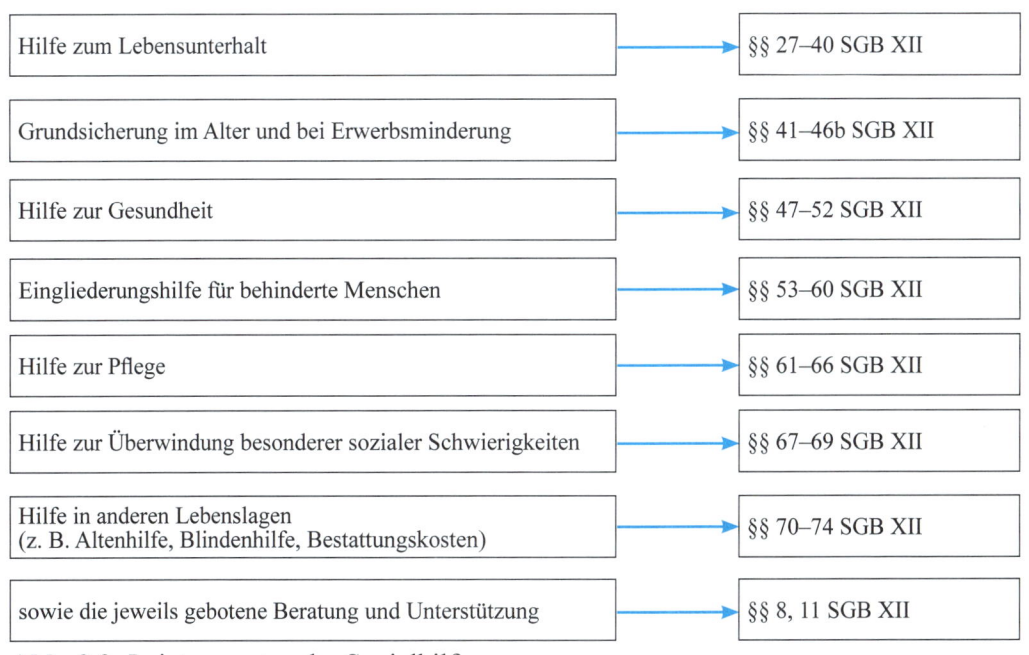

Leistungsart	Paragraphen
Hilfe zum Lebensunterhalt	§§ 27–40 SGB XII
Grundsicherung im Alter und bei Erwerbsminderung	§§ 41–46b SGB XII
Hilfe zur Gesundheit	§§ 47–52 SGB XII
Eingliederungshilfe für behinderte Menschen	§§ 53–60 SGB XII
Hilfe zur Pflege	§§ 61–66 SGB XII
Hilfe zur Überwindung besonderer sozialer Schwierigkeiten	§§ 67–69 SGB XII
Hilfe in anderen Lebenslagen (z. B. Altenhilfe, Blindenhilfe, Bestattungskosten)	§§ 70–74 SGB XII
sowie die jeweils gebotene Beratung und Unterstützung	§§ 8, 11 SGB XII

Abb. 2.2: Leistungsarten der Sozialhilfe

12.5.1 Hilfe zum Lebensunterhalt

Die Hilfe zum Lebensunterhalt (§§ 27–40 SGB XII) beziehen überwiegend in Privathaushalten lebende Personen, wobei zusammenwohnende Partner sowie im Haushalt lebende minderjährige Kinder als sog. **Bedarfsgemeinschaft** (Einstandsgemeinschaft) betrachtet werden.

Der notwendige Lebensunterhalt umfasst nach § 27a Abs. 1 SGB XII insbesondere Ernährung, Unterkunft und Heizung, Kleidung, Körperpflege, Hausrat, Haushaltsenergie (ohne die auf Heizung und Erzeugung von Warmwasser entfallenden Anteile) sowie persönliche Bedürfnisse des täglichen Lebens. Zu Letzteren gehören „in vertretbarem Umfang auch Beziehungen zur Umwelt und eine Teilnahme am kulturellen Leben". Diese Definition macht deutlich, dass die Sozialhilfe nicht nur ein physisches Existenzminimum leisten soll, sondern einen **soziokulturellen Mindeststandard**, der die Teilhabe am gesellschaftlichen Leben einschließt.

Deutsche, die im Ausland leben, können nur noch dann Hilfe zum Lebensunterhalt erhalten, wenn sie sich in einer „außergewöhnlichen Notlage" befinden und eine Rückkehr aus bestimmten Gründen nicht möglich ist (§ 24 SGB XII).

Die Hilfe zum Lebensunterhalt wird vorrangig als Geldleistung erbracht. Zunächst wird der Bedarf bestimmt, dann werden Einkommen und Vermögen angerechnet.

Der Bedarf an Hilfe zum Lebensunterhalt setzt sich zusammen aus den folgenden Komponenten:

- **Regelsätze**: Für ganz Deutschland beträgt seit dem 01.01.2014 die Höhe der Regelbedarfsstufe 1 (früher Eckregelsatz) 391 Euro. Die Länder können abweichende Regelsätze bestimmen (§ 29 Abs. 2 SGB XII). Die sechs **Regelbedarfsstufen** werden in der Anlage zu § 28 genannt. Zur Ermittlung und Fortschreibung vgl. §§ 28 ff. SGB XII.

- Unterkunft in Höhe der tatsächlichen **Mietkosten**; werden diese als „unangemessen hoch" betrachtet, sind sie so lange zu erbringen, wie ein Wechsel in eine günstigere Wohnung nicht möglich oder nicht zumutbar ist (regelmäßig maximal 6 Monate), vgl. § 35 Abs. 2 SGB XII.

- **Heizkosten** und Kosten für **zentrale Warmwasserversorgung** in Höhe der tatsächlichen Aufwendungen, soweit sie angemessen sind (§ 35 Abs. 4 SGB XII).

- Bestimmten Personengruppen wird ein **Mehrbedarf** zugestanden (§ 30 SGB XII). Der Mehrbedarf wird als prozentualer Zuschlag zu der maßgebenden Regelbedarfsstufe geleistet, und zwar in folgenden Fällen: Für Alleinerziehende; für werdende Mütter ab der 13. Schwangerschaftswoche; wegen Behinderung; wegen kostenaufwändiger Ernährung (Krankenkostzulage); im Alter und bei voller Erwerbsminderung; bei dezentraler Warmwasserversorgung.

- **Einmalige Leistungen** (§ 31 SGB XII) werden für Erstausstattung des Haushalts, für Erstausstattung an Bekleidung (einschließlich Sonderbedarf bei Schwangerschaft und Geburt) sowie für Anschaffung und Reparatur von orthopädischen Schuhen und Reparatur bzw. Miete von therapeutischen Geräten erbracht. Vom Regelsatz umfasster, jedoch im Einzelfall unabweisbar gebotener Sonderbedarf soll als Darlehen gewährt werden (§ 37 SGB XII).

- Weiterhin können Beiträge für die **Kranken- und Pflegeversicherung** sowie Beiträge für die Altersvorsorge übernommen werden (§§ 32 f. SGB XII).

- Zur Vermeidung von Wohnungsnotfällen (Obdachlosigkeit) sollen darüber hinaus **Mietschulden** übernommen werden (§ 36 SGB XII).

- Zusätzliche **Leistungen für Bildung und Teilhabe** (§§ 34, 34a SGB XII).[55]

Die Regelsätze sind als pauschale Leistungen konzipiert. Die übrigen Komponenten werden in der Höhe übernommen, in der sie tatsächlich anfallen.

Die Hilfe zum Lebensunterhalt wird auch für Bewohner **in Einrichtungen** geleistet. Sie umfasst dann neben den Sachleistungen (Heimentgelt) in der Regel auch Kleidung und einen Barbetrag zur persönlichen Verwendung (Taschengeld), der für Erwachsene mindestens 27 Prozent der Regelbedarfsstufe 1 beträgt (§ 27b Abs. 2 SGB XII).

---

[55] Vgl. Brühl, A./Hofmann, A., a.a.O.

Von den Regelsätzen werden folgende Bedarfe (vgl. § 27a SGB XII) umfasst:
- Ernährung
- Unterkunft und Heizung
- hauswirtschaftlicher Bedarf einschließlich Haushaltsenergie (Strom, Gas, Wasser)
- persönliche Bedürfnisse des täglichen Lebens
- Beschaffung von Kleidung, Wäsche und Hausrat einschließlich Haushaltsgeräten und deren Instandsetzung
- Kosten für Körperpflege und -reinigung
- Verkehrsdienstleistungen (z. B. Bus, Bahn)
- Nachrichtenübermittlung (Post, Telefon, Internetzugang)
- schulischer Bedarf für Kinder (beachte aber: Zusatzleistungen für Bildung und Teilhabe, sog. Bildungspaket, §§ 34 f. SGB XII)
- Ausgaben für Freizeit, Kultur, Hobby, Spielzeug
- andere Dienstleistungen (z. B. Friseur, Kontogebühren, Grabpflege)[56]

Tabelle 2.1: Höhe der Regelsätze für die Hilfe zum Lebensunterhalt
(ab 01.01.2014)

Leistungsberechtigte	Regelbedarfsstufe	Betrag in Euro
Alleinstehende/r, Alleinerziehende/r	1	**391**
Zusammenlebende Ehegatten oder Lebenspartner (je Person)	2	**353**
Erwachsene Leistungsberechtigte, die keinen eigenen und keinen gemeinsamen Haushalt mit einem Partner führen.	3	**313**
Haushaltsangehörige ab Vollendung des 14. Lebensjahres (Kinder von 14 bis unter 18 Jahren)	4	**296**
Haushaltsangehörige vom Beginn des 7. bis zur Vollendung des 14. Lebensjahres (Kinder von 6 bis unter 14 Jahren)	5	**261**
Haushaltsangehörige bis zur Vollendung des 6. Lebensjahres (Kinder von 0 bis unter 6 Jahren)	6	**229**
Rechtsgrundlage: §§ 28, 28a, 29, 40 und Anlage zu § 28 SGB XII; Regelbedarfsstufen-Fortschreibungsverordnung 2014 (RBSFV 2014)		

Die Regelsätze der Sozialhilfe entsprechen denen des Arbeitslosengeldes II.

12.5.2 Grundsicherung im Alter und bei Erwerbsminderung

Personen ab 65/67 Jahren sowie dauerhaft aus medizinischen Gründen voll erwerbsgeminderte Personen ab 18 Jahren haben, wenn sie bedürftig sind, einen Anspruch auf Leistungen der Grundsicherung (§§ 41–46b SGB XII). Die Leistungen werden in gleicher Höhe bemessen wie bei der Hilfe zum Lebensunterhalt außerhalb von Einrichtungen, sind aber – im Unterschied zu diesen – zu beantragen. Die Leistungen werden regelmäßig für ein Jahr bewilligt. Einkommen wie z. B. Rentenbezüge oder Vermögen des Leistungsberechtigten, des nicht getrennt lebenden Ehegatten oder Lebenspartners sowie des Partners einer eheähnlichen Gemeinschaft werden wie in der Sozialhilfe angerechnet, jedoch wird gegenüber unterhaltsverpflichteten Kindern bzw. Eltern mit einem Jahreseinkommen unterhalb von 100.000 Euro kein Unterhaltsrückgriff vorgenommen.

---

[56] Die Zahl der Empfänger von Hilfe zum Lebensunterhalt ist 2012 im Vergleich zum Vorjahr um 3,3 Prozent auf 343.000 gestiegen. Zwei Drittel der Leistungsberechtigten lebten in Einrichtungen wie Wohn- oder Pflegeheimen, ein Drittel der Empfänger lebte außerhalb solcher Einrichtungen, überwiegend in Einpersonenhaushalten (Statistisches Bundesamt, Pressemitteilung vom 28.10.2013).

Die im Jahr 2003 durch ein eigenständiges Gesetz (GSiG 2001) als vorrangige Leistung eingeführte Grundsicherung wurde zum 01.01.2005 als Viertes Kapitel in das SGB XII integriert. Die Sonderregelung bezüglich der Nichtheranziehung von Unterhaltsverpflichteten, deren jährliches Gesamteinkommen unter 100.000 Euro liegt (vgl. § 43 Abs. 3 SGB XII), bleibt bestehen, ebenso der Verzicht auf den Rückgriff bei den Erben des Leistungsberechtigten. Darüber hinaus gilt die Vermutung nicht, dass Berechtigte, die mit Verwandten oder Verschwägerten in Haushaltsgemeinschaft leben, von diesen auch Leistungen zum Lebensunterhalt erhalten.

Ansonsten gelten im Wesentlichen die gleichen Regelungen wie für die Hilfe zum Lebensunterhalt.[57]

Beispiel

Gerlinde Schneider, 69 Jahre alt, ist Witwe und leidet an einer Gehbehinderung (Schwerbehindertenausweis mit Merkzeichen G). Sie war nur kurzzeitig bis zur Geburt des ersten ihrer beiden Kinder versicherungspflichtig erwerbstätig gewesen, weshalb sie zusammen mit zwei Jahren Kindererziehungszeiten nur wenig mehr als fünf Jahre an Versicherungszeiten in der Rentenversicherung zurückgelegt hat. Ihre Rente ist entsprechend gering. Da ihr vor drei Jahren verstorbener Ehemann wegen mehrfachen Wechselns zwischen versicherungspflichtigen abhängigen Erwerbstätigkeiten und nicht versicherungspflichtigen selbstständigen Erwerbstätigkeiten ebenfalls keine hohe Rente erhalten hatte, ist auch die Witwenrente sehr niedrig. Der Gang zum Sozialamt war für sie bisher nicht infrage gekommen, da sie nicht wollte, dass ihre beiden Kinder aufgrund des bei der Hilfe zum Lebensunterhalt üblichen Unterhaltsrückgriffs für sie mitzahlen müssen. Durch ein Informationsschreiben des Rentenversicherungsträgers wird sie auf die Grundsicherung im Alter aufmerksam gemacht. Frau Schneider zahlt monatlich 275 Euro Miete und 46 Euro für Heizung. Die Sachbearbeiterin ermittelt Frau Schneiders Einkommen aus folgenden Einzelpositionen: eigene Rente 86 Euro, Witwenrente 310 Euro. Um festzustellen, ob Frau Schneider einen Anspruch auf Grundsicherungsleistungen hat, führt die Sachbearbeiterin folgende Bedarfsberechnung durch:

Einkommen	€/Monat
Eigene Rente	86,00
Witwenrente	310,00
Summe Einkommen	**396,00**
Bedarf an Grundsicherung	
(§§ 41 ff. SGB XII)	
Regelbedarfsstufe 1	391,00
(§ 42 Satz 1 Nr. 1 i. V. m. §§ 28 ff. SGB XII)	
Mehrbedarf von 17 % wegen Gehbehinderung	66,47
(§ 42 Satz 1 Nr. 2 i. V. m. § 30 Abs. 1 SGB XII)	
Unterkunftskosten	275,00
(§ 42 Satz 1 Nr. 4 i. V. m. § 35 Abs. 1 SGB XII)	
Heizkosten	46,00
(§ 42 Satz 1 Nr. 4 i. V. m. § 35 Abs. 4 SGB **XII**)	
Summe Bedarf	**778,47**
Monatliche Leistung	**382,47**

Bedarf minus Einkommen:
Frau Schneider steht eine Grundsicherungsleistung in Höhe von 382,47 Euro zu.

---

[57] Am Jahresende 2012 erhielten rund 900.000 Personen ab 18 Jahren Leistungen der Grundsicherung im Alter und bei Erwerbsminderung; das war eine Steigerung um 6,6 % im Vergleich zum Vorjahr. Davon waren 465.000 Personen über 65 Jahre alt (und sind ein Beleg für die wachsende Altersarmut). Daneben gab es rund 435.000 Empfänger von Grundsicherung wegen dauerhafter Erwerbsminderung. Auf die Grundsicherung im Alter sind insbesondere westdeutsche Frauen angewiesen (Statistisches Bundesamt, Pressemitteilung vom 22.10.2013).

12.5.3 Hilfen zur Gesundheit

Die Leistungen der Hilfen zur Gesundheit entsprechen den Leistungen der gesetzlichen Krankenversicherung (§§ 47–52 SGB XII). Insoweit erhalten nicht krankenversicherte Sozialhilfeempfänger die gleichen Gesundheitsleistungen wie gesetzlich krankenversicherte Personen. In der Regel übernehmen die gesetzlichen Krankenkassen die Krankenbehandlung der nicht krankenversicherten Sozialhilfeempfänger gegen Kostenerstattung (§ 264 Abs. 2 bis 7 SGB V). Der nicht krankenversicherte Sozialhilfeempfänger wählt eine Krankenkasse im Bereich des für die Hilfe zuständigen Sozialhilfeträgers aus.

Diese Krankenkasse stellt dem Sozialhilfeempfänger eine Krankenversichertenkarte zur Inanspruchnahme der erforderlichen Gesundheitsleistungen aus. Bei Ärzten und anderen Gesundheitsdienstleistern tritt der Betroffene wie ein Kassenpatient auf, ohne tatsächlich Krankenkassenmitglied zu sein.

Das zuständige Sozialamt erstattet der Krankenkasse die Kosten für erbrachte Gesundheitsleistungen im Rahmen der Hilfen zur Gesundheit. Die Gleichbehandlung von nicht krankenversicherten Sozialhilfeempfängern und Versicherten in der gesetzlichen Krankenversicherungsrecht hat zur Folge, dass auch Sozialhilfeempfänger die im Krankenversicherungsrecht vorgesehenen Zuzahlungen (im Rahmen der Belastungsgrenzen) leisten müssen. Der Regelsatz des Haushaltsvorstandes ist für die Ermittlung der Bruttoeinnahmen der gesamten Bedarfsgemeinschaft maßgebend (§ 62 Abs. 2 Satz 5 SGB V). Bei einer Belastungsgrenze von 2 Prozent ergeben sich 2014 (Regelbedarfsstufe 1: 391 Euro) jährliche Zuzahlungen bis zur Höhe von 93,84 Euro; bei einer Belastungsgrenze von 1 Prozent jährliche Zuzahlungen bis zu 46,92 Euro.

Für Leistungsberechtigte, die in Einrichtungen leben und einen Barbetrag zur persönlichen Verfügung nach § 27b SGB XII erhalten, gilt eine Darlehensregelung zur Vorfinanzierung der in einem Kalenderjahr anfallenden maximalen Zuzahlungen.

12.5.4 Eingliederungshilfe für behinderte Menschen

Die Eingliederungshilfe für behinderte Menschen (§§ 53–60 SGB XII) wirkt präventiv, rehabilitativ und integrativ: Es ist ihre Aufgabe, „eine drohende Behinderung zu verhüten oder eine Behinderung oder deren Folgen zu beseitigen oder zu mildern und die behinderten Menschen in die Gesellschaft einzugliedern" (§ 53 Abs. 3 SGB XII). Leistungsberechtigt sind alle Personen, die nicht nur vorübergehend (d.h. länger als sechs Monate) körperlich, geistig oder seelisch wesentlich behindert oder von einer solchen Behinderung bedroht sind.

Die Leistungen der Eingliederungshilfe für behinderte Menschen wurden im Wesentlichen so in das SGB XII übernommen, wie sie schon im BSHG und im SGB IX geregelt worden sind. Die eingeschränkte Anrechnung von Einkommen und Vermögen bei behinderten Menschen wird in § 92 SGB XII geregelt. Neben den bisher üblichen Formen können die Leistungen der Eingliederungshilfe auch als Teil eines trägerübergreifenden **Persönlichen Budgets** erfolgen (§ 57 SGB XII). Mit diesem Budget können behinderte Menschen eigenständig bestimmen, welche Dienstleistungen sie in welcher Form und von welchem Anbieter in Anspruch nehmen wollen.

Zu den Leistungen der Eingliederungshilfe vgl. §§ 54 ff. SGB XII und die praxisrelevante Verordnung nach § 60 SGB XII (**Eingliederungshilfe-Verordnung**).[58]

12.5.5 Hilfe zur Pflege

Die Sozialhilfe unterstützt auch pflegebedürftige Personen, indem sie die mit der Pflege verbundenen Kosten ganz oder teilweise übernimmt (§§ 61–66 SGB XII). Mit Einführung der Pflegeversicherung (SGB XI) wurde die Belastung der Sozialhilfe für pflegebedingte Aufwendungen deutlich reduziert. Durch dieses vorrangige Versicherungssystem werden seit April 1995 Leistungen für ambulante, teilstationäre und Kurzzeitpflege und seit Juli 1996 Leistungen für stationäre Pflege erbracht.

---

[58] Der überwiegende Anteil der Sozialhilfeausgaben (knapp 60 %) entfällt auf die Eingliederungshilfe (Statistisches Bundesamt, Pressemitteilung vom 21.11.2012).

Seit Einführung der Pflegeversicherung (SGB XI), die keine „Vollkaskoversicherung" darstellt, ist die Sozialhilfe (nur) noch zuständig
- für nicht pflegeversicherte Personen,
- für Pflegebedürftige, die das Kriterium der „erheblichen" Pflegebedürftigkeit (Stufe I nach § 15 SGB XI) nicht erfüllen, da die Pflegeversicherung i. d. R. erst ab Pflegestufe I Leistungen erbringt,
- in Fällen kostenintensiver (Schwerst-)Pflege, für welche die nach oben hin begrenzten („gedeckelten") Leistungen der Pflegeversicherung nicht ausreichend sind,
- für Versicherte, die die Vorversicherungszeit (§ 33 Abs. 2 SGB XI) nicht erfüllt haben,
- für Personen, die voraussichtlich weniger als sechs Monate pflegebedürftig sind,
- für die Finanzierung der nicht von der Pflegeversicherung übernommenen Kosten für Unterkunft, Verpflegung und Investitionskosten bei der Pflege in Einrichtungen.[59]

12.5.6 Hilfe zur Überwindung besonderer sozialer Schwierigkeiten

Die Hilfe zur Überwindung besonderer sozialer Schwierigkeiten (§§ 67–69 SGB XII) richtet sich an Personen, bei denen besonders belastende Lebensverhältnisse mit sozialen Schwierigkeiten verbunden sind. Insbesondere Obdachlose, Suchtkranke, aus Freiheitsentzug Entlassene und in Verbindung damit von weiteren existenziellen Problemlagen betroffene Personen gehören zu diesem Adressatenkreis. Näheres wird in der Durchführungs-Verordnung geregelt.

12.5.7 Hilfe in anderen Lebenslagen

Dieses Kapitel (§§ 70–74 SGB XII) umfasst verschiedene Leistungen:
- Hilfe zur Weiterführung des Haushalts,
- Altenhilfe,
- Blindenhilfe,
- Bestattungskosten und – als Auffangnorm –
- Hilfe in sonstigen Lebenslagen.

---

[59] Im Jahr 2011 erhielten rund 423.000 Menschen Hilfe zur Pflege als Leistung der Sozialhilfe; das sind knapp 3% mehr als im Vorjahr (Statistisches Bundesamt, Pressemitteilung vom 21.01.2013).

Abb. 2.3 stellt noch einmal die wichtigsten Leistungen der Sozialhilfe in einer Übersicht dar.

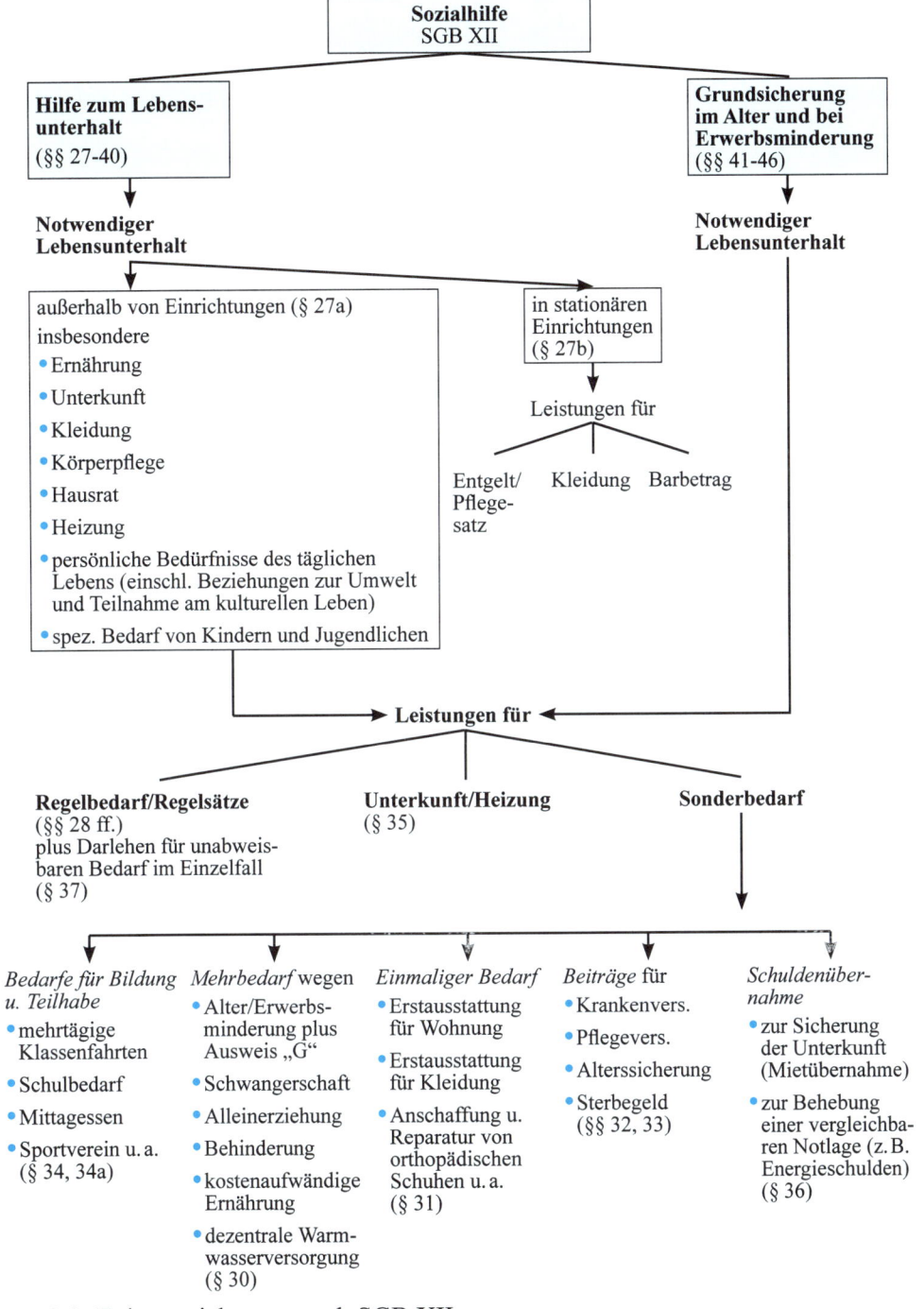

```
                              Sozialhilfe
                               SGB XII

        Hilfe zum Lebens-              Grundsicherung
           unterhalt                    im Alter und bei
           (§§ 27-40)                   Erwerbsminderung
                                         (§§ 41-46)

        Notwendiger                     Notwendiger
       Lebensunterhalt                 Lebensunterhalt

    außerhalb von Einrichtungen (§ 27a)    in stationären
    insbesondere                           Einrichtungen
    • Ernährung                            (§ 27b)
    • Unterkunft
    • Kleidung                          Leistungen für
    • Körperpflege
    • Hausrat                    Entgelt/   Kleidung   Barbetrag
    • Heizung                    Pflege-
    • persönliche Bedürfnisse     satz
      des täglichen Lebens
      (einschl. Beziehungen
      zur Umwelt und Teilnahme
      am kulturellen Leben)
    • spez. Bedarf von Kindern
      und Jugendlichen

                         → Leistungen für ←

    Regelbedarf/Regelsätze    Unterkunft/Heizung    Sonderbedarf
    (§§ 28 ff.)                    (§ 35)
    plus Darlehen für unabweis-
    baren Bedarf im Einzelfall
    (§ 37)

    Bedarfe für Bildung  Mehrbedarf wegen   Einmaliger Bedarf   Beiträge für      Schuldenüber-
    u. Teilhabe          • Alter/Erwerbs-   • Erstausstattung   • Krankenvers.    nahme
    • mehrtägige           minderung plus     für Wohnung       • Pflegevers.     • zur Sicherung
      Klassenfahrten       Ausweis „G"      • Erstausstattung   • Alterssicherung   der Unterkunft
    • Schulbedarf        • Schwangerschaft    für Kleidung      • Sterbegeld        (Mietübernahme)
    • Mittagessen        • Alleinerziehung  • Anschaffung u.     (§§ 32, 33)      • zur Behebung
    • Sportverein u. a.  • Behinderung        Reparatur von                         einer vergleichba-
      (§ 34, 34a)        • kostenaufwändige   orthopädischen                        ren Notlage (z.B.
                           Ernährung          Schuhen u. a.                         Energieschulden)
                         • dezentrale Warm-   (§ 31)                                (§ 36)
                           wasserversorgung
                           (§ 30)
```

Abb. 2.3: Existenzsicherung nach SGB XII

12.6 Regelungen zur Einkommensanrechnung

Wer Sozialhilfe beansprucht, muss sein Einkommen (und Vermögen) einsetzen.

Leistungsberechtigte können von dem aus Erwerbstätigkeit erzielten Einkommen 30 Prozent (höchstens jedoch 50 Prozent der Regelbedarfsstufe 1) für sich behalten, wobei davon ausgegangen wird, dass eine Erwerbstätigkeit von Leistungsberechtigten nach SGB XII einen geringeren Umfang als drei Stunden pro Tag hat, denn bei höherer Leistungsfähigkeit würden sie in den Leistungsbereich des SGB II übergehen. Abweichend davon bleibt für Beschäftigte in Werkstätten für behinderte Menschen der anrechnungsfreie Betrag wie bisher ein Achtel der Regelbedarfsstufe 1 zuzüglich 25 Prozent des diesen Betrag übersteigenden Entgelts (§ 82 Abs. 3 SGB XII).

Unterhaltsansprüche eines volljährigen behinderten oder pflegebedürftigen Menschen gehen (abgesehen von wenigen Ausnahmen) in pauschalierter Form auf den Sozialhilfeträger über, und zwar nur in Höhe von bis zu 20 Euro monatlich wegen Leistungen zum Lebensunterhalt und in Höhe von bis zu 26 Euro wegen Leistungen der Eingliederungshilfe für behinderte Menschen und der Hilfe zur Pflege (§ 94 Abs. 2 SGB XII).

Bei Leistungen der Grundsicherung im Alter und bei Erwerbsminderung erfolgt, wie bereits erwähnt, regelmäßig kein Rückgriff auf Unterhaltsverpflichtete.

12.6.1 Prüfschema zum Einkommenseinsatz[60]

- Wer ist zum Einkommenseinsatz verpflichtet?

Der Leistungsempfänger selbst und die Einsatzgemeinschaft (§ 19 Abs. 1–5 SGB XII); beachte zusätzlich § 20 SGB XII.

- Was ist Einkommen?

Alle Einkünfte i. S. d. Verordnung zu § 82 SGB XII.

- Welche Einkünfte gelten nicht als Einkommen i.S.v. § 82 SGB XII?
  - SGB XII-Leistungen
  - Grundrente nach dem BVG
  - Grundrente nach OEG, IfSG u. a.
  - Rente oder Beihilfe nach dem BEG
- Was muss als zweckverschiedene Leistung unberücksichtigt bleiben?

Prüfe nach § 83 SGB XII:
  - Leistung aufgrund öffentlich-rechtlicher Vorschrift?
  - Gesetzlich ausdrücklich genannter Zweck?
  - Zweckverschiedenheit gegenüber dem Sozialhilfezweck?

- Welche Leistungen müssen ferner unberücksichtigt bleiben?
  - Schmerzensgeld (§ 83 Abs. 2 SGB XII)
  - Zuwendungen freier Träger (§ 84 Abs. 1 SGB XII)
  - Zuwendungen Dritter ohne rechtliche oder sittliche Pflicht (§ 84 Abs. 2 SGB XII)
  - Elterngeld in Höhe von 300 Euro (§ 10 Abs. 5 BEEG)
- Was muss vom Einkommen abgesetzt werden?
  - Steuern (§ 82 Abs. 2 Nr. 1 SGB XII)
  - Sozialversicherungsbeiträge (§ 82 Abs. 2 Nr. 2 SGB XII)

= Nettoeinkommen

  - Versicherungsbeiträge (§ 82 Abs. 2 Nr. 3 SGB XII)
  - Altersvorsorgebeiträge (§ 82 Abs. 2 Nr. 3 SGB XII)
  - Werbungskosten (§ 82 Abs. 2 Nr. 4 SGB XII)
  - Arbeitsförderungsgeld (§ 82 Abs. 2 Nr. 5 SGB XII)
  - bei Hilfe zum Lebensunterhalt und Grundsicherung: Absetzungsbetrag für Einkommen aus Tätigkeit (§ 82 Abs. 3 SGB XII)
  - bei der Hilfe zum Lebensunterhalt in einer Einrichtung: Einkommenseinsatz in Höhe der häuslichen Ersparnis; darüber hinaus in angemessenem Umfang bei länger als 6 Monate dauernder Unterbringung (§ 92a SGB XII)

= bereinigtes Einkommen.

Aus der Gegenüberstellung von Bedarf und bereinigtem Einkommen ergibt sich, ob ein Anspruch auf laufende Hilfe zum Lebensunterhalt besteht: Ist der Bedarf höher als das Einkommen, erhält der Leistungsberechtigte den Differenzbetrag.

Bedarf minus bereinigtes Einkommen = Hilfe zum Lebensunterhalt

---

[60] Vgl. Klinger/Kunkel u. a., a. a. O., S. 430 f.

🚩 Beispiel

Norbert Sommer (40 Jahre) wurde schon früh Alkoholiker. Nachdem sich seine Frau von ihm getrennt hatte, verlor er auch noch seinen Arbeitsplatz. Um von der Sucht loszukommen, hat er einen Entzug hinter sich und möchte nun wieder ins „normale" Leben einsteigen. Zurzeit kann er jedoch noch nicht mehr als drei Stunden täglich arbeiten. Als ersten Schritt hat ihm der zuständige Sozialarbeiter eine geringfügige Beschäftigung vermittelt, bei der er maximal 12 Stunden pro Woche eine leichte Arbeit leistet. Sein Leistungsvermögen hat sich noch nicht so weit stabilisiert, dass er schon für eine Arbeitsvermittlung nach dem SGB II in Betracht käme. Sein derzeitiger Stundenlohn beträgt 7 Euro. Für Miete muss er 295 Euro und für Heizung 66 Euro im Monat zahlen. Bei der Berechnung der ergänzenden Leistung ist zu berücksichtigen, dass ihm nur 70 Prozent seines Nettoverdienstes als Einkommen angerechnet werden, 30 Prozent bleiben anrechnungsfrei (vgl. § 82 Abs. 3 SGB XII).

Bedarf an Hilfe zum Lebensunterhalt	**€/Monat**
Regelbedarfsstufe 1 (für Alleinstehende)	391
Kosten der Unterkunft	295
Heizkosten	66
Summe Bedarf	**752**
Einkommen	
Einkommen aus geringfügiger Beschäftigung	336
(12 Stunden pro Woche je 7 €)	
Abzüglich 30 % Freibetrag	./. 101
Summe Einkommen	**235**
Leistung	
Bedarf	752
Einkommen	./. 235
Monatliche Leistung	**517**

Zieht man von dem errechneten Bedarf das anzurechnende Einkommen ab, so bleibt eine monatliche Sozialhilfeleistung in Höhe von 517 Euro, die Herr Sommer „aufstockend" zu seinem Arbeitseinkommen erhält.

Der Einkommenseinsatz ist bei den Leistungen nach dem **Fünften bis Neunten Kapitel** (Hilfen zur Gesundheit; Eingliederungshilfe für behinderte Menschen; Hilfe zur Pflege; Hilfe zur Überwindung besonderer sozialer Schwierigkeiten; Hilfe in anderen Lebenslagen) angesichts der hohen Kosten dieser Leistungen – vor allem bei stationärer Unterbringung – im Vergleich mit dem Einkommenseinsatz bei der Hilfe zum Lebensunterhalt begrenzt.

Den Leistungsberechtigten und ihren Ehegatten / eingetragenen Lebenspartnern darf die Aufbringung der Mittel grundsätzlich nicht zugemutet werden, wenn während der Dauer des Bedarfs ihre monatlichen gemeinsamen Einkünfte eine **Einkommensgrenze** nicht übersteigen.

> Wie viel der Leistungsberechtigte bei den Hilfen in sonstigen Lebenslagen nach dem fünften bis neunten Kapitel (§§ 47–74 SGB XII) aus eigenen Mitteln zu den Kosten der Sozialhilfe beizutragen hat, ergibt sich aus dem **Vergleich des bereinigten Einkommens mit der Einkommensgrenze** nach § 85 SGB XII:
>
> Liegt das Einkommen über der Einkommensgrenze, ist § 87 SGB XII anzuwenden, d. h. die Aufbringung der Mittel wird nur als dem übersteigenden Teil des Einkommens zugemutet; liegt es **unter** der Einkommensgrenze, gilt § 88 SGB XII, d. h. die Aufbringung der Mittel kann nur in den genannten Fällen verlangt werden, z. B. in Höhe der häuslichen Ersparnis bei längerer stationärer Unterbringung.

Die **Einkommensgrenze** setzt sich zusammen aus
- einem Grundbetrag in Höhe des Zweifachen der Regelbedarfsstufe 1,
- den Kosten der Unterkunft und
- einem Familienzuschlag in Höhe von 70 Prozent der Regelbedarfsstufe 1 für den nicht getrennt lebenden Ehegatten/Lebenspartner und für jede unterhaltene Person.

12.6.2 Vermögenseinsatz

Unter Vermögen sind Geld und Geldeswerte (z. B. Bankguthaben, Wertpapiere, bewegliche und unbewegliche Sachen sowie Forderungen und sonstige Rechte) zu verstehen. Einzusetzen ist aber nur das verwertbare Vermögen (§ 90 Abs. 1 SGB XII).

Das in § 90 Abs. 2 SGB XII genannte Vermögen ist uneingeschränkt geschützt, d. h. Einsatz oder Verwertung dürfen nicht verlangt werden.

In der Praxis bedeutsam ist der Schutz angemessener selbst genutzter Hausgrundstücke sowie die Schonung sog. kleinerer Barbeträge nach § 90 Abs. 2 Nr.9 SGB XII i. V. m. der dazu erlassenen Verordnung.

Beispiel

Das „Schonvermögen" bei der Hilfe zum Lebensunterhalt beträgt bei einem allein lebenden Leistungsberechtigten 1.600 Euro (ab 60. Lebensjahr 2.600 Euro), bei einem verheirateten Hilfeempfänger 2.214 Euro (1.600 plus 614 Euro). Bei der Hilfe in sonstigen Lebenslagen dürfen Verheiratete 3. 214 Euro (zuzüglich 256 Euro für jeden unterhaltenen Angehörigen) behalten.

12.7 Einsatz der Arbeitskraft

12.7.1 Arbeitspflicht

§ 2 Abs. 1 SGB XII verlangt den Einsatz der Arbeitskraft, obwohl für Erwerbsfähige das SGB II gilt und für Nichterwerbsfähige, die Grundsicherung nach §§ 41 ff. SGB XII erhalten, der Einsatz der Arbeitskraft ausgeschlossen ist.

§ 19 Abs. 2 SGB XII verlangt zwar auch hier den Einsatz „eigener Kräfte"S, § 41 Abs. 1 SGB XII beschränkt diese eigenen Kräfte aber auf Einkommen und Vermögen, so wie dies § 19 Abs. 3 SGB XII für die Hilfen in unterschiedlichen Lebenslagen nach dem Fünften bis Neunten Kapitel regelt.

Der Einsatz der Arbeitskraft kann daher nur für Hilfesuchende in Betracht kommen, die weniger als drei Stunden täglich erwerbsfähig sein können, ohne Grundsicherung nach §§ 41 ff. SGB XII zu erhalten.

§ 11 Abs. 3 Satz 4 SGB XII verpflichtet Leistungsberechtigte grundsätzlich zur Aufnahme einer **zumutbaren Tätigkeit**, um Einkommen zu erzielen. Auch sind sie zur Teilnahme an einer erforderlichen Vorbereitung verpflichtet.

Zumutbar ist jede Tätigkeit, auch wenn
- sie nicht einer früheren beruflichen Tätigkeit des Leistungsberechtigten entspricht,
- sie im Hinblick auf die Ausbildung des Leistungsberechtigten als geringwertig anzusehen ist,
- der Beschäftigungsort vom Wohnort des Leistungsberechtigten weiter entfernt ist als ein früherer Beschäftigungs- oder Ausbildungsort,
- die Arbeitsbedingungen ungünstiger sind als bei den bisherigen Beschäftigungen des Leistungsberechtigten.

Unzumutbar ist eine Tätigkeit nur, wenn
- der Leistungsberechtigte sie nicht ausüben kann, weil er
  - erwerbsgemindert
  - krank

- behindert
- pflegebedürftig ist oder
• er die Regelaltersgrenze (§§ 35 Satz 2, 235 SGB VI: 65/67 Jahre) erreicht hat oder
• ein wichtiger Grund der Tätigkeit entgegensteht, insbesondere weil
  - die geordnete Erziehung eines Kindes gefährdet würde,
  - die Pflege eines Angehörigen oder
  - die Führung des Haushalts den Leistungsberechtigten voll in Anspruch nimmt.

Wann die geordnete Erziehung eines Kindes gefährdet ist, wird in § 11 Abs. 4 Satz 3 SGB XII näher erläutert. Danach ist bei einem ab drei Jahre alten Kind die geordnete Erziehung durch Aufnahme einer Tätigkeit i. d. R. nicht gefährdet, wenn das Kind in einer Tageseinrichtung oder in Tagespflege (§§ 22 ff. SGB VIII) betreut wird. Im Umkehrschluss ist daraus zu folgern, dass bei einem Kind unter drei Jahren eine Fremdunterbringung zum Zweck der Arbeitsaufnahme nicht gefordert werden darf.

12.7.2 Anreize und Sanktionen

Als Leistungsanreiz ist gemäß § 82 Abs. 3 SGB XII ein Betrag in Höhe von 30 Prozent des Einkommens nicht als Einkommen anzusetzen.

Lehnt der Leistungsberechtigte eine zumutbare Tätigkeit ab, ist der für ihn maßgebliche Regelsatz stufenweise zu kürzen (§ 39a Abs. 1 SGB XII). Dabei besteht ein Auswahlermessen bezüglich der Höhe der Kürzung (1 % bis 25 %). Bei wiederholter Ablehnung ist jeweils eine weitere Kürzung vorzunehmen.

Allerdings darf die Kürzung nicht dazu führen, dass unterhaltsberechtigte Angehörige oder andere in Haushaltsgemeinschaft mit ihm lebende Leistungsberechtigte durch die Kürzung mit betroffen werden (§ 39a Abs. 2 i. V. m. § 26 Abs. 1 Satz 2 SGB XII).

Die Kürzung erfolgt durch Verwaltungsakt. Daher müssen die formellen Voraussetzungen (insbesondere Anhörung, Begründung, Rechtsbehelfsbelehrung gem. §§ 24, 35, 36 SGB X) erfüllt werden. Zusätzlich muss vorher eine Belehrung („Vorwarnung") des Leistungsberechtigten erfolgen (§ 39a Abs. 1 Satz 2 SGB XII).

12.8 Sozialrechtliches Dreiecksverhältnis

Das sozialrechtliche Dreiecksverhältnis zwischen Leistungsberechtigtem, Leistungsträger (Träger der Sozialhilfe) und Leistungserbringer (Einrichtung) entspricht weitgehend dem anderer Bücher des SGB und soll hier deshalb nur kurz in Abb. 2.4 wiederholt werden.

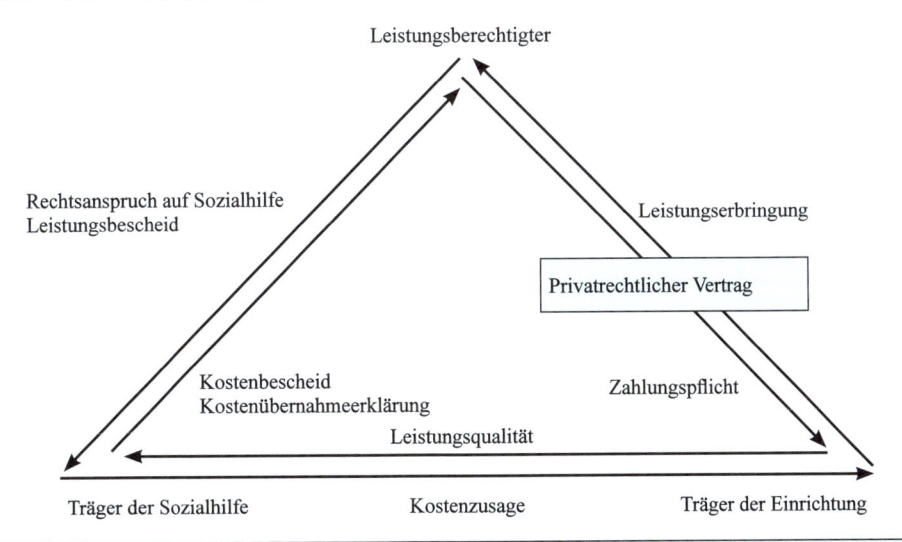

Abb. 2.4: Sozialrechtliches Dreiecksverhältnis

> **Beispiel**
>
> Frau Brückner (77 Jahre) möchte in einem Altenheim der Caritas untergebracht werden. Die Leistungsberechtigte hat einen Anspruch auf Grundsicherung gem. § 19 Abs. 2 SGB XII i.V.m. § 41 SGB XII und auf Hilfe bei Unterbringung in einem Altenheim gem. § 71 SGB XII. Ihrem Wunsch auf Unterbringung gerade in einem Heim der Caritas ist gem. § 9 Abs. 2 und 3 SGB XII zu entsprechen. Die Hilfe im Heim erfolgt durch Übernahme der Kosten für den notwendigen Lebensunterhalt, die Kosten für Unterkunft und Heizung und Übernahme der Kosten für den weiteren notwendigen Lebensunterhalt (insbesondere Kleidung und Barbetrag zur persönlichen Verfügung) gem. §§ 27b, 42 Nr. 4 SGB XII. Zwischen der Leistungsberechtigten und dem Caritas-Verband als Heimträger wird ein privater Unterbringungs- und Betreuungsvertrag gemäß dem Heimgesetz abgeschlossen. Zwischen dem Caritas-Verband und dem Sozialhilfeträger wird ein öffentlich-rechtlicher Vertrag (vgl. § 53 SGB X) geschlossen, in dem geregelt ist, dass der öffentliche Träger die Kosten der Heimunterbringung übernimmt, während der Heimträger sich zur Leistungserbringung an die Heimbewohnerin verpflichtet. Zur Übernahme der Kosten in der Einrichtung der Caritas ist der öffentliche Träger nur verpflichtet, wenn mit dem Caritas-Verband eine Leistungs-, Vergütungs- und Prüfungsvereinbarung gem. § 75 Abs. 3 SGB XII abgeschlossen worden ist. Von der Leistungsberechtigten (Frau Brückner) holt sich der Sozialhilfeträger den Teil der Kosten, den sie aus ihrem Einkommen und Vermögen selbst tragen muss, als Aufwendungsersatz gem. § 19 Abs. 5 SGB XII zurück.

12.9 Prüfschemata und Fallbeispiele

12.9.1 Erstattung zu Unrecht geleisteter Sozialhilfe

Wurde Sozialhilfe zu Unrecht geleistet, ist sie vom Hilfeempfänger zurückzuzahlen, allerdings nur dann, wenn er keinen Vertrauensschutz zur Seite hat.

Materielle Voraussetzungen[61]

1. Rechtsgrundlage

Eine Erstattungspflicht kann nur festgesetzt werden, wenn eine Rücknahme des begünstigenden Verwaltungsakts erfolgt ist (§ 50 Abs. 1 SGB X).

Die **Rücknahme** setzt gemäß § 45 SGB X voraus:

- Bewilligungsbescheid muss rechtswidrig gewesen sein;
- Rücknahme darf nicht durch „Vertrauenskette" gesperrt sein. Diese liegt vor, wenn der Leistungsempfänger auf den Bestand des Verwaltungsakts vertraut hat und
    a) er sich auf das Vertrauen berufen kann und
    b) sein Vertrauen schutzwürdig ist.
2. Prüfen, ob Ermessen fehlerfrei ausgeübt wurde

Formelle Voraussetzungen

1. Zuständigkeit

- sachliche (wie für den Bewilligungsbescheid nach § 97 SGB XII)
- örtliche (nach Unanfechtbarkeit des Hilfebescheides: die Behörde, die im Zeitpunkt der Rücknahme örtlich nach § 98 SGB XII zuständig ist; vor Unanfechtbarkeit des Bescheides: die Behörde, die den Bescheid erlassen hat; § 45 Abs. 5 i.V.m. § 44 Abs. 3 SGB X).

2. Verfahren

- Anhörung der Beteiligten (§ 24 SGB X)
- Rücknahme muss innerhalb der Jahresfrist (§ 45 Abs. 4 SGB X i.V.m. § 26 SGB X i.V.m. §§ 187 bis 193 BGB) erfolgen

---

[61] Vgl. Klinger / Kunkel u.a., a.a.O., S. 434.

3. Form

- Die zu erstattende Leistung ist durch schriftlichen Verwaltungsakt festzusetzen (§ 50 Abs. 3 Satz 1 SGB X)
- Verbindung von Aufhebung des Verwaltungsakts und Erstattungspflicht (§ 50 Abs. 3 Satz 2 SGB X) in der Entscheidungsformel
- Begründung (§ 35 Abs. 1 Satz 3 SGB X)
- Rechtsbehelfsbelehrung (§ 36 SGB X)

Beispiel

Sophia Baumann (75 Jahre) will noch nicht ins Pflegeheim ziehen, obwohl sie seit einem Schlaganfall bei den alltäglichen Verrichtungen erheblich eingeschränkt ist und sich auch in der eigenen Wohnung nur mit Mühe bewegen kann. Ihr gleichaltriger Ehemann erledigt die Einkäufe und unterstützt sie, so gut er kann. Beim morgendlichen Aufstehen und abendlichen Zubettbringen muss allerdings ein Pflegedienst helfen, der auch die Reinigung der Wohnung und den Wäschedienst übernimmt. Frau Baumann wurde auf Antrag in Pflegestufe I eingruppiert und erhält von der Pflegekasse die dafür vorgesehene Pflegesachleistung (§ 36 Abs. 3 Nr. 1a SGB XI). Da der Pflegedienst aber pro Tag 39 Euro kostet, reicht diese Leistung nicht aus.

Das Ehepaar verfügt über ein monatliches Einkommen (Renten) in Höhe von 1.192 Euro; die Kosten der Unterkunft betragen insgesamt 460 Euro pro Monat.

	€/Monat
Kosten Pflegedienst (39 € pro Tag)	1.170
Pflegesachleistung bei Stufe I (ab 01.01.2012)	450
Verbleibende Pflegekosten	**720**

Das Sozialamt prüft zunächst, ob Bedürftigkeit vorliegt. Für die Hilfe zur Pflege (§§ 61 ff. SGB XII) gilt eine Einkommensgrenze in Höhe des Zweifachen der Regelbedarfsstufe 1 zuzüglich 70 Prozent des „Eckregelsatzes" für Familienangehörige (Familienzuschlag) sowie der Kosten der Unterkunft.

Berechnung der Einkommensgrenze (§ 85 Abs. 1 SGB XII):

Grundbetrag (2 x 382 €)	782
Familienzuschlag für Ehepartner	274
Kosten der Unterkunft	460
Einkommensgrenze	**1.516**

Da das Einkommen des Ehepaars (1.192 Euro) unter dieser Einkommensgrenze liegt und auch keine zu berücksichtigenden Ersparnisse vorhanden sind, übernimmt die Sozialhilfe die verbleibenden Pflegekosten (vgl. § 88 SGB XII).

Beispiel

Constanze Meyer ist allein erziehende Mutter von zwei schulpflichtigen Kindern (Benjamin, 12 Jahre, und Julia, 15 Jahre alt). Nach der Trennung von ihrem Mann verlor sie wegen einer betriebsbedingten Kündigung auch noch ihren Arbeitsplatz. Daraufhin verfiel sie in eine tiefe Depression.
Mithilfe von Ärzten und Psychologen hat Frau Meyer ihre psychische Erkrankung überwunden, ist aber noch nicht wieder fähig, arbeiten zu gehen. Das Geld hat jedoch mit dem Unterhalt ihres geschiedenen Mannes (1.240 Euro), Wohngeld (165 Euro) und dem gesetzlichen Kindergeld immer knapp ausgereicht. Sozialhilfe hat sie deshalb nie beantragt. Für die Wohnung muss sie 472 Euro Miete und 86 Euro Heizkosten bezahlen. Als die beiden Kinder jedoch Anmeldungen für eine gemeinsame fünftägige Schulklassenfahrt an die Ostsee mit nach Hause bringen, ist Frau Meyer verzweifelt: Die 250 Euro für die beiden Fahrten kann sie nicht aufbringen. Als sie mit ihrer Sozialarbeiterin darüber spricht, rät diese, zum Sozialamt zu gehen und einen Antrag auf eine Leistung aus dem Bildungspaket für mehrtägige Klassenfahrten zu stellen (§ 34 Abs. 2 Nr. 2 SGB XII).

Der Sachbearbeiter im Sozialamt berechnet die Hilfe wie folgt:

Bedarf an Hilfe zum Lebensunterhalt	€/Monat
Regelbedarfsstufe 1 (für Alleinerziehende)	391
Regelbedarfsstufe 5 (für Kind 12 Jahre)	261
Regelbedarfsstufe 4 (für Kind 15 Jahre)	296
Mehrbedarf von 36 Prozent bei Alleinerziehenden für zwei Kinder unter 16 Jahren (§ 30 Abs. 3 Nr. 1 SGB XII)	141
Kaltmiete	472
Heizkosten	86
Summe Bedarf	**1.647**
Einkommen	
Kindergeld (2 x 184 €)	368
Unterhalt	1.240
Wohngeld	165
abzüglich Kranken-/Pflegeversicherungsbeitrag ./.	120
Summe Einkommen	**1.653**

Der Sachbearbeiter stellt fest, dass Frau Meyer mit ihrem Einkommen um 6 Euro über dem Bedarf liegt und daher keinen Anspruch auf laufende Hilfe zum Lebensunterhalt hat. Aber einer „nachfragenden Person" werden auch, wenn keine laufenden Leistungen zu gewähren sind, Leistungen für Bildung und Teilhabe erbracht, falls sie diese nicht aus eigenen Mitteln vollständig decken kann (§ 34a Abs. 1 Satz 2 SGB XII). Frau Meyer hat also einen Anspruch auf das Bildungspaket (mehrtägige Klassenfahrten) in Höhe der beantragten 250 abzüglich eines geringen Eigenanteils. Der Sachbearbeiter wird den übersteigenden Einkommensanteil auf sieben Monate hochrechnen (6 Euro x 7 = 42 Euro) und als Eigenanteil verlangen.

> Wer nur knapp (i.d.R. nicht mehr als 10 Prozent) über dem Bedarf liegt und daher keinen Anspruch auf laufende Hilfe zum Lebensunterhalt hat, kann Anspruch auf einmalige Leistungen (Bedarfe) haben, § 31 Abs. 2 SGB XII.

12.9.2 Kostenersatz durch Erben

Da die Vorschrift des § 90 Abs. 2 SGB XII dem Leistungsberechtigen Teile seines Vermögens als „Schonvermögen" belässt, können die Erben verpflichtet werden, die an den Erblasser gezahlte Sozialhilfe zu erstatten.

Direkte Erbenhaftung (§ 102 SGB XII)	Indirekte Erbenhaftung (§ 103 Abs. 2 SGB XII)
Voraussetzungen: • Leistungsberechtigter oder dessen Partner ist gestorben; • 10 Jahre vor dem Todesfall ist Sozialhilfe (nicht Grundsicherung) geleistet worden; • Hilfe ist mindestens in Höhe des Dreifachen des Grundbetrags nach § 85 Abs. 1 SGB XII aufgewendet worden.	**Voraussetzung:** Die Ersatzpflicht nach § 103 Abs. 1 SGB XII muss bereits beim Erblasser eingetreten sein (Kostenersatz bei schuldhaftem Verhalten).
Ausnahmen: Der Erbe des Partners des Leistungsberechtigten haftet nicht für die während des Getrenntlebens beim Leistungsberechtigten entstandenen Sozialhilfekosten.	**Folge:** Der Erbe ist zum Ersatz verpflichtet.
Begrenzung: **Ersatzanspruch nur in Höhe des Nachlasses**	**Begrenzung:** **Ersatzanspruch nur in Höhe des Nachlasses**

Verzicht auf Kostenersatz:
• Soweit Nachlasswert geringer ist als das 3-fache des Grundbetrages nach § 85 Abs. 1 SGB XII oder
• soweit Nachlasswert unter 15.340 Euro liegt, wenn Erbe
  – Partner des Leistungsberechtigten oder
  – Verwandter des Leistungsberechtigten und
  – Pflege bis zum Tod des Leistungsberechtigten in häuslicher Gemeinschaft;
• soweit Inanspruchnahme des Erben besondere Härte wäre.	

Erlöschen des Ersatzanspruches: Nach drei Jahren, gerechnet vom Tod des Leistungsberechtigten oder seines Partners an. **Hemmung und Unterbrechung dieser Frist nach §§ 203 ff. BGB**	

Tabelle 2.2: Kostenersatz durch Erben[62]

Zusammenfassung

Das Bundessozialhilfegesetz wurde im Jahr 2003 reformiert und als Zwölftes Buch in das Sozialgesetzbuch eingegliedert. Das SGB XII trat (gleichzeitig mit dem SGB II) am 01.01.2005 in Kraft.

Im System der sozialen Sicherung hat die Sozialhilfe die Funktion eines „Auffangnetzes". Wer hilfebedürftig ist und keine (oder nicht ausreichende Leistungen) von Dritten (z. B. unterhaltspflichtigen Angehörigen, vorrangigen Sozialleistungsträgern) erhält, hat subsidiär (nachrangig) Anspruch auf Sozialhilfe.

Die Leistungen der Sozialhilfe sollen nicht nur Armut und soziale Ausgrenzung verhindern, sondern dem Berechtigten eine Lebensführung ermöglichen, die der Würde des Menschen entspricht. Die Leistungen sollen ihn aber auch in die Lage versetzen, sein Leben wieder aus eigener Kraft zu gestalten.

Die **Hilfe zum Lebensunterhalt** umfasst die Regelsätze (sechs Regelbedarfsstufen), die Kosten der Unterkunft und Heizung, Mehrbedarfszuschläge, Bedarfe für Bildung und Teilhabe und einmalige Leistungen.

---

[62] vgl. Klinger/Kunkel u. a., a. a. O., S. 433.

Die **Grundsicherung im Alter und bei Erwerbsminderung** hilft vor allem älteren Menschen, die vor der Einführung von Grundsicherungsleistungen im Jahr 2003 keine Hilfe zum Lebensunterhalt in Anspruch nehmen wollten, weil sie den Unterhaltsrückgriff auf ihre Kinder befürchteten. Die steuerfinanzierte Grundsicherung im Alter und bei Erwerbsminderung, die von diesem Rückgriff in der Regel absieht, ist nunmehr Teil des Sozialhilferechts. Neben den Älteren (über 65/67-Jährigen) sind hier auch dauerhaft voll Erwerbsgeminderte ab 18 Jahren anspruchsberechtigt, besonders diejenigen, die von Geburt oder früher Jugend an schwerstbehindert sind.

Alter und Erwerbsminderung sind vorrangig in der gesetzlichen Rentenversicherung (SGB VI) abgesichert. Im Unterschied zu den Leistungen der Rentenversicherung handelt es sich bei der Grundsicherung im Alter und bei Erwerbsminderung jedoch nicht um eine Versicherungsleistung (also keine „Ersatz-" oder „Mindestrente"), sondern um eine **bedürftigkeitsabhängige Leistung**, die in ihrem Umfang weitestgehend der Hilfe zum Lebensunterhalt entspricht.

Die Sozialhilfe tritt auch ein, wenn Menschen in einer **besonderen Lebenssituation** infolge von Krankheit, Behinderung, Pflegebedürftigkeit, hohem Alter oder bei besonderen sozialen Schwierigkeiten Unterstützung benötigen. Im Einzelnen kommen hier „Hilfen zur Gesundheit", „Eingliederungshilfe für behinderte Menschen", „Hilfe zur Pflege", „Hilfen zur Überwindung besonderer sozialer Schwierigkeiten" und „Hilfe in anderen Lebenslagen" in Betracht.

Mit der Einordnung des Sozialhilferechts in das Sozialgesetzbuch wurde die bereits im SGB IX eingeführte Konzeption fortgesetzt, wonach kranke, behinderte und pflegebedürftige Menschen stärker als bisher darin unterstützt werden sollen, ein möglichst selbstständiges und selbstbestimmtes Leben zu führen. Dazu dient insbesondere die Einführung des trägerübergreifenden **Persönlichen Budgets** als Gesamtbudget aller in Betracht kommenden Leistungen. Den behinderten und pflegebedürftigen Menschen werden hierbei Geldleistungen zur Verfügung gestellt, die ihnen ermöglichen, bestimmte Betreuungsleistungen selbst zu organisieren und zu bezahlen.

Die Sozialhilfe setzt ein, sobald dem Träger bekannt wird, dass die Voraussetzungen für die Leistung vorliegen (Amtsprinzip). Eine Ausnahme bildet die Grundsicherung im Alter und bei Erwerbsminderung, für die ein Antrag erforderlich ist.

Die grundlegenden **Merkmale der sozialhilferechtlichen Leistungserbringung** sind:

- Die Sozialhilfe ist eine **nachrangige Leistung** und wird daher in der Regel erst dann erbracht, wenn alle anderen Möglichkeiten ausgeschöpft sind, insbesondere das Einkommen und Vermögen des Leistungsberechtigten, seine Arbeitskraft, seine Ansprüche gegenüber Unterhaltsverpflichteten und gegenüber vorrangigen Sicherungssystemen.
- Die Leistungen werden auf den **individuellen Bedarf** abgestimmt und berücksichtigen dabei die Lebenslage, die Wünsche und die Fähigkeiten der Leistungsberechtigten.
- Die Leistungen werden als **Dienstleistung, Geldleistung oder Sachleistung** erbracht, wobei Geldleistungen grundsätzlich Vorrang gegenüber Sachleistungen haben. Die Leistungserbringung beschränkt sich aber nicht auf finanzielle Unterstützung, sondern umfasst auch Beratung, Aktivierung und weitere Unterstützung, die auf eine Unabhängigkeit von der Sozialhilfe hinwirken sollen.
- Der **Vorrang ambulanter vor stationärer Hilfe**: Die Leistung stationärer Hilfe erfolgt erst nach Prüfung von Bedarf, möglichen Alternativen (insbesondere ambulanter Hilfemöglichkeiten) und Kosten.

Aufgaben zur Selbstüberprüfung Kapitel 12 unter www.lambertus.de

Kapitel 13

13 Leistungen für Asylbewerber

In Deutschland ist der Schutz politisch Verfolgter im Grundgesetz Art. 16a verankert: „Politisch Verfolgte genießen Asylrecht".

13.1 Politisches Asyl in Deutschland

Durch die Öffnung Osteuropas zum Westen und den Bürgerkrieg in Jugoslawien stieg die Zahl der Asylbewerber sprunghaft an. Die Bundesregierung schränkte daraufhin 1993 das Asylrecht ein. Während Mitte der 1990er Jahre noch mehr als 7 Prozent der Asylbewerber anerkannt wurden, sind es seit 2002 weniger als 2 Prozent.

Ausgeschlossen wurden:
- Menschen, die über einen anderen Staat nach Deutschland einreisen. Sie werden an diesen Staat überstellt und müssen dort Asyl beantragen.
- Menschen, die aus einem als „sicher" eingestuften Herkunftsland kommen. Sie werden ohne Prüfung ihres Falles abgelehnt.

13.2 Asylverfahren

Asylanträge werden vom **Bundesamt für Migration und Flüchtlinge** bearbeitet. Das Amt prüft zunächst, ob Deutschland zuständig ist. Wenn das zutrifft, finden persönliche Anhörungen statt, bei denen die Asylbewerber ihre Furcht vor politischer Verfolgung begründen müssen. Danach sind drei Entscheidungen möglich:

1. Anerkennung als asylberechtigt nach Art. 16a GG, Aufenthalts- und Arbeitserlaubnis für drei Jahre, verlängerbar (2012: 1,2 %).
2. Ablehnung mit Flüchtlingsschutz oder Abschiebungsverbot (z. B. bei einem Bürgerkrieg im Heimatland), Aufenthaltserlaubnis für ein Jahr, verlängerbar (2012: 26,5 %).
3. Ablehnung ohne Flüchtlingsschutz, Ausreise bzw. Abschiebung, kein Aufenthaltsrecht aber eventuell Duldung, wenn Lebensgefahr besteht (2012: 27,3 %).

13.3 Asylbewerberleistungsgesetz

Die Leistungsberechtigten werden in § 1 AsylbLG abschließend genannt. Zu ihnen gehören materiell hilfebedürftige Asylbewerber, geduldete und (vollziehbar) zur Ausreise verpflichtete Ausländer.

Die leistungsberechtigten Personen erhalten **Grundleistungen** in unterschiedlichen Höhen (§ 3 AsylbLG), die Leistungen für Unterkunft (Gemeinschaftsunterkunft oder Mietwohnung), Hausrat und Heizkosten beinhalten; sowie Leistungen bei **Krankheit, Schwangerschaft und Geburt** (§ 4 AsylbLG) und **sonstige Leistungen** (§ 6 AsylbLG), wie z. B. Leistungen des „Bildungspakets" (Schulbedarfspauschale, Klassenreisen, Nachhilfe). Anspruchseinschränkungen sind in § 1a AsylbLG geregelt.

Die Leistungsgewährung durch Sachleistungen ist nach dem Willen des Gesetzgebers der Regelfall (**Sachleistungsprinzip**). Dadurch soll vermieden werden, dass Ausländer allein aus wirtschaftlichen Gründen in die Bundesrepublik einreisen. Das Sachleistungsprinzip ist aber durch den hohen Verwaltungsaufwand häufig mit Mehrkosten verbunden, so dass es in der Praxis von der Regel zur Ausnahme geworden ist. Auch ist es vielerorts politisch nicht mehr gewollt. In den meisten Bundesländern werden inzwischen Geldleistungen gewährt.

Zur Deckung persönlicher Bedürfnisse (wie Mobilität und Kommunikation) erhalten die Leistungsberechtigten einen **Barbetrag** nach § 3 Abs.1 AsylbLG. Das Bundesverfassungsgericht hat den bisherigen Barbetrag (40,90 Euro) in seiner Entscheidung vom 18.07.2012 für verfassungswidrig erklärt. Gegenwärtig wird ein Betrag von 137 Euro monatlich gewährt.

Bei Vorliegen der gesetzlichen Voraussetzungen nach § 2 AsylbLG (u. a. „Wartezeit" von 4 Jahren des Beziehens von Grundleistungen) werden anstelle der Grundleistungen erhöhte Sätze in Form der Hilfe zum Lebensunterhalt entsprechend den Leistungen des SGB XII (Sozialhilfe) gewährt.

Das Bundesverfassungsgericht entschied ferner, dass die staatlichen Hilfen für Asylbewerber und Flüchtlinge auf das Niveau der Grundsicherung für Deutsche angehoben werden müssen. Das BVerfG hielt nicht nur die Barbeträge, sondern auch die bisherigen Grundleistungsbeträge für evident zu niedrig und sie würden gegen das Grundrecht auf Gewährleistung eines menschenwürdigen Existenzminimums verstoßen, weil sie seit 1993 nicht verändert wurden und ihre Berechnung weder nachvollziehbar noch realitätsgerecht sei.

Bedarfssätze nach § 3 AsylbLG für 2013 gemäß Übergangsregelung des BVerfG

	Stufe 1: Haushaltsvorstand	Stufe 2: Ehepartner	Stufe 3: Haushaltsangehörige ab 18 J.	Stufe 4: 14–17 J.	Stufe 5: 6–13 J.	Stufe 6: 0–5 J.
Bedarfe (§ 3 Abs. 2 AsylbLG)	217 €	195 €	173 €	193 €	154 €	130 €
Barbetrag (§ 3 Abs. 1 AsylbLG)	137 €	123 €	110 €	81 €	88 €	80 €
Grundleistung gesamt	354 €	318 €	283 €	274 €	242 €	210 €

Aufgrund der Änderungen im Asylrecht ging die Zahl der Asylanträge ab 1993 deutlich zurück. Seit 2008 ist ein erneuter Anstieg zu verzeichnen. Im Jahr 2012 stieg die Zahl der LeistungsempfängerInnen auf über 165.000 Personen, eine Steigerung um 15 Prozent gegenüber dem Vorjahr. Auch im Folgejahr blieb der Trend ungebrochen.[63]

Zuständig für Streitigkeiten nach AsylbLG sind seit 2005 die Sozialgerichte.

In Tabelle 2.3 werden noch einmal die Leistungen und Berechtigten der **Sozialen Mindestsicherung** in einer Übersicht dargestellt.

Soziale Hilfen/ Existenzsicherung
I. Leistungsberechtigter Personenkreis (Hilfefall: Bedürftigkeit)
1) § 7 Abs. 1–3 SGB II : Grundsicherung für Arbeitsuchende 2) §§ 19 ff., 41 SGB XII : Sozialhilfe, Grundsicherung im Alter und bei Erwerbsminderung 3) § 1 AsylbLG : Grundsicherung für Asylbewerber
II. Leistungen
1) §§ 14 ff. SGB II: Leistungen zur Eingliederung erwerbsfähiger Hilfebedürftiger in Arbeit (auf Antrag); beachte § 3 Abs. 2 SGB II §§ 19 ff. SGB II: Sicherung des Lebensunterhalts von erwerbsfähigen Hilfebedürftigen und ihren Angehörigen (Arbeitslosengeld II und Sozialgeld; auf Antrag) 2) §§ 27 ff. SGB XII: Hilfe zum Lebensunterhalt (von Amts wegen) §§ 47–74 SGB XII: Hilfen in weiteren Lebenslagen (von Amts wegen) §§ 41 ff. SGB XII: Grundsicherung im Alter und bei Erwerbsminderung (auf Antrag) 3) §§ 2 ff. AsylbLG: Grundleistungen, Leistungen bei Krankheit, Schwangerschaft und Geburt als Sachleistungen für Asylbewerber; zusätzlich wird ein Geldbetrag zur Deckung persönlicher Bedürfnisse gewährt (von Amts wegen)
III. Zuständigkeit
1) §§ 6 ff., 36 SGB II: Agenturen für Arbeit sowie zugelassene kommunale Träger; Jobcenter 2) §§ 97 ff. SGB XII: Landkreise, kreisfreie Städte; überörtliche Träger der Sozialhilfe 3) §§ 10, 11 AsylbLG: landesrechtlich bestimmte Behörde

Tabelle 2.3: Übersicht Soziale Hilfen / Soziale Mindestsicherung

---

[63] 2012 baten rund 64.540 Menschen in der Bundesrepublik um Asyl, vor allem aus Serbien, Afghanistan, Syrien und dem Irak. Als asylberechtigt wurden 1,2 Prozent der bearbeiteten Anträge anerkannt; weitere 13,0 Prozent erhielten Flüchtlingsschutz und für 13,5 Prozent wurde wegen der Gefahren, die bei einer Rückkehr in die Heimat drohten, ein Abschiebungsverbot ausgesprochen (Statistisches Bundesamt, Pressemitteilung vom 12.09.2013; ZAHLENBILDER 35-580-5/13 im Bergmoser + Höller Verlag).

Kapitel 14

14 Soziale Entschädigung

> Sie lernen in diesem Kapitel in Grundzügen die Voraussetzungen und Leistungen des sozialen Entschädigungsrechts kennen.

Wer einen gesundheitlichen Schaden erleidet, für dessen Folgen die staatliche Gemeinschaft in Abgeltung eines besonderen Opfers einsteht, hat Anspruch auf Wiederherstellung der Gesundheit und auf wirtschaftliche Versorgung. Damit sollen beispielsweise besondere Opfer zumindest finanziell abgegolten werden. Auch die Hinterbliebenen solcher Beschädigten können eine Versorgung beanspruchen, wenn sie bestimmte Voraussetzungen erfüllen.

Das **Soziale Entschädigungsrecht** umfasst:
- Kriegsopfer (sie stellen derzeit den größten Empfängerkreis von Versorgungsberechtigten nach dem Bundesversorgungsgesetz),
- Opfer von Gewalttaten,
- Wehr- und Zivildienstbeschädigte,
- Impfgeschädigte,
- Personen, die nach dem 08.05.1945 in der sowjetischen Besatzungszone, im sowjetisch besetzten Sektor von Berlin oder in den in § 1 Abs. 2 Nr. 3 des Bundesvertriebenengesetzes genannten Gebieten aus politischen Gründen inhaftiert wurden und dadurch gesundheitlich beeinträchtigt worden sind,
- Personen, die aufgrund eines SED-Unrechtsurteils inhaftiert waren und dadurch Gesundheitsschäden erlitten haben, die noch heute fortdauern,
- Opfer einer hoheitlichen Maßnahme einer behördlichen Stelle in der ehemaligen DDR.

Grundlagen für das Entschädigungsrecht finden sich im
- Bundesversorgungsgesetz (BVG),
- Soldatenversorgungsgesetz (SVG),
- Zivildienstgesetz (ZDG),
- Häftlingshilfegesetz (HHG),
- Opferentschädigungsgesetz (OEG),
- Infektionsschutzgesetz (IfSG),
- Strafrechtlichen Rehabilitierungsgesetz (StrRehaG),
- Verwaltungsrechtlichen Rehabilitierungsgesetz (VwRehaG).

14.1 Kriegsopferversorgung

14.1.1 Leistungsberechtigung/Voraussetzungen

Auf Antrag erhält man Versorgungsleistungen für gesundheitliche und wirtschaftliche Folgen einer Schädigung, die verursacht worden ist durch:
- eine militärische oder militärähnliche Dienstverrichtung,
- einen Unfall während dieses Dienstes,
- die Verhältnisse, die diesem Dienst eigentümlich sind,
- Kriegsgefangenschaft,
- unmittelbare Kriegseinwirkung (beispielsweise, wenn man als Zivilperson bei einem Luftangriff verletzt worden ist) oder wenn der Gesundheitsschaden durch Gewaltakte von Angehörigen der Besatzungsmächte (z. B. Körperverletzung, Vergewaltigung) entstanden ist.

Gesetzliche Grundlage für die Kriegsopferversorgung und -fürsorge ist das **Bundesversorgungsgesetz** (BVG).

Zuständig für die Kriegsopferversorgung sind die **Versorgungsämter**. Leistungen können dort beantragt werden, aber auch bei den Gemeinden, einem Träger der Sozialversicherung oder einer amtlichen Vertretung der Bundesrepublik Deutschland im Ausland.

Zuständig für die **Kriegsopferfürsorge** sind die Fürsorge- und Hauptfürsorgestellen; sie ergänzen die Versorgungsleistungen durch besondere Hilfen im Einzelfall.

Rechtsschutz im Bereich der Kriegsopferfürsorge gewähren die Gerichte der Verwaltungsgerichtsbarkeit; im Bereich der Kriegsopferversorgung ist der Rechtsweg zu den Sozialgerichten zu beschreiten (siehe Kapitel 8 in diesem Buch).

14.1.2 Heilbehandlung

Beschädigte im Sinne des Sozialen Entschädigungsrechts haben Anspruch auf Heilbehandlung für anerkannte Folgen der Schädigung:

- ambulante ärztliche und zahnärztliche Behandlung,
- Behandlung im Krankenhaus,
- Versorgung mit Arznei-, Verband- und Heilmitteln,
- Versorgung mit Hilfsmitteln,
- Versorgung mit Zahnersatz,
- Ersatzleistungen, die die Versorgung mit Hilfsmitteln ergänzen (beispielsweise beim Kauf und bei notwendigen Änderungen von Kraftfahrzeugen),
- Badekuren,
- Haushaltshilfe,
- Teilnahme an Leibesübungen für Versehrte.

Wenn ein Grad der Schädigungsfolgen (GdS) von mindestens 50 anerkannt ist, erhält man auch für alle weiteren nicht schädigungsbedingten Erkrankungen Heilbehandlung. Das gilt aber nur, wenn diese Behandlung nicht bereits durch Ansprüche gegen andere Leistungsträger sichergestellt ist. Ebenfalls keinen Anspruch auf Heilbehandlung für weitere Erkrankungen haben Schwerbeschädigte, wenn ihr Verdienst über der Jahresarbeitsentgeltgrenze der gesetzlichen Krankenversicherung liegt (2014: monatlich 4.462,50 Euro in den alten und neuen Bundesländern).

14.1.3 Versorgungskrankengeld / Krankenbehandlung

Außerdem besteht Anspruch auf Versorgungskrankengeld, wenn man durch die Folgen der Schädigung arbeitsunfähig ist, sowie auf Krankenbehandlung einschließlich Leistungen zur Gesundheitsvorsorge und medizinischen Rehabilitation, sofern sie nicht anderweitig sichergestellt ist.

Diesen Anspruch haben

- Schwerbeschädigte für ihre Ehepartner und ihre Kinder sowie für sonstige Angehörige,
- Pflegezulageempfänger für Personen, die sie unentgeltlich pflegen,
- Hinterbliebene.

Darüber hinaus haben Schwerbeschädigte Anspruch auf Leistungen zur Teilhabe am Arbeitsleben, die helfen sollen, einen angemessenen Beruf zu erlangen, wiederzuerlangen oder zu erhalten. Solange die Leistungen zur Teilhabe am Arbeitsleben andauern, erhält man Übergangsgeld oder Unterhaltsbeihilfe.

14.1.4 Rente

Rentenleistungen erhalten Beschädigte, Witwen, Waisen und Eltern. Wie hoch die Beschädigtenrente ist, richtet sich danach, wie sehr die Erwerbsfähigkeit gemindert ist. Ab einem Grad der Schädigungsfolgen (GdS) von 25 werden Rentenleistungen erbracht.

Folgende Leistungen gibt es:
- Grundrente, gestaffelt nach Grad der Schädigungsfolgen. Ab Vollendung des 65. Lebensjahres erhöht sich die Grundrente bei Schwerbeschädigten.
- Schwerstbeschädigtenzulage in sechs Stufen
- Pflegezulage bei Hilflosigkeit, ebenfalls in sechs Stufen
- Ersatz für Mehrverschleiß an Kleidung und Wäsche
- Blinde erhalten eine Beihilfe zu den Aufwendungen für fremde Führung.
- Berufsschadensausgleich, um den Einkommensverlust auszugleichen, den der Beschädigte hinnehmen musste, weil er seinen früher ausgeübten oder angestrebten Beruf wegen der Schädigung ganz oder teilweise nicht mehr ausüben kann.
- Ausgleichsrente und Ehegattenzuschlag erhalten Schwerbeschädigte, damit sie ihren Lebensunterhalt sichern können. Angerechnet wird das Einkommen, nachdem Freibeträge abgezogen worden sind.
- Wenn Beschädigte an den Folgen ihrer Schädigung sterben, erhalten ihre Witwen und Waisen eine Grundrente. Daneben wird eine Ausgleichsrente gewährt, damit sie ihren Lebensunterhalt sichern können. Auf diese Ausgleichsrente wird das vorhandene Einkommen angerechnet, nachdem Freibeträge abgezogen worden sind.
- Falls das Einkommen einer Witwe einschließlich Grund- und Ausgleichsrente sowie Pflegeausgleich weniger als die Hälfte des Einkommens beträgt, das der Verstorbene ohne die Schädigung erzielt hätte, erhält sie einen Schadensausgleich.
- Wenn der Beschädigte nicht an den Folgen seiner Schädigung gestorben ist, kommt für die Hinterbliebenen Witwen- oder Waisenbeihilfe in Betracht, sofern die Voraussetzungen erfüllt sind.
- Die Eltern eines Beschädigten, der an den Folgen seiner Schädigung verstorben ist, erhalten eine Elternrente, wenn sie bedürftig sind und das 60. Lebensjahr vollendet haben oder wenn sie erwerbsunfähig sind. Das gilt auch für Adoptiv-, Stief- und Pflegeeltern sowie – unter bestimmten Voraussetzungen – für Großeltern. Haben die Eltern eigenes Einkommen, wird es auf die Elternrente angerechnet, nachdem Freibeträge abgezogen worden sind.

14.1.5 Ergänzende Leistungen

Zusätzlich gibt es ergänzende Leistungen der **Kriegsopferfürsorge**, zum Beispiel:
- Hilfe zur Pflege,
- Hilfe zur Weiterführung des Haushalts,
- Altenhilfe,
- Erholungshilfe,
- Hilfen in besonderen Lebenslagen, u. a. Eingliederungshilfe für behinderte Menschen (z. B. Kfz-Hilfe),
- Leistungen zur Teilhabe am Arbeitsleben für Beschädigte,
- ergänzende Hilfe zum Lebensunterhalt.

Leistungen der Kriegsopferfürsorge werden nachrangig und zur Ergänzung der übrigen Leistungen nach dem Bundesversorgungsgesetz als spezielle **Hilfen im Einzelfall** gewährt. Sie sind grundsätzlich einkommens- und vermögensabhängig – es sei denn, der Bedarf ist ausschließlich schädigungsbedingt.

Tabelle 3.1 gibt einen Überblick über infrage kommende Leistungen und ihre gesetzlichen Grundlagen.

Leistungen der Kriegsopferversorgung und -fürsorge				
Heilbehandlung/ Krankenbehandlung (§§ 10–24 a BVG)	**Kriegsopferfürsorge (§§ 25–27j BVG)**	**Beschädigtenrente (§§ 29–35 BVG)**	**Bestattungsgeld/Sterbegeld (§§ 36, 37 BVG)**	**Hinterbliebenenleistungen (§§ 38–53a BVG)**
• ambulante ärztliche und zahnärztliche Behandlung	• Teilhabe am Arbeitsleben / Übergangsgeld (§ 26, 26a BVG)	• Beschädigtengrundrente nach dem Grad der Schädigungsfolgen (§ 31 BVG)	• Bestattungsgeld (§ 36 BVG)	• Hinterbliebenenrente (§§ 38 f. BVG)
• Versorgung mit Arznei- und Verbandmitteln	• Krankenhilfe (§ 26b BVG)	• Ausgleichsrente für Schwerbeschädigte (§§ 32 bis 34 BVG)	• Sterbegeld (§ 37 BVG)	• Witwengrundrente (§ 40 BVG)
• Versorgung mit Heilmitteln	• Hilfe zur Pflege (§ 26c BVG)	• Zuschlag für Ehegatten (§ 33a BVG)		• Schadensausgleich für Witwen (§ 40a BVG)
• Versorgung mit Zahnersatz	• Hilfe zur Weiterführung des Haushalts (§ 26d BVG)	• Kinderzuschlag (§33b BVG)		• Pflegeausgleich für Witwen (§ 40b BVG)
• Krankenhausbehandlung	• Altenhilfe (§ 26e BVG)	• Pflegezulage (§ 35 BVG)		• Ausgleichsrente für Witwen (§ 41 BVG)
• Behandlung in einer Rehabilitationseinrichtung	• Erziehungsbeihilfe (§ 27 BVG)			• Waisenrente (§§ 45ff. BVG)
• häusliche Krankenpflege	• ergänzende Hilfe zum Lebensunterhalt (§ 27a BVG)			• Witwen- und Waisenbeihilfe (§ 48 BVG)
• Versorgung mit Hilfsmitteln	• Erholungshilfe (§ 27b BVG)			• Elternrente (§§ 49ff. BVG)
• orthopädische Hilfsmittel	• Wohnungshilfe (§ 27c BVG)			• Verschollenheitsrente (§ 52 BVG)
• Blindenführhund	• Hilfen in besonderen Lebenslagen (§ 27d BVG)			• Bestattungsgeld beim Tod von Hinterbliebenen (§ 53 i. V.m. § 36 BVG)
• Belastungserprobung und Arbeitstherapie	• Sonderfürsorge (§ 27e BVG)			• Beiträge zur Pflegeversicherung (§ 53a BVG)
• nichtärztliche sozialpädiatrische Leistungen				
• Kleider- und Wäscheverschleiß				
• Versorgungskrankengeld				
• Beiträge für Ausfallzeiten				
• Aufwendungen für die Altersvorsorge				
• Ersatz persönlicher Unkosten				

Tabelle 3.1: Leistungen der Kriegsopferversorgung und -fürsorge (Übersicht)

14.2 Opfer von Gewalttaten

Das Gesetz über die Entschädigung für Opfer von Gewalttaten (OEG) ist 1976 in Kraft getreten. Es gilt in der Regel nur für Schädigungen, die durch Gewalttaten (z. B. Körperverletzung, sexuelle Nötigung) eingetreten sind, die nach diesem Zeitpunkt verübt worden sind.

Wer innerhalb der Bundesrepublik Deutschland oder auf einem deutschen Schiff bzw. Luftfahrzeug das Opfer einer Gewalttat geworden ist und hierdurch gesundheitlichen Schaden erlitten hat, wird im gleichen Umfang versorgt wie Kriegsopfer, d. h. Heilbehandlung, Rehabilitationsmaßnahmen und – bei dauerhafter Schädigung – Rentenleistungen.

Mit dem Dritten Gesetz zur Änderung des Opferentschädigungsgesetzes von 2009 sind in diese Entschädigungsregelung auch die im Ausland an Deutschen sowie die an rechtmäßig in Deutschland lebenden Ausländern begangenen Straftaten einbezogen worden. Für ausländische Touristen und Besucher gilt eine Härtefallregelung.

Das Opferentschädigungsgesetz soll helfen, sowohl die gesundheitlichen als auch die finanziellen Folgen einer Gewalttat zu mindern. Das Besondere am OEG ist, dass die Opfer unabhängig von den anderen Sozialsystemen Leistungen erhalten.

Zuständig sind die Versorgungsämter. Leistungen können dort beantragt werden, aber auch bei den Gemeinden, einem Träger der Sozialversicherung oder einer amtlichen Vertretung der Bundesrepublik Deutschland im Ausland.

Kostenträger ist grundsätzlich das Land, in dessen Bereich die Schädigung auf Grund eines vorsätzlichen und rechtswidrigen tätlichen Angriffs eingetreten ist. Der Bund trägt 40 Prozent der Aufwendungen.

14.3 Impfopfer

Das Infektionsschutzgesetz (IfSG, früher Bundesseuchengesetz) schreibt zur Vorbeugung vor übertragbaren Krankheiten Schutzimpfungen vor. Wer dadurch Gesundheitsschäden erleidet, die über normale Impfreaktionen hinausgehen, hat Anspruch auf Entschädigung, entsprechend den Leistungen nach dem BVG (vgl. §§ 60 ff. IfSG).

Entschädigung kommt auch in Betracht, wenn bei Impfungen mit vermehrungsfähigen Erregern ein Gesundheitsschaden bei einer anderen Person hervorgerufen wird.

Bei Streitigkeiten ist der Weg zu den Sozialgerichten eröffnet.

Hinweis: Die Entschädigung der sog. Contergan-Opfer ist unabhängig vom Sozialen Entschädigungsrecht geregelt, und zwar im Gesetz über die Einrichtung einer Stiftung „Hilfswerk für behinderte Menschen".

> Der Begriff „Grad der Schädigungsfolgen (GdS)" hat im Sozialen Entschädigungsrecht den Begriff „Minderung der Erwerbsfähigkeit (MdE)" abgelöst.

Zusammenfassung

Die Übersicht in Tabelle 3.2 fasst die wichtigsten Tatbestände, Leistungen und Träger der sozialen Entschädigung zusammen.[64]

Soziale Entschädigung
I. Entschädigungstatbestände
1) § 1 BVG – Kriegsfolgen: Schädigung durch militärischen Dienst, Kriegsgefangenschaft 2) §§ 80 ff. SVG – Wehrdienstbeschädigung 3) §§ 47 ff. ZDG – Zivildienstbeschädigung 4) §§ 60 ff. IfSG – Impfschäden 5) § 1 OEG – Folgen von Gewalttaten 6) StrRehaG, VwRehaG – SED-Unrecht
II. Entschädigungsleistungen
§§ 10 ff. BVG, worauf die anderen oben genannten Gesetze verweisen; insbesondere: - Heil- und Krankenbehandlung (§§ 10 f. BVG), - Beschädigtenrente (§ 31 BVG) und - Renten an Hinterbliebene (§§ 38 ff. BVG) (in der Regel Antrag erforderlich, vgl. § 18a Abs. 1 BVG)
III. Zuständigkeit
Versorgungsämter, Landesversorgungsämter, orthopädische Versorgungsstellen, Hauptfürsorgestellen (§ 24 Abs. 2 SGB I)

Tabelle 3.2: Überblick Soziale Entschädigung

Aufgaben zur Selbstüberprüfung Kapitel 14 unter www.lambertus.de

---

[64] Vgl. Kokemoor, a. a. O., S. 194.

Kapitel 15

15 Kinder- und Jugendhilfe (SGB VIII)

> Sie gewinnen einen Überblick über die familienunterstützenden, familienergänzenden und familienersetzenden Leistungen der Jugendhilfe und erkennen die zentrale Bedeutung des Kindeswohls, sowie die Möglichkeiten, es zu schützen.

15.1 Inhaltsübersicht Achtes Buch

Die Kinder- und Jugendhilfe zählt systematisch zum Gebiet der sozialen Förderung und war zuvor im Jugendwohlfahrtsgesetz (JWG) aus dem Jahr 1961 geregelt. Nach jahrzehntelanger Reformdiskussion ist eine umfassende Neuregelung dieses Rechtsgebiets durch Art. 1 des Kinder- und Jugendhilfegesetzes (KJHG) vom 26.06.1990 als Buch VIII in das Sozialgesetzbuch eingefügt worden. Das Tagesbetreuungsausbaugesetz (TAG) vom 27.12.2004, das Kinder- und Jugendhilfeweiterentwicklungsgesetz (KICK) vom 08.09.2005 und das Bundeskinderschutzgesetz (BKiSchG) vom 22.12.2011 haben wichtige Änderungen und Ergänzungen gebracht.

Nach § 1 Abs. 1 SGB VIII hat jeder junge Mensch ein Recht auf Förderung seiner Entwicklung und auf Erziehung zu einer eigenverantwortlichen und gemeinschaftsfähigen Persönlichkeit. Diesen Anspruch zu erfüllen ist in erster Linie das Recht, aber auch die Pflicht der Eltern, was durch § 1 Abs. 2 Satz 1 SGB VIII im Anschluss an Art. 6 Abs. 2 Satz 1 GG klargestellt wird.

Die Kinder- und Jugendhilfe tritt insbesondere dann in Funktion, wenn eine angemessene Erziehung nicht ohne Unterstützung der jungen Menschen und ihrer Eltern gewährleistet werden kann. Für den Fall, dass **Erziehungsdefizite** offenbar werden, verzichtet das SGB VIII weitestgehend auf eingriffsrechtliche Instrumentarien und konzentriert sich auf **Leistungsangebote** an die Eltern und Kinder. Eingriffe in das elterliche Erziehungsrecht bleiben dem Familienrecht des BGB (vgl. insbesondere die §§ 1666, 1666 a) und Maßnahmen gegen straffällige Jugendliche dem Jugendstrafrecht (JGG) vorbehalten. In diesen Bereichen findet gemäß §§ 50 bis 52 SGB VIII eine **Mitwirkung** der Jugendämter in den jeweiligen gerichtlichen Verfahren statt.

In Notfällen können die Jugendämter in Ausübung des **staatlichen Wächteramtes** (vgl. § 1 Abs. 2 Satz 2 SGB VIII, Art. 6 Abs. 2 Satz 2 GG) auch gegen den Willen der Eltern in deren Erziehungsrecht eingreifen, wobei dann jedoch unverzüglich eine Entscheidung des Familiengerichts herbeizuführen ist, § 42 SGB VIII (**Inobhutnahme**).

Zum immer wichtiger werdenden **Schutzauftrag** des Jugendamtes bei Kindeswohlgefährdung vgl. §§ 8a und b SGB VIII.

15.1.1 Aufgaben / Leistungen

Die einzelnen Aufgaben der Jugendhilfe sind in § 2 SGB VIII aufgelistet, wobei zwischen Leistungen (Abs. 2) und anderen Aufgaben (Abs. 3) der Jugendhilfe zu unterscheiden ist.

Zu den Leistungen gehören zunächst die in den §§ 11 bis 15 SGB VIII geregelten Angebote der Jugendarbeit, Jugendsozialarbeit und des erzieherischen Kinder- und Jugendschutzes.

Die **Jugendarbeit** (§ 11 SGB VIII) soll jungen Menschen primär Lern- und Sozialisationshilfen im außerschulischen Bereich geben und dort ihre Initiative und Mitverantwortung anregen, weshalb die Schwerpunkte u. a. außerschulische Bildung, Sport, Spiel, Geselligkeit sowie auf die Arbeitswelt gelegt werden.

Bei der **Jugendsozialarbeit** (§ 13 SGB VIII) geht es um sozialpädagogische Hilfen bei der schulischen und beruflichen Ausbildung für sozial benachteiligte oder individuell beeinträchtigte junge Menschen, beim erzieherischen Kinder- und Jugendschutz (§ 14 SGB VIII) um die Förderung der Kritikfähigkeit und Eigenverantwortlichkeit im Umgang mit möglichen Gefahrenquellen wie Drogen oder auch Sekten.

15.1.2 Förderung der Erziehung in der Familie

Zu den Leistungen der Kinder- und Jugendhilfe zählt des Weiteren die Förderung der Erziehung in der Familie (§§ 16 bis 21 SGB VIII). Neben der allgemeinen Beratung der Eltern in Erziehungsfragen (§ 16 SGB VIII) soll hiermit insbesondere eine Unterstützung in bestimmten Problemlagen angeboten werden, etwa wenn

- sich die Eltern trennen (§ 17 SGB VIII),
- ein Elternteil ein Kind allein erzieht (§§ 18 und 19 SGB VIII),
- ein Elternteil oder beide Eltern aus gesundheitlichen Gründen für die Betreuung des Kindes nicht zur Verfügung stehen (§ 20 SGB VIII) oder
- wegen häufiger beruflich bedingter Ortswechsel der Eltern die Erfüllung der Schulpflicht nicht sichergestellt werden kann (§ 21 SGB VIII).

15.1.3 Förderung von Kindern in Tageseinrichtungen und in Kindertagespflege

Die Förderung von Kindern in Tageseinrichtungen und in Tagespflege (§§ 22 ff. SGB VIII) hat in den letzten Jahrzehnten stark an Bedeutung gewonnen. Immer mehr Kinder wachsen ohne Geschwister und ohne gleichaltrige Spielkameraden auf und haben weniger Gelegenheit, Sozialverhalten zu erlernen. Außerdem wurde durch die Hirnforschung auf die Wichtigkeit frühkindlicher Bildung hingewiesen. Für Kinder aus „bildungsfernen Schichten" und sozial schwachen Familien ist die frühe Förderung eine zentrale Voraussetzung für die Kompensation (den Ausgleich) spezifischer Benachteiligungen.

Seit 1996 hat jedes Kind vom vollendeten **dritten Lebensjahr** bis zum Schuleintritt Anspruch auf den Besuch eines Kindergartens (vgl. § 24 Abs. 3 SGB VII n.F. sowie die Kindertagesstättengesetze der Länder).

Ab 01.08.2013 hat jedes Kind nach Vollendung des **ersten Lebensjahres** einen Rechtsanspruch auf frühkindliche Förderung in einer Tageseinrichtung oder in Kindertagespflege (§ 24 Abs.2 SGB VIII n.F.). Auf kommunalpolitischer Seite wurde diskutiert, ob dieser Anspruch zum Stichtag überall eingelöst werden kann. Neben dem Ausbaudefizit (vor allem in den westlichen Bundesländern) bereitet die Gewinnung von fachlich qualifiziertem Personal große Probleme.

Vor Vollendung des ersten Lebensjahres ist ein Kind in einer Einrichtung (Krippe) oder Tagespflege zu fördern, wenn dies geboten ist oder wenn die Erziehungsberechtigten einer Erwerbstätigkeit nachgehen, sich in Schul- bzw. Hochschulausbildung befinden oder Arbeit suchend sind (§ 24 Abs. 1 SGB VIII n.F.).

Für Kinder im **schulpflichtigen Alter** ist ein bedarfsgerechtes Angebot in Tageseinrichtungen (Hort) vorzuhalten, § 24 Abs. 4 SGB VIII n.F.

Die Betreuung in Tageseinrichtungen soll nicht nur – wie dies in § 22 Abs. 2 SGB VIII formuliert ist – die Entwicklung des Kindes zu einer eigenverantwortlichen und gemeinschaftsfähigen Persönlichkeit fördern, sondern darüber hinaus zu einer verbesserten Vereinbarkeit von Familie und Beruf beitragen.[65]

Zeitgleich mit dem Rechtsanspruch auf einen öffentlich bereitgestellten Betreuungsplatz für unter Dreijährige wird ab 01.08. 2013 das (umstrittene) **Betreuungsgeld** gewährt, um den Erziehungsberechtigten mehr Wahlfreiheit zu ermöglichen (§§ 4a–d BEEG).

15.1.4 Hilfe zur Erziehung

Die §§ 27–41 SGB VIII befassen sich mit der wichtigen Hilfe zur Erziehung und zur Eingliederung seelisch behinderter Kinder und Jugendlicher sowie mit Hilfen für junge Volljährige. Zu den Hilfen zur Erziehung zählen u. a. Erziehungsberatung, sozialpädagogische Familienhilfe, Vollzeitpflege und Heimerziehung.

Während ansonsten die Leistungsverpflichtungen anderer Sozialleistungsträger neben den Leistungen nach dem SGB VIII bestehen bleiben, gehen die Leistungen bei seelischer

---

[65] Die Betreuungsquote der unter dreijährigen Kinder weist in Deutschland große regionale Unterschiede auf: In allen ostdeutschen Kreisen lag sie im März 2012 über 40 % (in zwei Drittel der Landkreise über 50 %). In mehr als drei Viertel der westdeutschen Landkreise lag die Quote nur bei 15 % bis 30 % (Statistisches Bundesamt, Pressemitteilung vom 03.12.2012).

Behinderung nach § 35a SGB VIII der Sozialhilfe nach dem SGB XII vor; allerdings hat die Sozialhilfe bei geistiger und körperlicher Behinderung Vorrang.

Voraussetzung für die Gewährung von Hilfen zur Erziehung ist ein sog. **„erzieherischer Bedarf"**. Maßstab für die Feststellung eines Erziehungsdefizits ist, ob die Grundbedürfnisse des Kindes nach Zuwendung, Akzeptanz, stabiler Bindung, altersgemäßer Versorgung, Schutz vor Gefahren, geistiger Bildung sowie sozialer Förderung gewährleistet sind.

Besonders zu beachten ist der **Hilfeplan** nach § 36 Abs. 2 Satz 2 SGB VIII. Er ist ein sozialpädagogisches Instrument, das dazu beitragen soll, die „passende" Hilfe für einen Minderjährigen (und seine Familie) zu finden, das den Aushandlungsprozess dokumentiert und die Wirksamkeit der Maßnahme überprüft.[66]

Elemente der Hilfeplanung:
1. Darstellung der Lebens- und Erziehungsgeschichte
   (auch aus der Sicht der Betroffenen)
2. Feststellung des erzieherischen Bedarfs
   (welche Hilfeart ist geeignet und notwendig?).
3. Beratung über Art und Umfang der Hilfe zur rziehung
   (innerhalb oder außerhalb der Familie?)
4. Teamgespräche
   (Zusammenwirken mehrerer Fachkräfte)
5. Erstellung des konkreten Hilfeplans
   (durch Fachkraft und Hilfesuchende)
6. Fortschreibung des Hilfeplans/Evalution
   (ist gewährte Hilfe weiterhin geeignet und notwendig?)

15.1.5 Schutz von Kindern und Jugendlichen

Von den in § 2 Abs. 3 SGB VIII erwähnten anderen Aufgaben der Jugendhilfe sind zunächst die vorläufigen Maßnahmen zum Schutz von Kindern und Jugendlichen zu nennen. Die **Inobhutnahme** (§ 42 SGB VIII) – gemeint ist die außerfamiliäre Unterbringung bei einer geeigneten Person oder Einrichtung – zielt auf nicht volljährige Personen, die aufgrund einer Konfliktsituation ihr normales Umfeld verlassen haben (z. B. „Ausreißer"). Dabei kann auch eine zwangsweise Herausnahme eines Kindes oder Jugendlichen aus einer das Kindeswohl gefährdenden Familie oder Einrichtung in Betracht kommen.

Die §§ 43–49 SGB VIII regeln den Schutz von Kindern und Jugendlichen, die nicht in ihrem Elternhaus, sondern in Einrichtungen der Kindertagespflege, in Pflegefamilien oder in Heimen und sonstigen Wohnformen betreut werden: Pflegeerlaubnis, Betriebserlaubnis, Tätigkeitsuntersagung, Heimaufsicht.

Das Jugendamt ist berechtigt und verpflichtet, ein Kind oder einen Jugendlichen in seine Obhut zu nehmen, wenn das Kind/der Jugendliche darum bittet (sog. Selbstmelder), bei drohender Gefahr für das Wohl des Kindes oder wenn es sich um unbegleitete minderjährige Flüchtlinge handelt.[67]

---

[66] Fieseler, G./Herborth, R., a. a. O., S. 130 ff.
[67] Die Zahl der Inobhutnahmen stieg auch im Jahr 2012 weiter an: auf 40.200 Kinder und Jugendliche; das waren 5 % mehr als im Jahr davor. Besonders stark zugenommen hat die Zahl junger Menschen, die ohne Begleitung über die Grenze nach Deutschland gekommen sind: ca. 4.800 (Statistisches Bundesamt, Pressemitteilung vom 17.08.2013).

```
┌─────────────────────────────────┐
│  Inobhutnahme nach § 42 SGB VIII │
└─────────────────────────────────┘

Das Jugendamt ist berechtigt und verpflichtet, ein Kind oder einen Jugendlichen in seine Obhut zu nehmen, und zwar in drei Fallkonstellationen (Krisenintervention):

┌──────────────────┐  ┌──────────────────────┐  ┌──────────────────────────┐
│  Selbstmelder    │  │ dringende Gefahr für │  │ unbegleitete ausländische│
│ (Abs. 1 Satz 1   │  │ das Wohl des         │  │ Minderjährige /          │
│    Nr. 1)        │  │ Minderjährigen       │  │ Flüchtlinge              │
│                  │  │ (Abs. 1 Satz 1 Nr. 2)│  │ (Abs. 1 Satz 1 Nr. 3)    │
└──────────────────┘  └──────────────────────┘  └──────────────────────────┘
                              ↓
                   ┌────────────────────────┐
                   │ Pflichten des Jugendamtes │
                   └────────────────────────┘
                              ↓
```

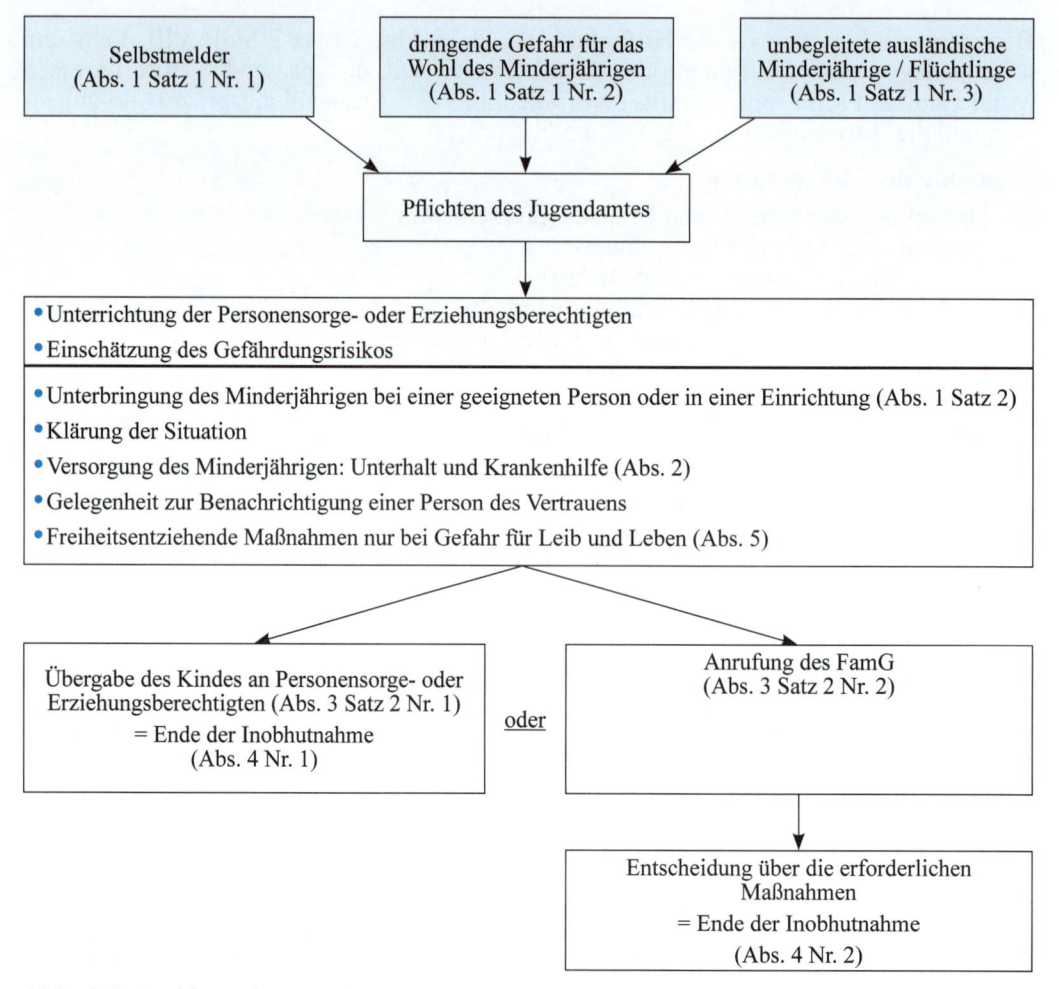

- Unterrichtung der Personensorge- oder Erziehungsberechtigten
- Einschätzung des Gefährdungsrisikos

- Unterbringung des Minderjährigen bei einer geeigneten Person oder in einer Einrichtung (Abs. 1 Satz 2)
- Klärung der Situation
- Versorgung des Minderjährigen: Unterhalt und Krankenhilfe (Abs. 2)
- Gelegenheit zur Benachrichtigung einer Person des Vertrauens
- Freiheitsentziehende Maßnahmen nur bei Gefahr für Leib und Leben (Abs. 5)

```
┌──────────────────────────────────┐         ┌────────────────────────┐
│ Übergabe des Kindes an           │         │ Anrufung des FamG      │
│ Personensorge- oder              │  oder   │ (Abs. 3 Satz 2 Nr. 2)  │
│ Erziehungsberechtigten           │         └────────────────────────┘
│ (Abs. 3 Satz 2 Nr. 1)            │                    ↓
│ = Ende der Inobhutnahme          │         ┌────────────────────────┐
│ (Abs. 4 Nr. 1)                   │         │ Entscheidung über die  │
└──────────────────────────────────┘         │ erforderlichen Maßnahmen│
                                             │ = Ende der Inobhutnahme│
                                             │ (Abs. 4 Nr. 2)         │
                                             └────────────────────────┘
```

Abb. 3.1: Inobhutnahme nach § 42 SGB VIII

Das neue **Bundeskinderschutzgesetz**, das am 01.01.2012 in Kraft getreten ist, sieht folgende Maßnahmen zur Verbesserung des Kinderschutzes vor:

- Frühe Hilfen (schon für werdende Eltern) und verlässliche Kooperationsnetzwerke von Jugendämtern, ÄrztInnen, Krankenhäusern, Schwangerschaftsberatungsstellen usw.
- Einsatz von Familienhebammen
- Befugnisnorm für ÄrztInnen zur Informationsweitergabe an das Jugendamt (berufliche Schweigepflicht verhindert nicht länger die Kooperation zwischen Gesundheitssystem und Jugendhilfe)
- Regelung zum Hausbesuch (in der Regel obligatorisch)

15.1.6 Mitwirkung in gerichtlichen Verfahren

Neben der Mitwirkung in gerichtlichen Verfahren, also der **Familien- und Jugendgerichtshilfe** (§§ 50–52 SGB VIII), gehören zu den Aufgaben auch die Beratung und Unterstützung bei der Vaterschaftsfeststellung und Geltendmachung von Unterhaltsansprüchen (§ 52a SGB VIII), die Tätigkeiten im Bereich der Pflegschaft und Vormundschaft (§§ 53–58 SGB VIII), die Auskunft über Nichtabgabe von Sorgeerklärungen (§ 58a SGB VIII) sowie die Beurkundung und Beglaubigung (§§ 59 f. SGB VIII).

Die Pflicht zur Unterstützung des Familiengerichts besteht vor allem in der Erarbeitung einer fachlichen (gutachtlichen) Stellungnahme, um dem Gericht u. a. eine sachgerechte Entscheidung zur elterlichen Sorge zu ermöglichen, mit anderen Worten: die für das Kind am wenigsten schädliche Alternative zu finden.

Die Jugendgerichtshilfe (§§ 38, 50 Abs. 3, 72a und b JGG, § 52 SGB VIII) geschieht durch Ermittlungshilfe, Sanktionsvorschlag, Sanktionsüberwachung und Betreuung der jugendlichen Straftäter.

15.2 Freie Träger

Die dargestellten Aufgaben der Kinder- und Jugendhilfe werden nicht nur von staatlichen Stellen – dies sind in erster Linie die in den kreisfreien Städten und Landkreisen eingerichteten Jugendämter – wahrgenommen, sondern auch von einer großen Anzahl freier Träger, § 3 Abs. 2 Satz 1 SGB VIII. Zu ihnen zählen vor allem die Kirchen und sonstigen Religionsgemeinschaften, die verschiedenen Organisationen der freien Wohlfahrtspflege sowie die Jugendverbände. Die öffentliche Jugendhilfe hat sie zu fördern (§§ 4 Abs. 3, 74 SGB VIII) und ihre unterschiedlichen Wertorientierungen und ihre Vielfalt von Inhalten, Methoden und Arbeitsformen zu achten, § 4 Abs. 1 Satz 2 SGB VIII.

Die unterschiedlichen Träger sollen **partnerschaftlich zusammenarbeiten**. Soweit Maßnahmen von freien Trägern durchgeführt werden können, soll die öffentliche Jugendhilfe laut § 4 Abs. 2 SGB VIII grundsätzlich von eigenen Maßnahmen absehen.

Allerdings bestimmt § 3 Abs. 3 SGB VIII, dass die „**anderen Aufgaben**" der Jugendhilfe i.S.v. § 2 Abs. 3 SGB VIII von den öffentlichen Trägern zu erfüllen sind, da es hier vornehmlich um Tätigkeiten im hoheitlichen Bereich geht. Die freien Träger können jedoch nach Maßgabe von § 76 SGB VIII an einigen dieser Aufgaben beteiligt werden oder sie unter der Verantwortung der öffentlichen Träger wahrnehmen. Zu beachten ist schließlich, dass sich Leistungsverpflichtungen (bspw. aus § 24 Satz 1 SGB VIII) gemäß § 3 Abs. 2 Satz 2 SGB VIII nur an die öffentlichen Träger richten.

Einzelheiten zur „dualen" Organisation der Jugendhilfe (Verwaltung des Jugendamtes und Jugendhilfeausschuss) sowie zur Kostenerstattung lassen sich den §§ 69 bis 89h SGB VIII entnehmen.

15.3 Kostenbeteiligung

Die Kostenbeteiligung in der Kinder- und Jugendhilfe ist Gegenstand der §§ 90,97c SGB VIII. Nach § 90 SGB VIII können für die Inanspruchnahme der dort genannten Angebote Teilnahmebeiträge oder Kostenbeiträge erhoben werden, wobei Landesrecht nach Einkommensgruppen und Kinderzahl gestaffelte Pauschalbeträge festsetzen kann. Unter den Voraussetzungen des § 91 ff. SGB VIII ist ferner eine Beteiligung der Kinder oder Jugendlichen und ihrer Eltern an den Kosten von Leistungen und Maßnahmen möglich, die aber, wie auch die Erhebung von Beiträgen, unter dem Vorbehalt der Zumutbarkeit steht. Ansonsten sind die Kosten von den Trägern der öffentlichen Jugendhilfe zu übernehmen, § 92 SGB VIII.

Von den sonstigen Regelungen sind der Sozialdatenschutz (§§ 61–68 SGB VIII), die Vorschriften über die Kinder- und Jugendhilfestatistik (§§ 98–103 SGB VIII) sowie die Straf- und Bußgeldvorschriften (§§ 104 f. SGB VIII) zu beachten.

15.4 Aufgaben des Jugendamts

Leitziel (§ 1 Abs. 1 SGB VIII):

Jeder junge Mensch hat ein Recht

- auf Förderung seiner Entwicklung und
- auf Erziehung zu einer eigenverantwortlichen und gemeinschaftsfähigen Persönlichkeit

Realisierung durch (§ 1 Abs. 3 SGB VIII):

- Förderung des jungen Menschen in seiner individuellen und sozialen Entwicklung und Abbau von Benachteiligungen

Kapitel 15

- Beratung und Unterstützung der Eltern und anderer Erziehungsberechtigter
- Schutz der Kinder und Jugendlichen vor Gefahren für ihr Wohl (§ 8a und b SGB VIII)
- Mitwirken bei Erhaltung und Schaffung positiver Lebensbedingungen sowie einer kinder- und familienfreundlichen Umwelt

Leistungen der Jugendhilfe (§§ 11–41 SGB VIII)	Andere Aufgaben (§§ 42–60 SGB VIII)
• **Jugendarbeit/Jugendsozialarbeit/** erzieherischer Kinder- und Jugendschutz	• **Vorläufige Maßnahmen** zum Schutz von Kindern und Jugendlichen (Krisenintervention)
• **Förderung der Erziehung in der Familie** durch:	- Inobhutnahme
- Familienbildung/Familienberatung/Familienerholung	• **Schutz von Kindern** und Jugendlichen in Familienpflege und in Einrichtungen
- Partnerschafts-/Trennungs- und Scheidungsberatung	- Pflegeerlaubnis
- Beratung und Unterstützung bei der Ausübung der Personensorge und des Umgangsrechts	- Heimaufsicht
- Betreuung und Versorgung des Kindes in Notsituationen	• **Mitwirkung in gerichtlichen Verfahren**
- Mutter-/Vater-Kind-Einrichtungen	- Unterstützung des Familiengerichts
- Unterstützung bei notwendiger Unterbringung zur Erfüllung der Schulpflicht	- Beratung und Belehrung in Verfahren zur Annahme als Kind (Adoption)
• **Förderung von Kindern** in Tageseinrichtungen und in der Tagespflege	- Jugendgerichtshilfe
- Kinderkrippen/Kindergärten/Kinderhorte	• **Beistandschaft, Pflegschaft und Vormundschaft** für Kinder und Jugendliche
- Kindertagespflege	- Beratung und Unterstützung bei Vaterschaftsfeststellung und Geltendmachung von Unterhaltsansprüchen
• **Hilfe zur Erziehung** und ergänzende Leistungen (§§ 27 ff. SGB VIII)	- Beratung und Unterstützung von Pflegern und Vormündern
- Erziehungsberatung	- gesetzliche und bestellte Amtspflegschaft/Amtsvormundschaft
- Soziale Gruppenarbeit	- Beistandschaft und Gegenvormundschaft
- Erziehungsbeistand/ Betreuungshelfer	• **Beurkundungen, vollstreckbare Urkunden**
- Sozialpädagogische Familienhilfe	
- Erziehung in einer Tagesgruppe	
- Vollzeitpflege	
- Heimerziehung, sonstige betreute Wohnform	
- Intensive sozialpädagogische Einzelbetreuung	
• **Eingliederungshilfe für seelisch behinderte Kinder und Jugendliche** und ergänzende Leistungen (§ 35a SGB VIII)	
• **Hilfe für junge Volljährige** und Nachbetreuung	

Tabelle 4.1: Aufgaben und Leistungen der Jugendhilfe

Beispiel

Jugendsozialarbeit (§ 13 SGB VIII)

Klaus hat die Schule geschmissen und Stress mit seinen Eltern. Lena hat trotz guten Hauptschulabschlusses immer noch keinen Ausbildungsplatz als Zahnarzthelferin gefunden. Beide suchen vergeblich nach einer Beschäftigung; die Hoffnung auf einen Ausbildungsplatz haben sie schon aufgegeben.

Die Lebensgeschichten, z. B. von schulmüden sowie schulschwachen Jugendlichen oder von MigrantInnen, sind der Hintergrund für Angebote der Jugendsozialarbeit. Sie ist ein Feld der Jugendhilfe, das sich speziell mit der Lebensplanung rund um den Bereich Arbeit und (Berufs-)Ausbildung beschäftigt.

Jugendsozialarbeit soll zum Ausgleich sozialer Benachteiligungen oder zur Überwindung individueller Beeinträchtigungen den jungen Menschen helfen, die in erhöhtem Maße auf Unterstützung angewiesen sind. Die Hilfe besteht in sozialpädagogischen Angeboten, die ihre schulische und berufliche Ausbildung, ihre Eingliederung in die Arbeitswelt und ihre soziale Integration fördern.

Arbeitsgrundsätze der Jugendhilfe:
- Beteiligung von Kindern und Jugendlichen (§ 8 SGB VIII)
- Zusammenarbeit mit und Förderung der freien Jugendhilfe (§§ 4, 12, 71, 74–78, 80 Abs. 3 SGB VIII)
- Zusammenarbeit mit anderen Stellen und öffentlichen Einrichtungen (§ 81 SGB VIII)
- Schutzauftrag bei Kindeswohlgefährdung / Einschätzung des Gefährdungsrisikos (§§ 8a und b SGB VIII)
- Hilfeplan als Grundlage für die Ausgestaltung der Hilfe zur Erziehung im Einzelfall (§ 36 Abs. 2 SGB VIII)
- Fortbildung und Praxisberatung (§ 72 Abs. 3 SGB VIII)
- Steuerungsverantwortung (§ 36a SGB VIII)
- Jugendhilfeplanung (§ 80 SGB VIII)
- Gesamtverantwortung (§ 79 SGB VIII)
- Qualitätsentwicklung (§ 79a SGB VIII)
- Schutz von Sozialdaten (§§ 61 ff. SGB VIII)
- Statistik (§§ 98 ff. SGB VIII)

15.5 Überblick über Hilfe zur Erziehung, Eingliederungshilfe und Hilfe für junge Volljährige[68]

Eltern haben Anspruch auf Hilfe zur Erziehung, wenn eine dem Wohl des Kindes oder Jugendlichen entsprechende Erziehung nicht gewährleistet ist, die Hilfe aber für seine Entwicklung geeignet und notwendig ist. Auch jungen Erwachsenen soll eine Hilfe für die Persönlichkeitsentwicklung und für die eigenverantwortliche Lebensführung gewährt werden.

Materiell-rechtliche Voraussetzungen bei der Hilfe zur Erziehung (HzE)

§ 27 Abs. 1 und 2 SGB VIII

Hilfe zur Erziehung innerhalb der eigenen Familie in Form der
- Erziehungsberatung, § 28 SGB VIII (ambulant)
- Sozialen Gruppenarbeit, § 29 SGB VIII (ambulant)
- Erziehungsbeistandschaft, Betreuungshelfer, § 30 SGB VIII (ambulant)
- Sozialpädagogischen Familienhilfe, § 31 SGB VIII (ambulant)
- Tagesgruppe, § 32 SGB VIII (teilstationär)

Beispiel

Erziehungsbeistand (§ 30 SGB VIII)

Karstens Vater ist allein erziehend. Seit einem halben Jahr fühlt er sich immer hilfloser. Die Konflikte im Haus wurden zunehmend heftiger, die Anrufe der Lehrerin häuften sich, und als dann auch noch die Polizei kam, weil Karsten (16 Jahre) mit seiner Clique beim Automatenknacken erwischt wurde, da stand für den Vater fest: Karsten kommt ins Heim. Er wandte sich ans Jugendamt. Der Sozialarbeiter führte Gespräche mit beiden. Er kann sie dafür gewinnen, zunächst einmal eine Erziehungsberatungsstelle aufzusuchen. Dabei kommen endlich die Probleme zur Sprache, die sich mit dem Tod von Karstens Mutter vor zwei Jahren für beide auftürmten, über die sie aber nie sprechen konnten. Jetzt ist klar: Karsten erhält Frau Weber, die er schon seit Jahren kennt, als Erziehungsbeistand. Mit deren Hilfe traut er sich zu, die Probleme in den Griff zu kriegen. Vom Heim ist keine Rede mehr.

---

[68] Vgl. Kunkel, P.-Chr., a.a.O., S. 144 ff.; Fieseler, G./Herborth, R., a.a.O., S. 313 ff. und S. 287 ff.

Hilfe zur Erziehung außerhalb der eigenen Familie in Form der
- Vollzeitpflege, § 33 SGB VIII (ambulant/stationär)
- Heimerziehung/sonstigen betreuten Wohnform, § 34 SGB VIII 0 (stationär)[69]
- intensiven sozialpädagogischen Einzelbetreuung, § 35 SGB VIII (ambulant oder stationär)

Beispiel
Heimerziehung, sonstige betreute Wohnform (§ 34 SGB VIII)

Die 15-jährige Sabrina hat es satt. Der neue Freund der Mutter hatte sich gleich als Herr im Haus bezeichnet, was ihr von Anfang an missfiel. Als er jetzt auch noch ihre Mutter verprügelte, weil sie kein Geld für seine Kneipentour auf den Tisch legen wollte, und Sabrina, als sie sich dazwischen warf, gleich mit schlug, hat sie sich entschlossen, so nicht mehr leben zu wollen. Über das Kindertelefon erfuhr sie die Adresse eines Mädchenhauses, in dem sie gleich aufgenommen wurde. Mit den Mitarbeiterinnen und dem Jugendamt fanden Hilfeplangespräche statt. Weil die Mutter an ihrem Freund festhält, bleibt Sabrina bei ihrer Entscheidung, aus der Familie herauszuwollen. Da der neue Freund sein Verhalten nicht ändert und die Mutter nicht in der Lage ist, Sabrina vor seinen gewalttätigen Übergriffen zu schützen, erkennt das Jugendamt den Hilfebedarf an. Heute lebt Sabrina in einer betreuten Jugendwohngruppe.

Materiell-rechtliche Voraussetzungen bei
- Eingliederungshilfe für seelisch behinderte Kinder und Jugendliche, § 35a SGB VIII (ambulant oder stationär)
- Hilfe für junge Volljährige, § 41 SGB VIII (ambulant oder stationär)
- Leistungen betreffend Unterhalt und Krankenhilfe, §§ 39, 40 SGB VIII

Formell-rechtliche Voraussetzungen
- Mitwirkung, § 36 Abs. 1 SGB VIII
- Hilfeplan, § 36 Abs. 2 und 3 SGB VIII
- Zusammenarbeit bei Hilfen außerhalb der eigenen Familie, § 37 SGB VIII
- Antragstellung und Selbstbeschaffung, § 36a SGB VIII
- Herbeiführung von Entscheidungen des Familiengerichts, § 8a Abs. 2 SGB VIII

Kostenbeiträge und Heranziehung zu den Kosten, §§ 90–95 SGB VIII

Vereinbarungen zwischen den Trägern der öffentlichen und der freien Jugendhilfe
- über die Höhe der Kosten, § 77 SGB VIII
- über Leistungsangebote, Entgelte und Qualitätsentwicklung, §§ 78a–78g SGB VIII.

15.6 Jugendhilfe und Familie

Nach Art. 6 Abs. 2 Satz 1 GG sind Pflege und Erziehung der Kinder das natürliche Recht der Eltern; § 1 Abs. 2 SGB VIII übernimmt diese Formulierung wörtlich. Ziel der Jugendhilfe ist, Hilfe für die Familie zu leisten, damit sie ihren originären Erziehungsauftrag erfüllen kann. Eine Gegenüberstellung von Elternrecht einerseits und Kindeswohl andererseits ist jedoch verfehlt. Das Elternrecht nach dem Grundgesetz geht nur so weit, wie es dem Wohl des Kindes dient. Das Kindeswohl ist umso effektiver gewährleistet, je wirksamer die Personensorgeberechtigten (i. d. R. die Eltern) unterstützt und gefördert werden.

---

[69] Ende 2011 lebten rund 65.000 junge Menschen in einem Heim (11 Prozent mehr als drei Jahre zuvor). Hauptgründe für die Erziehung in einem Heim/sonstiger bereuten Wohnform waren: Gefährdung des Kindeswohls; eingeschränkte Erziehungskompetenz der Sorgeberechtigten; unzureichende Förderung, Betreuung oder Versorgung des jungen Menschen in der Familie.

Im Jahr 2012 begann für rund 517.000 junge Menschen eine Hilfe zur Erziehung. Den größten Anteil unter allen neu gewährten Hilfen hatte mit 65 Prozent die Erziehungsberatung. (Statistisches Bundesamt, Pressemitteilungen vom 25.09.2012 und vom 21.10.2013).

Der **Vorrang der Familie** bedeutet nicht, dass keine Verpflichtung für Staat, Kommune oder Dritte bestünde, neben den Eltern in Angelegenheiten der Erziehung tätig zu werden.

Art. 6 GG weist vielmehr der staatlichen Gemeinschaft Verpflichtungen zu, die unmittelbar auf die Erziehung von Kindern gerichtet sind:

Abs. 1 stellt Ehe und Familie unter den besonderen Schutz der staatlichen Ordnung; damit ist der Staat (Bund, Länder und Kommunen) zur Förderung auch der Erziehungsfunktionen der Familie verpflichtet.

Abs. 2 Satz 2 verpflichtet die staatliche Gemeinschaft, über die Betätigung der Rechte und Pflichten der Eltern gegenüber ihren Kindern zu wachen. Damit ist herausgestellt, dass Eltern nicht nach eigenem Gutdünken bei der Erziehung ihrer Kinder verfahren dürfen, sondern sich fragen lassen müssen, ob das Wohl des Kindes dabei gewährleistet ist; nur dann handeln sie im Rahmen ihres Elternrechts. Mit dieser Vorschrift wird dem Staat das **Wächteramt** über die Wahrnehmung der Elternrolle zugewiesen: Jugendhilfe, Familiengericht, Ärzte, Schule, Kindertagesstätten, Polizei u. a. bilden zu diesem Zweck eine **Verantwortungsgemeinschaft**.

Eingriffe in das elterliche Sorgerecht (durch das Familiengericht) setzen neben der Kindeswohlgefährdung voraus, dass die Eltern nicht willig oder fähig sind, die Gefährdung abzuwenden. Das Unvermögen der Eltern kann sich nach § 1666 BGB äußern als:

- Sorgerechtsmissbrauch (missbräuchliche Ausübung der elterlichen Sorge, Gewaltanwendung, sexueller Missbrauch)
- Vernachlässigung des Kindes

Zu den **familiengerichtlichen Maßnahmen** bei Gefährdung des Kindeswohls gehören nach § 1666 Abs. 3 BGB insbesondere:

1. Gebote, öffentliche Hilfen der Kinder-/Jugendhilfe und der Gesundheitsfürsorge in Anspruch zu nehmen,
2. Gebote, für die Einhaltung der Schulpflicht zu sorgen,
3. Verbote, die (Familien-)Wohnung zu nutzen oder sich in einem bestimmten Umkreis der Wohnung oder anderer Orte aufzuhalten („Go-Order"),
4. Verbote, Verbindung zum Kind aufzunehmen oder ein Zusammentreffen mit ihm herbeizuführen,
5. die Ersetzung von Erklärungen des Inhabers der elterlichen Sorge,
6. die teilweise oder vollständige Entziehung der elterlichen Sorge.[70]

Tabelle 4.2 listet wesentliche Leistungen der Jugend- bzw. Familienhilfe nach Funktionen geordnet auf:

Familienunterstützende Hilfen	Familienergänzende Hilfen	Familienersetzende Hilfen
Erziehungsberatung	Gemeinsame Wohnformen für Mütter/Väter und Kinder	Vollzeitpflege
Soziale Gruppenarbeit	Tagesgruppen	Heimerziehung/sonstige betreute Wohnformen
Sozialpädagogische Familienhilfe	Sozialpädagogische Tagespflege	Intensive sozialpädagogische Einzelbetreuung
Erziehungsbeistände		

Tabelle 4.2: Leistungen der Jugendhilfe als Familienhilfe

---

[70] Im Jahr 2011 haben die Familiengerichte in rund 12.700 Fällen den (teilweisen oder vollständigen) Entzug der elterlichen Sorge angeordnet. In rund 9.600 Fällen wurde das Sorgerecht auf die Jugendämter übertragen. Dies ist seit mehrjährigem Anstieg der Sorgerechtsentzüge erstmals ein leichter Rückgang (Statistisches Bundesamt, Pressemitteilung vom 18.07.2012).

15.7 Kindeswohl: Grundbedürfnisse des Kindes

Das Kindeswohl ist die zentrale Kategorie und Richtschnur des Familien- sowie des Kinder- und Jugendhilferechts.

Die nachfolgende Tabelle 4.3 zeigt in der linken Spalte eine Auswahl der für das Kindeswohl wichtigen Bedürfnisse von Kindern und Jugendlichen. Die in der rechten Spalte genannten Risikofaktoren hemmen die kindliche Entwicklung, da die Grundbedürfnisse nicht erfüllt werden. Wenn mehrere Risikofaktoren zusammentreffen, insbesondere über einen längeren Zeitraum, ist von einer Gefährdung des Kindeswohls auszugehen.[71]

Grundbedürfnisse	Risikofaktoren für das Kindeswohl
Nahrung, Pflege, Versorgung	Unzureichende Ernährung; mangelnde Gesundheitsvorsorge, Verhinderung notwendiger Heilmaßnahmen, mangelnder Schutz vor Suchtstoffen
Sicherheit, Geborgenheit	Bindungsbrüche, Personenverluste; Diskontinuität der Lebensbedingungen; Angsterzeugung; chaotische Lebensbedingungen
Emotionale Zuwendung in stabilen sozialen Beziehungen	Häufig wechselnde Bezugspersonen; Erleben von Feindseligkeit, Ablehnung, Kälte, Gleichgültigkeit; Instrumentalisierung für Erwachseneninteressen; Belastung mit Konflikten anderer; Misshandlung, Missbrauch
Verlässliche Bindungen	Instabile emotionale Beziehungen; Mangel an Empathie und feinfühliger Fürsorge durch Bezugspersonen; Trennungsangst; Vorschädigung durch Verlassenwerden (fehlendes Urvertrauen)
Umwelterkundung	Mangelnde Anregung; inadäquate Reaktion auf Neugierverhalten bzw. Erkenntnisstreben; Missachtung von Fragephasen
Zugehörigkeit	Ausgrenzung, (Selbst-)Isolierung; Loyalitätskonflikte; unklare Grenzen/Rollen im Familiensystem; Außenseiterposition in Gruppen
Anerkennung, Wertschätzung	Inadäquate Rückmeldung auf Sozial- und Leistungsverhalten; Kumulation von Misserfolgen im Sozial- und Leistungsverhalten; Überforderung; Abwertung/Verächtlichmachung des Kindes
Orientierung	Widersprüchliche Erziehungsstile („Pendelerziehung"); zu starre oder unklare Grenzen zwischen Kind und Erwachsenem; mangelnde Vermittlung von Moral- und Leistungsnormen, Pflicht- und Verantwortungsbewusstsein; mangelnde Gelegenheit zur angemessenen Konfliktaustragung; mangelnde Identifikationsmöglichkeit mit Bezugspersonen (fehlende Vorbilder)
Selbstbestimmung	Ausnutzung von Abhängigkeit; übermäßige Kontrolle; Missachtung angemessener Interessen; Verhinderung von Verantwortungsübernahme und Partizipation
Selbstverwirklichung	Verhinderung von Individuation („Ich-Stärke"), Selbstreflexion, Selbstkontrolle; Einengung von Kreativität
Wissen/Bildung	Mangelnde Anregung und Förderung; Demotivierung im Leistungsbereich

Tabelle 4.3: Grundbedürfnisse des Kindes

15.8 Schutzauftrag bei Kindeswohlgefährdung[72]

1. Aufgaben des Jugendamts (§ 8a Abs. 1 SGB VIII)
- Einschätzung des Gefährdungsrisikos bei gewichtigen Anhaltspunkten
- Einbeziehung der/des Personensorgeberechtigten/Kindes/Jugendlichen
- Anbieten von Hilfen an die Erziehungsberechtigten

2. Aufgaben der Träger von Einrichtungen und Diensten (§ 8a Abs. 4 SGB VIII)
- Einbeziehung in Schutzauftrag durch Vereinbarungen
- Gefährdungseinschätzung mit Beratung durch „insoweit erfahrene Fachkraft"
- Hinwirken auf Inanspruchnahme von Hilfen
- Information des Jugendamts

---

[71] vgl. Dettenborn, a. a. O., S. 52 ff.
[72] 2012 prüften die Jugendämter in rund 107.000 Fällen, ob Säuglinge, Kinder oder Jugendliche in Gefahr sind (Gefährdungseinschätzungen). Vergleichszahlen fehlen, da die Erhebung erstmalig für 2012 vorgeschrieben war. Bei 17.000 Kindern (16 %) wurde eine akute Kindeswohlgefährdung festgestellt. Bei 21.000 Verfahren (20 %) konnte eine Gefährdung nicht ausgeschlossen werden („latente Kindeswohlgefährdung"). In 68.000 Fällen (64 %) kamen die Fachkräfte zu dem Ergebnis, dass keine Kindeswohlgefährdung vorliegt (Statistisches Bundesamt, Pressemitteilung vom 29.07.2013).

3. Einschaltung des Familiengerichts durch das Jugendamt (§ 8a Abs. 2 Satz 1 SGB VIII)
- falls dies mit Blick auf Sorgerechtseingriffe erforderlich erscheint oder
- bei mangelnder Mitwirkungsbereitschaft

4. Verpflichtung des Jugendamts zur Inobhutnahme (§ 8a Abs. 2 Satz 2 SGB VIII)
- bei dringender Gefahr für das Kindeswohl (vgl. auch § 42 SGB VIII) und
- wenn Entscheidung des Familiengerichts (nach §§ 1666 ff. BGB) nicht abgewartet werden kann

5. Zusammenarbeit Jugendamt mit anderen Stellen (§ 8a Abs. 3 SGB VIII)
- mit anderen Leistungsträgern
- mit Einrichtungen der Gesundheitshilfe
- mit der Polizei
- und anderen Stellen

6. Fachliche Beratung und Begleitung (§ 8b SGB VIII)
- Anspruch auf Beratung durch „insoweit erfahrene Fachkraft"
- Anspruch auf Beratung bei der Entwicklung/Anwendung von Handlungsleitlinien

15.9 Überblick über den gesetzlichen Jugendschutz

Kinder und Jugendliche vor Gefahren zu bewahren, ihre Gesundheit zu schützen und ihr Recht auf Erziehung, Pflege und Förderung zu garantieren, ist eine der wichtigsten Aufgaben des sozialen Rechtsstaats. Das ergibt sich schon aus Art. 1 und 2 des Grundgesetzes, die jedem Menschen – gleich welchen Alters – das Recht auf Entfaltung seiner Persönlichkeit und auf Ausbildung seiner individuellen Fähigkeiten zusprechen. Mit seinen Einrichtungen und Leistungen auf dem Gebiet der Jugendbildung und Jugendhilfe trägt der Staat zur Erfüllung dieses Rechtsanspruchs bei. Ergänzt werden sie durch den Jugendschutz, der äußere Gefahren von den Kindern und Jugendlichen fernhalten soll.

Das Jugendarbeitsschutzgesetz will Jugendliche, die eine Berufsausbildung erhalten oder als Arbeitnehmer beschäftigt sind, vor Überforderung und Gefährdung am Arbeitsplatz bewahren. Es begrenzt die Wochenarbeitszeit auf höchstens 40 Stunden, schreibt die Mindesturlaubsdauer vor, verbietet Nachtarbeit und grundsätzlich auch Samstags- und Sonntagsarbeit. Es bestimmt außerdem, dass Jugendlichen keine Arbeit übertragen werden darf, die ihre Leistungsfähigkeit übersteigt oder besondere Unfallgefahren und gesundheitliche Risiken in sich birgt. Akkordarbeit und andere tempoabhängige Arbeiten sind unzulässig. Die Beschäftigung von Kindern (unter 15 Jahren) ist verboten.

Schutzmaßnahmen für Kinder und Jugendliche außerhalb des direkten Einflussbereichs der Eltern, Lehrer oder Ausbilder sieht das **Jugendschutzgesetz** vor. Es regelt unter anderem den Zugang zu Kinos, Gaststätten, Tanzveranstaltungen, Spielhallen und Bildschirmspielgeräten, den Verkauf oder die Vorführung von Videokassetten oder anderen Bildträgern, untersagt den Verkauf von Alkohol an Jugendliche und das Rauchen in der Öffentlichkeit. Darüber hinaus verbietet es die Weitergabe oder Vorführung jugendgefährdender Trägermedien (Bücher, Zeitschriften, Bilder, Ton- und Datenträger).

Entsprechende Regelungen für den Rundfunk und die Telemedien enthält ein Staatsvertrag der Länder zum **Jugendmedienschutz,** der am 01.04.2003 gleichzeitig mit dem neuen Jugendschutzgesetz in Kraft trat.

Ergänzt werden diese Bestimmungen zum Jugendmedienschutz durch das **Strafgesetzbuch,** das u. a. die Verbreitung von Gewaltdarstellungen und die Aufstachelung zum Rassenhass unter Strafe stellt (§§ 130 ff. StGB). Das Strafgesetzbuch ahndet ebenso den sexuellen Missbrauch von Kindern und Jugendlichen sowie die Förderung sexueller Handlungen Minderjähriger (§§ 174 ff. StGB).

Einen Überblick über die neben dem SGB VIII relevanten Jugendschutzgesetze gibt Abb. 3.2:

```
                        Jugendschutz
      ┌──────────────────────┼──────────────────────┐
 Erzieherischer      Gesetz zur Kooperation      Gesetzlicher
 Jugendschutz        und Information im Kin-     Jugendschutz
 (§ 14 SGB VIII)     derschutz (BKiSchG)
      │                                              │
 ┌────┴──────────┬──────────────────┬───────────────┴──────┐
 Staatsvertrag    Jugendschutzgesetz  Jugendarbeitsschutz-  Strafgesetzbuch
 der Länder zum   (JuSchG)            gesetz (JArbSchG)     (StGB):
 Jugend-                                                    Schutz der sexuellen
 medienschutz                                               Selbstbestimmung und
 (JMStV)                                                    der körperlichen
                                                            Unversehrtheit
```

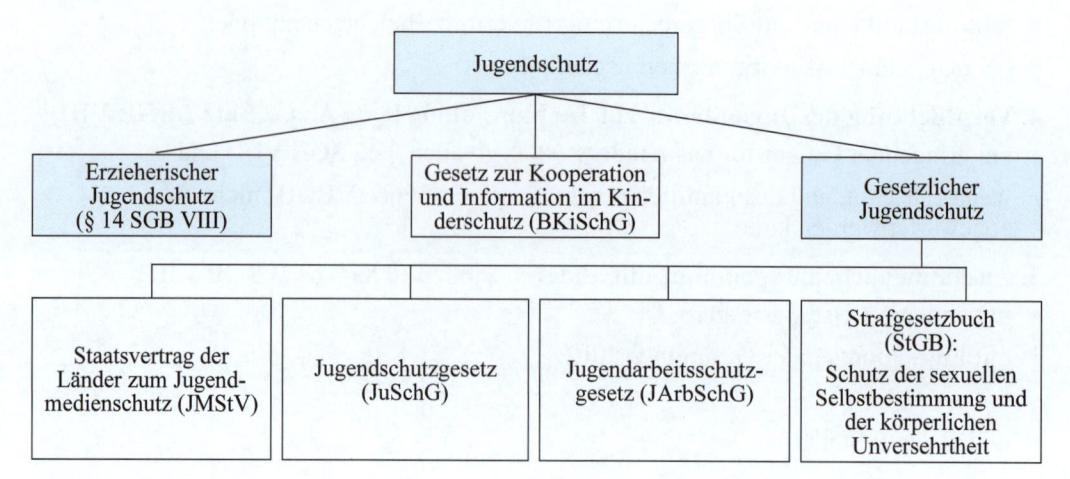

Abb. 3.2: Jugendschutzgesetze

15.10 Einsatz des Einkommens und Vermögens

Die Gewährung von Leistungen der Kinder- und Jugendhilfe ist – wie die der Sozialhilfe – nachrangig. Der Nachrang ist jedoch sehr begrenzt. So ist die Gewährung von Leistungen nicht vom Einsatz des Einkommens und Vermögens abhängig. Der Nachrang wird durch die (nachträgliche) Heranziehung zu den Kosten hergestellt (§ 95 SGB VIII).

Bei der Inanspruchnahme von Tageseinrichtungen für Kinder und von Kindertagespflege werden pauschalierte Kostenbeiträge erhoben; diese können nach sozialen Kriterien gestaffelt werden. Bei unzumutbarer Belastung werden die Beiträge erlassen bzw. übernommen (§ 90 SGB VIII). Für die Feststellung der zumutbaren Belastung wird auf die Regelungen der Sozialhilfe in den §§ 82–85, 87, 88 SGB XII verwiesen.

Die Inanspruchnahme von individuellen Hilfen zur Erziehung, von Eingliederungshilfe für seelisch behinderte Kinder und Jugendliche sowie von Hilfe für junge Volljährige ist kostenfrei, sofern die Leistungen in ambulanter Form gewährt werden. Damit sollen Eltern, Kinder, Jugendliche und junge Volljährige motiviert werden, möglichst frühzeitig solche Leistungen in Anspruch zu nehmen, damit sich Probleme nicht verfestigen und dann kostenintensivere (stationäre) Hilfen geleistet werden müssen.

Bei teilstationären und stationären Maßnahmen werden Kinder und Jugendliche und junge Volljährige sowie ihre Eltern und bei Volljährigen auch deren Ehegatten und Lebenspartner zur Begleichung der Kosten herangezogen (§ 92 SGB VIII).

Die Heranziehung ist im Rahmen des Kinder- und Jugendhilfeweiterentwicklungsgesetzes mit Wirkung ab dem 01.10.2005 neu gestaltet und im Rahmen der Kostenbeitragsverordnung näher geregelt worden. Sie erfolgt nur noch über die **Erhebung von Kostenbeiträgen**[73]. Grundlage für die Heranziehung aus dem Einkommen ist das um pauschale Abzüge geminderte Nettoeinkommen. Während junge Menschen ihr gesamtes bereinigtes Einkommen einzusetzen haben, ist die Höhe des Kostenbeitrages der Eltern aus einer nach Einkommensgruppen gestaffelten Tabelle abzulesen. Diese sieht für jede Einkommensgruppe zwei Beitragsstufen für teilstationäre und drei Beitragsstufen für vollstationäre Leistungen vor. Zur Sicherung gleich- oder vorrangiger Unterhaltsansprüche werden Abstufungen bzw. Reduzierungen vorgenommen.

Mit der Neuregelung wird die Beitragsberechnung vereinfacht und eine proportionale Belastung auch höherer Einkommen sichergestellt. Bei besonders hohen Einkommen kann auch ein überproportionaler Anteil des Einkommens als Kostenbeitrag verlangt werden.

Eine Heranziehung aus dem Vermögen erfolgt nur bei jungen Volljährigen und bei volljährigen Müttern oder Vätern, die zusammen mit ihrem Kind stationär untergebracht sind.

---

[73] vgl. Kunkel, P.-Chr., aaO, S. 287 ff.

15.11 Finanzierung

Nach der Kompetenzordnung des Grundgesetzes obliegt die Ausführung des Achten Buches Sozialgesetzbuch und damit auch die Finanzierungslast den Ländern. Diese haben die Kinder- und Jugendhilfe (wie die Sozialhilfe) als Aufgabe kommunaler Selbstverwaltung bestimmt. Das bedeutet, dass die Aufgaben der Kinder-und Jugendhilfe überwiegend von den örtlichen Trägern der Jugendhilfe (Kreise, kreisfreie Städte, kreisangehörige Gemeinden mit eigenem Jugendamt) zu finanzieren sind.

Finanzierungsquellen sind dabei insbesondere kommunale Steuern, aber auch allgemeine oder zweckgebundene Zuwendungen vonseiten des Landes. Durch Kostenbeiträge (der Eltern) bzw. die Geltendmachung von Unterhaltsansprüchen junger Menschen werden nur 5 Prozent der Kosten gedeckt.

15.12 Rechtsschutz

Für öffentlich-rechtliche Streitigkeiten auf dem Gebiet der Kinder- und Jugendhilfe (insbesondere für Klagen gegen die Versagung von Leistungen) sind die Verwaltungsgerichte zuständig. Es gelten die Vorschriften der Verwaltungsgerichtsordnung (VwGO).

Klageberechtigt ist aber nur, wer zuvor – erfolglos – das Widerspruchsverfahren (= verwaltungsinterne Überprüfung des Verwaltungsaktes) durchgeführt hat.

Zusammenfassung

Das SGB VIII ist ein Instrument zur Vorbeugung, zur Hilfestellung und zum Schutz von Kindern und Jugendlichen, Mädchen und Jungen, jungen Frauen und jungen Männern. Dafür ist der Ausbau einer entsprechenden Infrastruktur unerlässlich.

Daneben ist die Kinder- und Jugendhilfe aber auch eine Instanz der **Krisenintervention,** die Hilfe leistet für Kinder und Eltern in Notsituationen, bei Familien mit Erziehungsschwierigkeiten, bei sexuellem Missbrauch, Vernachlässigung, Drogenkonsum, Gewalt und vielem mehr.

Das **Jugendamt** ist verpflichtet, bei Anhaltspunkten für eine Gefährdung des Wohles des Kindes oder Jugendlichen zu seinem Schutz einzuschreiten, d. h. Hilfen anzubieten und ggf. das Familiengericht oder andere Stellen einzuschalten.

Oberstes Ziel der Kinder- und Jugendhilfe ist es, die Entwicklung des Kindes/Jugendlichen zu einer eigenständigen und gemeinschaftsfähigen Persönlichkeit zu ermöglichen. Ein weiteres Hauptziel ist die Stärkung der Erziehungskompetenz der Eltern

Um diese Ziele und Aufgaben zu realisieren, erbringen die Träger der Jugendhilfe Leistungen und nehmen sog. andere Aufgaben wahr. Die Leistungen der Kinder-und Jugendhilfe werden von Trägern der freien und der öffentlichen Jugendhilfe erbracht; andere Aufgaben der Jugendhilfe werden grundsätzlich von den Trägern der öffentlichen Jugendhilfe wahrgenommen. Die Träger der öffentlichen Jugendhilfe (Jugendämter) sollen mit jenen der freien Jugendhilfe (Wohlfahrtsverbände) partnerschaftlich zusammenarbeiten.

Die Leistungen der Kinder- und Jugendhilfe sind gegenüber anderen Sozialleistungen nachrangig. Gegenüber jenen der Sozialhilfe sind sie dagegen vorrangig. Dies gilt nicht bei der Eingliederungshilfe für körperlich und geistig behinderte Kinder und Jugendliche. Nur für seelisch behinderte Kinder und Jugendliche ist die Jugendhilfe zuständig.

Schwerpunkte der Jugendarbeit sind Bildungsangebote, Erholungs- und Freizeitangebote.

Die Jugendsozialarbeit beinhaltet Maßnahmen der schulischen und beruflichen Integration (z. B. Schulsozialarbeit). Allen Jugendlichen stehen die Betreuungsleistungen offen, insbesondere richten sie sich an Kinder und Jugendliche mit sozialen und individuellen Beeinträchtigungen.

Die **Hilfe zur Erziehung** (z. B. Erziehungsberatung, sozialpädagogische Familienhilfe, Vollzeitpflege, Heimerziehung) wird erbracht bei Kindern und Jugendlichen, bei denen ein Erziehungsdefizit vorliegt, das nicht anderweitig, insbesondere nicht durch die Personensorgeberechtigten selbst und andere Sozialleistungen, aber durch eine Hilfe zur Erziehung behoben werden kann. Bei stationärer Unterbringung umfasst die Leistung auch Unterhaltsleistungen und Krankenhilfe.

Andere Aufgaben der Jugendhilfe sind vor allem „hoheitliche Aufgaben": die Inobhutnahme von Kindern und Jugendlichen, die Erteilung von Erlaubnissen für Pflegefamilien und den Betrieb von Jugendhilfeeinrichtungen sowie deren Aufsicht, die Mitwirkung in gerichtlichen Verfahren, die Beistandschaft, Pflegschaft und Vormundschaft für Kinder und Jugendliche. In der Regel werden diese Aufgaben von den Trägern der öffentlichen Jugendhilfe wahrgenommen; wenn ausdrücklich vereinbart, können freie Träger mit ihrer Wahrnehmung oder Ausführung betraut werden.

Aufgaben zur Selbstüberprüfung Kapitel 15 unter www.lambertus.de

Kapitel 16

16 Hilfen für Familien

> Sie lernen in diesem Kapitel die Schutzbestimmungen für Mutter und Kind am Arbeitsplatz, die finanziellen Leistungen während der Schutzfristen sowie Voraussetzungen und Höhe von Kindergeld, Elterngeld und Unterhaltsvorschuss kennen.

Gesetzliche Regelungen zum Mutterschutz finden Sie im Mutterschutzgesetz (MuSchG), im Sozialgesetzbuch Fünftes Buch (SGB V) und in der Verordnung zum Schutze der Mütter am Arbeitsplatz (MuSchArbV), die als Artikel 1 der Mutterschutzrichtlinienverordnung europäisches Recht umsetzt.

16.1 Mutterschutz

16.1.1 Geltungsbereich des Mutterschutzgesetzes

Das Mutterschutzgesetz gilt für alle (werdenden) Mütter, die in einem Arbeitsverhältnis stehen. Es gilt auch für Teilzeitbeschäftigte, Hausangestellte und Heimarbeiterinnen und für Frauen, die sich noch in der beruflichen Ausbildung befinden, wenn das Ausbildungsverhältnis auf einem Arbeitsvertrag beruht. Auch auf Frauen in sozialversicherungsfreien Arbeitsverhältnissen (geringfügige Beschäftigung) findet das Mutterschutzgesetz grundsätzlich Anwendung. Weder die Staatsangehörigkeit noch der Familienstand spielt eine Rolle. Entscheidend ist, dass die Frau ihren Arbeitsplatz in der Bundesrepublik Deutschland hat.

Das Gesetz gilt nicht für Hausfrauen, Selbstständige, Organmitglieder und Geschäftsführerinnen juristischer Personen oder Gesellschaften. Es gilt auch nicht für Studentinnen, die vorgeschriebene Praktika ableisten, und nicht für Adoptivmütter.

Für Beamtinnen gelten besondere Regelungen, die im Beamtenrecht festgelegt sind. Arbeiterinnen und Angestellte im öffentlichen Dienst fallen dagegen unter das Mutterschutzgesetz.

Frauen, die befristete Verträge abgeschlossen haben, z. B. im Rahmen eines Aushilfs-, Teilzeit- oder Leiharbeitsverhältnisses, fallen unter das Mutterschutzgesetz, solange das befristete Arbeitsverhältnis besteht. Wenn das Arbeitsverhältnis jedoch mit Ablauf der Befristung endet, hört der Mutterschutz grundsätzlich auf. Verlängert die Arbeitgeberseite jedoch alle gleichliegenden Arbeitsverhältnisse und beruft sie sich nur der werdenden Mutter gegenüber auf den Fristablauf, dann ist dies unzulässig.

Bei unbefristeten Arbeitsverhältnissen gilt das Mutterschutzgesetz uneingeschränkt auch in der Probezeit. Nach Ablauf der Probezeit ist bei befristeten Probearbeitsverhältnissen die Berufung auf die Beendigung der Befristung unzulässig, wenn sie wegen der Schwangerschaft erfolgt.

Ausbildungsverhältnisse sind in der Regel befristete Arbeitsverhältnisse. Sie enden mit Bestehen der Abschlussprüfung. Dies gilt grundsätzlich auch bei Schwangerschaft. Ausnahmsweise wird das Ausbildungsverhältnis verlängert, wenn die Auszubildende die Abschlussprüfung nicht besteht. Sie kann auch vor der Abschlussprüfung beantragen, dass die Ausbildungszeit verlängert wird, wenn die Verlängerung z. B. wegen Fehlzeiten durch die Schwangerschaft erforderlich ist, um das Ausbildungsziel zu erreichen.

Damit das Unternehmen die Mutterschutzbestimmungen einhalten kann, sollen Frauen dem Unternehmen ihre Schwangerschaft und den mutmaßlichen Tag der Entbindung mitteilen, sobald ihnen diese Tatsachen bekannt sind (§ 5 MuSchG). Tun sie dies nicht, so gelten die Schutzvorschriften erst, wenn sie die Mitteilung gemacht haben. Verlangt das Unternehmen ausdrücklich einen Nachweis der Ärztin bzw. des Arztes, weil ihm die mündliche Information nicht genügt, muss es selbst die Kosten für die Bescheinigung übernehmen.

Bei Bewerbungen während der Schwangerschaft muss die Frau ihre Schwangerschaft (auch auf Befragen des Arbeitgebers) grundsätzlich nicht offenbaren. Dies gilt auch für die befristete Einstellung.

Die Arbeitgeberseite ist durch Gesetz verpflichtet, den zuständigen **Aufsichtsbehörden** (staatliche Arbeitsschutz- oder Gewerbeaufsichtsämter) die Schwangerschaft mitzuteilen. Arbeitgeber, die ihre Mitteilungspflicht verletzen, können mit einem Bußgeld belegt werden. An die Aufsichtsbehörde, die die Einhaltung der Mutterschutzvorschriften kontrolliert, können sich Frauen und ihre Arbeitgeber mit allen Fragen wenden, die sich aus der Anwendung der Schutzvorschriften ergeben.

16.1.2 Kündigungsschutz

Vom Beginn der Schwangerschaft an bis zum Ablauf von vier Monaten nach der Entbindung ist die Kündigung des Arbeitsverhältnisses durch das Unternehmen bis auf wenige Ausnahmen unzulässig. Das bedeutet, dass der Arbeitgeber während dieser Zeit auch nicht zu einem danach liegenden Zeitpunkt kündigen darf (§ 9 MuSchG).

Das **Kündigungsverbot** gilt nur dann, wenn dem Unternehmen zum Zeitpunkt der Kündigung die Schwangerschaft oder die Entbindung bekannt war oder sie ihm innerhalb von zwei Wochen nach Zugang der Kündigung mitgeteilt wird. Wenn die Zweiwochenfrist unverschuldet versäumt und die Mitteilung unverzüglich nachgeholt wird, gilt auch danach das Kündigungsverbot. Die Schwangerschaft muss bei Zugang der Kündigung bereits bestehen. Diese Voraussetzung muss auch dann gegeben sein, wenn die Schwangerschaft dem Unternehmen erst nachträglich mitgeteilt wird.

Unzulässig ist sowohl die außerordentliche als auch die ordentliche Kündigung des Arbeitsverhältnisses. Auch Änderungskündigungen, Kündigungen eines unbefristeten Probearbeitsverhältnisses oder Kündigungen bei Insolvenz sind grundsätzlich verboten.

Wird die Frau nach Zugang der Kündigung schwanger, so gilt das Kündigungsverbot nicht.

16.1.2.1 Ausnahmen vom Kündigungsverbot

Ausnahmsweise ist eine Kündigung bei Vorliegen besonderer Gründe möglich. Diese dürfen aber nicht mit dem Zustand einer Frau während der Schwangerschaft oder ihrer Lage bis zum Ablauf von vier Monaten nach der Entbindung im Zusammenhang stehen. Ein besonderer Fall kann im Einzelfall vorliegen bei Insolvenz (früher: Konkurs), bei der teilweisen Stilllegung des Betriebes (ohne die Möglichkeit der Umsetzung der Schwangeren auf einen anderen Arbeitsplatz) oder in Kleinbetrieben, wenn der Betrieb ohne qualifizierte Ersatzkraft nicht fortgeführt werden kann. Auch eine besonders schwere Pflichtverletzung durch die Frau kann im Einzelfall ausnahmsweise zu einer Kündigung berechtigen.

16.1.2.2 Zustimmung der Aufsichtsbehörde

Der Arbeitgeber muss in diesen besonderen Fällen aber zuerst bei der Aufsichtsbehörde (in der Regel das Gewerbeaufsichtsamt bzw. das Amt für Arbeitsschutz) beantragen, dass die Kündigung für zulässig erklärt wird. Erst nach der Zustimmung der Behörde kann er rechtswirksam kündigen; eine früher erklärte Kündigung ist unwirksam. Nach der Zustimmung der Aufsichtsbehörde muss die Kündigung in schriftlicher Form erklärt werden und den zulässigen Kündigungsgrund enthalten. Sowohl die Zustimmung als auch die Kündigung selbst können rechtlich angefochten werden. Die Arbeitnehmerin kann auf diesen Kündigungsschutz nicht von vornherein verzichten, wohl aber selbst kündigen.

Wird einer Frau verbotswidrig gekündigt, kann sie widersprechen und das Unternehmen auffordern, innerhalb einer bestimmten Frist die Kündigung zurückzunehmen. Außerdem kann sie sich an die zuständige Aufsichtsbehörde wenden.

Unabhängig davon muss die Arbeitnehmerin innerhalb von drei Wochen nach Zugang der schriftlichen Kündigung Klage vor dem zuständigen Arbeitsgericht erheben, wenn sie die Rechtsunwirksamkeit der Kündigung erreichen will. Hat der Arbeitgeber Kenntnis von der Schwangerschaft der Arbeitnehmerin, läuft die dreiwöchige Klagefrist erst ab Bekanntgabe der Entscheidung der Aufsichtsbehörde.

Wird der Arbeitnehmerin die Entscheidung der Behörde nicht mitgeteilt oder hat der Arbeitgeber keinen Antrag auf Zulässigkeitserklärung der Behörde gestellt, kann die Arbeitnehmerin die Kündigungsschutzklage ohne Begrenzung durch die Dreiwochenfrist bis zur Grenze der Verwirkung geltend machen.

Das Unternehmen, das einer Frau verbotswidrig gekündigt hat, muss ihr das Arbeitsentgelt auch dann weiterzahlen, wenn es sie nicht beschäftigt. Während der Schutzfristen hat das Unternehmen auch in diesen Fällen den Zuschuss zum Mutterschaftsgeld zu zahlen.

16.1.2.3 Elternzeit

Nimmt die Mutter nach der Geburt des Kindes Elternzeit, so verlängert sich der Kündigungsschutz über die Frist des Mutterschutzgesetzes hinaus (vier Monate nach der Entbindung) bis zum Ablauf der Elternzeit.

16.1.2.4 Eigenkündigung / Aufhebungsverträge

Die Frauen selbst sind an das Kündigungsverbot nicht gebunden. Sie können während der Schwangerschaft und während der Schutzfrist nach der Entbindung das Arbeitsverhältnis ohne Einhaltung einer Frist zum Ende der Schutzfrist nach der Entbindung kündigen (§ 10 Abs. 1 MuSchG). An ihre normalen Kündigungsfristen, die nach den für sie geltenden Arbeits- oder Tarifverträgen länger sein können, sind sie in diesem Fall nicht gebunden. Soll die Kündigung zu einem früheren oder späteren Zeitpunkt wirksam werden, müssen die gesetzlichen oder vereinbarten Kündigungsfristen eingehalten werden.

Da Frauen ihr Arbeitsverhältnis während der Schwangerschaft freiwillig beenden können, sind auch Aufhebungsverträge grundsätzlich zulässig. Der Mutterschutz endet dann zusammen mit dem Arbeitsverhältnis.

Nach Eigenkündigungen und Aufhebungsverträgen bestehen gegen die Arbeitgeberseite keine Ansprüche (Arbeitsentgelt und Zuschuss zum Mutterschaftsgeld) mehr. Der Arbeitgeber muss die Aufsichtsbehörde von der Eigenkündigung der Schwangeren unverzüglich in Kenntnis setzen.

16.1.2.5 Wiedereinstellung nach der Entbindung

Wird eine Frau, deren Arbeitsverhältnis beendet war, innerhalb eines Jahres nach der Entbindung in ihrem alten Betrieb wieder eingestellt, gilt das Arbeitsverhältnis hinsichtlich der Betriebs- oder Berufszugehörigkeit als nicht unterbrochen (§ 10 Abs. 2 MuSchG). Voraussetzung ist, dass sie in der Zwischenzeit nicht in einem anderen Unternehmen gearbeitet hat. Dies kann sich z. B. auf die Dauer der Lohnfortzahlung im Krankheitsfall, auf die Leistungen der betrieblichen Altersversorgung, auf Kündigungsfristen und auf die Höhe ihres Lohnes oder Gehaltes auswirken.

16.1.3 Schutz für Mutter und Kind am Arbeitsplatz

Der Arbeitgeber muss eine werdende oder stillende Mutter während der Schwangerschaft und nach der Entbindung so beschäftigen und ihren Arbeitsplatz einschließlich der Maschinen, Werkzeuge und Geräte so einrichten, dass sie vor Gefahren für Leben und Gesundheit ausreichend geschützt ist (§ 2 MuSchG).

Das Unternehmen hat es werdenden oder stillenden Müttern während der Pausen und, soweit es aus gesundheitlichen Gründen erforderlich ist, auch während der Arbeitszeit zu ermöglichen, sich unter geeigneten Bedingungen auszuruhen.

Die Aufsichtsbehörde klärt im Zweifelsfall, ob die konkreten Arbeitsbedingungen zu einer Gefährdung der werdenden und stillenden Mutter führen können. Frauen und Arbeitgeberseite können sich bei Unklarheiten und Fragen an die Aufsichtsbehörde wenden.

Werdende Mütter dürfen nicht mit schweren körperlichen Arbeiten und nicht mit Tätigkeiten beschäftigt werden, bei denen sie schädlichen Einwirkungen von gesundheitsgefährdenden Stoffen oder Strahlen, Staub, Gasen oder Dämpfen, Hitze, Kälte oder Nässe, Erschütterungen oder Lärm ausgesetzt sind.

Beim Umgang mit Druckluft, Röntgenstrahlen und radioaktiven Stoffen schützen besondere Vorschriften die werdende und stillende Mutter. Auch chemische und biologische Schadstoffe können eine Gefährdung bedeuten.

Besondere Beschäftigungsbeschränkungen ergeben sich aus § 5 MuSchArbV i. V. m. der Gefahrstoffverordnung (GefStoffV). Ermächtigungsgrundlage für die Verordnung zum Schutze der Mütter am Arbeitsplatz ist § 4 Abs. 4 MuSchG.

Neuere Untersuchungen lassen einen Zusammenhang zwischen Gesundheitsstörungen und den elektrischen und magnetischen Feldern an modernen Bildschirmgeräten nicht erkennen. Um dennoch auf eventuelle Sorgen von Schwangeren eingehen zu können, sollte der Betriebsarzt einbezogen werden. Dabei sind sämtliche Faktoren für eine **gesundheitsgerechte Arbeitsplatzgestaltung** zu berücksichtigen. Wenn es aufgrund der besonderen Situation des Einzelfalles erforderlich ist, kann der Betriebsarzt für die Dauer der Schwangerschaft einen Arbeitsplatzwechsel vorschlagen.

16.1.3.1 Generelles Beschäftigungsverbot

Insbesondere gilt ein generelles Beschäftigungsverbot für werdende Mütter (§ 4 Abs. 2 MuSchG):

- bei Arbeiten, bei denen regelmäßig Lasten von mehr als 5 kg Gewicht oder gelegentlich Lasten von mehr als 10 kg Gewicht ohne mechanische Hilfsmittel von Hand gehoben, bewegt oder befördert werden,
- nach Ablauf des fünften Monats der Schwangerschaft für Arbeiten, bei denen sie ständig stehen müssen, soweit diese Beschäftigung täglich vier Stunden überschreitet,
- für Arbeiten, bei denen sie sich häufig erheblich strecken oder beugen oder bei denen sie dauernd hocken oder sich gebückt halten müssen,
- bei der Bedienung von Geräten und Maschinen aller Art mit hoher Fußbeanspruchung (z. B. Fußantrieb) oder
- die mit dem Schälen von Holz befasst sind,
- für Arbeiten, bei denen sie infolge ihrer Schwangerschaft in besonderem Maße der Gefahr ausgesetzt sind, an einer Berufskrankheit zu erkranken, oder bei denen durch das Risiko der Entstehung einer Berufskrankheit eine erhöhte Gefährdung für die werdende Mutter oder eine Gefahr für die Leibesfrucht besteht,
- nach Ablauf des dritten Monats der Schwangerschaft auf Beförderungsmitteln (z. B. Bus, Lkw, Taxi),
- für Arbeiten, bei denen sie erhöhten Unfallgefahren ausgesetzt sind (z. B. Rutsch-, Absturzgefahren).

Auch **Akkord- und Fließbandarbeit** mit vorgeschriebenem Arbeitstempo ist für Schwangere und stillende Mütter verboten (§ 4 Abs. 3 MuSchG).

Werdende und stillende Mütter dürfen nicht in **Nachtarbeit** (zwischen 20 und 6 Uhr), nicht an Sonn- und Feiertagen und nicht mit Mehrarbeit beschäftigt werden (§ 8 MuSchG). Sie dürfen nicht mehr als maximal achteinhalb Stunden täglich oder 90 Stunden pro Doppelwoche, Frauen unter 18 Jahren täglich höchstens 8 Stunden oder 80 Stunden in der Doppelwoche arbeiten. Gesetzliche Ruhepausen sowie die Fahrzeit zwischen Wohnung und Arbeitsstelle sind keine Arbeitszeit.

Einige begrenzte Abweichungen von diesen Verboten sind für bestimmte Beschäftigungsbereiche erlaubt (z. B. für Krankenhäuser, das Gaststätten- und Hotelgewerbe, in der Landwirtschaft, für Künstlerinnen und im Familienhaushalt, § 8 MuSchG).

Im Bereich der **Bildschirmarbeit** gibt es kein generelles Beschäftigungsverbot. Entscheidend ist die Prüfung im Einzelfall mit der möglichen Folge eines individuellen Beschäftigungsverbots.

16.1.3.2 Individuelles (attestiertes) Beschäftigungsverbot

Das Mutterschutzgesetz enthält neben den allgemeinen Beschäftigungsverboten auch ein individuelles Beschäftigungsverbot für den Einzelfall. Danach dürfen werdende Mütter insoweit nicht beschäftigt werden, als nach ärztlichem Zeugnis Leben oder Gesundheit von Mutter oder Kind bei Fortdauer der bisherigen Beschäftigung gefährdet ist.

Voraussetzung dieses individuellen Beschäftigungsverbotes ist ein entsprechendes ärztliches Zeugnis. Die Ärztin oder der Arzt muss dabei entscheiden, ob die schwangere Frau wegen eingetretener Komplikationen arbeitsunfähig krank ist oder – ohne dass eine Krankhcit vorliegt – zum Schutz der Gesundheit von Mutter oder Kind ein Beschäftigungsverbot angezeigt ist.

Durch das ärztliche Zeugnis kann die Beschäftigung ganz oder teilweise untersagt sein. Der Arbeitgeber muss das ärztlich attestierte Beschäftigungsverbot einhalten. Hat die Arbeitgeberseite begründete Zweifel an der Richtigkeit des ärztlichen Zeugnisses, kann sie eine Nachuntersuchung verlangen. Sie kann jedoch nicht verlangen, dass ein bestimmter Arzt, z. B. der Betriebsarzt, die Nachuntersuchung vornimmt (es sei denn, die Arbeitnehmerin stimmt zu), da die Arbeitnehmerin das Recht auf freie Arztwahl hat.

Liegt dagegen eine Krankheit vor, so hat die Ärztin oder der Arzt die Schwangere krankzuschreiben.

16.1.3.3 Beschäftigungsverbot nach der Entbindung

Auch nach der Geburt kann ein individuelles (teilweises) Beschäftigungsverbot ausgesprochen werden, wenn Frauen in den ersten Monaten nach der Entbindung nicht voll leistungsfähig sind (§ 6 MuSchG). Sie dürfen dann nicht zu den ihre Leistungsfähigkeit übersteigenden Arbeiten herangezogen werden. Die verminderte Leistungsfähigkeit muss im Zusammenhang mit der Mutterschaft stehen. Auch in diesem Fall ist die Vorlage eines ärztlichen Zeugnisses erforderlich, das den Grad der geminderten Leistungsfähigkeit und die Art der zulässigen Arbeiten ebenso wie die Dauer des Beschäftigungsverbotes möglichst genau und allgemein verständlich angibt.

16.1.3.4 Mutterschutzlohn

Setzt eine Frau wegen eines allgemeinen oder individuellen Beschäftigungsverbotes ganz oder teilweise vor Beginn und nach Ende der Schutzfrist mit der Arbeit aus oder setzt das Unternehmen die werdende Mutter auf einen anderen zumutbaren Arbeitsplatz um, behält sie mindestens ihren Durchschnittsverdienst (Mutterschutzlohn, § 11 MuSchG).

Der Mutterschutzlohn stellt steuer- und beitragspflichtiges Arbeitsentgelt dar. Er muss wenigstens der Höhe des Durchschnittsverdienstes der letzten 13 Wochen oder bei monatlicher Entlohnung der letzten drei Monate vor Eintritt der Schwangerschaft entsprechen. Einbußen durch das Verbot der Akkord- und Fließbandarbeit oder der Mehrarbeit, der Sonntags- und Nachtarbeit wirken sich nicht negativ auf die Berechnung aus.

Der Mutterschutzlohn dient der Einkommenssicherung während der Beschäftigungsverbote außerhalb der Mutterschutzfristen.

16.1.3.5 Schutzfristen vor und nach der Entbindung

Die Schutzfrist beginnt sechs Wochen vor der Entbindung und endet im Normalfall acht Wochen, bei Frühgeburten oder bei Mehrlingsgeburten zwölf Wochen nach der Entbindung (§§ 3 Abs. 2, 6 Abs. 1 MuSchG). Für die Feststellung, dass eine Frühgeburt im medizinischen Sinne vorliegt, ist ein ärztliches Zeugnis maßgebend (wiegt das Kind bei der Geburt weniger als 2.500 Gramm, handelt es sich um eine Frühgeburt im Sinne von § 6 Abs. 1 MuSchG). Bei einer Frühgeburt sowie bei einer sonstigen vorzeitigen Entbindung verlängert sich nach der Geburt die Schutzfrist um den Zeitraum, der vor der Geburt nicht in Anspruch genommen werden konnte.

Ab sechs Wochen vor der Geburt ihres Kindes darf die werdende Mutter nur noch dann beschäftigt werden, wenn sie selbst ausdrücklich erklärt hat, dass sie weiterarbeiten möchte. Es steht ihr frei, diese Entscheidung jederzeit zu widerrufen (§ 3 Abs. 2 MuSchG).

Während der Schutzfrist nach der Entbindung besteht ein absolutes Beschäftigungsverbot. In dieser Zeit dürfen Frauen auch dann nicht beschäftigt werden, wenn sie dazu bereit wären (zur einzigen Ausnahme siehe unten).

> Die Nichtbeachtung der Beschäftigungsverbote durch die Arbeitgeberseite wird als Ordnungswidrigkeit, unter Umständen als Straftat verfolgt (§ 21 MuSchG).

16.1.3.6 Fehlgeburt/Tod des Kindes

Im rechtlichen Sinne ist eine Fehlgeburt keine Entbindung. Eine Fehlgeburt liegt vor, wenn sich außerhalb des Mutterleibs keine Lebensmerkmale gezeigt haben und das Gewicht weniger als 500 g beträgt. Sie löst keine mutterschutzrechtlichen Folgen aus, insbesondere gelten die Schutzfristen nach der Entbindung nicht.

Etwas anderes gilt für Totgeburten (Geburtsgewicht ab 500 g). Die Frau hat nach einer Totgeburt die normalen Schutzfristen nach der Entbindung. Bei Totgeburten, die gleichzeitig Frühgeburten im medizinischen Sinne sind, hat die Mutter Anspruch auf eine zwölfwöchige Schutzfrist. Ausnahmsweise kann die Arbeitnehmerin allerdings in diesem Fall und ebenso beim Tod des Kindes nach der Geburt auf ihr ausdrückliches Verlangen hin schon vor Ablauf ihrer Schutzfrist wieder beschäftigt werden (frühestens ab der dritten Woche nach der Entbindung), wenn nach ärztlichem Zeugnis nichts dagegen spricht. Sie kann ihre Erklärung jederzeit widerrufen (§ 6 Abs.1 Satz 4 MuSchG).

Ob es sich um eine Fehl- oder um eine Totgeburt handelt, hängt von dem ärztlichen Zeugnis ab. Ist eine Fehlgeburt mit seelischen und körperlichen Belastungen verbunden und ist die Frau arbeitsunfähig krankgeschrieben, so gelten statt der Grundsätze des Mutterschutzgesetzes die Regelungen über die Lohnfortzahlung im Krankheitsfall.

Für Frauen, die einen Schwangerschaftsabbruch vorgenommen haben, entfällt danach der Mutterschutz.

16.1.4 Stillende Mütter

Auch stillende Mütter dürfen mit bestimmten Gefahrstoffen nicht arbeiten, nicht zu Akkord- und Fließbandarbeiten herangezogen und nicht mit bestimmten, körperlich schweren oder belastenden Arbeiten beschäftigt werden (§ 6 Abs. 3 MuSchG).

Eine Frau, die stillt, kann nach Wiederaufnahme ihrer Arbeit Stillpausen während der Arbeitszeit beanspruchen. Die Zeit zum Stillen ist durch § 7 Abs. 1 MuSchG gesichert: mindestens zweimal täglich eine halbe Stunde oder einmal pro Tag eine Stunde. Bei einer zusammenhängenden Arbeitszeit von mehr als acht Stunden soll auf Verlangen der Frau zweimal eine Stillzeit von mindestens 45 Minuten oder, wenn in der Nähe der Arbeitsstätte keine Stillgelegenheit vorhanden ist, einmal eine Stillzeit von mindestens 90 Minuten gewährt werden.

Ein Verdienstausfall darf durch die Stillzeit nicht eintreten. Die Stillzeit darf von der stillenden Mutter auch nicht vor- oder nachgearbeitet und nicht auf die festgesetzten Ruhepausen angerechnet werden (§ 7 Abs. 2 MuSchG).

16.1.5 Mutterschutz und Elternzeit

Bei rechtzeitiger Mitteilung schließt sich die Elternzeit nach dem BEEG unmittelbar an die Mutterschutzfrist an. Nach dem Ende der Schutzfrist können Mütter unter Verzicht auf die Elternzeit ihre Arbeit aber auch wieder aufnehmen und die Elternzeit erst zu einem späteren Zeitpunkt antreten.

Die Elternzeit ist ein Anspruch von Arbeitnehmerinnen und Arbeitnehmern gegenüber ihrem Arbeitgeber. Die Eltern können die Elternzeit ganz oder zeitweise auch gemeinsam nehmen. Die Elternzeit muss spätestens sieben Wochen vor ihrem Beginn bei dem Arbeitgeber angemeldet werden (§ 16 Abs. 1 BEEG). Gleichzeitig muss für zwei Jahre verbindlich erklärt werden, für welchen Zeitraum oder für welche Zeiträume die Elternzeit in Anspruch genommen werden soll. Für die Elternzeit gilt ebenfalls ein besonderer Kündigungsschutz (§ 18 BEEG).

16.1.6 Einhaltung der Mutterschutzvorschriften

Frauen erhalten durch das Mutterschutzgesetz bestimmte Rechte. Aus diesen Rechten ergeben sich für die Arbeitgeberseite bestimmte Pflichten, und zwar Pflichten gegenüber der Arbeitnehmerin und der Aufsichtsbehörde. So ist der Arbeitgeber dazu verpflichtet, der Aufsichtsbehörde auf deren Verlangen wahrheitsgetreu alle notwendigen Angaben zu machen. In Betrieben und Verwaltungen, in denen regelmäßig mehr als drei Frauen beschäftigt werden, ist ein Abdruck des Mutterschutzgesetzes an geeigneter Stelle zur

Einsicht auszulegen oder auszuhängen (§ 18 MuSchG).

Die Einhaltung der Bestimmungen des Mutterschutzgesetzes wird von den Aufsichtsbehörden überwacht (§ 20 MuSchG). In einigen Bundesländern sind dafür die Gewerbeaufsichtsämter, in anderen Ländern staatliche Arbeitsschutzämter zuständig. Auskünfte über die Zuständigkeit erteilt das jeweilige Landesministerium für Arbeit und Soziales.

Die Nichtbeachtung der Vorschriften des Mutterschutzgesetzes bedeutet – je nach Tatbestand und Schweregrad der pflichtwidrigen Handlung – eine Ordnungswidrigkeit mit einer Geldbuße bis zu 15.000 Euro oder eine Straftat mit einer Freiheitsstrafe bis zu einem Jahr (§ 21 MuSchG).

16.1.7 Leistungen der gesetzlichen Krankenkassen

Während das Mutterschutzgesetz nur für Frauen gilt, die in einem Arbeitsverhältnis stehen, können auch selbstständige und zu Beginn der Schutzfrist nicht erwerbstätige Frauen während der Schwangerschaft und nach der Geburt bei Vorliegen der jeweiligen Voraussetzungen Leistungsansprüche haben.

Da weder Schwangerschaft noch Mutterschaft eine Krankheit im Sinne der gesetzlichen Krankenversicherung ist, wurden bisher keine Leistungsansprüche nach §§ 27 ff. SGB V gewährt; diese waren in den §§ 195 ff. RVO enthalten. Seit 2013 sind sie in den §§ 24c bis 24i SGB V geregelt.

Die Leistungen der gesetzlichen Krankenkassen bei Schwangerschaft und Mutterschaft umfassen (vgl. § 21 Abs. 1 Nr. 3 SGB I):

- Vorsorgeuntersuchungen,
- Betreuung durch Ärzte und Hebammen bzw. Geburtshelfer,
- Hebammenhilfe,
- Versorgung mit Arznei-, Verband- und Heilmitteln,
- stationäre Entbindung,
- häusliche Pflege,
- Haushaltshilfe,
- Mutterschaftsgeld.

Nur eine regelmäßige Betreuung der werdenden Mutter durch Ärzte und Hebammen kann gewährleisten, dass Unregelmäßigkeiten der Schwangerschaftsentwicklung und Krankheiten rechtzeitig erkannt und behandelt werden. Die Säuglingssterblichkeit ist bei Kindern von Müttern, die sich nicht ärztlich betreuen lassen, höher als bei Kindern, deren Mütter die Vorsorgemaßnahmen beachten. Vorsorgeuntersuchungen dienen der Gesundheit der Mutter und des Kindes. Deshalb ist der Arbeitgeber verpflichtet, die werdende Mutter für die Untersuchungen von der Arbeit freizustellen, wenn diese Untersuchungen nur während der Arbeitszeit möglich sind. Sie darf dadurch keinen Verdienstausfall erleiden (§ 16 MuSchG).

16.1.8 Finanzielle Absicherung während der Schutzfristen

Während der Mutterschutzfristen vor und nach der Entbindung und für den Entbindungstag sind Frauen finanziell abgesichert, in der Regel

- durch das Mutterschaftsgeld
- und einen Zuschuss, den der Arbeitgeber zu tragen hat.

Kein Mutterschaftsgeld erhalten z. B.
- Hausfrauen,
- Selbstständige, die nicht bei einer gesetzlichen Krankenkasse mit Anspruch auf Krankengeld versichert sind, und
- Beamtinnen, da für sie das Mutterschutzgesetz nicht gilt, sondern die besonderen beamtenrechtlichen Regelungen.

16.1.8.1 Mutterschaftsgeld der gesetzlichen Krankenversicherung

Mutterschaftsgeld wird von den gesetzlichen Krankenkassen während der Schutzfristen vor und nach der Entbindung sowie für den Entbindungstag gezahlt (§ 13 MuSchG i. V. m. § 200 RVO). Das Mutterschaftsgeld kann frühestens sieben Wochen vor dem mutmaßlichen Entbindungstermin beantragt werden, da die diesbezügliche ärztliche Bescheinigung frühestens eine Woche vor Beginn der Schutzfrist ausgestellt werden darf.

Mutterschaftsgeld der gesetzlichen Krankenversicherung erhält, wer

- bei Beginn der Schutzfrist eigenständiges Mitglied einer gesetzlichen Krankenkasse ist (unabhängig davon, ob es sich um eine Pflichtmitgliedschaft oder eine freiwillige Mitgliedschaft handelt) und
- mit Anspruch auf Krankengeld versichert ist oder
- in einem Arbeitsverhältnis steht, jedoch wegen der Schutzfrist kein Arbeitsentgelt bekommt.

Für die Zahlung des Mutterschaftsgeldes ist ein Antrag bei der Krankenkasse bzw beim Bundesversicherungsamt erforderlich.

Beispiel

Frauen, die bei Beginn der Schutzfrist vor der Entbindung in einem Arbeits- oder Heimarbeitsverhältnis stehen oder deren Arbeitsverhältnis während der Schwangerschaft zulässig von der Arbeitgeberseite aufgelöst wurde, erhalten Mutterschaftsgeld nach folgenden Grundsätzen:
Die Höhe des Mutterschaftsgeldes richtet sich hier nach dem um die gesetzlichen Abzüge verminderten durchschnittlichen Arbeitsentgelt der letzten drei abgerechneten Kalendermonate, bei wöchentlicher Abrechnung der letzten 13 Wochen vor Beginn der Schutzfrist vor der Entbindung. Bei Frauen mit einem festen Monatsverdienst wird jeder Monat gleichbleibend mit 30 Tagen angesetzt. Das Mutterschaftsgeld beträgt höchstens 13 Euro für den Kalendertag (je nach Länge des Monats maximal 364 Euro - 403). Geringfügig Beschäftigte, die selbst Mitglied der gesetzlichen Krankenkasse sind (z. B. Studentinnen), erhalten ebenfalls Mutterschaftsgeld bis zu 13 Euro kalendertäglich von ihrer Krankenkasse, wenn ihnen während der Schutzfristen kein Arbeitsentgelt gezahlt wird.
Frauen, die bei Beginn der Schutzfrist in keinem Arbeitsverhältnis stehen, jedoch bei einer gesetzlichen Krankenkasse mit Anspruch auf Krankengeld versichert sind (z. B. Selbstständige), erhalten Mutterschaftsgeld in Höhe des Krankengeldes.

16.1.8.2 Arbeitgeberzuschuss

Übersteigt der durchschnittliche kalendertägliche Nettolohn den Betrag von 13 Euro (monatlicher Nettolohn von 390 Euro), ist die Arbeitgeberseite verpflichtet, die Differenz als Zuschuss zum Mutterschaftsgeld zu zahlen (Arbeitgeberzuschuss, § 14 MuSchG). Dabei wird der als Grundlage dienende Durchschnittsverdienst um den Betrag der gesetzlichen Abzüge vermindert. Verdiensterhöhungen, die während der Schutzfristen wirksam werden und nicht nur vorübergehend gezahlt werden, sind ab dem Zeitpunkt ihrer Wirksamkeit in die Berechnung einzubeziehen. Der Zuschuss ist zum gleichen Termin auszuzahlen wie vorher das Arbeitsentgelt.

Beispiel

Eine Frau hatte in den letzten drei Monaten vor Beginn der Schutzfrist einen gleichbleibenden monatlichen Bruttolohn von 1.500 Euro.
Der monatliche Nettolohn betrug 975 Euro.
Der monatliche Nettolohn der letzten drei Monate (975 Euro x 3 = 2.925 Euro) wird auf den Kalendertag (drei Kalendermonate zu 30 Tagen) umgerechnet (2.925 Euro :
90 Kalendertage
= 33 Euro pro Kalendertag). Der durchschnittliche kalendertägliche Nettolohn betrug also 33 Euro.

Während der Schutzfristen vor und nach der Entbindung erhält die Frau pro Kalendertag diese 33 Euro, und zwar als Mutterschaftsgeld von der Krankenkasse 13 Euro, als Arbeitgeberzuschuss 20 Euro.

16.1.8.3 Mutterschaftsgeld des Bundesversicherungsamtes

Arbeitnehmerinnen, die nicht selbst Mitglied einer gesetzlichen Krankenkasse sind (z. B. privat krankenversicherte oder in der gesetzlichen Krankenversicherung familienversicherte Frauen), erhalten Mutterschaftsgeld in Höhe von insgesamt höchstens 210 Euro. Zuständig hierfür ist das Bundesversicherungsamt (Mutterschaftsgeldstelle, § 13 Abs. 2 MuSchG).

Der Arbeitgeber hat auch diesen Arbeitnehmerinnen den Unterschiedsbetrag zwischen 13 Euro und dem um die gesetzlichen Abzüge verminderten durchschnittlichen kalendertäglichen Arbeitsentgelt zu zahlen.

Ist das Arbeitsverhältnis während der Schwangerschaft oder während der Schutzfrist nach der Entbindung ausnahmsweise zulässig aufgelöst worden, so finanziert der Bund den Zuschuss. Die Auszahlung erfolgt für ihre Mitglieder durch die gesetzlichen Krankenkassen, in anderen Fällen durch das Bundesversicherungsamt in Bonn. Eine zulässige Auflösung liegt vor, wenn die Arbeitgeberseite nach Zustimmung der Aufsichtsbehörde gekündigt hat (z. B. bei Betriebsstilllegung oder bei Verlagerung des Betriebes, wenn alle. Möglichkeiten zur Vermeidung der Kündigung erschöpft sind). Der Zuschuss wird bis zum Ende der Schutzfrist nach der Entbindung gezahlt.

Kann der Arbeitgeber wegen eines Insolvenzereignisses die Verpflichtung zur Zahlung des Zuschusses zum Mutterschaftsgeld nicht erfüllen, gilt die gleiche Regelung wie beim aufgelösten Arbeitsverhältnis (§ 14 Abs. 3 MuSchG).

16.1.8.4 Leistungen für arbeitslose Frauen ohne Anspruch auf Arbeitgeberzuschuss

Arbeitslose Frauen, die bei Beginn der Schutzfrist als Bezieherinnen von Arbeitslosengeld bei Arbeitslosigkeit oder bei beruflicher Weiterbildung nach dem SGB III gesetzlich krankenversichert sind und deren Arbeitsverhältnis nicht während der Schwangerschaft zulässig gekündigt worden ist, erhalten Mutterschaftsgeld durch die gesetzliche Krankenkasse.

Die Höhe des Mutterschaftsgeldes entspricht dem Betrag des Arbeitslosengeldes bei Arbeitslosigkeit oder bei beruflicher Weiterbildung nach dem SGB III, den die Versicherte vor Beginn der Schutzfrist vor der Entbindung erhalten hat.

Werdende Mütter, die Arbeitslosengeld II nach dem Zweiten Buch Sozialgesetzbuch (SGB II) beziehen, erhalten ab der 13. Schwangerschaftswoche bis zum Entbindungstag zusätzlich einen Mehrbedarf in Höhe von 17 Prozent des maßgebenden Regelbedarfs (z. B. für Alleinstehende 63,60 Euro). Darüber hinaus können auf Antrag gesonderte Leistungen zur Erstausstattung für Bekleidung und Erstausstattung bei Schwangerschaft und Geburt durch die örtlich zuständigen Jobcenter erbracht werden (vgl. § 24 Abs. 3 Nr. 2 SGB II).

Mitglieder der gesetzlichen Krankenversicherung **mit Krankengeldanspruch** (z. B. Arbeitnehmerinnen und Arbeitslose)	• bis 13 Euro pro Tag **Mutterschaftsgeld** von der Krankenkasse • plus **Arbeitgeberzuschuss** in Höhe der Differenz zum durchschnittlichen Nettoarbeitsentgelt • arbeitslose Frauen: Mutterschaftsgeld in Höhe der bisherigen Zahlung des Arbeitslosengeldes (SGB III)
Mitglieder der gesetzlichen Krankenversicherung **ohne Krankengeldanspruch** (z. B. Studentinnen) mit einer geringfügigen Beschäftigung	• In der Regel bis 13 Euro pro Tag **Mutterschaftsgeld** von der Krankenkasse plus Arbeitgeberzuschuss in Höhe der Differenz zwischen 13 Euro und dem durchschnittlichen Nettoarbeitsentgelt
In der gesetzlichen Krankenversicherung **familien- versicherte** Frauen **mit einer geringfügigen Beschäftigung**	• **Mutterschaftsgeld** von einmalig bis zu 210 Euro durch das Bundesversicherungsamt plus Arbeitgeberzuschuss in Höhe der Differenz zwischen 13 Euro und dem durchschnittlichen Nettoarbeitsentgelt

In der **privaten** Kranken- versicherung versicherte oder **nicht krankenversicherte** Arbeitnehmerinnen	• **Mutterschaftsgeld** von einmalig bis zu 210 Euro durch das Bundesversicherungsamt • plus **Arbeitgeberzuschuss** in Höhe der Differenz zwischen 13 Euro und dem durchschnittlichen Nettoarbeitsentgelt
Frauen, deren **Arbeitsverhältnis** während der Schwangerschaft vom Arbeitgeber **zulässig aufgelöst** wurde	• bis 13 Euro pro Tag **Mutterschaftsgeld** • der **Arbeitgeberzuschuss** wird diesen Frauen von der Krankenkasse oder dem Bundesversicherungsamt gezahlt
Mitglieder der gesetzlichen Krankenversicherung **ohne Krankengeldanspruch** (Alg-II-Empfängerinnen)	• Fortzahlung **Arbeitslosengeld II** während der gesetzlichen Mutterschutzfristen unter Berücksichtigung eines Mehrbedarfs ab der 13. Schwangerschaftswoche

Tabelle 5.1: Finanzielle Leistungen des Mutterschutzes im Überblick[74]

16.1.9 Gesetzliche Kranken-, Renten- und Arbeitslosenversicherung

Das Mutterschaftsgeld und der Arbeitgeberzuschuss sind steuer- und sozialabgabenfrei. Sie werden aber in den steuerlichen Progressionsvorbehalt einbezogen.

Während der Zeit des Anspruchs auf oder des Bezugs von Mutterschaftsgeld der gesetzlichen Krankenkassen bleibt die Frau in der gesetzlichen Kranken- und Rentenversicherung kraft Gesetzes versichert, sofern sie vorher versicherungspflichtig war.

In der Arbeitslosenversicherung besteht uneingeschränkte Versicherungspflicht für Zeiten des Bezuges von Mutterschaftsgeld, wenn unmittelbar vor Beginn der Leistung Versicherungspflicht bestand oder eine laufende Entgeltersatzleistung aus der Arbeitslosenversicherung bezogen wurde.

16.1.10 Umlageverfahren zum Ausgleich der Aufwendungen

Alle Betriebe erhalten die nachstehend genannten Aufwendungen, die sie an die Arbeitnehmerinnen zahlen, in vollem Umfang ersetzt. Sie nehmen an einem allgemeinen Umlageverfahren der Krankenkassen (sog. U2-Verfahren) teil.

Voll erstattet werden sowohl die Arbeitgeberzuschüsse zum Mutterschaftsgeld als auch das Entgelt, das als Mutterschutzlohn bei Beschäftigungsverboten (allgemeine oder individuelle Beschäftigungsverbote) gezahlt wird. Ebenfalls erstattet werden die Arbeitgeberanteile an Beiträgen zur gesetzlichen Kranken-, Renten- und Arbeitslosenversicherung.

Erstattungsfähig sind auch die Ausbildungsvergütungen, die wegen eines Beschäftigungsverbotes weiterzuzahlen sind. Zuständig für die Erstattung sind die gesetzlichen Krankenkassen. Die Erstattung erfolgt auf Antrag.

16.2 Kindergeld

Das als Steuervergütung gezahlte Kindergeld dient in erster Linie dem Ziel, die verfassungsrechtlich gebotene Steuerfreistellung von Einkommen in Höhe des Existenzminimums eines Kindes sicherzustellen. Ein darüber hinausgehender Teil des Kindergeldes dient der Förderung der Familie.

Wer Kinder hat und in Deutschland wohnt, hat Anspruch auf Kindergeld, das unabhängig vom Elterneinkommen gezahlt wird. Dies gilt auch für Ausländer, wenn sie eine gültige Niederlassungserlaubnis oder Aufenthaltserlaubnis zu bestimmten Zwecken besitzen. Kindergeld können jedoch auch Väter und Mütter erhalten, die aus beruflichen Gründen für einige Zeit im Ausland leben. Allerdings zahlt der Staat das Kindergeld nur für Kinder, die im Bundesgebiet oder einem Mitgliedstaat der EU oder der Schweiz leben (wobei es auch hier Ausnahmen gibt).

> Für jedes Kind erhält nur eine Person Kindergeld.
>
> Eltern können grundsätzlich frei wählen, wer von ihnen das Kindergeld für die Kinder erhält, die zu ihrem Haushalt gehören. Leben die Eltern getrennt oder sind sie geschieden, so wird das Kindergeld an denjenigen gezahlt, bei dem das Kind lebt.

---

[74] Quelle: BMFSFJ (Hg.), Leitfaden zum Mutterschutz, 8. Aufl. 2012, S. 37.

1. Kind	2. Kind	3. Kind	ab dem 4. Kind je
184 €	184 €	190 €	215 €

Tabelle 5.2: Höhe des Kindergeldes

Kindergeld gibt es für

- im ersten Grad mit dem Antragsteller verwandte Kinder (auch adoptierte Kinder),
- Kinder des Ehegatten (Stiefkinder), wenn sie im gemeinsamen Haushalt leben[75],
- Pflegekinder, wenn sie im Haushalt der Pflegeeltern leben, für längere Zeit zur Familie gehören und nicht mehr unter der Obhut ihrer leiblichen Eltern stehen,
- Enkelkinder, wenn sie in den Haushalt der Großeltern aufgenommen wurden.

Kindergeld wird gezahlt für Kinder, die das 18. Lebensjahr noch nicht vollendet haben.

Unter bestimmten Umständen besteht weiterhin ein Kindergeldanspruch; längstens bis zur Vollendung des 25. Lebensjahres.

Eine Weiterzahlung kommt nur in Betracht, wenn der junge Mensch

- sich in Schul- oder Berufsausbildung oder im Studium befindet,
- ein freiwilliges soziales oder ökologisches Jahr nach den jeweiligen Förderungsgesetzen oder einen Freiwilligendienst ableistet,
- sich in einer Übergangszeit von höchstens vier Monaten befindet (z. B. zwischen zwei Ausbildungsabschnitten).

Bis zum vollendeten 21. Lebensjahr wird ein Kind berücksichtigt, das ohne Beschäftigung und bei einer Agentur für Arbeit als Arbeitsuchender gemeldet ist.

Ab 2012 entfällt die aufwändige Einkommensprüfung für volljährige Kinder bis zum Abschluss der ersten Berufsausbildung oder des Erststudiums; die bisherige Einkünfte- und Bezügegrenze in Höhe von 8.004 Euro ist weggefallen.

16.2.1 Sonderfälle

Unter bestimmten Voraussetzungen erhalten Eltern auch dann noch Kindergeld, wenn ihre Kinder älter sind als 25 Jahre.

So wird Kindergeld für über 25-jährige Kinder gezahlt, die noch in der Ausbildung oder im Studium sind und den gesetzlichen Grundwehr- oder Zivildienst geleistet haben. Für sie erhöht sich die Altersgrenze von 25 Jahren um den Zeitraum, die der Dauer des gesetzlichen Grundwehr- oder Zivildienstes entspricht (ein Verlängerungstatbestand kommt jedoch nicht in Betracht, wenn ein Kind den neu eingeführten freiwilligen Wehrdienst ableistet).

Beispiel

Hat der Sohn z. B. 15 Monate gesetzlichen Grundwehrdienst geleistet, können die Eltern das Kindergeld erhalten, bis er 26 Jahre und drei Monate alt ist.

Für **behinderte Kinder**, die wegen ihrer körperlichen, geistigen oder seelischen Behinderung außerstande sind, sich selbst zu unterhalten, erhalten die Eltern unbegrenzt über das 25. Lebensjahr hinaus Kindergeld, falls die Behinderung vor diesem Zeitpunkt eingetreten war.

Vollwaisen erhalten für sich selbst 184 Euro Kindergeld im Monat, wenn für sie keine andere Person Anspruch auf Kindergeld oder eine vergleichbare Leistung hat. Das gilt auch für Kinder, die den Aufenthaltsort ihrer Eltern nicht kennen.

Die gesetzlichen Grundlagen befinden sich im Einkommensteuergesetz (EStG) und im Bundeskindergeldgesetz (BKGG).

---

[75] Der Bundesfinanzhof (Urteil vom 08.08.2013) hat entschieden, dass das Kindergeldrecht im Einkommensteuergesetz auch für eingetragene Lebenspartner gilt. Damit können alle Kinder der Partner als gemeinsame Kinder zusammengezählt werden. Die Entscheidung bezieht sich auf das Urteil des Bundesverfassungsgerichts vom 07.05.2013, wonach eingetragene Lebenspartner nicht vom Ehegattensplitting ausgeschlossen werden dürfen.

Zuständig sind die Familienkassen bei den Agenturen für Arbeit (oder die öffentlichen Arbeitgeber für die Beschäftigten im öffentlichen Dienst).

www.familienkasse.de

16.2.2 Kinderfreibetrag und der Freibetrag für Betreuung und Erziehung oder Ausbildung

Wird mit der Zahlung des Kindergeldes das Existenzminimum des Kindes nicht steuerlich freigestellt, sind ein Kinderfreibetrag (4.368 Euro/Jahr) und der Freibetrag für Betreuung und Erziehung oder Ausbildung (2.640 Euro/Jahr) vom Einkommen abzuziehen. Der Kinderfreibetrag wurde damit auf insgesamt 7.008 Euro (bei Ehepaaren) angehoben.

Das bereits erhaltene Kindergeld wird mit der steuerlichen Auswirkung der Freibeträge verrechnet. Ob das Kindergeld zu der verfassungsrechtlich gebotenen Steuerfreistellung ausreicht, wird bei der Veranlagung zur Einkommensteuer geprüft.

16.2.3 Kinderzuschlag

Eltern haben Anspruch auf Kinderzuschlag für ein in ihrem Haushalt lebendes unverheiratetes Kind bis zum Alter von 25 Jahren, wenn für dieses Kind Kindergeld bezogen wird. Die Eltern müssen mindestens über Einkommen oder Vermögen verfügen, das es ihnen ermöglicht, ihren nach dem Arbeitslosengeld II zu errechnenden Mindestbedarf sicherzustellen (Mindesteinkommensgrenze in Höhe von 900 Euro brutto für Paare und 600 Euro für Alleinerziehende).

Der Anspruch auf Kinderzuschlag entfällt, wenn das Elterneinkommen den gesamten Familienbedarf deckt. Der Anspruch auf Kinderzuschlag entfällt ebenfalls, wenn auch bei seiner Zahlung ein Anspruch auf Arbeitslosengeld II/Sozialgeld nicht ausgeschlossen wäre, d. h. wenn der Arbeitslosengeld-II-Bedarf nicht in voller Höhe abgedeckt würde.

> Der Kinderzuschlag wird nur gezahlt, wenn dadurch Hilfebedürftigkeit im Sinne des SGB II vermieden wird.

Bei einem Einkommen oder Vermögen der Eltern in Höhe ihres eigenen Mindestbedarfs ist der Kinderzuschlag in voller Höhe zu zahlen. Berücksichtigt wird hierbei z. B. auch Einkommen und Vermögen von Partnern, die in eheähnlicher Lebensgemeinschaft leben. Überschreiten Einkommen und Vermögen diese Grenze, wird der Kinderzuschlag gemindert. In welcher Höhe Einkommen bzw. Vermögen zu berücksichtigen sind, richtet sich grundsätzlich nach den für das Arbeitslosengeld II maßgeblichen Bestimmungen.

Erwerbseinkommen der Eltern, das ihren eigenen Mindestbedarf überschreitet, wird nur zu 50 Prozent auf den Kinderzuschlag angerechnet. Einkommen aus öffentlichen und privaten Transfers sowie Kapitaleinkünfte werden dagegen voll angerechnet.

Kindeseinkommen ist immer als bedarfsmindernd in voller Höhe auf den Kinderzuschlag anzurechnen. Der Kinderzuschlag beträgt für jedes im gemeinsamen Haushalt lebende Kind maximal 140 Euro.

Die gesetzliche Grundlage ist das Bundeskindergeldgesetz (§ 6a BKGG).

Den Empfängern von Kinderzuschlag stehen auch die Leistungen für Bildung und Teilhabe gemäß §§ 34, 34a SGB XII zu.

16.3 Elterngeld

Das Bundeselterngeld- und Elternzeitgesetz (BEEG) ist seit dem 01.01.2007 in Kraft und an die Stelle des Bundeserziehungsgeldgesetzes getreten. Es gilt für alle ab diesem Zeitpunkt geborenen Kinder.

Anspruch auf Elterngeld haben Mütter und Väter, die
- ihre Kinder nach der Geburt selbst betreuen und erziehen,
- nicht mehr als 30 Stunden in der Woche erwerbstätig sind,
- mit ihren Kindern in einem Haushalt leben und
- einen Wohnsitz oder ihren gewöhnlichen Aufenthalt in Deutschland haben.

Auch die Ehe- oder Lebenspartnerinnen und -partner, die das Kind nach der Geburt betreuen (auch wenn es nicht ihr eigenes ist), können unter denselben Voraussetzungen Elterngeld erhalten.[76]

Für angenommene (adoptierte) Kinder und mit dem Ziel der Annahme aufgenommene Kinder (in sog. Adoptionspflege) gibt es ebenfalls Elterngeld für die Dauer von bis zu 14 Monaten. Die 14-Monats-Frist beginnt, wenn das Kind in den Haushalt aufgenommen wird. Der Anspruch besteht nicht mehr, sobald das Kind das achte Lebensjahr vollendet hat. Bei schwerer Krankheit, schwerer Behinderung oder Tod der Eltern haben Verwandte bis dritten Grades (Urgroßeltern, Großeltern, Onkel und Tanten sowie Geschwister) und ihre Ehegatten einen Anspruch auf Elterngeld.

Auch Auszubildende und Studierende können Elterngeld erhalten. Auf die Anzahl der Wochenstunden, die für die Ausbildung aufgewendet werden, kommt es nicht an.

Staatsangehörige von Mitgliedstaaten der EU und der Schweiz haben ebenso wie Deutsche nach dem Recht der EU in der Regel dann einen Anspruch auf Elterngeld, wenn sie in Deutschland erwerbstätig sind oder, falls sie nicht erwerbstätig sind, in Deutschland wohnen.

Andere Ausländerinnen und Ausländer haben einen Anspruch, wenn ihr Aufenthalt in Deutschland nach der Art ihres Aufenthaltstitels und ihres Zugangs zum Arbeitsmarkt voraussichtlich dauerhaft ist. Wer eine Niederlassungserlaubnis besitzt, erfüllt diese Voraussetzungen, nicht dagegen AsylbewerberInnen.

Wer eine Aufenthaltserlaubnis besitzt, erfüllt die Anspruchsvoraussetzungen nur dann, wenn sie oder er auch zur Erwerbstätigkeit in Deutschland berechtigt ist oder hier schon erlaubt gearbeitet hat. Erst nach einem Aufenthalt in Deutschland von drei Jahren und bei Bestehen eines Arbeitsverhältnisses oder Bezug von Arbeitslosengeld kann Elterngeld erhalten, wer eine Aufenthaltserlaubnis in Härtefällen, zum vorübergehenden Schutz, bei Aussetzung der Abschiebung oder wegen des Bestehens von Ausreisehindernissen besitzt.

16.3.1 Höhe des Elterngeldes

Das Elterngeld orientiert sich an der Höhe des monatlich verfügbaren Nettoeinkommens, das der betreuende Elternteil vor der Geburt hatte und das nach der Geburt wegfällt. Das Elterngeld gleicht dieses entfallende Einkommen mit einer Ersatzrate aus, die nach der Höhe des bisherigen Einkommens gestaffelt ist. Das entfallende Einkommen wird bis zu 65 Prozent ersetzt bei einem maßgeblichen Nettoeinkommen vor der Geburt in Höhe von 1.240 Euro und mehr, zu 66 Prozent bei einem Nettoeinkommen von 1.220 Euro und zu 67 Prozent bei einem Einkommen zwischen 1.000 und 1.200 Euro (§ 2 BEEG).

Die Elterngeldleistung beträgt mindestens 300 Euro und höchstens 1.800 Euro für die ersten zwölf (bzw. 14) Lebensmonate des Kindes.

Geringverdienende Eltern werden zusätzlich unterstützt:

Ist das durchschnittliche bereinigte Nettoeinkommen eines betreuenden Elternteils vor der Geburt geringer als 1.000 Euro monatlich, wird die Ersatzrate von 67 Prozent auf bis zu 100 Prozent angehoben. Für je 2 Euro, die das Einkommen unter 1.000 Euro liegt, steigt die Ersatzrate um 0,1 Prozent. Je geringer das Erwerbseinkommen, desto höher ist die Ersatzrate.

Mehrkindfamilien erhalten einen Geschwisterbonus in Höhe von 10 Prozent des Elterngeldes, mindestens aber 75 Euro im Monat (§ 2a BEEG).

Nach einem Urteil des Bundessozialgerichts (vom 27.06.2013) haben Eltern bei Zwillingen Anspruch auf doppeltes Elterngeld.

Bei der Einkommensberechnung für das Elterngeld gelten ab 01.01.2013 wesentliche Vereinfachungen, insbesondere für Selbstständige.

---

[76] Der Anteil der Väter, die Elterngeld in Anspruch nehmen, wächst kontinuierlich: Die Väterbeteiligung beträgt inzwischen rund 28 Prozent; Mütter bezogen in durchschnittlich 95 Prozent der Fälle Elterngeld (Statistisches Bundesamt, Pressemitteilung vom 27.05.2013).

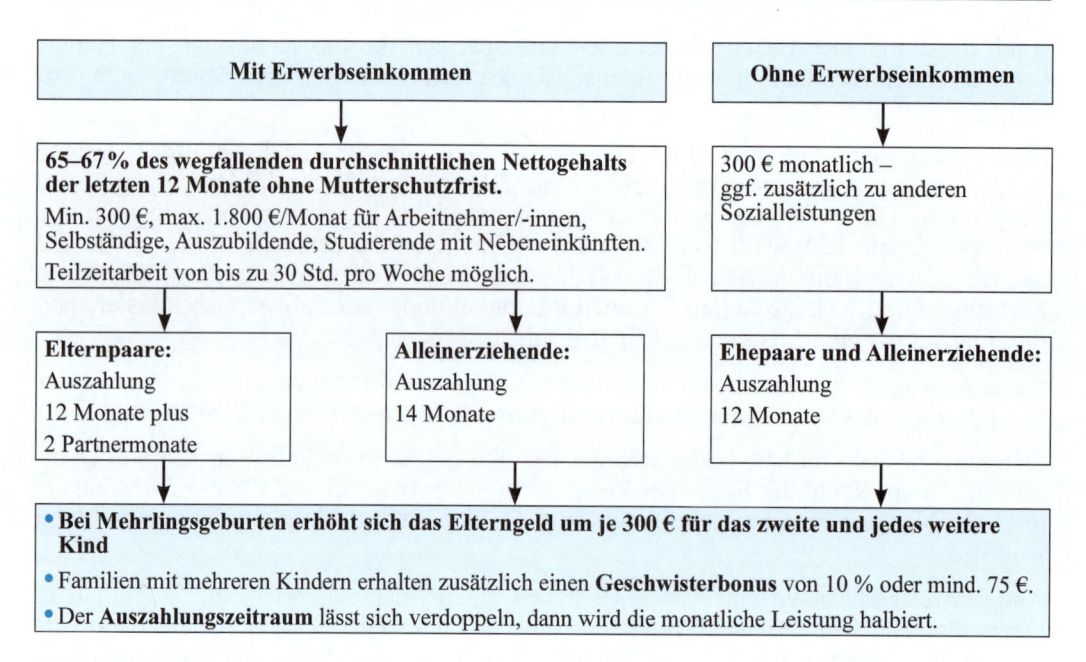

```
┌─────────────────────────────────────────────┐           ┌──────────────────────────────┐
│           Mit Erwerbseinkommen              │           │      Ohne Erwerbseinkommen   │
└─────────────────────────────────────────────┘           └──────────────────────────────┘
                       │                                                 │
                       ▼                                                 ▼
┌─────────────────────────────────────────────┐           ┌──────────────────────────────┐
│ 65–67 % des wegfallenden durchschnittlichen │           │ 300 € monatlich –            │
│ Nettogehalts der letzten 12 Monate ohne     │           │ ggf. zusätzlich zu anderen   │
│ Mutterschutzfrist.                          │           │ Sozialleistungen             │
│ Min. 300 €, max. 1.800 €/Monat für          │           │                              │
│ Arbeitnehmer/-innen, Selbständige,          │           │                              │
│ Auszubildende, Studierende mit              │           │                              │
│ Nebeneinkünften.                            │           │                              │
│ Teilzeitarbeit von bis zu 30 Std. pro Woche │           │                              │
│ möglich.                                    │           │                              │
└─────────────────────────────────────────────┘           └──────────────────────────────┘
          │                       │                                      │
          ▼                       ▼                                      ▼
┌──────────────────┐   ┌──────────────────┐              ┌──────────────────────────────┐
│ Elternpaare:     │   │ Alleinerziehende:│              │ Ehepaare und Alleinerziehende:│
│ Auszahlung       │   │ Auszahlung       │              │ Auszahlung                   │
│ 12 Monate plus   │   │ 14 Monate        │              │ 12 Monate                    │
│ 2 Partnermonate  │   │                  │              │                              │
└──────────────────┘   └──────────────────┘              └──────────────────────────────┘
```

- Bei **Mehrlingsgeburten** erhöht sich das Elterngeld um je 300 € für das zweite und jedes weitere Kind
- Familien mit mehreren Kindern erhalten zusätzlich einen **Geschwisterbonus** von 10 % oder mind. 75 €.
- Der **Auszahlungszeitraum** lässt sich verdoppeln, dann wird die monatliche Leistung halbiert.

Abb. 4.1: Höhe des Elterngeldes

Eine Orientierung über die Höhe des zu erwartenden Elterngeldes gibt der Elterngeldrechner auf der Internetseite des BMFSFJ (www.familien-wegweiser.de).

Die Mutterschaftsleistungen nach der Geburt des Kindes (wie das Mutterschaftsgeld und der Arbeitgeberzuschuss) dienen einem ähnlichen Zweck wie das Elterngeld; deshalb können diese Leistungen nicht nebeneinander gewährt werden. Mutterschaftsleistungen werden auf das Elterngeld angerechnet. Beim Arbeitslosengeld II, bei der Sozialhilfe und beim Kinderzuschlag wird das Elterngeld als Einkommen berücksichtigt.

Das Elterngeld ist schriftlich zu beantragen. Zuständig für die Ausführung des Gesetzes sind die von den Landesregierungen bestimmten Stellen (Elterngeldstellen).

16.4 Elternzeit

Die Elternzeit (§§ 15 ff. BEEG) gibt Arbeitnehmerinnen und Arbeitnehmern die Möglichkeit, sich ihrem Kind zu widmen und zugleich den Kontakt zum Beruf aufrecht zu erhalten.

Die Elternzeit setzt ein bestehendes Arbeitsverhältnis voraus. Die Eltern können, wenn sie wollen, die bis zu dreijährige Elternzeit für ein Kind ganz oder zeitweise auch gleichzeitig nehmen. Elternzeit kann aber auch nur für die Partnermonate des Elterngeldes genutzt werden.

Ein Anspruch auf Elternzeit besteht bis zur Vollendung des dritten Lebensjahres des Kindes.

Bei gleichzeitiger Inanspruchnahme der Elternzeit durch beide Elternteile ist zu beachten, dass dadurch kein Sozialhilfeanspruch entsteht, d. h. die Eltern müssen in dieser Zeit selbst für die Sicherung ihres Lebensunterhalts aufkommen.

Mit Zustimmung des Arbeitgebers lässt sich ein Anteil von bis zu zwölf Monaten der Elternzeit übertragen auf die Zeit zwischen dem 3. und 8. Geburtstag des Kindes.

Jeder Elternteil, der Elternzeit nimmt, kann bei Vorliegen der Voraussetzung bis zu 30 Stunden wöchentlich arbeiten. Ein Anspruch auf Teilzeitarbeit mit 15-30 Wochenstunden besteht, wenn das Arbeitsverhältnis bereits länger als sechs Monate besteht, im Unternehmen regelmäßig mehr als 15 Mitarbeiter beschäftigt sind, die Arbeitszeit für mindestens zwei Monate im vorgenannten Umfang verringert werden soll und keine dringenden betrieblichen Gründe entgegenstehen.

Der/die ArbeitnehmerIn hat das Recht, nach der Elternzeit zu der Arbeitszeit zurückzukehren, die vor Beginn der Elternzeit galt.

Für die Elternzeit gilt eine **Anmeldefrist** von sieben Wochen gegenüber dem Arbeitgeber. Auch der Anspruch auf Verringerung der Arbeitszeit muss spätestens sieben Wochen vor geplanter Aufnahme der Teilzeittätigkeit beantragt werden.

Während der Elternzeit kann der Arbeitgeber grundsätzlich keine Kündigung aussprechen.

Der besondere **Kündigungsschutz** beginnt mit der Anmeldung der Elternzeit, frühestens jedoch acht Wochen vor ihrem Beginn und gilt bis zum Ende der angemeldeten Elternzeit (§ 18 BEEG).

16.5 Betreuungsgeld

Als neue Familienleistung wird seit 01.08.2013 das Betreuungsgeld gewährt. Es war bereits 2008 in § 16 Abs. 5 SGB VIII angekündigt worden. Im Gegensatz zum Elterngeld ist es politisch sehr umstritten („Herdprämie"). Das Betreuungsgeld soll als Unterstützung für Eltern dienen, die keine öffentliche Förderung bei der Betreuung ihrer ein- und zweijährigen Kinder in Anspruch nehmen, d. h. den Rechtsanspruch auf einen Krippenplatz nach § 24 Abs. 2 SGB VIII n. F. nicht nutzen.

Eine verminderte Erwerbstätigkeit der Eltern wird nicht gefordert, ansonsten sind die Voraussetzungen mit denen für die Gewährung von Elterngeld identisch (vgl. §§ 4a – 4d BEEG).

Der berechtigte Elternteil kann monatlich 150 Euro (bis 31.07.2014: 100 Euro) beanspruchen, grundsätzlich vom 15. Lebensmonat bis zum dritten Geburtstag des Kindes.

Elterngeld und Betreuungsgeld können nur nacheinander bezogen werden; jedoch kann es parallel zur dreijährigen Elternzeit beantragt werden.

Eltern mit einem steuerpflichtigen Jahreseinkommen von mehr als 250.000 Euro (Alleinerziehende) bzw. 500.000 Euro (Verheiratete) steht kein Betreuungsgeld zu; dies ist die gleiche Regelung wie beim Elterngeld.

16.6 Unterhaltsvorschuss

Als besondere Hilfe für Alleinerziehende sichert das Unterhaltsvorschussgesetz (UVG) aus öffentlichen Mitteln den Mindestunterhalt von Kindern, die keinen Unterhalt vom anderen Elternteil oder keine Waisenbezüge erhalten.

Unterhaltsvorschuss gibt es maximal für 72 Monate und längstens bis zur Vollendung des 12. Lebensjahres des Kindes. Hierbei ist das Einkommen des allein erziehenden Elternteils unerheblich.

Die Höhe der Unterhaltsleistung ist für das gesamte Bundesgebiet einheitlich. Für die Berechnung des Unterhaltsvorschussbetrages wird das für ein erstes Kind zu zahlende Kindergeld (184 Euro) in voller Höhe von dem gesetzlichen Mindestunterhalt abgezogen. Der Mindestunterhalt gemäß § 1612a BGB beträgt für Kinder bis zur Vollendung des 6. Lebensjahres 317 Euro im Monat und für Kinder bis zur Vollendung des 12. Lebensjahres 364 Euro im Monat.

2014 gelten folgende Unterhaltsvorschussbeträge:
- für Kinder bis unter 6 Jahren monatlich: 133 Euro,
- für ältere Kinder bis unter 12 Jahre monatlich: 180 Euro.

Der Unterhaltsvorschuss ist in der Regel bei den Jugendämtern zu beantragen. Bei Rechtsstreitigkeiten sind die Verwaltungsgerichte (nicht die Sozialgerichte) zuständig.

Durch den Unterhaltsvorschuss wird der unterhaltspflichtige Elternteil nicht vom Unterhalt befreit: Ist der andere (unterhaltsverpflichtete) Elternteil ganz oder teilweise leistungsfähig, aber nicht leistungswillig, wird er vom Staat (Jugendamt) in Höhe des gezahlten Unterhaltsvorschusses in Anspruch genommen. Häufig gelingt es aber nicht, die ausstehenden Zahlungen bei den säumigen Vätern einzutreiben.

> Der Anspruch auf Unterhaltsvorschuss ist ausgeschlossen, wenn der/die Alleinerziehende keine Auskünfte über den anderen Elternteil gibt oder bei der Feststellung der Vaterschaft oder des Aufenthaltsorts des anderen Elternteils nicht mitwirkt (§ 1 Abs. 3 UVG). Das Gleiche gilt, wenn die Eltern des Kindes zusammenleben oder der/die Alleinerziehende heiratet.

Zusammenfassung

Das Mutterschutzgesetz gilt für alle Frauen, die in einem Arbeitsverhältnis stehen. Eine Schwangere darf in den letzten sechs Wochen vor der Entbindung nicht beschäftigt werden, es sei denn, ihr ausdrückliches, jederzeit widerrufliches Einverständnis liegt vor. Eine Wöchnerin darf bis zum Ablauf von acht Wochen (bei Früh- und Mehrlingsgeburten zwölf Wochen) nach der Entbindung nicht beschäftigt werden (generelles Beschäftigungsverbot).

Werdende Mütter dürfen auch nicht beschäftigt werden, soweit nach ärztlichem Zeugnis Leben und Gesundheit von Mutter und/oder Kind gefährdet sind (individuelles Beschäftigungsverbot).

Innerhalb der Mutterschutzfristen besteht ein absolutes Verbot für körperlich schwere Arbeiten, für Akkordarbeit, Fließbandarbeit und Arbeiten mit gesundheitsgefährdenden Stoffen, Strahlen oder sonstigen Immissionen. Ferner sind Mehr-, Nacht-, Sonn- und Feiertagsarbeit für werdende und stillende Mütter verboten. Die Einhaltung der Schutzbestimmungen durch den Arbeitgeber wird von den Aufsichtsbehörden und Berufsgenossenschaften überwacht.

Die (ordentliche und außerordentliche) Kündigung seitens des Arbeitgebers ist während der Schwangerschaft und bis zum Ablauf von vier Monaten nach der Entbindung unzulässig, wenn dem Arbeitgeber zur Zeit der Kündigung die Schwangerschaft bekannt war oder innerhalb von zwei Wochen nach dem Zugang der Kündigung mitgeteilt wird. Ausnahmsweise ist eine Kündigung bei Vorliegen besonderer Gründe möglich; allerdings nur, wenn die Aufsichtsbehörde auf Antrag des Arbeitgebers die Kündigung für zulässig erklärt.

Das **Kindergeld** ist eine staatliche Maßnahme des „Familienleistungsausgleichs". Es wird in der Regel als Steuererstattung nach dem Einkommensteuergesetz (EStG) erbracht. In wenigen Fällen wird es nach dem Bundeskindergeldgesetz (BKGG) geleistet.

Das Kindergeld wird für leibliche, Adoptiv- und Pflegekinder sowie für Stief- und Enkelkinder gezahlt, die in den Haushalt aufgenommen wurden.

Die Kinder werden grundsätzlich nur bis zur Vollendung des 18. Lebensjahres berücksichtigt. Danach wird Kindergeld nur unter besonderen Voraussetzungen gezahlt, z. B. wenn das Kind das 21. Lebensjahr noch nicht vollendet hat und als Arbeitsuchender bei einer Agentur für Arbeit gemeldet ist, oder es das 25. Lebensjahr noch nicht vollendet hat und in einer Schul- oder Berufsausbildung bzw. Studium steht.

Ohne Altersbegrenzung wird das Kindergeld für körperlich, geistig oder seelisch behinderte Kinder geleistet, die außerstande sind, sich selbst zu unterhalten.

Der **Kinderzuschlag** (§ 6a BKGG) in Höhe von max. 140 Euro monatlich für jedes zu berücksichtigende Kind wird für Eltern gezahlt, deren Einkommen zwar für ihren eigenen Lebensunterhalt ausreicht, nicht aber für den ihres/r Kindes/r. Es soll vermeiden, dass Eltern Grundsicherung für Arbeitsuchende (SGB II) in Anspruch nehmen müssen.

Kindergeld und Kinderzuschlag gelten als Einkommen und werden deshalb voll auf das Familieneinkommen angerechnet (vgl. § 11 Abs. 1 Satz 3 und 4 SGB II für das Arbeitslosengeld II und § 82 Abs. 1 Satz 3 SGB XII für die Sozialhilfe).

Das Kindergeld und der Kinderzuschlag müssen bei der Familienkasse der örtlichen Agentur für Arbeit beantragt werden.

Seit dem 01.01.2007 haben Personen mit Wohnsitz oder gewöhnlichem Aufenthalt in der Bundesrepublik Deutschland, die mit ihrem Kind in einem Haushalt leben, dieses selbst betreuen und erziehen und keine oder keine volle Erwerbstätigkeit ausüben, Anspruch auf **Elterngeld**. Nicht voll erwerbstätig ist eine Person, deren wöchentliche Arbeitszeit 30 Stunden im Monatsdurchschnitt nicht übersteigt.

Das Elterngeld soll die finanzielle Situation von Eltern – ob verheiratet oder nicht – nach der Geburt eines Kindes verbessern und so dazu beitragen, dass sich insbesondere junge Paare ihren Wunsch nach einem Kind erfüllen.

Nimmt nur ein Elternteil das Elterngeld in Anspruch, wird es zwölf Monate gezahlt. Wenn der andere Elternteil mindestens zwei Monate zu Hause bleibt, erhöht sich die Bezugsdauer auf 14 Monate. Alleinerziehende erhalten das Elterngeld ebenfalls für 14 Monate.

Das Elterngeld wird in Höhe von 65 - 67 Prozent des Nettoeinkommens gezahlt, höchstens 1.800 Euro. Es beträgt mindestens 300 Euro.

Die Eltern können den Auszahlungszeitraum von max. 14 Monaten durch Halbierung der Monatsbeträge auf bis zu 28 Monate verlängern.

Auf einkommensabhängige Leistungen (z. B. Alg II) wird das Elterngeld bis zu einer Höhe von insgesamt 300 Euro im Monat nicht angerechnet.

Von der Einführung des Elterngeldes unberührt blieb die Regelung, wonach der für die Betreuung des Kindes zuständige Elternteil bis zu drei Jahre aus dem Beruf aussteigen kann, ohne dass ihm in dieser Zeit der Arbeitsplatz gekündigt wird (**Elternzeit**).

Alleinerziehende, die vom anderen Elternteil keinen oder keinen regelmäßigen Unterhalt für ihre Kinder bekommen, können **Unterhaltsvorschuss** erhalten. Dies trifft auch bei ungeklärter Vaterschaft zu. Ein gerichtliches Unterhaltsurteil ist nicht nötig. Durch den Unterhaltsvorschuss wird der unterhaltspflichtige Elternteil nicht vom Unterhalt befreit: Unterhaltsvorschuss gibt es max. für 72 Monate und längstens bis zur Vollendung des 12. Lebensjahres des Kindes.

Für die Berechnung des Unterhaltsvorschussbetrages wird das für ein erstes Kind zu zahlende Kindergeld in voller Höhe von dem gesetzlichen Mindestunterhalt abgezogen.

Der Unterhaltsvorschuss ist in der Regel bei den Jugendämtern zu beantragen.

Das **Betreuungsgeld** wird in Höhe von monatlich 100 Euro (ab August 2014: 150 Euro) an Eltern gezahlt, die keine öffentlich geförderte Betreuung ihrer unter dreijährigen Kinder in Anspruch nehmen.

Hintergrundinformation

Der deutsche Staat zahlt sehr viel Geld direkt an die Familien. Im Jahr 2010 wurden 200,3 Mrd. Euro für familien- und ehebezogene Leistungen ausgegeben (z. B. für Kindergeld, Elterngeld, Waisengeld, Kinderzuschlag, Kindererziehungszuschlag und andere steuerliche Maßnahmen). Welche der insgesamt 156 (!) familienpolitischen Leistungen sinnvoll, welche sinnlos und welche kontraproduktiv sind, wurde einer Gesamtevaluation unterzogen.[77]

Als Ziele der Familienpolitik wurden untersucht:
- Vereinbarkeit von Familie und Beruf
- Wirtschaftliche Stabilität von Familien
- Wohlergehen und gute Entwicklung der Kinder
- Erfüllung von Kinderwünschen

Die zuständige Ressortministerin interpretierte die Studie als Bestätigung der Regierungspolitik, die mehr Wahlfreiheit für die Familien ermöglichen würde. Die Forscher hatten jedoch gerade den milliardenschweren Geldleistungen (wie Kindergeld, Ehegattensplitting) schlechte Noten gegeben. Das Kindergeld – so die Analyse – trage kaum dazu bei, dass Eltern in Deutschland Kinder und Beruf besser vereinbaren können. Außerdem sei es ungerecht, weil Topverdiener durch den steuerlichen Freibetrag übermäßig profitieren. Das Ziel der Geburtensteigerung könne allenfalls durch das Elterngeld und insbesondere durch die subventionierte Kinderbetreuung in Tagesstätten und Krippen erreicht werden.

Internationale Vergleiche zeigen, dass die Chancen der Kinder in kaum einer anderen Industrienation so sehr vom Status der Eltern abhängig sind wie in Deutschland. Die derzeitige Familienpolitik setzt aber andere Anreize: Sehr viel wird direkt an Familien gezahlt, aber es wird vergleichsweise wenig in eine gute Infrastruktur investiert. Nur 0,5 Prozent des Bruttoinlandprodukts investiert der Staat in Kindergärten. Das ist die Hälfte dessen, was die OECD empfiehlt, und viel weniger als Länder wie Dänemark (2,1 %), Schweden (1,7 %) und Frankreich (1,2 %) für die frühe Bildung ausgeben.

Aufgaben zur Selbstüberprüfung Kapitel 16 unter www.lambertus.de

---

[77] vgl. Gutachten des Zentrums für Europäische Wirtschaftsforschung, a. a. O.

Kapitel 17

17 Wohngeld

Nach Lektüre dieses Kapitels können Sie die Grundvoraussetzungen für die Leistungsgewährung und die Höhe des Wohngeldes darlegen.

Die gesetzlichen Grundlagen stehen im Wohngeldgesetz (WoGG), das durch die Wohngeldverordnung ergänzt wurde.

Das Wohngeld ist ein staatlicher Zuschuss, der es auch Haushalten mit geringerem Einkommen ermöglichen soll, sich eine angemessene und familiengerechte Wohnung zu leisten. Es wurde 1965 als sozialpolitisches Gegenstück zur Wohnungszwangswirtschaft eingeführt.

Wohngeld können Mieter und Eigentümer erhalten, wenn ihre Miete (bzw. Belastung) die wirtschaftliche Leistungsfähigkeit des Haushalts überfordert. Das gilt für Deutsche ebenso wie für Ausländer, die in der Bundesrepublik leben. Dabei spielt es keine Rolle, ob der Wohnraum in einem Alt- oder Neubau liegt und ob er öffentlich gefördert, steuerbegünstigt oder frei finanziert worden ist.

Wenn Mieter das Wohngeld erhalten, spricht man von Mietzuschuss, bei Eigentümern von selbst genutztem Wohnraum von **Lastenzuschuss.**

Nach der Reform der sozialen Grundsicherung im Jahr 2005 ging die Zahl der Wohngeldhaushalte von 3,5 Millionen auf 0,8 Millionen zurück. Die Empfänger sozialer Transferleistungen (Arbeitslosengeld II, Sozialhilfe) bekommen ihre Wohnkosten seither im Rahmen der Existenzsicherung erstattet.

Mietzuschuss gibt es für

- Mieter einer Wohnung oder eines Zimmers,
- Inhaber einer Genossenschafts- oder Stiftswohnung,
- Bewohner eines Heimes,
- mietähnlich Nutzungsberechtigte, insbesondere Inhaber eines mietähnlichen Dauerwohnrechts,
- Eigentümer eines Mehrfamilienhauses mit drei oder mehr Wohnungen, wenn sie in diesem Haus wohnen.

Lastenzuschuss gibt es für Eigentümer

- eines Hauses (mit bis zu zwei Wohnungen), wenn sie in diesem Haus wohnen, auch wenn es überwiegend Geschäftsräume enthält,
- einer Eigentumswohnung,
- Inhaber eines eigentumsähnlichen Dauerwohnrechts oder eines Nießbrauchs, Erbbauberechtigte und diejenigen, die Anspruch darauf haben, dass ihnen das Gebäude oder die Wohnung übereignet beziehungsweise das Erbbaurecht übertragen oder eingeräumt wird.

Kein Wohngeld erhalten gemäß § 7 Abs. 1 WoGG die EmpfängerInnen von

- Leistungen des Arbeitslosengeldes II und des Sozialgeldes nach dem SGB II,
- Leistungen der Hilfe zum Lebensunterhalt nach dem SGB XII,
- Leistungen der Grundsicherung im Alter und bei Erwerbsminderung nach dem SGB XII,
- Leistungen der ergänzenden Hilfe zum Lebensunterhalt oder anderer Hilfen in einer Einrichtung, die den Lebensunterhalt umfassen, nach dem Bundesversorgungsgesetz oder einem Gesetz, das dieses für anwendbar erklärt,
- Zuschüssen nach § 27 Abs. 3 SGB II,
- Übergangsgeld in Höhe des Betrages des Alg II nach § 21 Abs. 4 Satz 1 SGB VI,
- Verletztengeld in Höhe des Betrages des Alg II nach § 47 Abs. 2 SGB VII,

- Leistungen in besonderen Fällen und Grundleistungen nach dem Asylbewerberleistungsgesetz,
- Leistungen nach dem SGB VIII in Haushalten, zu denen ausschließlich Empfänger dieser Leistungen gehören.

Die Gesamtsumme der Leistungen wird dadurch nicht geringer, weil in den oben genannten Leistungen die Kosten der Unterkunft (Miete und Heizkosten) berücksichtigt sind. Dadurch entfallen doppelte Antragstellungen und Verrechnungen der Leistungen zwischen den jeweiligen Behörden.

Voraussetzungen

Ob und in welcher Höhe ein Rechtsanspruch auf Wohngeld besteht, hängt davon ab,

- wie viele Mitglieder zum Haushalt gehören (dazu zählen der Haushaltsvorstand, Ehepartner, Lebenspartner, Eltern und Kinder – auch Adoptiv- und Pflegekinder –, Geschwister, Onkel, Tanten, Schwiegereltern, Schwager und Schwägerin sowie weitere Angehörige, die § 5 WoGG aufzählt),
- wie hoch das Gesamteinkommen ist,
- wie hoch die zuschussfähige Miete oder die Belastung durch den Wohnraum ist.

Miete oder Belastung werden jedoch nur bis zu bestimmten Höchstgrenzen berücksichtigt. Die Höchstbeträge sind in § 12 WoGG genannt. Als Miete für Bewohner von Wohn- und Altenheimen ist der jeweils einschlägige Betrag der Miethöchstbetragstabelle zugrunde zu legen.

Familienmitglieder zählen auch dann zum Haushalt, wenn sie vorübergehend abwesend sind, beispielsweise im Krankenhaus liegen, Wehr- oder Freiwilligendienst leisten oder an einem anderen Ort studieren.

Die wohngeldrechtliche Einkommensermittlung geht vom steuerrechtlichen Einkommensbegriff aus. Das heißt: Maßgebend sind die steuerpflichtigen positiven Einkünfte im Sinne des § 2 Abs. 1 und 2 Einkommensteuergesetz (EStG), aber ergänzt um einen Katalog zu berücksichtigender steuerfreier Einnahmen.

Wohngeld-Einkommensgrenzen						
Anzahl der zu berücksichtigenden **Haushaltsmitglieder**	Grenzen für das monatliche Gesamteinkommen in Euro gemäß Wohngeldformel für Wohnraum in Gemeinden der Mietenstufe					
	I	II	III	IV	V	VI
1	780	790	800	820	840	860
2	1.050	1.070	1.100	1.120	1.150	1.170
3	1.310	1.340	1.350	1.380	1.410	1.430
4	1.710	1.750	1.780	1.810	1.850	1.880
5	1.980	2.010	2.040	2.080	2.110	2.150

Tabelle 6.1: Wohngeld-Einkommensgrenzen
(Quelle: BMVBS)

Das anzurechnende Gesamteinkommen setzt sich zusammen aus der Summe der Jahreseinkommen aller zu berücksichtigender Haushaltsmitglieder abzüglich bestimmter Abzugsbeträge und Freibeträge. Die Höhe der Einkommen ist nachzuweisen.

Die Formel zur Berechnung des Wohngeldes ergibt sich aus § 19 WoGG. Einfacher zu durchschauen sind die **Wohngeldtabellen**.

Wohngeld stellt immer nur einen Zuschuss zur Miete oder zur Belastung dar; ein Teil der Aufwendungen muss immer selbst getragen werden. Um Wohngeld zu erhalten, muss man es bei der zuständigen Wohngeldstelle der Gemeinde-, Stadt-, Amts- oder Kreisverwaltung beantragen und die Voraussetzungen nachweisen.

Rechtsschutz gewähren die Verwaltungsgerichte, nachdem der Widerspruch gegen den Wohngeldbescheid von der Behörde abgelehnt wurde.

Der Bewilligungszeitraum beträgt in der Regel 12 Monate, kann jedoch über- oder unterschritten werden. Wohngeld wird erst ab dem Monat gezahlt, in dem der Antrag bei der Wohngeldstelle eingegangen ist. Um nach Ende des Bewilligungszeitraums weiterhin Wohngeld zu erhalten, muss ein erneuter Antrag gestellt werden.

Die **Wohngeldreform 2009** brachte einige Leistungsverbesserungen. Die Höchstbeträge für die anrechenbare Miete wurden angehoben. Das Baujahr der Wohnung spielt keine Rolle mehr, was sich für Altbaumieter günstig auswirkt. Außerdem wurden die Werte der Wohngeldtabelle gegenüber der letzten Anpassung (2001) um 8 Prozent aufgestockt.[78]

Aufgaben zur Selbstüberprüfung Kapitel 17 unter www.lambertus.de

---

[78] Die Zahl der wohngeldberechtigten Haushalte stieg in den letzten Jahren wieder an. Im Jahr 2010 bezogen 852.000 Haushalte (= 2,1 Prozent aller Haushalte) Wohngeld. Am Jahresende 2011 ging die Zahl der Empfängerhaushalte jedoch um 10 Prozent zurück; 3,1 Prozent aller ostdeutschen und 1,7 Prozent der westdeutschen Privathaushalte bezogen Wohngeld. Der durchschnittliche Wohngeldanspruch lag bei 114 Euro monatlich. Einen Mietzuschuss erhielten 91 Prozent der Haushalte, einen Lastenzuschuss bezogen 9 Prozent (Statistisches Bundesamt, Pressemitteilung vom 19.02.2013).

Kapitel 18

18 Ausbildungsförderung

Sie erhalten in diesem Kapitel eine Kurzübersicht über die Ausbildungsförderung, insbesondere das Bundesausbildungsförderungsgesetz.

18.1 Rechtsgrundlagen

In der Bundesrepublik hat jeder ein Recht auf individuelle Förderung einer seiner Neigung, Eignung und Leistung entsprechenden Ausbildung, wenn ihm die hierfür erforderlichen Mittel nicht anderweitig zur Verfügung stehen (§ 3 Abs. 1 SGB I). Jeder soll in die Lage versetzt werden, eine angemessene Ausbildung zu absolvieren; das allgemeine Ausbildungsniveau soll gehoben und die Ausnutzung der individuellen Bildungskapazitäten ermöglicht werden.

Leistungen der Ausbildungsförderung sind einerseits im Bundesausbildungsförderungsgesetz (BAföG) und andererseits im Dritten Buch des Sozialgesetzbuchs geregelt (Berufsausbildungsbeihilfe, §§ 56-71 SGB III; Förderung der beruflichen Weiterbildung, §§ 81-87 SGB III).

Ausbildungsförderung ist auch möglich als berufsfördernde Maßnahme zur Rehabilitation nach den Bestimmungen der gesetzlichen Renten- und Unfallversicherung, der Arbeitsförderung und der Kriegsopferversorgung (Übergangsgeld).

Weitere Sozialleistungen zur Finanzierung des ausbildungsbedingten Bedarfs können Auszubildende in der Regel nicht beanspruchen. Insbesondere ist die Gewährung von Arbeitslosengeld II und von Hilfe zum Lebensunterhalt nach dem SGB XII ausgeschlossen. Diese werden selbst dann nicht geleistet, wenn BAföG oder Berufsausbildungsförderung nicht ausreichend sind oder überhaupt nicht gewährt werden (vgl. §§ 7 Abs. 5, 6 SGB II; 22 SGB XII). Ausnahmen bestehen nur in Härtefällen: Leistungen zur Sicherung des Lebensunterhalts können als Darlehen gewährt werden.

Ausbildungen können ferner mit „Meister-BAföG" nach dem Aufstiegsfortbildungsförderungsgesetz (AFBG), Begabten- und Graduiertenförderungsprogrammen oder durch das Bildungskreditprogramm gefördert werden.

18.2 Bundesausbildungsförderungsgesetz

BAföG wird zur Förderung von Schul-, Fachschul- und Hochschulausbildungen gewährt. Ebenfalls förderungsfähig ist die Teilnahme an entsprechenden Fernunterrichtslehrgängen.

Zum leistungsberechtigten Personenkreis (§§ 8 ff. BAföG) gehören in erster Linie deutsche Staatsangehörige, deren Leistungen erwarten lassen, dass sie das angestrebte Ausbildungsziel erreichen werden. Zu Beginn der Ausbildung dürfen sie das 30. Lebensjahr (bei Masterstudiengängen das 35. Lebensjahr) grundsätzlich noch nicht vollendet haben.

Der Förderungsfall setzt voraus, dass eine förderungsfähige Ausbildung absolviert wird, bei der es sich regelmäßig um eine Erstausbildung handeln muss. Unter besonderen Voraussetzungen ist auch die Förderung einer einzigen weiteren Ausbildung bis zu deren berufsqualifizierendem Abschluss möglich (§ 7 BAföG).

Ausbildungsförderung wird für den **Lebensunterhalt** und die **Ausbildung** (Bedarf) auf Antrag geleistet (§§ 11 Abs. 1, 46 Abs. 1 BAföG). Auf den Bedarf sind Einkommen und Vermögen des Auszubildenden sowie prinzipiell auch das Einkommen seines Ehegatten/ eingetragenen Lebenspartners und seiner Eltern anzurechnen (**Grundsatz der Familienabhängigkeit**, §§ 11 Abs. 2, 21 ff.; 26 ff. BAföG). Das Kindergeld wird nicht als Einkommen angerechnet. Feste Einkommensgrenzen existieren nicht. Der BAföG-Höchstbetrag ist individuell hoch; nicht jeder erhält den Höchstsatz. Es wird auch danach differenziert, ob die Berechtigten bei den Eltern wohnen oder nicht.

Seit Oktober 2010 liegt der Höchstsatz für Studierende, die nicht bei den Eltern wohnen, bei 670 Euro; wenn sie bei den Eltern wohnen 495 Euro.

Für eine elternunabhängige BAföG-Förderung muss man in der Regel nach dem 18. Lebensjahr fünf Jahre erwerbstätig gewesen sein oder auf insgesamt sechs Jahre Ausbildung/Erwerbstätigkeit (dabei drei Jahre Berufsausbildung, drei Jahre Erwerbstätigkeit, bei kürzerer Ausbildungszeit entsprechend länger erwerbstätig) kommen.

Die **Förderungshöchstdauer** richtet sich nach den §§ 15 ff. BAföG; d.h. in der Regel nach festgesetzten Regelstudienzeiten, die für das jeweilige Studienfach in den Studien- und Prüfungsordnungen festgelegt sind. Als Leistungen können (nicht rückzahlbare) Zuschüsse oder Darlehen für den Lebensunterhalt und die Ausbildung in Anspruch genommen werden; Zusatzleistungen in Härtefällen ermöglicht § 14a BAföG. Regelmäßig werden Zuschüsse geleistet; beim Besuch von höheren Fachschulen, Akademien und Hochschulen wird jedoch der monatliche Förderungsbetrag mindestens zur Hälfte als Darlehen erbracht (§ 17 BAföG). Darlehen sind grundsätzlich nicht zu verzinsen.

Wer seine Darlehensschuld ganz oder teilweise vorzeitig tilgt, erhält auf Antrag einen prozentualen Nachlass (§ 18 Abs. 5b BAföG). Der überdurchschnittliche Studienerfolg und der vorzeitige Studienabschluss sind seit 2013 keine Gründe mehr für einen Teilerlass des Darlehens.

Die Rückzahlungsverpflichtung beginnt fünf Jahre nach dem Ende der Förderungshöchstdauer (monatliche Rate derzeit 105 Euro), §18 Abs. 3 BAföG. Insgesamt sind nicht mehr als 10.000 Euro Staatsdarlehen zurückzuzahlen.

Träger der Leistungen sind die Ämter und die Landesämter für Ausbildungsförderung. Darlehen werden allerdings durch das Bundesverwaltungsamt verwaltet und eingezogen. Die örtliche Zuständigkeit ergibt sich aus den §§ 45 f. BAföG. Für Studierende ist das Studentenwerk der Hochschule zuständig, an der sie eingeschrieben sind; für Auszubildende an Abendgymnasien Kollegs u.ä. das Amt für Ausbildungsförderung, in dessen Bezirk sich die Ausbildungsstätte befindet; für alle anderen SchülerInnen das Amt für Ausbildungsförderung der Stadt- bzw. Kreisverwaltung am Wohnort der Eltern[79]

---

[79] Im Jahr 2012 bekamen 979.000 Personen BAföG-Leistungen. Knapp die Hälfte erhielt den maximalen Förderbetrag. Die Höhe des Förderbetrages hängt von der Ausbildungsstätte und der Unterbringung (ob bei den Eltern oder auswärts) ab (Quelle: Wirtschaft und Statistik, Juli 2013, S.453).

Eine letzte Übersicht über die in diesem Modul behandelten Leistungen der sozialen Förderung gibt Tabelle 7.1.

Soziale Förderung	
I. Kinder- und Jugendhilfe (SGB VIII)	
Förderungsgesetz, v. a. infrastrukturelle und sozialpädagogische Aufgaben der Jugendhilfeträger (§§ 11–41 SGB VIII); daneben „andere Aufgaben" (u. a. Eingriffsbefugnisse, Mitwirkung bei Gerichtsverfahren: §§ 42–60 SGB VIII)	
• Leistungsberechtigter Personenkreis: §§ 6, 7 SGB VIII	
• Leistungen (insbes. „Hilfen zur Erziehung"): §§ 11–41 SGB VIII	
• Zuständig: insbes. Kreise und kreisfreie Städte als Träger der öffentlichen Jugendhilfe, Leistungserbringung unter Beteiligung freier Träger (§§ 3, 85 ff. SGB VIII)	
II. Ausbildungsförderung (BAföG)	
Förderung der Ausbildung an Schulen und Hochschulen bei Bedürftigkeit (daneben: Förderung der beruflichen Aus- und Weiterbildung gem. §§ 56 ff., 81 ff. SGB III)	
• Leistungsberechtigter Personenkreis: §§ 8 ff. BAföG	
• Förderungsfall: förderungsfähige Ausbildung (§§ 2 ff. BAföG)	
• Leistungen: auf Antrag Zuschüsse und Darlehen für Lebensunterhalt und Ausbildungsbedarf (§§ 11 ff., 46 Abs. 1 BAföG); Einkommen und Vermögen werden grundsätzlich angerechnet (§ 11 Abs. 2; 21 ff., 26 ff. BAföG)	
• Zuständig: Studentenwerk, Ämter für Ausbildungsförderung (§§ 39 ff., 45 BAföG)	
III. Zuschuss für eine angemessene Wohnung (WoGG)	
• Leistungsberechtigter Personenkreis: v. a. Mieter, Eigentümer (§ 3 Abs. 1 und 2 WoGG)	
• Förderungsfall: bei Bedürftigkeit (vgl. §§ 4, 19 WoGG i. V. m. Anlage 2)	
• Leistungen: auf Antrag Miet- oder Lastenzuschuss für angemessene Wohnung (§§ 1 Abs. 2, 19, 22 Abs. 1 WoGG)	
• Zuständig: Wohngeldstellen der Städte und Kreise (§ 24 Abs. 1 WoGG)	
IV. Minderung des Familienaufwands	**3. Elterngeld (§§ 1–14 BEEG)**
1. Kindergeld (EStG, BKGG): Einkommensunabhängig als monatliche Steuervergütung an einen Elternteil für jedes Kind i. d. R. gem. §§ 62 ff. EStG (ausnahmsweise gem. BKGG) Zuständig: Familienkasse der Agentur für Arbeit	Finanzieller Ausgleich bei Betreuung eines Kleinkindes (seit 01.01.2007) Leistungsberechtigung: § 1 BEEG Leistung: Elterngeld auf Antrag für maximal 14 Monate in Höhe von 65–67% des Nettoeinkommen; höchstens 1.800 €, mindestens 300 € monatlich (auch für nicht erwerbstätige Elternteile)
2. Kinderzuschlag (§ 6a BKGG): Bei Bedürftigkeit an Kindergeldberechtigte, die ohne diese Leistung Antrag auf Arbeitslosengeld II oder Sozialgeld nach dem SGB II stellen müssten Zuständig: Familienkasse der Agentur für Arbeit	**4. Betreuungsgeld** (seit 01.08.2013) Für Nichtinanspruchnahme öffentlicher frühkindlicher Förderung: 100 Euro monatlich (bis 31.07.2014), danach 150 Euro vom 15. bis 36. Lebensmonat des Kindes (max. 22 Monate) gemäß §§ 4a – d BEEG. Zuständig: nach Landesrecht bestimmte Stellen (Elterngeldstellen), § 12 Abs. 1 BEEG

Tabelle 7.1: Zusammenfassung Soziale Förderung[80]

Aufgaben zur Selbstüberprüfung Kapitel 18 unter www.lambertus.de

---

[80] vgl. Kokemoor, a. a. O., S. 195.

Kapitel 19

19 Sozialgerichtsbarkeit

Sie können nach Lektüre dieses Kapitels den Aufbau der Sozialgerichte, deren Zuständigkeit und Zusammensetzung sowie das gerichtliche Verfahren darstellen.

19.1 Allgemeines

Der Rechtsschutz auf dem Gebiet der Sozialversicherung ist so alt wie die Sozialversicherung selbst – er besteht seit 1884. Die Geburtsstunde der Sozialgerichtsbarkeit heutiger Prägung ist das Inkrafttreten des Sozialgerichtsgesetzes (SGG) am 01.01.1954.

Für alle Streitigkeiten auf dem Gebiet des Sozialrechts gibt es eine besondere, von den Verwaltungsbehörden getrennte Sozialgerichtsbarkeit mit drei Instanzen. Verwaltung und Rechtsprechung sind voneinander getrennt (Grundsatz der Gewaltenteilung).

In sozialrechtlichen Angelegenheiten ist teilweise der Rechtsweg zu den Sozialgerichten, teilweise zu den Verwaltungsgerichten eröffnet (vgl. § 62 SGB X). Die **Sozialgerichte** entscheiden u. a. in öffentlich-rechtlichen Streitigkeiten auf dem Gebiet der Sozialversicherung, der Grundsicherung für Arbeitsuchende, der sozialen Entschädigung, des Schwerbehindertenrechts sowie der Sozialhilfe und des Asylbewerberleistungsgesetzes (§ 51 SGG).

In anderen sozialrechtlichen Streitigkeiten, z. B. Jugendhilfe, Unterhaltsvorschuss, Wohngeld, BAföG, Ausländerrecht ist der Rechtsweg zu den **Verwaltungsgerichten** eröffnet (§§ 40 Abs. 1, 68 ff. VwGO). Die Streitigkeiten im Zusammenhang mit dem steuerrechtlichen Kindergeld sind den Finanzgerichten zugewiesen.

Gerichtsbarkeiten in der Bundesrepublik		
Verfassungsgerichtsbarkeit	Sozialgerichtsbarkeit	Verwaltungsgerichtsbarkeit
Arbeitsgerichtsbarkeit	Finanzgerichtsbarkeit	Ordentliche Gerichtsbarkeit (Zivil- und Strafgerichtsbarkeit)

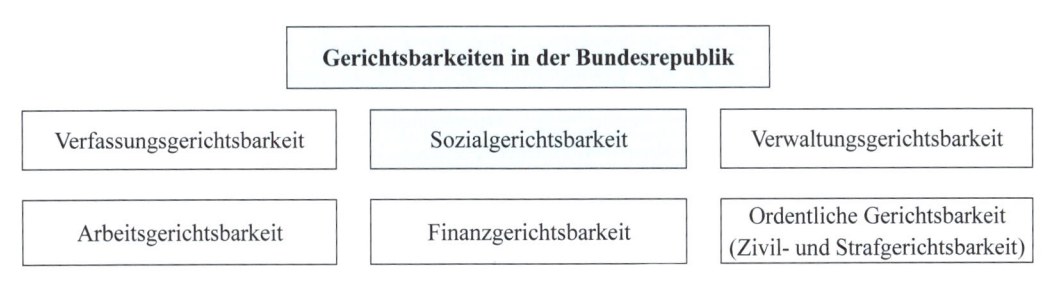

Abb. 5.1: Gerichtsbarkeiten in der Bundesrepublik Deutschland

19.2 Aufbau der Gerichte

Gerichte der Sozialgerichtsbarkeit sind die Sozialgerichte, die Landessozialgerichte und das Bundessozialgericht. Sie sind Kollegialgerichte, besetzt mit Berufsrichtern und ehrenamtlichen Richtern. Die Berufung der ehrenamtlichen Richter (Laienrichter) geschieht aufgrund von Vorschlagslisten, die von den Gewerkschaften und Arbeitgebervereinigungen aufgestellt werden.

19.2.1 Sozialgerichte

Die Sozialgerichte (§§ 7–27 SGG) entscheiden gem. § 51 SGG in erster Instanz über öffentlich-rechtliche Streitigkeiten in Angelegenheiten

- der Sozialversicherung (gesetzliche Rentenversicherung, Krankenversicherung, Pflegeversicherung, Unfallversicherung),
- der Arbeitsförderung einschließlich der übrigen Aufgaben der Bundesagentur für Arbeit (z. B. Kindergeld nach dem BKGG),
- der Grundsicherung für Arbeitsuchende,
- der Sozialhilfe,
- des Asylbewerberleistungsgesetzes,

- des sozialen Entschädigungsrechts (mit Ausnahme der Kriegsopferfürsorge),
- des Schwerbehindertenrechts und
- des Vertragsarztrechts .

Sie entscheiden auch bei Streitigkeiten, für die durch Gesetz der Rechtsweg zur Sozialgerichtsbarkeit eröffnet wird, z. B. Streit um Elterngeld, Erziehungsgeld, Opferentschädigung, Gesundheitsschäden aufgrund SED-Unrechts.

Die Sozialgerichte verhandeln und entscheiden in Kammern (§ 10 SGG), die für die jeweiligen Angelegenheiten gebildet werden (z. B. die Kammer für Rentenversicherung).

Die Kammer ist mit drei Richtern besetzt: einem Vorsitzenden (Berufsrichter) und zwei ehrenamtlichen Richtern (Beisitzern).

In der Regel gehört ein ehrenamtlicher Richter dem Kreis der Versicherten und einer dem Kreis der Arbeitgeber an.

19.2.2 Landessozialgerichte

Die Landessozialgerichte (§§ 28–35, 143 SGG) sind als zweite Instanz zuständig für die Entscheidung über die Berufung gegen die Urteile der Sozialgerichte. Die Landessozialgerichte verhandeln und entscheiden in Senaten.

Jeder Senat ist mit fünf Richtern besetzt: drei Berufsrichtern – davon ist einer der Vorsitzende des Senats – und zwei ehrenamtlichen Richtern. Auch hier kommen die ehrenamtlichen Richter im Allgemeinen aus dem Kreis der Arbeitnehmer und Arbeitgeber.

19.2.3 Bundessozialgericht

Das Bundessozialgericht (§§ 38–50, 160 SGG) ist das oberste Gericht für die Sozialgerichtsbarkeit. Es hat seinen Sitz in Kassel.

Als dritte Instanz ist es für die Entscheidung über die Revision zuständig. Es verhandelt und entscheidet in Senaten, die wie die Senate beim Landessozialgericht gebildet sind.

Jeder Senat ist mit fünf Richtern besetzt: drei Berufsrichtern – hiervon ist einer der Vorsitzende des Senats – und zwei ehrenamtlichen Richtern.

Außerdem gibt es beim Bundessozialgericht einen Großen Senat, der aus dem Präsidenten des Bundessozialgerichts, sechs weiteren Berufsrichtern und vier ehrenamtlichen Richtern besteht.

Der Große Senat muss entscheiden, wenn ein Senat von der Entscheidung eines anderen Senats des Bundessozialgerichts abweichen will oder wenn es sich um grundsätzliche Fragen zur Fortbildung des Rechts handelt (§ 41 Abs. 4 SGG).

19.3 Beteiligte

Zum Gerichtsverfahren gehören die Richter und die Parteien, die in der Sozialgerichtsbarkeit „Beteiligte" heißen. Beteiligte am Verfahren sind: der Kläger, der Beklagte und der Beigeladene (§ 69 SGG). Beigeladen wird, wessen berechtigte Interessen durch die Entscheidung des Rechtsstreits berührt werden. Beteiligte können schon Minderjährige sein, wenn sie durch Vorschriften des bürgerlichen oder öffentlichen Rechts für den Gegenstand des Verfahrens als geschäftsfähig anerkannt sind (Prozessfähigkeit, § 71 Abs. 2 SGG).

Die Beteiligten können vor den Sozialgerichten und Landessozialgerichten selbst auftreten, verhandeln und Anträge stellen, sie können sich aber auch vor diesen Gerichten vertreten lassen (§ 73 SGG). Nur vor dem Bundessozialgericht darf man nicht selbst auftreten; hier muss man sich durch eine Gewerkschaft, eine andere anerkannte sozialpolitische Vereinigung oder durch einen Rechtsanwalt vertreten lassen („Vertretungszwang", § 73 Abs. 4 SGG)).

19.4 Grundsätze des Verfahrens

19.4.1 Grundsatz der Amtsermittlung (Offizialmaxime)

Im sozialgerichtlichen Verfahren wird nach § 103 SGG der gesamte Streitstoff durch das Gericht von Amts wegen ermittelt (im Gegensatz zum Zivilprozess, in dem die Parteien selbst den Streitgegenstand, d. h. alle für die Entscheidung des Rechtsstreits wesentlichen Tatsachen, beibringen müssen). Deshalb hat der Vorsitzende bereits vor der mündlichen Verhandlung alle Maßnahmen zu treffen, die notwendig sind, um den Rechtsstreit möglichst in einer mündlichen Verhandlung zu erledigen (§ 106 Abs. 2 und 3 SGG).

19.4.2 Grundsatz der Mündlichkeit und des rechtlichen Gehörs

Die Entscheidung des Gerichts muss in der Regel aufgrund mündlicher Verhandlung ergehen (§ 124 SGG). Die Beteiligten erhalten dadurch das Recht, ihre Auffassung dem Gericht unmittelbar vorzutragen. Sie sind daher zu jedem Termin zu laden. Werden Zeugen vernommen, so haben die Beteiligten das Recht, an der Zeugenvernehmung teilzunehmen. Das Urteil des Gerichts darf nur auf Tatsachen gestützt werden, zu denen sich die Beteiligten äußern konnten (§§ 62, 128 Abs. 2 SGG).

Die Beteiligten haben das Recht auf Akteneinsicht, das allerdings vom Vorsitzenden beschränkt oder untersagt werden kann (§ 120 SGG).

19.4.3 Grundsatz der Unmittelbarkeit

Das Gericht muss den streitigen Sachverhalt aus eigener und unmittelbarer Wahrnehmung kennen. Die Beweiserhebung erfolgt vor dem Prozessgericht. Das Urteil kann nur von Richtern gefällt werden, die an der Verhandlung teilgenommen haben (§§ 117, 129 SGG).

19.4.4 Grundsatz der freien Beweiswürdigung

Das Gericht hat nach seiner freien, aus dem Gesamtergebnis der Verhandlung gewonnenen Überzeugung zu entscheiden (§ 128 SGG).

19.4.5 Grundsatz der Öffentlichkeit

Der Zutritt zum Verhandlungsraum steht allen Personen frei, auch wenn sie am Prozess selbst nicht beteiligt sind. Nicht öffentlich sind Beratung und Abstimmung. Die Öffentlichkeit kann ausgeschlossen werden (z. B. bei Gefährdung der öffentlichen Ordnung), im sozialgerichtlichen Verfahren hauptsächlich dann, wenn die Offenlegung der gesundheitlichen Befunde oder der Familienverhältnisse gegen Grundsätze des Datenschutzes verstößt (§ 61 SGG i. V. m. §§ 169, 171b – 191a GVG).

19.5 Gang des Verfahrens[81]

19.5.1 Vorverfahren

Gegen die Verwaltungsentscheidung (z. B. eines Trägers der Sozialversicherung oder des Sozialamts) ist zunächst **Widerspruch** (§ 83 SGG) zu erheben, über den die Widerspruchsstelle entscheidet. Sie wird von Organen der Selbstverwaltung bestimmt und setzt sich aus Arbeitnehmern, Arbeitgebern und einem Vertreter des Versicherungsträgers zusammen. Die Widerspruchsstelle kann dem Widerspruch abhelfen oder ihn zurückweisen; weist sie ihn zurück, kann gegen die Entscheidung der Widerspruchsstelle Klage erhoben werden.

Dieses Vorverfahren (§§ 78 ff. SGG) gibt es in allen Angelegenheiten der Kranken- und der Pflegeversicherung, der Arbeitsförderung, der Grundsicherung für Arbeitsuchende, der allgemeinen und knappschaftlichen Rentenversicherung, der Unfallversicherung sowie der Kriegsopferversorgung.

---

[81] Zur Vertiefung: Herold-Tews, H., a. a. O.

Bei den Sozialleistungsträgern kommt es nach Gesetzesänderungen oftmals zu „Massenwiderspruchsverfahren" (z. B. millionenfache Widersprüche gegen Rentenanpassungsmitteilungen). Um hier das Verfahren zu erleichtern, wurde die Möglichkeit der öffentlichen Bekanntgabe der Widerspruchsentscheidung im Bundesanzeiger, in überregionalen Tageszeitungen und im Internet geschaffen, § 85 Abs. 4 SGG. In diesem Fall der öffentlichen Bekanntgabe beträgt die Frist zur Erhebung einer Klage ein Jahr (§ 87 Abs. 1 Satz 3 SGG).

19.5.2 Erhebung der Klage

Das Gerichtsverfahren beginnt mit der Klage. Sie kann vom Kläger selbst oder seinem Vertreter erhoben werden. Die Einreichung der Klage ist an eine Frist gebunden; diese beginnt mit der Zustellung der Verwaltungsentscheidung bzw. der Entscheidung der Widerspruchsstelle und beträgt einen Monat (bei Wohnsitz im Ausland beträgt die Frist drei Monate), §§ 87 Abs. 1 SGG (vgl. aber auch §§ 89, 91 SGG).

Die Klage ist bei dem zuständigen Gericht der Sozialgerichtsbarkeit zu erheben. Örtlich zuständig ist das Sozialgericht, in dessen Bezirk der Kläger zur Zeit der Klageerhebung seinen Wohnsitz hat (§ 57 SGG). Die Klage kann auch bei jeder inländischen Behörde oder beim Versicherungsträger selbst eingereicht werden. Bei Wohnsitz im Ausland ist das Sozialgericht zuständig, in dessen Bezirk der Beklagte (z. B. Versicherungsträger) seinen Sitz hat.

Die Klage wird durch Einreichung einer Klageschrift oder auch zur Niederschrift des Urkundsbeamten beim Gericht erhoben (§ 90 SGG). Die Klageschrift ist an keine feste Form gebunden. Hat man ohne Verschulden die Klagefrist versäumt, so kann man beantragen, so gestellt zu werden, als hätte man die Frist nicht versäumt (Wiedereinsetzung in den vorigen Stand).

Mit der Erhebung der Klage wird die Streitsache rechtshängig. Dies bedeutet, dass jetzt ein Gericht mit der Sache befasst ist (§ 94 SGG).

Eine Übersicht über den Gang des Verfahrens gibt Abb. 5.2.

```
Klageerhebung
Eingang bei Gericht
Geschäftsstelle:  Akte anlegen, Aktenzeichen vergeben
Richter:          Abschrift der Klage an übrige Beteiligte
                  Aufforderung zur Gegenäußerung (§ 104 SGG)
Klageerwiderung
Eingang bei Gericht
```

Richter prüft, ob ggf.
- Gerichtsbescheid (ohne mündliche Verhandlung), § 105 SGG
- Termin zur mündlichen Verhandlung und Beweisaufnahme, §§ 110, 116 SGG
- Maßnahmen nach § 106 Abs. 2 und 3 SGG
- Urteil ohne mündliche Verhandlung, § 124 Abs. 2 SGG

Wenn mündliche Verhandlung (§ 112 SGG):
- Aufruf der Sache
- Darstellung des Sachverhalts
- ggf. Beweisaufnahme, §§ 117, 118 SGG
- Beteiligte erhalten das Wort
- Erörterung mit den Beteiligten
- Beteiligte stellen sachdienliche Anträge
- Schließung der mündliche Verhandlung, § 121 SGG

Beweismittel:
- Zeuge
- Urkunde
- Sachverständiger
- Augenschein

Entscheidung des Gerichts (nach Beratung)

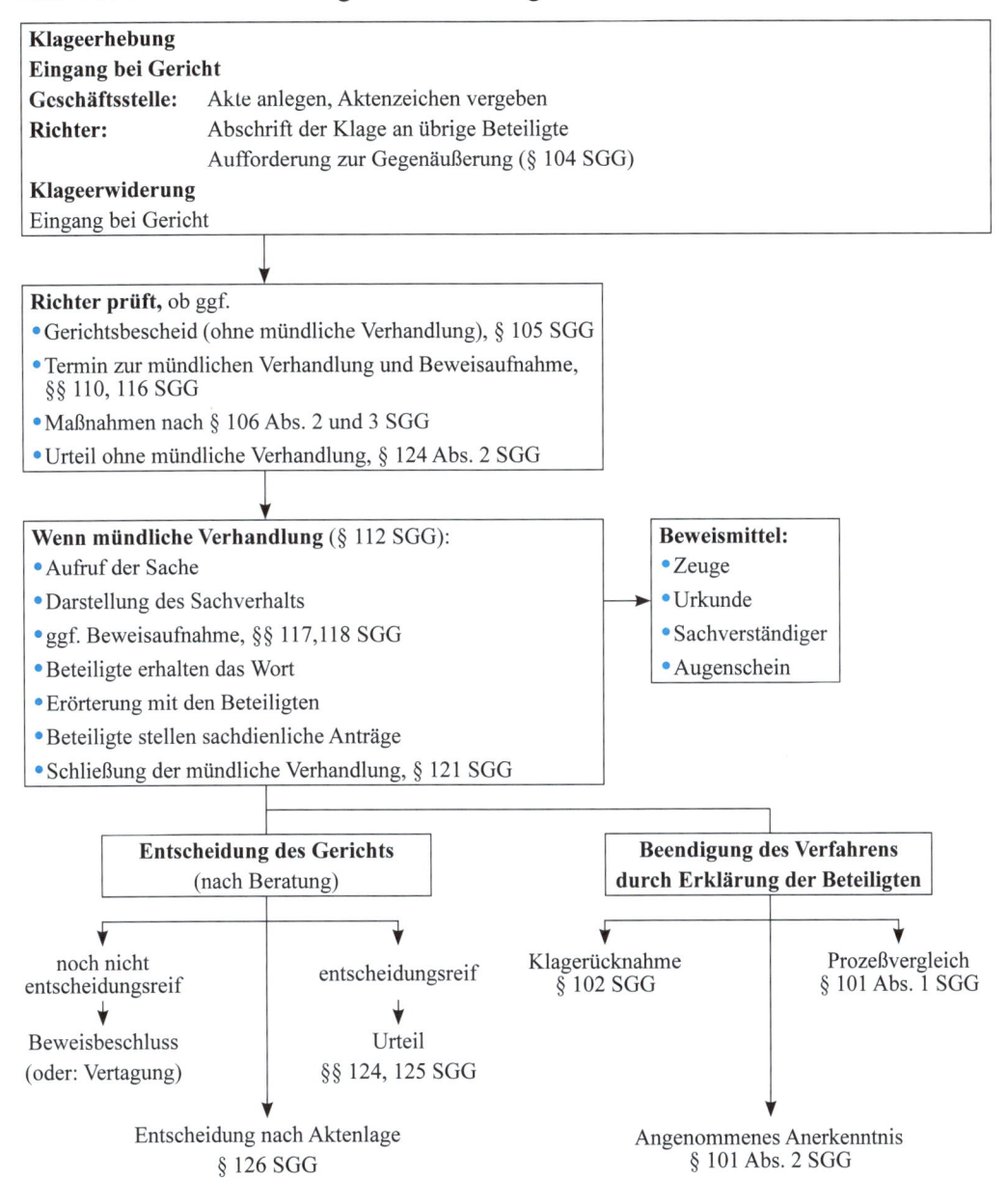

- noch nicht entscheidungsreif → Beweisbeschluss (oder: Vertagung)
- entscheidungsreif → Urteil §§ 124, 125 SGG
- Entscheidung nach Aktenlage § 126 SGG

Beendigung des Verfahrens durch Erklärung der Beteiligten

- Klagerücknahme § 102 SGG
- Prozeßvergleich § 101 Abs. 1 SGG
- Angenommenes Anerkenntnis § 101 Abs. 2 SGG

Abb. 5.2: Ablauf des Klageverfahrens

Nach der Art des verlangten Rechtsschutzes lassen sich vier **Klagearten** unterscheiden:
- Anfechtungsklage (§ 54 Abs. 1–3 SGG),
- Leistungsklage (§ 54 Abs. 4 und 5 SGG),
- Feststellungsklage (§ 55 SGG),
- Untätigkeitsklage (§ 88 SGG).

Die Klageart wird durch das Klagebegehren bestimmt.

19.5.3 Anfechtungsklage

Mit der Anfechtungsklage wird die Aufhebung oder Abänderung der Verwaltungsentscheidung angestrebt. Der Kläger muss bei der Anfechtungsklage darlegen, dass er durch die Verwaltungsentscheidung (Verwaltungsakt) beschwert sei, d.h. in seinen Rechten verletzt wurde, weil die Verwaltungsentscheidung rechtswidrig sei. Das Gericht hat in diesem Fall zu prüfen, ob die Entscheidung der Verwaltung mit dem geltenden Recht übereinstimmt und ob die Behörde den objektiv richtigen Sachverhalt zugrunde gelegt hat. Dabei kann das Gericht zu dem gleichen Ergebnis kommen wie die Verwaltung und die Widerspruchsstelle, dann wird die Klage abgewiesen. Wenn dagegen das Vorbringen des Klägers begründet ist, so wird die fehlerhafte Verwaltungsentscheidung durch das Gerichtsurteil aufgehoben und die Verwaltung muss daraufhin erneut prüfen und entscheiden.

Weitere Zulässigkeitsvorraussetzung ist – wie erwähnt – die vorherige Durchführung eines Widerspruchsverfahrens (§ 78 SGG).

19.5.4 Leistungsklage

Mit der Leistungsklage wird nicht nur die Aufhebung des Verwaltungsaktes selbst, sondern auch die Verurteilung der Behörde zur Leistung angestrebt (§ 54 Abs. 5 SGG). Hier kann das Gericht nicht nur die fehlerhafte Verwaltungsentscheidung aufheben, sondern darüber hinaus die Verwaltung zur Erbringung der Leistung verurteilen (z. B. zur Zahlung einer Rente).

Eine Besonderheit ist die kombinierte Anfechtungs- und Leistungsklage (§ 54 Abs. 1 und 4 SGG).

Ein weiterer Sonderfall der Leistungsklage ist die **Verpflichtungsklage**; mit ihr kann der Erlass eines abgelehnten oder unterlassenen Verwaltungsakts begehrt werden (§ 54 Abs. 1 Satz 1, 2. Alt. SGG). Auch hier ist vor Klageerhebung ein Widerspruchsverfahren durchzuführen (§ 78 Abs. 3 SGG).

19.5.5 Feststellungsklage

Mit der Feststellungsklage (§ 55 SGG) kann begehrt werden:
- die Feststellung des Bestehens oder Nichtbestehens eines Rechtsverhältnisses (z. B. die Feststellung, in welchem Umfang Beiträge zu berechnen oder anzurechnen sind),
- die Feststellung, welcher Versicherungsträger der Sozialversicherung zuständig ist, oder auch
- die Feststellung, ob eine Gesundheitsstörung (oder der Tod) die Folge eines Arbeitsunfalls, einer Berufskrankheit oder einer Schädigung im Sinne des BVG ist,
- die Feststellung der Nichtigkeit eines Verwaltungsaktes.

19.5.6 Untätigkeitsklage

Die Untätigkeitsklage erhebt man, wenn die Verwaltung den Antrag längere Zeit hindurch nicht bearbeitet oder über ihn nicht entschieden hat; d. h. über einen Antrag auf Vornahme eines Verwaltungsaktes wurde nicht innerhalb von sechs oder über einen Widerspruch nicht innerhalb von drei Monaten „ohne zureichenden Grund" entschieden. Mit der Untätigkeitsklage kann man die Verwaltung zwingen, tätig zu werden und zu entscheiden (§ 88 SGG).

19.6 Mündliche Verhandlung

Die mündliche Verhandlung ist das Kernstück des Prozesses. In ihr wird alles erörtert, was erforderlich ist, um eine gerechte Entscheidung zu finden.

Die mündliche Verhandlung beginnt nach Aufruf der Sache mit der Darstellung des Sachverhalts durch den Vorsitzenden oder den von ihm bestimmten Berichterstatter. Anschließend erhalten die Beteiligten die Möglichkeit, ihre Auffassungen dem Gericht vorzutragen, im Allgemeinen zuerst der Kläger, dann der Beklagte. Der Vorsitzende hat dabei die Pflicht, darauf hinzuwirken, dass alles vorgetragen wird, was zur Klärung des Streitstoffes dient. Soweit es erforderlich ist, hat er auch auf die rechtliche Bedeutung des Vorgebrachten hinzuweisen (§ 112 SGG).

In der mündlichen Verhandlung werden auch die **Beweise** erhoben. Das geschieht durch Vernehmung von Zeugen oder sachverständigen Zeugen, durch Anhörung von Sachverständigen, durch Vorlage von Urkunden oder durch Einvernahme des Augenscheins (§ 118 Abs. 1 SGG i. V. m. den Vorschriften der ZPO über die Beweisaufnahme).

Ist die Streitsache genügend erörtert, erklärt der Vorsitzende die mündliche Verhandlung für geschlossen (§ 121 SGG). Das Gericht zieht sich zur Beratung zurück. Die Beratung ist geheim. In der Beratung werden Streitstoff und Ergebnis der mündlichen Verhandlung gewürdigt und die Entscheidung getroffen. Über das Beratungsergebnis wird abgestimmt, es entscheidet die absolute Mehrheit. Für das Sitzungsprotokoll verweist § 122 SGG auf die §§ 159–165 ZPO.

Nach der Beratung entscheidet das Gericht durch **Urteil** (§§ 127 ff. SGG). Dieses besteht aus der Urteilsformel (Tenor), einer Darstellung des Tatbestandes und den Urteilsgründen. Zum Schluss hat das Urteil eine Rechtsmittelbelehrung zu enthalten (§ 136 SGG).

Das Verfahren braucht aber nicht immer mit einem Urteil zu enden. Die Beteiligten können auch einen **Vergleich** schließen (§ 101 Abs. 1 SGG):

- Die Behörde/der Sozialversicherungsträger kann ein Anerkenntnis abgeben, also erklären, dass die Klage begründet ist (§ 101 Abs. 2 SGG).
- Der Kläger kann schließlich seine Klage bis zur Rechtskraft des Urteils zurücknehmen, wenn er eingesehen hat, dass sein Anspruch nicht begründet ist (§ 102 SGG).

19.7 Rechtsmittel

Rechtsmittel geben den Beteiligten die Möglichkeit, eine gerichtliche Entscheidung durch ein Gericht höherer Instanz überprüfen zu lassen. In der Sozialgerichtsbarkeit gibt es die Berufung, die Revision und die Beschwerde. Das Verfahren ist kostenfrei.

19.7.1 Berufung

Die Berufung (§§ 143 ff. SGG) findet gegen die Urteile der Sozialgerichte statt. Um eine Überlastung der Landessozialgerichte zu vermeiden, schließt das Gesetz für bestimmte Fälle (meistens Bagatellfälle) die Berufung ausdrücklich aus bzw. verlangt die Zulassung der Berufung in dem Urteil des Sozialgerichts (§ 144 Abs. 1 SGG).

Die Berufung ist innerhalb eines Monats nach Zustellung des erstinstanzlichen Urteils bei dem Landessozialgericht (oder dem Sozialgericht) einzulegen. Die Berufungsschrift soll (muss aber nicht) das angefochtene Urteil bezeichnen, einen bestimmten Antrag enthalten und die zur Begründung dienenden Tatsachen angeben (§ 151 SGG).

Im Berufungsverfahren wird der gesamte Streitstoff wie in der ersten Instanz nach der rechtlichen und der tatsächlichen Seite hin geprüft. Das Landessozialgericht prüft den Streitfall im gleichen Umfang wie das Sozialgericht und hat hierbei auch neu vorgebrachte Tatsachen und Beweismittel zu berücksichtigen.

Ist die Berufung begründet, so wird das Urteil des Sozialgerichts aufgehoben und – je nach Sachlage – wird der Klage stattgegeben bzw. sie wird abgewiesen. Kommt das Landessozialgericht zu dem Ergebnis, dass die Berufung nicht begründet ist, so wird die Berufung als unbegründet zurückgewiesen.

Wenn die Verfahrensbeteiligten sich einig sind, können sie auf eine Berufung verzichten und direkt das Bundessozialgericht in Kassel anrufen (**Sprungrevision**, § 161 SGG)

19.7.2 Revision

Die Revision (§§ 160 ff. SGG) findet gegen Urteile der Landessozialgerichte statt. Auch gegen das Urteil eines Sozialgerichts kann schon Revision eingelegt werden (sog. Sprungrevision, weil das Landessozialgericht hierbei übersprungen wird). Die Revision ist zulässig, wenn das Landessozialgericht oder – im Fall der Sprungrevision – das Sozialgericht sie ausdrücklich zugelassen hat.

Die Revision ist innerhalb eines Monats nach Urteilszustellung schriftlich beim Bundessozialgericht einzulegen; sie kann nicht zur Niederschrift des Urkundsbeamten erklärt werden. Die Begründungsfrist beträgt zwei Monate.

Im Gegensatz zu Klageschrift und Berufungsschrift ist die Revision streng an Formen gebunden. Die Revision muss das angefochtene Urteil bezeichnen und einen bestimmten Antrag enthalten. Die verletzte Rechtsnorm muss angegeben und die Revision ausführlich begründet werden. Da beim Bundessozialgericht Vertretungszwang besteht, müssen

Revision und Begründung von einem Prozessbevollmächtigten unterzeichnet sein. Einem Bedürftigen können für das Revisionsverfahren Prozesskostenhilfe bewilligt und ein Rechtsanwalt als Prozessbevollmächtigter beigeordnet werden.

Das Bundessozialgericht prüft den Streitstoff nicht mehr nach der tatsächlichen Seite; es ist an die tatsächlichen Feststellungen des Landessozialgerichts oder – im Fall der Sprungrevision – des Sozialgerichts gebunden (§ 163 SGG). Im Unterschied zum Berufungsverfahren erfolgt hier eine Überprüfung ausschließlich nach der rechtlichen Seite.

Das Bundessozialgericht kann die Revision verwerfen, wenn sie nicht formgerecht ist, oder sie zurückweisen, wenn sie sachlich unbegründet ist. Das Gericht kann aber auch das Urteil des Landessozialgerichts aufheben und in anderer Weise entscheiden (vgl. § 170 SGG).

19.7.3 Beschwerde

Bis zum Abschluss des Verfahrens durch das Urteil sind vom Sozialgericht häufig Entscheidungen zu treffen, die sich aus dem laufenden Verfahren ergeben, z. B. Ordnungsstrafen beim Ausbleiben von Zeugen und Sachverständigen. In diesen Fällen kann ebenfalls Beschwerde (§§ 172 ff. SGG) eingelegt werden, über die das Landessozialgericht durch einen Beschluss entscheidet.

Wird die Revision durch das Landessozialgericht nicht zugelassen, kann diese Nichtzulassung beim Bundessozialgericht mit der Beschwerde angefochten werden (§ 160a SGG).

19.8 Wiederaufnahmeverfahren

Wenn ein Urteil rechtskräftig geworden ist, kann es durch Rechtsmittel nicht mehr angefochten werden. Dennoch kann sich die Notwendigkeit ergeben, ein rechtskräftiges Urteil abzuändern. Für diese Fälle sieht das Gesetz die Wiederaufnahme des Verfahrens vor (§§ 179 ff. SGG).

Sie ist zulässig, wenn das rechtskräftige Urteil mit schweren Mängeln behaftet ist, z. B. das Gericht fehlerhaft besetzt war oder ein Zeuge wegen Meineids bestraft worden ist oder nachträglich eine Urkunde gefunden worden ist (z. B. die Versicherungskarte), die für das Urteil von Bedeutung gewesen wäre.

19.9 Kosten

Man unterscheidet gerichtliche und außergerichtliche Kosten (§§ 183 ff. SGG).

Für die gerichtlichen Kosten gilt der Grundsatz, dass bei allen Gerichten der Sozialgerichtsbarkeit **keine Gerichtskosten** zu zahlen sind. Für Versicherte und Leistungsempfänger ist das Verfahren kostenfrei. Körperschaften und Anstalten des öffentlichen Rechts (wie z. B. die Versicherungsträger) haben jedoch für jede Streitsache, an der sie beteiligt sind, eine Pauschgebühr zu zahlen – unabhängig vom Ausgang des Rechtsstreits. Sie beträgt 150 Euro beim Sozialgericht, 225 Euro beim Landessozialgericht und 300 Euro beim Bundessozialgericht

Außergerichtliche Kosten sind alle für die Rechtsverfolgung notwendigen Aufwendungen, also auch die Kosten für den Rechtsanwalt. Das Gericht entscheidet im Urteil, wer diese Kosten zu tragen hat. Die Gebühren für Rechtsanwälte sind gesetzlich geregelt.

19.10 Reform des Sozialgerichtsgesetzes (SGG)

Mit dem 8. SGG-Änderungsgesetz (2008) sollte die Justiz durch Vereinfachungen des Verfahrens entlastet und die Prozesse auch im Interesse der Bürger beschleunigt werden.

Das Reformgesetz reagierte auf die hohe Belastung der Sozialgerichte („Klageflut") insbesondere seit der Einführung der Grundsicherung für Arbeitsuchende nach dem SGB II im Jahr 2005.

Die Gesetzesänderung schafft unter anderem eine neue erstinstanzliche Zuständigkeit für die Landessozialgerichte in Verfahren, in denen es um übergeordnete Rechtsfragen und nicht um Tatsachenfragen des Einzelfalles geht.

Der Schwellenwert zur Berufung vor den Landessozialgerichten (§ 144 SGG) wurde für natürliche Personen von 500 Euro auf 750 Euro und für Erstattungsstreitigkeiten zwischen juristischen Personen des öffentlichen Rechts von 5.000 Euro auf 10.000 Euro angehoben. Darüber hinaus wurden die prozessrechtlichen Mitwirkungspflichten der Parteien strengeren Anforderungen unterzogen. Die Änderungen sind auf Anregung und in Kooperation mit der sozialgerichtlichen Praxis entstanden.

Die Sozialgerichte haben als „rechtsstaatliches Gewissen der Sozialpolitik", trotz zunehmender Komplexität der rechtlichen Regelungen und trotz neuer Zuständigkeiten, eine verantwortungsbewusste Rechtsprechung entwickelt und damit zur Rechtssicherheit in existenziellen Fragen und zum sozialen Frieden beigetragen.

Abb. 5.3 stellt die Instanzen der Sozialgerichtsbarkeit in einer Übersicht dar.

```
                    ┌─────────────────────────────────┐
                    │      Bundessozialgericht        │
                    │           3. Instanz            │◄──────┐
                    │    Senate mit der Besetzung:    │       │
                    │         3 Berufsrichter         │       │
                    │      2 ehrenamtliche Richter    │       │
                    │ (je ein Vertreter der AN- und AG-Seite)│
                    └─────────────────────────────────┘       │
                                  ▲                           │
                         Revision (§§ 160 ff. SGG)            │
                                  │                           │
                    ┌─────────────────────────────────┐       │
                    │      Landessozialgericht        │       │
                    │           2. Instanz            │       │
                    │    Senate mit der Besetzung:    │    Sprungrevision
                    │         3 Berufsrichter         │    (§ 161 SGG)
                    │      2 ehrenamtliche Richter    │       │
                    │ (je ein Vertreter der AN- und AG-Seite)│
                    └─────────────────────────────────┘       │
                                  ▲                           │
                        Berufung (§§ 143 ff. SGG)             │
                                  │                           │
                    ┌─────────────────────────────────┐       │
                    │           Sozialgericht         │       │
                    │           1. Instanz            │       │
                    │   Kammern mit der Besetzung:    │       │
                    │         1 Berufsrichter         │───────┘
                    │      2 ehrenamtliche Richter    │
                    │ (je ein Vertreter der AN- und AG-Seite)│
                    │          Besonderheiten:        │
                    │       • keine Gerichtskosten    │
                    │    • Vertretung durch Gewerkschaften und │
                    │         sozialpolitische Verbände │
                    └─────────────────────────────────┘
```

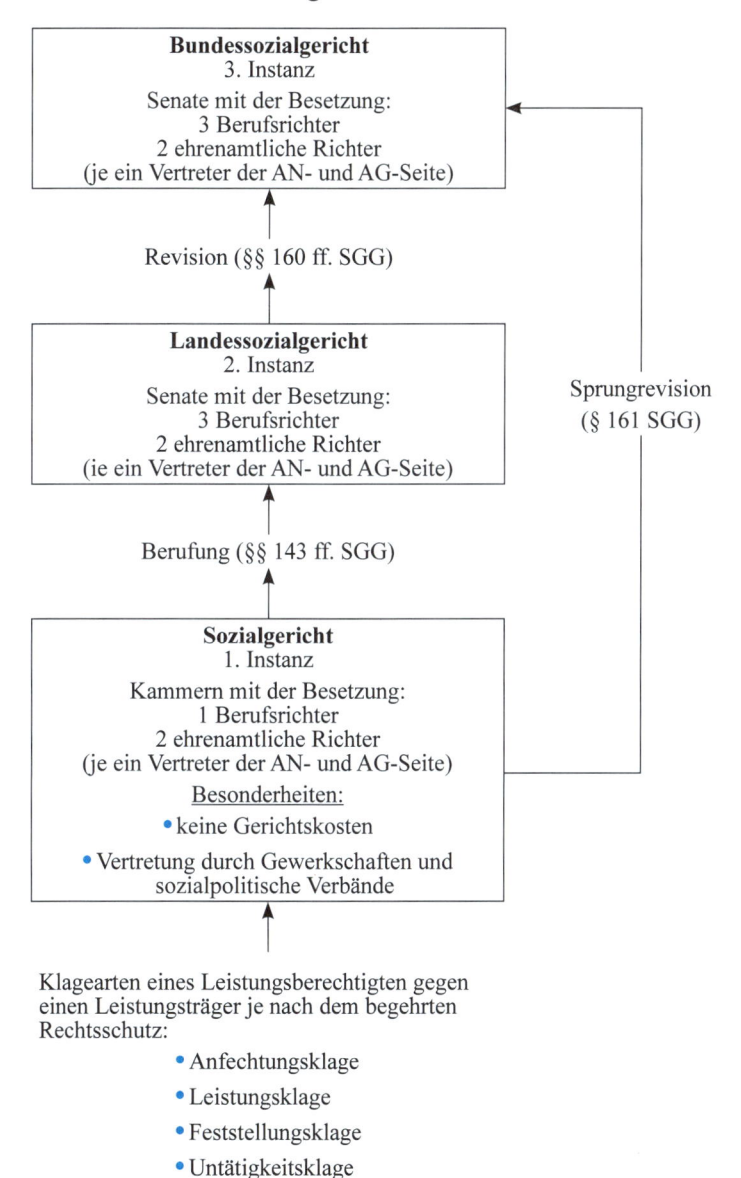

Klagearten eines Leistungsberechtigten gegen einen Leistungsträger je nach dem begehrten Rechtsschutz:
- Anfechtungsklage
- Leistungsklage
- Feststellungsklage
- Untätigkeitsklage

Abb. 5.3: Instanzenzug der Sozialgerichtsbarkeit

Vor Erhebung der Anfechtungs- oder Leistungsklage muss ein außergerichtliches Vorverfahren (Widerspruchsverfahren) erfolglos durchgeführt worden sein (§§ 78 ff. SGG).

Zusammenfassung

Es besteht eine besondere, von der Verwaltung getrennte Sozialgerichtsbarkeit (Grundsatz der Gewaltenteilung).

An der Rechtsprechung wirken Berufsrichter und ehrenamtliche Richter (Beisitzer) mit.

Der Instanzenzug ist dreistufig: Sozialgericht, Landessozialgericht, Bundessozialgericht.

Es gilt der Grundsatz der Klägerfreundlichkeit: gering formale Anforderungen, Gerichtskostenfreiheit für Versicherte und Leistungsbezieher.

Das Sozialgericht verhandelt und entscheidet in Kammern und ist mit drei Richtern besetzt (einem Berufsrichter und zwei ehrenamtlichen Richtern). Das Landes- und das Bundessozialgericht entscheiden in Senaten (drei Berufsrichter und zwei ehrenamtliche Richter). Das Landessozialgericht entscheidet über die Berufung, das Bundessozialgericht über die Revision.

Beteiligte am Verfahren sind: der Kläger, der Beklagte und der Beigeladene. Auch Minderjährige können schon beteiligt sein.

Grundsätze des Verfahrens sind: Grundsatz der Amtsermittlung, der Mündlichkeit und des rechtlichen Gehörs, der Unmittelbarkeit, der freien Beweiswürdigung und der Öffentlichkeit. Die mündliche Verhandlung ist das Kernstück des Prozesses.

Das Gerichtsverfahren beginnt mit der Klage; ihr muss bei Anfechtungs- und Leistungsklagen das Widerspruchsverfahren vorausgegangen sein.

Aufgaben zur Selbstüberprüfung Kapitel 19 unter www.lambertus.de

Schlussbemerkung

Sie haben es geschafft — Lob und Anerkennung!

Das System der Sozialen Sicherung, Entschädigung, Förderung und Sozialen Hilfen besteht, wie Sie erfahren haben, aus einer Fülle von unterschiedlichen Leistungen und Einrichtungen, die unterschiedliche Zielsetzungen verfolgen und verschiedenen Funktionslogiken unterliegen. Zum Trost sei Ihnen gesagt: Selbst Experten fällt der Durchblick schwer.

Wie ist das soziale Netz organisiert und finanziert? Welche Probleme weist der Sozialstaat und sein Rechtssystem auf? Wie bekommen die Menschen in Notlagen und Krisen ihre Rechtsansprüche durchgesetzt? Zu diesen Themen können Sie nunmehr eigene Positionen beziehen und bei sozialrechtlichen Fragen mit Sachkompetenz argumentieren und handeln.

Viel Glück und viel Erfolg bei allem, was Sie sich vorgenommen haben!

A. Abkürzungsverzeichnis

a. A.	andere Ansicht
a. a. O.	am angegebenen Ort
Abb.	Abbildung
ABM	Arbeitsbeschaffungsmaßnahme
Abs.	Absatz, Absätze
ÄndG	Änderungsgesetz
a. F.	alte Fassung
AG	Arbeitgeber
ALG	Gesetz über die Alterssicherung der Landwirte
Alg	Arbeitslosengeld
Alg II	Arbeitslosengeld II
Alt.	Alternative
a. M.	anderer Meinung
AN	Arbeitnehmer
Anm.	Anmerkung
AO	Abgabenordnung
AOK	Allgemeine Ortskrankenkasse
ArbG	Arbeitgeber
ArbN	Arbeitnehmer
ArbSchV	Arbeitsschutzverordnung
ARGE	Arbeitsgemeinschaft
Art.	Artikel
ASiG	Arbeitssicherheitsgesetz
AsylbLG	Asylbewerberleistungsgesetz
ATZG	Altersteilzeitgesetz
AU	Arbeitsunfähigkeit
AufenthG	Aufenthaltsgesetz
Aufl.	Auflage
ausr.	ausreichend(e/er)
AVmG	Altersvermögensgesetz
BA	Bundesagentur für Arbeit
BAR	Bundesarbeitsgemeinschaft für Rehabilitation
BAnz.	Bundesanzeiger
BAuA	Bundesanstalt für Arbeitsschutz und Arbeitsmedizin
BAföG	Bundesausbildungsförderungsgesetz
BBiG	Berufsbildungsgesetz
BBW	Berufsbildungswerk
BDSG	Bundesdatenschutzgesetz
BEEG	Bundeselternzeit- und Elterngeldgesetz
BEG	Bundesentschädigungsgesetz

A. Abkürzungsverzeichnis

BfA	Bundesversicherungsanstalt für Angestellte
BFDG	Bundesfreiwilligendienstgesetz
BFW	Berufsförderungswerk
BetrVG	Betriebsverfassungsgesetz
BG	Berufsgenossenschaft(en)
BGB	Bürgerliches Gesetzbuch
BGBl.	Bundesgesetzblatt
BKGG	Bundeskindergeldgesetz
BKiSchG	Bundeskinderschutzgesetz
BKK	Betriebskrankenkasse
BMAS	Bundesministerium für Arbeit und Soziales
BMFSFJ	Bundesministerium für Familie, Senioren, Frauen und Jugend
BMG	Bundesministerium für Gesundheit
BMVBS	Bundesministerium für Verkehr, Bau und Stadtentwicklung
BSG	Bundessozialgericht
BSHG	Bundessozialhilfegesetz
bspw.	beispielsweise
BT-Drucks.	Bundestags-Drucksache
BTZ	Berufliches Trainingszentrum
BVerfG	Bundesverfassungsgericht
BVG	Bundesversorgungsgesetz
DGUV	Deutsche Gesetzliche Unfallversicherung
dies.	dieselben
DRV	Deutsche Rentenversicherung
EBM	Einheitlicher Bewertungsmaßstab
EG	Europäische Gemeinschaft
EGV	Vertrag zur Gründung der EG
EstG	Einkommensteuergesetz
EU	Erwerbsunfähigkeit oder Europäische Union
etc.	et cetera (und so weiter)
f.	folgende/r (Seite/Paragraf)
ff.	(fort)folgende (Seiten/Paragrafen)
FGG	Gesetz über die Angelegenheiten der Freiwilligen Gerichtsbarkeit
Fn.	Fußnote
FreizüG	Freizügigkeitsgesetz
GdB	Grad der Behinderung
GdS	Grad der Schädigungsfolgen
GG	Grundgesetz
ggf.	gegebenenfalls

GKV	Gesetzliche Krankenversicherung
GKV-WSG	Gesetzliche Krankenversicherung-Wettbewerbsstärkungsgesetz
GOÄ	Gebührenordnung für Ärzte
grds.	grundsätzlich
GRG	Gesundheits-Reformgesetz
GRV	Gesetzliche Rentenversicherung
GSG	Gesundheitsstrukturgesetz
GSiG	Grundsicherungsgesetz
GUV	Gesetzliche Unfallversicherung
GVG	Gerichtsverfassungsgesetz
HeimG	Heimgesetz
HHG	Häftlingshilfegesetz
Hg.	Herausgeber
Hs.	Halbsatz
ICD-10	International Classification of Diseases (WHO) 10. Revision (Internationale Klassifikation der Krankheiten)
ICF	International Classification of Functioning, Disability and Health (Internationale Klassifikation der Funktionsfähigkeit, Behinderung und Gesundheit, WHO)
i.d.F.	in der Fassung
i.d.R.	in der Regel
i.d.S.	in diesem Sinne
IfSG	Infektionsschutzgesetz
i.H.v.	in Höhe von
IKK	Innungskrankenkasse
ILO	International Labour Organisation (Internationale Arbeitsorganisation)
IR	Infrarot
i.S.(d./v.)	im Sinne (des, der/von)
IT	Informationstechnologie
i.V.m.	in Verbindung mit
JGG	Jugendgerichtsgesetz
Kap.	Kapitel
KraftStG	Kraftfahrzeugsteuergesetz
KSchG	Kündigungsschutzgesetz
KSVG	Künstlersozialversicherungsgesetz
KVLG	Gesetz über die Krankenversicherung der Landwirte
LSG	Landessozialgericht

A. Abkürzungsverzeichnis

MdE	Minderung der Erwerbsfähigkeit
mdj	minderjährige
Mrd.	Milliarden
MuSchArbV	Verordnung zum Schutze der Mütter am Arbeitsplatz
MuSchG	Mutterschutzgesetz
n. F.	neue Fassung
OEG	Opferentschädigungsgesetz
o. g.	oben genannte(r)
OSHA	Europäische Agentur für Sicherheit und Gesundheitsschutz am Arbeitsplatz
PEPPV	Verordnung für pauschalisierendes Entgeltsystem für psychiatrische und psychosomatische Kliniken
PflegeZG	Pflegezeitgesetz
RAG	Rentenanpassungsgesetz
rd.	rund
RL	Richtlinie (Europarecht)
Rn.	Randnummer
RRG	Gesetz zur Reform der Rentenversicherung
Rspr.	Rechtsprechung
RVO	Reichsversicherungsordnung
Rz.	Randzeichen
S.	Seite, Satz
SchwarzArbG	Schwarzarbeitsbekämpfungsgesetz
SED	Sozialistische Einheitspartei Deutschlands
SG	Sozialgericht
SH	Sozialhilfe
SGB I	Sozialgesetzbuch Erstes Buch – Allgemeiner Teil
SGB II	Sozialgesetzbuch Zweites Buch – Grundsicherung für Arbeitsuchende
SGB III	Sozialgesetzbuch Drittes Buch – Arbeitsförderung
SGB IV	Sozialgesetzbuch Viertes Buch – Gemeinsame Vorschriften
SGB V	Sozialgesetzbuch Fünftes Buch – Gesetzliche Krankenversicherung
SGB VI	Sozialgesetzbuch Sechstes Buch – Gesetzliche Rentenversicherung
SGB VII	Sozialgesetzbuch Siebtes Buch – Gesetzliche Unfallversicherung
SGB VIII	Sozialgesetzbuch Achtes Buch – Kinder- und Jugendhilfe
SGB IX	Sozialgesetzbuch Neuntes Buch – Rehabilitation und Teilhabe
SGB X	Sozialgesetzbuch Zehntes Buch – Sozialverwaltungsverfahren/ Datenschutz
SGB XI	Sozialgesetzbuch Elftes Buch – Soziale Pflegeversicherung

SGB XII	Sozialgesetzbuch Zwölftes Buch – Sozialhilfe
SGG	Sozialgerichtsgesetz
sog.	sogenannte
spez.	speziell(e/er)
StGB	Strafgesetzbuch
StrRehaG	Strafrechtliches Rehabilitationsgesetz
StVO	Straßenverkehrsordnung
SV	Sozialversicherung
SVG	Soldatenversorgungsgesetz
u. a.	unter anderem
u. dgl.	und dergleichen
u. U.	unter Umständen
UV	ultraviolett
UVG	Unterhaltsvorschussgesetz
v. a.	vor allem
VA	Verwaltungsakt
VwRehaG	Verwaltungsrechtliches Rehabilitationsgesetz
vgl.	vergleiche
v. H.	vom Hundert (= Prozent)
VO	Verordnung
VVG	Versicherungsvertragsgesetz
VwGO	Verwaltungsgerichtordnung
VwVfG	Verwaltungsverfahrensgesetz
WfbM	Werkstatt für behinderte Menschen
WoGG	Wohngeldgesetz
WVO	Werkstättenverordnung
ZDG	Zivildienstgesetz
ZPO	Zivilprozessordnung
z. T.	zum Teil
z. Z.	zurzeit

B. Literaturverzeichnis

Bertram, H. (Hg.) (2013): Reiche, kluge, glückliche Kinder? – Der Unicef-Bericht zur Lage der Kinder in Deutschland, Beltz Juventa: Weinheim und Basel 2013

Brühl, A./ Hofmann, A. (2011): Das Bildungs- und Teilhabepaket für junge Menschen. Leitfaden für Betroffene, Berater und Behördenmitarbeiter, Freiburg: Lambertus

Bundesarbeitsgemeinschaft für Rehabilitation (BAR) (2013): Wegweiser Rehabilitation und Teilhabe für Menschen mit Behinderung. 15. Aufl., Frankfurt/Main: BAR (Hg.); Download unter www.bar-frankfurt.de

Bundesministerium für Arbeit und Soziales (Hg.) (2013): Übersicht über das Sozialrecht (Ausgabe 2013/2014). 10. Aufl., Nürnberg: BW-Verlag

Dettenborn, H. (2010): Kindeswohl und Kindeswille. Psychologische und rechtliche Aspekte, 3. Aufl., München: Reinhardt

Deutscher Verein für öffentliche und private Fürsorge e. V. (Hg.): Archiv für Wissenschaft und Praxis der sozialen Arbeit, 03/2013: Inklusion in der Diskussion

Fieseler, G./ Herborth, R. (2010): Recht der Familie und Jugendhilfe. Arbeitsplatz Jugendamt/Soziale Dienste, 7. Auflage, Köln: Luchterhand

Greilich, W./ Wings, H. (2013).: Schnellübersicht Sozialversicherung 2013. Für Arbeitgeber, Krankenkassen und Berater. 57. Aufl., Bonn: Stollfuß Medien

Herold-Tews, H. (2012): Der Sozialgerichtsprozess. Darstellung mit Schriftsatzmustern, 6. Aufl., München: C.H. Beck

Kittner, S./ Deinert, O. (2010): Arbeits- und Sozialrecht kompakt. 9. Aufl., Frankfurt/Main: Bund-Verlag

Klinger, R./ Kunkel, P.-Chr./ Pattar, A.K./ Peters, R.K. (2012): Existenzsicherungsrecht. SGB XII mit SGB II und AsylbLG, 3. Aufl., Baden-Baden: Nomos

Kunkel, P.-Chr. (2013): Jugendhilferecht, 7. Aufl., Baden-Baden: Nomos

Kokemoor, A. (2013): Sozialrecht. Lernbuch, Strukturen, Übersichten. 5. Aufl., München: Vahlen

Papenheim, H.-G./ Baltes, J./ Dern, S./ Palsherm, I. (2013): Verwaltungsrecht für die soziale Praxis, 24. Aufl., Frankfurt am Main: Fachhochschulverlag

Stolleis, M. (2003): Geschichte des Sozialrechts in Deutschland, Stuttgart: Lucius & Lucius

Teilhabebericht der Bundesregierung über die Lebenslagen von Menschen mit Beeinträchtigungen. Teilhabe – Beeinträchtigung – Behinderung (2013) Hg. Bundesministerium für Arbeit und Soziales, Referat Information, Publikation, Redaktion, Bonn

Welke, A. (Hg.) (2012): UN-Behindertenrechtskonvention. Kommentar (Eigenverlag des Deutschen Vereins), Auslieferung Lambertus: Freiburg

Winkler, J.(2007): Sozialrecht von A – Z. 2. Aufl., München: Deutscher Taschenbuch Verlag

Zentrum für Europäische Wirtschaftsforschung (ZEW): Evaluation zentraler ehe- und familienbezogener Leistungen in Deutschland, Endbericht vom 20.06.2013

C. Gesetzestext

SGB – Sozialgesetzbuch (2014). (Textausgabe mit ausführlichem Sachregister und einer Einführung von Prof. Dr. B. Schulin). 43. Aufl., München: dtv-Beck.

Gesetze, die nicht in diesem Band enthalten sind, finden Sie unter www.gesetze-im-internet.de .

D. Webliografie

www.arbeitsagentur.de
www.betanet.de
www.bmas.de
www.bmfsfj.de
www.bmg.bund.de
www.drv-bund.de
www.dguv.de
www.familien-wegweiser.de
www.integrationsaemter.de
www.minijob-zentrale.de
www.sozialpolitik-aktuell.de

E. Abbildungsverzeichnis

Abb. 1.1: Existenzsicherung nach SGB II 210
Abb. 1.2: Freibeträge für Erwerbstätige 212
Abb. 1.3: Sanktionen bei Ablehnung zumutbarer Arbeit 216
Abb. 1.4: Sanktionen für Alg II-Bezieher unter 25 Jahren 216
Abb. 2.1: Systematik und Leistungen der Sozialhilfe (SGB XII) 225
Abb. 2.2: Leistungsarten der Sozialhilfe 227
Abb. 2.3: Existenzsicherung nach SGB XII 233
Abb. 2.4: Sozialrechtliches Dreiecksverhältnis 237
Abb. 3.1: Inobhutnahme nach § 42 SGB VIII 254
Abb. 3.2: Jugendschutzgesetze 262
Abb. 4.1: Höhe des Elterngeldes 278
Abb. 5.1: Gerichtsbarkeiten in der Bundesrepublik Deutschland 291
Abb. 5.2: Ablauf des Klageverfahrens 295
Abb. 5.3: Instanzenzug der Sozialgerichtsbarkeit 299

F. Tabellenverzeichnis

Tabelle 1.1: Höhe der Regelbedarfe bei Alg II / Sozialgeld (ab 01.01.2014) 211
Tabelle 2.1: Höhe der Regelsätze für die Hilfe zum Lebensunterhalt 229
Tabelle 2.2: Kostenersatz durch Erben 241
Tabelle 2.3: Übersicht Soziale Hilfen / Soziale Mindestsicherung 244
Tabelle 3.1: Leistungen der Kriegsopferversorgung und -fürsorge (Übersicht) 248
Tabelle 3.2: Überblick Soziale Entschädigung 250
Tabelle 4.1: Aufgaben und Leistungen der Jugendhilfe 256
Tabelle 4.2: Leistungen der Jugendhilfe als Familienhilfe 259
Tabelle 4.3: Grundbedürfnisse des Kindes 260
Tabelle 5.1: Finanzielle Leistungen des Mutterschutzes im Überblick 274
Tabelle 5.2: Höhe des Kindergeldes 275
Tabelle 6.1: Wohngeld-Einkommensgrenzen 284
Tabelle 7.1: Zusammenfassung Soziale Förderung 289

Glossar

Krankenversicherung

Beitragsbemessungsgrenze	Die Beiträge zur gesetzlichen Krankenversicherung (GKV) wie zur sozialen Pflegeversicherung werden nur bis zu einer bestimmten Einkommensobergrenze erhoben. Diese Beitragsbemessungsgrenze (§ 223 Abs. 3 SGB V) wird jährlich an die allgemeine Lohn- und Gehaltsentwicklung aller Versicherten angepasst. Im Jahr 2014 beträgt sie 48.600 € (monatlich 4.050 €).
Disease-Management Programme (DMP)	Disease-Management-Programme (strukturierte Behandlungsprogramme) sollen eine möglichst gute und umfassende Behandlung chronisch kranker Patienten sicherstellen und die verschiedenen Beteiligten an der Behandlung koordinieren (§§ 137 f. und g SGB V).
	Unter Disease-Management-Programm (DMP) versteht man den strukturierten Umgang mit einer chronischen Erkrankung unter Einbeziehung aller an der Behandlung Beteiligten. Die Behandlung muss sich an evidenzbasierten Leitlinien orientieren, d. h. Basis der Behandlung sind aktuelle wissenschaftliche Erkenntnisse, die auf Wirksamkeit, Sicherheit und Nutzen überprüft wurden.
	Die Krankenkasse schließt Verträge mit Ärzten und/oder Kassenärztlichen Vereinigungen. Ein Arzt übernimmt die Lotsenfunktion und koordiniert die leitlinienorientierten Behandlungsschritte bei der Behandlung eines chronisch kranken Patienten. Die Behandlungsergebnisse werden systematisch dokumentiert. Für die Umsetzung dieser Programme gibt es strenge Vorgaben und es besteht eine umfassende Dokumentationspflicht.
	Ziele von Disease-Management-Programmen sind,
	• die Behandlungsabläufe und die Qualität der medizinischen Versorgung chronisch kranker Patienten zu verbessern und
	• gleichzeitig die Kosten für die Behandlung zu reduzieren.
	• Patienten sollen durch Schulungen lernen, mit ihrer Erkrankung umzugehen, und
	• bezüglich Diagnose und Therapie der Erkrankung umfassend informiert und einbezogen werden.
	Für folgende Erkrankungen bieten die Krankenkassen zurzeit (2012) DMP an:
	• Asthma bronchiale
	• Brustkrebs
	• COPD (chronisch obstruktive Atemwegserkrankungen)
	• Diabetes mellitus Typ 1 und Typ 2
	• koronare Herzerkrankungen
	Die strukturierten Behandlungsprogramme sind mit dem Risikostrukturausgleich der gesetzlichen Krankenkassen verknüpft. Die Krankenkassen können Patienten, die an den Programmen teilnehmen, über Bonusprogramme u. a. belohnen.

Glossar

Entwöhnungsbehandlung	Bei Abhängigkeit von • Alkohol, • Medikamenten und/oder • Drogen kann eine Entwöhnungsbehandlung als ambulante oder stationäre Therapie gewährt werden (§ 40 SGB V; §§ 15, 32 SGB VI). Die Entwöhnungsbehandlung zählt zur medizinischen Rehabilitation und wird von der Krankenkasse oder dem Rentenversicherungsträger übernommen. Zur praktikablen Abgrenzung der Zuständigkeit gibt es eine spezielle Suchtvereinbarung: • Die Krankenkasse ist zuständig für die Entzugsbehandlung (im Krankenhaus), d. h. für die Akutbehandlung toxisch bedingter Versagenszustände (drohende komatöse Zustände, Delirgefahr, psychiatrische Komplikationen) und bei der freiwilligen Entzugsbehandlung von Suchtkranken. • Die Rentenversicherung ist zuständig für die Entwöhnungsbehandlung in Reha-Einrichtungen, die auf die Entzugsbehandlung folgt, z. B. Alkohol-Entwöhnungsbehandlung, Behandlung psychisch bedingter Sprachstörungen, Entwöhnungstherapie von Medikamentensucht, Drogen-Entwöhnungstherapie. Stationäre Entwöhnung bei Alkoholkranken wird bis zu *16* Wochen finanziert, bei Drogenabhängigen bis zu *26* Wochen. Kostenträger *Krankenkasse* Bei ambulanten und stationären Reha-Maßnahmen 10 € Zuzahlung pro Tag, begrenzt auf *28* Tage pro Kalenderjahr. Kostenträger *Rentenversicherung* Ambulante Reha-Maßnahmen sind zuzahlungsfrei; bei stationären Reha-Maßnahmen 10 € täglich, begrenzt auf *42* Tage im Kalenderjahr. Schließt die Entwöhnungsbehandlung unmittelbar an eine stationäre Entgiftung an, beträgt die Zuzahlung 10 € täglich, begrenzt auf *14* Tage im Kalenderjahr.
Fallpauschalen	Für die stationäre Betreuung von Patienten wurden bis 2003 Tagessätze bezahlt; dadurch hatten die Krankenhäuser wenig Anreiz, die Patientinnen und Patienten möglichst effizient zu behandeln. Das führte zu einer (im internationalen Vergleich) durchschnittlich längeren Verweildauer im Krankenhaus und zu unnötig hohen Kosten im Gesundheitssystem. Seit 2004 werden gemäß § 17b Krankenhausfinanzierungsgesetz (KHG) die Leistungen der Krankenhäuser nicht mehr tageweise abgerechnet, sondern pauschal je nach Krankheit. (Für psychiatrische und psychosomatische Kliniken ist ab 2013 durch Verordnung ein pauschalierendes Entgeltsystem eingeführt worden (PEPPV), vgl. § 17d KHG.) . Die sog. Fallpauschalen **(Diagnosis Related Groups - DRG)** unterscheiden sich dabei nach Krankheitsarten und durchgeführter Behandlung. Unterschiedliche Schweregrade einer Erkrankung werden berücksichtigt. Für einen Patienten mit einer leichten Erkrankung zahlt die Krankenkasse also weniger als für einen Patienten mit einer schweren, aufwändig zu behandelnden Erkrankung. Muss ein Patient länger behandelt werden, als den Kalkulationen zugrunde gelegt wurde (Überschreitung der oberen Grenzverweildauer), wird für jeden zusätzlichen Tag ein Zuschlag gezahlt. Auf der anderen Seite muss das Krankenhaus bei sehr kurzen Aufenthalten der Patienten mit Abschlägen rechnen. Diese Maßnahme trägt auch dazu bei, dass Patienten nicht zu früh entlassen und dadurch nur unzureichend versorgt werden ("blutige Entlassung"). Die pauschalierte Vergütung stellt einen Anreiz für die Krankenhäuser dar, ständig an der Verbesserung ihrer Wirtschaftlichkeit zu arbeiten, weil ihnen die dadurch erzielten Kostenvorteile verbleiben.

Familienversicherte	Familienversichert sind die Ehepartner, eingetragene Lebenspartner und die minderjährigen Kinder. Sie brauchen keine Beiträge zu zahlen. Als Kinder gelten auch Stiefkinder und Enkel, die der Beitragszahler überwiegend unterhält, sowie Pflegekinder, wenn die Pflege nicht berufsmäßig ausgeübt wird (§ 10 SGB V). Voraussetzungen: Die Familienangehörigen haben ihren Wohnsitz oder ihren gewöhnlichen Aufenthalt in Deutschland, sind nicht selbst Mitglied einer Krankenkasse/Pflegekasse, sind nicht versicherungsfrei bzw. von der Pflichtversicherung befreit, sind nicht hauptberuflich selbstständig tätig, haben kein regelmäßiges Gesamteinkommen, das eine bestimmte Grenze überschreitet. Kinder sind grundsätzlich nur bis zur Vollendung des 18. Lebensjahres familienversichert; die Altersgrenze erhöht sich unter bestimmten Voraussetzungen, z. B. Studium. Besonderheiten: Während des Mutterschutzes bzw. der Elternzeit bleiben vorher Pflichtversicherte weiter Mitglied, sodass sie in dieser Zeit nicht familienversichert sein können. Die Familienversicherung der Kinder ist ausgeschlossen, wenn der mit dem Kind verwandte Ehe- oder Lebenspartner nicht gesetzlich versichert ist und sein regelmäßiges Gesamteinkommen die monatliche Versicherungspflichtgrenze (gem. § 6 Abs. 6 SGB V) von 4.462,50 € (2014) übersteigt und regelmäßig höher als das des gesetzlich versicherten Ehe- oder Lebenspartners ist. Ist der mit dem Kind verwandte Ehepartner Arbeitnehmer und bestand bereits am 31.12.2002 eine private Krankenversicherung, gilt die geringere Versicherungspflichtgrenze (gem. § 6 Abs. 7 SGB V) von monatlich 4.050 € (2014). Die Altersgrenze erhöht sich vom 18. auf das 23. Lebensjahr, wenn das Kind nicht erwerbstätig ist. Sie erhöht sich auf das 25. Lebensjahr, wenn es sich in der Schul- oder Berufsausbildung befindet oder ein freiwilliges soziales bzw. ökologisches Jahr ableistet. Wird die Schul- oder Berufsausbildung durch Erfüllung einer gesetzlichen Dienstpflicht unterbrochen oder verzögert, verlängert sich die Familienversicherung um diesen Zeitraum über das 25. Lebensjahr hinaus. Hier sind Bescheinigungen über Art und Dauer des Dienstes einzureichen. Bei Kindern, die wegen einer körperlichen, geistigen oder seelischen Behinderung außerstande sind, sich selbst zu unterhalten, besteht die Familienversicherung ohne Altersgrenze. Wichtig ist, dass die Behinderung während der Familienversicherung eingetreten und von nicht absehbarer Dauer ist. Hier ist eine entsprechende ärztliche Bescheinigung oder eine Kopie des Behindertenausweises einzureichen.
Gemeinsamer Bundesausschuss	In der gesetzlichen Krankenversicherung (GKV) gibt der Gesetzgeber die Rahmenbedingungen für die Ausgestaltung der medizinischen Versorgung vor. Die Einzelheiten werden von der gemeinsamen Selbstverwaltung von Ärzten und Krankenkassen festgelegt. Wichtigstes Organ der gemeinsamen Selbstverwaltung ist der Gemeinsame Bundesausschuss (G-BA). Er besteht aus drei unparteiischen Mitgliedern sowie aus Vertretern der Vertragsärzteschaft, der Vertragszahnärzteschaft, der gesetzlichen Krankenkassen und der Krankenhäuser. Außerdem nehmen Patientenvertreter an den Sitzungen teil, sie haben jedoch kein Stimmrecht (§§ 91 ff. SGB V). Hauptaufgabe des G-BA ist es, in Richtlinien die Inhalte der Versorgung zu bestimmen und zu entscheiden, welche Leistungen von der GKV gezahlt werden. Beispielhaft genannt seien die Richtlinien über die ärztliche Behandlung, über die Einführung neuer Untersuchungs- und Behandlungsmethoden, über die Verordnung von Arznei-, Verband-, Heil- und Hilfsmitteln sowie über die Bewertung von Untersuchungs- und Behandlungsmethoden im Krankenhaus. Die Richtlinien sind für die beteiligten Ärzte, Krankenkassen, Krankenhäuser und Versicherten verbindlich. Darüber hinaus hat der G-BA (als „Mini-Gesetzgeber") weitere Aufgaben bei der Festlegung der Anforderungen an die Qualität der Leistungserbringung (§§ 135 ff. SGB V). Durch die Möglichkeiten der Beteiligung für Patientenorganisationen, insbesondere auch in Bezug auf die Aufgabenerfüllung des Instituts für Qualität und Wirtschaftlichkeit im Gesundheitswesen (IQWiG, § 139a-c SGB V), soll die Transparenz erhöht und die Patientenorientierung gestärkt werden.

Glossar

Gesundheitsfonds	Die Finanzierung der gesetzlichen Krankenversicherung (GKV) wurde mit der Einführung des Gesundheitsfonds zum 01.01.2009 neu gestaltet (§§ 265 ff. SGB V). Seitdem zahlen alle Beitragszahler bundesweit einen gleichen Beitragssatz, der von allen Krankenkassen verlangt wird. Damit gelten – wie bereits in der gesetzlichen Pflege-, Renten- und Arbeitslosenversicherung – einheitliche Beitragssätze auch in der GKV. Der allgemeine Beitragssatz beträgt seit 2011 15,5 Prozent.
	Der Bund leistet zur pauschalen Abgeltung der Aufwendungen der Krankenkassen für versicherungsfremde Leistungen jährlich. bis zu 14 Mrd. € an den Gesundheitsfonds. Jede Krankenkasse erhält pro Versichertem eine monatliche Grundpauschale (2014: 223,94 €) sowie ergänzende Zu- und Abschläge je nach Alter, Geschlecht und Krankheitsrisiko ihrer Versicherten. Durch die besondere Berücksichtigung schwerwiegender und kostenintensiver chronischer Krankheiten trägt der Risikostrukturausgleich (RSA) dem unterschiedlichen Versorgungsbedarf der Versicherten einer Krankenkasse Rechnung (§ 268 SGB V).
	Dieser weiterentwickelte, morbiditätsorientierte RSA wurde – zeitgleich mit dem Gesundheitsfonds – zum 01.01.2009 eingeführt. Im „Morbi-RSA" werden 80 kostenintensive chronische Krankheiten und Krankheiten mit schwerwiegendem Verlauf zu Grunde gelegt. Das Bundesversicherungsamt (BVA), das bereits den RSA zwischen den Krankenkassen durchführt, verwaltet den Gesundheitsfonds (§ 271 SGB V).
Leistungskatalog	Einen wirklichen „Katalog" im Sinne einer Liste gibt es nicht. Der Leistungskatalog ist im fünften Sozialgesetzbuch (SGB V) nur als Rahmenrecht vorgegeben: Im Gesetz steht, dass der Versicherte einen Anspruch auf eine ausreichende, bedarfsgerechte und dem Stand der medizinischen Wissenschaft entsprechende Krankenbehandlung hat. Hierzu zählen insbesondere die ärztliche, zahnärztliche und psychotherapeutische Behandlung, die Versorgung mit Arznei-, Verbands-, Heil- und Hilfsmitteln, die häusliche Krankenpflege, die Krankenhausbehandlung sowie die Leistungen zur medizinischen Rehabilitation und sonstige Leistungen. Außerdem ist geregelt, dass die Leistungen dem Wirtschaftlichkeitsgebot genügen müssen. D. h. sie müssen ausreichend, zweckmäßig und wirtschaftlich sein und dürfen das Maß des Notwendigen nicht überschreiten (§ 12 SGB V).
	Es ist Aufgabe des Gemeinsamen Bundesausschusses (G-BA), diese Rahmenvorgaben zu konkretisieren. Er erlässt hierzu in den verschiedenen Leistungsbereichen Richtlinien, die für die beteiligten Krankenkassen, Leistungserbringer und die Versicherten verbindlich sind.
	Mit dem GKV-Wettbewerbsstärkungsgesetz wurde der Leistungskatalog ausgebaut. So haben Versicherte seit 01.01.2007 Anspruch auf eine spezialisierte ambulante Palliativversorgung. Medizinische Rehabilitationsleistungen, von der Ständigen Impfkommission (STIKO) empfohlene Schutzimpfungen und Mutter-/Vater-Kind-Kuren sind Pflichtleistungen der gesetzlichen Krankenkassen. Häusliche Krankenpflege wird auch in Wohngemeinschaften oder neuen Wohnformen sowie in besonderen Ausnahmefällen in Heimen als Leistung gewährt. Bei ambulanten Geburten im Geburtshaus zahlen die Krankenkassen einen Betriebskostenzuschuss.
	Eine Einschränkung des Leistungsumfangs gibt es bei der Behandlung von Folgeerkrankungen auf Grund nicht notwendiger medizinischer Eingriffe – zum Beispiel bei Komplikationen infolge von Schönheitsoperationen oder Piercing (§ 52 Abs. 2 SGB V).
	In *medizinischen Versorgungszentren* (§ 95 SGB V) arbeiten Ärzte unterschiedlicher Fachrichtungen, Therapeuten und andere Heilberufler unter einem Dach, die bei der Behandlung eng kooperieren. So werden Arzneimittel besser abgestimmt und Doppeluntersuchungen vermieden. Die gemeinsame Verständigung über Krankheitsverlauf, Behandlungsziele und Therapie kommt den Patienten unmittelbar zugute und spart Kosten.
	MVZ können von Vertragsärzten, aber auch von anderen Leistungserbringern (Krankenhäusern, Apotheken, Hebammen usw.) gegründet werden, müssen aber stets von einem Arzt geleitet werden. Ende 2012 gab es über 1.800 MVZ.
	Zwar nicht unter einem Dach, aber auch gut aufeinander abgestimmt sind sog. Praxisnetze. Das sind vertraglich vereinbarte Kooperationen niedergelassener Ärzte, an denen sich auch Krankenhäuser, Vorsorge- und Reha-Kliniken sowie Angehörige an derer Gesundheitsberufe beteiligen dürfen. Ihre Zusammenarbeit dient unter anderem der Erfüllung bestimmter Versorgungsaufträge, der Qualitätssicherung oder der Teilnahme an der Integrierten Versorgung (§§ 140a ff. SGB V).

Palliativversorgung	Unter Palliativversorgung (§ 37b SGB V) versteht man die Versorgung schwerstkranker und sterbender Menschen. Schwerstkranke Menschen und Sterbende haben Anspruch auf eine spezialisierte ambulante Versorgung. Ambulante Pflegeteams (sog. Palliative-Care-Teams aus ärztlichem und pflegerischem Personal) können diesen Menschen ein würdevolles Sterben mit wenig Schmerzen ermöglichen. Der Ausbau der ambulanten Palliativversorgung kommt dem Wunsch vieler schwerkranker Menschen entgegen, in der häuslichen Umgebung zu bleiben. Der Anspruch steht auch PatientenInnen in stationären Einrichtungen zu. **(Kinder-)Hospize** Die Hospizarbeit verfolgt das Ziel, sterbenden Menschen ein würdiges und selbstbestimmtes Leben bis zum Ende zu ermöglichen. Stärker noch als in Hospizeinrichtungen für Erwachsene werden bei den Kinderhospizen auch die Angehörigen in den Blick genommen. Zudem ist die Betreuungsdauer eines sterbenden Kindes deutlich länger als bei Erwachsenen. Dies bedeutet für die Arbeit eines Kinderhospizes, dass über einen längeren Zeitraum zumeist mehrfache Aufenthalte zur Entlastung und professionellen Unterstützung der Familie erfolgen. Die Gesundheitsreform 2007 hat daher die Rahmenbedingungen für Kinderhospize verbessert. Mussten die Einrichtungen bislang einen Kostenanteil von 10 Prozent selbst tragen (durch Spenden und ehrenamtliches Engagement), beträgt der Anteil jetzt 5 Prozent (vgl. § 39a Abs. 1 SGB V). Die gesundheitliche Versorgung gliedert sich gegenwärtig in drei wesentliche Bereiche: Primärversorgung (ambulante Behandlung durch niedergelassene Ärzte), Akutversorgung (stationäre Versorgung im Krankenhaus) und Rehabilitation.
Rehabilitation	Ob nach einem Schlaganfall oder nach einem Herzinfarkt, nach einer Tumorentfernung oder einer Hüftoperation - es gibt eine Reihe medizinischer Eingriffe, die eine systematische und umfassende Rehabilitation erfordern. Ihr Ziel ist es, die Patientin oder den Patienten bei der Wiedererlangung oder dem Erhalt körperlicher, beruflicher oder sozialer Fähigkeiten zu unterstützen. Rehabilitation hat aber auch zum Ziel, Beeinträchtigungen und Einschränkungen abzuwenden, die sich als bleibende Folge von chronischen Erkrankungen oder Unfällen einstellen. Man unterscheidet drei Rehabilitationsleistungen: • Leistungen zur *medizinischen Rehabilitation* mit dem Ziel, möglichen Behinderungen oder möglicher Pflegebedürftigkeit vorzubeugen, sie zu beseitigen oder Verschlimmerungen zu verhüten (§§ 40 ff. SGB V i. V. m. §§ 26 ff. SGB IX). • Leistungen zur *beruflichen Rehabilitation*, die eine Eingliederung der Patientin oder des Patienten in das Arbeitsleben fördern (§§ 33 ff. SGB IX). • Leistungen zur *sozialen Rehabilitation*, welche die Teilhabe am Leben in der Gemeinschaft fördern. Sie zielen auf die Bewältigung der alltäglichen Anforderungen und auf die Wiedereingliederung in das soziale Umfeld der Patientinnen und Patienten (§§ 55 ff. SGB IX). Rehabilitationsleistungen sind in Deutschland Aufgabe der verschiedenen Sozialversicherungsträger, d. h. der gesetzlichen Kranken-, Renten- und Unfallversicherung, der Bundesagentur für Arbeit sowie der Träger der Sozial- und Jugendhilfe (§ 6 SGB IX). Neben der Behandlung durch den niedergelassenen Arzt und der Behandlung im Krankenhaus ist die Rehabilitation ein fester Bestandteil der Behandlungskette. Nur die enge Verzahnung dieser Kette gewährleistet eine optimale Versorgung.

Risikostrukturausgleich	Da die Mitglieder ihre Krankenkasse weitgehend frei wählen (§§ 173 ff. SGB V) und diese auch wieder verlassen können, stehen die Krankenkassen untereinander im Wettbewerb. Die Krankenkassen müssen sich um eine Verbesserung der Wirtschaftlichkeit und Qualität der Leistungserbringung und Verwaltung bemühen.
	Die Krankenkassen sollen sich allerdings nicht dadurch Beitragsvorteile verschaffen, dass sie vor allem möglichst viele gesunde und gut verdienende Mitglieder anwerben und die Versorgung der alten und chronisch kranken Versicherten vernachlässigen. Aus diesem Grund gibt es seit 1994 den sog. Risikostrukturausgleich (RSA), der die finanziellen Auswirkungen der von den Krankenkassen nicht beeinflussbaren Unterschiede ihrer Risikostrukturen ausgleichen soll (§§ 266 ff. SGB V).
	Krankenkassen, die aufgrund des Alters, des Geschlechts oder des Einkommens ihrer Versicherten, der Zahl der beitragsfrei versicherten Familienangehörigen oder der Erwerbsminderungsrentner ungünstige Risikostrukturen haben, werden finanziell entlastet. Damit werden die Wettbewerbsbedingungen der Krankenkassen und die Beitragsbelastung der Versicherten gerechter gestaltet.
	Im Jahr 2009 erfolgte die Weiterentwicklung zum sog. morbiditätsorientierten Risikostrukturausgleich („Morbi-RSA").
	Mit Einführung des Gesundheitsfonds zahlen alle Beitragzahler den gleichen Beitragssatz. Zur Versorgung ihrer Versicherten erhält eine Krankenkasse für jeden von ihnen aus dem Gesundheitsfonds eine Grundpauschale sowie alters-, geschlechts- und risikoadjustierte Zu- und Abschläge zur Deckung der standardisierten Leistungsausgaben (§ 266 Abs. 2 SGB V).
Soziotherapie	Soziotherapie im Sinne der Krankenversicherung (§ 37a SGB V) ist die ambulante Betreuung schwer psychisch kranker Menschen. Darunter ist vor allem die Motivation zur Inanspruchnahme ärztlicher Behandlung und Betreuungsleistungen zur Vermeidung einer Krankenhausbehandlung zu verstehen.
	Die Soziotherapie setzt voraus, dass der Patient die Therapieziele erreichen kann. Deshalb sollte er über die hierzu notwendige Belastbarkeit, Motivierbarkeit und Kommunikationsfähigkeit verfügen und in der Lage sein, einfache Absprachen einzuhalten.
	Die Erkrankungen, die der Soziotherapie bedürfen, sind gekennzeichnet durch folgende Fähigkeitsstörungen:
	• Beeinträchtigung durch Störungen des Antriebs, der Ausdauer und der Belastbarkeit, durch Unfähigkeit zu strukturieren, durch Einschränkungen des planerischen Denkens und Handelns sowie des Realitätsbezugs.
	• Störungen im Verhalten mit Einschränkung der Kontaktfähigkeit und fehlender Konfliklösungsfähigkeit.
	• Einbußen im Sinne von Störungen der kognitiven Fähigkeiten wie Konzentration und Merkfähigkeit, der Lernleistungen sowie des problemlösenden Denkens.
	Soziotherapie in Anspruch nehmen können Patienten mit Krankheitsbildern wie Schizophrenie, Depression und Borderline-Syndrom.
	Ziel der Soziotherapie ist der Abbau psychosozialer Defizite, damit Patienten selbstständig und eigenverantwortlich medizinische Leistungen in Anspruch nehmen können.
	Folgende Leistungen sind zu erbringen:
	• Erstellung des Betreuungsplans,
	• Arbeit im sozialen Umfeld,
	• soziotherapeutische Dokumentation, d. h. der Soziotherapeut beschreibt die durchgeführten Maßnahmen (Art und Umfang), den Behandlungsverlauf und die bereits erreichten und noch verbleibenden Therapieziele.
	Diese Leistungen können nur Diplom-Sozialarbeiter, Diplom-Sozialpädagogen und Fachkranken-schwestern/-pfleger für Psychiatrie mit Berufserfahrung erbringen, die bei der Krankenkasse als Soziotherapeuten zugelassen sind und mit dieser einen Vertrag haben.
	Eine Soziotherapie umfasst 120 Stunden innerhalb von 3 Jahren je Krankheitsfall. „Krankheitsfall" ist das Krankheitsgeschehen, das eine einheitliche medizinische Ursache hat, z. B. eine nicht ausgeheilte psychische Erkrankung, die immer wieder zu Hilfebedürftigkeit führt.
	Versicherte müssen einen Zuzahlung von 10 Prozent der kalendertäglichen Kosten der Soziotherapie leisten, jedoch mindestens 5 €, maximal 10 € pro Tag.
	Der Gemeinsame Bundesausschuss hat zur Durchführung der Soziotherapie die sog. Soziotherapie-Richtlinie erstellt (vgl. § 92 Abs. 1 Satz 2 Nr. 6 SGB V).

Umlagefinanzierung	In Deutschland wird die Sozialversicherung – Kranken-, Renten- und Arbeitslosenversicherung – über ein Umlageverfahren finanziert. Das bedeutet: Die eingezahlten Beiträge werden unmittelbar zur Deckung der Leistungsausgaben verwendet („umgelegt"). Die gesetzlichen Krankenkassen bilden zur Sicherstellung ihrer Leistungsfähigkeit eine Rücklage (§§ 261 ff. SGB V). Durch ihre Beitragszahlungen haben alle Mitglieder der gesetzlichen Krankenkassen (GKV) gleichermaßen Anspruch auf Leistungen, die im gesetzlichen Leistungskatalog definiert sind. Die Höhe der Beiträge in der GKV richtet sich nach dem Beitragssatz und nach dem Einkommen des einzelnen Mitglieds. Familienmitglieder ohne eigenes Einkommen sind beitragsfrei mitversichert. Die Umlagefinanzierung gerät unter Druck, wenn die Beitragseinnahmen dauerhaft hinter den Leistungsausgaben zurückbleiben. Die langfristige Sicherung der Finanzierungsbasis, und damit der Erhalt der Solidargemeinschaft der GKV, ist eine zentrale politische Aufgabe. Im Gegensatz zur GKV richtet sich die Beitragshöhe in der privaten Krankenversicherung (PKV) nach Alter und Erkrankungsrisiko der versicherten Person. Für Familienmitglieder müssen eigene Beiträge bezahlt werden. Anders als in der GKV bildet die PKV Alterungsrückstellungen, die die Prämienlast im Alter abmildern sollen.
Versicherungsfremde Leistungen	Als versicherungsfremde Leistungen bezeichnet man Leistungen, die streng genommen (im Sinne des Äquivalenzprinzips) mit dem Versorgungsauftrag der gesetzlichen Krankenkassen nichts zu tun haben, aber von gesamtgesellschaftlichem Interesse sind. Dazu gehören: • Beitragsfreiheit von Ehegatten/Lebenspartnern und Kindern, • die beitragsfreie Versicherung während der Elternzeit, • Leistungen rund um die Schwangerschaft, zum Beispiel Pflegedienste während Schwangerschaft oder Entbindung, • Leistungen zur Empfängnisverhütung, • Betriebs- und Haushaltshilfen, • das Mutterschaftsgeld und • Krankengeld bei der Betreuung eines kranken Kindes. Der Bund beteiligt sich pauschal über Steuerzuschüsse an den Aufwendungen der gesetzlichen Krankenversicherung für entsprechende Leistungen (§ 221 Abs. 1 SGB V).
Versicherungspflichtgrenze	Die Jahresarbeitsentgeltgrenze (auch Versicherungspflichtgrenze genannt) ist die Grenze, bei welcher der/die Arbeitnehmer/-in versicherungsfrei wird, d. h. er/sie kann sich freiwillig in der GKV oder privat versichern. Die Versicherungspflichtgrenze in der gesetzlichen Krankenversicherung ist für das Jahr 2014 auf 53.550 € festgesetzt. Für Arbeitnehmer, die bereits am 31.12.2002 aufgrund der zu diesem Zeitpunkt geltenden Regelungen wegen des Überschreitens der Jahresarbeitsentgeltgrenze versicherungsfrei waren, beträgt die Jahresarbeitsentgeltgrenze für das Jahr 2014 48.600 €. Dieser Wert ist identisch mit der Beitragsbemessungsgrenze in der gesetzlichen Krankenversicherung.

Zuzahlungsbefreiung	Wer im Laufe eines Kalenderjahres bestimmte Belastungsgrenzen erreicht, kann sich von vielen Zuzahlungen der Krankenkasse befreien lassen oder sich am Jahresende den über der Belastungsgrenze liegenden Betrag erstatten lassen. Die Belastungsgrenze liegt bei 2 Prozent des jährlichen Bruttoeinkommens, für chronisch Kranke bei 1 Prozent (§ 62 SGB V).
	Bei zahlreichen Leistungen der Krankenversicherung muss der Patient Zuzahlungen leisten (§ 61 SGB V). Die Belastungsgrenze soll verhindern, dass insbesondere chronisch Kranke, Behinderte, Versicherte mit einem geringen Einkommen und Sozialhilfeempfänger durch die Zuzahlungen zu medizinischen Leistungen unzumutbar belastet werden.
	Unabhängig von Belastungsgrenzen sind seit 01.07.2006 bestimmte Arzneimittel von der Zuzahlung befreit. Darüber hinaus können Medikamente eines Arzneimittelherstellers, mit dem die Krankenkasse einen Rabattvertrag geschlossen hat, ganz oder zur Hälfte zuzahlungsfrei sein.
	Überschreiten die Zuzahlungen 2 Prozent (bzw. 1 Prozent) der o. g. Bruttoeinnahmen im Kalenderjahr (= Belastungsgrenze), erhalten der Versicherte sowie sein Ehegatte und die familienversicherten Kinder, die mit ihm in einem gemeinsamen Haushalt leben, für den Rest des Kalenderjahres eine Zuzahlungsbefreiung bzw. den Mehrbetrag von der Krankenkasse zurückerstattet. Ist das Ehepaar bei verschiedenen gesetzlichen Krankenkassen, dann errechnet eine Krankenkasse, ab wann die Voraussetzungen für die Zuzahlungsbefreiung erreicht sind, und stellt ggf. eine Zuzahlungsbefreiung aus. Dies wird der anderen Krankenkasse mitgeteilt, so dass die Versicherten für den Rest des Jahres keine Zuzahlungen mehr leisten müssen.
	Bei Empfängern von Hilfe zum Lebensunterhalt (Sozialhilfe), von Arbeitslosengeld II und von Grundsicherung im Alter und bei Erwerbsminderung wird jeweils nur der Regelsatz der Regelbedarfsstufe 1 (2014: 391 €) als Bruttoeinkommen für die gesamte Bedarfsgemeinschaft gezählt, d. h. der jährliche Zuzahlungsgesamtbetrag beträgt 93,84 €, bei chronisch Kranken 46,92 €.
Sonderregelung für Sozialhilfeempfänger im Heim	Seit 01.01.2005 gibt es für Heimbewohner, die Sozialhilfe beziehen, eine Möglichkeit, auch in der Zeit bis zur Erreichung der 1- bzw. 2-%-Grenze keine Zuzahlungen mehr zu leisten: Dafür veranlassen sie, dass über den örtlich zuständigen Sozialhilfeträger der Zuzahlungsgesamtbetrag an ihre Krankenkasse vorab überwiesen wird. Dieser als Darlehen gewährte Gesamtbetrag wird dann in monatlichen kleinen Ratenbeträgen mit dem Barbetrag (Taschengeld) des Heimbewohners verrechnet.

Rentenversicherung

Aktueller Rentenwert	Der aktuelle Rentenwert ist der Betrag, der einer monatlichen Altersrente aus Beiträgen eines Durchschnittsverdienenden für ein Jahr entspricht. Er ist ein wichtiger Bestandteil der Rentenformel. In den alten Bundesländern beträgt er seit dem 01.07.2014 28,61 € in den neuen Bundesländern 26,39 € (vgl. §§ 68 f. SGB VI).
Altersgrenze	Anspruch auf Altersrente besteht nur, wenn – neben der Erfüllung der Wartezeit und ggf. weiterer Voraussetzungen – eine bestimmte Altersgrenze erreicht ist. Es gibt unterschiedliche Altersgrenzen.
	Mit dem RV- Altersgrenzenanpassungsgesetz vom 20.04.2007 wurde die Anhebung der Regelaltersgrenze von 65 auf 67 Jahre beschlossen. Die Regelaltersgrenze wird für die Jahrgänge 1947 und jünger ab 2012 von 65 auf 67 Jahre angehoben (§ 235 SGB VI). Der Prozess der Anhebung erfolgt in jährlichen Schritten und wird im Jahr 2029 abgeschlossen sein. Für die Jahrgänge ab 1964 beträgt die Regelaltersgrenze dann 67 Jahre. Die Altersgrenzen bei anderen Rentenarten der gesetzlichen Rentenversicherung werden entsprechend angehoben.
Anrechnungszeiten	Anrechnungszeiten sind Zeiten, in denen die bzw. der Versicherte aus nicht von ihr bzw. ihm zu vertretenden Gründen an der Beitragszahlung zur Rentenversicherung gehindert ist. Hierzu gehören beispielsweise folgende Zeiten: Arbeitslosigkeit, Arbeitsunfähigkeit, Schutzfristen bei Mutterschaft, schulische Ausbildung (§ 58 SGB VI). Anrechnungszeiten können von Bedeutung sein für die Erfüllung der Anspruchsvoraussetzung für eine Rente und bei der Rentenberechnung.
Anwartschaften	Anwartschaften sind – insbesondere durch Beitragszahlung – erworbene Werte in Form von gutgeschriebenen Entgeltpunkten, die zum Zeitpunkt der Leistungsgewährung zum Rentenanspruch werden. Die Rente kann nur gezahlt werden, wenn eine gewisse Anwartschaft besteht. Wer bereits für 60 Monate Pflicht- oder freiwillige Beiträge gezahlt hat, hat damit eine Anwartschaft auf die Regelaltersrente erworben. Er bzw. sie erhält diese Leistung aber erst dann, wenn er bzw. sie die Regelaltersgrenze erreicht und die Rente beantragt hat.

Arbeitgeber-/ Arbeitnehmeranteil	Pflichtbeiträge zur Rentenversicherung werden grundsätzlich je zur Hälfte vom Arbeitnehmer und vom Arbeitgeber getragen (§ 168 Abs. 1 Nr. 1 SGB VI). Der jeweilige Anteil beträgt seit Januar 2013 die Hälfte von 18,9 Prozent, also 9,45 Prozent des Arbeitsentgelts bis zur Beitragsbemessungsgrenze. In der knappschaftlichen Rentenversicherung beträgt der Beitragssatz 25,1 Prozent, die Arbeitnehmerinnen und Arbeitnehmer zahlen aber auch davon nur 9,45 Prozentpunkte.
Arbeitslosigkeit	Arbeitslos ist, wer keine Arbeit hat, eine Beschäftigung sucht und den Vermittlungsbemühungen der Agentur für Arbeit zur Verfügung steht. Wer während dieser Zeit Arbeitslosengeld bezieht, ist in der Regel rentenversicherungspflichtig. Die Beiträge zur Rentenversicherung für diesen Personenkreis trägt die Bundesagentur für Arbeit.
Befreiung von der Versicherungspflicht	Bestimmte Personen, die Mitglieder sog. berufsständischer Versorgungswerke sind (z. B. Ärzte, Apotheker, Architekten), können sich von der Versicherungspflicht befreien lassen. Sie zahlen Beiträge zu ihrem Versorgungswerk und sind dort für den Rentenfall abgesichert.
Befristung von Renten	Renten wegen verminderter Erwerbsfähigkeit, Witwen- und Witwerrenten, Erziehungsrenten und Waisenrenten werden unter bestimmten Voraussetzungen nur befristet bis zu einem im Rentenbescheid genannten Zeitpunkt geleistet. So wird eine Rente wegen verminderter Erwerbsfähigkeit grundsätzlich nur auf Zeit bezahlt. Dies gilt entsprechend für die große Witwen- oder Witwerrente, wenn diese wegen verminderter Erwerbsfähigkeit des Hinterbliebenen für Zeiten vor Vollendung des 45. Lebensjahres gezahlt wird. Eine Waisenrente wird auf das Ende des Monats befristet, in dem voraussichtlich der Anspruch entfällt (z. B. Vollendung des 18. Lebensjahres, Ende der Ausbildung).
Beiträge	Die Höhe der Beitragszahlung berechnet sich bei pflichtversicherten Arbeitnehmerinnen und Arbeitnehmern aus dem beitragspflichtigen Arbeitsentgelt (bis zur Beitragsbemessungsgrenze) und dem Beitragssatz.
Beitragsbemessungsgrenze	Sie bildet die Grenze in der gesetzlichen Rentenversicherung, bis zu der Arbeitsentgelt bzw. Arbeitseinkommen versicherbar ist. Für diejenigen Teile des Arbeitsentgelts bzw. Arbeitseinkommens, die oberhalb der Beitragsbemessungsgrenze liegen, sind keine Beiträge zu zahlen. Ein Überschreiten ändert also nichts am Bestehen der Versicherungspflicht. Solange das Einkommensniveau in den alten und neuen Bundesländern differiert, gibt es auch unterschiedliche Beitragsbemessungsgrenzen: Im Jahr 2014 betragen sie monatlich 5.950 € (West) und 5.000 € (Ost).
Beitragsfreie Zeiten	Beitragsfreie Zeiten sind Ersatzzeiten, Anrechnungszeiten und Zurechnungszeiten. Sie können von Bedeutung sein für die Erfüllung der Anspruchsvoraussetzung für eine Rente und bei der Rentenberechnung.
Beitragsgeminderte Zeiten	Das sind Kalendermonate, die sowohl mit Beitragszeiten als auch mit beitragsfreien Zeiten belegt sind. Maßgebend hierfür ist die Überlegung, dass ein Zusammentreffen von Tatbeständen, die zur Anerkennung beitragsfreier Zeit führen (z. B. Arbeitslosigkeit, Schulausbildung), in aller Regel den Umfang der daneben noch möglichen Erwerbstätigkeit einschränkt und demzufolge nur eine „geminderte" Beitragszahlung zu erwarten ist. Für beitragsgeminderte Zeiten werden die Anwartschaften zunächst aus den gezahlten Beiträgen ermittelt. Zusätzlich ist zu prüfen, ob ein Zuschlag an Entgeltpunkten zu ermitteln ist, um sicherzustellen, dass diese insgesamt den Wert erhalten, den sie als beitragsfreie Zeiten erhalten würden. Für die Wartezeit zählen beitragsgeminderte Zeiten als Beitragszeiten.
Beitragssatz	Der Beitragssatz bestimmt als Prozentsatz die Höhe der Beiträge, die von der Beitragsbemessungsgrundlage (bei pflichtversicherten Arbeitnehmerinnen und Arbeitnehmern das Arbeitsentgelt bis zur Beitragsbemessungsgrenze) zur Rentenversicherung zu zahlen sind. Er beträgt (seit dem 01.01.2013) 18,9 Prozent. Nach geltendem Recht ist der Beitragssatz in jedem Jahr für das Folgejahr so festzusetzen, dass voraussichtlich am Ende dieses Folgejahres eine Nachhaltigkeitsrücklage in Höhe von mindestens 20 Prozent und höchstens 150 Prozent einer Monatsausgabe gewährleistet ist.
Beitragszeiten	Beitragszeiten sind Zeiten, für die Beiträge zur gesetzlichen Rentenversicherung gezahlt werden oder als gezahlt gelten. Hierzu zählen sowohl Pflichtbeiträge als auch freiwillige Beiträge. Beitragszeiten sind die wichtigsten rentenrechtlichen Zeiten. Der Wert einer Beitragszeit wird nach Entgeltpunkten ermittelt: Beitragszeiten sind nicht nur Zeiten, in denen Beiträge an die bundesdeutsche Rentenversicherung gezahlt wurden, sondern auch solche, in denen an die Sozialversicherung der früheren DDR oder an die frühere reichsdeutsche Rentenversicherung gezahlt wurde. Zu den Pflichtbeitragszeiten gehören auch Kindererziehungszeiten, Wehr- und Zivildienstzeiten, seit 1992 Zeiten mit Entgeltersatzleistungen (z. B. Kranken- oder Arbeitslosengeld) und seit 01.04.1995 Pflegezeiten.

Glossar

Bezugsgröße	Die Bezugsgröße ist ein zentraler Wert der gesamten Sozialversicherung. Hieraus werden andere Werte, die in den einzelnen Sozialversicherungszweigen bedeutsam sind, abgeleitet. Die Bezugsgröße wird aus dem Durchschnittsentgelt der gesetzlichen Rentenversicherung in den alten Bundesländern des vorvergangenen Jahres (für 2014 also aus 2012) ermittelt. Sie beträgt 2014 im Westen jährlich 33.180 €, monatlich 2.765 €. Die Bezugsgröße Ost wird in Anlehnung an das in den neuen Bundesländern noch niedrigere Einkommensniveau festgesetzt. Sie beträgt 2014 jährlich 28.140 €, monatlich 2.345 € (§ 18 SGB IV).
Bundeszuschuss	Die Ausgaben der gesetzlichen Rentenversicherung werden nicht nur durch Beiträge finanziert, sondern auch durch einen Bundeszuschuss (§§ 213 ff. SGB VI). Insbesondere kommt darin die Garantiestellung des Bundes für den Fortbestand der gesetzlichen Rentenversicherung auch unter veränderten demografischen Rahmenbedingungen zum Ausdruck. Gleichwertiger Grund ist, dass die Rentenversicherung wegen der für die Allgemeinheit erbrachten Leistungen finanziell entlastet wird. Die Höhe des allgemeinen Bundeszuschusses wird für jedes Kalenderjahr entsprechend der Veränderung der Bruttolöhne und -gehälter und des Beitragssatzes fortgeschrieben. Daneben zahlt der Bund einen zusätzlichen Bundeszuschuss an die allgemeine Rentenversicherung, mit dem die nicht durch Beiträge gedeckten (versicherungsfremden) Leistungen der Rentenversicherung pauschal abgegolten werden. Der zusätzliche Bundeszuschuss wird jährlich prozentual mit der Veränderungsrate des Steueraufkommens für einen Mehrwertsatzsteuerpunkt fortgeschrieben. Im Übrigen erfolgt eine pauschale Zahlung der Beiträge für Kindererziehungszeiten durch den Bund. Außerdem werden die Kosten für einigungsbedingte Leistungen ohne Anrechnung auf den zusätzlichen Bundeszuschuss erstattet. Darüber hinaus wird noch der Erhöhungsbetrag zum zusätzlichen Bundeszuschuss gezahlt, der mit der Veränderungsrate der Bruttolöhne und -gehälter fortgeschrieben wird. Ursprünglich war dieser Betrag an Einnahmen der Ökosteuer gekoppelt. Die Höhe des Bundeszuschusses belief sich im Jahr 2013 auf rund 65,5 Mrd. €
Eck- oder Standardrentner	Eine für statistische Vergleichszwecke erfundene Musterperson, die 45 Jahre lang durchschnittlich verdient und in die gesetzliche Rentenversicherung eingezahlt hat. Das Verhältnis der Rente dieser Vergleichsperson zum aktuellen Durchschnittseinkommen beziffert das Rentenniveau.
Entgeltpunkte	Entgeltpunkte sind ein Bestandteil der Rentenformel. Die Anwartschaften aus den individuellen rentenrechtlichen Zeiten werden durch Entgeltpunkte ermittelt. Bei den Beitragszeiten wird das jährlich erzielte Entgelt in Entgeltpunkte umgerechnet, indem es durch das Durchschnittsentgelt im gleichen Jahr geteilt wird. Wer in einem Kalenderjahr genauso viel Entgelt erzielt hat wie der Durchschnitt aller Versicherten (durchschnittliches Bruttoarbeitsentgelt 2013 = 34.071 € vorläufig), erhält hierfür einen Entgeltpunkt. Wer weniger verdient hat, erhält entsprechend einen Entgeltpunktwert von unter 1,0, bei überdurchschnittlichem Verdienst beträgt der Entgeltpunktwert entsprechend mehr als 1,0.
Ersatzzeiten	Ersatzzeiten sind Zeiten nach vollendetem 14. Lebensjahr, in denen der bzw. die Versicherte durch außergewöhnliche Umstände keine Beiträge zahlen konnte (§ 250 SGB VI). Zu den Ersatzzeiten zählen z. B. Kriegsdienst im 2. Weltkrieg, Kriegsgefangenschaft und Reichsarbeitsdienst, Internierung, Verschleppung und Festgehaltenwerden von Deutschen (insbesondere in der früheren UdSSR), Freiheitsentzug im Gebiet der ehemaligen DDR in der Zeit vom 08.05.1945 bis 30.06.1990, soweit der bzw. die Versicherte rehabilitiert oder das Strafurteil aufgehoben worden ist. Teilweise zählen auch an diese Zeiten anschließende Krankheits- und Arbeitslosigkeitszeiten als Ersatzzeiten. Ersatzzeiten sind auf Zeiten bis zum 31.12.1991 begrenzt. Sie zählen sowohl bei der Wartezeit als auch bei der Rentenberechnung mit.
Erwerbsminderungsrenten	Wenn die Erwerbsfähigkeit der bzw. des Versicherten eingeschränkt oder ganz weggefallen ist, ersetzt die Erwerbsminderungsrente entstehende Einkommenslücken. Es gibt zwei Leistungsarten: Rente wegen teilweiser und Rente weger voller Erwerbsminderung. Sie wird höchstens bis zum Erreichen der Regelaltersgrenze gezahlt (§ 43 SGB VI).
Erziehungsrente	Die Erziehungsrente ist eine Rente wegen Todes, die aus der eigenen Versicherung des Anspruchsberechtigten abgeleitet wird. Diese Leistung können Geschiedene nach dem Tod des regelmäßig unterhaltsverpflichteten früheren Ehegatten erhalten, wenn sie wegen der Erziehung eines oder mehrerer Kinder keine Berufstätigkeit ausüben können. Die Erziehungsrente wird längstens bis zum Ende der Erziehung des Kindes, die bis zum 18. Lebensjahr des Kindes reicht, gewährt (§ 47 SGB VI).

Freiwillige Versicherung	Personen, die nicht versicherungspflichtig sind, haben grundsätzlich das Recht, freiwillige Beiträge zur Rentenversicherung zu zahlen. Versicherungsfreie oder von der Versicherungspflicht befreite Personen können sich nur unter bestimmten Voraussetzungen freiwillig versichern. Freiwillig Versicherte tragen ihre Beiträge selbst (§ 171 SGB VI). Die Mindestbeitragsbemessungsgrundlage beträgt monatlich 450 € (§ 167 SGB VI).
Generationengerechtigkeit	Die gesetzliche Rentenversicherung bietet Schutz durch eine generationenübergreifende Solidargemeinschaft. Durch das Umlageverfahren sorgt die jeweils arbeitende Generation für die Renten ihrer Eltern- und Großelterngeneration. Generationengerechtigkeit ist ein entscheidender Aspekt bei der Ausgestaltung der gesetzlichen Rentenversicherung. Die Interessen der jüngeren und der älteren Generation müssen gleichermaßen berücksichtigt werden. Einerseits dürfen junge Menschen in ihrem Erwerbsleben nicht von zu hohen Beiträgen unzumutbar belastet werden, andererseits müssen ältere Menschen eine angemessene Rente erhalten.
Generationenvertrag	Zwischen der beitragszahlenden (jungen) und der rentenempfangenden (älteren) Generation gilt das Prinzip, dass die arbeitenden Versicherten durch ihre Beiträge die Renten von heute finanzieren. Dabei erwartet die beitragszahlende Generation, dass die nachfolgenden Generationen bereit sind, das Gleiche für sie zu tun. Dies wird Generationenvertrag genannt. Der Generationenvertrag ist kein schriftlich festgelegter Vertrag zwischen diesen Gruppen, sondern eine gesellschaftliche Übereinkunft.
Grundsicherung im Alter und bei Erwerbsminderung	Bedürftigkeitsabhängige Leistung für über 65/67-Jährige und für aus medizinischen Gründen dauerhaft voll Erwerbsgeminderte ab dem 18. Lebensjahr. Rechtsgrundlage ist seit dem 01.01.2005 das Zwölfte Buch Sozialgesetzbuch (Sozialhilfe). Gegenüber Kindern und Eltern mit einem Jahreseinkommen unter 100.000 € findet kein Unterhaltsrückgriff statt, wenn ihre Angehörigen die Grundsicherung im Alter und bei Erwerbsminderung in Anspruch nehmen. Dadurch soll die verschämte Altersarmut reduziert werden (§§ 41 ff. SGB XII).
Hinterbliebenenrente	Anspruch auf Hinterbliebenenrente besteht für überlebende Ehepartner (Witwen und Witwer) oder Lebenspartner einer eingetragenen Lebenspartnerschaft, die nicht wieder geheiratet bzw. keine eingetragene Lebenspartnerschaft begründet haben, nach dem Tod des versicherten Partners, wenn dieser die allgemeine Wartezeit erfüllt hat. Die allgemeine Wartezeit beträgt fünf Jahre. Daneben wird Hinterbliebenenrente als Waisenrente geleistet.
Invalidenrente	Umgangssprachlicher Begriff für Rente wegen Erwerbsminderung.
Krankenversicherung der Rentnerinnen und Rentner	Auch von Renten sind Beiträge zur Krankenversicherung zu zahlen. Die Beitragstragung erfolgt je zur Hälfte von den pflichtversicherten Rentnerinnen und Rentnern und dem zuständigen Rentenversicherungsträger. Der Beitragsanteil der Rentnerinnen und Rentner (seit 2011: 8,2 Prozent) wird vom Rentenversicherungsträger an die zuständige Krankenkasse abgeführt.
Lohnnebenkosten	Die Lohnnebenkosten (genauer: Personalzusatzkosten) geben die Differenz an zwischen den gesamten beim Arbeitgeber anfallenden Arbeitskosten und dem auf die tatsächlich geleistete Arbeit entfallenden Arbeitsentgelt. Zu unterscheiden ist zwischen tariflichen (z. B. Urlaubs- und Weihnachtsgeld) und gesetzlichen Lohnnebenkosten. Zu Letzteren zählen z. B. die Bezahlung während Feiertagen und vor allem auch die Arbeitgeberanteile am Sozialversicherungsbeitrag.
Nachhaltigkeitsfaktor	Der mit dem Rentenversicherungs-Nachhaltigkeitsgesetz eingeführte Nachhaltigkeitsfaktor fand erstmals zum 01.07.2005 Anwendung bei der Rentenanpassung. Durch den Nachhaltigkeitsfaktor wird die Entwicklung des zahlenmäßigen Verhältnisses von Leistungsbeziehern und versicherungspflichtig Beschäftigten bei der Anpassung der Renten berücksichtigt. Sinkt die Anzahl der Beitragszahlenden, fällt die Rentenanpassung tendenziell geringer aus. Ein Anstieg an Beitragszahlenden wirkt sich hingegen regelmäßig positiv auf die Rentenanpassung aus. Durch den Nachhaltigkeitsfaktor werden sowohl die Auswirkungen der verlängerten Lebenserwartung als auch die Entwicklung der Geburten und der Erwerbstätigkeit auf die Finanzierung der gesetzlichen Rentenversicherung zu einem Teil auf die Rentnerinnen und Rentner übertragen. Auf diese Weise tragen die Rentnerinnen und Rentner dazu bei, die Funktionsfähigkeit des Rentensystems zu erhalten (§ 68 Abs. 4 SGB VI).
Nachhaltigkeitsrücklage	Die Nachhaltigkeitsrücklage (ehemals Schwankungsreserve) ist eine finanzielle Reserve der Rentenversicherung zum Ausgleich unterjähriger Einnahme- und Ausgabeschwankungen. Der Beitragssatz ist jeweils so festzusetzen, dass die Rücklage am Jahresende das 0,2-fache einer Monatsausgabe nicht unterschreitet und das 1,5-fache einer Monatsausgabe nicht überschreitet (§ 158 Abs. 1 i. V. m. §§ 216 f. SGB VI).

Glossar

Niveausicherungsklausel	Mit der Niveausicherungsklausel (§ 154 Abs. 3 SGB VI) soll verhindert werden, dass das durchschnittliche Niveau der Renten im Verhältnis zu den Einkommen der Erwerbstätigen unter eine bestimmte Grenze fällt. Danach beträgt das als Nettorentenniveau vor Steuern definierte Mindestniveau 46 Prozent bis zum Jahr 2020 bzw. 43 Prozent bis zum Jahr 2030. Die Niveausicherungsklausel gewährleistet, dass die heutigen Beitragszahlerinnen und Beitragszahler wissen, welches Sicherungsniveau sie im Alter erwarten können und in welchem Umfang sie ergänzend vorsorgen müssen, um ihren Lebensstandard im Alter zu halten. Die Niveausicherungsklausel definiert im Übrigen nur die Untergrenze und nicht das angestrebte Sicherungsziel; das Sicherungsniveauziel beträgt 46 Prozent auch über 2020 hinaus.
Pflegeversicherung der Rentner	Die Soziale Pflegeversicherung (SGB XI) folgt den Grundsätzen der gesetzlichen Krankenversicherung. Somit sind in der gesetzlichen Krankenversicherung pflichtversicherte Rentnerinnen und Rentner auch in der Sozialen Pflegeversicherung pflichtversichert. Die Beiträge werden ab 01.04.2004 allein von den Rentnerinnen und Rentnern getragen.
Pflegezeiten	Seit 01.04.1995 werden für Pflegepersonen Beiträge zur Rentenversicherung entrichtet. Als Pflegeperson wird bezeichnet, wer nicht erwerbsmäßig einen Pflegebedürftigen wenigstens 14 Stunden pro Woche in seiner häuslichen Umgebung pflegt. Für die Zeit der Pflege werden bei der Rentenberechnung fiktive Verdienste zugrunde gelegt. Sie sind gestaffelt nach der Stufe der Pflegebedürftigkeit und nach dem Umfang der Pflegetätigkeit. Die daraus resultierenden Beiträge zur gesetzlichen Rentenversicherung werden von den Pflegeleistungsträgern (Pflegekassen und privaten Versicherungsunternehmen) aufgebracht (§ 170 Abs.1 Nr. 6 SGB VI). Bei der Betreuung eines pflegebedürftigen Kindes bis zu dessen 18. Lebensjahr erfolgt eine Höherbewertung der durch die Pflegekasse gezahlten Beiträge.
Private Rentenversicherung	Die private Rentenversicherung verbindet Kapitalanlage und Versicherung. Die Beiträge werden dabei in der Regel mit einer garantierten Mindestverzinsung angelegt. Hinzu können Überschussbeteiligungen kommen, die jedoch nicht garantiert sind. Die Abschlusskosten werden auf die ersten fünf Jahre der Laufzeit verteilt. Private Rentenversicherungen gehören zu den im Rahmen der **Riester**-Förderung förderfähigen Altersvorsorgeprodukten. Voraussetzung ist, dass sie die im Altersvorsorgeverträge-Zertifizierungsgesetz (AltZertG) vorgeschriebenen Förderkriterien erfüllen und durch die Bundesanstalt für Finanzdienstleistungsaufsicht (BaFin-Zertifizierungsstelle) zertifiziert sind.
Regelaltersgrenze	Die Regelaltersgrenze ist die Altersgrenze, ab der eine Regelaltersrente bezogen werden kann. Bisher wurde die Regelaltersgrenze mit 65 Jahren erreicht. Sie wird für die Jahrgänge 1947 und jünger ab 2012 schrittweise von 65 auf 67 Jahre angehoben (§ 235 Abs. 2 SGB VI).
Regelbeitrag	Pflichtversicherte Selbstständige können unabhängig von ihrem Arbeitseinkommen grundsätzlich einen Regelbeitrag zur gesetzlichen Rentenversicherung zahlen. Dieser Beitrag errechnet sich aus einem fiktiven Einkommen, das aus der Bezugsgröße berechnet wird. Im Jahr 2013 beträgt der Regelbeitrag monatlich 509,36 € (West) bzw. 429,98 € (Ost). Im Jahr des Beginns der selbstständigen Tätigkeit und in den drei folgenden Kalenderjahren müssen Selbstständige ebenfalls unabhängig vom tatsächlichen Einkommen nur den halben Regelbeitrag im Monat zahlen.
Rentenrechtliche Zeiten	Beitragszeiten, beitragsfreie Zeiten und Kinderberücksichtigungszeiten sind die rentenrechtlichen Zeiten. Sie bestimmen die Höhe der Rente. Außerdem ist eine bestimmte Anzahl rentenrechtlicher Zeiten Voraussetzung für die Zahlung der Rente (Wartezeit).
Riester-Rente	Seit 2002 fördert der Staat den Aufbau einer zusätzlichen (privaten) kapitalgedeckten Altersvorsorge in Form von Zulagen und Steuervorteilen. Dafür stellt der Staat seit 2008 rund 15 Mrd. € zur Verfügung. Wer ab 2008 einen Anlagebetrag (Eigenbeitrag plus staatliche Zulage) von insgesamt vier Prozent seines maßgeblichen Vorjahreseinkommens (max. 2.100 €) im Jahr zusätzlich anspart, erhält die maximale Zulage von 154 € im Jahr für jeden Förderberechtigten und 185 € (bzw. 300 € „Kinderzusage") im Jahr für jedes kindergeldberechtigte Kind. Außerdem kann der Anlagebetrag im Rahmen der Einkommensteuererklärung als zusätzliche Sonderausgaben steuermindernd geltend gemacht werden. Der Zulage enanspruch wird dann allerdings gegengerechnet.
Schutzklausel	Die Schutzklausel (§ 68a SGB VI) garantiert, dass allein ein sinkendes Lohnniveau nicht zu sinkenden Renten führt. Rentenkürzungen sollen gesetzlich ausgeschlossen sein. Die unterbliebenen Kürzungen werden mit späteren Rentenerhöhungen verrechnet.

Selbstständige	Grundsätzlich sind Selbstständige nicht versicherungspflichtig. Es gibt aber Ausnahmen: Ob bestimmte Selbstständige (z. B. Dozenten, Erzieher und selbstständige Pflegepersonen in der Kranken-, Säuglings- oder Kinderpflege) in der Rentenversicherung pflichtversichert sind, hängt u. a. davon ab, ob sie selbst versicherungspflichtige Arbeitnehmer beschäftigen oder nicht. Seit dem 01.01.1999 unterliegen auch Selbstständige, die auf Dauer und im Wesentlichen nur für einen Auftraggeber tätig sind und regelmäßig keine versicherungspflichtigen Arbeitnehmer beschäftigen, der Rentenversicherungspflicht. Damit ist ihnen oder ihren Hinterbliebenen Unterstützung bei Invalidität, im Alter oder im Todesfall garantiert. Alle übrigen Selbstständigen, die nicht per Gesetz pflichtversichert sind, können ihre Aufnahme in die gesetzliche Rentenversicherung beantragen. Existenzgründer mit einem Auftraggeber können sich in den ersten drei Jahren ihrer Tätigkeit von der Versicherungspflicht befreien lassen. Selbstständige Künstler und Publizisten sind nach dem Künstlersozialversicherungsgesetz pflichtversichert, wenn ihr Jahreseinkommen aus der selbstständigen Tätigkeit 3.900 € übersteigt. Die Beiträge werden von der Künstlersozialkasse in Wilhelmshaven berechnet und eingezogen.
Solidarität	Das solidarische Prinzip ist das Fundament der gesetzlichen Sozialversicherung: die Solidarität der Jungen mit den Alten, der Gesunden mit den Kranken, der Leistungsstarken mit den Leistungsschwachen.
Umlageverfahren	In der Rentenversicherung werden die Ausgaben eines Kalenderjahres durch die Einnahmen desselben Kalenderjahres gedeckt. Die bei den Rentenversicherungsträgern eingehenden Beiträge werden sogleich für die Finanzierung der Ausgaben verwendet (§ 153 SGB VI). Die Versicherungsträger haben lediglich eine finanzielle Rücklage, um mögliche Einnahmeschwankungen im Jahresverlauf ausgleichen zu können (Nachhaltigkeitsrücklage, § 216 SGB VI). Die gezahlten Beiträge dienen also nicht zur Ansammlung von Kapital zur Finanzierung zukünftiger Rentenansprüche.
Versicherungspflicht	Arbeiter, Angestellte, Auszubildende, behinderte Menschen in einer WfbM u. a. sind versicherungspflichtig (§ 1 SGB VI). Für Selbstständige gibt es besondere Regelungen. Nicht versicherungspflichtig, also versicherungsfrei, sind z. B. Beamte, Schüler und Bezieher von Altersvollrenten. Geringfügig Beschäftigte, die seit 2013 in der gesetzlichen Rentenversicherung versicherungspflichtig sind, haben die Möglichkeit, auf Antrag darauf zu verzichten.
Waisenrente	Waisenrente erhalten Kinder nach dem Tod eines unterhaltspflichtigen Elternteils (§ 48 SGB VI). Der Anspruch auf Waisenrente besteht grundsätzlich bis zur Vollendung des 18. Lebensjahres, in Ausnahmefällen darüber hinaus bis zur Vollendung des 27. Lebensjahres, wenn die Waise sich in Schul- oder Berufsausbildung befindet oder sich in einer Übergangszeit von höchstens vier Kalendermonaten zwischen zwei Abschnitten (zum Beispiel Ausbildung und einem freiwilligen Dienst) befindet oder ein freiwilliges soziales oder ökologisches Jahr leistet oder wegen Behinderung nicht imstande ist, sich selbst zu unterhalten. Wird die Schul- oder Berufsausbildung durch die Ableistung des gesetzlichen Wehr- oder Zivildienstes unterbrochen, verlängert sich der Anspruch auf Waisenrente dementsprechend auch über das 27. Lebensjahr hinaus.
Wartezeit	Leistungen aus der Rentenversicherung können nur beansprucht werden, wenn die bzw. der Versicherte mindestens eine Zeit lang der Versicherung angehört hat. Diese Mindestversicherungszeit ist die Wartezeit. Die allgemeine Wartezeit von fünf Jahren ist Voraussetzung für den Anspruch auf die Regelaltersrente, die Renten wegen Erwerbsminderung und die Renten wegen Todes. Für die anderen Renten ist die Wartezeit – je nach Rentenart – höher (§§ 50 ff. SGB VI).

Witwen- bzw. Witwerrente	Die gesetzliche Rentenversicherung leistet den Hinterbliebenen eines bzw. einer Versicherten Ersatz für den durch seinen bzw. ihren Tod entfallenden Unterhalt in Form der Witwen- und Witwerrente sowie der Waisenrente.
	Eine Witwen- bzw. Witwerrente beträgt 25 Prozent der Altersrente des bzw. der verstorbenen Versicherten (sog. kleine Witwen-/Witwerrente). Diese Leistung ist auf zwei Jahre befristet (§ 46 SGB VI).
	Die Rente erhöht sich bei Kindererziehung, bei Vollendung des 45. Lebensjahres oder bei Erwerbsminderung auf 55 Prozent (sog. große Witwen-/ Witwerrente). Witwen bzw. Witwer, die Kinder erzogen haben, erhalten darüber hinaus für das erste Kind einen Zuschlag in Höhe von zwei Entgeltpunkten. Für das zweite und jedes weitere Kind beträgt der Zuschlag jeweils einen Entgeltpunkt. Anspruch auf Witwen-/Witwerrente haben auch überlebende Lebenspartner einer eingetragenen Lebenspartnerschaft.
	Soweit der Ehe- oder Lebenspartner vor dem 01.01.2002 verstorben ist oder wenn zu diesem Zeitpunkt eine Ehe oder eingetragene Lebenspartnerschaft bereits bestand und ein Partner älter als 40 Jahre war, gilt das „alte" Hinterbliebenenrecht weiter. Für diesen Personenkreis wird aus Vertrauensschutzgründen eine kleine Witwen-/Witwerrente ohne zeitliche Begrenzung gezahlt. Die große Witwen-/Witwerrente beträgt 60 Prozent der Rente des verstorbenen Versicherten. In diesen Fällen wird der Zuschlag für Kindererziehung aber nicht gewährt.
Zeitrente	Renten wegen verminderter Erwerbsfähigkeit werden grundsätzlich nur auf Zeit gezahlt. Renten, auf die ein Anspruch unabhängig von der Arbeitsmarktlage besteht, werden unbefristet geleistet, wenn unwahrscheinlich ist, dass die Minderung der Erwerbsfähigkeit behoben werden kann.
Zurechnungszeit	Kommt es bei einer oder einem Versicherten bereits in jungen Jahren zur Erwerbsminderung oder zum Todesfall, wäre die Rente wegen der kurzen Beitragsleistung relativ gering. Um dies zu verhindern, gibt es die Zurechnungszeit. Durch die Zurechnungszeit wird bei der Rentenberechnung unterstellt, dass die Erwerbsminderung oder der Tod erst mit Vollendung des 60. Lebensjahres eingetreten ist. Die Zeit zwischen dem Eintritt des Versicherungsfalls und dem 60. Lebensjahr wird als sog. beitragsfreie Zeit hinzugerechnet. Ab dem 01.07.2014 wird die Zurechnungszeit um zwei Jahre von 60 auf 62 Jahre verlängert. Die Bewertung der Zurechnungszeit richtet sich individuell nach der Versicherungsbiografie vor Eintritt des Versicherungsfalles (§§ 59, 253a SGB VI).
Zusätzliche Altersvorsorge	Die zusätzliche Altersvorsorge soll die Leistungen der gesetzlichen Rente ergänzen. Sie umfasst die betriebliche Altersvorsorge und die private Vorsorge. Beide werden vom Staat mit Zulagen und/oder Steuervorteilen gefördert.

Unfallversicherung

Abfindungen	Unter bestimmten Voraussetzungen können Rentenansprüche mit einer einmaligen Zahlung abgefunden werden. Dies gilt zum Beispiel, wenn eine weniger schwere Schädigung vorliegt und mit einer Rentenzahlung von höchstens drei Jahren gerechnet wird. Die Unfallversicherungsträger können dann dem Versicherten eine Gesamtvergütung in Höhe des voraussichtlichen Rentenaufwandes zahlen (§§ 75-80 SGB VII).
Abstrakte Schadensbemessung	Im Unterschied zum privaten Schadensersatz setzen Versichertenrenten aus der gesetzlichen Unfallversicherung nicht voraus, dass der Verletzte einen konkret nachweisbaren wirtschaftlichen Schaden erlitten hat. Es wird nur ein möglicher Schaden ausgeglichen.
	Demzufolge wird nicht eine tatsächliche Erwerbsminderung ausgeglichen, sondern die geminderte Erwerbsfähigkeit. Diese Beeinträchtigung, deren Ausgleich die Versichertenrente aus der gesetzlichen Unfallversicherung bezweckt, wird daher nicht an den Berufen der Versicherten und ihren Einkommensverhältnissen nach dem Versicherungsfall bemessen, sondern nach dem Unterschied der für die Versicherten auf dem gesamten Gebiet des Erwerbslebens bestehenden Erwerbsmöglichkeiten vor und nach dem Versicherungsfall (§ 56 Abs. 2 SGB VII).

Unfallversicherung

„Alles aus einer Hand"	Das Risiko, bei der Arbeit durch einen Unfall verletzt zu werden, ist in den letzten 20 Jahren um mehr als die Hälfte zurückgegangen. Falls es trotzdem zu einem Arbeitsunfall, Wegeunfall oder einer Berufskrankheit kommt, ist der Betroffene durch ein differenziertes Betreuungssystem abgesichert. Die Aufgaben der gesetzlichen Unfallversicherung (SGB VII): • die Unfallverhütung (Prävention) • die Wiederherstellung von Gesundheit und Arbeitskraft (Rehabilitation) • die finanziellen Leistungen (z. B. Renten) liegen in einer Hand: bei den Berufsgenossenschaften, Unfallkassen und Gemeindeunfallversicherungsverbänden.
Arbeitgeber	Grundsätzlich gilt der gesetzliche Unfallversicherungsschutz nur für Arbeitnehmer. Aber auch die Absicherung des Arbeitgebers ist möglich, bleibt in der Regel aber freiwillig. Je nach Satzung des versichernden Unfallversicherungsträgers ist selbst der Arbeitgeber zwangsversichert.
Arbeitnehmer	Die Berufsgenossenschaften und Unfallversicherungsträger der öffentlichen Hand versichern Beschäftigte im gewerblichen und nicht gewerblichen Bereich, d. h. im öffentlichen Dienst. *Gewerblicher Bereich* Die gewerblichen Berufsgenossenschaften versichern Arbeitnehmerinnen und Arbeitnehmer ohne Rücksicht auf Alter, Geschlecht, Familienstand, Nationalität oder Einkommen. Es spielt auch keine Rolle, ob die Beschäftigung dauerhaft oder vorübergehend ist. Der Versicherungsschutz ist auch dann gewährleistet, wenn der Betrieb vom Unternehmer noch nicht bei der Berufsgenossenschaft angemeldet wurde oder wenn der Unternehmer keine Beiträge an die gesetzliche Unfallversicherung gezahlt hat. Auch folgende Personengruppen sind gesetzlich unfallversichert: • Personen, die zeitlich begrenzt im Ausland tätig sind, • Telearbeiter, • Personen in der Rehabilitation (zum Beispiel Krankenhausaufenthalt), • ehrenamtlich Tätige und bürgerschaftlich Engagierte. *Öffentlicher Dienst* Die Unfallkassen und Gemeindeunfallversicherungsverbände versichern Arbeitnehmerinnen und Arbeitnehmer des öffentlichen Dienstes (bei Bund, Ländern und Gemeinden einschließlich Besitz-/Beteiligungsgesellschaften, ohne Beamte).
Arbeitsbedingte Gesundheitsgefahren	Neben der Verhütung von Unfällen und Berufskrankheiten verpflichtet das Sozialgesetzbuch (§§ 14 ff. SGB VII) die Unfallversicherungsträger auch zur Prävention arbeitsbedingter Gesundheitsgefahren. Das Arbeitssicherheitsgesetz (ASiG) definiert arbeitsbedingte Erkrankungen als Erkrankungen im Zusammenhang mit der Arbeit, die WHO spricht von *work-related-diseases* und unterstellt damit eine ursächliche Verknüpfung von Arbeit und Krankheit. Der Gesetzgeber fordert eine enge Kooperation zwischen Unfallversicherungsträgern und Krankenkassen in der Prävention arbeitsbedingter Gesundheitsgefahren. So verpflichtet das SGB VII die Unfallversicherungsträger auch zur Durchführung von Maßnahmen der menschengerechten Gestaltung der Arbeit.
Arbeitsmedizin	Ziel der Arbeitsmedizin ist es, das körperliche, geistige und soziale Wohlbefinden der Arbeitnehmer in allen Berufen im größtmöglichen Ausmaß zu fördern und aufrechtzuerhalten, • zu verhindern, dass die Arbeitnehmer infolge ihrer Arbeitsbedingungen in irgendeiner Weise an ihrer Gesundheit Schaden nehmen, • die Arbeitnehmer bei ihrer Arbeit gegen die Gefahren zu schützen, die sich durch das Vorhandensein gesundheitsschädlicher Stoffe ergeben können, • den einzelnen Arbeitnehmer einer Beschäftigung zuzuführen, die seiner physiologischen und psychologischen Eignung entspricht, und ihm diese Beschäftigung zu erhalten.

Glossar

Arbeitsunfall	Versicherte sind bei ihrer Arbeit und auf Dienst-und Arbeitswegen gegen Unfälle und Berufskrankheiten versichert (§ 8 SGB VII). Die Entschädigung erfolgt dabei nach dem Schadensersatzprinzip. Das gilt auch für Tätigkeiten, die mit der Arbeit in Zusammenhang stehen, wie beispielsweise • bei der Verwahrung, Beförderung, Instandhaltung oder Erneuerung von Arbeitsgeräten, • auf einem mit der versicherten Tätigkeit zusammenhängenden unmittelbaren Weg nach und von dem Ort der Tätigkeit, • Teilnahme am Betriebssport, • Betriebsausflüge und -feiern. • Versicherungsschutz besteht auch • bei Familienheimfahrten, • wenn Versicherte den unmittelbaren Weg nach oder von der Arbeitsstätte verlassen, um ihr Kind wegen der beruflichen Abwesenheit der Eltern fremder Obhut anzuvertrauen, • auf Umwegen als Teilnehmer einer Fahrgemeinschaft nach oder von dem Ort der Tätigkeit. Ein Arbeitsunfall, der zum Tod oder zu einer Arbeitsunfähigkeit von mehr als drei Kalendertagen führt, muss dem zuständigen Unfallversicherungs-träger durch eine Unfallanzeige gemeldet werden (§ 193 SGB VII).
Durchgangsarzt	Zur Durchführung der Heilbehandlung sollen die Verletzten zunächst einen Durchgangsarzt (D-Arzt) aufsuchen. Dieser ist auf die Diagnose von Unfallverletzungen spezialisiert und entscheidet darüber, ob eine hausärztliche, fachärztliche oder besondere unfallmedizinische (ambulante bzw. stationäre) Behandlung notwendig ist. Wenn Art und Schwere des Gesundheitsschadens eine besondere medizinische Behandlung erfordern, ist die Freiheit der Arztwahl eingeschränkt. Die Durchgangsärzte werden von den Landesverbänden der Berufsgenossenschaften bestellt.
Gefahrtarif / Gefahrklassen	Die Gefahrklassen in den einzelnen Gewerbezweigen drücken den Grad der Unfallgefahr aus. Die Zusammenstellung der Gefahrklassen einer Berufsgenossenschaft erfolgt im Gefahrtarif. Die Gefahrklassen bestimmen neben dem Umlagesoll und der Lohnsumme die Höhe der Beiträge zur Unfallversicherung (§§ 157 f. SGB VII).
Hinterbliebenenleistungen	Renten an Hinterbliebene (Ehegatten, Kinder sowie seit 2005 auch eingetragene gleichgeschlechtliche Lebenspartner) sollen den Familienangehörigen von Versicherten Ersatz für den entfallenden Unterhalt schaffen. Darüber hinaus haben die Angehörigen Anspruch auf Sterbegeld und Erstattung der Kosten für die Überführung des Verstorbenen (§§ 63 ff. SGB VII).
Höhe der Rente	Bei vollständigem Verlust der Erwerbsfähigkeit (MdE 100 Prozent) wird die Vollrente gezahlt; sie beträgt zwei Drittel des vor dem Arbeitsunfall oder der Berufskrankheit erzielten Jahresarbeitsverdienstes. Bei teilweiser Minderung der Erwerbsfähigkeit entsprechend weniger – etwa bei 50 Prozent MdE ein Drittel des Jahresarbeitsverdienstes (Teilrente). Die Unfallversicherungsträger zahlen diese Rente, solange ihre Voraussetzungen unverändert fortbestehen, in vielen Fällen lebenslang, unabhängig von Berufstätigkeit oder Alter der Versicherten. Die Rente wird auch ins Ausland überwiesen, etwa wenn ausländische Arbeitnehmer in ihr Heimatland zurückgekehrt sind (§§ 56 ff. SGB VII).
Kausalitätsprinzip	Kausalität bedeutet Ursächlichkeit. Ob und in welchem Umfang Versicherungsschutz bei den Unfallversicherungsträgern besteht, hängt davon ab, inwiefern sich eingetretene Schäden auf den betrieblichen (versicherten) Bereich zurückführen lassen. Von zentraler Bedeutung ist etwa die Frage, ob die zu einem Unfall oder einer Berufskrankheit führende Tätigkeit in einem sachlichen Zusammenhang mit dem Beschäftigungsverhältnis stand. Wichtig ist auch, dass ein Gesundheitsschaden durch einen Arbeitsunfall verursacht wurde und nicht ein schon vorhandener Schaden während einer versicherten Tätigkeit akut wurde (§§ 2, 3, 6, 8, 9 SGB VII).

Kinder, Schüler und Studenten	In der Schüler-Unfallversicherung sind versichert: • Kinder während des Besuchs von Tageseinrichtungen, • Kinder während der Betreuung durch geeignete Tagespflegepersonen im Sinne von § 23 SGB VIII, • Schüler während des Besuchs von allgemein- oder berufsbildenden Schulen und bei Teilnahme an Betreuungsmaßnahmen vor und nach dem Unterricht, • Studierende während der Aus- und Fortbildung an Hochschulen und • Teilnehmer an vorbereitenden Maßnahmen für die Aufnahme in Kindertageseinrichtungen, Schulen und Hochschulen
Minderung der Erwerbsfähigkeit (MdE)	Die MdE richtet sich danach, wie sehr die infolge des Versicherungsfalls eingetretene Minderung des körperlichen und geistigen Leistungsvermögens eines Versicherten seine Arbeitsmöglichkeiten einschränkt. Ist die Erwerbsfähigkeit durch mehrere Versicherungsfälle gemindert, wird die MdE für jeden Versicherungsfall gesondert festgestellt, und dementsprechend werden mehrere Renten gezahlt. Der Grad der MdE wird in Prozent angegeben. Im Recht der Sozialen Entschädigung wurde der Begriff „Grad der Schädigungsfolgen (GdS)" an die Stelle des Begriffs MdE gesetzt. Für den Bereich der gesetzlichen Unfallversicherung soll diese Umstellung später erfolgen.
Minijobber - Unfallschutz	Neben der Meldepflicht bei der Deutschen Rentenversicherung Knappschaft-Bahn-See als einheitlicher Einzugsstelle besteht eine Beitragspflicht zur gesetzlichen Unfallversicherung. Sie kommt für die Folgen von Arbeitsunfällen oder Berufskrankheiten auf und wird nicht automatisch über die Minijob-Zentrale abgedeckt. Für den Bereich der gewerblichen Wirtschaft sind die Berufsgenossenschaften die Träger der gesetzlichen Unfallversicherung, für die Landwirtschaft sind es die landwirtschaftlichen Berufsgenossenschaften und für die Beschäftigten der öffentlichen Hand die Gemeindeunfallversicherungsverbände und Unfallkassen. Für gewerblich Beschäftige heißt das also, der Arbeitgeber muss auch die Entgelte der Minijobber gegenüber der zuständigen Berufsgenossenschaft im jährlichen Lohnnachweis aufführen.
Privathaushalte	Bei Minijobs in Privathaushalten wird der zuständige Unfallversicherungsträger von der DRV Knappschaft-Bahn-See automatisch informiert. Grundsätzlich ist hier die Zuständigkeit der Gemeindeunfallversicherungsverbände und Unfallkassen der öffentlichen Hand gegeben.
Prävention vor Entschädigung	Prävention hat das Ziel, Arbeitsunfälle, Berufskrankheiten und arbeitsbedingte Gesundheitsgefahren zu verhindern. Zeitgemäße Prävention folgt einem ganzheitlichen Ansatz, der sicherheitstechnische und arbeitsmedizinische Maßnahmen genauso einschließt wie Fragen der Ergonomie und der Arbeitsorganisation. Wenn Prävention erfolgreich ist, werden Arbeitsunfälle und Berufskrankheiten vermieden. Prävention ist nicht nur ein humanitäres Gebot, sie zahlt sich auch aus: • Die Unfallhäufigkeit konnte in den vergangenen 30 Jahren um 60 Prozent gesenkt werden. • Der durchschnittliche Beitragssatz für die gesetzliche Unfallversicherung ist beispielsweise für die Unternehmen der gewerblichen Wirtschaft (bezogen auf die Lohnsumme) seit 1960 von 1,51 Prozent auf 1,32 Prozent gesunken.
Reha vor Rente	Wenn es trotz aller Bemühungen um Arbeitssicherheit und Gesundheitsschutz zu einem Unfall oder zu einer Berufskrankheit kommt, lautet der Grundsatz der Berufsgenossenschaften: Rehabilitation vor Rente (§ 26 Abs. 3 SGB VII). Das bedeutet: Die medizinische Betreuung des Versicherten sowie seine berufliche und soziale Wiedereingliederung stehen im Vordergrund aller Bemühungen. Weil eine erfolgreiche Rehabilitation auch für den Versicherten die beste Lösung ist, werden alle geeigneten Mittel eingesetzt. Eine Rente wird daher grundsätzlich erst gezahlt, wenn alle sinnvollen und zumutbaren Rehabilitationsmöglichkeiten ausgeschöpft sind.

Wegeunfall	Wegeunfälle (§ 8 Abs. 2 SGB VII) sind Unfälle, die Beschäftigte auf dem Weg zur oder von der Arbeit erleiden. Versichert sind auch Umwege, die zum Beispiel nötig werden, • um Kinder während der Arbeitszeit unterzubringen, • bei Fahrgemeinschaften, • bei Umleitungen, • weil der Arbeitsplatz über einen längeren Weg schneller erreicht werden kann. Der Versicherungsschutz auf dem Weg zur Arbeit beginnt mit dem Durchschreiten der Außenhaustür.

Arbeitsförderung

Arbeitsbescheinigung	Bei Beendigung eines Beschäftigungsverhältnisses hat der Arbeitgeber alle Tatsachen zu bescheinigen, die für die Entscheidung über den Anspruch auf Arbeitslosengeld bei Arbeitslosigkeit, Arbeitslosengeld wegen beruflicher Weiterbildung oder Übergangsgeld erheblich sein können (Arbeitsbescheinigung); dabei hat er den von der Bundesagentur hierfür vorgesehenen Vordruck zu benutzen. In der Arbeitsbescheinigung (§ 312 SGB III) sind insbesondere • die Art der Tätigkeit der Arbeitnehmerinnen/der Arbeitnehmer, • Beginn, Ende, Unterbrechungen und Grund für die Beendigung des Beschäftigungsverhältnisses und • das Arbeitsentgelt und die sonstigen Geldleistungen, die die Arbeitnehmerin/der Arbeitnehmer erhalten oder zu beanspruchen hat, anzugeben. Die Arbeitsbescheinigung ist der Arbeitnehmerin oder dem Arbeitnehmer vom Arbeitgeber bei Beendigung des Beschäftigungsverhältnisses auszuhändigen.
Arbeitslosigkeit	**1. Arbeitslos, § 16 SGB III** Arbeitslos im Sinne der Allgemeinen Vorschriften des Dritten Buches Sozialgesetzbuch ist, wer • vorübergehend nicht in einem Beschäftigungsverhältnis steht, • eine versicherungspflichtige Beschäftigung sucht und dabei insbesondere den Vermittlungsbemühungen der Agentur für Arbeit (für jede zumutbare Beschäftigung) zur Verfügung steht und • sich bei der Agentur für Arbeit arbeitslos gemeldet hat. (Die Teilnehmenden an Maßnahmen der aktiven Arbeitsmarktpolitik gelten nicht als arbeitslos.) **2. Drohende Arbeitslosigkeit, § 17 SGB III** Von Arbeitslosigkeit bedroht sind Personen, die • versicherungspflichtig beschäftigt sind, • alsbald mit der Beendigung der Beschäftigung rechnen müssen und • voraussichtlich nach Beendigung der Beschäftigung arbeitslos werden. **3. Langzeitarbeitslos, § 18 SGB III** Langzeitarbeitslos ist, wer ein Jahr und länger arbeitslos ist. Für Leistungen der aktiven Arbeitsförderung, die Langzeitarbeitslosigkeit voraussetzen, bleiben innerhalb eines Zeitraumes von fünf Jahren u. a. die Zeiten einer aktiven Arbeitsförderung, Krankheit, Mutterschutz, Betreuung und Erziehung aufsichtsbedürftiger Kinder oder der Betreuung pflegebedürftiger Angehöriger sowie eine bis zu sechsmonatige Selbstständigkeit unberücksichtigt (Unterbrechungszeiten).

Arbeitsmarktberatung für Arbeitgeber	Die Agentur für Arbeit hat Arbeitgebern eine Arbeitsmarktberatung anzubieten (§§ 29, 34 SGB III). Die Arbeitsmarktberatung soll dazu beitragen, die Arbeitgeber bei der Besetzung von Ausbildungs- und Arbeitsstellen zu unterstützen. Sie umfasst die Erteilung von Auskunft und Rat • zur Lage und Entwicklung des Arbeitsmarktes und der Berufe, • zur Besetzung von Ausbildungs- und Arbeitsplätzen, • zur Gestaltung von Arbeitsplätzen, Arbeitsbedingungen und der Arbeitszeit, • zur betrieblichen Aus- und Weiterbildung, • zur Eingliederung förderungsbedürftiger Auszubildender und ArbeitnehmerInnen und • zu Leistungen der Arbeitsförderung. Die Arbeitsmarktberatung soll auch für die Gewinnung von Ausbildungs- und Arbeitsplätzen für die Vermittlung genutzt werden. Die Agentur für Arbeit soll auch von sich aus Verbindung zu den Arbeitgebern aufnehmen und unterhalten, z. B. wenn erkennbar wird, dass ein gemeldeter Ausbildungs- oder Arbeitsplatz nicht in angemessener Zeit (nach drei Monaten) besetzt werden kann (§ 39 Abs. 2 SGB III).
Arbeitsunfähigkeit	Wer Arbeitslosengeld, Berufsausbildungsbeihilfe oder Übergangsgeld beantragt hat oder bezieht, ist verpflichtet, der Agentur für Arbeit • eine eingetretene Arbeitsunfähigkeit und deren voraussichtliche Dauer unverzüglich anzuzeigen und • spätestens vor Ablauf des dritten Kalendertages nach Eintritt der Arbeitsunfähigkeit eine ärztliche Bescheinigung über die Arbeitsunfähigkeit und deren voraussichtliche Dauer vorzulegen. Die Agentur für Arbeit ist berechtigt, die Vorlage der ärztlichen Bescheinigung früher zu verlangen (Anzeige- und Bescheinigungspflicht, § 311 SGB III). Dauert die Arbeitsunfähigkeit länger als in der Bescheinigung angegeben, so ist eine neue ärztliche Bescheinigung vorzulegen. Die Bescheinigungen müssen einen Vermerk des behandelnden Arztes darüber enthalten, dass dem Träger der Krankenversicherung unverzüglich eine Bescheinigung über die Arbeitsunfähigkeit mit Angaben über den Befund und die voraussichtliche Dauer der Arbeitsunfähigkeit übersandt wird. Für Ausbildung- und Arbeitsuchende gelten diese Regelungen entsprechend (§ 38 Abs. 2 Satz 3 SGB III).
Berufsrückkehrende	Berufsrückkehrende (§§ 8 Abs. 2, 20 SGB III) sind Frauen und Männer, die • ihre Erwerbstätigkeit oder Arbeitslosigkeit oder eine betriebliche Berufsausbildung wegen der Betreuung und Erziehung von aufsichtsbedürftigen Kindern oder der Betreuung pflegebedürftiger Angehöriger unterbrochen haben und • in angemessener Zeit danach in einen Beruf zurückkehren wollen. Sie sollen die zu ihrer Rückkehr in die Erwerbstätigkeit notwendigen Leistungen der aktiven Arbeitsförderung erhalten, sofern die sonstigen Fördervoraussetzungen vorliegen. Hierzu gehören insbesondere Beratung und Vermittlung sowie die Förderung der beruflichen Weiterbildung durch Übernahme der Weiterbildungskosten.

Eingliederungsvereinbarung	Zur Vermeidung von Langzeitarbeitslosigkeit hat die Agentur für Arbeit spätestens nach der Ausbildung- oder Arbeitsuchendmeldung zusammen mit der/dem Arbeitslosen eine individuelle Chanceneinschätzung durchzuführen (§ 37 SGB III). Inhalt dieses „Profilings" ist die Feststellung von beruflichen und persönlichen Merkmalen wie Qualifikation, Kenntnissen, Berufserfahrung, Aktualität der Qualifikation und der Weiterbildungsfähigkeit und -bereitschaft sowie von Persönlichkeitsmerkmalen. Die Feststellung der Stärken und Schwächen der/des Arbeitslosen **(Potenzialanalyse)** hat sich auch darauf zu erstrecken, ob eine berufliche Eingliederung erschwert ist und welche Umstände sie erschweren, wobei die Gegebenheiten des Arbeitsmarktes, auf den sich die Vermittlungsbemühungen erstrecken, ggf. auch des überregionalen Arbeitsmarktes, mit einzubeziehen sind.
	Das Ergebnis dieser Feststellungen ist dann in einer Eingliederungsvereinbarung festzuhalten, die die individuelle berufliche und die Arbeitsmarkt-Situation sowie die hierauf zugeschnittenen Schritte zur Wiedereingliederung in den Arbeitsmarkt und damit auch die Angebote der Agentur für Arbeit enthält. Ebenso sind dort auch die vom Arbeitslosen selbst geforderten Aktivitäten für einen bestimmten Zeitraum festgeschrieben.
	Der/dem Arbeit- oder Ausbildungsuchenden wird eine Ausfertigung der Eingliederungsvereinbarung ausgehändigt. Die Eingliederungsvereinbarung ist sich ändernden Verhältnissen anzupassen und fortzuschreiben, wenn in dem Zeitraum, für den sie zunächst galt, die Arbeitslosigkeit oder Ausbildungsplatzsuche nicht beendet wurde. Sie ist spätestens nach sechsmonatiger Arbeitslosigkeit zu überprüfen, bei arbeitslosen oder ausbildungssuchenden Jugendlichen nach drei Monaten.
Entgeltersatzleistung	Folgende Entgeltersatzleistungen (§ 3 Abs. 4 SGB III) können von der Agentur für Arbeit gewährt werden:
	• Arbeitslosengeld bei Arbeitslosigkeit und bei beruflicher Weiterbildung,
	• Teilarbeitslosengeld bei Teilarbeitslosigkeit,
	• Übergangsgeld für behinderte Menschen bei Teilnahme an Maßnahmen zur Teilhabe am Arbeitsleben,
	• Kurzarbeitergeld für ArbeitnehmerInnen, die infolge eines erheblichen Arbeitsausfalles einen Entgeltausfall haben,
	• Insolvenzgeld für ArbeitnehmerInnen, die wegen Zahlungsunfähigkeit des Arbeitgebers kein Arbeitsentgelt erhalten.
Familie und Beruf	Die Leistungen der aktiven Arbeitsförderung sollen zeitlich, inhaltlich und organisatorisch so ausgestaltet sein, dass sie Frauen und Männern die Vereinbarkeit von Familie und Beruf ermöglichen (§§ 8 Abs. 1, 68, 83, 139 Abs. 4 SGB III). So sollen z. B. Maßnahmen in Teilzeitform angeboten werden.
	Bei der Teilnahme an Maßnahmen zur Aktivierung und beruflichen Eingliederung sowie an Maßnahmen der beruflichen Aus- und Weiterbildung können Kosten für die Betreuung aufsichtsbedürftiger Kinder in Höhe von 130 €/Monat je Kind erstattet werden (§§ 45, 68, 87 SGB III).

Gründungszuschuss	Die Anforderungen für den Gründungszuschuss wurden ab 2012 verschäft (§§ 93, 94 SGB III), um Mitnahmeeffekte auszuschließen. Anspruch auf den Gründungszuschuss haben ArbeitnehmerInnen, die mit der Aufnahme einer selbstständigen Tätigkeit ihre Arbeitslosigkeit beenden. Der Gründungszuschuss wird zur Sicherung des Lebensunterhaltes und der sozialen Sicherung in der ersten Zeit nach der Gründung gewährt. **Förderungsvoraussetzungen** Der Gründungszuschuss kann geleistet werden (Ermessensleistung), wenn der/die ArbeitnehmerIn • bis zur Aufnahme der selbstständigen Tätigkeit noch über einen Anspruch auf Arbeitslosengeld von mindestens 150 Tagen verfügt, • der Agentur für Arbeit die Tragfähigkeit der Existenzgründung nachweist und • seine Kenntnisse und Fähigkeiten zur Ausübung der selbstständigen Tätigkeit darlegt. Zum Nachweis der Tragfähigkeit einer Gündungsidee ist der Agentur für Arbeit die Stellungnahme einer fachkundigen Stelle vorzulegen. Fachkundige Stellen sind insbesondere die Industrie- und Handelskammern, Handwerkskammern, berufsständische Kammern, Fachverbände und Kreditinstitute. **Höhe und Dauer der Förderung** Die Förderung mit dem Gründungszuschuss erfolgt nach einem Zweiphasen-Modell. In der ersten Phase nach der Gründung erhalten die GründerInnen für sechs Monate zur Sicherung des Lebensunterhaltes einen Zuschuss in Höhe ihres individuellen Arbeitslosengeldes. Zur sozialen Absicherung wird in dieser Zeit zusätzlich eine Pauschale von monatlich 300 € gezahlt, die eine freiwillige Absicherung in den gesetzlichen Sozialversicherungen ermöglicht. In einer zweiten Förderphase kann für weitere neun Monate die Pauschale weitergezahlt werden, wenn die geförderte Person eine intensive Geschäftstätigkeit anhand geeigneter Unterlagen darlegt. Bei begründeten Zweifeln kann die Agentur für Arbeit die erneute Vorlage einer Stellungnahme einer fachkundigen Stelle verlangen. Insgesamt kann die Förderung bis zu 15 Monate betragen. Der Antrag auf den Gründungszuschuss muss vor der Aufnahme der selbstständigen Tätigkeit gestellt werden.
Nebeneinkommen	**Anrechnung von Nebeneinkommen, § 155 SGB III** Übt die/der Arbeitslose während der Zeit, für die ihr/ihm Arbeitslosengeld zusteht, eine weniger als 15 Wochenstunden umfassende Nebentätigkeit aus, wird das daraus erzielte Nebeneinkommen nach Abzug der Steuern, Sozialversicherungsbeiträge und Werbungskosten sowie eines Freibetrages in Höhe von 165 € auf das Arbeitslosengeld angerechnet. **Nebeneinkommesbescheinigung, § 313 SGB III** Wer jemanden, der Berufsausbildungsbeihilfe, Ausbildungsgeld, Arbeitslosengeld bei Arbeitslosigkeit, Arbeitslosengeld bei beruflicher Weiterbildung, Übergangsgeld oder Kurzarbeitergeld beantragt hat oder bezieht, gegen Arbeitsentgelt beschäftigt oder gegen Vergütung eine selbstständige Tätigkeit überträgt, ist verpflichtet, diesem unverzüglich Art und Dauer der Beschäftigung oder der selbstständigen Tätigkeit sowie die Höhe des Arbeitsentgelts oder der Vergütung für die Zeiten zu bescheinigen, für die diese Leistung beantragt worden ist oder bezogen wird. Er hat dabei den von der Bundesagentur für Arbeit vorgesehenen Vordruck zu benutzen. **Einsicht in Geschäftsbücher, § 319 SGB III** In den gleichen Fällen muss auf Verlangen der Agentur für Arbeit Einsicht in die Lohn- und Meldeunterlagen, Geschäftsbücher, Geschäftsunterlagen und Belege gewährt werden, soweit dies zur Durchführung gesetzlich vorgeschriebener Aufgaben erforderlich ist. Dies gilt auch, wenn die/der Beschäftigte/Beauftragte eine der o. g. Geldleistungen in der Vergangenheit bezogen hat. Die Mitwirkungs- und Duldungspflichten des Arbeitgebers erstrecken sich auch auf die in automatisierten Dateien gespeicherten Daten.

Sozialversicherung der Leistungsbezieher	Bezieherinnen und Bezieher von Arbeitslosengeld bei Arbeitslosigkeit und von Arbeitslosengeld bei beruflicher Weiterbildung sind in der gesetzlichen Kranken-, Pflege- und Rentenversicherung pflichtversichert. Die Agentur für Arbeit trägt die Versicherungsbeiträge.
	Die Sozialversicherungspflicht der LeistungsbezieherInnen wird in den besonderen Teilen des Sozialgesetzbuches geregelt (Krankenversicherung SGB V, Rentenversicherung SGB VI und Pflegeversicherung SGB XI).
	Für LeistungsbezieherInnen, die von der Versicherungspflicht in der gesetzlichen Rentenversicherung befreit sind, übernimmt die Agentur für Arbeit bei Vorliegen der Voraussetzungen die vom Leistungsbeziehenden an eine öffentlich-rechtliche Versicherungs- oder Versorgungseinrichtung (oder ein Versicherungsunternehmen) oder freiwillig an die gesetzliche Rentenversicherung zu zahlenden Beiträge bis zur Höhe der Beiträge, die er/sie bei Versicherungspflicht zu tragen hätte (§ 173 Abs. 2 SGB III).
	Für LeistungsbezieherInnen, die von der Versicherungspflicht in der gesetzlichen Kranken- oder Pflegeversicherung befreit sind, übernimmt die Agentur für Arbeit bei Vorliegen der Voraussetzungen die vom Leistungsbeziehenden zu zahlenden Beiträge für eine Versicherung gegen Krankheit oder Pflegebedürftigkeit bis zur Höhe der Beiträge, die er/sie bei Versicherungspflicht zu tragen hätte (§ 174 Abs. 2 SGB III).
Teilarbeitslosengeld	Anspruch auf Teilarbeitslosengeld (§ 162 SGB III) haben Arbeitnehmerinnen und Arbeitnehmer, die
	• teilarbeitslos sind, weil sie eine von mehreren nebeneinander ausgeübten versicherungspflichtigen Beschäftigungen verloren haben und eine neue versicherungspflichtige Beschäftigung suchen,
	• sich bei der Agentur für Arbeit teilarbeitslos gemeldet und die besondere Anwartschaftszeit für Teilarbeitslosengeld erfüllt haben, d.h. innerhalb der letzten zwei Jahre neben der weiterhin ausgeübten Beschäftigung mindestens zwölf Monate die verlorene Beschäftigung ausgeübt haben.
	Für das Teilarbeitslosengeld und für die BezieherInnen dieser Leistung gelten die Vorschriften über das Arbeitslosengeld entsprechend (soweit sich aus den Besonderheiten dieser Leistung nichts anderes ergibt). Der Anspruch auf Teilarbeitslosengeld beträgt längstens sechs Monate.

Arbeitsförderung

Versicherungspflicht	Versicherungspflichtig (§ 25 SGB III)) sind grundsätzlich alle Personen, die gegen Arbeitsentgelt oder zu ihrer Berufsausbildung beschäftigt sind.
	Geringfügige Beschäftigung (§§ 8, 8a SGB IV)
	Geringfügig entlohnte Dauerbeschäftigung:
	Für eine geringfügig entlohnte Dauerbeschäftigung, deren Arbeitsentgelt regelmäßig 450 € im Monat nicht übersteigen darf, fallen Beiträge zur Bundesagentur für Arbeit grundsätzlich nicht an (vgl. § 27 Abs. 2 SGB III). Erst im Falle einer Überschreitung der Entgeltgrenze tritt Versicherungspflicht im Bereich der Arbeitslosenversicherung ein.
	Für die Prüfung, ob Versicherungspflicht zur Bundesagentur für Arbeit besteht, müssen mehrere gleichzeitig ausgeübte geringfügige Beschäftigungen zusammengerechnet werden. Damit werden mehr Teilzeitbeschäftigte als bisher in den Schutz der Arbeitslosenversicherung einbezogen. Eine Sonderregelung gilt für Personen, die eine mehr als geringfügige, aber weniger als 15 Stunden wöchentlich umfassende Beschäftigung ausüben, während der Zeit, in der ein Anspruch auf Arbeitslosengeld besteht: Um zu vermeiden, dass während des Leistungsbezuges eine neue Anwartschaftszeit aufgebaut werden kann, besteht in dieser Zeit Versicherungsfreiheit (§ 27 Abs. 5 SGB III).
	Das Zusammenrechnungsgebot findet ebenfalls keine Anwendung bei gleichzeitiger Ausübung eines bzw. mehrerer geringfügiger Beschäftigungsverhältnisse neben einer versicherungspflichtigen Hauptbeschäftigung.
	Kurzfristige Beschäftigung:
	Auch kurzfristige Beschäftigungen, die innerhalb eines Kalenderjahres auf nicht mehr als zwei Monate oder insgesamt 50 Arbeitstage begrenzt sind, sind in der Arbeitslosenversicherung versicherungsfrei.
	Dies gilt allerdings nur so lange, wie die Zeitgrenze nicht überschritten wird. Für diese Prüfung sind die Zeiten mehrerer aufeinander folgender kurzfristiger Beschäftigungen zusammenzurechnen. Werden infolge der Zusammenrechnung die maßgeblichen Zeitgrenzen überschritten, liegt eine regelmäßig ausgeübte Beschäftigung vor, die der Versicherungspflicht in der Arbeitslosenversicherung unterliegt, es sei denn, die Merkmale einer geringfügig entlohnten Beschäftigung liegen vor.
	Sonstige Versicherungspflichtige (§ 26 SGB III)
	Versicherungspflichtig sind auch andere Personengruppen, wie z. B. Bezieher von Mutterschaftsgeld, Krankengeld, Versorgungskrankengeld, Verletztengeld, Krankentagegeld, einer Rente wegen voller Erwerbsminderung und von Übergangsgeld eines Trägers der medizinischen Rehabilitation.
	Versicherungspflichtverhältnis auf Antrag (§ 28a SGB III)
	Ein Versicherungspflichtverhältnis auf Antrag können begründen
	• Personen, die einen Angehörigen pflegen,
	• Personen, die eine selbstständige Tätigkeit aufnehmen (mindestens 15 Stunden wöchentlich) und
	• ArbeitnehmerInnen, die vorübergehend im Ausland (außerhalb der EU oder assoziierten Staaten) beschäftigt sind,
	und deshalb – ohne gesetzliche Regelung – ihre bereits erworbene soziale Sicherung in der Arbeitslosenversicherung verlieren würden.
	Die Möglichkeit besteht nur für Personen, die innerhalb der letzten 24 Monate mindestens zwölf Monate versicherungspflichtig zur Bundesagentur für Arbeit waren (und damit einen Anspruch auf Arbeitslosengeld geltend machen könnten, wenn Arbeitslosigkeit einträte) oder eine Entgeltersatzleistung der Arbeitsförderung bezogen haben. Weiter wird vorausgesetzt, dass eine anderweitige Versicherungspflicht oder Versicherungsfreiheit – außer wegen geringfügiger Beschäftigung – zur Bundesagentur für Arbeit nicht besteht.
	Der Antrag auf freiwillige Weiterversicherung muss spätestens innerhalb von einem Monat nach Aufnahme der Tätigkeit/Beschäftigung gestellt werden.

Weiterbildung	**Förderung der berufliche Weiterbildung (§§ 81 – 87, 131a, 144 SGB III)**
	Unter den Voraussetzungen der §§ 81 ff. SGB III können beschäftigte ArbeitnehmerInnen und von Arbeitslosigkeit bedrohte ArbeitnehmerInnen durch Übernahme der Weiterbildungskosten gefördert werden. Dazu zählen:
	• Lehrgangskosten (Gebühren, Lernmittel usw.)
	• Fahrkosten
	• Kosten für auswärtige Unterbringung und Verpflegung
	• Kinderbetreuungskosten (130 € monatlich je Kind)
	Arbeitgeber können für die berufliche Weiterbildung von ArbeitnehmerInnen, bei denen die Notwendigkeit einer Weiterbildung wegen eines fehlenden Berufsabschlusses anerkannt ist, durch Zuschüsse zum Arbeitsentgelt gefördert werden, soweit die Weiterbildung im Rahmen eines bestehenden Arbeitsverhältnisses durchgeführt wird (81 Abs. 5 SGB III).
	Die Weiterbildungsmaßnahmen sowie der Träger müssen für die Förderung zugelassen sein.
	Förderung älterer Arbeitnehmer, § 82 SGB III
	Arbeitnehmerinnen und Arbeitnehmer können bei Teilnahme an einer für die Weiterbildungsförderung anerkannten Maßnahme durch Übernahme der Weiterbildungskosten gefördert werden, wenn
	sie bei Beginn der Teilnahme das 45. Lebensjahr vollendet haben,
	sie im Rahmen eines bestehenden Arbeitsverhältnisses für die Zeit der Teilnahme an der Maßnahme weiterhin Anspruch auf Arbeitsentgelt haben,
	der Betrieb, dem sie angehören, weniger als 250 Beschäftigte hat.
	• die Maßnahme außerhalb des Betriebes, dem sie angehören, durchgeführt wird und Kenntnisse und Fertigkeiten vermittelt werden, die über ausschließlich arbeitsplatzbezogene kurzfristige Anpassungsfortbildungen hinausgehen,
	• die Träger und die Maßnahme für die Förderung nach den §§ 176 ff. SGB III zugelassen sind.
	Förderungsberechtigte Personen erhalten einen **Bildungsgutschein** (§ 81 Abs. 4 SGB III). Dieser wird für ein bestimmtes Bildungsziel und einen bestimmten räumlichen Geltungsbereich ausgestellt. Die Weiterbildungsinteressierten können frei unter den zugelassenen Bildungsträgern und –maßnahmen wählen.
	Förderung des laufenden Lebensunterhalts (§§ 139 Abs. 3, 144 SGB
	III) Während der Teilnahme an einer von der Agentur für Arbeit geförderten Maßnahme der beruflichen Weiterbildung kann Arbeitslosengeld gezahlt werden.

Sachwortverzeichnis

A

Abfindung	322
Akteneinsicht	190
Aktivierung und beruflichen Eingliederung	144, 154
aktueller Rentenwert	103, 112
Altersarmut	55, 223, 230 (Fn.)
Altersvorsorge, betriebliche	116
Altersvorsorge, private	118
Amtshilfe	189
Anfechtungsklage	295 f.
Anfrageverfahren	43
Anwartschaftszeit	139, 148, 316
Arbeit, zumutbare	148 f., 215 f., 236
Arbeitgeberzuschuss	272 f.
Arbeitsbeschaffungsmaßnahme	147
Arbeitsbescheinigung	326
Arbeitserprobung	176
Arbeitsförderung	137 ff.
Arbeitslosengeld	147
Arbeitslosengeld II	209
Arbeitslosigkeit	148, 161, 326
Arbeitsmarktberatung	143
Arbeitspflicht	236
Arbeitsplatzgestaltung, behindertengerechte	160
Arbeitsschutz	129 ff.
Arbeitssuche, frühzeitige	35, 155
Arbeitsunfall	123 f.
Arbeitsunfähigkeit	69, 151, 327
Armutsgefährdung	226
Arzneimittel	68
Asylbewerber	243 f.
Aufrechnung	32
ausbildungsbegleitende Hilfen	155, 160
Ausbildungsförderung	287 ff.
Ausgleichsabgabe	181
Ausländer	222, 283

B

Barrierefreiheit	172
Bedarfsgemeinschaft	209, 218, 228
behinderte Kinder	174, 275
Behinderung, Definition	170

Beitrag...26, 49, 92, 115, 157

Beitragsbemessungsgrenze 50, 76, 317

Beitragssatz...49

Beitragssatz, allgemeiner 76, 79

Beitragssatz, ermäßigter...76

Belastungserprobung...68, 176

Benachteiligtenförderung..142

Benachteiligungsverbot..31, 171

Berufsausbildung 144

Berufsausbildungsbeihilfe...144

Berufsberatung..143, 158

Berufsbildungswerk...177

Berufsförderungswerk.. 178

Berufsgenossenschaft...128, 133

Berufskrankheit...125

Berufung..297

Beschäftigungsortprinzip..31, 39

Beschäftigungsverbot.. 268 f.

Beschäftigungsverhältnis .... 41 ff.

Bestandskraft (Verwaltungsakt)..191

Betreuungsgeld 252, 279

betriebliche Gesundheitsförderung 66

Betriebsarzt 130

Betriebssport 126

Bildungsgutschein...145

Bildungs- und Teilhabeleistungen (Bildungspaket)........................210, 211, 228

Budget, persönliches..146, 177, 231

Bundesagentur für Arbeit..47, 157, 186

Bundesmittel 76, 115, 158, 217, 318

Bundessozialhilfegesetz..221

Bundesversicherungsamt 76, 273

C
Chancengleichheit..22

D
Datenmissbrauch..199

Datenschutz..78, 168, 194 f., 198 f.

Datenübermittlung .... 196 ff.

Demenzkranke 93, 94

demografische Veränderungen 119

Deutsche Rentenversicherung...43, 47, 115

Direktversicherung...117

Direktzusage 116
Disease-Management-Programm (DMP) 59, 309
Durchgangsarzt 126, 324

E

Ein-Euro-Job 208
Eingliederungshilfe für Menschen mit Behinderung 145, 231
Eingliederungsvereinbarung ....143 f., 155, 328
Eingliederungszuschuss 146
Einkommensgrenze...235
elektronische Gesundheitskarte .... 77 f.
Elterngeld...276 ff.
Elternzeit 267, 278
Entgeltersatzleistung .... 147 ff.
Entgeltpunkte, persönliche... 111
Entgeltumwandlung..117
Erfüllung 32
Ermessen...32
Ersatzzeiten...318
Erwerb eines Hauptschulabschlusses...155
Erwerbsminderung, teilweise..109
Erwerbsminderung, volle 109
Existenzminimum 22
Experimentiertopf 155

F

Fahrgemeinschaft..125
Fahrtkosten...73
Fallmanager... 93, 218
Fallpauschalen...310
familiengerichtliche Maßnahmen 259
Familienpflegezeitgesetz...96
Familienplanung 66
Familienversicherung... 62, 311
Feststellungsklage...296
Freibetrag bei Erwerbstätigkeit.. 211 f.
freie Arztwahl...59
Freie Träger..255
Früherkennung...67

335

G

Gefahrklasse	129
Gemeinsamer Bundesausschuss (G-BA)	67, 311
Gemeinsame Servicestellen	186
Generationengerechtigkeit	22, 319
Generationenvertrag	105, 319
geringfügige Beschäftigung	39, 50 ff., 33 f.
Gesamtsozialversicherungsbeitrag	39, 49, 115
Geschäftsführer	46
Gesundheitsfonds	76 f., 312
Gleitzone	53
Grad der Behinderung	180, 181, 183, 186
Grad der Schädigungsfolgen	245, 249
Grundsätze des Sozialhilferechts	226 f.
Grundsicherung für Arbeitsuchende	207 ff.
Grundsicherung im Alter und bei Erwerbsminderung	229 f.
Gründungszuschuss	138, 329

H

Handlungsfähigkeit	29, 31, 190
Hartz IV	138, 207, 210
Hausbesuch	36, 254
Haushaltshilfe	68
Haushaltsscheckverfahren	40, 51
Häusliche Krankenpflege	68
Heilmittel	68
Herstellungsanspruch	29
Hilfe zur Erziehung	252
Hilfen zur Gesundheit	231
Hilfe zur Pflege	231 f.
Hilfe, ausbildungsbegleitende	155
Hilfeplan	253, 257
Hilfsmittel	68
Hinterbliebenenrente	110, 127
Hinzuverdienst	150
Hinzuverdienstgrenze	114
Hospiz	68, 313

I

Impfopfer	249
Individualisierungsgrundsatz	226
Informationsfreiheitsgesetz	200 f.
Informations- und Beratungspflicht	34

Inklusion 168, 172
Inobhutnahme .... 253 f.
Insolvenzgeld 153
Integrationsamt 186
integrierte Versorgung 60

J
Jahresarbeitsentgeltgrenze 50, 63
Jobcenter 157, 217
Jugendarbeitsschutz 130
Jugendschutzgesetz 261

K
Kaiserliche Botschaft 17
Kassenwahlrecht 75
Kinderarmut 226
Kinder- und Jugendhilfe .... 251 f.
Kindererziehungszeiten 111
Kinderfreibetrag 276
Kindergeld .... 274 ff.
Kinderpflege-Krankengeld 72
Kinderzuschlag 214, 276
Kindeswohl 260
Klagerecht der Verbände 171
Kodifizierung 26
Kombinationsleistung 87
Kostenersatz durch Erben 241
Krankengeld .... 69 ff.
Krankenhaus 68
Krankenversicherung, gesetzliche .... 57 ff.
Krankheitsbegriff 67
Kriegsopferversorgung .... 245 ff.
Kündigungsschutz 180, 279
Kündigungsverbot 266
Kurzarbeitergeld 152
Kurzzeitpflege 88

L
Lastenzuschuss 283
Lärmschwerhörigkeit 125, 132
Leistungsdreieck, sozialrechtliches 30, 75, 237
Leistungsklage 296
Leistungsmissbrauch 49, 77

M

Maßnahmen zur Aktivierung 144, 154
Medizinischer Dienst der Krankenversicherung (MDK) 60, 84
Medizinisches Versorgungszentrum (MVZ) 312
Meldepflicht 48, 151
Meldeverfahren .... 47 f.
Merkzeichen .... 181 f.
Mietzuschuss 283
Minderung der Erwerbsfähigkeit 128
Minijobs (s. geringfügige Beschäftigung)
Mitteilungspflicht .... 197 f.
Mitwirkungspflichten .... 35 f.
mündliche Verhandlung .... 296 f.
Mutterschaftsgeld 272
Mutterschutz .... 265 ff.
Mutterschutzlohn 269

N

nachgelagerte Besteuerung 113
Nachhaltigkeitsfaktor 319
Nachranggrundsatz 227
Nachteilsausgleich 182
Nahtlosigkeit 151, 189
Nebenbestimmungen (Verwaltungsakt) 190
Nebeneinkommen 329

O

Opfer von Gewalttaten 249

P

Palliativversorgung 313
Pensionsfonds 117
Pensionskasse 117
Pflegebedürftigkeitsbegriff 81, 84, 94
Pflegegeld 87, 127
Pflegehilfsmittel 88
Pflegesachleistung 87
Pflegestufen 86, 96
Pflegestützpunkt 92
„Pflege-TÜV" 94
Pflegeversicherung, soziale .... 81 ff.

Pflegezeit..93
Pflegezeitgesetz...96
Potenzialanalyse..143
Prävention 58, 66, 84, 170, 325
Probebeschäftigung..160

Q
Qualitätskontrolle...143, 145
Qualitätssicherung..82, 94, 145

R
Rechengrößen 50
Rechtsmittel .... 297 f.
Rechtsschutz..291, 263
Regelaltersrente..107
Regelbedarf... 210 f.
Regelsätze..228, 229
Rehabilitation und Teilhabe .... 107, 169 ff.
Rehabilitation, berufliche ....175 ff. 313
Rehabilitation, medizinische..68, 176, 179, 313
Reha vor Rente...173, 325
Rehabilitationsleistung...107
Rehabilitationsträger .... 169, 185 f.
Reichsversicherungsordnung .... 17 f., 59
Rente wegen Alters .... 107 ff.
Rente wegen Erwerbsminderung .... 109 f.
Rente wegen Todes 110
Rentenabfindung..128
Rentenarten .... 107 ff.
Rentenartfaktor 101, 111
Rentenauskunft 114
Rentenformel..113
Rentenhöhe 111
Rentenversicherung, gesetzliche.. 101 ff.
Rentenwert, aktueller 103, 112
Revision 297
Riester-Rente...101, 118
Risikostrukturausgleich...76, 314
Rücknahme Verwaltungsakt..191
Ruhen eines Anspruchs...32, 71, 150

S

Sachleistungsgrundsatz	58
Saison-Beschäftigung	51
Saison-Kurzarbeitergeld	153
Sanktionen	215, 237
Schlechtwetterzeit	153
Schutzauftrag	260 f.
Schutzfrist	269
Schwangerschaft und Mutterschaft	59, 66, 73
Schwerbehindertenausweis	183
Schwerbehindertenrecht	180 ff.
Schwerbehindertenvertretung	181
Selbstbestimmung, informationelle	193 ff., 200
Selbstständige	43, 64, 321
Selbstverwaltung	44 ff.
Sozialarbeiter/Sozialpädagogen	177, 178, 180, 195
Sozialbudget	24
Sozialdatenschutz, interner	196
soziale Entschädigung	245 ff.
soziale Gerechtigkeit	22 f.
soziala Mindestsicherung	206, 244
soziale Rechte	29
soziale Risiken	20
soziale Sicherheit	23
Sozialgeheimnis	195
Sozialgeld	208, 209
Sozialgerichtsbarkeit	291 ff.
Sozialgesetzbuch	24 ff.
Sozialhilfe	221 ff.
Sozialmissbrauch	36, 77
Sozialrechtsverhältnis	30
Sozialstaatsgebot	21, 24
Sozialversicherungsausweis	48
Sozialwahlen	45
Soziotherapie	68, 314
Sperrzeit	150
Sprungrevision	297, 299
Statusfeststellungsverfahren	43
Sterbegeld	127
Sterilisation	66
Subsidiaritätsprinzip	227

T

Tages- und Nachtpflege ... 88
Teilarbeitslosengeld ... 152, 330
Teilhabe behinderter Menschen ... 145 f. 175 ff.
Territorialitätsprinzip ... 29
Träger der Grundsicherung ... 207
Trainingszentrum ... 179
Transferleistungen ... 153

U

Übergangsgeld ... 126, 146
Übermittlungsbefugnis ... 196
Umlagen ... 157 f.
Umlageverfahren ... 104, 106, 274
UN-Behindertenrechtskonvention ... 172
Unfallverhütungsvorschrift ... 129
Unfallversicherung, gesetzliche ... 121 ff.
Untätigkeitsklage ... 296
Unterhaltsvorschuss ... 279
Unterstützungskasse ... 116

V

Vergleich ... 297
Verhinderungspflege (Ersatzpflege) ... 88
Verjährung ... 32
Verletztengeld ... 126
Verletztenrente ... 127
Vermittlungsbudget ... 144, 154
Versicherungsfreiheit ... 44, 140 f.
versicherungsfremde Leistungen ... 115, 315
Versicherungspflicht ... 44, 140, 331
Versicherungspflichtgrenze ... 58
Versorgungsamt ... 183, 186, 248
Vertragsärzte ... 74
Vertreterversammlung ... 45
Verwaltungsakt ... 190 ff.
Verwaltungsgericht ... 291
Verzicht ... 32
virtueller Arbeitsmarkt ... 155
vollstationäre Pflege ... 88
Vorbehalt des Gesetzes ... 31
Vorsorge, arbeitsmedizinische ... 130
Vorsorgeleistungen ... 66

Vorrang der Prävention 170
Vorschuss 33
Vorstand 46
Vorverfahren ..... 293 f., 299

W

Wächteramt 251, 259
Waisenrente 110, 128
Wartezeit ..... 103, 107 f.
Wegeunfall 124, 326
Weisungsrecht 41, 42
Weiterbildung 144, 332
Werkstätten für behinderte Menschen ..... 179 f.
Widerruf (Verwaltungsakt) 192
Widerspruch ..... 193, 293 f., 263
Wiederaufnahmeverfahren 298
Witwen-/Witwerrente 110, 127
Wirtschaftlichkeitsgebot 58, 65
Wohngeld ..... 283 ff.
Wunsch- und Wahlrecht 31, 170, 227

Z

Zahnersatz 73
Zugangsfaktor 112
Zurechnungszeit 322
Zuzahlung 73
Zuzahlungsbefreiung 316
Zweckbindung 198

Der Autor

Prof. Dr. Reinhard Herborth (geb. 1946) lehrte Sozialrecht an verschiedenen Hochschulen (Fachhochschule, Duale Hochschule, Universität) und ist jetzt in der Fort- und Weiterbildung tätig.

Nach Abitur und High-School-Diploma (US-Bundesstaat New York) studierte er Rechtswissenschaft an der Universität Frankfurt/Main. Es folgten das erste und zweite juristische Staatsexamen und die Zulassung zur Rechtsanwaltschaft. Nebenberuflich arbeitete er als Dozent und entdeckte dabei seine Vorliebe für die Vermittlung der angeblich trockenen Rechtsmaterie.

Außerdem übersetzte er juristisch-psychologische Fachbücher vom Englischen ins Deutsche. Er ist Mitautor eines Lehrbuches zum „Recht der Familie und Jugendhilfe", das in 7. Auflage erschienen ist.

Die ganze Palette des Sozialrechts

Der Lambertus-Verlag gibt zusammen mit dem Deutschen Verein für öffentliche und private Fürsorge e.V. die neue Buchreihe Textausgaben zum Sozialrecht heraus.
Die Textausgaben sind aktuell, handlich und preiswert. Sie enthalten aktuelle Gesetze und Verordnungen zu den wichtigsten Bereichen des Sozialrechts.

Grundlagen des Sozialgesetzbuchs – SGB I und X, 1. Auflage 2012
2012, 168 Seiten, € 8,90
ISBN 978-3-7841-2133-8

Recht der Arbeitsförderung – SGB II und III mit Verordnungen, 1. Auflage 2013
2013, 416 Seiten, € 12,90
ISBN 978-3-7841-2136-9

Recht der Existenzsicherung – SGB II und XII mit anderen Gesetzen und Verordnungen, 2. Auflage 2013
2., neu bearbeitete Auflage 2013
416 Seiten, € 12,90
ISBN 978-3-7841-2476-6

Recht der Rehabilitation und Teilhabe behinderter Menschen – SGB IX mit anderen Gesetzen und Verordnungen, 1. Auflage 2013
2013, 258 Seiten, € 10,90
ISBN 978-3-7841-2414-8

Recht der Kinder- und Jugendhilfe – SGB VIII mit anderen Gesetzen und Verordnungen, 2. Auflage 2013
2., neu bearbeitete Auflage 2013
512 Seiten, € 12,90
ISBN 978-3-7841-2455-1

Recht der Pflege – SGB XI mit anderen Gesetzen und Verordnungen, 1. Auflage 2013
2013, 430 Seiten, € 12,90
ISBN 978-3-7841-2416-2

Folgende Bände werden demnächst erscheinen:
- Recht der Betreuung
- Recht der Familie
- Recht der Internationalen Konventionen (BRK, KRK, FRK etc.)
- Recht der Heimunterbringung und der Betreuungsverträge (WBVG und Landesheimrecht)

www.lambertus.de

LAMBERTUS
SOZIAL | RECHT | CARITAS

Die ganze Palette des Sozialrechts

Das Buch vermittelt die rechtlichen Grundlagen in der Heilpädagogik und Heilerziehungspflege

Aus dem Inhalt:
- Grundlagen des Rechts
- Zivilrechtliche Grundlagen des Rechts für Menschen mit Behinderungen
- Recht der Kinder- und Jugendhilfe
- Sozialrechtliche Grundlagen
- Behinderte Menschen in Einrichtungen
- Berufsrechtliche Grundzüge

2014
ca. 300 Seiten, kartoniert
ca. € 21,00
ISBN 978-3-7841-2447-6

Gabriele Kuhn-Zuber, Cornelia Bohnert
Recht in der Heilpädagogik und Heilerziehungspflege
LAMBERTUS

Mit diesem Leitfaden können Sie sozialhilferechtliche Ansprüche möglichst effizient durchzusetzen oder fehlerhaftes Verwaltungshandeln effizient korrigieren. Er richtet sich an Sozialberater, aber auch an Betroffene, die von der Antragstellung bis zur Durchsetzung bei Gericht und bei eventuellen Widersprüchen begleitet werden. Inklusive Rechtsprechungsübersicht.

2. Auflage 2013
176 Seiten, kartoniert
€ 12,50
ISBN 978-3-7841-2426-1

BASICS für Sozialprofis
Malte Crome
Hartz IV – Rechte erfolgreich durchsetzen
Ein Leitfaden für Sozialberater
2. Auflage
neue caritas + LAMBERTUS

www.lambertus.de

LAMBERTUS
SOZIAL | RECHT | CARITAS

Gesetzestexte für Soziale Arbeit

„... Dieser handliche Ordner richtet sich nicht nur an Juristen oder Sozialrechtler, sondern an Personen aus der Praxis, die schnell und übersichtlich einen Überblick über das Sozialrecht gewinnen möchten."
Jörg Warras (www.info-sozial.de)

Gesetzestexte für Soziale Arbeit

Das Gesetzeswerk für Soziale Arbeit. Seit über 35 Jahren in Studium und Praxis bewährt:
- mit den aktuellen Änderungen
- flexibel
- in der Regel ca. 2 Ergänzungen im Jahr
- umfassend
- mit aktuellem Stichwortregister
- inklusive kostenlosem Zugang zu www.sozialgesetze-online.de

Sozialgesetze und Verordnungen für den PC, Laptop, Tablet und Smartphone

Die perfekte Ergänzung zum Loseblattwerk „Gesetzestexte für Soziale Arbeit". Hier finden Sie weitere Gesetzestexte, die aus Platzgründen in der gedruckten Fassung nicht berücksichtigt werden konnten. Die Online-Gesetze sind immer auf dem aktuellsten Stand und alle Änderungen werden zeitnah und farblich hervorgehoben eingearbeitet.

- Alle für die Soziale Arbeit relevanten Gesetze
- Leistungsfähige Such-, Kopier- und Druckfunktion
- Immer auf dem neuesten Stand
- Problemloser Zugang
- Alle Informationen unter: www.sozialgesetze-online.de
- **Kostenlos für alle Loseblatt-Abonnenten**

DIE HERAUSGEBER
Prof. Dr. Sigmund Gastiger, em. an der Katholischen Hochschule Freiburg.
Prof. Dr. Jürgen Winkler, Katholische Hochschule Freiburg.

Gastiger/Winkler
Gesetzestexte für Soziale Arbeit
Loseblatt-Ausgabe

immer auf dem aktuellsten Stand
Grundwerk mit Ordner
1952 Seiten, € 54,60
ISBN 978-3-7841-2082-9

www.lambertus.de

LAMBERTUS
SOZIAL | RECHT | CARITAS